삶 · 사람 · 논어

건지학술총서

15

The essence of humanity and life portrayed in the Analects of Confucius

삶 · 사람 · 논어

최남규

전북대학교출판문화원

『삶 · 사람 · 논어』는 사실상 내 자신이 쓴 세 번째 '성어로 읽는 논어'에 해당된다.

논어는 공자 혹은 제자와의 어떻게 살 것인가에 대한 물음과 대답이다. 또한 사람이 사람답게 살도록 하라는 공자가 현대인에게 말하는 외침이기도 하다. '삶 · 사람 · 논어'는 논어란 우리 삶에 대한 이야기이고, 사람에 대한 메시지라는 뜻이다.

첫 번째는 『성어로 읽는 논어 - 물시어인』(신아사)와 두 번째는 『서예로 읽는 논어』(전북대학교출판문화원)는 논어의 성어를 각각 '60'개 씩, 모두 120개를 테마로 설정하여, 의미와 내용을 설명하고 서예작품을 각각 삽입하여 시각적 효과를 꾀하였다. 본 책 『삶 · 사람 · 논어』는 '성어로 읽는 논어'라는 주제로서는 마지막 부분에 해당된다. 모두 110개의 성어를 주제로 설정하여 각 문자의 어원, 성어의 내용, 논어 문장의 내용 등을 설명하였다.

이들 세 권의 책에서 살펴본 논어의 성어 모두 230개(1권 60, 2권 60, 3권 110)이다. 이외에도 더 있다. 하지만 이들의 내용을 각 주제 속에서 설명할 때 이미 대부분 언급되었거나, 또는 이와 비슷한 내용이 이미 주제 테마로 설정되었기 때문에, 출현할 수 있는 성어를 거의 살펴보았다 해도 과언이 아닐 것이다. 논어의 한 구절에서 몇 개의 '성어'가 출현하는 경우도 있다. 반복적 학습을 위하여 될 수 있으면 각 성어의 목차를 가까이 배열하지 않도록 하였으며, 원문을 인용하는 경우에는 굳이 중복을 피하지 않기로 한다. 예를 들어, '발분망식發憤忘食'과 '낙이망우樂以忘憂'는〈술이〉의 같은 문장에서 출현한다.

230개 이외의 성어들은 책 뒤 쪽에【후비後備】라는 항목을 따로 마련하여, 비교적 간략하게 성어의 음과 뜻, 해당하는 논어의 글귀를 인용하였다. '후비'에서 소개된 논어의 성어는 80개이다. 그렇다면 모두 310개의 성어가 소개된 셈이다. 물론 이보다 더 많을 수 있다. 하지만 이 정도의 성어라면 아마도 성어를 통하여 논어를 읽기에는 결코 모자라는 숫자가 아닐 것이다.

좀 더 많은 사람들이 논어를 가까이할 수 있는 다리가 되는 책이 되었으면 한다.

논어를 읽으면 성격이 밝아진다는 논문이 발표되었단다.

> 연구팀은 이 논문에서 "논어강독과 같은 높은 수준의 한문교육이 인성증진에 효과를 지닌다는 것을 확인했다"고 말했다. 이번 연구에서는 대학에서 낮은 수준의 한문교육(교양한문)을 받은 수강생 274명과 높은 수준의 한문교육(논어강독)을 받은 수강생 7명을 대상으로 3년에 걸쳐 실시한 인지적

정서조절 전략검사 결과를 통계학적으로 분석했다. 연구팀은 논어강독 수강생이 7명이어서 대상이 극히 제한적이지만 각 개인의 오차율이 매우 적은 것으로 확인돼 연구결과의 신뢰도는 높다고 밝혔다.

검사에서는 각종 스트레스를 긍정적으로 받아들이고 재해석을 통해 문제를 해결해 나가는 '적응적 전략', 부정적 의미를 과장해 받아들이고 타인과 상황을 비난하는 '부적응적 전략'을 측정했다.

연구결과 단순히 생활 한자를 학습하는 낮은 수준의 '교양한문' 수강집단은 큰 변화가 없었으나 논어의 내용을 이해하는 높은 수준의 '논어강독' 수강생은 유의미한 인성증진 효과가 나타났다. 매주 2시간씩 4개월간 논어강독을 한 수강생의 적응적 전략 사용은 100점 만점 기준으로 68.8점에서 75점으로 높아졌다. 부적응 전략 사용은 44.8점에서 38.4점으로 감소했다.

높은 수준의 한문교육이 스트레스 상황에 직면했을 때 우울과 불안, 부적응과 고통을 줄이고 정서적 안정감이나 자아 존중감을 높이는 데 중요하게 작용할 것으로 분석됐다. 연구팀은 "동양의 인문 고전에서는 정서적 불안을 스스로 깨우쳐야 하는 마음공부의 대상으로 보았다"며 "이번 연구에 한계는 있으나 논어 등 한문교육이 인성 발달에 도움이 된다는 것을 실증적으로 보여줬다"고 밝혔다.[1]

전북대학교에서는 '논어의 지혜'라는 교과목이 설강되어 있다. 한옥으로 지어진 옛 서당을 재현한 공간에서 수업을 한다. '온고지신溫故知新'을 실천하기 위한 것이다. 구습을 타파하는 것도 좋으나 무조건 옛 것을 뜯어고치는 것이 능사가 아니다. 옛 것을 고치지 않고 적절히 발전시켜

1 경향신문, 2017년, 5월 23일, '사회면' 기사 참고

계승하는 것이 고풍스러운 미에 현대의 미를 조화시키는 '온고지신'의 힘이다. '온고지신'은 종래의 규칙과 관례를 무조건 매달리는 '묵수성규墨守成規'와는 다르다. 전통의 힘에 새로운 것을 배우고 한 단계 발전시키고 추진력을 보태는 것이 온고지신이다. 본 책의 가장 큰 목적이기도 하다.

책 나오기까지는 옆에서 도와주는 사람들이 항상 많다. 일일이 밝히지 않겠지만, 고마운 마음을 잊지 않고 가슴에 꼭 담아 두겠다.

全州 訓詁樓에서 2018년 말

목차

⑮ 不悱不發 불비불발. 안타까워해야 일깨워 주다.(述而 07.08)

⑯ 愼齊戰疾 신재전질. 재계齋戒, 전쟁, 질병을 신중히 대하다.(述而 07.13)

⑰ 暴虎馮河 폭호빙하. 맨손으로 호랑이를 잡고 황하를 맨발로 건너다.(述而 07.11)

⑱ 曲肱枕之 곡굉침지. 팔베개하고 자다.(述而 07.16)

⑲ 樂在其中 낙재기중. 즐거움이 그 중에 있다.(述而 07.16)

⑳ 六言六蔽 육언육폐. 군자의 여섯 가지 폐단.(陽貨 17.08)

㉑ 敏而好古 민이호구. 옛 것에 심취하다.(述而 07.20)

㉒ 巍巍蕩蕩 위위탕탕. 위대하고 광활하다.(泰伯 08.19)

㉓ 毋意毋必 무의무필. 자의적이거나 단언은 하지 않는다.(子罕 09.04)

㉔ 毋固毋我 무고무아. 고집과 아집을 피지 않는다.(子罕 09.04)

㉕ 居之無倦 거지무권. 직무에 게을리 하지 마라.(顔淵 12.14)

㉖ 知者不惑 지자불혹. 지자는 미혹되지 않는다.(憲問 14.28)

㉗ 以友輔仁 이우보인. 친구와 인을 도모하다.(顔淵 12.24)

㉘ 貧而無怨 빈이무원. 가난하나 원망치 않는다.(憲問 14.10)

㉙ 時然後言 시연후언. 시기적절하게 말하다.(憲問 14.13)

㉚ 義以爲質 의이위질. 도의가 본질이다.(衛靈公 15.18)

㉛ 君子謀道 군자모도. 군자는 도를 도모한다.(衛靈公 15.32)

㉜ 辭達而已 사달이이. 말은 뜻을 전달하면 그뿐이다.(衛靈公 15.41)

㉝ 近則不孫 근즉불손. 가까이 하면 불손해진다.(陽貨 17.25)

㉞ 黙而識之 묵이식지. 묵묵히 기억하다.(述而 07.02)

㉟ 如履薄氷 여리박빙. 살얼음을 걷다.(泰伯 08.03)

㊱ 不義富貴 불의부귀. 의롭지 않은 부귀는.(述而 07.16)

㊲ 往者不諫 왕자불간. 지나간 것은 말할 필요 없다.(微子 18.05)

㊳ 趨而辟之 추이피지. 달아나 피해 멀리하다.(微子 18.05)

㊴ 篤信好學 독신호학. 믿음을 돈독히 하고 배우기를 좋아하다.(泰伯 08.13)

㊵ 義然後取 의연후취. 의로워야 취한다.(憲問 14.13)

㊶ 禮以行之 예이행지. 예로 행동하다.(衛靈公 15.18)

㊷ 先事後得 선사후득. 일을 먼저하고 얻음을 후에 생각하다.(顔淵 12.21)

㊸ 春風沂水 춘풍기수. 봄바람을 즐기고 기수에 노닐다.(先進 11.24)

㊹ 見危授命 견위수명. 위태로울 때 목숨을 바치다.(憲問 14.12)

㊺ 久要不忘 구요불망. 오랫동안 잊지 않다.(顔淵 14.12)

㊻ 求志達道 구지달도. 뜻을 구하고 도를 달성하다.(季氏 16.11)

㊼ 磨而不磷 마이불린. 갈아도 갈리지 않는다.(陽貨 17.07)

㊽ 匏瓜空懸 포과공현. 쓸모없이 매달린 수세미.(陽貨 17.07)

㊾ 禮樂不興 예악불흥. 예악이 무너지다.(子路 13.03)

㊿ 刑罰不中 형벌부중. 형벌이 제대로 실행되지 않다.(子路 13.03)

51 觀其所由 관기소유. 동기를 살피다.(爲政 02.10)

52 朞月有成 기월유성. 단 시일내에 성과를 거두다.(子路 13.10)

53 父母之邦 부모지방. 부모의 나라.(微子 18.02)

54 枉道事人 왕도사인. 나쁜 도로 섬기다.(微子 18.02)

55 膚受之愬 부수지소. 피부로 느끼는 급박한 하소연.(顔淵 12.06)

56 上知下愚 상지하우. 최고의 지혜 최하의 어리석음.(陽貨 17.03)

57 四體不勤 사체불근. 몸을 놀리지 않고 게으르다.(微子 18.07)

58 求全責備 구전책비. 완전무결을 강요하다.(子路 13.25)

59 學而知之 학이지지. 배워야 안다.(季氏 16.09)

60 不學無立 불학무립. 배우지 않으면 서지 못한다.(季氏 16.13)

61 問一得三 문일득삼. 하나를 물어 셋을 얻다.(季氏 16.13)

62 歲不我與 세불아여. 세월은 나를 기다리지 않는다.(陽貨 17.01)

63 終身行之 종신행지. 종신토록 행하다.(衛靈公 15.24)

64 言必有中 언필유중. 맞는 말을 하다.(先進 11.14)

65 勃如戰色 발여전색. 두려워하는 얼굴빛을 하다.(鄕黨 10.04)

66 寬則得衆 관즉득중. 관용을 베풀면 민중을 얻는다.(陽貨 17.06)

67 木鐸 목탁. 목탁이 되다.(八佾 03.24)

68 多聞多見 다문다견. 견문이 넓다.(爲政 02.18)

69 事君盡禮 사군진예. 예를 갖춰 섬기다.(八佾 03.18)

70 勞而不怨 노이불원. 일을 해도 원망하지 않다.(里仁 04.18)

71 莞爾而笑 완이이소. 빙그레 웃다.(陽貨 17.04)

72 善人是富 선인시부. 착한 사람이 많다.(堯曰 20.01)

73 興滅繼絶 흥멸계절. 나라를 흥케하고 대를 잇게 하다.(堯曰 20.01)

01

莫敢不服 막감불복

감히 복종하지 않을 수 없다

'막감불복莫敢不服'은 '감히 복종하지 않을 수 없다'라는 뜻이다.

'(莫)'자는 '茻(잡풀 우거질 망, wāng)'과 '日'로 이루어진 자로 후에 다시 아랫부분에 '日'을 추가하여 '暮'으로 쓴다. '莫'자를 갑골문은 ''으로 쓰고 금문은 ''으로 쓴다. '태양이 서산을 넘어갈 때 풀에 가려진 모습'이다. 후에 '저녁 무렵'이라는 의미로 쓰이고, '아무도 ……하지 않다'라는 부정어의 의미로 가차되어 쓰인다.

'(敢)'자를 금문은 ''·''으로 쓴다. '손에 도구를 가지고 광석을 채취하는 모습'이다. 광석을 캐는 일은 쉬운 일이 아니기 때문에 '감히 …하다'라는 파생어로 쓰인다.

'(服)'자를 갑골문은 ''으로 쓰고, 금문은 ''으로 쓴다. '사람을 강제로 배에 태우는 모습'이다. 그래서 '복종하다'라는 의미로 파생되어 쓰인다. 편방 '舟'는 후에 '月'로 와전되었다.

樊遲請學稼. 子曰: "吾不如老農." 請學爲圃. 曰: "吾不如老圃." 樊遲出. 子曰: "小人哉, 樊須也! 上好禮, 則民莫敢不敬, 上好義, 則民莫敢不服, 上好信, 則民莫敢不用情. 夫如是, 則四方之民襁負其子而至矣, 焉用稼?"(子路 13.04)

번지가 곡식 농사에 관해서 가르쳐주시기를 청했다.

공자가 말하였다.

"나는 늙은 농부만 못하다."

채소 농사에 관해서 가르쳐주시기를 청했다. 공자가 말하였다.

"나는 늙은 채소를 재배하는 사람만 못하다."

번지가 나가자, 공자는 말하였다.

"소인이로다, 번수樊須는. 윗사람이 예를 좋아하면 백성들이 감히 공경하지 않는 사람이 없을 것이고 윗사람이 정의正義를 좋아하면 백성들이 감히 복종하지 않을 수 없을 것이고, 윗사람이 신용을 좋아하면 백성들이 감히 진실을 행하지 않은 사람이 없을 것이다. 이렇게 한다면 사방의 백성들이 자식들을 싸 업고 모여들 것이다. 농사는 해서 어디에 쓰느냐?"

번지樊遲의 자는 자지子遲이며 공자보다 36세 연하이었다고 한다. 군자는 백성을 덕으로써, 즉 '예禮'·'의義'·'신信'으로 백성을 다스리는 것이지 모든 사사로운 일을 전부 간섭하고 같이 하는 것이 아닌 것이다.

사람은 각각의 전공이 있다. 농부는 농부의 전공이 있고, 어부는 고기잡이를 잘하는 전업이 있는 것이다. 그런데 만약에 임금이 농사를 짓고 고기잡이를 한다면, 모든 백성을 언제 보살피고 다스릴 수가 있겠는가! 군주는 백성을 편안하고 즐거운 마음으로 자신의 일에 종사할 수 있도록 도와주면 되는 것이다. 강압적으로 다스리면 백성은 용수철처럼 일어나는 것이다.

『상해박물관장전국초죽서上海博物館藏戰國楚竹書 · 종정從政』편에는 나라를 다스리는데 일곱 가지 관건이 있다 하였다.

> 정치를 하는 것(종정從政)은 일곱 가지 관건(칠기七機)이 있다. 만약에 감옥으로써 엄격하게 다스리면 백성들은 일어나게 되고, 위협을 가하면 백성들은 도의道義를 잃게 되고, 엄하면 백성들이 모이지 않게 되고, 너무 사나우면 신변에 친한 사람이 없게 되고, 형벌刑罰을 중시하면 백성들은 도망가게 되고, 형법을 자주 행하게 되면 상서祥瑞로운 일이 없게 되고, 사형을 자주 행하게 되면 백성은 혼란하게 된다. 종정자從政者는 이른바 이 일곱 가지로 백성을 다스린다.[1]

백성을 다스리는 것은 형벌이 아니다. 도의道義로써 인도하여야 감히 복종하지 않는 자가 없는 것이다. 2016년 교수신문에서 '올해의 사자성어'가 '혼용무도昏庸無道'로 선택되었다 한다. '혼용昏庸'은 어리석고 무능한 군주인 '혼군昏君'과 '용군庸君'을 합한 말이고, '무도無道'는 '도가 행해지지 않다'라는 말이다.

2017년까지도 세월호의 아픈 상처가 계속되고 있다. 2014년 4월 16일 인천에서 제주로 향하던 여객선 세월호가 진도 인근 해상에서 침몰하면서 안산 단원고 학생을 포함한 승객 300여 명이 사망 실종된 대형 참사다.

---

1 "從正(政)又(有)七幾(機), 獄則興, 愄(威)則民不道, [illegible](逾)則遊(失)衆, 悎(猛)則亡新(親), 罰則民逃, 好型(刑)【從政甲8】〈則不祥, 好殺〉則民复(作)嬰(亂). 凸(凡)此七者, 正(政)噺=(之所)司(殆)也. ……【從政甲9】"(上博楚簡 · 從政)

정말 가슴 아픈 상처다. 이는 국민의 가슴에 너무나 깊게 파인 상처의 응어리다. 부모님은 가슴에 대못을 박고 평생 고름 진 멍든 가슴을 움켜지고 긴긴 찬 밤을 울어야 한다. 사건 당일 오전 10부터 오후 5시 10분까지 긴박한 시간에 박근혜 대통령은 무엇을 했을까?'사라진 7시간', 대통령은 무엇을 했을까? 출근 안하고 차움병원에서 줄기세포 시술을 받고 있었을까? 국민의 의혹은 아직 풀리지 않고 있다.

2017년 교수신문의 '올해의 사자성어'는 '군주민수君舟民水'이다. '임금은 배이고 백성은 물이니 물은 배를 물에 띄울 수도 있지만 뒤집을 수도 있다'는 뜻이다. 『순자荀子 · 왕제王制』편에 나오는 말이다.

> 말이 수레를 끌다가 수레가 요동치게 되면 군주는 수레에서 안정될 수 없고, 백성이 정치에 놀라면 군주는 그의 자리에서 안정되지 못하다. 말이 수레가 끌다가 놀라면 그것을 안정시키는 것이 가장 좋고, 백성이 정치에 놀라면 그들에게 은혜를 베푸는 것이 가장 좋다.
>
> 그렇게 하기 위해서는 훌륭한 인재를 선별하여 쓰고, 돈독하고 공경스런 사람을 등용하며, 효도와 우애를 부흥시키도록 하고, 고독한 과부를 거두어 주고 가난한 사람을 원조해 주어야 한다. 이러면 서민들은 정치에 안심할 것이며, 이런 연후에야 군자는 그의 자리가 안정될 수 있는 것이다.
>
> 그래서 "군주는 배이고, 서민은 물이다. 물은 배를 띄우기도 하지만, 물은 또한 배를 뒤집어엎기도 한다."라 하였는데, 이를 두고 하는 말이다.
>
> 군주가 만약 안정되게 하고자 한다면 정치를 공평하게 하고 백성을 사랑하는 것이 가장 좋고, 번영되게 하고자 한다면 예의를 존중하고 선비들을 공경하는 것이 가장 좋고, 만약에 공명을 세우기를 바란다면 어진 이를 숭상하고 능력 있는 이를 쓰는 것이 가장 좋은 방법이다. 이것이 군주가 된 이

의 가장 큰 원칙인 것이다. 이 세 가지 원칙이 합당하면 그 밖의 것은 합당하게 되지 않는 것이 없다. 만약에 이 세 가지 원칙이 합당되지 않으면 그 나머지 것이 비록 부분적으로 합당하다 하더라도 아무런 이익이 되지 않을 것이다.[2]

나라를 통치하는 대통령은 정치를 공평하게 하고 백성을 사랑하고 예의를 존중하고 인재를 공경하고, 어질고 능력 있는 자를 발탁하여 적재적소에서 자신의 능력을 발휘하도록 해야 한다.

'최순실'이 나라의 실권을 쥐고 국정을 농단했다니 경천동지驚天動地할 사건이다. 2017년 3월 10일 11시에 백성은 대통령을 탄핵 심판하여, 헌정사상 첫 대통령 탄핵이 결정되었다. '헌법은 대통령을 포함한 모든 국가기관의 존립 근거이고, 국민은 그러한 헌법을 만들어내는 원천입니다.'(이정미 헌법재판소장 권한대행의 말)

---

2 "馬駭輿, 則君子不安輿; 庶人駭政, 則君子不安位. 馬駭輿, 則莫若靜之; 庶人駭政, 則莫若惠之. 選賢良, 擧篤敬, 興孝弟, 收孤寡, 補貧窮. 如是, 則庶人安政矣. 庶人安政, 然后君子安位. 傳曰: "君者, 舟也, 庶人者, 水也; 水則載舟, 水則覆舟." 此之謂也. 故君人者, 欲安則莫若平政愛民矣; 欲榮則莫若隆禮敬士矣; 欲立功名則莫若尚賢使能矣. 是人君之大節也. 三節者當, 則其餘莫不當矣. 三節者不當, 則其餘雖曲當, 猶將無益也."(荀子 · 王制篇)

02

弋不射宿 익불사숙

잠자는 새에 화살을 쏘지 않는다

'익불사숙弋不射宿'은 '화살은 잠자는 새에 당기지 않는다'는 뜻이다. 함부로 살생하지 않는다는 '어짊'의 표현이다.

'(弋, 주살 익, yì)'자를 갑골문은 ''·''으로 쓰고 금문은 ''·''으로 쓴다. 후에 '木'자를 추가하여 '杙(말뚝 익, yì)'으로 쓴다.

'(射)'자는 혹은 '(鉃)'으로 쓰기도 한다. 갑골문은 '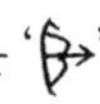'·''로 쓰고, 금문은 ''·''로 쓴다. 화살의 모양이 '身'으로 와전되었다.

'(宿, 묵을 숙, sù, xiǔ, xiù)'자를 갑골문은 ''·''으로 쓰고, 금문은 ''·'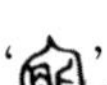'으로 쓴다. '사람이 집에 자리를 깔고 누워있는 모양'이다.

子釣而不綱, 弋不射宿. (述而 07.27)

낚시로는 물고기를 잡으시나 그물은 쓰지 않으셨고, 주살로는 자는 새를 쏘지 않으셨다.

고기를 잡는데 그물을 사용하지 않는 것은 탐하지 않는 것이며 또한 '지혜智惠'인 것이다. 그물을 사용하여 작은 물고기까지 잡게 되면 결국 씨를 말리는 것이니 지혜롭지 못한 행위이다. 잠을 자고 있는 새를 주살로 잡지 않는 것은 남이 위험에 처해 있는 틈을 노리는 것과 같아 어질지 못한 행위다. 공자는 낚시와 사냥에서도 '지智'와 '인仁'의 덕목을 실천한 것이다.

'짐승을 함부로 말살하지 않는다'는 뜻으로 '둥지를 엎어 알을 깨뜨리지 않고'(복소훼란覆巢毁卵)이나 혹은 '물을 말려 고기를 잡지 않는다'(갈택이어竭澤而漁)[1]는 말이 있다. 『사기』에 나오는 말이다.

> "두명독과 순화는 진晉나라의 어진 대부였다. 조간자가 아직 뜻을 얻지 못했을 때 모름지기 이 두 사람의 도움으로 정치를 하였다. 그런데 지금은 그가 뜻을 이루자 도리어 그들을 죽이고 정권을 장악하고 있다. 내가 듣기로 배를 갈라 어린 것을 죽이면 기린이 교외에 이르지 아니하고, 연못을 마르게 하여 고기잡이를 하면 교룡蛟龍이 운우雲雨를 일으키는 음양의 조화를 이루려 하지 않고, 둥지를 뒤엎어 알을 깨뜨리면 그 근처에 봉황이 날아오지 않는다고 한다. 왜냐하면 군자는 자기와 같은 무리가 상하는 것을 꺼리기 때문이다. 대저 조수鳥獸도 그 의롭지 못한 것을 오히려 피할 줄 아는데 하물며 이 공구孔丘는 어떠하겠는가!"[2]

---

1 "竭澤而漁, 豈不獲得, 而明年無魚."(呂氏春秋 · 義賞)(못을 말려 고기를 잡으면 어찌 잡지 못할까마는, 하지만 다음 해가 물고기가 없게 되는 것이다.) "焚林而田, 竭澤而漁."(淮南子 · 本經訓)(숲을 태워 사냥을 하고, 못을 말려 고기를 잡다.) 당장의 눈앞의 이익만을 위하여 인정사정없이 취함을 가리키는 성어로 쓰인다.

'갈택이어'는 '분림이전'과 함께 '분림이전焚林而田, 갈택이어竭澤而漁'로 쓰인다. '숲을 태워 사냥을 하고, 못을 말려 고기를 잡다'라는 뜻으로 당장의 눈앞의 이익만을 취하고 먼 장래를 생각하지 않는다는 뜻이다. 『맹자』에서는 맹자는 제齊나라 선왕宣王이 제물로 바쳐지기 위해 벌벌 떨며 끌려가는 소를 보고 양으로 바꾸라는 태도를 보고 이는 왕도를 실행할 수 있는 마음이라 하였다. 이는 군자는 짐승의 살아있는 것을 보고는 그 죽는 것을 차마 보지 못하며, 죽는 소리를 듣고 그 고기를 차마 먹지 못하는 '측은지심惻隱之心'이 있기 때문이라 하였다.

> 해로울 것이 없습니다. 이것이 바로 인仁을 하는 방법이니 소는 보았고 양은 보지 못하였기 때문입니다. 군자는 금수에 대하여 그 살아 있는 것을 보고는 차마 그 죽는 것을 보지 못하며 죽는 소리를 듣고 차마 그 고기를 먹지 못합니다. 이 때문에 군자는 푸줏간을 멀리하는 것입니다.[3]

살생유택殺生有擇은 함부로 살생을 하지 않는 마음이다. 안타깝게도 중동 내전이 끊이지 않고 있다. 이는 모두 이교도간의 투쟁이다. 종파끼리의 테러로 인해 수를 헤아리기조차 어려울 정도로 많은 사람들이 죽어가고 있다. 동물에게도 차마 죽이지 못하는 마음을 가져야 하는데, 이

---

2 "孔子曰: 竇鳴犢, 舜華, 晉國之賢大夫也. 趙簡子未得志之時, 須此兩人而後從政; 及其已得志, 殺之乃從政. 丘聞之也, 刳胎殺夭則麒麟不至郊, 竭澤涸漁則蛟龍不合陰陽, 覆巢毀卵則鳳凰不翔. 何則? 君子諱傷其類也. 夫鳥獸之于不義也尚知辟之, 而況乎丘哉!"(史記 · 孔子世家)

3 曰: "無傷也, 是乃仁術也. 見牛未見羊也. 君子之於禽獸也, 見其生, 不忍見其死; 聞其聲, 不忍食其肉. 是以'君子遠庖廚'也."(孟子 · 梁惠王)

념이 다른 이유로 전쟁을 해대고 있으니, 인간이 가장 무서운 존재이다.

맹자는 사람에게는 차마 모른 척하고 지나칠 수 없는 마음 '불인지심不仁之心'이 있다 하였다. 맹자가 제齊나라에 머물렀을 때 혹독한 정치를 펼치는 군주들에게 각성하라고 강력히 요구하면서 '불인지심'을 말하였다.

맹자께서 말씀하시었다.

사람마다 모두 차마 남에게 잔인殘忍하게 굴지 못해 하는 마음이 있다. 옛날의 선왕先王들은 차마 남에게 잔인하게 굴지 못해 하는 마음을 지니고 있었다. 그래서 차마 남에게 잔인하게 굴지 못해 하는 정치가 생겨났던 것이다. 차마 남에게 잔인하게 못해 하는 마음을 가지고 차마 남에게 잔악하게 굴지 못해 하는 정치를 실시한다면, 천하를 다스리는 것은 그것을 손바닥 위에서 움직이는 것 같이 수월하게 할 수 있다. 사람마다 차마 남에게 잔악하게 굴지 못해 하는 마음이 있다고 말하는 까닭은 이러하다. 이제 사람들은 어린아이가 우물에 빠지려고 하는 것을 힐끗 보기만 해도 다들 겁이 나고 측은한 마음이 생기는데, 그것은 어린아이 부모님과 친하게 지내서가 아니고, 동네 사람들과 벗들에게 칭찬을 받으려고 하기 때문도 아니고, 그 아이의 지르는 소리가 역해서 그러는 것도 아니다. 이런 것에서부터 살펴본다면, 측은해 하는 마음이 없는 사람은 인간이 아니고, 부끄러워하는 마음이 없는 사람은 인간이 아니고, 사양하는 마음이 없는 사람은 인간이 아니고, 시비를 가리는 마음이 없는 사람은 인간이 아니다. 측은해 하는 마음은 인仁의 단서端緖이고, 부끄러워하는 마음은 의義의 단서이고, 사양하는 마음은 예禮의 단서이고, 시비를 가리는 마음은 지智의 단서이다. 사람들이 이 네 가지 단서를 지니고 있는 것은 그들이 사지를 가진 것과도 같다. 이 네 가지 단서를 지니고 있으면서 선善한 일을 하지 못한다고 스스로 말하는 것은

> 스스로를 해치는 사람이고, 자기 군주가 선善한 일을 하지 못한다고 말하는 것은 자기 군주를 해치는 사람이다. 자기에게 이 네 가지 단서가 있는 사람이면 다 그것을 확충시킬 줄 알게 마련이다. 그것은 불이 처음 타오르고 샘이 처음 솟아나는 것과 같아서, 정녕 그것을 확충시킬 수 있기만 하면, 사해四海를 편안하게 하기에도 충분하고, 정녕 그것을 확충시키지 않는다면 부모를 섬기기에도 부족하다.[4]

인간은 네 가지 마음, 즉 '사단四端'이 있다. 인간은 인仁에 해당하는 측은해하는 마음 측은지심惻隱之心, 의義에 해당하는 부끄러워하는 마음 수오지심羞惡之心, 예禮에 해당하는 사양하는 마음 사양지심辭讓之心, 지智에 해당하는 옳고 그름을 가리는 마음 시비지심是非之心이 있으며, 이런 마음이 없으면 인간이 아니라고 하였다.

유향劉向의 『설원說苑』에도 『사기史記』와 유사한 이야기가 보인다. 『설원』은 '간택이어乾澤而漁, 교룡불유蛟龍不遊'로 쓴다. '연못물을 바짝 말린 다음 고기를 잡는 곳에는 교룡이 노닐지 않는다'는 뜻으로 쓰인다.

> 조간자가 말하였다.

---

4 孟子曰: "人皆有不忍人之心. 先王有不忍人之心, 斯有不忍人之政矣. 以不忍人之心, 行不忍人之政, 治天下可運之掌上. 所以謂人皆有不忍人之心者, 今人乍見孺子將入於井, 皆有怵惕惻隱之心; 非所以內交於孺子之父母也, 非所以要譽於鄉黨朋友也, 非惡其聲而然也. 由是觀之, 無惻隱之心非人也, 無羞惡之心非人也, 無辭讓之心非人也, 無是非之心非人也. 惻隱之心, 仁之端也; 羞惡之心, 義之端也; 辭讓之心, 禮之端也; 是非之心, 智之端也. 人之有是四端也, 猶其有四體也. 有是四端而自謂不能者, 自賊者也; 謂其君不能者, 賊其君者也. 凡有四端於我者, 知皆擴而充之矣, 若火之始然・泉之始達. 苟能充之, 足以保四海; 苟不充之, 不足以事父母."(孟子・公孫丑上)

"진나라에는 댁명澤明과 독주犢犨가 있고 노魯나라에는 공구孔丘가 있다. 내 이 세 사람만 없애 버린다면 천하를 마음대로 할 수 있으련만!"

그리고는 택명과 독주를 불러 정치를 맡겼다가 죽여 버렸다. 다음으로 그는 노나라의 공자를 불렀다.

공자가 황하가에 이르러 그 물이 흐르는 것을 보고 말했다.

"아름답도다. 물이여. 넓기도 하다. 내가 이 물을 건너지 않음도 천명이로다."

자로가 이 말을 듣고 달려와서 물었다.

"방금 하신 말씀이 무슨 뜻인지 감히 여쭙습니다."

이에 공자가 이렇게 설명하였다.

"무릇 택명과 독주는 진나라의 어진 대부였다. 조간자가 아직 성공하지 못하였을 때, 그들과 함께 배우고 익혔었다. 그러나 간자가 출세하자 이들을 죽인 후 정권을 휘어잡았다. 그래서 내 듣자하니 태胎를 갈라내고 어린 새끼를 불태우는 곳에 기린麒麟은 가까이 가지 않으며, 연못물을 바짝 말린 다음 고기를 잡는 곳에는 교룡蛟龍이 노닐지 않는다. 또 둥지를 엎어 버리고 일을 깨뜨리는 곳에 봉황鳳凰은 가지 않는 법이다. 내가 듣기로 군자란 자기와 같은 무리를 훼상시키는 일에는 깊은 애통을 느낀다고 하였다.[5]

세상천지에서 인간 혼자서만 살아갈 수 없다. 다른 자연물이 있기 때문에 존재하는 것이다. 혼자만 살겠다고 무차별적으로 이익을 취하다

---

5 趙簡子曰: "晉有澤鳴犢犨, 魯有孔丘. 吾殺此三人, 則天下可圖也." 於是乃召澤明犢犨, 任之以政而殺之, 使人聘孔子於魯. 孔子至河, 臨水而觀曰: "美哉水! 洋洋乎! 丘之不濟於此, 命也夫!" 子路趨進曰: "敢問奚謂也?" 孔子曰: "夫澤明犢犨晉國之賢大夫也. 趙簡子之未得志也, 與之同聞見, 及其得志也, 殺之而後從政. 故丘聞之, 刳胎焚夭, 則麒麟不至. 乾澤而漁, 蛟龍不遊, 覆巢毀卵, 則鳳凰不翔. 丘聞之君子重傷其類者也."(說苑 卷十三)

가 고온 온난화와 같은 재화災禍에 맞게 되었다. 모두가 인간 욕심 때문이다.

오늬의 줄을 매서 새를 쏘는 도상

03
而今而後 이금이후
지금부터는

'이금이후而今而後' 중 '이금而今'은 '요즘'이라는 의미의 '여금如今'과 같고, '이후而後'는 '이후以後'와 같다. '현재부터 이후'라는 뜻이다.

'(今)'자를 갑골문은 ''·''으로 쓰고, 금문은 ''으로 쓴다. '입에서 입김이 나오는 모습으로 지금 막 명령을 하달하고 있는 모습'이 아닌가 한다.

'(後)'자는 '彳'·'幺'·'夊'로 이루어진 자로 혹은 '(逡)'로 쓰기도 한다. 갑골문은 ''·''로 쓰고, 금문은 ''·''·''로 쓴다. '사람 뒤에 뒤쳐져 길을 따라가'는 모양이다. '(幺)'부분은 '새끼에 묶여 뒤를 따르다'는 뜻이다. '뒤'라는 파생어로 쓰인다.

曾子有疾, 召門弟子曰: "啓予足! 啓予手! 詩云: '戰戰兢兢, 如臨深淵, 如履薄氷.' 而今而後, 吾知免夫! 小子!"(泰伯 08.03)

증자께서 병이 나서 제자들을 부르고 말하였다.

"내 발을 펴고 내 손을 펴라. 시경에 '두려워하고 조심함이 깊은 물가에 나서 있는 거와도 같고, 엷은 얼음을 밟고 있는 거와도 같다.'고 하였는데, 이제는 내가 그런 데서 해방되게 되었음을 알겠다, 얘들아."

'소문제자召門弟子' 중 '召(부를 소, zhào)'는 제자들 불러 모으는 것을 말하고, '문제자'는 '제자들의 총칭'이다.

'啓(열 계, qǐ)'자를 '䁒(살펴볼 계)'로 보고 '손바닥을 펴서 살피다'는 의미로 풀이하기도 한다. '䁒'자는 '攺'와 '目'으로 이루어진 자이다. '攺'는 손으로 창문을 여는 모습으로 '啓'와 같은 자이다. '目'은 '눈으로 살피다'는 뜻이다.

증자曾子는 공자의 제자 증삼曾參을 가리킨다. 공자보다 46세 연하이었다 한다. 증자는 제자들이 높여 부르는 칭호이기 때문에 본 구절은 증자의 제자들이 기록한 것일 것이다. 증자는 죽음에 임박하여 제자들을 불러 자기의 손과 발을 펴게 하며 부모에게 물려받은 몸이 상하지 않고 무사히 보존해 왔다는 것을 보여 주고 있다. 『효경孝經』은 "신체는 모든 부분은 다 부모한테서 받은 것이므로 그것을 상하지 않게 잘 보존하는 것이 효孝의 첫째 시작이다"라 하였다.[1] 증자는 이를 실천하였고 또 실천하기 위해 대단히 노력하였다.

'전전긍긍戰戰兢兢, 여임심연如臨深淵, 여리박빙如履薄氷'은 『시경詩經·소아小雅·소민小旻』편에 나오는 구절이다. 『시경』 구절을 이용하여 '신체발부身體髮膚'를 상하지 않게 하기 위하여 극히 조심하고 노력하였음을 상징적으로 표현하였다. '신체발부'는 '머리끝부터 발끝까지의

---

1 "身體髮膚, 受之父母, 不敢毁傷, 孝之始也."(孝經)

몸 전체'를 가리킨다.

성어成語 '이금이후而今而後'가 쓰이는 예를 하나 들어 살펴보면 아래와 같다.

> 공자는 인을 이루는 것을 가르치고, 맹자는 도의를 취하는 것을 가르쳤다. 도의를 다하면 이른바 인에 이르게 될 것이다. 우리가 성현의 경전을 읽는 것은 무엇을 배우기 위한 것인가. 성현의 말씀을 배우게 된다면 지금부터는 남에게 창피한 일을 거의 하지 않게 될 것이다.
>
> 孔曰成仁, 孟曰取義, 惟其義盡, 所以仁至. 讀經賢書, 所學何事, 而今而後, 庶幾無愧![2]

'서기무괴庶幾無愧' 중 '서기'는 '거의'·'어지간히'라는 부사어로 쓰인다.

증자와 관련된 고사성어로 '증자피석曾子避席'·'증자살인曾子殺人'과 '증자살저曾子殺猪' 등이 있다. '증자피석'은 예의를 표하기 위하여 자리에서 일어선다는 뜻에서 지극히 예를 갖춤을 말한다. '증자살인'은 터무니없는 헛소문이라도 거듭해서 여러 사람이 되풀이 하면 믿지 않을 수 없다는 말이다. '증자살저'는 증자의 처가 시장을 따라 가려는 아들을 달래기 위해 따라가지 않으면 돼지를 잡아 준다고 거짓말을 하자 어린아이에게 거짓말을 하면 안된다하여 돼지를 잡았다는 이야기이다.[3]

---

2 宋 文天祥(1236–1283, 文山), 『의대찬(衣帶贊)』.

3 曾子之妻之市, 其子隨之而泣. 其母曰: "女還, 顧反爲女殺彘." 妻適市來, 曾子欲捕彘殺之, 妻止之曰: "特與嬰兒戲耳." 曾子曰: "嬰兒非與戲. 嬰兒非有知也, 待母而學者也, 聽父母之教. 今子欺之, 是教子欺也. 母欺子, 子而信其母, 非所以成教也." 遂烹彘也.(韓非子·外儲說左上)

아래는 '증자피석'과 '증자살인'에 관한 내용이다.

공자가 거처하고 있을 때 증자가 옆에서 모시고 앉아 있었다. 공자가 말하였다. "옛날 훌륭하신 군왕들은 지고至高의 덕德과 중요한 도의로서 천하를 교도敎導하니 군주와 백성들은 모두 화목하게 지내게 되었고, 위아래가 모두 원망이 없게 되었다. 너는 그것이 무엇인지 아는가?" 증자는 자리에서 일어나 극히 예를 갖추고 "저는 민첩하지 못하니 어찌 족히 그 도리를 알 수 있을까요?" 라 하였다. 공자가 말하였다. "효는 덕행의 근본이고, 교화가 이로 말미암아 나오는 것이다. 다시 자리로 돌아와 앉아라. 내가 너에게 말해주겠다. 신체의 발부髮膚는 부모로부터 받은 것이니 감히 손상을 입히지 않는 것이 효의 시작이다. 입신立身하여 도를 행해서 후세에 이름을 알려 부모를 드러내는 것이 효의 끝이다. 효는 어버이를 섬기는 것이 시작이고, 군주를 섬기는 것이 중간이고 입신을 해서 도를 행하는 것이 끝이다. 그래서 『시경』은 '그대들 조상은 생각지 말고 덕 닦기만 하기를'이라 하였다.[4]

어떤 사람이 증자의 모친에게 와서 '증자가 사람을 죽였소'라 하자, 모친은 '내 아들은 사람을 죽일 사람이 아니오.'라 하고 아무 일 없는 듯 계속해서 베를 짰다. 사람이 또 와서 '증자가 사람을 죽였소.'라 하자 그래도 이전

---

4 仲尼居, 曾子侍. 子曰: "先王有至德要道, 以順天下. 上民用和睦, 上下無怨. 汝知之乎?" 曾子避席曰: "參不敏, 何足以知之?" 子曰: "夫孝, 德之本也, 教之所由生也. 復坐, 吾語汝." "身體髮膚, 受之父母, 不敢毁傷, 孝之始也. 立身行道, 揚名于後世, 以顯父母, 孝之終也. 夫孝, 始于事親, 中于事君, 終于立身. 『大雅』云: '無念爾祖, 聿修厥德.'" 『孝經』 '無念爾祖, 聿修厥德' 구절은 『大雅 · 文王』에 나오는 구절로 '그대들 조상은 생각지 말고 덕 닦기만 하기를'이란 뜻이다. '聿(마침내 율, yù)'은 '마침내'의 뜻인 조사의 용법으로 쓰인다.

처럼 여전히 베를 짰다. 잠시 후에 또 한 사람이 와서 모친에게 고하길 '증자가 사람을 죽였소.'라 하자 모친은 겁을 먹고 베틀의 북을 놓고 다급히 담을 넘어 달려갔다. 증자의 현명하고 모친의 믿음이 있다하나 세 사람이 의심을 하게 되면 자상하신 모친도 믿지 못하는 것이다.[5]

증자는 이름이 삼參[6]이고 자는 자여子輿이다. 산동성山東省에서 출생하였다. 증점曾點의 아들이다. 『효경孝經』의 작자라고 알려져 있다. 증자의 사상은 『증자曾子』 18편 가운데 10편이 『대대례기大戴禮記』에 남아 전하고 있는데, 효孝와 신信을 도덕행위의 근본으로 하고 있다. 공자의 도道를 계승한 증자의 사상은 공자의 손자 자사子思를 거쳐 맹자孟子에게 전해져 유교사상사儒教思想史에 있어 중요한 위치를 차지한다. 공자 · 안자顔子 · 자사 · 맹자와 함께 동양 오성五聖으로 꼽힌다.[7] 증자는 공자의 사상은 '충忠'과 '서恕'로 귀납할 수 있다 하였다.

子曰: "參乎! 吾道一以貫之." 曾子曰: "唯." 子出, 門人問曰, "何謂也?" 曾子曰: "夫子之道, 忠恕而已矣."(04.15)

공자는 말하였다.

"삼아, 내가 받드는 도道는 하나로써 관철되어 있다."

---

5 "人告曾子母曰: '曾參殺人.' 曾子之母曰: '吾子不殺人.' 織自若. 有傾焉, 人又曰: "曾参殺人!" 其母尚織自若也. 傾之, 一人又告之曰: "曾參殺人!" 其母懼, 投杼逾墻而走. 夫以曾參之賢與母之信也, 而三人疑之, 則慈母不能信也."(戰國策 · 秦策二)

6 '參'자를 혹은 '참'으로 읽기도 한다.

7 네이버 지식백과, https://terms.naver.com/entry.nhn?docId=1143968&cid=40942&categoryId=39994

증자는 "예."라고 답했다.

공자께서 밖에 나가시자 제자들이 물었다.

"무슨 말씀이신가요?"

증자가 말하였다.

"선생님의 도道는 충서忠恕일 따름이다."

'충忠'은 변치 않는 일관된 하나의 마음이고, '서恕'는 남을 배려하는 용서의 마음이다.

04

大節不奪 대절불탈

생사의 기로에 있어도 정도는 지키다

'대절불탈大節不奪'은 '대절무휴大節無虧'로 쓰기도 한다. '대절大節'은 '목숨을 바쳐 지켜야하는 중대한 일'의 뜻이고, '불탈不奪'은 '빼앗지 못하다'라는 뜻이다. '휴虧(이지러질 휴, kuī)'는 '어그러지다'라는 뜻이다. 따라서 '안위나 존망의 위기에 있는 중요한 일에 임하게 되었을 때 그에게서 의지를 빼앗을 수 없는 것'이며, '마음을 어그러지게 하지 못하다'는 뜻이다. 즉 생사의 고비에 처해도 신념을 굽히지 않고 굳세게 지켜냄을 말한다.

'(節)'자는 '竹'과 소리부 '卽'으로 이루어진 자이고 '대나무 마디'라는 뜻이다. 마디마디는 단계이기 때문에 '절차'라는 의미가 있고, '절제하다'·'절도'·'절개' 등의 의미로 확대되어 쓰인다. '(奪)'자를 금문은 ''·''로 쓴다. '새가 날아갈까 봐 천으로 덮어놓고 손으로 잡고 있는 모습'이다. '도망가다'·'잃어버리다'·'빼앗다'라는 파생어로 쓰인다.

曾子曰: "可以託六尺之孤, 可以寄百里之命, 臨大節而不可奪也, 君子人

與? 君子人也."(泰伯 08.06)

증자가 말하였다.

"어린 임금을 부탁할 수 있고, 백리 되는 나라 운명을 맡길 수 있으며, 중대한 운명적 일에 임해서도 동요하는 일이 없다면 군자다운 사람일까? 군자다운 사람이라."

'육척지고六尺之孤'는 어린 임금이라는 뜻이다. '대절大節'은 목숨을 바칠 만한 큰 절개스러운 일로, 나라를 편안하게 하고 사직社稷을 안정시키는 따위를 가리킨다. '백리지명百里之命'은 '국가의 넓이가 사방 백 리인 제후국'을 가리킨다. '군자인君子人'은 '군자다운 사람'으로 '君子'가 '人'을 수식하는 관형어이다.

'생사의 기로에 있어도 정도를 지킬 수 있는' 군자라면 나라의 중요한 운명을 맡길 수 있다. 유비劉備가 유선劉禪을 제갈량諸葛亮에게 부탁한 '永安托孤'의 이야기가 유명하다. 탁고 후인 장무章武 3년(223년) 유비劉備는 향년 63세의 나이로 영안궁에서 세상을 떠났다.

장무 3년 봄. 선주 유비는 영안궁에서 병세가 가중되자 제갈량을 성도에서 불러들였다. 제갈량에게 후사를 부탁하며 '그대의 재량은 조비에 비해 몇 십 배 뛰어나오. 반드시 나라를 안정하게 다스릴 수 있고, 큰일을 완성할 수 있을 것이오. 만약에 후임자 유선을 보좌할 수 있으면 보좌하되, 그렇지 않고 그의 재능이 모자란다면 그를 대신하여 스스로 바꾸기 바라오.' 제갈량은 눈물을 흘리며 '감히 온 힘을 다하고 충정忠貞의 절개를 죽을 때까지 바치겠습니다.' 선주 유비는 또한 후주 유선에게 '너는 승상과 함께 나라를 잘 다스리도록 하고, 승상을 부친처럼 모시도록 하라.'라 하였다.[1]

제갈량이 눈물을 흘리며 한 "갈고굉지력竭股肱之力, 효충정지절效忠貞之節, 계지이사繼之以死" 는 애국충절한 마음이 구구절절 배어있는 말이다. '竭(다할 갈, jié)'은 '다하다'라는 뜻이고 '고굉지력股肱之力'은 '자신이 가지고 있는 모든 역량'을 말한다. '고굉股肱' 중 '股(넓적다리 고, gŭ)'는 원래 '넓적다리'라는 뜻이고 '肱(팔뚝 굉, gōng)'은 '팔뚝'이라는 뜻으로 '온몸'이라는 뜻이다. '效(본받을 효, xiào)'는 '힘을 다하다'·'바치다'는 뜻이고 '忠貞之節'은 '충성적인 절개'라는 뜻이다. '계지이사繼之以死(jì zhī yǐ sǐ)'는 '죽을 때까지 온 힘을 다하다'라는 뜻이다. 전체적으로 '온 힘을 다하고 충정忠貞의 절개를 죽을 때까지 바치겠다'는 뜻이다.

제갈량(181-234) 같은 사람이 곧 '큰 일에 임하여도 그의 마음을 빼앗을 수 없는 군자', '임대절이불가탈臨大節而不可奪'한 진정한 군자이다.

제갈량은 자는 공명孔明이고 시호謚號는 충무후忠武侯이며, 낭야군瑯琊郡 양도현陽都縣, 지금의 산동성山東省 기남현沂南縣에서 태어났다. 어릴 때 아버지를 여의고 형주荊州(지금의 호북성湖北省)에서 숙부 제갈현諸葛玄의 손에서 자랐다. 후한後漢 말의 전란을 피하여 출사出仕하지 않았으나 명성이 높아 와룡선생臥龍先生 혹은 복룡선생伏龍先生이라 일컬어졌다. 207년(건안 12) 조조曹操에게 쫓겨 형주에 와 있던 유비로부터 '삼고초려三顧草廬'의 예로써 초빙되어 융중대책隆中對策(현 호북성湖北省 양양시襄陽市)인 천하삼분지계天下三分之計를 진언進言하였다. 유비는 제갈량을 얻은 것을 물고기가 물을 만난 것(수어지교水魚之交)에 비유하였다.

---

1 章武三年春, 先主于永安病篤, 召亮于成都, 屬以後事, 謂亮曰: "君才十倍曹丕, 必能安國, 終定大事. 若嗣子可輔, 輔之; 如其不才, 君可自取." 亮涕泣曰: "臣敢竭股肱之力, 效忠貞之節, 繼之以死!" 先主又爲詔敕後主曰: "汝與丞相從事, 事之如父."(三國志·諸葛亮傳)

이듬해 오나라의 손권孫權을 설득하여 유비와 연합하게 하여, 적벽대전赤壁大戰에서 조조의 대군을 물리치고 유비가 형주를 차지하자 계속 군사軍師로 활약하였다. 소설 『삼국지연의三國志演義』에 의하면 219년 유비가 漢中王한중왕이 될 때 승상이 되었고 212년 유비가 황제에 오른 후에 조정의 정사를 도맡아 보게 되었다. 214년(건안 16) 유비는 성도成都를 평정하고 나서 그를 군사장군軍師將軍으로 삼아 자신이 출병한 뒤 군량과 병사를 대도록 하였고, 촉한의 황제에 오른 뒤에는 그를 승상丞相으로 삼았으며, 죽음을 앞두고는 자신이 이루지 못한 대업을 이루도록 당부하였다. 유비는 제갈량에게 자신의 아들 유선劉禪을 보좌하되, '아들이 무능하면 몰아내고 황제를 바꾸어도 좋다(여기불재如其不才, 군가자취君可自取)'고 유언하였으나 제갈량은 끝까지 후주後主 유선을 보필하였다. 재차 오나라와 연합하여 위나라와 항쟁하였으며, 생산을 장려하여 민치民治를 꾀하고, 윈난雲南으로 진출하여 맹획孟獲을 칠금칠종七擒七縱하고, 개발을 도모하는 등 촉한의 경영에 힘썼다. 그러나 위나라에 비하여 국력의 열세가 뚜렷한 가운데 오장원五丈原에서 위나라의 사마의司馬懿와 대치하다가 병이 들어 사망하였다. 위魏나라와 싸우기 위하여 출진할 때 올린 「전출사표前出師表」와 「후출사표後出師表」는 충정으로 가득한 천고의 명문으로 꼽힌다. 후인들이 중국 곳곳에 무후사武侯祠를 지어 그의 충절을 기리고 있다.[2] 특히 성도의 무후사가 가장 유명하다.[3]

'애기부재如其不才, 군가자취君可自取'에 대한 해석을 놓고 역대 의견

2 네이버 지식백과, https://terms.naver.com/entry.nhn?docId=1141031&cid=40942&categoryId=34305

3 무후사(武侯祠)는 성도(成都)의 무후사 이외에 섬서성(陝西省) 한중시(漢中市)의 면현(勉縣)과 하남성(河南省) 남양시(南陽市) 와룡강(臥龍崗) 등 적어도 일곱 곳이 있다.

이 분분하다. 하나는 유선이 '재능이 없다면 제갈량 자신이 황제가 되어도 좋다'는 뜻으로 해석하거나 혹은 '취取'자를 '선택하다'라는 의미로 해석하여 '재능이 없다면 제갈량이 유비의 다른 아들을 선택하여 황제로 삼아도 좋다'라는 제갈량에게 일종의 권한을 부여한 내용으로 해석할 수 있다. 제갈량에게 황제가 되어도 좋다는 것은 당시의 상황이나 유교적 세습제世襲制 개념에서는 불가능하고, 아마도 후자의 경우가 옳은 것 같다. 유비에게는 유선 외에 황제가 될 자격이 있는 아들이 적어도 두 명 더 있었다. 노왕魯王 유영劉永과 양왕梁王 유리劉理가 있었다. 유비는 숨을 거두기 전에 유선에게 했던 똑같은 말을 유영에게 "짐이 죽은 다음에 너희 형제들은 '아버지에게 대하는 것처럼 승상에게 대하고 승상과 함께 일을 해야 한다'" 고 당부하였다. 따라서 제갈량이 일종의 폐위의 권한을 부여한 것이다.

『삼국지연의』에서 독자에게 가장 많은 사랑을 받는 영웅은 제갈량일 것이다. 제갈량에 대한 무한한 지지는 그의 '대절불탈大節不奪'때문이다.

05

士不弘毅 사불홍의

선비가 뜻이 크고 의지가 굳세지 않으면

'사불홍의士不弘毅'는 '사불가이불홍의士不可以不弘毅'의 준말로 '선비는 도량이 넓고 굳은 의지가 없어서는 안 된다'는 뜻이다.

'(弘, 넓을 홍, hóng)'자는 '弓'과 소리부 '厶(厷, 肱, gōng)'으로 이루어진 자이다.[1] 갑골문은 '' · ''으로 금문은 '' · ''으로 쓴다. 화살이 튕겨져 나갈 때 나는 큰 소리라는 뜻이다. 갑골문의 '口'는 전서篆書에서 '厶'로 와전되었다.

'(毅, 굳셀 의, yì)'자는 '殳'와 소리부 '豙(돼지 성나 털 일어날 의, yì)'로 쓴다. 금문은 '' · ''로 쓴다. '성난 돼지를 도구를 가지고 길들이는 모

---

1 『說文解字』는 '弘'자에 대하여 "弘, 弓聲也. 从弓, 厶聲. 厶, 古文肱字."(활이 날아가는 소리. 의미부 '弓'과 소리부 '厶'으로 이루어진 자이다. '厶'자의 고문은 '肱'으로 쓴다.)라 하였다. 『說文解字』는 '厷'자에 대하여 "(厷), 臂上也. 从又, 从古文. (厶), 古文厷, 象形. (肱, 厷)或从肉."('厷'은 '팔뚝'이라는 뜻이다. '又'와 고문 '(厶)'로 이루어진 자이다. '厶'자는 고문 '厷'과 같은 자이며, 상형자이다. '厷'자는 혹은 '肉'을 추가하여 '肱'로 쓰기도 한다.)라 하였다.

습'이다. '굳세다'·'강하다'라는 파생어로 쓰인다.

曾子曰: "士不可以不弘毅, 任重而道遠. 仁以爲己任, 不亦重乎? 死而後已, 不亦遠乎?"(泰伯 08.07)

증자가 말하였다.

"선비는 도량度量이 넓고 꿋꿋하지 않으면 안 될 것이니, 소임所任은 중대하고 갈 길은 멀다. 인자함을 이룩하는 것을 자기의 소임으로 하니 또한 중대하지 아니한가. 죽은 후에라야 끝나니 또한 갈 길이 멀지 아니한가."

'사이후이死而後已'는 '죽은 후에 그만 둔다'는 뜻으로, '숨이 아직 붙어 있다'라는 뜻인 '일식상존一息尙存'과 같이 '최후까지'라는 뜻으로 쓰인다.

모름지기 군자라 함은 '뜻이 크고 의지가 굳세지 않으면' 안 될 것이다. 커다란 꿈을 가지고 그 꿈을 펼치기 위하여 굳센 의지를 갖춰야 함을 말한다. 큰 그릇이고 대장부이다.

경춘이 "공손연과 장의[2]가 어찌 진정한 대장부大丈夫가 아니겠습니까? 그들이 한 번 노하면 제후들이 두려워하고, 그들이 편안히 들어앉아 있으면

2 공손연(公孫衍)은 전국(戰國) 시대 위(魏)나라 음진(陰晉) 사람이다. 전국(戰國)시기 종횡가(縱橫家)를 대표하는 인물로 서수(犀首)라고도 부른다. 처음에 진(秦)나라의 대량조(大良造)가 되어 제(齊)나라와 위(魏)나라를 설득하여 조(趙)나라를 공격하도록 해 소진(蘇秦)의 종약(縱約)을 깨뜨렸다. 나중에 위나라로 들어가 상(相)이 되었다. 위양왕(魏襄王) 원년에 각국이 진(秦)나라에게 대항해 연합하자는 합종책(合縱策)으로 장의(張儀)의 연횡책에 맞서 승리를 거두기도 하였다.(『중국역대인명사전』, 임종욱 외, 이회문화사, 2010.)

온 천하가 잠잠해집니다."라고 말하자, 맹자가 말하였다.

"그렇게 해서야 어떻게 대장부가 될 수 있겠소? 당신은 예禮를 배우지 않으셨소? 대부大夫가 관예冠禮를 할 때에는 부친이 말을 일러주고 여자가 출가할 때에는 모친이 말을 일러주고, 문까지 가서 보내주며 '네 시집에 가서는 반드시 공경하고 반드시 조심하여서 남편의 뜻을 어기지 말라'고 주의해 주오. 순종하는 것을 올바른 것으로 여기는 것은 부인네가 따르는 도리요.

천하라는 넓은 집에 살고, 천하의 올바른 자리에 서고, 천하의 대도大道를 실천하여, 뜻을 이루면 백성들과 더불어 함께 해 나가고, 뜻을 이루지 못하면 혼자서 자기의 도道를 실천하여 부귀富貴도 그의 마음을 혼란시키지 못하고, 빈천貧賤도 그의 마음을 변하게 하지 못하고, 무서운 무력도 그를 굴복시키지 못하게 되어야 그것을 대장부大丈夫라고 하는 거요."[3]

군주가 바른 길로 다스리도록 하는 것이 대장부이거늘 공손연과 장의는 자신이 섬기는 군주의 요구나 명령만 따를 뿐 정도正道에서 벗어나도 간언하지 않고 제후들을 농락하고 다니기 때문에 남편 앞에서 순종만을 옳은 것으로 받들고 사는 부녀자들과 다를 바 없는 것이다. 대장부란 부귀富貴와 빈천貧賤에 구애됨이 없이 강직하게 살아나가 자기의 이념을 실천할 수 있는 것이다. 또한 군주를 도와 나라를 다스리는 기회가 오면 백성들과 더불어 자기의 정도를 실행하고 기회가 오지 않으면 물

3 景春曰: "公孫衍 · 張儀豈不誠大丈夫哉? 一怒而諸侯懼, 安居而天下熄." 孟子曰: "是焉得爲大丈夫乎? 子未學禮乎? 丈夫之冠也, 父命之; 女子之嫁也, 母命之, 往送之門, 戒之曰: '往之女家, 必敬必戒, 無違夫子.' 以順爲正者, 妾婦之道也. 居天下之廣居, 立天下之正位, 行天下之大道; 得志與民由之, 不得志, 獨行其道; 富貴不能淫, 貧賤不能移, 威武不能屈, 此之謂大丈夫."(孟子 · 滕文公下)

러나 소신대로 살아가는 것이 대장부인 것이며, 홍의弘毅를 지닌 군자인 것이다.

큰 뜻을 지니고 강한 의지를 지닌 대장부는 모름지기 『논어』에서 말하는 '구생해인求生害仁'하지 않고, '살신성인殺身成仁'하는 군자일 것이다.

> 子曰: "志士仁人, 無求生以害仁, 有殺身以成仁."(衛靈公 15.09)
>
> 공자는 말하였다.
>
> "지사志士와 인인仁人은 살기를 바라서 인仁을 해치는 일이 없고 몸을 죽여가지고 인仁을 이룩하는 일은 있다."

'지사志士'는 인仁을 이루고자 하는 군자이고, '인인仁人'은 인仁을 실천하는 덕을 갖춘 군자이다. '以'자는 '而'의 용법과 같이 접속사의 용법으로 쓰인다.

'구생해인'은 '살신성인'과 반대 개념이다. '구생해인'은 살기 위하여 자존심을 버리는 것이고, '살신성인'은 죽어도 자존심을 버리지 않는 것이다.

06

忠信篤敬 충신독경

성실하고 신용이 있고, 독실하고 공경하라

'충신독경忠信篤敬'은 '언행은 성실하고 신용이 있게 하고, 행실은 독실하고 공경하게 하라'는 뜻이다. 공자는 사람은 언행을 할 때 가장 중요한 마음 자세를 '충'·'신'·'독'·'경' 네 가지로 보았다.

'충忠'은 흔들림이 없는 '진실된 마음'이 담긴 언행이고, '신信'은 '믿음'이다. '(篤, 도타울 독, dǔ)'자는 원래 의미부가 '馬'이고 소리부가 '죽竹'으로, '말이 천천히 타박타박 걷다'라는 뜻이다. 후에 '도탑다'·'굳다'라는 뜻으로 파생되어 쓰인다.

'(敬)'은 의미부 '攴'과 '苟'로 이루어진 자이다. 갑골문은 ''·''으로 쓰고, 금문은 ''·''·''이나 '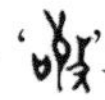'으로 쓴다. 사람이 귀를 쫑긋 세워 조심하고 경계하는 모습이다. ''은 남의 말을 귀를 세워 경청하는 뜻을 나타낸다. '苟'자의 고문은 의미부 '羊'을 써서 '(茍)'로 쓰기도 한다. 쫑긋 세운 귀의 모습이 후에 '艹'나 '羊'의 형태로 변하여 '苟'자로 쓰게 되었다. 후에 '攴(채찍질 복, pū,pǔ)'을 추가하여 금문은 '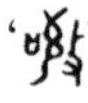'으로 쓴

다. 남을 배려하고 존경하는 마음가짐을 더욱 채찍질함을 나타낸다.

> 子張問行. 子曰: "言忠信, 行篤敬, 雖蠻貊之邦, 行矣. 言不忠信, 行不篤敬, 雖州里, 行乎哉? 立則見其參於前也, 在輿則見其倚於衡也, 夫然後行." 子張書諸紳.(衛靈公15.06)
>
> 자장이 사람들 사이에 통할 수 있게 되는지에 관해서 여쭈어 보았다. 공자는 말하였다.
>
> "말이 성실하면 신용이 있고, 행동이 진지하고 조심스러우면 미개발 민족들의 나라에서라 할지라도 통하게 될 것이다. 말이 성실하지 않으면 신용이 없고, 행동이 진지하지 않고 조심스럽지 않다면 제 고장에서라 한들 통하게 되겠느냐? 서 있을 때는 이 글자들이 네 앞에 늘어서 있음을 보고, 수레 안에 있을 적에는 이 글자들이 쇠뿔의 가름대에 붙어 있음을 보라. 그렇게 된 후에야 통하게 될 것이다." 자장은 이 말씀을 띠 자락에다 썼다.

'만백지방蠻貊之邦'은 오랑캐 나라를 가리키고, 주리州里는 '자신이 사는 마을'을 가리킨다. '蠻(오랑캐 만, mán)'은 오랑캐 민족을 가리키고, '貊(북방 종족 맥, mò)'자는 '貉'자와 같은 자로 북방이민족을 가리킨다.

공자는 '충신독경'이라는 말을 항상 곁에 두고 유념하여 실천하도록 자장을 가르쳤다. '입즉견기참어전立則見其參於前'은 '서 있을 때 마치 그것(충신독경)이 앞에 가지런히 서 있음을 보다'라는 뜻이다. '참參'자는 '가지런히 서다'라는 뜻이다. 혹은 '참견하다'라는 뜻으로 해석하여 '서 참견하듯이 하라'라는 뜻으로 풀이하기도 한다. 항상 그것을 염두에 두라는 뜻이다. '재여즉견기기어형在輿則見其倚於衡'은 '수레 안에 있을 적에는 이 글자들이 쇠뿔의 가름대에 붙어 있어 언제나 바라볼 수 있도록 하라'는 뜻이다. '衡(저울대 형, héng)'은 '쇠뿔의 가름대'를 가리킨다. '其'는 앞의 '忠信篤敬'을 가리킨다.

공자는 또한 자장에게 '공관신민혜恭寬信敏惠'을 하면 '인을 실천할 수 있다 하였다.

> 子張問仁於孔子. 孔子曰: "能行五者於天下爲仁矣." "請問之." 曰: "恭寬信敏惠. 恭則不侮, 寬則得衆, 信則人任焉, 敏則有功, 惠則足以使人."(陽貨 17.06)
>
> 자장이 공자께 인에 관해서 여쭈어 보았다. 공자가 말하였다.
>
> "다섯 가지를 천하 어느 곳에서나 행할 수 있는 것이 인이다."
>
> "그것을 여쭈어 보아도 좋겠습니까?"
>
> "공손恭遜 · 관대寬大 · 신용信用 · 민첩敏捷 · 은혜恩惠다. 공손하면 모욕을 당하지 않고, 관대하면 많은 사람들의 지지를 받고, 신용이 있으면 남이 일을 맡기고, 민첩하면 공적을 올리게 되고, 은혜로우면 사람을 부릴 수 있게 된다."

논어에서 문명이 발전하지 않은 미개인未開人 민족으로 '만맥蠻貊'이외에 '이적夷狄'이 쓰기도 한다.

> 樊遲問仁. 子曰: "居處恭, 執事敬, 與人忠. 雖之夷狄, 不可棄也."(子路 13.19)
>
> 번지가 인仁에 관해서 여쭈어 보았다. 공자는 말하였다.
>
> "평상시 일상생활을 하는데 공손히 하고, 공사를 처리하는데 조심 있게 하고, 남과 사귀는 데 성실하게 한다는 것은 미개인들 틈에 간다 하더라도 버릴 수 없다."

만약에 『논어』의 논리를 빌리자면, 현대 사회에 있어 미개인인가 아니면 문명 국가인가의 판단 기준은 일반 사람이 그 행동을 믿음성 있게 하고, 남을 배려하는 마음이 있어야 한다는 것이다. 공자는 고대 '문명'의 상징 국가로 곧잘 '주周'나라를 문명을 찬양하였다.

子曰: "周監於二代, 郁郁乎文哉! 吾從周."(八佾 03.14)

공자는 말하였다.

"주나라는 하은夏殷 두 왕조를 참고할 수 있어 그 문화는 대단히 찬란하다. 나는 주나라에 따르겠다."

주나라의 문명을 창시한 왕이 문왕文王이고, 이를 계승한 성인이 곧 공자이다.

子畏於匡, 曰: "文王旣沒, 文不在玆乎? 天之將喪斯文也, 後死者不得與於斯文也, 天之未喪斯文也, 匡人其如予何?"(子罕 09.05)

공자가 광匡에서 위험 속에 빠지셨을 때 말하였다.

"문왕이 이미 돌아가셔버렸지만 그가 이룩한 문화가 나한테 전하여져 있지 않느냐? 하늘이 이 문화를 없애버리려 하였다면, 그분보다 나중에 죽을 사람들이 이 문화와 함께 하지 못하였을 것이다. 하늘이 이 문화를 없애버리려고 하지 않는다면, 광의 사람들이 나를 어쩌겠느냐?"

공자는 운명은 하늘에 달려 있고 자신의 사명을 하늘이 알고 있으니 어느 누구도 하늘을 거역할 수 없다는 것으로 제자들을 격려하였다. '畏(두려워할 외, wèi)'는 죄인을 가두는 것을 말하는 것으로, 본 구절에서는

'구금을 하다'나 '위험에 빠지다'는 뜻으로 쓰인다. '후사자後死者'는 '나중에 죽는 사람'으로 공자 자신을 가리킨다.

『사기史記 · 공자세가孔子世家』에 위와 같은 내용이 보인다.

공자가 위衛나라를 떠나 장차 진陳나라로 가려고 광匡을 지나갔다. 이때 안각顔刻이 말을 몰았는데 말채찍으로 한곳을 가리키며 "전에 제가 이곳에 왔을 때는 저 파손된 성곽의 틈 사이로 들어왔었습니다."라 하였다. 광 지역 사람들은 이 말을 듣고 노魯나라의 양호陽虎가 또 온 것이라고 여겼다. 안각은 양호가 침공을 할 때 양호를 수행했었다. 양호는 일찍이 광 지역을 약탈하고 살육한 적이 있었고, 공자의 모습이 양호와 비슷하였기 때문에 공자는 5일간이나 포위당했다.

안연顔淵이 뒤따라 도착하자 공자는 "나는 자네가 난중亂中에 이미 죽은 줄로 알았다."라 하자, 안연은 "선생님이 계시는데 제가 어찌 감히 무모하게 죽겠습니까?" 라 하였다. 광 지역 사람들이 공자를 향하여 더욱 급박하게 포위망을 좁혀오자 제자들이 두려워하기 시작하자, 공자는 "문왕이 이미 돌아가셔버렸지만 그가 이룩한 문화가 나한테 전하여져 있지 않느냐? 하늘이 이 문화를 없애버리려 하였다면, 그분보다 나중에 죽을 사람들이 이 문화와 함께 하지 못하였을 것이다. 하늘이 이 문화를 없애버리려고 하지 않는다면, 광의 사람들이 나를 어쩌겠느냐?" 라 말하였다. 지금 하남성河南省 장원현長垣縣 서남쪽 15리쯤에 광성匡城이 있는데, 아마도 당시에 공자가 구금을 당했던 곳이 아닌가 한다. 공자는 사자를 위衛나라 대부大夫 영무자寧武子에게 보내어 위衛나라의 신하가 되게 한 후에야 비로소 그곳을 떠날 수 있었다.[1]

---

1 將適陳, 過匡, 颜刻爲仆, 以其策指之曰: "昔吾入此, 由彼缺也." 匡人聞之, 以爲魯之陽

공자는 요·순·우·탕·문·무堯舜禹湯文武의 도를 배우려 하였다. 위衛나라 대부 공손조公孫朝가 공자는 어디에서 배웠느냐고 묻자 자공子貢은 주周나라 문무文武 왕의 도를 배운다 하였다.

衛公孫朝問於子貢曰: "仲尼焉學?" 子貢曰: "文武之道, 未墜於地, 在人. 賢者識其大者, 不賢者識其小者. 莫不有文武之道焉. 夫子焉不學? 而亦何常師之有?"(子張 19.22)

위나라의 공손조가 자공에게 물었다.

"공자 중니仲尼는 어디서 배웠나요?"

자공이 말하였다.

"문왕과 무왕의 도道가 아직 땅에 떨어지지 않고 사람들에게 남아있습니다. 현명한 사람은 그 가운데 큰 것을 알고, 현명하지 못한 사람은 그 가운데 작은 것을 기억하고 있지요. 이와 같이 문왕과 무왕의 도를 지니고 있지 않은 사람이 없으니, 저의 선생님께서야 어디에서든 배우시지 않은 데가 있겠습니까? 그리고 또 어찌 정해진 스승이 있겠습니까?"

21세기에 들어서 한류문화의 중요성이 크게 대두되고 있다. 고대 중국이 변두리 오랑캐 나라라 일컫던 한국이 지금은 세계의 중심에 서서 다른 문명에 큰 영향을 끼치고 있다. 이제는 한국 변두리 국가에 문명적 혜택을 베풀어야 할 때다. '한류'라는 단어는 1990년대에 대한민국 문화

虎. 陽虎嘗暴匡人, 匡人于是遂止孔子. 孔子狀類陽虎, 拘焉五日, 顔淵後, 子曰: "吾以汝爲死矣." 顔淵曰: "子在, 回何敢死!" 匡人拘孔子益急, 弟子懼. 孔子曰: "文王既没, 文不在兹乎? 天之將喪斯文也, 後死者不得與于斯文也. 天之未喪斯文也, 匡人其如予何!" 孔子使從者爲寧武子臣于衛, 然後得去.(史記 · 孔子世家)

의 영향력이 타국에서 급성장함에 따라 등장한 신조어이다. 초기에 주로 아시아 지역에서 드라마가 유행하였고, 이후 K-pop으로 분야가 세계적으로 확장되었다. 한류는 이제 한국의 문화를 세계에 알릴 수 있는 국력이 되었고 중요한 수출의 한 분야가 되었다. 한국이 세계로 뻗어나갈 수 있는 에너지이기도 하고, 청소년들이 한국인이라는 자긍심을 가지고 세계인을 대상으로 꿈을 펼칠 수 있는 커다란 자산이기도 하다. 그런데 '한류'가 '한스타일'이 세계 속에서 지속으로 영향을 끼치기 위해서는 내실이 필요하다. 그것은 중국이 고대 주변 국가 문명에 강조했던 '충신독경忠信篤敬'과 같은 내실이 필요하다. '성실하고 신용이 있고 독실하고 공경하는'태도다. 당장의 장사 이득을 위하여 바가지요금을 씌우는 것은 남을 배려하는 태도가 아니다. 성숙한 문화의 정신을 갖춰야 하는데, 이 성숙된 정신은 곧 '충신독경'이다. 그래야 영원히 세계 속의 한국이 될 수 있다. 방탄소년단(BTS)이 2018년에 빌보드 순위 1위를 두 번이라 차지하였다.

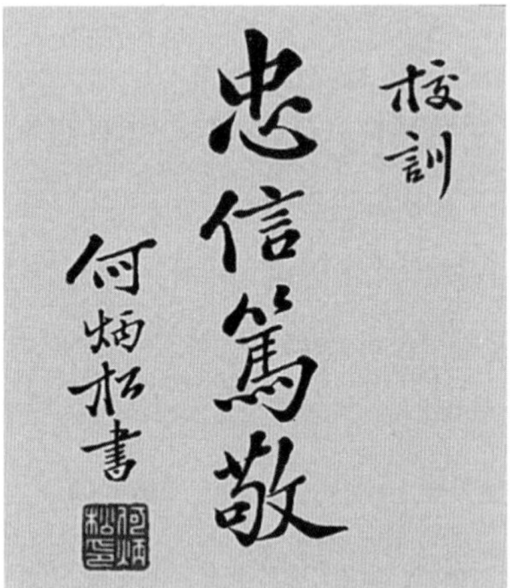

기남대학교훈暨南大學校訓(교훈校訓, 충신독경忠信篤敬, 何炳松書하병송서)

07

叩其兩端 고기양단

질문의 시말을 철저히 파악하라

'고기양단叩其兩端'은 '양쪽 끝을 두드려 헤아리다'는 뜻으로 즉 '질문의 시작과 끝을 하나하나 캐물어 그 의도를 철저히 파악하고 가르치다'는 뜻이다.

'叩(두드릴 고, kòu)'자는 혹은 '訌'자로 쓰기도 한다. 물건을 두드리듯이 문제의 본질을 파악하기 위하여 다각적으로 조사한다는 뜻이다.

'端(바를 단, duān)'은 '물체의 뾰족한 끝'을 가리킨다. '立'과 소리부 '耑(시초 단, duān, zhuān)'으로 이루어진 자이다. '(耑)'자는 윗부분이 돋아나는 싹의 모양이고 아랫부분은 곧게 뻗은 뿌리의 모양을 그린 것이다. 갑골문은 ''·''·''으로 쓰고, 금문은 ''·''으로 쓴다. '端'은 물질이 곧게 뻗은 모습에서 '꼿꼿하게 서있는 사람'이란 뜻으로 확대되어 '단정하다'·'바르다'·'공정하다' 등의 의미로 쓰인다. 본 구절에서는 '양쪽 끝'이라는 뜻으로 쓰인다.

子曰: "吾有知乎哉? 無知也. 有鄙夫問於我, 空空如也. 我叩其兩端而竭

焉."(子罕 09.08)

공자는 말하였다.

"내가 아는 것이 있겠는가? 아는 것이 없다. 그러나 한 비천한 사람이 나에게 물어보는데 내가 아무것도 모른다면 그것을 처음부터 끝까지 철저하게 구명한 후 그것을 가르쳐 주는데 힘쓴다."

'호재乎哉' 중 '乎'는 반문이나 의문을 표시하는 어기조사이고, '哉'는 감탄의 어기를 표시하는 어기조사이다.

'공공여야空空如也'는 원래 '비어있는 듯 아무것도 모르는 모양'이라는 뜻으로, 후에는 '비어있다'라는 의미로도 쓰인다.

'여如'자는 형용사 접미사이고, '야也'는 음절을 조절하는 어기사이다.

'鄙(고을 비, bǐ, bì)'자는 고문자 '몸(啚)'와 같은 자이다. 외곽에 설치되어 있는 창고의 모양이다. 도심보다 덜 발달된 변두리 지역이기 때문에 '지방' 혹은 '비루하다'라는 뜻으로 쓰인다. 본 구절에서 '비부鄙夫'는 잘 알지 못하는 비천한 사람을 가리킨다.

'고기양단叩其兩端' 중 '양단兩端'은 질문 자체의 처음과 끝, 즉 질문의 본질을 잘 파악하여 그것을 가르쳐 주는데 온 힘을 다함을 말한다.

'비부鄙夫'는 공자보다 학문적이나 수양적으로 뛰어난 사람이 아니다. 비부가 질문할 때, 그것에 대하여 잘 모른다 할지라도 공자는 많이 배운 사람이기 때문에 이것저것 질문의 요지를 묻거나, 혹은 대신해서 다른 사람에게 물어본다면 완벽하지는 못할지언정 반드시 어느 정도를 도와줄 수 있을 것이다. 이러한 태도가 스승의 태도이다. 아는 것을 안다 하고 모르는 것을 모른다고 하는 것이 곧 아는 것이다.[1]

공자는 모든 것을 다 알고, 태어나면서 안 사람이 아니다. 옛 것을 좋아하고 노력하여 배운 사람이다. 공자는 끊임없이 묻고 탐구한 성인이다.

子曰: "我非生而知之者, 好古敏以求之者也."(述而 07.20)

공자는 말하였다.

"나는 나면서부터 알고 있는 사람은 아니고 옛것을 좋아하여 재빨리 그것을 알아내기에 힘쓰는 사람이다."

子曰: "蓋有不知而作之者, 我無是也. 多聞, 擇其善者而從之, 多見而識之, 知之次也."(述而 07.28)

공자는 말하였다.

"(일의 이치를) 모르면서 하는 사람이 있기는 하나 나는 그렇게 한 일은 없다. 많이 들어 가지고 그 가운데의 좋은 것을 가려서 따르고, 많이 보고서 그것을 기록하여 두는 것은 나면서부터 아는 것의 다음은 간다."

'생이지지生而知之'는 '학문을 닦지 않아도 태어나면서 안다'는 성인의 경지를 가리킨다.

'호고민구好古敏求'는 옛 학문을 좋아하여 재빨리 수양에 힘쓴다는 뜻이다. 옛것을 본받아서 새로운 것을 창조한다는 '법고창신法古創新'이나 '온고지신溫故知新'[2]과도 같은 맥락이다.

'택기선자이종지擇其善者而從之'을 줄여서 '택선종지擇善從之'라고도

---

1 "子曰: 由! 誨女知之乎! 知之爲知之, 不知爲不知, 是知也."(爲政 02.17)(유(由)야, 너에게 안다는 것을 가르쳐주랴. 아는 것을 안다고 하고 모르는 것을 모른다고 하는 것이 아는 것이다.)

2 "子曰: 溫故而知新, 可以爲師矣."(爲政 02.11)(공자는 말하였다. "이미 배운 것을 익숙하도록 복습하여 새로운 것을 알게 되면 남의 스승 노릇을 할 수 있을 것이다.")

한다. '좋은 것을 선택하여 따른다'는 뜻이다. 공자는 '세 사람이 함께 있으면 반드시 스승으로 삼을 사람이 있다. 그 중에서 좋은 점을 배우고, 나쁜 점을 발견하면 자신도 그 점에 대해서 고치도록 해야 한다'라 하였다.[3]

'다견이지지多見而識之' 중의 '識(욀지, zhì)'자는 '지'로 읽는다. '기록하다'·'외우다'는 뜻으로 쓰인다. '지지차야知之次也'는 '아는 것의 그 다음 단계'라는 뜻이다. 즉 '생이지지生而知之'의 다음 단계에 해당된다는 뜻이다.

『열자列子·탕문湯問』편에 공자가 어린아이의 질문에 답을 못하자 '누가 당신에게 지혜롭다 하였습니까'라고 조롱하는 이야기가 나온다.

> 공자가 동쪽으로 유람을 다니다가 두 아이가 말다툼하고 있는 것을 보았다.
>
> 그 까닭을 물으니 한 아이가 대답하였다.
>
> "저는 해가 처음 떠오를 때가 사람들로부터 가깝고 해가 중천에 올 때에는 멀어지는 것이라고 했습니다."
>
> 다른 아이는 해가 처음 떠오를 때가 사람들로부터 멀고 해가 중천에 올 때에는 가까워진 것이라고 했다.
>
> 한 아이는 말하였다.
>
> "해가 처음 떠오를 적에는 크기가 수레 덮개와 같은데 해가 중천에 오면

---

3 "子曰: 三人行, 必有我師焉, 擇其善者而從之, 其不善者而改之."(述而 07.22)(공자는 말하였다. "세 사람이 같이 길을 가면 거기에는 반드시 내 스승이 있다. 그들의 선(善)한 점을 골라서 그것에 따르고, 그들의 선하지 않은 점을 골라서 내 자신을 바로잡는다.")

곧 대접과 같아집니다. 이것은 먼 것은 작게 보이고 가까운 것은 크게 보이기 때문이 아니겠습니까?"

한 아이가 말하였다.

"해가 처음 떠오를 적에는 싸늘하고 서늘한데 그 해가 중천에 오게 되면 끓는 국에 손을 넣은 것처럼 뜨겁습니다. 이것은 가까운 것은 뜨겁고 멀리 있는 것은 서늘하기 때문이 아니겠습니까?"

공자도 결판을 내릴 수가 없었다. 그러자 두 아이는 웃으면서 말했다.

"누가 선생님은 아는 게 많다고 했던가요?"[4]

『열자』는 노자의 사상을 계승한 도가의 책이다. 위 이야기는 사실이 아닐 것이고 공자를 빗대어 모든 천하의 진리는 옳고 그름의 양분적 논리로서 해결되지 않는다는 것을 설명하고 있다.[5]

지식인과 지혜인은 다르다. 지혜인은 시비是非, 선악善惡, 미추美醜를 판단하여 인식하고 그 속에서 삶의 가치를 추구하는 것이다. 지식은 습득한 정보나 기술 등을 말한다. '지식을 습득하지 못했다 해서 군자에게

---

4 "孔子東游, 見兩小兒辯鬪. 問其故. 一兒曰: '我以日始出時去人近, 而日中時遠也.' 一兒以日初遠, 而日中時近也. 一兒曰: '日初出大如車蓋, 及日中則如盤盂, 此不爲遠者小而近者大乎?' 一兒曰: '日初出滄滄凉凉, 及其日中如探湯, 此不爲近者熱而遠者凉乎?' 孔子不能決也. 兩小兒笑曰: '孰爲汝多知乎?'"(列子 · 兩小兒辯日)

5 아침에 뜨는 해와 저녁에 지는 태양이 크게 보이는 것은 대기의 굴절효과 때문이다. 렌즈가 두껍고 얇은 것에 따라 보이는 상의 형태가 달라지듯이 대기의 상태에 따라 태양의 크기가 달라 보인다. 밤사이에 지표가 냉각되면서 지표에서는 역전층이 형성되고, 반대로 낮에는 태양에너지를 흡수하면서 지표와 대기는 온도가 상승하고 대기는 팽창하면서 굴절률이 줄어들게 된다. 대기의 온도 분포가 달라지면서 굴절률이 변하고, 같은 태양을 보지만 그 크기가 달라지게 된다. 대기의 굴절 현상에 의한 다른 현상으로는 별의 반짝거림, 신기루 현상들이 있다. 또한 태양의 일몰, 일출 전후에, 태양이 지평선 아래에 있지만 대기 굴절 현상에 의해 2분 정도 태양을 더 볼 수 있다.

해가 되는 것도 아니고, 습득했다 해서 소인이 아니라는 것도 아닌 것이다.'[6] 공자는 '사람들이 자신은 지혜롭다 지혜롭다하면서도 그물이나 덫과 같은 함정에 갇혀도 이를 피하는 방법조차 모른다하고, 중용이라는 최선의 방법이 있다는 것을 알면서도 이를 제대로 응용하지 못한다.' 하였다.[7] 대처 능력이 바로 지혜다.

모든 일을 행할 때에는 사리에 따라 유익한 것을 세워주고, 사리에 따라 아무런 이익이 되지 않는 것은 폐지한다. 이러한 일을 일에 들어맞게 하는 것(중사中事)이라 한다.

모든 지혜와 이론은 유익한 것은 행해지게 하고 사리에 따라 아무런 이익도 되지 않는 것은 버리는 것이다. 이를 두고 이론에 들어맞게 하는 것(중설中說)이라 한다.

일을 행함에 있어 사리에 맞지 않는 것을 간악한 일(간사奸事)이라 한다. 지혜와 이론에 맞지 않는 것을 간악한 도(간도奸道)라 한다.

간악한 일과 간악한 도는 잘 다스려지는 세상에서는 버려지고, 어지러운 세상에서는 바르다고 여겨지는 것이다. 이러한 것은 충실한 것과 공허한 것을 서로 엇바꾸어 놓고 주장하거나, 굳은 돌은 돌이 아니고 흰 말은 말이 아니라거나(견백堅白), 대동은 소동과 다르다고 주장하는 것(동이同異)과 같은 일이다. 그러한 것들은 밝은 귀로도 알아들을 수 없는 것이고 밝은 눈으로도 볼 수가 없는 것이며, 말 잘하는 사람도 표현할 수 없는 일이다. 비록 성

---

6 "不知無害爲君子, 知之無損爲小人."(荀子 · 儒效)(모른다 해서 군자에게 해가 되는 것이 아니고, 안다고 해서 소인이 덜 되게 하는 것도 아니다.)

7 "子曰: '人皆曰予知, 驅而納諸罟擭陷阱之中, 而莫之知辟也. 人皆曰予知, 擇乎中庸, 而不能期月守也."(中庸)

인의 지혜를 지녔다 하더라도 잘못을 바로 가르쳐 줄 수가 없다.

이런 것을 알지 못한다 해도 군자에게는 아무런 지장이 없으며, 그것을 잘 알고 있다 해도 소인으로서 달라질 것이 없다. 그런 것을 공인工人이 알지 못한다 해도 기술을 발휘하는 데에 아무런 지장도 없으며, 군자가 알지 못한다 해도 다스림을 펴는 데에 아무런 지장이 없다.[8]

군자라 해서 모든 것을 다 아는 것도 아니고 다 알 필요도 없다. 그래서 공자 자신은 농사짓는 일은 숙련된 농사꾼만 못하다 했다.[9] 그러나 삶의 지혜는 다르다. 인생의 어려움에 처했을 때, 사건의 본말을 잘 헤아려 가장 좋은 선택을 할 수 있도록 카운슬링 해주는 역할을 해 주어야 한다.

'고기양단'을 혹은 '집기양단執其兩端'이라고도 한다. '執(잡을 집, zhí)' 자는 '헤아리다'는 '고'의 의미와 비슷하다. 『중용』에서는 순舜이 최고의 지도자가 될 수 있었던 것은 사건의 본말을 파악하여 치우침이 없는 적절함 즉 '중용의 도'로 백성에게 다스렸기 때문이라 하였다. 이를 줄여서 '집양용중執兩用中'이라 한다.

---

8 "凡事行, 有益于理者, 立之; 無益于理者, 廢之. 夫是之謂中事. 凡知說, 有益于理者, 爲之; 無益于理者, 舍之. 夫是之謂中說. 事行失中, 謂之奸事; 知說失中, 謂之奸道. 奸事 · 奸道, 治世之所棄, 而亂世之所從服也. 若夫充虛之相施易也, '堅白''同異'之分隔也, 是聰耳之所不能聽也, 明目之所不能見也, 辯士之所不能言也, 雖有聖人之知, 未能僂指也. 不知無害爲君子, 知之無損爲小人. 工匠不知, 無害爲巧; 君子不知, 無害爲治."(荀子 · 儒效)

9 "樊遲請學稼. 子曰: '吾不如老農.' 請學爲圃. 曰: '吾不如老圃.'(子路 13.04)(번지가 곡식 농사에 관해서 가르쳐주시기를 청했다. 공자가 말하였다. "나는 숙련된 농부만 못하다." 채소 농사에 관해서 가르쳐주시기를 청했다. 공자가 말하였다. "나는 숙련된 채소 재배자만 못하다.")

공자가 말하였다.

"순舜은 위대한 지혜를 가졌구나. 순은 묻기를 좋아하였고 가까운 말 살피기를 좋아하였다. 악한 것은 감추고 선한 것을 드러내었고, 그 두 극단을 잡아가지고 그 중간을 백성들에게 적용하였다. 그렇게 하였기 때문에 순이 된 것일 게다."[10]

중국 고대 부족국가 요순시대는 대표적인 태평성세시기이다. 요의 나라는 당唐이고, 순의 나라는 우虞이다. 요순시대는 중국 고대 최고의 태성성세로 이상적인 정치가 베풀어져 백성들이 평화롭게 살아 중국 사람들은 요순을 가장 이상적인 군주로 숭앙한다. 백성들의 생활은 풍요롭고 여유로워 심지어 군주의 존재까지도 잊고 격양가를 불렀다 하며, 정치는 가장 이상적인 선양禪讓이라는 정권이양방식으로 다툼이 없었다. 이러한 태평성세는 모두 양끝을 헤아려 가장 합리적인 '중용中庸'을 선택할 줄 알았기 때문이다. 그래서 요는 순에게 순은 대우大禹(하夏 임금)에게 모두 '윤집기중允執其中'하라 하였다. '允'은 '진실로'의 뜻으로 전체적으로 '진정으로 중정中正을 잡아라'라 하였다.

堯曰: "咨! 爾舜! 天之曆數在爾躬, 允執其中. 四海困窮, 天祿永終." 舜亦以命禹. 曰: "予小子履敢用玄牡, 敢昭告于皇皇后帝, 有罪不敢赦. 帝臣不蔽, 簡在帝心. 朕躬有罪, 無以萬方, 萬方有罪, 罪在朕躬." "周有大賚, 善人是富. 雖有周親, 不如仁人. 百姓有過, 在予一人." 謹權量, 審法度, 脩廢官, 四方之政

---

10 子曰: "舜其大知也與! 舜好問而好察邇言, 隱惡而揚善, 執其兩端, 用其中於民, 其斯以爲舜乎! "(中庸)

行焉. 興滅國, 繼絶世, 擧逸民, 天下之民歸心焉. 所重, 民食喪祭. 寬則得衆, 信則民任焉, 敏則有功, 公則說.(堯曰 20.01)

요堯 임금이 순 임금에게 말했다.

"아아, 너 순舜이여! '하늘의 운수가 그대 몸에 와 있으니 진실로 그 중용中庸을 잡을지니라. 사해의 백성이 곤궁해지면, 하늘에서 내리는 복록福祿은 영영 끊어지리라."

순 임금도 이 말을 우禹임금에게 일러주었다.

(탕왕湯王은) 말했다.

"나, 어린아이 이履(은상殷商의 탕왕)는 감히 검은 수소를 희생으로 바치고, 위대하고 위대하신 천제天帝께 고합니다. 죄 있는 자는 감히 용서하지 못하겠습니다. 하느님의 신하들은 버려두지 않을 것이나, 그것을 가려내는 것은 천제의 마음에 달려 있습니다. 나 자신에 죄가 있다면 만방의 백성과 무관한 일이고, 만방의 백성들에게 죄가 있다면 그 죄는 나 자신의 부덕不德의 탓입니다."

(무왕武王은 말했다.)

"주周나라는 하늘의 큰 혜택을 입어 선한 인물이 많다. 지극히 가까운 친척이 있다 하더라도, 그것은 인자한 인물만은 못한 것이다. 백성들에게 허물이 있다면 그것은 나 한 사람의 부덕한 탓이다."

(무왕武王은) 척도尺度와 양형量衡을 조심스럽게 다루고, 법도를 자세히 살피고, 없앴던 관서官署를 다시 일으켜서, 사방의 정사가 시행되게 되었다. 멸망한 나라를 일으켜주고, 끊어진 대代를 이어 주고, 초야에 묻혀버린 인재를 등용하여서 온 천하의 백성들이 그에게 마음을 돌리게 되었다. 그가 소중하게 여긴 것은, 백성들과 양식과 제사와 상사喪事였다.

관대하면 많은 사람들의 지지를 받고, 신용이 있으면 백성들이 일을 맡기

고, 민첩하면 공적을 올리게 되고, 공평하면 기뻐한다.[11]

『서경』은 성인이 아닌 일반인의 마음, 인심人心은 흔들리기 쉬고 스스로 정제하기가 쉽지 않으며, '도심道心'은 미묘하기 때문에 도달하기에 어렵고, 이 도심은 정밀하고 한결같은 마음으로 실천하여야 중용의 도에 도달할 수 있다 하였다.

> 인심은 위태롭고 도심은 미묘하니, 오직 정밀하고 한결같아야만 진실로 그 중도中道를 잡을 수 있다.[12]

'윤집궐중允執厥中 중의 '厥(그 궐, jué)'자는 '기其'자와 같은 뜻이다.

성인은 인심을 도와 도심에 이르게 하고 중용의 도를 잡을 수 있게 해주는 인도자의 역할을 해 준다. 성인은 인심을 도와주기 위하여 '고기양단叩其兩端'하고, '고기양단'이라는 방법을 통하여 '윤집기중允執其中'해주는 것이다. 중도를 잡기 위해서는 마음을 정밀하고 한결같이 하지 않으면 안 되는데, 이러한 마음을 잡을 수 있게 하는 것이 공자와 같은 성인이다.

만약 우리가 어떤 중대한 일에 임하게 되었을 때, 즉흥적으로 일을 처

---

11 "曰: 恭寬信敏惠. 恭則不侮, 寬則得衆, 信則人任焉, 敏則有功, 惠則足以使人."(陽貨 17.06)(자장이 공자께 인에 관해서 여쭈어 보았다. 공자가 말하였다. "다섯 가지를 천하 어느 곳에서나 행할 수 있는 것이 인이다." "그것을 여쭈어 보아도 좋겠습니까?" "공손(恭遜) · 관대(寬大) · 신용(信用) · 민첩(敏捷) · 은혜(恩惠)다. 공손하면 모욕을 당하지 않고, 관대하면 많은 사람들의 지지를 받고, 신용이 있으면 남이 일을 맡기고, 민첩하면 공적을 올리게 되고, 은혜로우면 사람을 부릴 수 있게 된다.")

12 "人心惟危, 道心惟微, 惟精惟一, 允執厥中."(尙書 · 大禹謨)

리하면 실패하기 십상이다. 그래서 '고기양단'하여, 사건의 본말을 직시하고 잘 헤아려 가장 적절한 방법과 옳은 해결책을 찾아야 한다. 이렇게 한다면 일생에서 실패하는 일을 거의 없을 것이다.

08

鑽之彌堅 찬지미견

뚫을수록 더욱 견실하다

'찬지미견鑽之彌堅' 중 '鑽(끌 찬, zuān, zuàn)'자는 고문에서 '鑿(뚫을 착, záo)'과 같은 의미로 쓰인다. '鑽'자는 형성자이고 '鑿'자는 회의자이다. '뚫으면 뚫을수록 더욱더 단단하다'라는 뜻으로, '연구하거나 모색하면 할수록 더욱더 훌륭하고 독실하고 깊음을 안다'는 '박대후실博大厚實'과 같은 뜻이다. '박대'는 '넓고 크며', '후실'은 '도탑고 실질적임'을 말한다.

'(鑽)'자는 '金'과 소리부 '贊(도울 찬, zàn)'으로 이루어진 자로 '구멍을 뚫는데 사용하는 끌'이라는 뜻이고, 동사로는 '뚫다'라는 의미로 쓰인다. '(贊, 도울 찬, zàn)'자는 '貝'와 '兟(나아갈 신, xīn)'으로 이루어진 자로 '貝'를 들고 앞으로 나가 남을 뵙거나 도와주는 것을 말한다. 후에 '인도하다'·'돕다'·'뵙다'라는 뜻으로 쓰인다. '鑽'자는 '구멍을 뚫으면서 앞으로 나아가는 쇠로 만든 공구 끌'이다. 본 구절에서는 '찬연鑽硏(연구에 몰두하다)'라는 뜻으로 쓰인다.

'(鑿)'자는 '丵(풀 무성할 착)'·'臼(절구 구, jiù)'·'殳(창 수, shū)'와 '金'

로 이루어진 자이다. 갑골문은 '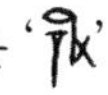'·''으로 쓴다. 중국 전국 초나라 문자에서는 '근斤'과 '구臼'를 사용하여 ''으로 쓴다. '끌을 사용하여 나무를 뚫고 있는 모양'이다.

'彌(두루 미, mí)'자는 '궁弓'과 소리부 '爾(너 이, ěr) '로 이루어진 자로 혹은 소리부 '璽(도장 새, xǐ)'를 써서 '彌(활을 부릴 미)'나 혹은 '镾'로 쓰기도 한다. '큰다(대大)'·'멀다(원遠)'·'깊다(심深)'·'차다(만滿)'나 '두루 미치다'라는 의미로 쓰인다. 본 구절에서는 부사어로 '더욱'이라는 뜻이다.

'(堅, 굳을 견, jiān)'자는 '土'와 '臤(굳을 간, qiān)'으로 이루어진 자로 '단단하게 굳어진 땅'이라는 뜻이다. 본 구절에서는 '더욱더 결실하다'·'더욱더 깊다'라는 뜻으로 쓰인다.

顔淵喟然歎曰: "仰之彌高, 鑽之彌堅. 瞻之在前, 忽焉在後. 夫子循循然善誘人, 博我以文, 約我以禮, 欲罷不能. 旣竭吾才, 如有所立卓爾. 雖欲從之, 末由也已."(子罕 09.11)

안연이 깊이 탄식하여 말하였다.

"스승의 도는 우러러보면 볼수록 더욱 높이 올라가고, 뚫고 내려가면 갈수록 더욱 굳어져 들어가고, 앞에 있는 것을 보고 있자면 어느 틈에 뒤에 와 있다. 선생님께서는 사람을 차근차근 잘 유도하신다. 글로 나의 지식을 넓혀 주시고, 예禮로 나의 행위를 단속하여 주신다. 내가 그만두고자 하나 그만둘 수 없어, 내 재주가 다해 버리기에 이르러도, 아직도 우두커니 앞에 서 있는 것 같다. 그래서 그것을 따라가려고 하지마는 따라갈 길이 없다."

위 구절은 '위연장탄喟然長歎'·'앙지미고仰之彌高'·'순순선유循循善誘'·'박문약례博文約禮'·'욕파불능欲罷不能' 등의 성어와 관련이 있다.

'위연喟然'은 감탄하는 모양으로 '와'하고 감탄하는 것이다. '연然'은 형용사 접미사이다. 안연이 선생님의 훌륭함에 '와! 하고 길게 탄식하다'라는 뜻이다. '첨지재전瞻之在前' 중의 '瞻(볼 첨, zhān)'은 '바라보다'는 뜻이다. 전체적으로 '바라보니 앞에 있다'라는 뜻이다. '말유야이末由也已' 중의 '末'은 '無'나 '莫'과 같은 뜻, '由'는 '의거하다' · '따르다'는 뜻이다.

'소립탁이所立卓爾' 중 '이爾'는 형용사 접미사로 '……한 모양'이라는 뜻이다. '然'과 같은 용법으로 쓰인다. 전체적으로 '마치 우뚝 서 있는 것 같은 모습'이라는 뜻이다.

안연은 스승의 학문과 인격, 이념과 실천을 비롯한 모든 면을 배우고 따라가려고 노력하였다. 그러나 배우려고 노력하면 노력할수록 스승의 위대함을 더욱 뼈저리게 느끼게 하였다. 자공은 스승 공자를 두고 '사닥다리를 밟고 하늘에 오를 수 없는 것과 같은 하늘과 같은 존재'라 하여 크게 탄식하였다.

陳子禽謂子貢曰: "子爲恭也, 仲尼豈賢於子乎?" 子貢曰: "君子一言以爲知, 一言以爲不知, 言不可不愼也. 夫子之不可及也, 猶天之不可階而升也. 夫子之得邦家者, 所謂立之斯立, 道之斯行, 綏之斯來, 動之斯和. 其生也榮, 其死也哀, 如之何其可及也?"(子張 19.25)

진자금이 자공에게 말하였다.

"선생이 겸손한 것이지요. 중니가 어찌 선생보다 잘났겠습니까?"

자공이 말하였다.

"군자는 한 마디로 지혜로워지고, 한 마디로 지혜롭지 않게 되는 것이니, 말은 조심하지 않을 수 없는 것이오. 우리 스승님을 따라가 낼 수 없는 것은 사닥다리를 밟고 하늘에 오를 수 없는 것과도 같습니다. 우리 스승님께서는 나라를 얻으시어 다스리셨다면 그야말로 그것을 세우면 서게 되고 그것을 이끌면 나아가게 되고, 그것을 안정시키면 따라오게 되고, 그것을 동원하면 호응하여 상호 조화를 이루게 될 것이오. 그래서 그의 생애는 영광스러웠고, 그의 죽음은 슬픔으로 가득했으니 어떻게 그 분을 따라갈 수 있겠소?"

진자금陳子禽은 공자의 제자 진항陳亢으로 자공보다 아홉 살 아래라 한다.

'자위공야子爲恭也'과 '현어자賢於子' 중의 '子'는 '자공'을 높여 부르는 대사代詞이다. '일언이위지一言以爲知'는 '以一言爲知'의 어순이 바뀐 것으로 '한 마디로 지혜롭게 여겨지다'라는 뜻이다. '입지사립立之斯立' 중의 '사斯'자는 접속사 '……하면'이라는 가설을 표시한다. 이하 '斯'자는 모두 접속사의 용법으로 쓰인다.

'수지사래綏之斯來' 중의 '(綏, 편안할 수, suí)'자는 '糸'와 소리부 '妥(온당할 타, tuǒ)'로 이루어진 자로 '마차를 탈 때 편안하게 탈 수 있는 손잡이끈'이다. 갑골문과 금문에서는 '妥'자로 써서 ''나 ''로 쓴다. '손으로 여인을 머리를 쓰다듬고 있는 모양'이다. 본 구절에서는 '편안하다'라는 의미로 쓰인다.

자공 자신은 스승 공자에 비하면 오를 수 없는 하늘같은 존재라 하였다. 공자가 만약에 나라를 다스리게 된다면 모든 백성이 평온하고 온 천하가 태평성대를 이루게 될 것이다.

2017년 5월 9일, 최순실 국정농단으로 박근혜 대통령이 탄핵을 당하고 19대 대통령 선거가 이르게 치러진다. 미래 5년을 새로운 지도자에게 대한민국의 운명을 맡겨야 한다.

대통령은 어떤 능력을 갖춰야 할까?'찬지미견'하는 공자와 같은 능력을 갖춘 지도자는 아닐지라도 적어도 21세기 극변하는 국제정세를 헤치고 나아가야 할 몇 가지 덕목은 갖추고 있어야 할 것이다.

> 첫째, 타인과 진정으로 소통할 줄 알아야 한다. ……
>
> 둘째, 자신의 철학과 언어가 있어야 한다. 참모의 말, 소셜미디어에 부유하는 말로 무장한 후보는 자신의 철학과 언어가 없는 자이다.
>
> 셋째, 곤혹과 딜레마를 알아야 한다. 정의 실현과 정책을 교과서 같은 진공상태에서 고민하는 것이 아니라, 복잡한 현실의 실타래 속에 넣고 볼 줄 알아야 한다. ……
>
> 넷째, 지도자의 대타자, 즉 그가 눈치 보아야 할 대상은 국민이어야 하지 어떤 특정인이거나 권력이어서는 안 된다. ……
>
> 다섯째, 지도자는 그가 이끄는 국민들을 모두 다 데리고 가야겠다는 원대한, 불가능한 꿈을 꾸어야 한다. 그 모두를 데리고 가는 일이 아무리 끔찍하고 힘들더라도 최대한 설득하고 달래고 위협하고 혼내서라도 함께 가야지 버리고 가는 자가 되어서는 안 된다.
>
> (정은경, 「지도자가의 두 가지 조건, 다섯 가지 덕목」, 경향신문 2017년 4월 25일)

극히 일반적인 내용이지만 그러나 이를 실천하기란 쉽지 않은 일이다. 2018년 당장 남북미 문제, 아시아의 새로운 평화질서가 큰 이슈로 떠오르고 있다. 긴장고조나 군사충돌이 아닌 진지한 협상에 의한 안정적 평화로 나아가는 길을 이끌 정치적 의지와 지혜를 가지 대통령이 필요하다. 작금 한국은 정치적, 경제적, 사회적으로 어려운 시기에 직면해 있다. 2018년 현재 문재인 대통령은 이러한 격동의 파도를 잘 헤치고 나갈 혜안을 능력을 갖춘 지도자가 되기를 국민의 한 사람으로 간절히 바란다.

09

循循善誘 순순선유

차근차근 잘 인도하다

'순순선유循循善誘' 중 '순순'은 '순순연循循然'으로 쓰기도 하며, '말을 돌려 잘 말하는 모양'이라는 뜻의 형용어 용법으로 쓰인다. '循(좇을 순, xún)'은 '말을 돌려 하다' · '좇아가다'라는 뜻이다. '순순循循'은 혹은 '순순諄諄'으로 쓰기도 한다. '순순교회循循教誨'나 '순순교도諄諄教道'와 같은 뜻이다. 차근차근하게 잘 이끌어 주는 것을 말한다.

顏淵喟然歎曰: "仰之彌高, 鑽之彌堅. 瞻之在前, 忽焉在後. 夫子循循然善誘人, 博我以文, 約我以禮, 欲罷不能. 旣竭吾才, 如有所立卓爾. 雖欲從之, 末由也已."(子罕 09.11)

안연이 깊이 탄식하여 말하였다.

"스승의 도는 우러러보면 볼수록 더욱 높이 올라가고, 뚫고 내려가면 갈수록 더욱 굳어져 들어가고, 앞에 있는 것을 보고 있자면 어느 틈에 뒤에 와 있다. 선생님께서는 사람을 차근차근 잘 유도하신다. 글로 나의 지식을 넓혀 주시고, 예로 나의 행위를 단속하여 주신다. 내가 그만두고자 하나 그만 둘 수 없어, 내 재주가 다해 버리기에 이르러도, 우두커니 서 있는 것 같아진다. 그래서 그것을 따라가려고 하지마는 따라갈 길이 없다."

『논어』 중 한 구절 한 구절 모두가 공자가 제자들에게 '순순연循循然'하게 조근조근 잘 인도해 주는 말씀이다. 공자는 아들 백어伯魚에게 '과정지훈過庭之訓'을 하였다. '과정지훈'이란 '부친의 가르침(교육)'이라는 뜻이다.

陳亢問於伯魚曰: "子亦有異聞乎?" 對曰: "未也. 嘗獨立, 鯉趨而過庭." 曰: "學詩乎?" 對曰: "未也." "不學詩, 無以言." 鯉退而學詩. 他日, 又獨立, 鯉趨而過庭. 曰: "學禮乎?" 對曰: "未也." "不學禮, 無以立." 鯉退而學禮. 聞斯二者. 陳亢退而喜曰: "問一得三, 聞詩聞禮, 又聞君子之遠其子也."(季氏 16.13)

진항이 백어에게 말하였다.

"당신은 또 다른 말씀을 들은 게 있는가요?"

"아직 없습니다. 한 번은 혼자서 계실 때 제가 종종 걸음으로 마당을 지나갔는데 '시경을 배웠느냐?' 하고 말씀하셨습니다. '아직 안 배웠습니다.' 하고 대답하였습니다. '시경을 배우지 않으면 말을 할 길이 없느니라' 하고 말씀하셨습니다. 저는 물러나와 시경을 배웠습니다.

다른 날 또 혼자서 계실 때에 제가 종종 걸음으로 마당을 지나갔는데 '예를 배웠느냐?' 하고 말씀하셨습니다. '아직 안 배웠습니다.' 하고 대답하였습니다. '예를 배우지 않으면 남 앞에 나설 길이 없느니라' 하고 말씀하셨습니다. 저는 물러나와 예를 배웠습니다. 이 두 가지 말씀을 들었습니다."

진항이 물러나와 기뻐서 말하였다.

"한 가지를 물었다가 세 가지를 알게 되었다. 시경에 관한 것을 들어서 알았고, 예에 관한 것을 들어서 알았고, 또 군자는 아들을 멀리한다는 것을 알았다."

'군자는 아들을 멀리한다'는 '군자지원기자君子之遠其子'는 '애이원지愛而遠之'라는 의미와 비슷하다. '애이원지'는 '좋아하고 사랑하면 특별히 가까이하지 않는 것이다'라는 뜻이다. '하나를 물어 셋을 알았다'는 '문일득삼問一得三'는 '일석삼조一石三鳥'의 뜻과 같다.

공자는 자식에게 '시경'과 '예'를 먼저 배우도록 하였다. 공자는 육경六經 중 '시경'을 가장 먼저로 삼았다. 시는 인간의 가장 순수한 감정에서 우러난 것이므로 정서를 순화하고 다양한 사물을 인식하는 데는 그만한 전범典範이 없다고 생각하였기 때문이다. 예禮는 행위의 절도節度이므로 예의를 모르게 되면 중용中庸을 잃게 되어 여러 가지 폐단이 생긴다.

子曰: "恭而無禮則勞, 愼而無禮則葸, 勇而無禮則亂, 直而無禮則絞."(泰伯 08.02)

공자는 말하였다.

"공손하나 예의를 모르면 힘이 들고, 신중하지만 예를 모르면 두려워지고, 용맹스러우면서 예의를 모르면 난동을 저지르게 되고, 곧으면서 예가 없으면 각박刻薄하여진다."

'葸(두려워 할 사, xǐ)'는 '두려워하다'라는 뜻이고, '絞(묶을 교, jiǎo)'는 사람을 너무 조여 '야박해지다'는 뜻이다. 공손하기만 하고 예의절도를 알지 못한다면 억지로 남을 배려하기 때문에 자신이 피곤할 것이고, 신중하기만 하면 너무 조심스러우면 추진력이 없고 나약해지며, 용감하기만 하고 예의범절을 알지 못하면 함부로 하기 때문에 난동을 부릴 수 있고, 곧이곧대로 정직하기만 하지 절도를 알지 못한다면 인정사정없이 가혹하게만 되는 것이다.

공자는 시는 한 마디로 생각에 사악함을 없게 한다(사무사思毋邪)라 하였고, 아들 백어伯魚에게 시경詩經의 주남周南과 소남召南을 공부하지 않으면 마치 담벼락을 마주하고 서 있는 것과 같이 아무것도 볼 수 없어 사회생활을 할 수 없다고 하였다.

子曰: "詩三百, 一言以蔽之, 曰, 思無邪."(爲政 02.02)

공자는 말하였다.

"시 3백 편은 한 마디로 말해서 나타낸 생각에 사악함이 없다."

子曰: "小子何莫學夫詩? 詩, 可以興, 可以觀, 可以羣, 可以怨. 邇之事父, 遠之事君, 多識於鳥獸草木之名."(陽貨 17.09)

공자는 말하였다.

"너희들은 왜 시를 배우지 않느냐? 시는 그것으로 감흥을 자아낼 수 있고, 그것으로 살필 수 있고, 그것으로 여럿이 모일 수 있고, 그것으로 원망할 수 있으며, 가까이는 아버지를 섬기고, 멀리는 임금을 섬기고, 조수와 초목의 이름을 많이 알게 된다."

子謂伯魚曰: "女爲周南? 召南矣乎? 人而不爲周南 · 召南, 其猶正牆面而立也與?"(陽貨 17.10)

공자가 백어에게 말하였다.

"너는 주남과 소남을 공부하였느냐? 사람으로서 주남과 소남을 공부하지 않으면 그것은 마치 담에 맞대고 서 있는 거와 같을 것이다."

'일언이폐지一言以蔽之'은 사자성어로 '일언폐지一言蔽之'로 쓴다. '한마디로 그 전체의 뜻을 개괄하다'는 뜻이다. '蔽(덮을 폐, bì)'는 '덮다' · '개괄하다'라는 뜻이다. '장면이립牆面而立'은 '담벼락을 마주보고 서다'라는 의미로 '공부하지 않으면 아무것도 모르게 된다'라는 뜻이다.

'주남周南'과 '소남召南'은 『시경詩經 · 국풍國風』의 편명이다. 시경의 읽으면 짐승의 이름, 초목의 이름을 많이 알 수 있다. 예를 들어, 『시경』의 첫 편 「관저關雎」는 새 물수리(저구雎鳩)와 마름풀(행채荇菜) 등을 알 수 있다.

국풍國風 · 주남周南 · 관저關雎

關關雎鳩, 在河之洲. 구욱구욱 물수리는 황하 섬 속에서 우는데,
窈窕淑女, 君子好逑. 군자의 좋은 배필, 아리따운 고운 아가씨 그리네.
參差荇菜, 左右流之. 올망졸망 마름풀을 이리저리 헤치며 뜯노라니,
窈窕淑女, 寤寐求之. 아리따운 고운 아가씨, 자나 깨나 그리웁네,
求之不得, 寤寐思服. 그리어도 얻지 못해 자나 깨나 생각하니,
悠哉悠哉, 輾轉反側. 그리움은 가이 없어 밤새 이리 뒤척 저리 뒤척.
參差荇菜, 左右采之. 올망졸망 마름풀을 여기저기 가려 뜯노라니,
窈窕淑女, 琴瑟友之, 아리따운 고운 아가씨와 금슬 즐기며 함께하고 싶네.
參差荇菜, 左右芼之. 올망졸망 마름풀을 여기저기 뜯노라니,
窈窕淑女, 鐘鼓樂之. 아리따운 고운 아가씨와 풍악 울리며 즐기고 싶네.

물새 관저 암수가 군자와 숙녀로 비유되어 아름다운 짝을 그리워하는

연정의 마음을 노래하고 있다. 공자는 이 시를 가리켜, '악이불음樂而不淫'하고 '애이불상哀而不傷'하다 하였다. 물수리 암수 한 쌍이 서로 사랑을 속삭이는 모습은 청춘 남녀의 아름다운 교제를 보는 것 같아 사람의 마음을 기쁘게 하지만 도가 지나치지 않고 적절하며, 구애求愛의 절실함이 애틋하여 마치 마음을 상심한 듯하나 마음에 상처를 주지 않는다 하였다.

> 子曰, "關雎, 樂而不淫, 哀而不傷."(八佾 03.20)
>
> 공자는 말하였다.
>
> "관저는 즐거워하나 지나치지 않고, 슬퍼하나 몸을 상하기에는 이르지 않는다."

공자는 제자들을 가르치기 위하여 부단히 학습하였다. 『주역周易』을 즐겨 읽어 책의 가죽 끈이 세 번이나 끊어졌다는 '위편삼절韋編三絶'이 유명하다.[1] '韋(다룸가죽 위, wéi)'는 부드러운 가죽이고, '編(엮을 편, biān)'은 '엮다'·'묶다'라는 뜻이다. 전체적으로 '가죽으로 묶은 끈이 너무 열심히 연구하여 세 번이나 끊어졌다는 뜻이다.

가르친다는 것, 스승이 된다는 것은 어려운 일이다. '잘 인도하다'는 것은 더욱 어려운 일이다. 스승은 단지 지식만을 전달하는 자가 아니다. 진정한 스승은 학생에게 방향성과 동기를 불어 넣어주는 것이다. 고기를 잡아 주는 것이 아니라 고기를 잡는 방법과 그 동기를 부여해주는 것이다.

---

1 "讀『易』, 韋編三絶."(史記 · 孔子世家)

10

欲罷不能 욕파불능

멈추고자 하나 멈출 수 없다

'욕파불능欲罷不能' 중 '罷(방면할 파, bà)'는 '그치다'·'그만두다'라는 뜻이다.

'(欲, 하고자 할 욕, yù)'자는 의미부 '欠(하품 흠, qiàn)'과 소리부 '谷'으로 이루어진 자이다. '(欠)'자를 갑골문은 ''·''으로 쓴다. 크게 입을 벌리고 있는 모습 혹은 물건을 보고 탐하는 모습이다.

'(罷, 방면할 파, bà)'자는 '网'과 '能'으로 이루어진 자이다. '(能)'자를 금문은 ''·''으로 쓴다. '곰의 모양'이다. '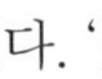'자는 '곰을 그물 우리에 가두 넣어 행동을 자유롭게 하지 못하게 하다'는 뜻이다.

顔淵喟然歎曰: "仰之彌高, 鑽之彌堅. 瞻之在前, 忽焉在後. 夫子循循然善誘人, 博我以文, 約我以禮, 欲罷不能. 旣竭吾才, 如有所立卓爾. 雖欲從之, 末由也已."(子罕 09.11)

안연이 깊이 탄식하여 말하였다.

"스승의 도는 우러러보면 볼수록 더욱 높이 올라가고, 뚫고 내려가면 갈

수록 더욱 굳어져 들어가고, 앞에 있는 것을 보고 있자면 어느 틈에 뒤에 와 있다. 선생님께서는 사람을 차근차근 잘 유도하신다. 글로 나의 지식을 넓혀 주시고, 예로 나의 행위를 단속하여 주신다. 내가 배움을 그만두고자 하나 그만둘 수 없어, 내 재주가 다해 버리기에 이르러도, 우두커니 서 있는 것 같아진다. 그래서 그것을 따라가려고 하지마는 따라갈 길이 없다."

안연이 스승을 뒤쫓으려 해도 따라잡을 수 없다는 내용이 『장자莊子·전자방田子方』편에도 언급되어 있다.

안연이 공자에게 물었다.

"스승님께서 걸으시면 저도 걷고, 스승님께서 빨리 걸으시면 저 또한 빨리 걷고, 스승님께서 뛰시면 더 또한 뜁니다. 그러나 스승님께서 먼지도 남기지 않고 달려 버리시면 뒤에서 눈만 빤히 뜨고 있습니다."

공자가 말하였다.

"안회야 무슨 말이냐?"

"스승님께서 걸으시면 저도 걷는다는 것은 스승님께서 말씀하시면 저도 말을 한다는 것입니다. 스승님께서 빨리 걸으시면 저도 빨리 걷는다는 것은 스승님께서 이론을 펴시면 저도 이론을 편다는 것입니다. 스승님께서 뛰시면 저도 뛰겠다는 것은 스승님께서 도를 말씀하시면 저도 역시 도를 말하겠다는 것입니다. 그러나 먼지도 남기지 않고 달려 버리시면 저는 뒤에서 눈만 빤히 뜨고 있을 것입니다. 스승님께서 말씀하시지 않으셔도 남에게 믿음을 받고 남과 결탁하지 않으셔도 두루 친하게 따르고, 벼슬이나 권력이 없어도 백성들이 앞에 모여드는데, 그렇게 되는 까닭을 알지 못하겠다는 것입니다."[1]

안연은 스승 공자를 모방해서 따라하고 싶어 '역보역추亦步亦趨'했지만, 공자가 일으킨 먼지만 바라볼 뿐 따라 갈 수 없는 '망진불급望塵不及'의 존재이며 '분일절진奔逸絶塵'한 성인이다.

'역보역추'는 남이 걸으면 걷고 남이 뛰면 뛴다는 뜻이며 자신의 주장 없이 남을 따라 함을 말하고, '망진불급'은 앞에서 먼지를 일으키고 가는 사람의 먼지만 바라볼 뿐 따라 잡을 수 없음을 말한다. '분일절진奔逸絶塵' 중 '분일奔逸'은 '매우 빨리 질주하다', '절진絶塵'은 '먼지가 신발에 닿지 않을 정도로 빠르다'는 뜻으로 '출중하여 일반인이 따라잡기가 어렵다'는 말이다.

『장자』에서 공자는 '말하지 않아도 믿음을 받고, 남과 결탁하지 않아도 두루 친하게 지내고, 권력 행사하지 않아도 백성이 앞에 모여 드는'자라 하였다. 즉 공자는 '불언이신不言而信'하고, '불비이주不比而周'하고, '무기이민도호전無器而民滔乎前'하였다. '불언이신'은 굳이 설명하지 않아도 믿는 것이고, '불비이주'는 굳이 친하게 지내려 노력하지 않아도 두루두루 친하게 지내는 것을 말한다. 『논어』에서 사람이 만약에 신용이 없으면 쓸 만 한데가 없어 마치 수레 멍에가 없는 것과 같이 쓸모없는 인간이라 하였다.[2] '불비이주不比而周'는 '남과 비교하지 않고 두루두루 지

---

1 "顏淵問於仲尼曰: '夫子步亦步, 夫子趨亦趨, 夫子馳亦馳; 夫子奔逸絕塵, 而回瞠若乎後矣!' 夫子曰: '回, 何謂邪?' 曰: '夫子步, 亦步也; 夫子言, 亦言也; 夫子趨, 亦趨也; 夫子辯, 亦辯也; 夫子馳, 亦馳也; 夫子言道, 回亦言道也; 及奔逸絕塵而回瞠若乎後者, 夫子不言而信, 不比而周, 無器而民滔乎前, 而不知所以然而已矣.'"(莊子 · 田子方)

2 "子曰: 人而無信, 不知其可也. 大車無輗, 小車無軏, 其何以行之哉?"(爲政 02.22)(공자는 말하였다. "사람이 신용이 없으면 쓸 만한 데가 없다. 큰 수레에 멍에 걸이가 없고 작은 수레에 멍에 걸이가 없으면 무엇을 가지고 가게 하겠는가?") '輗(끌채 끝 쐐기 예, ní)'와 '軏(끌채 끝 월, yuè)'은 모두 '끌채'를 가리킨다.

내다'나 '남과 결탁하려 하지 않아도 두루 친하게 지내다'는 뜻이다. '비比'는 '비교하다'나 '결탁하다'라는 뜻으로 쓰인다. 논어에서는 군자는 두루두루 친하게 지내 자기끼리 편당偏黨을 짓지 않으며 소인은 두루두루 지내지 못하고 끼리끼리만 친하게 지낸다 하였다.[3] '무기無器' 중의 '器'는 '기물로 간주되다' · '기물 역할을 하다'나 '정치하는 기구인 벼슬이나 권력 역할을 하다'라는 뜻으로 쓰인다. 본 구절에서는 동사의 의미로 쓰인다.[4] '무기'는 '권력 행사를 하지 않음'을 말한다.

'滔(물 넘칠 도, tāo)'는 '많은 사람으로 넘쳐난다'는 뜻이다. '무기이민도호전無器而民滔乎前'는 공자가 굳이 자신의 실력행사를 하지 않아도 많은 사람이 모여드는 것을 말한다. 논어에서 섭공葉公이 공자에게 정치에 대해서 묻자, 정치를 잘 하면 인접 국가에서 그 은택恩澤을 입어 기뻐하고 먼 나라에서는 그 정치를 잘 하는 것을 사모하여 군중이 모여든다 하였다.[5]

『천자문』에서는 '신사가복信使可覆, 기욕난양器欲難量'이라 하여, '약

---

3 "子曰: 君子周而不比, 小人比而不周."(爲政 02.15)(군자는 두루두루 친하게 지내 자기끼리 편당(偏黨)을 짓지 않으며 소인은 두루두루 지내지 못하고 끼리끼리만 친하게 지낸다.)

4 『논어』에서 '기(器)'자는 대략 네 가지 의미로 쓰인다. 첫째, 그릇의 의미로 쓰인다. 예를 들면, "女, 器也."(너는 그릇이다.)(公冶長, 05.04)라는 구절이 있다. 둘째는 '공구'라는 의미로 쓰인다. 예를 들면, "必先利其器.(먼저 그 공구를 날카롭게 한다.)"(衛靈公 15.10)라는 구절이 있다. 셋째, '도량'이라는 뜻이다. 예를 들면, "管仲之器小哉."(관중의 도량이 작다.)(八佾, 03.22)라는 구절이 있다. 넷째는 동사의 용법인 '기물의 역할을 하게 하다'라는 의미이다. 예를 들면, "及其使人也, 器之."(그 사람을 부리게 되었을 때 그 사람의 그릇에 맞게 쓴다.)(子路 13.25)가 있다.

5 "葉公問政. 子曰: '近者說, 遠者來.'"(子路 13.16)(섭공(葉公)이 정치에 관해서 물었다. 공자는 말하였다. "가까운 데서는 기뻐하고 먼 데서는 오는 것입니다.")

속은 실천할 수 있도록 해야 하고, 도량은 헤아리기 어려울 만큼 갖추도록 하라'하였다. '신사가복信使可覆' 중 '覆(뒤집힐 복, fù)'자는 '復(돌아올 복, fù)'자와 같은 의미로 쓰인다. 본 구절에서는 '실천하다'·'이행하다'라는 의미로 쓰인다. 아래 문장 중의 '復'자 역시 '실천하다'라는 의미로 쓰인다.

有子曰: "信近於義, 言可復也. 恭近於禮, 遠恥辱也. 因不失其親, 亦可宗也."(學而, 01.13)

유자가 말하였다.

"약속이 정의正義에 가까우면 그 말은 실행할 수 있다. 공손한 것이 예절에 가까우면 치욕을 면할 수 있다. 가까이 하면서도 그들 사이의 친밀함을 잃지 않는다면, 역시 존경할 만하다."

배움이란 끝이 없다. 그래서 배움은 '멈추고자 하지만 멈출 수 없'는 것이다. 위진魏晉 시기 도연명陶淵明(365－427)은 세월은 사람을 기다려 주지 않으니 하루라도 젊었을 때 열심히 노력하라 하였다.

잡시雜詩·기일其一　도연명陶淵明

人生無根蒂, 飄如陌上塵.

인생이란 본시 뿌리 없는 꼭지인지라, 길거리의 티끌과 같이 날리네.

分散逐風轉, 此已非常身.

흩어져 바람 따라 떠도니, 이 몸 이미 예전같이 않다네.

落地爲兄弟, 何必骨肉親!

세상에 태어난 사람들 모두가 형제이거늘, 어찌 뼈와 살을 나눈 육친만 친하랴.

得歡當作樂, 斗酒聚比隣.

기쁜 일 생기면 즐겨야 하니, 술 들고 이웃 불러 마시네.

盛年不重來, 一日難再晨.

젊은 날은 다시 오지 않고, 하루에 새벽은 두 번 다시 오지 않는다네.

及時當勉勵, 歲月不待人.

젊었을 때 노력해야 하노니, 세월은 사람을 기다리지 않는다네.

'독서삼여讀書三餘'라는 말이 있다. 옛날 농사가 주산업이었던 때에 농사일로 바빠 공부할 시간이 없자, 농사일이 없는 '겨울'과 밤, 농사일을 못하는 '비오는 날'을 이용하여 공부하라는 말이다.[6] '삼여三餘'는 '겨울'·'밤'과 '비오는 날'을 가리킨다. 배울 시간이 없다는 것은 핑계다. '그만두지 못하는' 욕망과 열정을 가지고 끊임없이 노력한다면 못 이룰 꿈은 하나도 없을 것이다. 『천자문』에서는 '척벽비보尺壁非寶, 寸陰是競촌음시경'이라 하여, '한 자가 넘는 벽옥璧玉은 보배가 아니고, 분초를 다투는 시간이라도 다투어 아껴 써야'한다 하였다.

"우리가 죽음의 위협을 받으면 삶이 갑자기 멋있어 보인다. 삶이 얼마

6 『춘추좌씨전(春秋左氏傳)』의 『주(注)』로 유명한 위(魏)나라의 동우(董遇)가 제자가 되고 싶다고 찾아온 젊은이에게 "독서백편이의자견(讀書百遍而義自見)."(백여 차례 거듭 읽으면, 그 뜻을 저절로 알아지리라.)라 하였다. 그러자 젊은이는 "고갈무일(苦渴無日)."(힘들고 고생하여 그럴 여가가 없습니다.)라 대답하였다. 이에 동우는 "당이삼여(當以三餘)."(세 가지 여가가 있지 아니한가!)라 하며, "冬者, 歲之餘; 夜者, 日之餘; 陰雨者, 時之餘也."(겨울은 한 해의 여가이고, 밤은 낮의 여가이고, 흐리고 비오는 날은 여가를 낼 수 있는 시간이지 않은가!)라며 깨우쳐 주었다고 한다. 『三國志·魏書』 배송지(裴松之) 「注」에서 『위략(魏略)』을 인용한 구절.

나 많은 계획, 여행, 사랑, 배워야 할 것들을 숨겨 놓고 있는지 생각해 보라. 우리의 게으름으로 인해 미래의 어느 순간으로 끊임없이 미루고 있는 그것들을 하지만 그것들이 영원히 불가능해질 위기에 처하면 그것들은 다시 아름다워진다." 마르셀 프루스트의 말이다.

11

善賈而沽 선고이고

좋은 값에 팔다

'선고이고善賈而沽'는 혹은 '대고이고待賈而沽'로 쓰기도 한다. '賈(장사 고, gŭ)'자를 혹은 '價(값 가, jià)'로 읽기도 한다. '좋은 장사꾼을 찾아서 좋은 값으로 물건을 팔다'라는 뜻이다.

'(賈)'자는 '貝'와 소리부 '襾(덮을 아, xiă, yà)'로 이루어진 자로 '화폐나 재물을 덮어 놓은 모양'이다. 갑골문은 ''·''로 쓰고, 금문은 ''·''·''로 쓴다. 후에 '人'을 추가하여 '價'자로 쓰고, '가격'·'값'이라는 뜻으로 확대되어 쓰인다.

'(沽, 팔 고, gū)'자는 '水'와 소리부 '古'로 이루어진 자로 원래 '담아놓은 술을 팔다'라는 뜻이다.

子貢曰: "有美玉於斯, 韞櫝而藏諸? 求善賈而沽諸?" 子曰: "沽之哉! 沽之哉! 我待賈者也."(子罕 09.13)

자공이 말하였다.

"아름다운 옥이 여기에 있다면, 궤 속에 넣어서 감춰둘 것입니까? 좋은 장사꾼을 찾아서 팔 것입니까?"

공자는 말하였다.

"팔아야 하고 말고, 팔아야 하고 말고. 나는 살 장사꾼을 기다리는 사람이다."

'선고善賈' 중 '賈'자는 '좋은 값'이란 의미로 '가價'로 읽을 수 읽으나, 동사 '구求' 뒤에 놓여 명사구 '좋은 장사꾼'이라는 의미로 해석하여 '고'로 읽기로 한다.

'온독韞櫝' 중 '櫝(함 독, dú)'자는 '匵(궤 독, dú)'으로 쓰기도 한다. '韞(감출 온, yùn)'자는 '韋'와 소리부 '昷'으로 이루어진 자로 '가죽으로 만든 궤에 물건을 숨기다'라는 뜻이다. 본 구절에서는 '숨기다'·'감추다'·'넣다'는 의미로 쓰인다.

'장제藏諸' 중 '諸'자는 '지호之乎'의 용법과 같다. '그것을 어느 곳에 감춰 두다'라는 뜻이다.

'온독이장제韞櫝而藏諸'는 줄여서 '온독장주韞櫝藏珠'로 줄여서 쓸 수 있다. '온독장주'는 '아름다운 옥을 궤 속에 넣어서 감춰두고 등용될 기회를 기다리다'는 뜻이다. 혹은 '재덕을 갖추고 있으나 이를 펼치지 못하고 은둔한다'는 '회재은퇴悔才隱退'라는 뜻으로 쓰기도 한다.

군자의 재덕才德은 옥에 비유된다. '옥'은 '인仁'·'지智'·'의義'·'예禮'·'악樂'·'충忠'·'신信'·'천天'·'지地'·'덕德'·'도道' 등의 덕을 갖춘 군자로 비유된다.

공자가 말하였다.

> "예전에 군자의 덕을 옥에 비유하였다. 따뜻하고 윤택한 것은 인이며, 치밀하면서도 까실까실한 것은 지혜이며, 청렴하면서도 꺾이지 않는 것은 의義이며, 드리워서 떨어지는 듯한 것은 예이며, 두드리면 그 소리가 맑고 길며 끝마칠 때에는 쨍하는 소리가 나는 것은 즐거움이며, 옥의 티가 옥의 광채를 덮지 못하고 광채가 옥의 티를 덮지 못하는 것은 충忠이며, 광채가 나고 안과 밖이 서로 통하는 것은 신의이다. 기운이 흰 무지개와 같은 것은 하늘과 같은 것이며, 정신이 산과 물에 나타나는 것은 땅이며, 규장珪璋이 특별히 통달한 것은 덕이며, 천하의 모든 사람이 귀하게 여기는 것은 도이다. 『시경』은 '군자를 생각하니 그 따뜻함이 옥과 같다'하였다. 그렇기 때문에 옥을 군자가 특별히 귀하게 여기는 것이다."[1]

자공이 옥을 비유하여 공자에게 지덕智德이 갖추어져 있으면서 숨어 있을 것인가 나가서 그 덕을 발휘할 것인가를 물어보자, 공자는 적절히 등용해주면 나가서 종정從政하겠다 하였다. 혹은 "팔아야 하지만, 팔리기를 기다리다"라는 의미로 해석하지만 이는 공자의 사상과 맞지 않다.

도의를 실행할 수 있으면 세상에 나타나 벼슬을 하고, 도의가 없으면 은둔해서 실력을 양성하면서 기회를 기다리는 것이다. 자기의 재능을 펼칠 수 없으면 애써 내세우지 않고, 시정時政에 간여하지 않으며, 남에게 거슬리지 않게 사는 것이다.

---

1 "孔子曰: '夫昔者君子比德于玉, 温潤而澤, 仁也. 縝密以栗, 智也. 廉而不劌, 義也. 垂之如墜, 禮也. 叩之其聲清越而長, 其終則詘然, 樂矣. 瑕不掩瑜, 瑜不掩瑕, 忠也. 孚尹旁達, 信也. 氣如白虹, 天也. 精神見于山川, 地也. 珪璋特達, 德也. 天下莫不貴者, 道也. 『詩』云: '言念君子, 温其如玉.' 故君子貴之也.'"(孔子家語 · 問玉)

子謂顏淵曰: "用之則行, 舍之則藏, 唯我與爾有是夫!"(述而 07.11)

공자가 안연에게 말하였다.

"'등용되면 나가고 버려지면 들어앉는다.'고 한 말은 오직 나와 너만이 실천할 수 있을게다."

子曰: "篤信好學, 守死善道. 危邦不入, 亂邦不居. 天下有道則見, 無道則隱. 邦有道, 貧且賤焉, 恥也, 邦無道, 富且貴焉, 恥也."(泰伯 08.13)

공자는 말하였다.

"굳게 믿고 배우기를 좋아하고, 죽음으로 훌륭한 도를 지킬 것이다. 위태로운 나라에는 들어가지 않고, 혼란한 나라에는 살지 않는 것이다. 세상에 정도正道가 행하여지지 않으면 은둔한다. 나라에 정도가 행하여지는데 빈천하게 산다는 것은 수치다. 나라에 정도가 행하여지지 않는데 부귀를 누리는 것은 수치다."

憲問恥. 子曰: "邦有道, 穀, 邦無道, 穀, 恥也." "克·伐·怨·欲不行焉, 可以爲仁矣?" 子曰: "可以爲難矣, 仁則吾不知也."(憲問 14.01)

원헌原憲이 부끄러움에 관해서 물었다. 공자는 말하였다.

"나라가 정도에 의해 다스려지면 봉록을 받을 것이나, 나라가 정도에 의해 다스려지지 않는데 봉록을 받는 것은 수치스러운 일이다."

"남에게 지지 않으려 기승부리기, 잘 난체 뽐내는 일, 원한을 품는 일, 욕심 부리는 일을 하지 않으면 인자하다고 할 수 있습니다."

공자는 말하였다.

"그렇게 하는 것은 어렵다고는 할 수 있으나 인자한지는 나는 모르겠다."

'용지즉행用之則行, 자시즉장舍之則藏'을 줄여서 '행장용사行藏用舍'나 '용행사장用行舍藏'이라고 한다. 일자리를 얻었을 때에는 나가서 자신이 맡은 바를 행하고, 버리면 물러나 몸을 숨긴다는 뜻이다.

'극벌원욕克·伐·怨·欲' 중의 '克(이길 극, kè)'은 '이기다'는 뜻이고, '伐(공적 벌, fá, fā)'은 남의 처벌하여 공을 세우니 '자랑하다'라는 뜻으로 쓰인다. 공자는 나라에 정도가 행해지지 않으나 그 절개를 굳히지 않았고 자신의 재능을 숨기고 은둔하여 사는 사어史魚를 바른 사람이라 하였다.

> 子曰: "直哉史魚! 邦有道, 如矢, 邦無道, 如矢. 君子哉蘧伯玉! 邦有道, 則仕, 邦無道, 則可卷而懷之."(衛靈公 15.07)
>
> 공자는 말하였다.
>
> "정직하도다, 사어는. 나라에 정도가 행하여져도 화살대같이 곧았고, 나라에 정도가 행하여지지 않아도 화살대같이 곧았으니. 군자로다, 거백옥은. 나라에 정도가 행하여지면 벼슬살이를 하고, 나라에 정도가 행하여지지 않으면 거두어 감추어둘 수 있으니."

사어史魚 중 사史는 관명이고 어魚는 성이다. 이름은 추鰌이고, 자는 자어子魚로 일반적으로 사추史鰌라 부른다. 위衛나라의 대부이다.

거백옥蘧伯玉은 이름이 거蘧이고 백옥伯玉은 그의 자이다. 사추와 거백옥의 이야기는 『공자가어孔子家語·곤서困誓』편에도 보인다. 사어가 죽어서까지 간언諫言하였다는 유명한 '사어시간史魚尸諫(시간屍諫)' 이야기이다.

> 위 나라의 거백옥은 어진 사람이었으나 영공이 등용하지 않고, 불초한 미자를 오히려 임용하였다. 이에 사어가 자주 간하였으나 따르지 않았다. 사어가 병으로 장차 죽게 되자 그의 아들에게 말하였다.

"내가 위나라 조정에서 거백옥을 쓰지 못하고 미자하를 물리치는 일을 못했으니, 이것은 내가 신하노릇을 하면서 임금을 바로잡지 못한 것이다. 살아서 임금을 바로잡지 못하였으니 죽어도 예법대로 장사지낼 수가 없을 것이다. 내가 죽으면 너는 내 시체를 엇살창 밑에 그대로 두고 시체를 옷으로 싸는 소감小斂과 시체를 관에 넣는 대감大斂을 하지 말고 빈소도 마련하지 마라."

아들이 그대로 했다. 영공이 조문을 갔다가 이상하게 여기고 물었더니 아들이 부친의 유언을 고하면서 울 뿐이었다. 영공은 놀라면서 얼굴빛이 변하여 말하였다.

"이것은 과인의 잘못이다."

이어 영공은 사어의 빈소를 설치하도록 하고 당장 거백옥을 등용하고 미자하를 물리쳤다.

그래서 공자는 이 말을 듣고 말하였다.

"옛날부터 임금에게 간하는 자가 여럿이 있지만 죽으면 그만이었는데, 사어는 죽어 시체가 되어서까지도 오히려 그 임금을 감동하게 했으니 참으로 곧은 사람이라고 아니할 수 없도다."[2]

우리는 모두 '선고이고善賈而沽'하기를 바란다. 자신이 제대로 평가받기를 원한다. 노력한 만큼 그 대가를 받기를 원한다. 다행히 제대로 평가

---

2 衛蘧伯玉賢而靈公不用, 彌子瑕不肖反任之, 史魚驟諫而不從, 史魚病將卒, 命其子曰: "吾在衛朝不能進蘧伯玉, 退彌子瑕, 是吾爲臣不能正君也, 生而不能正君, 則死無以成禮, 我死, 汝置屍牖下, 於我畢矣." 其子從之, 靈公弔焉, 怪而問焉, 其子以其父言告公, 公愕然失容曰: "是寡人之過也." 於是命之殯於客位, 進蘧伯玉而用之, 退彌子瑕而遠之, 孔子聞之曰: "古之列諫之者, 死則已矣, 未有若史魚死而尸諫, 忠感其君者也, 不可謂直乎."(孔子家語 · 困誓)

받으면 좋으련만 그렇지 못할 경우엔, 자신을 보충할 기회로 삼아 더욱 더 노력하면서 때를 기다릴 줄 알아야 한다. 이러한 기다림은 예나 지금이나 어려웠던 일이다. 그래서 공자가 등용되면 나가고 등용되지 않으면 들어앉아서 때를 기다리는 것을 실천할 수 있는 자는 자신과 안연뿐이라고 하였다.

반드시 나에게도 때가 온다. 세상 어느 곳엔가는 꼭 나를 기다리는 있는 곳이 있다. 때가 왔을 때, 자신의 능력을 마음껏 발휘하기 위해서는 먼저 자신의 칼날을 날카롭게 다듬어 놓아야 한다. 공인工人이 일을 잘 하려면 먼저 '필선리기必先利器', 그 연장을 날카롭게 해야 한다 하였다.[3]

---

3 "子貢問爲仁. 子曰, 工欲善其事, 必先利其器. 居是邦也, 事其大夫之賢者, 友其士之仁者."(衛靈公15.10)(자공이 인(仁)에 관해서 여쭈어 보았다. 공자는 말하였다. "공인(工人)이 그 일을 잘 하려고 하면 먼저 그 연장을 날카롭게 해야 한다. 한 나라에 사는 데는 그 나라의 대부 중의 현량한 사람을 섬기고 그 나라의 사(士) 중의 인자한 사람을 벗으로 삼아라.")

12

各得其所 각득기소

각기 알맞은 자리를 찾다

'각득기소各得其所'는 '각자 가장 알맞은 자리를 찾다'는 뜻이다. 후에 '직장에서 알맞은 자리를 얻다'라는 파생어로 쓰인다.

> 子曰: "吾自衛反魯, 然後樂正, 雅頌各得其所."(子罕 09.15)
>
> 공자는 말하였다.
>
> "내가 위나라에서 노나라로 돌아온 후에 음악이 바로잡혔고, 아와 송이 올바르게 정리되었다."

공자가 세상을 떠나기 5년 전에 위衛나라에서 노魯나라로 돌아왔다. 공자는 각국을 두루 다니는 동안 음악 정보를 얻어 노나라의 음악을 정리하였다. 아雅는 궁정의 음악이고, 송頌은 종묘의 음악이다. 『시경』은 풍風, 소아小雅, 대아大雅, 송頌으로 분리되어 있다. 풍風은 사관이 각 지방을 돌아다니며 수집한 민간가요이다.

『주역周易 · 계사하繫辭下』에서는 '서합噬嗑'괘를 "낮에는 시장을 열어 천하의 백성을 오게 하고 천하의 재물을 모아 교환하여 가지고 돌아가니 각각 그 합당한 것들을 얻게 되었다"라고 설명하였다.[1]

중용中庸에서는 군자는 응당히 '소위이행素位而行'해야 한다 하였다. 즉 군자는 평안하게 거처하면서(거이居易) 천명을 기다리지만(사명俟命), 소인은 '행험요행行險徼幸' 하니 위험한 짓을 하면서 요행만을 바란다 하였다.

> 군자는 자기의 위치에 처해 있어 가지고서 도를 행하지 그 밖의 것은 바라지 않는다. 부귀에 처해 있으면 부귀한 데서 행하고, 빈천에 처해 있으면 빈천한 데서 행하고, 미개한 곳에 처해 있으면 미개에 알맞게 행하고, 환난 속에 처해 있으면 환난 속에서 행하므로, 군자는 어디에 들어가도 득의得意하지 않은 일이 없다. 윗자리에 있으면서는 아랫사람을 능욕하지 않고, 아랫자리에 있으면서는 윗사람에게 기어오르지 않는다. 자기를 바르게 하고 남에게 요구하지 않으면 원성怨聲이 나오지 않는다. 위로는 하늘을 원망하지 않고 아래로는 남을 허물하지 않는다. 그러므로 군자는 평이하게 거처해 있으면서 천명을 기다리고, 소인은 위험한 짓을 하여 요행을 찾는다.
>
> 스승님께서 말하였다.
>
> "활쏘기는 군자와 비슷한 점이 있다. 정곡正鵠을 맞추지 못하면 돌이켜서 그 원인을 자신에서 찾는다."[2]

---

1 "日中爲市, 致天下之民, 聚天下之貨, 交易而退, 各得其所. 蓋取諸噬嗑."(周易 · 繫詞下)

2 君子素其位而行, 不愿乎其外. 素富貴, 行乎富貴; 素貧賤, 行乎貧賤; 素夷狄, 行乎夷狄; 素患難, 行乎患難: 君子無入而不自得焉. 在上位不陵下, 在下位不援上, 正己而不求於人, 則無怨. 上不怨天, 下不尤人. 故君子居易以俟命, 小人行險以徼幸. 子曰: "射

‘소위이행素位而行’은 현재 처한 지위에 따라 응당히 해야 할 일만 충실히 하는 것을 말한다. 군자는 자신이 처해 있는 위치에서 마땅히 해야 할 일을 하고, 윗자리에 있으면서 아랫사람을 무시하지 않는 것이다. ‘소위素位’ 중의 ‘素(평소 소, sù)’는 ‘평소’라는 뜻인 ‘현재 당장의 위치, 지위’라는 뜻이다. ‘능하陵下’ 중의 ‘陵(큰 언덕 릉, líng)’는 본 구절에서 ‘자만하다’·‘능멸陵(凌)蔑하다’는 뜻이고, ‘불원不援’ 중 ‘援(당길 원, yuán)’은 ‘잡아당기다’·‘잡고 오르다’라는 뜻으로 본 구절에서는 ‘윗사람에 기어오르다’는 뜻으로 쓰인다. 혹은 윗사람에 아부하여 개인적 이득을 취하다라는 뜻으로 해석하기도 한다.

중국 현대 저명한 철학자 탕일개湯一介(1927－2014)는 “사불피난事不避難, 의불도책義不逃責, 소위이행素位而行, 수적이안隨適而安”을 인생철학으로 삼고 살았다. ‘어려운 일을 결코 피하지 않고, 정의로운 일은 그 책임을 회피하지 않고, 자신의 위치에 따라 충실히 완성해 나가고, 주어진 환경에 적절히 대처하며 만족하며 편안하게 생활하겠다’는 삶의 목표다.

‘거이사명居易俟命’ 중 ‘거이居易’는 ‘평이하거나 평안하게 거처하는 것’을 말하고, ‘사명俟命’은 ‘하늘의 천명, 자신이 해야 할 일을 기다린다’는 뜻이다. 따라서 전체적으로 ‘평안한 마음으로 자신이 해야 할 일을 기다린다’는 뜻이다. ‘俟(기다릴 사; 人, sì)’는 ‘기다리다’는 뜻이다.

백거이白居易(772－846)는 자가 낙천樂天이고 호가 향산거사香山居士, 취음선생醉吟先生이다. 29세로 진사進士에 급제하였고 32세에 황제의 친시親試에 합격하였으며 36세에 한림학사가 되었다. 당나라 시기의 유

有似乎君子, 失諸正鵠, 反求諸其身.”(中庸)

명한 시인으로 「장한가長恨歌」와 「비파행琵琶行」의 작가로 잘 알려져 있다. 이백李白, 두보杜甫, 원진元稹과 더불어 중국 '성당사대가盛唐四大家'라 불리운다. 백거이의 동생은 '행간行簡'이다. '거경행간居敬行簡'이다. '몸가짐은 공손하게, 남을 대하는 행실은 대범하고 관대하게 대하다'라는 뜻이다.[3] 평생을 아무 탈 없이 평안하고 소탈하게 살라는 부모의 마음이 담겨있는 이름이다.

백거이는 지금 하남河南 鄭州市 부근 가난한 집안에서 태어났다. 16세가 되던 해, 장안으로 과거를 보러 갔을 때, 자신의 시를 평가받기 위해 당시 거장이었던 고황顧況을 찾았다. 고황은 '거이居易'라는 이름을 보고 '장안은 물가가 비싸 거주하기 쉽지 않을 텐데('거역불이居亦弗易')'라며 농담을 하였다. 하지만 고황은 백거이의 "이이원상초離離原上草, 일세일고영一勢一枯榮. 야화소불진野火燒不盡, 춘풍취우생春風吹又生." 라는 시를 읽고, 그의 능력을 감탄하며 '이러한 시구를 쓸 수 있다니, 장안에 거주하기가 쉽겠구먼(거이居易).'이라고 칭찬하였다.[4] '거역불이居亦不易'는

---

3 仲弓問子桑伯子. 子曰: "可也簡." 仲弓曰: "居敬而行簡, 以臨其民, 不亦可乎? 居簡而行簡, 無乃大簡乎?" 子曰: "雍之言然."(雍也 06.02)(중궁이 '자상백자는 어떠합니까'하고 여쭈어 보았다. 공자가 말하였다. "괜찮으나 사람이 소탈하다." 중궁(仲弓)이 말하였다. "평소 자처할 때는 조심스럽게 행동하고 백성을 대할 때는 소탈하게 대범하게 군다면 또한 좋지 않겠습니까? 자처할 때 소탈하고 백성을 대하는 데도 소탈하게 군다면 지나치게 소탈하지 않겠습니까?" 공자가 말하였다. "옹(雍)의 말이 옳다.")

4 "白尚書應擧, 初至京, 以詩謁著作顧況, 顧睹姓名, 熟視白公曰: '米價方貴, 居亦弗易.'" 乃披卷, 首篇曰: "離離原上草, 一歲一枯榮. 野火燒不盡, 春風吹又生." 却嗟賞曰: "得道個語, 居亦易矣." 因爲之延譽, 名聲大振.(唐 · 張固, 幽閑鼓吹)(백거이가 일찍이 과거에 응시하기 위하여, 초기 시절 경도에 이르렀는데, 이때 당시 저명한 고황을 배알하고 그의 시를 평가받고자 하였다. 고황은 백거이의 이름을 보고 쳐다보면서 "쌀값이 비싸 살기 쉽지 않을 걸세."라 농담을 하였다. 습작을 한 책을 열어 '멀리멀리 펼쳐진 고원 위의 풀들, 해마다 시들었다 무성해지네. 들불도 다 태울 수 없어 봄바람 불면 다시 돋아나네'라는 싯구를 보고 감탄하고 칭찬하여 말하기 '이러한 싯구를 써내

'거대불이居大不易'로도 쓴다.

'각득기소各得其所', 자신이 맡은 바 책임을 다하고, 남에게 까다롭게 굴지 않아 '행간行簡'하면, 평생을 평안하게 '거이居易'할 수 있음은 당연하다. 평안한 마음으로 철저히 준비하고 있으면 언젠가는 반드시 '각득기소各得其所'하게 될 것이고, 또한 자리를 얻게 되었을 때는 겸손하게 자신의 위치에서 '소위이행'해야 할 것이다.

부득고원초송별賦得古原草送別[5]　　백거이

옛 고원에서 친구와 이별하며

離離原上草, 멀리 멀리 펼쳐진 무성한 들 풀,
一歲一枯榮. 해마다 시들었다 무성해지네.
野火燒不盡, 들불도 모두 태울 수 없어,
春風吹又生. 봄바람 불어오면 또 새싹 돋아나리.
遠芳侵古道, 풀 향기 멀리 퍼져 옛길을 덮고,
晴翠接荒城. 맑은 푸른빛은 황량한 성까지 이어졌네.
又送王孫去, 오늘 또 친구를 보내니,
萋萋滿別情. 겹겹이 우거진 풀들 이별의 정 만큼이나 가득하네.

는 것으로 보아 장안에 살기가 쉽겠구먼'이라 하였다. 이후 그를 널리 추천하여 그의 명성이 크게 알리어졌다.)

5 '부득(賦得)'은 과거시험에서 정해진 시제(詩題)라는 뜻이다. 일종의 과거시험 시체(詩體)이다. 본 시는 백거이가 과거시험을 준비하는 습작이다.

참고:

장한가長恨歌

漢皇重色思傾國	한의 황제는 미모를 중히 여겨 경국지색傾國之色을 그렸으나,
御宇多年求不得	나라 다스린 지 오래도록 얻지 못했네.
楊家有女初長成	양씨 집에 딸이 있어 갓 장성했으나,
養在深閨人未識	깊은 규중에서 자라 아무도 알지 못하였네.

天生麗質難自棄	하늘이 내린 아리따운 자태는 버리기 어려워,
一朝選在君王側	하루아침에 뽑혀 임금 곁에 뽑혔더라.
回頭一笑百媚生	고개 한 번 돌려 웃으면 백 가지 교태 나니,
六宮粉黛無顏色	육궁의 모든 미녀들 무색해지고 말았다네.
春寒賜浴華淸池	추운 봄날 화청지의 목욕을 허락하니,
溫泉水滑洗凝脂	매끄러운 온천물로 흰 살결을 씻어졌네.
侍兒扶起嬌無力	나른한 그 교태 시녀들이 부축일 제,
始是新承恩澤時	임금님의 은총을 처음 받은 때였다네.

雲鬢花顏金步搖	꽃 얼굴 구름발 머리에 금보요 흔들리고,
芙蓉帳暖度春宵	부용휘장 따스해 봄밤도 달게 보내네.
春宵苦短日高起	봄밤이 너무 짧아 해 높아야 잠 깼으니,
從此君王不早朝	이때부터 임금은 백관 조배 마다했네.

承歡侍宴無閑暇	연회마다 임금 모셔 한가한 틈 없었고,

春從春遊夜專夜　봄이면 봄놀이, 밤이면 단 둘이 즐겼나니,
後宮佳麗三千人　후궁의 미인들 삼천이라 할지언정,
三千寵愛在一身　삼천궁녀 총애를 한 몸에 지녔다네.
金屋粧成嬌侍夜　금으로 단장한 방, 애교 부려 밤새껏 섬기고,
玉樓宴罷醉和春　옥루에서 주연 끝나 취한 양 봄 같았네.
姉妹弟兄皆列土　형제자매 양귀비 덕으로 봉토를 나누어 받아,
可憐光彩生門戶　아아 광채가 양씨 일가에 비추었네.

遂令天下父母心　그리하여 세상 부모들 마음에,
不重生男重生女　아들을 중히 여기지 않고 딸 낳음을 소중히 여기게 했네.

驪宮高處入青雲　여궁의 높은 누각 청운 속에 잠겼는데,
仙樂風飄處處聞　선경의 음악소리 바람타고 퍼져가네.
緩歌慢舞凝絲竹　간드러진 노래와 춤 관현악에 어울릴 제,
盡日君王看不足　임금은 종일 봐도 싫증을 안 느꼈네.

漁陽鞞鼓動地來　어양의 북소리 대지를 진동할 제,
驚破霓裳羽衣曲　예상우의곡霓裳羽衣曲도 놀람 속에 파탄됐네.
九重城闕煙塵生　구중궁궐 성마루에 먼지, 연기 솟아나고,
千乘萬騎西南行　임금행차 황급히 서남으로 도망쳤네.

翠華搖搖行復止　흔들리는 비취 화개 가다가 멈출 제,
西出都門百餘里　도읍 서문 나선 지 백여 리 되었네.
六軍不發無奈何　군사들 꼼짝 않고 양귀비를 처단하라 하니 어쩔 수 없어,

宛轉蛾眉馬前死　아리따운 그 모습 말 앞에서 죽고 말았네.

花鈿委地無人收　황금 꽃 모양의 비녀는 땅에 떨어져도 거두는 사람 없고,
翠翹金雀玉搔頭　취교, 금작, 옥소두 따위 장식품도 마찬가지였어라.
君王掩面救不得　임금도 얼굴 가릴 뿐 구하지 못하고,
廻看血淚相和流　되돌아보면서 피눈물만 흘리네.

黃埃散漫風蕭索　누런 먼지 자욱하고 바람도 스산한데,
雲棧縈紆登劍閣　구름길을 에돌아 검문관에 오르네.
峨嵋山下少人行　아미산 아래엔 행인도 희소한데,
旌旗無光日色薄　흰 빛이 암담해 깃발마저 광채 없네.

蜀江水碧蜀山靑　촉 땅의 강물 푸르고 산 빛마저 파란데,
聖主朝朝暮暮情　임금은 비통한 심정 밤과 낮으로 이어졌니.
行宮見月傷心色　행궁에서 보는 달도 속상하는 기색이요,
夜雨聞鈴腸斷聲　밤비에 울리는 풍경 방울 소리 간장을 끊는 소리라네.

天旋地轉廻龍馭　천지가 되돌아와 귀경행차 하는 길에
到此躊躇不能去　이곳에 다다르니 머뭇머뭇 못 걷더라.
馬嵬坡下泥土中　마위파 언덕 아래 진흙더미 바라보니,
不見玉顔空死處　부질없이 죽은 미인 보이지 않는구나.

君臣相顧盡沾衣　군신이 돌아보며 옷깃을 적시는데,
東望都門信馬歸　말들은 도읍문 향해 저절로 돌아오니,

歸來池苑皆依舊　돌아보니 연못, 화원 죄다 옛 모습,
太液芙蓉未央柳　태액지의 부용꽃, 미양궁의 버드나무.
芙蓉如面柳如眉　부용꽃 얼굴 같고 버들잎 눈썹 같으니,
對此如何不淚垂　그 모습 마주하니 어찌 눈물 안 흘리랴.
春風桃李花開日　봄바람에 복숭아 꽃, 오얏 꽃 피는 날에도,
秋雨梧桐葉落時　가을비에 오동잎이 우수수 떨어질 때도.

西宮南內多秋草　서궁, 남궁 할 것 없이 가을 풀 우거지고,
落葉滿階紅不掃　섬돌에 쌓인 붉은 낙엽 쓸지도 않는구나.
梨園子弟白髮新　이원의 자제들은 백발이 성성하고,
椒房阿監青娥老　초방의 아감, 궁녀 꽃 얼굴 늙었네.

夕殿螢飛思悄然　반딧불 이는 궁전의 밤 마음도 착잡해,
孤燈挑盡未成眠　외홀로 등불 심지 돋우면서 잠 못 이룰 제,
遲遲鐘鼓初長夜　추풍장야에 종, 북소리마저 더디게 나노니,
耿耿星河欲曙天　껌벅이는 은하수 보며 날 밝기만 바랐네.

鴛鴦瓦冷相華重　원앙 기와에 찬 이슬 담뿍한 밤,
翡翠衾寒誰與共　비취 이슬 차가워 뉘와 함께 자련고?
悠悠生死別經年　영원한 생사 이별 여러 해 지났건만,
魂魂不曾來入夢　혼백은 꿈속에도 한번 찾아 안 오누나.

臨邛道士鴻都客　임공의 도사 홍도에 온 나그네,
能以精誠致魂魄　정성으로 혼백을 부른다 하기에,

爲感君王展轉思　전전반측 애타던 임금도 마음이 끌려,
遂敎方士殷勤覓　마침내 방사 불러 은근히 찾게 했다네.

排空馭氣奔如電　구름을 헤가르고 대기 휘몰아 번개처럼 달려,
昇天入地求之遍　하늘로 치솟고 땅 속에 들어가 두루 찾아 봤으나,
上窮碧落下黃泉　위로는 하늘 끝 아래로는 황천에 이르기까지,
兩處茫茫皆不見　두 곳이 다 망망하여 만나보지 못했다네.

忽聞海外有仙山　홀연간 바다위에 선산이 있다하는데,
山在虛無縹緲間　선산은 어렴풋이 허무한 곳에 있었네.

樓閣玲瓏五雲起　영롱한 누각위에 오색 구름 감돌고,
其中綽約多仙子　그중에 예쁜 선녀 많기도 하였네.
中有一人字太眞　그 가운데 한 미녀 선호仙號가 태진太眞이라,
雪膚花貌參差是　흰 살결 꽃 용모 양귀비와 흡사했네.
金闕西廂叩玉扃　금궐의 서상방 옥대문 두드려
轉敎小玉報雙成　소옥이 전달하고 쌍옥이 아뢰자,
聞道漢家天子使　한나라 천자의 사신이란 말을 듣고,
九華帳裏夢魂驚　구화장 속 태진이 놀라 꿈 깨었네.

攬衣推枕起徘徊　옷 걸치고 베개 밀어 일어나 서성일제,
珠箔銀屛迤邐開　진주발, 은병풍, 한 겹 한 겹 열리었네.
雲鬢半偏新睡覺　잠에서 막 깨어나 얹은 머리 비뚠 미인,
花冠不整下堂來　화관도 비뚠 채로 옥당을 내려오네.

風吹仙袂飄颻擧　선녀의 옷소매 바람에 흔들흔들,
猶似霓裳羽衣舞　마치도 예상우의무를 추는 듯하고,
玉容寂寞淚闌干　옥 같은 얼굴에 서글픈 눈물이 쏟아지니,
梨花一枝春帶雨　한 떨기 배꽃이 봄비에 젖은 듯 보였네.

含情凝睇謝君王　정다운 눈길로 임금에게 아뢰라니,
一別音容兩渺茫　"이별 후 용모와 음성마저 어슴푸레한데.
昭陽殿裏恩愛絶　소양전 은총은 끊어져 버렸으니,
蓬萊宮中日月長　봉래궁에서 오고간 나날이 지루했소.

廻頭下望人寰處　머리 돌려 인간세상 내려다보아도,
不見長安見塵霧　장안성은 안 보이고 진애만 보였소.
唯將舊物表深情　오로지 옛 물건으로 깊은 정 표하고자,
鈿合金釵寄將去　자개함과 금비녀를 보내어 드리리다.

釵留一股合一扇　비녀 한 가닥, 함 한 쪽씩 간직하고자,
釵擘黃金合分鈿　황금비녀 자르고 자개함 나누었으니,
但敎心似金鈿堅　마음만 금비녀처럼 변함없다면
天上人間會相見　하늘과 땅에서 정녕코 만나리다."

臨別殷勤重寄詞　작별할 때, 은근하고 정중하게 부탁한 말,
詞中有誓兩心知　말 중에 있는 서약, 두 마음만 안다네.
七月七日長生殿　칠월 칠일 장생전에서 함께 즐길 때,
夜半無人私語時　야밤 삼경 남모르게 주고받던 말이라네.

在天願作比翼鳥	나는 새가 되거든 남방의 비익조같이 함께 날고,
在地願爲連理枝	나무가 되거든 연리지가 되어 떨어지지 말자던 임금님 말씀.
天長地久有時盡	천지는 유구悠久해도 다할 때가 있겠지만,
此恨緜緜無絶期.	마음 속 이 한은 끊일 때가 없으리."

비파행琵琶行

潯陽江頭夜送客	심양강 가에서 밤에 나그네를 배웅할 적에,
風葉荻花秋瑟瑟	단풍잎 갈대꽃 위로 가을바람 소슬하네.
主人下馬客在船	주인은 말에서 내리고 손님은 배 안에 있고,
擧酒欲飮無管絃	술잔 들어 이별주를 마시려 해도 풍악이 없다네.
醉不成歡慘將別	취한 마음 기쁘지 않고 이별의 슬픔만 처절하니,
別時茫茫江浸月	헤어질 때 망망한 강에는 달빛만 어려 흐르네.
忽聞水上琵琶聲	홀연 강물 위에 비파 소리 들려오니,
主人忘歸客不發	주인은 돌아갈 것 잊고 나그네는 떠나가지 않네.
尋聲暗問彈者誰	소리를 찾아 타는 이 누군가 몰래 물으니,
琵琶聲停欲語遲	비파 소리만 끊기고 말은 머뭇머뭇,
移船相近邀相見	배를 옮겨 서로 가까이 가서 만나 달라 요청하며,
添酒回燈重開宴	술 더하고 등불 돌려 다시 주연을 베푸네.
千呼萬喚始出來	천 번 만 번 여러 번 불러서야 겨우 나왔건만,
猶抱琵琶半遮面	여전히 비파 안고 얼굴 반을 가리네.
轉軸發絃三兩聲	축軸을 돌려 두세 번 줄을 퉁기니,

未成曲調先有情 곡도 타지 않은 소리건만 벌써 정이 묻어나네.

絃絃掩抑聲聲思 줄마다 억누르듯 타니 소리마다 애틋하고,

似訴平生不得志 마치 한평생 못다 한 뜻을 호소하는 듯하네.

低眉信手續續彈 눈썹 떨구고 손 가는 대로 이어서 퉁겨,

說盡心中無限事 가슴속에 사무친 무한한 정을 덜어 놓는 듯하네.

輕攏慢撚抹復挑 가볍게 눌렀다가 살짝 꼬집듯이 눌렀다가 둥둥 퉁기니,

初爲霓裳後六幺 처음에는 '예상우의곡霓裳羽衣曲'을 타고 뒤이어 '육요'를 연주하네.

大絃嘈嘈如急雨 굵은 줄은 줄줄줄 소나기 내리는 듯하고,

小絃切切如私語 가는 줄은 절절히 속삭이는 듯하네.

嘈嘈切切錯雜彈 줄줄 절절 엇섞어 연주하니,

大珠小珠落玉盤 크고 작은 진주가 옥쟁반에 떨어져 구르는 듯하네.

間關鶯語花底滑 꽃 사이를 나는 앵무새 노래같이 부드럽다가,

幽咽泉流氷下難 얼음 밑 흐르는 개울물같이 목메어 흐느끼듯.

水泉冷澁絃凝絶 물줄기 차갑게 얼어붙은 듯 줄이 끊어지며,

凝絶不通聲暫歇 굳어 버린 비파는 소리 내지 못하고 잠시 죽은 듯.

別有幽愁暗恨生 새삼스레 가슴 깊이 묻혔던 슬픔과 원한이 복받치는 듯,

此時無聲勝有聲 이 순간 소리가 없음은 소리보다 낫네.

銀甁乍破水漿迸 은 항아리 홀연 깨지고 술 쏟아지듯,

鐵騎突出刀槍鳴 철갑 기병 돌연 나타나 창칼 소리 울리는 듯.

曲終收撥當心畫 곡이 끝나자 채를 거두어 가슴 앞에 그리고,

四絃一聲如裂帛 네 줄을 한 번에 퉁기니 비단 폭 찢는 듯하네.

東船西舫悄無言 동쪽 배 서쪽 배에는 숙연히 말이 없고,

唯見江心秋月白 오직 강물 속 창백한 가을 달만 보이네.

沈吟收撥挿絃中　침울히 채를 거두어 줄 가운데 꽂고,
整頓衣裳起斂容　옷을 가다듬고 일어나 용모를 바로 잡는데,
自言本是京城女　스스로 하는 말이 본래 경성 여인으로,
家在蝦蟇陵下住　하마릉 아래 살았다네.
十三學得琵琶成　열세 살에 비파를 배워,
名屬教坊第一部　명성이 교방에서 제일이었고,
曲破曾教善才服　곡을 끝내면 일찍이 비파의 명수들도 탄복했다네.
粧成每被秋娘妬　꾸민 모습에 미녀들의 질투도 받았으니,
五陵年少爭纏頭　오릉의 젊은이 다투어 예물 내었다네.
一曲紅綃不知數　한 곡조마다 붉은 비단 헤아리지 못하고,
鈿頭銀篦擊節碎　금비녀 은비녀 가락 따라 맞추느라 부서졌고,
血色羅裙翻酒汚　붉은 비단 치마 술 쏟아 얼룩졌지요,
今年歡笑復明季　올해도 즐겁게 웃고 다음 해도 그렇게,
秋月春風等閒度　가을 달 봄바람 따라 한가히 보냈지요.
弟走從軍阿姨死　남동생 군대 가고 계모 죽고,
暮去朝來顔色故　밤 지나 아침 되니 얼굴색도 시들었다네,
門前冷落鞍馬稀　문 앞 썰렁하고 말에서 내리는 사람들도 드물어져,
老大嫁作商人婦　나이 들어 시집가 상인 아내 되었다네.
商人重利輕別離　상인은 이로움만 중히 여기고 이별을 가벼이 하니,
前月浮梁買茶去　지난달 부량으로 차 사러 떠났다네.
去來江口守空船　강가를 오가며 빈 배 지키는데,
遶船明月江水寒　배를 감싼 밝은 달빛에 강물은 차갑고,
夜深忽夢少年事　깊은 밤 홀연히 젊었을 때의 일을 꿈꾸어,
夢啼粧淚紅闌干　꿈속에서 우니 화장 섞인 눈물 붉은 뺨으로 흐른다네.

我聞琵琶已歎息　나는 비파 소리 듣고 이내 탄식하였는데,
又聞此語重喞喞　또 이 말 듣고 거듭 탄식하네.
同是天涯淪落人　똑같이 하늘가에 떠돌아다니는 사람이,
相逢何必曾相識　서로 만났으니 지난날을 서로 알아 무엇하리.
我從去年辭帝京　나는 지난해에 장안을 떠나,
謫去臥病潯陽城　심양성에서 귀양 사는 병든 몸이건만,
潯陽地僻無音樂　심양은 외진 곳이라 음악도 없어,
終歲不聞絲竹聲　일 년 내내 관현 소리 듣지를 못했네.
住近湓江地低濕　사는 곳 분강 가에 가까워 땅 낮고 습하니,
黃蘆苦竹繞宅生　누런 갈대와 억센 왕대가 집을 에워싸고 자라네.
其間旦暮聞何物　그 사이에서 아침저녁으로 듣는 소리가 무엇이겠는가,
杜鵑啼血猿哀鳴　두견새 피 토하듯 우는 소리 원숭이 애절한 울음소리,
春江花朝秋月夜　봄 강물에 꽃 핀 아침이나 달 밝은 가을밤,
往往取酒還獨傾　때때로 술 사다 홀로 비스듬히 기울였네.
豈無山歌與村笛　어찌 산 노래와 마을의 피리 소리 없었으랴만,
嘔啞嘲哳難爲聽　난잡하고 저속한 소리 듣기 어려웠네.
今夜聞君琵琶語　오늘 밤 그대의 비파 소리 들으니,
如聽仙樂耳暫明　신선의 음악 듣는 듯 귀가 잠깐 사이에 밝아졌다네.
莫辭更坐彈一曲　사양하지 마시고 다시 한 곡 더 타시면,
爲君翻作琵琶行　그대를 위해 비파의 노래 지으리라.
感我此言良久立　나의 이 말에 감동하여 오랫동안 서 있다가,
卻坐促絃絃轉急　물러나 앉아 줄을 재촉해 점점 빨리 타니,
凄凄不似向前聲　처절하기가 이전 소리 같지 않아,
滿座重聞皆掩泣　앉아 있는 모든 사람 듣고는 얼굴 묻고 울었네.

就中泣下誰最多　그중에서 누가 가장 많이 눈물 흘렸는가,
江州司馬青衫濕　강주사마의 푸른 옷이 흠뻑 젖었네.

백거이는 772년 태어나 75세의 일기로 낙양에서 별세할 때까지 왕성하게 시를 지었다. 백거이의 시는 3,800여 수에 달한다. 그것의 보존을 위해 절에 보관하는 등 자신의 창작물이 세월이 흘러가도 후대에 유전될 수 있도록 애썼다.

백거이의 삶에서 하나의 전환점이 되었던 사건은 그가 815년 강주江州(강서성江西省 구강시九江市 부근)의 사마司馬로 좌천된 일이었다. 백거이는 황제에게 간언을 올리는 간관諫官인 좌습유左拾遺의 직위에 한 때 있기도 했으나 이후 간언하는 자리에 있지 않으면서 간언하는 상소를 올렸다는 이유로 강주사마라는 외직으로 내쫓기고 말았다. 「비파행琵琶行」은 강주사마로 좌천된 이듬해인 816년 창작되었다.

「비파행」은 「장한가」와 더불어 백거이의 대표작으로 꼽힌다. 「장한가」는 당나라 현종과 양귀비의 사랑과 그 사랑의 비극적 종말을 다룬 시이다. 기녀들 사이에서도 「장한가」를 욀 줄 아는 기녀는 귀하게 대우를 받을 정도였다고 한다. 「비파행」은 서사 구조를 갖추고 있다. 가을밤 이별을 하는 심양강 강가에서 비파를 안은 채 서역에서 전래된 무용곡인 '예상우의곡' 등을 연주하는 한 여인을 만나게 된다. 그 여인은 자신이 살아온 삶을 하소연하듯 가슴속에서 꺼내 풀어 놓는다. 이 이야기를 다 듣고 나서 백거이가 "피 토하는 두견새와 애절한 원숭이 울음소리" 밖에 들을 수 없는, "심양으로 귀양 와 병들어 누워" 지내는 강주사마인 자신을 위해 다시 한 곡조 비파를 타 준다면 화답의 뜻으로 시를 짓겠노라고 하였다. 그러므로 이 시는 한 여인의 기구한 삶의 궤적과 강주사마로 좌

천된 자신의 낙망한 심경뿐만 아니라 「비파행」을 짓게 된 연유를 동시에 밝히고 있는 시이다.[6]

6 네이버 지식백과, https://terms.naver.com/entry.nhn?docId=3573778&cid=58815&categoryId=58815

13
不舍晝夜 불사주야
밤낮없이 노력하다

'불사주야不舍晝夜' 중 '사舍'는 '머무르다'는 동사의 용법으로 쓰인다. '밤낮 머무름이 없다'라는 뜻으로 끊임없이 지속됨을 말한다. '불철주야不撤晝夜'의 뜻과 비슷하다. '撤(거둘 철, chè)'자는 '그만두다'는 뜻이다.

'(晝, 낮 주, zhòu)'자를 갑골문은 ''로 쓰고, 금문은 ''로 쓴다. '聿(붓 율, yù)'과 '日'로 이루어진 자로 '밝은 낮에 글을 쓴다'는 의미이다.

'(夜)'자는 '夕(月)'과 소리부 '亦(腋)'으로 이루어진 자이다. '亦'자는 고문자에서 '腋(겨드랑이 액, yè)' · '掖(겨드랑 액, yè, yē)'와 같은 자로 '겨드랑이' · '겨드랑이에 끼다'라는 뜻이다. '빛(달빛)이 겨드랑에 감추어진 듯하니 빛이 어둡다'는 뜻으로 '밤'을 나타낸다.

> 子在川上曰: "逝者如斯夫! 不舍晝夜."(子罕 09.17)
>
> 공자가 냇가에서 말하였다.
>
> "지나가는 것은 이와 같은 것이라, 밤낮없이 멎지 않는다."

‘여사부如斯夫’ 중 ‘사斯’자는 대사의 용법으로 ‘흘러가는 강물’을 가리킨다. ‘부夫’는 어기조사의 용법으로 쓰인다.

‘서자여사逝者如斯’는 ‘인생은 흘러가는 강물과 같이 끊임없이 흘러간다’라는 뜻이다.

세월이 흐르면 묵은 것은 지나가고 새 것이 오듯이, 냇물 역시 끊임없이 되풀이되어 흘러간다. 혹은 냇물이 끊임없이 흘러가듯 자신의 수양을 위하여 끊임없이 노력하라는 권면勸勉의 말로 해석하기도 한다.

자공이 공자가 흘러가는 강물을 바라보고 있자, 그 이유를 물었다. 강물은 ‘덕德’ · ‘의義’ · ‘용勇’ · ‘법法’“정正’ · ‘관찰觀察’ · ‘선화善化’ · ‘의지意志’의 덕목을 가지고 있기 때문이라 하였다. 『순자荀子 · 유좌宥坐』편에 나오는 이야기이다.

> 공자가 동쪽으로 흘러가는 강물을 바라보고 있었다. 자공이 물었다.
>
> “군자들이 큰 강물을 보면 유심하게 바라보는데, 그 이유는 무엇입니까?”
>
> 공자가 대답하였다.
>
> “강물은 두루 여러 가지 생물들을 살아가게 하지만 아무런 작위도 가하지 않으니, 그것은 덕德이 있는 사람과 같다. 흐름은 낮은 곳으로 꾸불꾸불 흘러가지만 반드시 그 이치를 따르고 있으니, 의로운(의義) 사람과 같다. 강물은 출렁출렁 다함이 없으니, 도道를 터득한 사람과 같다. 강물을 터서 흘러가게 한다면 그에 따른 빠른 흐름이 소리에 울림이 따르는 듯하고, 백 길의 골짜기로 흘러든다 하더라도 두려워하지 않으니 용감한 사람과 같다. 움푹한 곳으로 흘러들면 반드시 평평해지도록 흘러드니 법(법法)을 잘 지키는 사람과 같다. 물이 찬 다음에도 위를 깎을 것도 없이 평평해지니 올바른 사람(정正)과 같다. 유약하면서도 어디에나 숨어드니 잘 살피는(찰察) 사람과

같다. 그곳을 들락날락하면 깨끗해지니 잘 교화하는(선화善化) 사람과 같다. 강물은 이리저리 꺾이면서 흐르지만 결국은 반드시 동쪽으로 가니 마치 뜻이 굳건한(지志) 사람과 같다."[1]

세월은 흘러가는 강물과 같다. 송나라 소식(1037–1101)은 「적벽회고赤壁懷古」에서 삼국三國 동오東吳의 주유周瑜를 회고하며 수많은 영웅호걸은 흘러가는 물과 함께 사라졌다했다.

염노교念奴嬌 · 적벽회고赤壁懷古　소식蘇軾

大江東去,	장강은 동쪽으로 흘러 흘러,
浪淘盡,	굽이굽이 파도 물결은
千古風流人物.	아득한 옛적 풍류인들을 휩쓸어 갔겠네.
故壘西邊,	옛날 진지(황주성黃州城)의 서쪽을
人道是,	사람들은 말하지 이것이 바로
三國周郎赤壁.	삼국시대 주랑의 적벽이라네.
亂石穿空,	어지러이 널린 바위들 구름을 헤치고
驚濤拍岸,	성난 파도는 절벽을 때리네,
捲起千堆雪,	천 무더기 눈을 휘감아 올리는 듯,
江山如畫.	그림 같은 아름다운 강산 그대로 이거늘.

1　孔子觀於東流之水. 子貢問於孔子曰: "君子之所以見大水必觀焉者, 是何?" 孔子曰: "夫水, 大徧, 與諸生而無爲也, 似德. 其流也則埤下, 裾拘必循其理, 似義. 其洸洸乎不淈盡, 似道. 若有決行之, 其應佚若聲響, 其赴百仞之谷不懼, 似勇. 主量必平, 似法. 盛不求概, 似正. 淖約微達, 似察. 以出以入, 以就鮮絜, 似善化. 其萬折也必東, 似志. 是故君子見大水必觀焉."(荀子 · 宥坐)

一時多少豪傑,	한 때의 호걸들은 그 얼마나 되었던가!
遙想公瑾當年,	아득히 그 때의 공근(주유周瑜)을 생각건대
小喬初嫁了,	소교가 처음 시집 왔을 때에는
雄姿英發,	영웅의 자태에 뛰어난 모습이었으리라.
羽扇綸巾,	부채를 들고 두건을 쓴 채고,
談笑間,	담소하는 하는 동안에,
檣櫓灰飛煙滅.	막강한 적군 배들은 연기로 사라졌다네.
故國神游,	옛날의 그때 고국古國 산천을 마음으로 여행하니,
多情應笑我,	정 많다 나를 비웃겠지.
早生華髮,	일찍부터 머리는 세었고,
人間如夢,	인생은 꿈과 같으니,
一樽還酹江月.	한 잔의 술을 강에 비친 달빛에 뿌리네.

인생은 일장춘몽一場春夢이다. 인생은 봄날에 낮잠 자다 꾸는 꿈과 같은 것이다. 잔뜩 희망을 갖고 잠시 왔다가 부질없이 떠나는 것이 인생일 것이다. 아무리 영웅호걸이라도 아니 갈 수는 없다. 밤낮 없이 흐르는 물처럼 세월도 가고 사람도 가는 법이다.

금金 무원직武元直 〈적벽도赤壁圖〉(세로 50.8cm, 가로 136.4cm)

그러나 인생은 현재인 나로써 끝나는 것이 아니다. 영원히 후세대로 이어지는 것이다. 그래서 소동파는 『전적벽부前赤壁賦』에서 강물을 바라보며 '가는 것은 저와 같지만(서자여사逝者如斯), 일찍이 다 흘러가버린 적이 없다'하였다. 사람이 가고 오는 것도 일종의 자연 순환현상 중의 하나이다.

> 객은 또한 저 강물과 달을 아는가? 흐르는 강물이 이처럼 흘러가지만, 일찍이 다 흘러가 버린 적이 없고, 달이 차고지는 것이 저와 같지만 끝내 사라지거나 줄어드는 법이 없다. 변하는 쪽에서 보면 천지도 일순간이 못되지만, 변하지 않는 쪽에서 보면 만물과 내가 다함이 없는 것이다.[2]

소동파는 이 세상에 남부러울 할게 없다 하였다. 모든 물건은 다 주인이 있지만, 시원한 바람과 아름다운 달은 조물주가 우리에게 만들어 준 무한한 선물이라 하였다.[3] 짧은 인생, 가지고 가지도 못할 재산 때문에 마음 졸이며 몸 상하지 말고, 대자연을 즐기며 사는 것이 가장 행복한 삶일 것이다.

---

2 "客亦知夫水與月乎? 逝者如斯, 而未嘗往也. 盈虛者如彼, 而卒莫消長也. 蓋將自其變者而觀之, 而天地曾不能一瞬, 自其不變者而觀之, 則物於我皆無盡也."(蘇東坡, 赤壁賦)

3 "而又何羨乎! 且夫天地之間, 物各有主, 苟非吾之所有, 雖一毫而莫取. 惟江上之淸風, 與山間之明月, 耳得之而爲聲, 目遇之而成色, 取之無禁, 用之不竭, 是造物者之無盡藏也.(蘇東坡, 赤壁賦)

14

未成一簣 미성일궤

단지 한 삼태기가 모자라다

'미성일궤未成一簣'는 '공휴일궤功虧一簣'로 쓰기도 한다. '簣(삼태기 궤, kuì)'자는 '삼태기'라는 뜻이다. 한 삼태기가 모자라 산을 이룰 수 없듯이, 이제까지 잘 해왔는데 조금을 참지 못하여 성공을 바로 앞두고 실패하는 경우를 말한다. '미성일궤' 중 '미성未成'은 '이루지 못하다', '일궤一簣'는 '한 삼태기'의 의미로, 전체적으로 '한 삼태기로 이루지 못하다'는 뜻이다. '공휴일궤功虧一簣' 중 '공功'은 성공, '虧(이지러질 휴, kuī)'는 '어긋나다'로 '성공을 거두지 못하다'라는 뜻이다. 즉 '한 삼태기가 모자람으로 산의 완성하는 성과를 이루지 못하다'는 말이다.

子曰: "譬如爲山, 未成一簣, 止, 吾止也. 譬如平地, 雖覆一簣, 進, 吾往也."(子罕 09.19)

공자는 말하였다.

"이를테면 산을 쌓아 올리는데 한 삼태기의 흙이 모자라서 완성을 보지 못하였다 하여도, 그 일을 그만두었으면 자기가 그만둔 것이다. 이를테면 땅을 고름에 있어 한 삼태기의 흙을 부어 놓는다 하여도, 그 일을 진척시켰으면 그것은 자기가 진척시킨 것이다."

'평지平地'를 '평지에서 산을 쌓다'라는 의미로 해석하여, 전체적으로 "평지 땅에서 산을 쌓는데 한 삼태기의 흙을 부어 놓는다 하여도, 그 일을 진척시켰으면 그것은 자기가 진척시킨 것이다." 로 해석하기도 하나, 그러나 이미 '산을 쌓다'는 '위산爲山'이 있기 때문에 같은 내용이 다시 반복된다. 따라서 '산을 쌓는 것'과는 반대로 편평하지 않은 땅에 흙을 넣어 편평하게 '흙을 고르다'는 뜻으로 해석하기로 한다. '평지平地' 중 '평平'자는 '땅을 고르다'로 동사의 용법으로 쓰인다.

노산鷺山 이은상은 일제의 속박에서 벗어나 해방을 향한 마음을 '고지가 바로 저긴데 여기에서 말 수는 없다'라고 하였다.

고지가 바로 저긴데　　노산鷺山, 이은상(1903－1982)

고난의 운명을 지고
역사의 능선을 타고
이 밤도 허위적거리며
가야만 하는 겨레가 있다.
고지가
바로 저긴데
예서 말 수는 없다.
넘어지고 깨어지고라도

한 조각 심장만 남거들랑
부둥켜안고
가야만 하는 겨레가 있다.
새는 날
피 속에 웃는 모습
다시 한 번 보고 싶다.

1970년대 고등학교 교과서에 수록되었던 시이다. 이제는 분단의 아픔을 '부둥켜안고 가야만 하는 겨레가 있다. 통일이 된 날 다함께 웃는 모습 다시 한 번 보고 싶은 게' 우리의 꿈이다. 해방의 자유를 지키기 위해 피의 능선을 함께 넘어야 했던 동포들은 이제 '부둥켜안고 가야만 하는' 또 하나의 애절한 숙제가 남아있다. 통일의 고지가 바로 저기기 때문에 고난의 운명을 지고 역사의 능선을 타고 이 밤도 허우적거리며 가야만 하는 같은 민족이 있다.

'공휴일궤功虧一簣'는 『상서尙書 · 여오旅獒』에 나오는 말이다.

> 오호라! 새벽부터 밤낮 없이 부지런히 일하지 않는 일이 없도록 하여야 한다. 사소한 일이라도 삼가지 않으면 마침내는 큰 덕에 누를 끼치게 될 것이다. 아홉 길 높이의 산을 만듦에 있어서도 한 삼태기의 흙이 모자라면 성을 쌓는 일을 다 이루지 못하는 것이다.[1]

---

1 嗚呼! 夙夜罔或不勤, 不矜細行, 終累大德; 爲山九仞, 功虧一簣.(尙書 · 旅獒)

'불긍세행不矜細行' 중 '矜, 삼갈 긍, jīn, qín)'은 '삼가하다'는 뜻이고, '세행細行'은 '자질구레한 행위'를 말한다. 전체적으로 '하찮은 사소한 일을 삼가지 않다'라는 뜻이다. '구인九仞'은 '아홉 길 높이'를 뜻한다.

산 같은 큰 성을 쌓는다 해도 한 삼태기 모자라 완성을 하지 못한다면 이 또한 성을 다 쌓지 못하는 것이다. 성공을 눈앞에 두고 최후에 한번 방심하는 동안 다된 밥에 재 뿌리는 경우가 있다. '시종일관始終一貫' 끝까지 노력하는 자만이 성공을 거둘 수 있는 것이다.

'공패수성功敗垂成'은 역시 '미성일궤'와 비슷한 뜻이다. '공패수성' 중 '수'는 '끝에서'라는 뜻으로, '막 성공하려는 순간에 실패하다' · '거의 다되다 말다'라는 뜻이다. 하지만 '미성일궤'는 일반적으로 주관적인 원인으로 인하여 완성하지 못함을 말하나, '공패수성'은 객관적인 원인 즉, 갑자기 발생한 어떤 원인으로 인하여 실패하게 됨을 말한다.

삶의 성공과 실패는 한발의 차이이다. 삶을 결정하는 것은 주위 상황이 아니라 우리 자신의 태도다. 성공은 마음의 차이이고, 남들보다 간발의 차이 만큼만 노력하는 결과의 산물이다. 남에게 신뢰를 받는다는 것 역시 조그마한 배려에서 시작되는 것이다. '경영이란 사실 별것이 아닙니다. 간발의 차이를 만드는 겁니다. 이는 기업경영이든 자기경영이든 마찬가지입니다.'[2]

---

2 http://blog.naver.com/intecjo/220519034354. 출처: '명품의 조건-간발의 차이를 만들라', 작성자 조관일.

15
苗而不秀 묘이불수
이삭이 꽃을 피우지 못하다

'묘이불수苗而不秀'는 '수이불실秀而不實'로 쓰기도 한다. '중도에 그만 두면 결실을 맺지 못한다'나, '좋은 조건에 있음에도 성과를 거두지 못하다'는 뜻으로 쓰인다. '묘이불수'는 혹은 '꽃을 피어보지 못하고 요절하다'라는 뜻으로 쓰이기도 한다.

'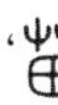(苗, 모 묘, miáo)'자는 논밭에 농작물이 심어져 있는 모양이다.

'(秀, 빼어날 수, xiù)'자는 '벼의 이삭이 패어 고개를 숙인 모양'이다. '꽃이 피다'·'빼어나다'는 파생어로 쓰인다.

'(實)'자는 '宀'과 '貫'으로 이루어진 자이다. '貫(꿸 관, guàn)'은 화폐의 묶음이다. '實'자는 집안에 화폐가 가득 차 있음을 말한다. 금문은 ''로 쓴다.

子曰: "苗而不秀者, 有矣夫! 秀而不實者, 有矣夫!"(子罕 09.22)

공자는 말하였다.

"싹이 돋고서 꽃을 피워 내지 않는 경우도 있고 꽃을 피워 내고서 열매를 맺지 않는 경우도 있다."

'묘이불수苗而不秀'와 '수이불실秀而不實'은 '중도에 그만두면 학문적 성과 내지는 인격적 수양에서의 어떤 완성을 보지 못함을 말한다. 본 구절에서는 공자가 중도에 그만두지 말고 끝까지 노력하라는 것을 역설하는 내용이다.

'의부矣夫'는 '감탄 어기조사'이다.

'묘苗'·'수秀'와 '실實'은 '상중하上中下'세 개의 단계로 이해할 수 있다. 즉 시작, 발전과 완성의 세 단계이다. 아무리 천부적 재능이 뛰어나도 노력하지 않으면 학문적 발전은 없을 것이고, 어느 정도 성과를 이루었다고 하나 노력하지 않으면 학문적 결실을 기대하기 어렵다.

'퇴고推敲'는 시를 지을 때 자구字句를 여러 번 생각하여 잘 어울리게 다듬어 고친다는 뜻이다. 원래는 '밀다'라는 '추推'자를 쓸까 아니면 '두드리다'라는 '고敲'자를 쓸까하는 고심한다는 뜻에서 나오는 성어이다. 당唐나라 시인 가도賈島(779-843)는 과거를 보러 장안에 갔다가 '조숙지변수승고월하문鳥宿池邊樹僧敲月下門'[1]라는 싯구 중의 '고敲'자를 '추推'자로 쓸 것인가 고심하다가 당시 길가에서 행차를 하고 있던 경윤京尹 한유韓愈를 만나, 한유는 '敲'자로 쓰는 것이 좋겠다고 충고하였다. 두 사람은 후에 여러 날을 함께 머무르며 시를 논하는 친구가 되었다고 한다.[2]

---

1 "새는 못가에 있는 나무에 깃들이고 중은 달빛 아래 문을 두드린다."

2 "島初赴擧京師. 一日於驢上得句云, 鳥宿池邊樹, 僧敲月下門. 始欲着推字, 又欲作敲

제이응유거題李凝幽居　가도賈島

은둔하고 있는 이응에 부쳐

閑居少鄰並 한가롭게 사니 함께하는 이웃도 드물고,

草徑入荒園 풀숲 오솔길은 황폐한 뜨락까지 통하네.

鳥宿池邊樹 새는 연못가 나무에 깃들이고,

僧敲月下門 중은 달빛 아래 문을 두드린다.

過橋分野色 다리를 건너니 들판 색깔 분명하게 드러나고,

移石動雲根 산돌을 옮기는 듯 낮은 구름 요동하네.

暫去還來此 잠시 떠났다가 다시 이곳에 돌아오겠나니,

幽期不負言 은거의 기약 말을 어기지 않을 것을.

가도는 싯구 몰두에 고관의 행차에 잘못 끼어 한유를 만나게 되었고 '고敲'의 싯구를 얻었다. 늙은 노새에 몸을 의지한 채 넋을 잃고 한 자를

字, 煉之未定, 遂於驢上吟哦, 時時引手作推敲之勢, 觀者訝之. 時韓愈吏部權京兆, 車騎方出, 島不覺衝至第三節. 左右擁至尹前, 島具對所得詩句云云. 韓立馬良久, 謂島曰, 作敲字佳矣. 遂與并轡而歸, 共論詩道. 留連累日, 與爲布衣之交."(唐詩紀事)(가도는 어느 날 경성장안에 과거시험을 보러 갔다. 노새를 타고 가다가 문득 '조숙지변수, 승고월하문'이라는 구절을 생각해 냈는데, 처음엔 '고(敲)'자 위치에 '고(推)'자를 쓰고자 했지만 다시 '고(敲)'자가 생각났다. 그러나 아무리 생각해도 어떤 자가 좋을지 몰라 나귀를 타고 싯구를 읊조리며, '밀거나' '두드리는' 손짓을 하면서 지나가자, 지나가는 사람마다 의아하게 생각했다. 때마침 막 관문을 나서는 당시 예부(禮部) 경조윤(京兆尹)을 지내던 한유(韓愈)의 의장대 마차와 맞닥트리게 되었고, 자신도 모르는 사이 세 번째 줄에 끼이게 되었다. 그러자 좌우의 시중들이 한유의 면전으로 데리고 가자, 가도는 자신의 싯구에 대한 이야기를 자세히 설명하였다. 한유는 말을 한참 세워 놓고 생각하다 '고(敲)'자가 좋겠다고 하였다. 후에 여러 차례 함께 나란히 말을 타고 집으로 가 시간가는 줄 모르고 시에 대하여 이야기를 나누었고, 친한 친구가 되었다.)

얻기 위하여 고심하는 가도의 모습이 눈에 선하다.

당대唐代 시인 두보는 '세상 사람이 놀란 만한 시구를 지어내지 못한다면 죽어도 그만두지 않겠다'고, '어불경인사불휴語不驚人死不休'라 하였다.

강상치수여해세료단술江上值水如海勢聊短述　두보杜甫
강가에서 바다 같은 기세의 강물을 대하고서 잠시 짧게 기술하다

爲人性僻耽佳句, 타고난 성벽이 아름다운 글귀를 탐하여,
語不驚人死不休. 말이 사람들을 놀라게 하지 않으면 죽어도 그만두지 않았네.
老去詩篇渾漫興, 늙어 감에 시 짓는 것을 모두 대충하니,
春來花鳥莫深愁. 봄날의 꽃과 새에 있어서도 너무 걱정하지 않게 되었네.
新添水檻供垂釣, 새로 물가 난간을 지어 낚시할 때 사용하고,
故著浮槎替入舟. 일부러 뗏목 묶어 두고 놀잇배에 탄 셈이라 여기네.
焉得思如陶謝手, 어떻게 시상이 도연명 사영운 같은 사람을 얻어서,
令渠述作與同游. 그들로 하여금 시를 짓게 하고 함께 노닐 수 있을까?

아무리 천성적으로 뛰어난 시인의 기질을 갖추고 있어도, 검은 머리 하얗게 세어 백발이 되도록 노력하지 않으면 좋을 싯구를 얻지 못하고, '묘이불수苗而不秀'나 '수이불실秀而不實' 할 따름이다.

가도려상득구도賈島驢上得句圖(중국 인터넷 사이트 '백도百度'에서 참고함)

16

末如之何 말여지하

어떻게 할 수 없다

'말여지하末如之何' 중 '말末'은 '할 수가 없다'는 뜻이다. '여하如何'는 '어떻게 하다'라는 뜻이다. '어찌 해 볼 도리가 없다'는 뜻이다. '바른 말을 해주고 부드러운 말로 타일러 주어도 말을 듣지 않는다면 아무리 말해 주고 타일러 주어도 그것은 어떻게 수 없다'는 뜻이다. 즉 '아주 엉망이 되어서 어찌할 도리가 없다'라는 뜻이다.

子曰: "法語之言, 能無從乎? 改之爲貴. 巽與之言, 能無說乎? 繹之爲貴. 說而不繹, 從而不改, 吾末如之何也已矣."(子罕 09.24)

공자는 말하였다.

"좋은 말을 따르지 않을 수 있겠는가! 그 말에 따라 그릇된 것을 고치는 것이 중요하다. 공손하게 베풀어 주는 말을 기뻐하지 않을 수 있겠는가? 그러면서 그 말 속의 참뜻을 찾아내는 것이 중요하다. 기뻐하면서도 참뜻을 찾아내지 않고, 따르면서도 그릇된 것을 고치지 않는다면 나로서는 그러한 사람을 어찌해 볼 수가 없는 것이다."

'오말여지하야이의吾末如之何也已矣' 중 '여지하'는 '그것을 어떻게 하다'라는 뜻이고, '야이의'는 '단정어감'을 표시하는 어기조사이다.

'법어法語'는 '정법을 설교하는 말'이나 '귀감이 되는 훌륭한 말' 혹은 '법을 규정한 말' 등 여러 가지로 해석하지만, 이러한 해석은 모두가 '충고가 되는 좋은 예법禮法의 말'과 통한다.

'손여巽與' 중 '巽(공손 손, xùn)'자는 '공손하다'는 뜻이고, '與(줄 여, yǔ)'자는 '베풀어 주다'라는 뜻이다. '(巽)'자를 혹은 '(巺)' · '(㢲)'으로 쓴다. 두 사람이 공손히 제사를 지내는 모습이다.

'(與)'자는 '舁(마주 들 여, yú)'와 '與'로 이루어진 자로 물건을 두 손으로 감싸 받쳐 들고 있는 모양이다. 고문은 '(舁)'로 쓰고 금문은 ''로 쓴다. 따라서 '주다'라는 의미로 쓰인다.

'說'자는 '悅(기뻐할 열, yuè)'자로 읽는다. '기뻐하다'는 뜻이다.

'손여지언巽與之言'은 공손하게 칭찬을 하거나 혹은 베풀어 주는 말이다.

'(繹, 풀어낼 역, yì)'자는 '糸'와 소리부 '睪(엿볼 역, yì)'으로 이루어진 자이다. '엉킨 실을 풀어낸다'는 뜻이다. '(睪)'자는 '눈으로 보다'라는 뜻이다. 본 구절에서는 '담긴 뜻을 탐구해 내다'라는 뜻으로 쓰인다.

아무리 좋은 말을 해 주어도 쇠귀에 경 읽기라면 무슨 소용이 있겠는가, 좋은 뜻으로 해 주었는데 그 속에 담긴 뜻을 제대로 헤아리지 못한다면, 말 아니한 만 못한 것이다.

'말여지하末如之何'와 같은 말로 '막가내하莫可奈何' · '무가내하無可奈何'와 '불가내하不可奈何'가 있다. '말末' · '막莫' · '무無'와 '불不'은 같은 동원자이기 때문에 어떤 자를 써도 무방하다.

섭공葉公 자고子高가 제齊나라 사신으로 가면서 공자에게 '사신으로 성공을 하던 성공을 하지 못하건 간에 기쁨과 두려움으로 걱정을 하게 되는 것'에 대하여 물어보자, 공자는 '덕이 있는 사람만이 일을 성공시키건 성공시키지 못하건 간에 뒤에 걱정이 없는 것이다'라 충고를 하면서, '어찌할 수 없는 것임(불가내하不可奈何)을 알고서 운명에 따라 그들을 편안하게 대하는 것이 덕의 극치라 하였다.' 『장자莊子 · 인간세人間世』편에 나오는 이야기이다.

공자가 말하였다.

"천하에는 큰 법칙이 두 가지 있다. 그 하나는 운명이며, 다른 하나는 의로움이다. 자식이 어버이를 사랑하는 것은 운명이다. 그것은 마음으로부터 풀어 놓을 수가 없는 것이다. 신하가 임금을 섬기는 것은 의로움이다. 어디를 가나 군주가 없는 곳이 없으며, 하늘과 땅 사이에서는 그 관계로부터 벗어날 길이 없다. 이것을 큰 법칙이라 한다. 그래서 그의 어버이를 섬기는 사람들은 처치 여하를 막론하고 어버이를 평안히 모시는 법인데, 이것이 효도의 극치이다. 그의 군주를 섬기는 사람들은 슬픔과 즐거움이 눈앞에 엇바뀌어 드러나지 않고, 그들의 관계란 어찌할 수 없는 것임을 알고서 운명에 따라 그들을 편안히 모시는데 이것이 덕의 극치이다. 나라의 신하가 된 사람은 본시부터 자기로서도 어쩔 수 없는 일이 있으니, 일의 실정을 따라 행동하면서 그 자신은 잊어야 한다. 그러니 삶을 기뻐하고 죽음을 싫어할 겨를이 어디에 있겠는가? 그대는 그대로 가시면 된다."[1]

---

1 仲尼日: "天下有大戒二: 其一, 命也; 其一, 義也. 子之愛親, 命也, 不可解於心; 臣之事君, 義也, 無適而非君也, 無所逃於天地之間. 是之謂大戒. 是以夫事其親者, 不擇地而

세상사에는 운명과 의리가 있는데, 운명은 천성적인 부모와의 관계이고 의리는 후천적인 군신君臣관계이다. 이는 '어찌할 수 없는 관계(不可柰何)'이기 때문에 천명을 직시하고 최선을 다하는 것이 바로 '덕의 극치(덕지德至)'인 것이다. 모든 일에 최선을 다하여 덕의를 행한다면, 실패를 하던 성공을 하든 그 결과는 중요한 것이 아닌 것이다.

安之, 孝之至也; 夫事其君者, 不擇事而安之, 忠之盛也; 自事其心者, 哀樂不易施乎前, 知其不可柰何而安之若命, 德之至也. 爲人臣子者, 固有所不得已. 行事之情而忘其身, 何暇至於悅生而惡死? 夫子其行可矣!"(莊子 · 人間世)

17

侃侃而談 간간이담

온화하고 즐겁게 이야기를 나누다

'간간이담侃侃而談'은 조정에서 동료 하대부들과 담화를 나눌 때 '온화하고 즐거운 모습(간간여侃侃如)'을 줄인 말이다. '간간여侃侃如' 중의 '如'는 형용사 접미어로 '……한 모양'의 뜻이다.

'(侃, 강직할 간, kǎn)'자는 '㐰(信)'과 '川'으로 이루어진 자이다. 갑골문은 '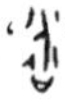' · ''으로 쓰고 금문은 '' · ''으로 쓴다. '사람이 말이나 행위를 격식에 갖춰 조리 있게 물 흐르듯이 잘 하는 모습'이다. 소전의 '川'은 갑골문이나 금문 중의 ''형이 와전된 것이다. 일반적으로 형용사가 중첩으로 쓰이면 '그러한 모양'이나 '그러한 소리'를 나타내는 형용어로 쓰인다. '간간'은 '서로 어울려 화락和樂하는 모양'의 뜻이다.

孔子於鄉黨, 恂恂如也, 似不能言者. 其在宗廟朝廷, 便便言, 唯謹爾. 朝, 與下大夫言, 侃侃如也, 與上大夫言, 誾誾如也. 君在, 踧踖如也, 與與如也.(鄉黨 10.01)

공자가 향리에 있을 적에는 공손하기를 마치 말할 줄 모르는 사람 같으셨고, 종묘와 조정에서는 잘 따져서 이야기하였으나 조심하였다. 조회 때에, 하대부와 이야기할 때는 화목하고 즐거운 모습이었고, 상대부와 이야기할 때는 온화하게 말하였다. 군주가 있으면 태도를 공경스럽게는 하였으나 급촉하게는 굴지 않았다.

제후국에는 경卿 · 대부大夫 · 사士의 계층이 있고, 이는 다시 상중하로 나뉘어 모두 9계급이다. 공자는 노魯나라에서 하대부下大夫의 직책인 사구司寇를 지냈다. 같은 계급인 하대부와 담화를 나눌 때에는 즐겁고 화목한 모습이었고, 자신보다 상관인 상대부上大夫와는 희희낙락하지 않고 고지식한 듯 예의를 갖추었다. 조회를 할 때는 군주를 존경하는 마음으로 조심스럽게 대하면서 허둥지둥 어찌할 바를 모르는 태도를 취하지는 않았던 것이다.

'순순여恂恂如' · '편편便便' · '근이謹爾' · '은은여誾誾如' · '축척여踧踖如' · '여여여與與如'는 모두 '간간여侃侃如'와 같은 품사인 형용사로 행동 동작의 모양을 나타낸다. '이爾'자는 '여如'자와 같이 형용사 접미어로 쓰이고, 형용사 중첩형식인 '편편便便'은 '말 잘하는 모양'을 나타낸다. '誾(온화할 은, yín)'자는 '온화하다'는 뜻이고, '은은여誾誾如'는 '평온하게 토론하는 모양'이다. '축척여踧踖如' 중 '踧(조심스럽게 걷을 축, 척, cù)'과 '踖(밟을 적, 척, jí)'자는 모두 '상대방을 존경하여 조심스럽게 걷는 모양'을 나타낸다. '축踧'자를 혹은 '蹙(오그라들 축, cù)'이나 '蹴(찰 축, cù)'자로 쓰기도 하고, '척踖'자는 혹은 '踧(삼갈 축, 평평할 척, cù)'자로 쓰기도 한다. 이 단어는 연면사連綿詞로 음성을 중심으로 형성된 '행동거지의 모양'을 표시한다.

'축척'은 '유예猶豫'의 의미와 같다. '유예'는 '이유夷猶'로 쓰기도 하면 '주저주저 조심스럽게 행하는 것'을 말한다.

'여여여與與如'는 '조심스럽고 점잖은 모습'을 나타낸다.

閔子侍側, 誾誾如也, 子路, 行行如也, 冉有子貢, 侃侃如也. 子樂. "若由也, 不得其死然."(先進 11.13)

민자건이 스승님 공자 곁에서 모시고 있을 적에 그 태도가 온화한 모습을 하였고, 자로는 강직한 모습을 하였고, 염유와 자공은 공손하고 즐거워하는 모습이었다. 공자는 즐거워하면서 "자로(유由) 같은 사람은 제 죽음을 못할 것이다."라 말했다.

'행행行行'은 '활발하게 행동하는 모양'을 나타낸다. 제자들이 스승님을 곁에서 모실 때, 모두 자신이 가지고 있는 성격에 따라 행동거지를 하는 것이다. 각자 자신이 가지고 성품에 따라 자연스럽게 표현하였기 때문에 제자를 사랑하는 마음에 기뻐하였을 것이다. 자로는 강직하여 정의를 위하여 목숨을 아끼지 않을 것을 짐작하여 한 말일 것이다. 자로는 위衛나라에서 자리子悝의 난 때 목숨을 잃었다.

사람과 대화를 나눌 때 얼굴색은 온화하면서 즐거워야 한다. 증자曾子는 도의를 실천하는데 세 가지를 소중하게 여겨야 되는데, 얼굴색을 바르게 하고 대화는 비루鄙陋하거나 사리에 어긋나지 않아야 한다 하였다.

曾子言曰: 鳥之將死, 其鳴也哀, 人之將死, 其言也善. 君子所貴乎道者三, 動容貌, 斯遠暴慢矣, 正顔色, 斯近信矣, 出辭氣, 斯遠鄙倍矣.(泰伯 08.04)

증자가 말하였다. "새가 장차 죽으려 할 때에는 그 우는 소리가 애처롭고,

사람이 장차 죽으려 할 때는 그가 하는 말이 선하다. 군자가 도를 실천하는 데 있어 귀중하게 여기는 일이 세 가지가 있다. 행동거지를 바르게 하면 다른 사람의 난폭이나 오만함을 멀리할 수 있고, 얼굴 안색은 바르게 하면 다른 사람에게 신뢰를 받을 수 있고, 말을 입 밖에 낼 때 말투를 신중히 하면 비루하고 사리에 어긋나는 일을 멀리할 수 있을 것이다."

'사원폭만의斯遠暴慢矣' 중 '사斯'는 조건을 표시하는 접속사 용법으로 쓰인다. '비배鄙倍' 중 '鄙(저속할 비, bǐ)'는 '비루하다'의 의미이고, '倍(배반할 배, bèi)'는 '사리에 어긋나다' · '배반하다'는 뜻이다.

상대방과 화기애애하고 즐겁게 대화를 나누는데 세 가지가 필요하다. 자신의 행동거지를 먼저 부드럽고 바르게 하고 얼굴색은 화사하고 온화하게 하며 말투는 온화하고 예의에 맞게 한다면, 상대방은 난폭하거나 오만하게 굴지 않을 것이고 믿음을 가질 것이고 비루하게 행동을 취하지 않을 것이다.

남과 대화를 나눌 때 '간간이담', 상대방을 잘 들어주고 말을 조근조근 화기애애하게 해야지 자기 자신만 말하고 다른 사람의 말까지도 끊는 사람이 있다. 모든 화는 세 치 혀에서 시작된다 하였다. 마치 물고기가 언제나 입으로 낚여 잡히듯이 인간 역시 입 때문에 걸려든다 하였다. 그래서 『명심보감明心寶鑑』은 입과 혀는 화와 근심을 불러들이는 문이고 몸을 망치는 도끼와 같다 하였다.[1] 옛날에 사람을 판단할 때, '신언서판身言書判', 즉 신수 · 말수 · 글솜씨 · 판단력으로 판단하였다. 단샘에서 단물을 내고 더러운 샘에서는 더러운 물을 내는 것이다. 사람도 마찬 가

---

1 "口舌者禍患之門, 滅身之斧也."(明心寶鑑 · 言語)

지다. 그 사람의 말투를 들으면 그 사람의 됨됨이를 금방 알 수 있다. 깊은 물은 소리가 없다 하였다. 말을 많이 한다 해서 말을 잘하는 것이 아니라, 무슨 말을 했느냐이다.

18

屛氣不息 병기불식

숨을 죽이다

‘병기불식屛氣不息’은 ‘병기루식屛氣累息’나 ‘병기렴식屛氣斂息’으로 쓰기도 한다. ‘숨을 죽여 마치 숨을 쉬지 않은 것 같다’라는 뜻이다. 혹은 ‘병성식기屛聲息氣’로도 쓴다. 존경하고 두려운 나머지 차마 소리를 내지 못하는 상태를 말한다.

‘(屛, 가릴 병, píng, bǐng)’자는 ‘尸’와 소리부 ‘幷’으로 이루어진 자이다. ‘병幷’자는 ‘竝(병竝)’으로 쓰기도 한다. ‘(竝)’자를 갑골문은 ‘’으로 쓰고 금문은 ‘’으로 쓴다. ‘사람이 나란히 선 모습’이다. ‘’자는 ‘병풍을 나란히 세워 가리는’ 모습이다.

‘(氣, 기운 기, qì)’자는 고문자에서 원래 ‘气’로 쓰고, 후에 ‘米’가 추가되었다. ‘곡식으로 밥을 지을 때 나오는 증기’의 모습이다. ‘气’자를 갑골문은 ‘’로 쓰고, 금문은 ‘’로 쓴다. ‘세 가닥의 구름 띠가 하늘로 펴져 있는 모습’이다. ‘숨’ · ‘기운’ 등의 의미로 쓰인다.

‘(息, 숨 쉴 식, xī)’자는 ‘心’과 ‘自’로 이루어진 자이다. ‘自’자는 ‘사람의 코의 모양’을 본 떠 만든 자이다. ‘심장과 코로 숨을 쉬다’라는 뜻이다.

'병기루식屛氣累息' 중의 '累(묶을 루, léi)'자는 '(絫)'자와 같은 자이다. '실을 사용하여 여러 겹으로 묶다'라는 뜻이다. '누식累息'은 '숨을 잠시 쉬지 않고 참는 것'을 말한다.

'(斂, 거둘 렴염, liǎn)'자는 '攴'와 소리부 '僉(다 첨, qiān)'으로 이루어진 자이다. '(僉)'자는 '亼(合)'·'吅'·'从'으로 이루어진 자로 '여러 사람이 모여 있다'는 뜻이다. 후에 '합치다'·'합하다' 등의 뜻으로 쓰인다. '斂'자는 본 구절에서 '숨을 거둬 들어 마시고 참고 있음'을 뜻한다.

入公門, 鞠躬如也, 如不容. 立不中門, 行不履閾. 過位, 色勃如也, 足躩如也, 其言似不足者. 攝齊升堂, 鞠躬如也, 屛氣似不息者. 出, 降一等, 逞顔色, 怡怡如也. 沒階, 趨進, 翼如也. 復其位, 踧踖如也.(鄕黨 10.03)

대궐 문을 들어갈 적에는 몸 굽히기를 마치 문이 작아서 그런 것 같았고, 멈추어 있을 때에는 문 가운데를 피하였고, 걸을 때에는 문지방을 밟지 않았다. 군주가 나와서 서 있는 곳을 지나갈 적에는 얼굴빛을 달리 하고 발걸음을 빨리하였고, 말은 마치 모자라는 것같이 하였다. 옷자락을 잡고 대청에 오를 때에는 몸을 굽히고 숨을 죽여 마치 숨은 쉬지 않은 것 같았다. 나올 때에는 층계를 한 단 내려와서는 얼굴빛을 풀고 즐거운 자태를 지었다. 층계를 다 내려와서 종종걸음으로 나설 적에는 동작이 마치 새가 날개를 펴듯 하였고, 본래의 자리로 돌아가서는 공경스러운 태도를 취하였다.

'국궁여鞠躬如'·'발여勃如'·'확여躩如'·'이이여怡怡如'·'익여翼如'·'축척여踧踖如' 등은 모두 행동거지의 모양이나 상태를 나타낸다.

'국궁鞠躬' 중 '鞠(공 국, jū)'자는 '가죽으로 만든 공'이나 '몸을 굽히다'는 뜻이며, '躬(몸 궁, gōng)'은 '몸'·'자신'의 뜻이다. '국궁'은 '윗사람이나 위패 앞에서 공경의 뜻을 표시하기 위해 몸을 굽히다'는 뜻이다.

'발여勃如' 중 '勃(갑자기 일어날 발, bó)'자는 '놀라듯 갑작스럽게 얼굴빛을 바꾸는 것'을 말한다.

'확여躩如' 중 '躩(바삐 갈 곽(확), jué)'로 바쁜 걸음으로 빨리 지나감을 말한다.

'발여'와 '확여'는 '임금의 자리를 지나거나(과위過位) 임금이 서 있는 자리를 지날 때, 근엄하면서도 엄숙한 표정을 짓고 어슬렁거리듯이 걷지 말고 조심스럽게 걸음을 빨리하여 지나가는 것을 말한다.

'이역履閾' 중 '履(밟을 리, lǚ)'는 '밟다'라는 뜻이고, '閾(문지방 역, yù)'은 '문지방'을 뜻한다. '섭자攝齊' 중 '攝(당길 섭, shè)'자는 '옷자락을 끌어당기다'는 뜻이고, '齊(옷자락 자, jì)'자는 음이 '자'로 '옷자락'이라는 뜻이다.

대궐은 들어설 때는 거만하게 안하무인격인 행동을 취해서는 안 된다. 몸을 다소곳이 숙여 마치 몸이 다 들어설 수 없는 것처럼 상대방을 배려하는 마음으로 공경스럽게 들어가야 한다. 대궐은 나라의 모든 것이 집중된 신성한 곳이다. 천하를 다스리는 군주가 사는 곳이고, 자신보다 더 높은 관직을 가진 자들이 모여 머리를 맞대고 종정從政을 하는 곳이다. 대궐에 들어서는 것은 이미 정사 참여의 시작이다. 몸가짐을 단정하게 추스르지 않는다면 이미 마음 자세가 소홀해 지기 쉽다.

『논어집주論語集註』는 '서 있을 때 중앙에 서 있으면 높은 곳을 차지하고, 걸을 때에 문지방을 밟으면 조심스럽지 않는' 행동이라 하였다.[1] 가운데는 일반적으로 자신보다 나이가 많거나 직위가 높은 대관이 서는 자리이다. 가운데 선다면 자신의 자리도 아닌데 예의 없이 상관의 자리

---

1 "立中門則當尊, 行履閾則不恪."(論語集註)

를 차지하는 것이다. 문지방을 밟거나 문지방을 밟고 서는 것은 일반적인 발걸음에서 갑자기 변화를 주는 것이기 때문에 위험스런 동작이 될 수 있고 점잖지 못한 행동 동작이다. 그래서 조심스럽게 피하듯 넘어가야 한다.

'옷자락을 잡고 대청에 오를 때에는 몸을 굽히고 숨을 죽여 마치 숨은 쉬지 않은 것 같이 한 것'은 '지존至尊의 자리에 가까이 가기 때문에 숨쉬는 것과 용모를 엄숙하게 하는 것을 말한다.[2]

'병기불식'은 윗사람을 대하는 공자의 태도이다. 공자는 상대방의 경우에 따라 행동거지를 달리하였다. 상을 당한 사람과 같이 할 때는 배불리 먹지도 않고, 노래도 부르지 않았다.

> 子食於有喪者之側, 未嘗飽也.(述而 07.09)
>
> 공자는 상喪을 당한 사람 곁에서 식사를 하시면 배부르도록은 먹지 아니하였다.
>
> 子於是日哭, 則不歌.(述而 07.10)
>
> 공자는 조상하기 위해 곡을 하시면 그날에는 노래를 부르지 아니하셨다.
>
> 子見齊衰者, 冕衣裳者與瞽者, 見之, 雖少必作, 過之必趨.(子罕 09.10)
>
> 공자는 상복을 입은 사람과 면복冕服을 입은 사람과 눈먼 사람을 만나시는 데 있어서는, 만나시게 되면 이들이 나이가 어리더라도 반드시 일어나시고, 이들을 지나가시게 되면 반드시 걸음을 빨리 옮기신다.

'재최齊衰'는 혹은 '자최'라고 읽기도 한다. '굵은 생베로 짓고 아래 가를

---

2 "近至尊, 氣容肅也."(論語集註)

좁게 접어서 꿰맨 상복'이다. 상을 당한 사람을 보면 슬퍼하고, 높은 벼슬자리에 있는 사람은 존경을 표시하고, 불편한 사람에게는 배려하고자 마음이다.

'병기불식' 혹은 '병성불식'은 일종의 '숙연기경肅然起敬'의 태도와 같다. '숙연기경'은 사람이 '감동되어 존경하고 경건한 마음이 생겨 옷깃을 여민다'는 뜻이다.

남조南朝 송宋나라 시기 유의경劉義慶『세설신어世說新語 · 잠규箴規』에 '숙연기경'의 예가 하나 보인다.

> 혜원 스님이 노산에 있을 때, 몸은 비록 늙었으나 쉬지 않고 계속해서 불경을 강연하셨다. 제자 중에는 혹은 나태한 자가 있었다. 그러자 혜원 스님은 "나는 뽕나무와 느릅나무에 걸린 낙조와 같이 멀리는 비칠 수 없지만, 그러나 아침의 햇살같이 시간이 갈수록 빛을 발했으면 하네." 라고 하면서 계속해서 불경을 들고 등좌에 앉아 낭낭한 목소리로 불경을 낭송하였다. 말씀 한마디 한마디가 매우 절실하여 모든 수제자들은 더욱더 존경하는 마음이 생겨나게 되었다.[3]

남으로 부터 '병기불식'이나 '숙연기경'하는 존경을 받기 위해서는 이들을 설득시킬 수 있는 성실함과 정직함이 있어야 한다. 무조건 강요로 '숨을 쉴 수 없을 만큼' 긴장하게 만드는 것은 두려움이지 진실된 '숙연기

---

3 "遠公在廬山中, 雖老, 講論不輟. 弟子中或有墮者, 遠公曰: '桑榆之光, 理無遠照, 但願朝陽之暉, 與時并明耳!' 執經登坐; 諷誦朗暢; 詞色甚苦; 高足之徒皆肅然起敬."(世說新語 · 箴規)

경'이 아니다.

이러한 사람이 되기 위해서는 아무래도 "마음속에 거만함이 자라게 해서는 안 되며, 무변별한 욕심을 부려서도 안 되며, 자신의 의지만을 강하게 드러내서도 안 되며, 극도한 즐거움을 누려서는 안 된다. 훌륭한 현자와 친해졌다 해도 그에 대한 공경함을 잃지 않고 두려워하는 마음을 가지면서도 그를 아껴야 하는 것이다. 또한 누구를 사랑한다면 그의 단점도 지적할 줄 알아야 하고, 누구를 미워한다고 하면 그의 장점도 발견할 줄 알아야 한다. 재물을 축척했으면 다른 사람을 위해 쓸 줄도 알아야 하고, 편안한 곳에 만족할 줄도 알아야 하지만 자리를 바꾸어야 할 때가 능히 옮길 줄도 알아야 한다. 재물에 기회가 생기면 구차하게 이를 욕심내지 않으며, 어려움이 닥친다 하여도 이를 구차하게 모면하려 하지 말고, 싸우면 이를 기필코 이기려고만 하지 않으며 자기 몫을 많이 챙기려 하지 않으며, 의심스러운 일이 있으면 자신만이 바로잡아 결정을 내릴 수 있다고 여겨서도 안 되며, 자신의 의견을 정직하게 개진할 뿐이고 자신의 견해를 고집해서는 부리지"[4] 않아야 하는 사람이 일 것이다.

---

4 "敖不可長, 辱不可從, 志不可滿, 樂不可極. 賢者狎而敬之, 畏而愛之, 愛而知其惡, 憎而知其善. 積而能散, 安安而能遷, 臨財毋苟得, 臨難毋苟免. 很毋求勝, 分毋求多, 疑事毋質, 直而勿有."(禮記 · 曲禮上)

19

食不厭精 사불염정
잘 찧은 밥을 싫어하지 않다

‘사불염정食不厭精’나 ‘회부염세膾不厭細’ 등은 모두 공자가 음식물을 먹을 때 조심하고 삼간 내용들이다.

‘사불염정食不厭精’은 ‘食’자는 ‘밥’이라 명사로 쓰이기 때문에 음이 ‘사’이다. 공자는 ‘정미精米’한 쌀로 지은 밥을 주로 먹었다. ‘膾(회 회, huì)’는 ‘잘게 썰어서 먹었다’는 뜻이다.

고문자에서 ‘(厭, 싫을 염, yàn)’자는 ‘猒(물릴 염, yàn)’자와 같은 자이다. ‘(猒)’자를 금문 ‘’으로 쓴다. ‘맛있는 고기를 싫증날 정도로 먹다’는 뜻이다. ‘猒’자 중의 ‘日’형은 ‘甘(달 감, gān)’의 변형이고 ‘犬’은 ‘고기’를 총칭한다. 후에 ‘싫증나다’·‘염증을 느끼다’라는 뜻으로 쓰인다.

> 齊必變食, 居必遷坐. 食不厭精, 膾不厭細. 食饐而餲, 魚餒而肉敗, 不食. 色惡, 不食. 臭惡, 不食. 失飪, 不食. 不時, 不食. 割不正, 不食. 不得其醬, 不食. 肉雖多, 不使勝食氣. 唯酒無量, 不及亂. 沽酒市脯不食. (鄕黨 10.06)
>
> 재계齋戒할 때에는 음식은 평소의 것과는 반드시 달리 하였고, 앉는 자리

도 바꾸었다.

밥은 부드러운 것을 싫어하지 않았고, 회는 가늘게 썬 것을 싫어하지 않았다. 밥이 쉬어서 맛과 빛이 변한 것, 생선이 뭉그러지고 고기가 썩은 것은 먹지 않았고, 빛깔이 나쁜 것은 먹지 않았고, 냄새가 나쁜 것은 먹지지 않았고, 알맞게 익혀지지 않은 것은 먹지 않았고, 제철의 과일이 아니면 먹지 않았고, 고기 썬 것이 반듯하지 않으면 먹지 않았고, 맞는 장醬이 없으면 먹지 않았다. 고기를 많이 먹는다 하더라도 밥 기운을 누르도록 까지는 먹지 않았고, 술만은 일정한 양이 없었으나 난잡해지기까지는 이르지 않았다. 받아온 술과 사온 육포는 먹지 않았다.

'齊'자는 '齋(재계할 재, zhāi)'의 의미로 쓰인다. '재계'는 '마음과 몸을 깨끗이 하고 부정한 일을 멀리하는 것'을 말한다.

'(齋, 재계할 재, 상복 자, zhāi)'자는 '示'와 소리부 '齊'로 이루어진 자로 '제사를 지내기 전에 목욕을 하고 몸과 마음을 가지런히 하는 재계齋戒'를 가리킨다. '齋'자를 혹은 '([illegible])'로 쓴다. '목욕재계하여 진실한 마음을 갖고자 하는 경계의 모습'이다.

승려들에게는 '팔재계八齋戒(팔관재계八關齋戒)'가 있다. 불살생不殺生, 불투도不偸盜, 불사음不邪婬, 불망어不妄語, 불음주不飮酒, 불좌고광대상不坐高廣大牀, 불착화만영락不著花鬘瓔珞, 불습가무기악不習歌舞妓樂 등을 말한다. '불살생'은 '살생을 하지 않는 것'이고, '불투도'는 '몰래 도둑질을 하지 않는 것'이며, '불사음'은 '사악하고 음탕한 짓을 하지 않는 것'이며, '불망어'는 '거짓말을 하지 않는 것'이며, '불음주'는 '술을 마시지 않는 것'이다. '부좌고광대상'은 '높고 넓은 큰 평상에 앉는 것은 거만한 행동이고 육신을 편하게 하는 것'이니 불가에서는 기피하는 것이고, '불착화

만영락'은 '향유도신香油塗身' 즉 몸에 향수와 같은 향기 나는 물질을 바르는 것을 피하듯 화려하게 늘어진 꽃다발이나 목걸이를 몸에 치장하는 것을 경계하는 것을 말한다. 지나치게 꾸미거나 장식을 하면 향락에 빠지기 쉽기 때문이다.

'사의이애食饐而餲' 중 '饐(쉴 의, yì, yiè)'이나 '餲(쉴 애, ài, yì, yá)'는 음식이 상하여 쉰 음식을 말한다. '어뇌육패魚餒(鮾)肉敗' 중 '鮾(썩은 생선 뇌, něi)'자는 생선이 썩은 것을 말하고 '육패肉敗'는 고기가 상한 것을 가리킨다. 전체적으로 '밥은 쉬어서 맛이 변하 것, 생선은 썩은 것, 육류는 상한 것을 먹지 않았다'라는 뜻이다.

'실임失飪' 중 '飪(익힐 임, rèn)'자는 '익다'라는 뜻이고, '실임'은 '알맞게 익지 않은 것'을 가리킨다.

'어울리는 장이 없으면 먹지 않았다'는 말은 생선이나 고기는 그 음식과 조화를 이루는 간장이 각기 있다. 음식과 조화를 이루는 간장으로 먹어야 맛이 있을 뿐만 아니라 탈이 나지 않는 법이다. 고기를 비록 많이 먹는다 할지라도 밥 기운을 넘지 않도록 한 것은 육류만을 과다하게 섭취하면 단백질 양이 많아 노인병에 걸리기 쉽다.

술을 집에서 담가 마시고, 시장에서 산 육포를 먹지 않는 것은 정성이 담겨 있지 않기 때문이다. 시장에서 산 술은 물의 양이 적절하지 않아 제맛이 나지 않을 수 있고, 넣는 성분에 다름으로 해서 몸을 해치기까지도 한다. 좋은 술은 사용하는 재료, 시간, 방법 등등이 모두 정성이 담겨야 한다.

집 떠나면 '집밥'이 그립다. 몇 끼는 먹을 만하지만 시간이 갈수록 맛을 잊는 것은 조미료 맛에 싫증이 나기 때문이다. '집밥'은 어머니의 정성이 담겼기 때문에 평생을 잊지 못하는 것이다. 음식은 정성이 맛이다.

'사불염정食不厭精', 음식 맛 중 가장 중요한 것은 찌개 등도 중요하지만 밥맛이다. 밥맛이 좋아야 한다. 한국 음식은 밥을 중시하는 음식문화이기 때문에 불면 날아갈 듯 한 밥은 안 된다. 반찬과 찌개는 그럴듯한데 밥이 설익었거나, 질거나, 차지지 않으면 전체적으로 모든 음식이 부정된다. 밥맛은 일차적으로 벼 품종에 의해 좌우되지만 지역, 토양, 기상 조건, 비료, 물 관리, 건조, 도정, 저장 등에 따라 달라지며 최종적으로는 밥을 어떤 밥솥에다 얼마나 맛있게 지었느냐에 따라 결정된다고 한다.

'밥맛 나는 세상'이라는 말이 있다. 밥맛 나는 세상이란 '신바람 나는 일터' 혹은 '신명 나게 한판 놀아보자'라는 것과 같이 신명나고 신 바람나는 우리가 갈망하는 사회적 정서를 가리킨다. 노동에 시달리는 일터가 아니라 신바람 나는 일터, 피로 사회를 넘어 신명 나게 살아갈 수 있는 사회를 가리킨다.

욕설 중에 '밥맛'이라는 말이 있다. 즉 '밥맛이 떨어지게 하다'라는 뜻이다. 상대방의 말이나 행동이 불쾌하고 역겹다는 뜻이다. 남을 존경하고 배려하는 마음이 있어야 '밥맛이 떨어지게 하는 사람'이 되지 않는다. 우리 사회는 '밥맛 나는 세상', 신명나는 세상이 되고, 개인적으로 밥맛 떨어지게 하지 않도록 '극벌원욕克伐怨慾'하지 말아야 하겠다.[1] '극벌원욕'은 네 가지 인을 해치는 악덕이다. '극'은 남을 이기기를 즐기는 일이고, '벌'은 자기의 재능才能을 뽐내고 자랑하는 일이고, '원'은 남을 원망하고 원한怨恨을 품는 일이고, '욕'은 욕심慾心을 내고 탐내는 일을 가리킨다.

---

1 "'克伐怨欲不行焉, 可以爲仁矣?' 子曰: '可以爲難矣, 仁則吾不知也.'"(論語 · 憲問 14.01)("남을 이기려고 하는 짓, 뽐내는 일, 원한을 품는 일, 욕심부리는 일을 하지 않으면 인자하다고 할 수 있을 것입니다." 공자는 말하였다. "그렇게 하는 것은 어렵다고는 할 수 있으나 인자한지는 나는 모르겠다.")

20

疏食菜羹 소사채갱

거친 밥과 나물 국

'소사채갱疏食菜羹'은 '거친 밥과 나물로 만든 국'이라는 뜻으로 '진주성찬이 아닌 하찮은 음식'이라는 뜻이다.

'(疏, 트일 소, shū)'자는 '㐬(育)'과 '疋(足)'로 이루어진 자이다. '갓 태어난 아이의 벌어진 다리'의 모습이다. '갓 낳은 아이의 성긴 다리의 모습'이기 때문에 '성기다' · '듬성듬성하다' · '소홀하다'라는 의미로 쓰이거나, 다리 사이가 벌어져 소통할 수 있기 때문에 '트이다' · '소통하다'의 파생어로 쓰인다. '疏'자는 혹은 '疎'자로 쓴다. 푸성귀 '채소菜蔬'의 '소蔬'자는 '疏'자에 '艸'를 추가하여 쓴 자이다.

'(菜)'자는 '艸(草)'와 '采'로 이루어진 자이다. 고문에서 먼저 '采'자로 쓰다가 후에 '艸'가 추가된 자이다. '采'자를 갑골문은 '' · ''로 쓴다. '손으로 나뭇잎을 따는 모습'이다. 본 구절에서는 '채소'라는 의미로 쓰인다.

'(羹)'자는 '羔(새끼 양 고, gāo)'와 '美'로 이루어진 자이다. 양고기로 만든 맛 좋은 수프라는 뜻이다. '羹(국 갱, gēng)'자는 혹은 '鬻()' · '䰢()' · '𩱰()'으로 쓴다. 모두 '鬲(솥 력)'에 담겨 있는 양고기 수프를 뜻한다.

不撤薑食, 不多食. 祭於公, 不宿肉. 祭肉, 不出三日. 出三日, 不食之矣. 食不語, 寢不言. 雖疏食菜羹, 瓜祭, 必齊如也.(鄕黨 10.06)

생강은 계속해서 먹었으나 많이 먹지는 않았다. 나라의 제사에 참례한 후에 받아온 고기는 밤을 넘기지 않았고, 집안 제사에 쓴 고기는 사흘을 넘기지 않았고, 사흘이 넘으면 먹지 않으셨다. 먹을 때에는 이야기하지 않았고, 잠자리에 들어서는 말을 하지 않았다. 거친 밥, 채소만의 국이라 할지라도 반드시 제식祭食하였고 그 태도가 반드시 경건하였다.

위의 내용 역시 '사불염정食不厭精'과 마찬가지로 음식을 먹을 때 행하는 행동 양식 중의 하나이다. 이러한 행위는 모두가 공자가 '적절한 행동거지(적가이지適可而止)'를 하였음을 말한다.[1]

생강은 정신을 밝게 하고 음식물의 더러움과 악취를 제거해 주기 때문에 식후에 먹는 것이 좋다. 생강은 의학적으로 담을 없애주고 기운을 내리며 구토를 멈추게 하고 천식을 제거할 수 있다고 한다. 겨울에 생강차를 마시면 몸을 따뜻하게 해주며 기침과 가래를 멈추게 할 수 있어 겨울철이나 환절기의 건강 음식 중의 하나이다.

그러나 생강 또한 부작용이 없는 것은 아니다.

생강은 뜨거운 약성을 지니고 있기 때문에 몸을 따뜻하게 해주는 성질이 있지만, 많이 먹는 경우 몸에 열이 쌓여 눈병이 생기거나, 임산부가

---

1 "適可而止, 無貪心也."(朱熹, 論語集注)(적당한 정도에서 멈추고, 탐하지 않는 마음이다.)

과다하게 마시면 유산될 확률이 높다 한다. 생강은 또한 혈관을 확장시키기 때문에 고혈압 환자는 과다복용을 피하고 내장기관에 출혈이 염려되는 사람은 삼가는 것이 좋다 한다.

나라에서 제사를 지내고 받아온 고기는 나누어 먹는 것이 좋다. 제사는 조상의 은덕을 기르는 것이므로 제사를 지낸 음식을 이웃과 모두 고루 나누어 먹으면, 이는 곧 조상의 은덕을 세상에 베푸는 것과도 같다.

나라의 제사에 사용한 육류는 대량으로 준비를 해야 하기 때문에 이미 준비 시간이 길고, 상대적으로 집안 제사에서 사용한 육류는 준비기간이 짧다. 그래서 나라 제사에 사용한 육류는 보다 일찍 처리를 해야 한다.

밥을 먹을 때 말을 삼가는 것은 동양 유교의 예의범절이다. 향연을 베풀어 음식을 먹는 것이 주목적이라면 천천히 즐기면서 담화를 나누며 음식을 즐길 수도 있으나, 일반 식사 시간에 말이 많으면 밥알이 튀거나 침이 튀겨 상대방에게 불쾌감을 줄 수도 있고, 식사시간에 충고나 심각한 말들을 서로 주고받게 된다면 맛있는 식사시간이 고문의 시간이 될 수 있다.

잠은 푹 자야 한다. 잠자리에 가벼운 이야기 한 두 마디는 주고받을 수 있으나, 잠자기 전에 충분히 나누었어야 할 이야기를 잠자리에 한다면 다시 생각에 빠져 잠을 설칠 수 있다. 잠을 푹 자서 컨디션을 조절하고 내일을 맞이하는 것이 좋다. '내일은 내일의 태양이 떠오르니', '내일 일은 내일 염려할 것이다.'

그러므로 내가 너희에게 이르노니, 목숨을 위하여 무엇을 먹을까 무엇을 마실까 몸을 위하여 무엇을 입을까 염려하지 말라. 목숨이 음식보다 중하지 아니하며 몸이 의복보다 중하지 아니하냐.

공중의 새를 보라. 씨를 심지도 않고 거두지도 않고 창고에 모아들이지도 아니하되 너희 하늘 아버지께서 기르시나니. 너희는 이것들보다 귀하지 아니하냐.

너희 중에 누가 염려함으로 제 수명을 한 순간인들 더할 수 있겠느냐.

또 너희가 어찌 의복을 위하여 염려하느냐. 들의 백합화가 어떻게 자라는가 생각하여 보라. 수고도 아니 하고 길쌈도 아니 하느니라.

그러나 내가 너희에게 말하노니, 모든 영광을 누린 솔로몬도 입은 것이 이 꽃 하나만큼 차려 입지 못하였느니라.

오늘 있다가 내일 아궁이에 던져지는 들풀도 하느님이 이렇게 입히시거든 하물며 너희일까 보냐.

믿음이 작은 자들아, 그러므로 염려하여 이르기를 무엇을 먹을까 무엇을 마실까 무엇을 입을까 하지 말라.

이는 다 이방인들이 구하는 것이라. 너희 하늘 아버지께서 이 모든 것이 너희에게 있어야 할 줄을 아시느니라.

그런즉 너희는 먼저 그의 나라와 그의 의를 구하라. 그리하면 이 모든 것을 너희에게 더하시리라.

그러므로 내일 일을 위하여 염려하지 말라. 내일 일은 내일 염려할 것이요. 한 날의 괴로움은 그날에 족하니라.(「마태복음」 6:25-34)

'과제瓜祭'는 '제식祭食'을 가리킨다. 음식을 먹기 전에 먼저 신께 '고수레'를 하여 신께 감사를 드리는 제를 말한다. '고수레'는 '들이나 산에서 음식을 먹을 때나 무당이 굿을 할 때 귀신에게 먼저 바친다는 뜻으로 음식을 조금 떼어 던지는 일'을 가리킨다.

모든 천하의 물질은 대자연의 질서가 나에게 하사한 것이다. 더위, 가

뭄, 폭우, 폭설 등 모두는 천하의 물질 탄생과 직접적인 관련이 있다. 우주의 질서는 모두 조물주가 관장을 하기 때문에, 경건한 마음으로 두려워하여야 하고 감사하여야 한다. 감사하고 다음을 부탁하는 마음이 곧 '고수레'이다.

'제여齊如'는 '엄숙하고 경건한 모습'을 나타낸다. '여如'는 형용사 접미어이다. '(齊, 가지런할 제, qí, jì, zhāi))'자를 갑골문은 '' · ''로 쓰고, 금문은 '' · ''로 쓴다. 이삭이 가지런히 놓여 있는 모습이다. 마음을 추스리고 가지런히 하는 것은 곧 예의를 갖추는 것을 말한다.

'소사채갱疏食菜羹', 거친 밥과 채소 국이라도 정말 감사하는 마음으로 먹어야 할 것이다. 언제부터 배불리 먹었던가? 언제부터 개인 승용차를 탔던가? 불과 몇 십 년의 전이다. 배가 고파도 먹을 것 없어 수돗물로 배 채우고, 십여 길도 멀다 하지 않고 걸어서 등교를 했던 때가 불과 몇 년 전이다. 지금은 냉장고에 음식물이 넘쳐나 버리기가 일쑤고, 5분 거리 시장도 자가용을 운전하여 가는 일이 허다하다. 가진 자가 그 복을 누리지 말라는 것은 아니다. 그러나 주위를 조금만 둘러보면 아직도 하루하루를 힘들게 지내는 이웃들이 많다. 그리고 기아에 허덕이는 아프리카의 난민들이 많다.

금준미주金樽美酒는 천인혈千人血이요, 옥반가효玉盤嘉肴는 만성고萬姓膏라. 촉누락시燭淚落時에 민누락民淚落이고, 가성고처歌聲高處하는 곳에 원성고怨聲高라 하였다. 금으로 만든 아름다운 술잔의 술은 온 백성의 피이고, 옥으로 만든 쟁반 위에 기름진 안주는 온 백성의 살이다. 촛불 눈물 떨어질 적에 백성의 눈물 떨어지고, 노래 소리 높은 곳에 백성의 원망소리 높다는 뜻이다. 춘향전의 암행어사 출두장면에 나오는 말이다. 중학교 국어 선생님께서 알려 주셨는데, 지금도 기억이 생생하다.

우리 냉장고 속의 고기가 썩고 있을 때, 기아에 허덕이는 굶주린 난민들은 배를 채우기 위해 풀뿌리를 찾아 헤매고 있을지도 모르고, 맛좋은 술을 마시고 있을 때, 그들은 피눈물을 흘리고 있을지도 모른다.

국제화 시대다. 세계의 평화가 보장되어야 우리의 평화도 보장되고, 다 같이 잘 살아야 행복이 배로 늘어나는 것이다. 세계 어느 곳을 여행하여도 테러에 긴장하지 않는 평화로운 여행이 됐으면 한다. 2018년 남북한이 '4.27 판문점선언'을 하고, '6.15 남북공동선언'을 발표하였다. 남북한이 주변국과 함께 정전선언을 하고 이어 '평화협정체결'을 하기 위한 일련의 과정을 진행하고 있다. 한반도에 다시는 전쟁이 없어야 하고 후세대들에게 전쟁 후유징에 몸살을 앓게 해서는 안 된다.

21

三復斯言 삼복사언

그 말을 세 번 반복하다

'삼복사언三復斯言'은 '같은 말을 세 번 반복하거나 낭독하여 그 의미를 깨닫다'는 뜻으로, 몹시 중시 여겨 '거듭 세 번 반복하다'는 뜻으로 쓰인다.

'(復, 돌아올 복, 다시 부, fù)'자는 고문에서 '彳'자 없이 '复(갈 복, fù)'만으로 쓰기도 한다. 갑골문은 ''으로 쓰고, 금문은 '' · ''으로 쓴다. '바람을 불어 넣는 풀무를 발로 거듭하여 밟는 모습'이다. 후에 '중복하다' · '반복하다'라는 의미로 쓰인다.

'사斯'자는 대사의 용법으로 쓰이며 원래의 논어의 구절에서는 『시경詩經 · 대아大雅 · 억抑』의 다섯 번째 '백규白圭'장 구절을 가리킨다. '말을 삼가하고 조심해야 한다'라는 내용이다.

南容三復白圭, 孔子以其兄之子妻之. (先秦 11.06)

남용南容이 백규장白圭章을 되풀이 하여 외우자 공자께서는 자기 형의 딸을 그에게 시집보냈다.

'妻(시집보낼 처; 女-총8획; qì)'자는 동사의 용법으로 쓰여 '딸을 시집보내다'는 의미로 쓰인다.

공자가 남용南容을 자기의 조카사위로 삼은 내용은 「공야장公冶長」에도 보인다.

> 子謂南容: "邦有道, 不廢, 邦無道, 免於刑戮." 以其兄之子妻之.(公冶長 05.02)
>
> 공자는 남용에 대하여 말하였다.
>
> "나라가 정도에 의해 다스려지는 경우에는 버림을 받지 않고, 나라가 정도正道에 의해 다스려지지 않는 경우에는 형벌을 받지 않았다."
>
> 자기 형의 딸을 그에게 시집보냈다.

남용南容은 노나라 사람이고, 공자의 제자이다. 성은 남궁南宮이고 이름은 괄括이며, 자는 자용子容이다. 공자의 아버지 숙량흘叔梁紇은 공자를 낳기 전에 딸 아홉과 아들 한 명의 이복 형제를 두었다. 다시 공자의 어머니 안징재顔徵在를 취하여 공자를 낳았다. 본 구절에서 형은 이복형 맹피孟皮를 가리킨다. 맹피는 이미 이때 세상을 떴기 때문에 형 대신을 형의 딸 질녀를 시집보낸 것이다.

> 『시경詩經 · 대아大雅 · 억抑』
>
> 그대의 말을 삼가며,
>
> 그대의 엄숙하고 위엄있는 태도를 공경하여 훌륭하지 않음이 없기를.
>
> 愼爾出話, 敬爾威儀, 無不柔嘉.

흰 옥홀에 있는 흠은 그래도 갈아 없앨 수 있으나,
이 말이란 것의 흠은 그렇게 할 수 없다네.
白圭之玷, 尙可磨也.
斯言之玷, 不可爲也.

가벼이 말하지 말고 함부로 지껄이지 말기를,
내 혀는 아무도 건드리지 못하고, 한 말은 좇아가 잡을 수 없겠네.
無易由言, 無曰苟矣,
莫捫朕舌, 言不可逝矣.

모든 말에는 대답이 없는 것이 없고, 모든 덕에는 응보가 없는 것이 없나니,
친구들을 사랑하며 백성들과 젊은이를 사랑하면
자손들 끊임없이 번성하여 만민이 받들게 될 것이네.
無言不讎, 無德不報.
惠于朋友, 庶民小子.
子孫繩繩, 萬民靡不承.

위 『시경』은 '백규지점白圭之玷'이라는 성어로도 유명하다. '백규지점'은 원래 '흰 옥의 티'라는 말로서 '말을 삼가지 않는 결점'이나 '완벽한 사람이나 물건이 가진 조그만 결점'이라는 뜻으로 쓰인다. '玷(이지러질 점, diàn)'자는 '옥의 한쪽이 이그저지다'는 뜻이다.

남용은 위의 구절을 매일같이 되풀이 외우는 것은 말을 삼가고 스스로를 경계하였기 때문에 공자는 이를 믿을 수 있는 인물임을 확신하고 조카딸을 그의 아내로 내준 것이다.

말은 너무 쉽게 할 수 있는 것이니 정말 조심할 일이다. 고대 페르시아 속담엔 "총에 맞은 상처는 치료할 수 있지만, 사람의 입에 맞은 상처는 아물지 않는다"하였다. 아는 자는 말이 없는 법이고(지자불언知者不言), 세 번 생각해서 말을 해야 할 것이고(삼사일언三思一言), 말은 삼가고 행동을 신중하게 해야 하는 것이다.(근언신행謹言愼行).

"미련한 자의 입은 그의 멸망의 문이 되고 그의 입술은 영혼의 그물이 되느니라."(성경 잠언 18:7)

"미련한 자의 입은 다툼을 일으키고 그의 입은 매를 자청하느니라."(성경 잠언 18:6)

"오래 참으면 관원도 설득할 수 있나니 부드러운 혀는 뼈를 꺾느니라."(성경 잠언 25:15)

"자기 입을 지키는 자는 생명을 보전할 수 있으나 함부로 말하는 자는 파멸을 면치 못할 것이다."(「잠언」 13:3)

'설화舌禍'는 말을 남에게 잘못하여 돌려받게 되는 재화를 말한다. 입은 재앙을 불러들이는 문이라 하였다.(구화지문口禍之門).

중국 동진東晉 시기 제 9대 왕인 효무제孝武帝 사마요司馬曜(361-396)는 술 마시기와 농담을 몹시 즐긴 인물이었다. 하루는 술김에 애첩 장귀인張貴人에게 '당신도 이제 늙었군. 진작 내칠 걸'이라고 말했다가 술에 취해 잠든 사이 오히려 장귀인에게 이불을 덮어씌워 질식사하였다. 장귀인은 당시 30세로 아이를 낳지 못했다한다. 사마요는 취중에 진담을 하였다가(주후토진언酒後吐眞言), 나이 35세의 나이로 요절하였다.[1]

인간은 본래 '사촌이 논을 사면 배가 아파'할 만큼 이기적이다. 칭찬보다는 비평과 비난에 더 익숙해져 있다. '말 한마디로 천 냥 빚을 갚을 수 있는 것이다'. 말조심하자고 매일 매일 세 번 씩 다짐하면서 하루 일과를 시작하는 것도 좋을 성 싶다.

---

1 "時張貴人有寵, 年幾散失, 帝戲之曰: '汝以年當廢矣.' 貴人潛怒, 向夕, 帝醉, 遂暴崩, 終年三十五歲."(晉書 · 卷九)

22

一仍舊貫 일잉구관

옛날 관습을 그대로 따르다

‘일잉구관一仍舊貫’ 중 ‘仍(인할 잉, réng)’은 ‘거듭하다’ · ‘따르다’라는 뜻이다. ‘仍’자는 ‘人’과 소리부 ‘乃’로 이루어진 자이다. ‘(乃)’자는 ‘([illegible])’와 ‘([illegible])’자로 쓰기도 한다. ‘입김이 앞으로 거듭거듭 어렵게 나아가는 모습’이다. 따라서 ‘잉仍’자는 ‘거듭’ · ‘여전히’라는 부사어의 의미로 쓰이기도 한다. ‘一’자는 네 자로 맞추기 위해 후에 추가된 자이다.

‘관貫’은 ‘慣(버릇 관, guàn)’의 의미로 쓰인다. ‘(貫)’자는 ‘관毌’과 ‘貝’로 이루어진 자로 ‘화폐(조개)를 끈으로 꿰다’라는 뜻이다. ‘慣(버릇 관, guàn)자는 ‘물건이 꿰어져 있듯 일이 지속적으로 이어져 익숙해 있음’을 뜻한다.

‘일잉구관’은 ‘본래 하던 대로 하지 구태여 민간의 노력을 소모하며 다시 만들 필요가 없다’는 뜻이다. 어떤 일을 할 때 지난 것이라 하여 함부로 버리거나 없애지 않고, 옛것의 좋은 점을 받아들여 이를 바탕으로 일을 추진하는 것을 말한다. 옛 관례를 따른다는 뜻으로, 옛것을 연구하여 거기서 새로운 지식이나 도리를 찾아낸다는 뜻의 ‘온고지신溫故知新’과도 통한다.

魯人爲長府. 閔子騫曰: "仍舊貫, 如之何? 何必改作?" 子曰: "夫人不言, 言必有中."(先秦 11.14)

노나라 사람들이 장부를 만들자 민자건이 말하였다.

"본래 하던 대로 하면 어떤가? 무엇하러 다시 만드는 건가?"

공자가 말하였다.

"그 사람은 말을 하지 않지만, 말을 하게 되면 반드시 문제의 핵심을 찌른다."

장부長府는 물품을 수장하는 건물이 아닌가 한다. '여지하如之何'는 '……어떠한가'라는 뜻으로 '여하如何'나 '하여何如'와 같은 뜻이다. '夫人'은 대사로 '이 사람'이란 뜻이고 '민자건閔子騫'을 가리킨다.

'언필유중言必有中'은 사자성어로 '말을 하면 반드시 합당하다'라는 뜻으로 쓰인다. 이와 유사한 사자성어로 '일어파적一語破的'·'일어설파一語說破'·'일침견혈一針見血' 등이 있다. '파적破的'은 혹은 '파적破鏑'으로 쓰기도 하며, '화살이 과녁에 적중하다'라는 뜻이다. 모두 '한 마디로 문제점을 간파하거나 정곡을 찌르다'는 뜻이다.

유윤이 왕장사의 집을 방문하여 청담을 나누고 있는데, 당시 왕수는 열세 살이었는데, 의자 곁에 앉아 듣고 있었다. 유윤이 가고 난 다음 왕수가 아버지에게 물었다. "유윤과 아버지와 비교하면 어때요?" 왕장사는 "뛰어난 목소리와 멋진 말 표현은 이 아빠를 못 미치지만 이따금씩 펼치는 요점을 찌르는 논리는 나보다 낫다."라 하였다.[1]

구습을 타파하는 것도 좋으나 무조건 옛 것을 뜯어 고치는 것이 능사가 아니다. 옛 것을 고치지 않고 적절히 발전시켜 계승하는 것이 고풍스러운 미에 현대의 미를 조화시키는 '온고지신溫故知新'의 힘이다. '온고지신'은 종래의 규칙과 관례를 무조건 매달리는 '묵수성규墨守成規'와는 다르다. 전통의 힘에 새로운 것을 배우고 한 단계 발전시키고 추진력을 가미하는 것이 온고지신이다.

한 때는 유교를 낡은 전통 개념으로 인식하고 무조건 타파하고자 한 시기가 있었다. 중국의 문화대혁명(문혁文革)이 그 중의 하나이다.

문화대혁명은 1966년에서 1976년까지 10년간 중국 공산당 주석 모택동毛澤東에 의해 주도된 극좌 사회주의 운동으로, '대약진 운동' 실패 후 반대파를 제거하고 실추된 자신의 권위를 회복하고자 한 정치권력투쟁 중의 하나이다. '무산계급투쟁'을 강조하면서 대중운동을 일으킴으로써 정치적 사회적으로 대혼란이 일어났고, 탈권투쟁이라고 할 수 있는 정치적 사회적 운동을 '문화'라는 이름을 붙여 부르주아적 사상과 문화에 대한 투쟁 운동으로 확산시켰다. 문혁파文革派[2]가 모택동의 충성 집단인 감수성이 강한 청소년 집단인 홍위병紅衛兵을 앞에 내세워 사회주의의 적을 타도하고자하는 정치적 투쟁이 전국적인 정치적 확산된 내전이었다.[3]

---

1 "劉尹(劉惔)至王長史(王濛)許清言, 時苟子(王修)年十三, 倚牀邊聽. 既去, 問父曰: '劉尹語何如尊?' 長史曰: '韶音令辭不如我, 往輒破的勝我.'"(世說新語 · 品藻)

2 중국에서 문화혁명을 주장하며 지도적 지위에 오른 세력.

3 홍위병은 1966년 청화대학 부속중학에서 처음 결성되었고, 녹색의 군모와 군복을 착용하고 팔뚝에 홍색의 홍위병 완장을 차고 한 손에는 붉은색의 모택동 어록을 가지

홍위병은 극렬한 방법을 사용하여 모택동이 개인의 정적을 제거하기 위한 개인적 목적을 알지 못하고 해방감에 도취되어 모든 지도자를 '실권파'(수정주의, 반혁명분자)라 규탄하고 무시하고 파괴하였다. 지식인, 학자, 예술가, 작가들을 끌어내 비판대회를 열어 구타하고 고문을 일상적으로 행하고, 봉건 구습을 타파한다는 미명아래 문화재를 파괴하고 학교 교육을 반대하였다. 홍위병은 전국을 돌아다니며 공장과 학교, 관공서를 점거하고 상급조직이나 생산조직을 마비시켰으며, 지식인을 '자산계급'·'반혁명'이라고 비판대회를 열어 온갖 모욕적인 인간 살인을 감행하였다.

'구지주'·'구부농'·'반동분자'·'악질분자'·'우파분자'를 선별하고, 교사·당위원회·구자본가·구우파·화교 등을 공격하였으며, 공자묘·절·교회·회교사원·라마묘·소수민족의 신앙과 풍속·고서·문화재 등을 닫치는 대로 파괴하였다. 지금도 중국의 유적지를 여행하다보면 목 잘려 나간 불상들을 여기저기서 찾아볼 수 있다.

홍위병들은 지위가 높으면 높을수록 자기 조직의 명성을 높이고, 더 혁명적이라는 것을 증명하는 것으로 여겼기 때문에 고위급 인사에 대한 공격에 경쟁적으로 나섰다. 심지어는 한 홍위병 조직이 확보한 인사를 다른 조직이 빼앗아 오는 사태까지 발생하였다. 결국은 모택동의 의도대로 '자본주의 반동노선'이라는 비판을 하며, '당내 최대의 실권파'인 유소기劉少奇가 홍위병에 의해 체포되고 옥중에서 병사하게 되었고, 등소평鄧小平은 '노동개조'라는 명목으로 농촌으로 추방됨으로써 '실권파' 타도라는 목표가 달성되었다.

고 다녔다.

국가와 당의 지도부가 홍위병들에게 체포되어 거리로 끌려 다니고, 심문을 받으며 자신의 반혁명죄를 고백하는 것은 일상사에 가까웠다. 정치적으로 문화대혁명의 극단적인 혼란을 어느 정도 수습하고 1968년 10월 소집된 중국공산당 제8기 12차 중앙위원회 전체회의에는 원래 중앙위원 87명과 후보중앙위원 98명 중 회의에 참석한 사람은 59명에 불과하였다. 나머지는 모두 정치적으로 숙청되거나 그 과정에서 사망하였다.

비정상적이고 비정의적인 조직은 오래 가지 못하는 법이다. 홍위병 조직은 스스로 서로 분열과 충돌을 거듭하면서 정치적인 의미 없이 사회적 혼란만을 가중시켰다. 자본주의의 길을 걷는 당권파라는 일차적인 공격 대상이 사라진 이후 홍위병 조직들은 모두 마오사상을 앞세우기는 하였지만 서로를 반혁명적이라고 비판하였다. 수정주의라고 서로 공격하며 분열하기 시작하였고, 심지어는 군의 무기를 탈취하여 서로 무력충돌(무투武鬪)까지 일으켰다.

결국 모택동 스스로가 통제하지 않으면 안 될 지경에 이르자, 좌파를 지원한다는 구실로 '인민해방군'을 끌어들여 '임표林彪'를 당 부주석의 요직을 차지하게 하고 '혁명위원회'에 의해 후계자로 지명되었다. 그러나 국내의 권력 투쟁은 그리 간단한 일이 아니다. 그 권력 내에 다시 몇 개의 대립 세력이 형성되고 그들 각각은 다시 자신의 권력을 위해 온갖 권모술수를 사용하는 것이다. 후에 모택동은 군 세력을 장악한 임표를 경계하고 임표는 모택동을 암살하는 쿠테타를 기도하다가 실패하고 소련으로 도망가는 비행기가 추락하여 사망하였다.

임표의 쿠테타 실패 후에 주은래는 '국무원'을 주재하며 국가의 질서 재건과 경제회복을 위해 필사의 노력을 하였고, 1973년에 등소평이 중앙위원에 복귀하게 되었다. 이외에 모택동 세력을 배경으로 한 사인방

四人幇이 결성되고 언론계를 장악하였으며 주은래와 등소평을 중심으로 한 실무파에 대항하였다. 1974년 후에 주은래는 건강으로 정계에서 멀어지고 등소평을 추천하여 1975년에는 당 부주석 등 요직을 맡아서 '정돈작업'을 추진하여 상당한 성과를 거두었다. 이에 사인방은 '부르주아적 권리'라는 비판운동으로 등소평을 견제하였다.

1976년 1월에 주은래가 사망하자 문혁파인 화국봉華國鋒이 대리 총리가 되었고, 문혁파는 이 기회를 틈타 등소평을 주자파走資派라 비판하고 모택동도 등소평 비판에 가세하였다. 1976년 4월 5일 청명절에 주은래를 기리기 위해 천안문 광장에 모여 들자 문혁파는 이를 자신들에게 반항하는 시민운동으로 간주하고 강경 진압하여 '제1차 천안문 사건'이 발생하였다.[4] 천안문 사건 후 화국봉은 국가의 권력을 장악하고 사인방은 언론을 장악하고 등소평을 비판함으로써 등소평이 두 번째 실각하게 되었다.

그러나 문혁파의 실제 세력인 모택동이 1976년 9월에 사망하자 사인방과 화국봉은 전통 주세력을 차지하기 위하여 서로 대립하게 되었고, 화국봉은 결국 문혁파를 배반하고 군정부 원로 그룹과 합세하여 사인

---

4 두 번째 천안문 사건은 1989년 4월 15일 급진개혁주의자로 학생들의 추앙을 받던 후야오방 전 당총서기가 사망하면서 점화되었다. 그가 사망하자 베이징대학교의 학생들이 그를 찬양하고 보수파를 비난하는 대자보를 붙이기 시작했고 베이징 · 상하이에서 학생들의 가두시위가 벌어졌다. 4월 22일 후야오방의 장례식에 수십만 명의 학생과 시민들이 참석하면서 본격적인 민주화 시위가 시작되었다. 5월 13일부터 2,000여 명의 학생이 톈안먼 광장에서 단식농성에 들어갔고, 5월 18일 시민 · 학생 100여만 명이 단식농성 지지시위를 벌였다. 이에 당국은 19일 밤 전격적으로 베이징에 군을 투입하기 시작했고, 5월 20일 베이징 일대에 계엄령을 선포했다. 이를 계기로 당내 보수파는 개혁파를 누르고 승리를 거두었다. 보수파의 대두 덩샤오핑은 시위에 대한 무력진압을 지지하고 뒤이어 학생 지도자들과 시위 가담자들에 대한 재판과 그들에 대한 처형을 허용했다.

방을 체포하였다. 이렇게 하여 문화대혁명의 대단원이 막을 내리게 되었다. 9월에 등소평은 화국봉의 동의를 얻어 다시 복직되었다. 1977년 7월경에 등소평은 고위직을 회복했으며 당과 정부의 지배권을 둘러싸고 화국봉과 권력투쟁을 벌였다. 등소평은 노련한 정치력과 폭넓은 지지층을 확보함으로써 화국봉은 1980~81년에 총리직과 주석직을 내놓게 되었고, 등소평의 사람들인 조자양趙紫陽이 정부 총리가 되었고 호요방胡耀邦이 중국공산당 총서기가 되었다.

10년 동안의 대동란을 거치면서 중국은 경제적 정치적 사회적 막대한 타격을 입었고 전문분야, 지식수준이 급격히 퇴보 저하되면서 사회발전에 큰 장애를 초래하였다. 약 백만 명의 무고한 사상자가 발생하였고, 대단한 경제적 손실은 물론 대학 입시가 중단되는 등 교육이 황폐화 되었다. 구습을 타파한다는 명목 아래 몇 천 년 된 찬란한 문화유산이 파괴되고 유실되었다. 직장 · 학교와 가정에서는 서로 믿지 못하는 불신 관계가 형성되었다.

대학은 '부르주아 학술권위'적 상징물이 되었고, 이른바 지식분자인 당정기관의 간부 · 대학교수나 작가들은 '학술계의 부르주아 권위자'라 하여 공격의 표적이 되어, 심한 학문적 저하를 가져오게 되었다. 문화유산의 대파괴, 정신적 황폐, 부모형제 간의 불신 등 비인간적인 10년의 세월은 모택동 사망 후인 1981년 중국공산당은 문화대혁명을 모택동의 '극좌적 오류'이며 이를 모택동이 책임져야 한다는 결론을 내놓았다.

문화대혁명은 '일잉구관'하라는 말씀을 듣지 않았기 때문에 치른 중국이 가장 떠올리기 싫어하는 역사적 큰 대가이다.

23

升堂入室 승당입실

점점 높은 경지에 이르다

'승당입실升堂入室'은 '등당입실登堂入室'로 쓰기도 한다. '마루에 올라 방에 들어가다'는 뜻으로 점입가경漸入佳境, 점차적으로 앞으로 나아가 높은 수준 깊은 경지에 이름을 가리키거나, 혹은 '학문이 점점 깊어짐'을 가리킨다.

'(升)'자를 갑골문은 '' · ''으로 쓰고, 금문은 '' · ''으로 쓴다. '술이나 물과 같은 액체 물질을 퍼는 손잡이 달린 용기 되'의 모습이다. '되로 떠올려 붓기' 때문에 '올리다'의 파생어로 쓰인다.

'(堂, 집 당, táng)'자는 '土'와 소리부 '尚'으로 이루어진 자이다. 혹은 '(坣)'과 '(臺)'으로 쓴다. '臺'자는 '土'와 '高'로 이루어진 자로 땅 위에 우뚝 솟은 건물을 뜻한다. '(尙, 높을 상, shàng)'자는 '八'과 소리부 '向'로 이루어진 자로 금문은 ''으로 쓴다. '집에 난 높이 있는 창으로 연기 등이 빠져 나가는 모습'이다. 후에 '높다'라는 의미와 관련이 있는 '숭상하다' 등의 뜻으로 쓰인다.

子曰: "由之瑟, 奚爲於丘之門?" 門人不敬子路. 子曰: "由也升堂矣, 未入於室也."(先秦 11.15)

공자가 말하였다.

"자로(유)는 금슬을 왜 내 집에서 타는 거냐?"

그러자 제자들이 자로를 존경하지 않게 되었다.

공자는 말하였다.

"유는 대청에는 올라섰고, 방 안에는 들어오지 못한 것이다."

'由之瑟'은 구句의 형식으로 다음 문장의 주어 역할을 한다.

자로는 성질이 강직하고 용감해서 그가 타는 거문고 소리 역시 평화롭고 즐거운 소리를 내지 못했을 것이다. 자로의 거문고 소리에 관한 내용은 『공자가어孔子家語·변악해辯樂解』와 『설원說苑·수문修文』 등에 보인다.

자로가 거문고를 타고 있었다. 공자는 이 말을 듣고 염유에게 말하였다.

"너무하구나. 유는 못난 짓을 하는구나. 대개 문왕이 음악을 제정할 때 적중한 소리로 절조도 맞게 하고 화평한 것을 위주로 했기 때문에 그 소리가 남쪽으로는 들어갈지언정 북쪽으로는 들어가지 않은 것이다. 왜냐하면 남쪽이라는 곳은 만물이 나서 자라는 지방이고 북쪽은 만물이 죽는 살벌한 지역이기 때문이다. 그러므로 군자의 소리는 따뜻하고 부드럽고 적중한 것으로써 만물을 생육하고 길러내는 것이다. 까닭에 조심스럽고 걱정되는 느낌은 마음에 갖지 않으며 포악하고 모진 행동은 행하지 않는 것이다. 그래서 이것을 이른바 나라를 다스리는 평안한 풍화라고 한다. 이와 반대로 소인의 소리는 그렇지 않다. 멋없이 놀기만 하고 쓸데없이 깊기만 해서 살벌한 기운을 나타내기 때문에 화락한 느낌을 마음에 갖지 않고 온화한 모습을 몸에 두지 않는다. 이것은 이른바 어지러운 풍속이라는 것이다.

옛날에 순은 오현금을 타고 남풍시를 지었다. 그 시에 말하기를 남풍이 훈훈하게 불어오니 우리 백성이 노여워함을 풀 것이며, 남풍이 때를 맞추어 불어오니 우리 백성의 재물이 풍성할 것이다라 했다. 그 소리가 이렇게 화락하기 때문에 일어나기를 빨리하고 덕이 샘물 흐르듯 하여 오늘날까지 왕공대인王公大人들이 모두 옛일을 잊어버리지 않게 되었다. 그러나 은나라 주紂는 북방의 비루한 소리만 좋아하다가 마침내 망하게 되었으니 이것을 오늘날까지 왕공대인들이 모두 경계하는 터이다. ……

지금 자로로 말할 것 같으면 필부의 몸으로서 일찍부터 선왕의 좋은 제도에는 뜻을 두지 않고 망국의 소리만을 익히고 있나니 이래 가지고서야 어찌 그 칠 척의 몸인들 보존할 수 있겠는가?

염유는 공자의 말을 듣고 자로에게 그대로 일러 주었다. 자로는 이 말을 듣고 마음속으로 두려워하고 스스로를 후회하기 시작하였다. 걱정한 나머지 자로는 밥을 먹지 않고 몸이 여위어 뼈만 남게 되었다.

"자로는 허물을 고쳤으니 앞으로 진보가 있을 것이다." 공자가 말하였다.[1]

---

1 子路鼓琴, 孔子聞之, 謂冉有曰: "甚矣由之不才也, 夫先王之制音也, 奏中聲以爲節, 流入於南, 不歸於北, 夫南者, 生育之鄕, 北者, 殺伐之城, 故君子之音溫柔居中以養生育之氣, 憂愁之感不加于心也, 暴厲之動, 不在于體也, 夫然者, 乃所謂治安之風也, 小人之音則不然, 亢麗微末, 以象殺伐之氣, 中和之感, 不載於心, 溫和之動, 不存于體, 夫然者乃所以爲亂之風, 昔者舜彈五絃之琴, 造南風之詩, 其詩曰: '南風之薰兮, 可以解吾民之慍兮, 南風之時兮, 可以阜吾民之財兮.' 得其時阜盛也唯脩此化, 故其興也勃焉, 德如泉流, 至于今王公大人述而弗忘, 殷紂好爲北鄙之聲, 其廢也忽焉, 至于今王公大人舉以爲誡, ……由今也匹夫之徒, 曾無意于先王之制, 而習亡國之聲, 豈能保其六七尺之體哉? 冉有以告子路, 子路懼而自悔, 靜思不食, 以至骨立, 夫子曰: '過而能改, 其進矣乎.'"(孔子家語 · 辯樂解)

공자의 충고를 듣고 자로는 '나는 죄인이다.'라 하고 칠일 동안 밥을 먹지 않고 개과천선하였다 한다.[2]

음악이란 모름지기 마음의 소리이다. 자신의 목소리와 같은 것이다. 화가 나면 목소리의 톤은 달라지고 거칠고 정감이 서리지 않는다. 또한 음악은 자신의 얼굴색과 같은 것이다. 나라를 다스리는 자가 마음과 몸을 다스리지 못해 화평한 소리를 내지 못하고 분노의 소리를 낸다면 백성을 제대로 다스릴 수 있겠는가.

> 무릇 음악은 본래 사람의 심정에서 발생하는 것으로 감정이 마음속에서 움직여 소리로 표현되어 소리의 변화가 일정한 형태를 이루는 것을 소리라 하는 것이다. 따라서 평화로운 세상의 음악이 즐거운 기분을 나타내는 것은 정치가 평화롭기 때문이다. 난제의 음악이 원한이나 분노의 감정을 나타내는 것은 그 정치가 인심에 어긋나기 때문이다. 망국의 음악이 슬프고 시름에 잠기는 것은 백성이 고난을 당하고 있기 때문이다. 이와 같이 소리와 음악의 성질은 정치와 깊은 관련을 갖고 있는 것이다.[3]

자로는 수양이 덜 됐음을 깨닫고 칠일이나 밥을 먹지 않고 자성하였다. 자신의 잘못을 알고 이와 같이 반성하기는 쉽지 않은 것이다. 따라서 공자는 자로가 아직 깊은 이치를 터득하지는 못했지만 이미 상당한 수준에까지 도달하였기 때문에 공자는 제자들에게 자로를 존경하지 않는

---

2 遂自悔, 不食七日而骨立焉, 孔子曰: "由之改過矣."(說苑 · 修文)

3 凡音者, 生人心者也. 情動於中, 故形於聲. 聲成文, 謂之音. 是故治世之音安以樂, 其政和. 亂世之音怨以怒, 其政乖. 亡國之音哀以思, 其民困. 聲音之道, 與政通矣.(禮記 · 樂記)

것이 옳지 않음을 일러준 것이다.

공자는 자로가 제후국에서 군무를 맡아볼 인물이라 하였다. 하지만 '인자'한지는 모른다 하였다. '仁'하다는 것이 '승당입실升堂入室'에 해당되는 것으로 볼 수 있다.

孟武伯問子路仁乎? 子曰: "不知也." 又問. 子曰: "由也, 千乘之國, 可使治其賦也, 不知其仁也." "求也何如?" 子曰: "求也, 千室之邑, 百乘之家, 可使爲之宰也, 不知其仁也." "赤也何如?" 子曰: "赤也, 束帶立於朝, 可使與賓客言也, 不知其仁也."(公冶長 05.08)

맹무백이 '자로는 인仁합니까?'라 물었다.

공자는 말하였다.

"모르겠다."

"자로(유)는 천승千乘을 거느리는 제후국에서 군무를 맡아보도록은 할 수 있으나 그가 인仁한지는 모르겠다."

"구求(염구)는 어떠합니까?"

공자는 말하였다.

"구求는 천호千戶 되는 읍이나 백승百乘을 거느리는 경대부卿大夫의 집에서 읍장邑長이나 가재家宰를 지낼 수 있으나 그가 인仁한지는 모르겠다."

"적赤(공서적)은 어떻습니까?"

"적赤은 띠끈을 매고 조정에 나서면 빈객들과 대담을 하는 일을 시킬 수 있으나 그가 인仁한지는 모르겠다."

'승당입실'은 학문이 '점점 높은 경지에 이르다'라는 뜻 이외에, '모든 일에는 순서가 있다'는 의미로 쓰이기도 한다. 만사는 순서와 절차가 있다. 자신이 얼마만큼의 경지에 이르렀다 해서 자만할 것도 아니고, 속전속결 빠른 성과만을 원해서도 안 된다.

우리는 대체로 급한 성격이라 무엇이든 빨리빨리 하지 않으면 성이 차지 않는다. 일하는 것도, 노는 것도, 밥 먹는 것도, 술 먹는 것도, 운전하는 것도, 건물을 짓는 것도, 철거할 때도 빨리 빨리하지 않으면 불안하다. 그 결과 한국은 고도 압축의 눈부신 경제성장을 하였지만, 동시에 부실하고 위태한 사상누각沙上樓閣의 사회에 살게 되었다. 그동안 우리는 빨리 빨리 때문에 가슴 저리는 아픈 경험들을 가지고 있다. 삼풍백화점의 붕괴, 성수다리 붕괴, 세월호의 참사, …… 간직하기엔 너무나 상처가 크다. 2016년 4월 16일, 세월호 참사 발생 2주기 되는 날이다. (2018년도 검은 바닥 속에 그대로 묻혀 있던 배는 육지로 이양되었다.) 4월이면 어김없이 제주도엔 유채꽃 피고 세상이 아름다운 계절이지만 희생자 가족에게는 잔인한 달이다. '팽목항 빨간 등대로 가는 길 난간에 매달린 색바랜 노란리본들과 실종자 9명의 사진이 담긴 현수막은 차가운 바닷바람을 맞으며 펄럭이고 있다.' 우리에게는 시간이 지나면 과거가 되고 망각되고 말겠지만, 가시 박힌 가슴을 밤새 쓸어안고 울어야 하는 희생자 가족들은 눈을 감기 전까지는, 아니 시신도 확인하지 못한다면 한 맺힌 눈을 어떻게 차마 감을 수 있겠는가. 이젠 제발 주먹구구식으로 대충대충하지 말고, 천천히 차분히 질서 정연하게 절차에 따라 '승당입실'했으면 좋겠다.

24

鳴鼓攻之 명고공지

북을 울려 성토하다

'명고공지鳴鼓攻之'는 '군기공지群起攻之'와 같은 뜻이다. 원래는 '북을 울려 공격을 하다' · '모두 나서 공격을 하다'라는 뜻이다.

'鳴(울 명, míng)'자는 '口'와 '鳥'로 이루어진 자로 '새가 울다'라는 뜻이다. '울리다'의 파생어로 쓰인다. '攻(칠 공, gōng)'자는 '工'과 '攵(攴)'으로 이루어진 자로 '공구(工)위에 물건을 놓고 치다(攴)'는 뜻이다. 후에 '공격하다' 등의 뜻으로 쓰인다.

季氏富於周公, 而求也爲之聚斂而附益之. 子曰: "非吾徒也. 小子鳴鼓而攻之, 可也."(先秦 11.17)

계씨는 주공보다도 부유한데 구는 그를 위해 부세를 거둬 모아다가 재산을 더 늘려주었다. 공자가 말하였다.

"그 사람은 내 제자가 아니다. 너희들이 북을 울려가며 그를 성토하여도 좋다."

노魯나라의 경卿 계씨季氏는 노魯나라의 시조이며 주실周室의 지친至親으로 큰 공을 세운 총재冢宰 주공周公보다도 부유하였다. 당시 계씨의 가재家宰인 제자 염구冉求(자유子由)가 백성들의 세금을 배로 올려 계씨의 재산을 늘려 주었다. 그래서 공자가 다 같이 염유를 성토해야 한다고 한 것이다.

『춘추좌씨전春秋左氏傳 · 애공哀公11』에 계손씨季孫氏 계강자季康子가 염구冉求를 시켜 공자에게 새로운 징세徵稅 방법에 대하여 물어보자 공자가 반대한 내용이 보인다. 계강자季康子는 공자의 말을 듣지 않고 전부田賦를 강행하였는데 이 내용과 관련이 있는 것이 아닌가 한다.

당시 노나라 계강자는 새로운 전부제田賦制를 실시하고자 하였다. 이에 염유를 공자에게 보내어 이에 관한 자문을 구하게 하였다. 하지만 공자는 "나 공구는 그 같은 일을 잘 모른다."

염유가 세 차례에 걸쳐 물었으나 공자는 아무 말도 하지 않았다. 이에 계강자가 말하였다. "당신이 국가 원로이기 때문에 그대의 말씀을 기다렸다가 시행하려고 하는 것인데, 왜 아무 말씀도 해주지 않는 것이오?"

공자는 끝내 대답하지 않았다. 그러다가 염유가 개인적으로 물었다.

"군자는 정사를 돌보면서 예에 근거해 일을 헤아린다. 베풂은 후해야 하고, 일은 함은 적당해야 하고, 조세를 거두는 부렴賦斂은 가벼워야 한다. 이같이 하면 종래의 구부제丘賦制로도 충분한 것이다. 만일 예를 기준으로 하여 일을 행하려 하지 않고, 만약에 개인의 재산만을 탐하기 위하여 새로운 전부제를 실행한다면, 이후 어떤 세금제도를 행하든 계속해서 부족함만을 느낄 것이다. 주공이 이미 마련해둔 제도에 따라 계손씨는 그 법도에 따라 알맞게 정사를 시행하기만 하면 되는 것을 어찌 내게 의견을 묻는가?" 계강

자가 공자의 이 같은 충고를 듣지 않았다.(다음 해 봄에 전부제田賦制를 실행하였다.)[1]

이래저래 염유冉有(염구冉求, 자유子有)는 공자의 참 뜻을 제대로 계손씨에게 간언하지 못하였다.

季氏旅於泰山. 子謂冉有曰: "女弗能救與?" 對曰: "不能." 子曰: "嗚呼! 曾謂泰山不如林放乎?"(八佾 03.06)

계손씨가 태산에서 여제旅祭를 지내려 하였다. 공자는 염유冉有에게 말하였다.

"너는 그 사람을 참월僭越한 죄에서 구해낼 수 없느냐?"

"구해낼 수 없습니다."

공자는 말하였다.

"슬프다. 그래 태산이 임방만 못하단 말인가?"

임방은 공자에게 예의 본질에 관하여 물은 적이 있다.[2] 신은 인간보다 뛰어나다. 임방도 예의 본질에 대하여 물어 알고자 했는데, 신령의 능

---

1 季孫欲以田賦. 使冉有訪諸仲尼. 仲尼曰. 丘. 不識也. 三發. 卒曰. 子爲國老. 待子而行. 若之何子之不言也. 仲尼不對. 而私於冉有曰. 君子之行也. 度於禮. 施取其厚. 事舉其中. 斂從其薄. 如是則以丘亦足矣. 若不度於禮. 而貪冒無厭. 則雖以田賦. 將又不足. 且子季孫若欲行而法. 則周公之典在. 若欲苟而行. 又何訪焉. 弗聽.(春秋左氏傳 · 哀公11)

2 林放問禮之本. 子曰: "大哉問! 禮, 與其奢也寧儉, 喪, 與其易也寧戚."(八佾 03.04)(임방이 예의 근본이 무엇인가를 묻자 공자는 말하였다. "대단한 질문이요. 예는 사치스럽기보다는 차라리 검소해야 하고, 상사는 정연하기보다는 차라리 슬퍼야 하오.")

력을 지니고 있는 산신山神이 계씨의 무도한 예식을 받아들이겠는가?

여제旅祭는 산천에서 지내는 제사의 일종이다. 제후 이상만이 자신의 경내에서 산천에게 제사할 수 있는데 대부大夫인 계씨季氏의 제사는 무도無道한 월권越權 행위이다. 계손씨의 가재家宰인 염유冉有에게 간언하여 제사를 중지해 줄 것을 요구하였으나 염유가 제지시키지 못하고 있다. 계손씨는 무도한 일을 일삼았다.

季子然問, "仲由冉求可謂大臣與?" 子曰, "吾以子爲異之問, 曾由與求之問. 所謂大臣者, 以道事君, 不可則止. 今由與求也, 可謂具臣矣." 曰, "然則從之者與?" 子曰, "弑父與君, 亦不從也."(先進 11.22)

계자연이 물었다. "중유와 염구는 훌륭한 신하라 할 수 있습니까?"

"나는 당신이 다른 질문을 하실 거라고 생각했는데, 역시 중유와 염구에 대하여 물어보시는 정도이네요. 이른바 훌륭한 대신大臣은 정도正道로 임금을 섬기고 그것이 불가능하면 그만둡니다. 자로와 염유는 신하의 숫자만 채우는 사람들이라고 말할 수 있습니다."

"그러면 임금이 하고자 하는 대로 따라가는 사람들입니까?"

공자는 말하였다.

"아비와 임금을 죽이는 일에는 이 사람도 나서지 않습니다."

계자연季子然은 노나라의 계환자季桓子 사斯의 동생이며 계강자季康子의 숙부叔父라고도 한다. 중유仲由와 염유冉有 두 사람은 계씨의 가신家臣을 하고 있었다. 공자는 계씨의 무도한 행위를 이들이 저지시키지 못하는 보잘것없는 신하들이기는 하나 당신네들처럼 군부君父를 죽이는 일에 따라 나설 사람들은 아니라는 것이다.

『춘추좌전春秋左傳·애공哀公3』에 나오는 이야기이다.

노나라의 계환자가 병이 나 자리에 눕자, 가신 정상正常을 불러 유언하였다. "나를 따라 죽는 일이 없게 하고, 남유자南孺子(계환자의 부인)가 낳은 아이가 사내아이면 군주에게 고하여 나의 후계자로 세우고, 계집아이면 비肥(계강자)를 후계자로 세우도록 하시오." 계환자가 죽자 계강자가 계손씨 가문의 후계자가 되었다. 계강자가 계환자를 안장하고 조정에 나가 일을 본 지 얼마 안 돼 남유자가 아들을 낳았다. 이에 가신 정상이 "그 아이를 수레에 태우고 조정으로 들어가 "돌아가신 분이 유언을 했는데 가신인 저에게 남유자南儒子가 아들을 낳으면 군주와 대부들에게 고하여 후계자로 세우도록 하였습니다." 정상은 이렇게 말하고 얼마 되지 않아 위나라로 달아났다. 이에 계강자가 자리를 물러나겠다고 청했다. 그러나 이때는 이미 어떤 자가 아이를 죽인 뒤였다. 이에 아이를 죽인 자를 찾아내 처형한 뒤 정상에게 돌아오라고 불렀으나 듣지 않았다.

이러한 일이 아비와 임금을 죽이는 일이다.

공자가 염구冉求를 '명고공지鳴鼓攻之'해야 한다는 내용이 맹자에도 나온다.

> 맹자가 말하였다.
>
> "구는 계씨의 가재를 지내면서 계씨의 부덕不德함을 고쳐 주지는 못하고 도리어 곡식을 세금으로 걷는 것이 다른 때 보다 배로 늘렸다. 그러자 공자께서 말씀하였다. '구求는 내 제자가 아니다. 너희들은 북을 울려가며 그를 성토하여도 좋다.' 이로 보아, 군주가 인정仁政을 실시하지 않는데 그를 부유하게 해주는 것은 다 공자에게 버림받을 자이다. 하물며 그를 위해 무리

> 하게 전쟁을 하여, 땅을 쟁탈하느라고 싸우면 사람을 들에 가득 차게 죽게 하고, 성城을 쟁탈하느라고 싸워 사람이 성안에 가득 차게 죽어서야. 이것은 이른바 토지를 거느림으로써 사람의 고기를 먹게 하는 것과 같으니, 그 죄는 죽여도 모자란다. 그러므로 싸움을 잘하는 자는 극형을 받도록 할 것이고, 제후들을 연합시키는 자는 그 다음의 형을 받도록 할 것이고, 풀을 쳐서 땅을 개척하는 자는 또 그 다음의 형을 받도록 할 것이다."[3]

'싸움을 잘하는 자'는 손빈孫臏과 오기吳起와 같은 병가兵家를 가리키고, '제후들을 연합시키는 자'는 소진蘇秦과 장의張儀와 같은 종횡가縱橫家를 가리키고, '풀을 쳐서 땅을 개척하는 자'는 이리李悝와 상앙商鞅과 같은 토지 정책가政策家를 가리킨다. 토지 정책가는 세금을 많이 받을 목적으로 땅을 넓혀 사람들로 하여금 경작하게 하는 자들이다. 이들은 사람을 죽이는 것은 아니지만 재정수입을 늘리기 위하여 자신의 이득을 위하여 백성들을 괴롭히는 자들이기 때문에 인명人命을 존중하는 맹자는 반대하였다.

위정자는 백성을 근본으로 하여야 한다. 자신의 이득을 위하여 정치는 하는 자들은 모두 '명고공지鳴鼓攻之', '북을 울려 성토하여야 한다'. 국민들은 나라의 근본이기 때문에 이 근본 민심이 단단해야 나라를 편안하게 다스릴 수 있다하였다. 『상서尙書 · 오자지가五子之歌』에 나오는 말이다. 백성들을 절대 낮잡아보아서는 안 된다. 백성이 어리숙하게 보

---

3 孟子曰: "求也爲季氏宰, 無能改於其德, 而賦粟倍他日. 孔子曰: '求非我徒也, 小子鳴鼓而攻之, 可也.' 由此觀之, 君不行仁政而富之, 皆棄於孔子者也, 況於爲之強戰? 爭地以戰, 殺人盈野; 爭城以戰, 殺人盈城, 此所謂率土地而食人肉, 罪不容於死. 故善戰者服上刑, 連諸侯者次之, 辟草萊, 任土地者次之."(孟子 · 離婁上)

일지라도 속일 수 있을 것 같아도 천만에 말씀이다. 백성은 단순하다. 불편하고 원망이 있으면 금방 들고 일어선다. 위정자는 부모를 모시 듯 공경하는 마음으로 백성을 다스려야 한다.[4]

---

4 "民可近, 不可下. 民惟邦本, 本固邦寧. 予視天下, 愚夫愚婦, 一能勝予. 一人三失, 怨豈在明, 不見是圖. 予臨兆民, 懍乎若朽索之馭六馬. 爲人上者, 奈何不敬!"(尙書, 五子之歌)(백성들은 가까이 할지언정 낮잡아보면 안 된다 했다. 백성은 나라의 근본이니 이 근본이 굳어야 나라가 편안해진다. 내 천하를 둘러보니 어리석다고 여기는 남자나 여자도 모두 나보다 훌륭하게 보이네. 한 사람이 여러 번 실수하여 정치를 잘못하니 어찌 원망이 드러나지 않겠는가? 원망이 드러나지 않을 때 미리 조치해야 한다네. 내 만백성을 대함에 썩은 고삐로 여섯 마리 말을 몰 듯 두려움을 느끼나니, 남의 위에 앉은 사람이 어찌 공경하지 않을 수 있으랴.)

25
一日之長 일일지장
나이가 좀 많다

'일일지장一日之長'은 원래는 '나이가 조금 많다'라는 의미이나, 후에는 '재주나 학문' 등이 조금 나음을 뜻하기도 한다.

子路·曾晳·冉有·公西華侍坐.

子曰: "以吾一日長乎爾, 毋吾以也. 居則曰, 不吾知也! 如或知爾, 則何以哉?"

子路率爾而對曰: "千乘之國, 攝乎大國之間, 加之以師旅, 因之以饑饉, 由也爲之, 比及三年, 可使有勇, 且知方也." 夫子哂之.

"求! 爾何如?" 對曰: "方六七十, 如五六十, 求也爲之, 比及三年, 可使足民. 如其禮樂, 以俟君子."

"赤! 爾何如?" 對曰: "非曰能之, 願學焉. 宗廟之事, 如會同, 端章甫, 願爲小相焉."

"點! 爾何如?" 鼓瑟希, 鏗爾, 舍瑟而作, 對曰: "異乎三子者之撰." 子曰: "何傷乎? 亦各言其志也." 曰: "莫春者, 春服旣成, 冠者五六人, 童子六七人, 浴乎沂, 風乎舞雩, 詠而歸."

夫子喟然歎曰: "吾與點也!"

三子者出, 曾晳後. 曾晳曰: "夫三子者之言何如?"

子曰: "亦各言其志也已矣." 曰: "夫子何哂由也?" 曰: "爲國以禮, 其言不讓, 是故哂之." "唯求則非邦也與?" "安見方六七十如五六十而非邦也者?" "唯赤則非邦也與?" "宗廟會同, 非諸侯而何? 赤也爲之小, 孰能爲之大?"(先秦 11.24)

자로와 증석과 염유와 공서화가 선생님을 모시고 앉아 있었다. 공자가 말하였다.

"내가 너희들보다 약간 나이가 많지만 나를 염두에 둘 것 없다. 너희들이 앉아 있으면 '나를 알아주지 못한다'고들 말하는데 혹시 어떤 사람이 너희들의 실력을 알아준다면 어떻게 하겠느냐?"

자로가 벌떡 일어나서 이렇게 대답하였다.

"천승千乘의 나라로 큰 나라들 틈에 끼어서 대군大軍의 침범을 받고 거기다 기근飢饉까지 덮쳐 있다 하여도 제가 그 나라를 다스려서 3년만 지나면 그 나라 사람들을 용감하게 만들고 또 정의正義를 알도록 만들 수 있겠습니다." 이 말을 듣고 공자가 웃으셨다.

"염유(求)야, 너는 어떠하냐?"

"사방 60-70리나 50-60리 되는 곳을 제가 다스려서 3년이 되면 그 고장의 백성들이 부족함이 없이 살아가도록 만들 수 있겠습니다. 그 고장의 예악禮樂에 관해서는 다른 군자의 힘을 기다려야 하겠습니다."

"공서적公西赤(공서화公西華)아, 너는 어떠하냐?"

"해낼 수 있다고 말씀 드리는 것은 아닙니다마는 다음과 같이 할 수 있도록 배우고 싶습니다. 종묘의 제사와 제후들의 회합 같은 데에 예복(현단玄端)을 입고 예모(장보관章甫冠)을 착용하고 의식을 거행할 때에 그 대수롭지 않은 부분을 돕는 사람이 되고 싶습니다."

"증점아, 너는 어떠하냐?"

증점은 타던 슬의 속도를 늦춰서 멈추고, 퉁하는 소리를 한번 내더니 슬을 밀어 내놓고 일어나서 말하였다.

"저는 세 사람들의 생각과는 다릅니다."

"무슨 상관이 있겠느냐? 그렇더라도 각각 자기 지망을 말하는 것인데."

"늦은 봄에 봄옷이 다 되어서 성인 5-6명과 아이들 6-7명이 기수沂水에서 몸을 씻고 무우舞雩에서 바람을 쏘이고서 읊조리며 돌아오는 것입니다."

공자는 깊이 탄식하시고 말하였다.

"나는 증점의 편을 들겠다."

세 사람이 나가고 증석曾晳(증점)이 뒤에 남아 있었다. 증석이 말하였다.

"그런데 세 사람이 한 말은 어떠하옵니까?"

"그런 대로 각각 자기의 지망을 말한 것일 따름이다."

"선생님께서는 왜 자로(유由)를 웃으셨습니까?"

"나라를 다스리는 데는 예를 가지고 하는 것인데 그 사람의 말이 사양하는 점이 없다. 그렇기 때문에 그를 웃은 것이다."

"염유冉有의 경우라 하더라도 그것이 나라가 아니겠습니까?"

"어찌 사방 6-70리나 5-60리가 나라가 아닐 수 있겠느냐?"

"공서화公西華의 경우라 하더라도 나라가 아니겠습니까?"

"종묘와 회합이면 제후의 나라가 아니고 무엇이겠느냐? (그러나) 공서화가 대수롭지 않은 부분을 다룬다면 누가 주요한 부분을 다룰 수 있겠느냐?"

'시좌侍坐'는 윗사람을 모시고 앉아 담화를 나눔을 말한다.

증석曾晳은 증삼曾參의 부친으로 이름은 점點이고 자는 석晳이다.

'이오일일장호이以吾一日長乎爾' 중 '이以'자는 원인을 나타내는 전치사이고, '호乎'는 '어於'와 같은 용법으로 쓰이고, '너희들'이라는 이인칭 대사이다. 전체적으로 '내가 너희들보다 나이가 좀 많기 때문에'라는 뜻이다.

'무오이야毋吾以也' 중 '이以'는 '여기다'·'생각하다'라는 동사의 뜻으로 부정문이기 때문에 동사와 목적어가 도치되었다. '나를 그렇게 생각하지 말라'라는 뜻이다. '하이재何以哉' 중의 '이以'자는 역시 동사의 용법으로 '하다'라는 뜻이며, 의문이기 때문에 어서가 바뀌었다.

'솔이率爾' 중의 '이爾'는 형용어 접미어이고, '경솔한 모양'을 나타낸다. '갱이鏗爾' 중의 '이爾' 역시 형용사 접미어 용법으로 쓰이고, '깽 하는 소리'의 뜻이다.

'비급삼년比及三年' 중의 '비급比及'은 '때에 이르다'·'때가 되다'라는 뜻이다.

자로는 자로답게 거침없이 삼 년만 다스리면 자신처럼 용감한 국가를 만들면서 정의를 실현할 수 있는 나라를 만들겠다는 주장이다. 염유는 자로보다는 약간 겸손하게 삼년 안에 부족함이 없는 국가로 만들겠고, 인의仁義적인 문제에 대해서는 아직 부족하기 때문에 자신보다 더 나은 군자를 모셔다 백성을 교도하겠다는 것이다. 공서화의 종묘에서 제사지내는 것과 국가 회동 역시 매우 중요한 국가적인 행사이다. 이들 셋의 포부는 크든 작든 간에 모두 정치와 관련된 욕망이다.

공자는 증석의 '춘풍기수春風沂水'에 동감하였다. 중국 각국을 돌아다니면서 전쟁이 아닌 인의적인 다스림을 외쳤던 공자는 하늘의 뜻에 따라 온 백성이 평화로운 삶을 영위할 수 있는 것이 최대의 희망이었다.

공자가 주周나라에 가서 노자에게 예禮에 가르침을 받았다.[1] 논어에 노자의 사상이 곳곳에 남아있다. 증석은 벼슬에 대한 집착을 버리고 자연과 일체가 되는 무위적인 삶을 추구하였다.

子曰: "篤信好學, 守死善道. 危邦不入, 亂邦不居. 天下有道則見, 無道則隱. 邦有道, 貧且賤焉, 恥也, 邦無道, 富且貴焉, 恥也."(泰伯 08.13)

공자는 말하였다.

"굳게 믿고 배우기를 좋아하고, 죽음으로 좋은 도道 지킬 것이다. 위태로운 나라에는 들어가지 말고, 혼란한 나라에는 살지 말라. 세상에 정도正道가 행하여지지 않으면 은거할 거다. 나라에 정도가 행하여지는데 빈천貧賤하게 산다는 것은 수치羞恥다. 나라에 정도가 행하여지지 않는데 부귀를 누리는 것은 수치다."

춘풍기수는 '춘풍과 기수에 노닐다'라는 뜻으로, 봄이 오면 봄바람을 쐬고, 기수라는 시냇가에 몸을 씻고 유유자적에게 봄을 즐기는 것을 말한다. '자연을 벗 삼아 유유자적 생활'하는 안빈낙도의 말한다. 기수는 산동성 곡부의 남쪽으로 흐르는 강 이름이다.

요堯 임금이 허유許由에게 천하를 물려주려 하자 허유가 거절하였다. 『장자莊子 · 소요유逍遙遊』에 나오는 이야기이다.

당신이 천하를 다스려 천하는 이미 다스려졌습니다. 그런데도 제가 당신

---

1 "孔子適周, 將問禮于老子."(史記 · 韓非列傳)

을 대신한다면 명예만을 위한 일이 되지 않겠습니까? 명예란 사실의 부수물과 같은 것입니다. 제가 부수물을 위해야 되겠습니까? 뱁새는 깊은 숲속에 둥우리를 친다 해도 한 개의 나뭇가지를 사용할 따름이며, 두더지가 황하의 물을 마신다 해도 그것은 배를 채우는데 지나지 않습니다. 돌아가십시오. 임금님. 저는 천하를 맡는다 하더라도 소용이 없습니다. 요리사가 비록 주방 일을 보지 않는다 하더라도 시축尸祝(제사에서 축문의 낭독을 담당한 관원)이 술그릇과 제기를 넘어가 그의 일을 대신하지 않는 법입니다.[2]

사람이란 자신의 분수에 맞게 살아야 한다. 명예(명名)과 욕심에 사로 잡히지 말고 자유롭게 살아야 한다. 천자와 같은 높은 자리도 하늘의 내려준 천명이 아니라면 자신의 욕심만을 부리다가 결국 비극의 종말이 올 수도 있다. 허유는 요 임금의 말을 듣고 귀를 더럽혔다면서 기산箕山 영수潁水에 내려가 귀를 씻었다하고, 마침 그때 소에게 물을 먹이러 왔던 허유의 친구 소부巢父는 영수의 물이 더러워졌다하여 다시 소를 상류로 끌고 올라가 물을 먹였다한다.[3] '허유세이許由洗耳'의 이야기이다.

남보다 내가 '일일지장一日之長'한다고 해서 자만할 것도 아니고, 반대로 남이 나보다 조금이라도 '일일지장'한다면 겸손하게 배워야한다. 사

2 "許由曰: 子治天下, 天下既已治也. 而我猶代子, 吾將爲名乎? 名者, 實之賓也. 吾將爲賓乎? 鷦鷯巢於深林, 不過一枝; 偃鼠飲河, 不過滿腹. 歸休乎君, 予無所用天下爲! 庖人雖不治庖, 尸祝不越樽俎而代夾."(莊子 · 逍遙遊)

3 "堯讓天下于許由……由不欲聞之, 洗其耳于颖水濱時, 其友巢父牽犢欲飲之, 見由洗耳 ……巢父曰: '子若處高岸深谷, 人道不通, 誰能見子, 子故浮游欲聞求其名譽, 污吾犢口!' 牽犢上流飲之."(皇甫密, 高士傳 · 許由)

람마다 모두 서로 각각 다른 전문분야가 있다. 만약에 남이 나보다 조금이라도 '일일지장'한다면 아랫사람에게 묻는 것을 부끄럽게 생각하지 말고 '불치하문不恥下問'하여야 한다.

26

爲君不易 위군불이

왕 노릇 하기 쉽지 않다

‘위군불이爲君不易’ 중의 ‘위군爲君’은 ‘임금이 되다’ · ‘임금 노릇하다’라는 뜻이고, ‘불이不易’는 ‘쉽지 않다’라는 뜻이다. ‘위군난爲君難, 위신불이爲臣不易(임금 노릇 하기는 어렵고 신하 노릇 하기는 쉽지 않다)’라는 구절을 바꾼 것이다.

‘(爲)’자는 ‘爪’와 ‘象’으로 이루어진 자로 ‘코끼리를 부리다’는 뜻이다. 일 등을 ‘하다’라는 파생으로 쓰인다. 갑골문은 ‘’ · ‘’로 쓰고, 금문은 ‘’ · ‘’로 쓴다.

‘君’자는 ‘口’와 ‘尹(다스릴 윤, yǐn)’으로 이루어진 자이며, ‘명령을 하달하여 다스리다’는 뜻이다. ‘君’자를 갑골문은 ‘’으로 쓰고 금문은 ‘’으로 쓴다.

‘(易)’자는 ‘이’ 혹은 ‘역’으로 읽는다. 갑골문은 ‘’ · ‘’으로 쓰고, 금문은 ‘’ · ‘’ · ‘’ · ‘’으로 쓴다. 그릇에 물이 넘치는 모습으로 ‘溢(益)’자의 초문이 아닌가 한다. 그릇에 물이 넘치면 그릇을 교환하여야 하기 때문에 ‘바꾸다’는 뜻이고, 그릇을 바꾸는 것 또한 쉬운 일이기 때문에 '용이하다'는 뜻으로 쓰일 수 있다.

定公問: "一言而可以興邦, 有諸?" 孔子對曰: "言不可以若是, 其幾也. 人之言曰, '爲君難, 爲臣不易.' 如知爲君之難也, 不幾乎一言而興邦乎?" 曰: "一言而喪邦, 有諸?" 孔子對曰: "言不可以若是, 其幾也. 人之言曰, '予無樂乎爲君, 唯其言而莫予違也.' 如其善而莫之違也, 不亦善乎? 如不善而莫之違也, 不幾乎一言而喪邦乎?"(子路 13.15)

정공께서 한 마디로 나라를 잘 되게 할 만한 것이 있는가를 물으셨다.

공자가 말하였다.

"말은 그와 같을 수는 없습니다. 그와 가까운 것으로는, 사람들의 말에 '임금 노릇 하기는 어렵고 신하 노릇 하기는 쉽지 않다'고 한 것이 있습니다. 임금 노릇하는 것의 어려움을 안다면 한 마디로 나라를 잘 되게 하는데 가깝지 않겠습니까."

"한 마디로 나라를 망하게 할 만한 것이 있을까요?"

공자가 말하였다.

"말은 그와 같을 수는 없습니다. 그와 가까운 것으로는, 사람들의 말에 '나는 임금 노릇하는 데에 다른 낙은 없고 다만 말을 하면 나를 어기지 못한다는 것이 낙이라'고 한 것이 있습니다. 만약에 좋은 말을 어기지 못한다면 좋지 않겠습니까마는, 좋지 않은 말을 어기지 못한다면 한 마디로 나라를 망치게 하는데 가깝지 않겠습니까."

노魯 정공定公(재위 509 B.C-494 B.C)이 나라를 흥하게 할 수 있고, 망하게 할 수 있는 한마디를 공자에게 부탁한 내용이다. 나라를 흥하게 할 수 있는 말 한마디는 '임금 노릇 하기 힘들다'이고, 나라를 망하게 하는 말 한마디는 참언도 하지 말고 무조건 임금 자신의 '말을 거스르지 않는 것'이다.

'유저有諸' 중 '諸'자는 '지호之乎'의 용법으로 쓰이고, '그런 것이 있는가'라는 뜻이다.

'기기야其幾也' 중의 '기其'자는 대사의 용법으로 '일언一言'을 가리키고, '기幾'는 '거의 ……에 가깝다' · '거의 ……하다'라는 뜻이다.

"유기언이막여위야唯其言而莫予違也" 중 '기其'자는 접속사로 '만일'의 의미로 쓰이고, 전체적으로 '다만 말을 하기만 하면 아무도 나에게 거역하는 사람이 없다'라는 뜻이다.

신하 노릇하는 것이 어렵겠지만, 임금 노릇하는 것이 어찌 어렵지 않겠는가. 만약에 임금 노릇이 자신의 욕망을 위하여 '혼용무도昏庸無道'한 행위를 일삼는다면 이는 역사에 영원히 남을 치욕적인 임금이 될 것이다. 그래서 황제가 되는 것조차 조심스러웠다.

송宋나라 태조太祖 조광윤趙匡胤이 황제로 즉위를 할 때, 자신의 모친을 역시 황태후로 존봉尊奉하였다.[1] 태조는 경전慶典하는 자리에서 태후를 배알하고 모든 문무관이 축하하였다. 하지만 태후는 근심어린 얼굴에 즐거워하는 안색이 아니었다.

좌우의 대신들이 "어비는 자식을 소중하게 여긴다 하였습니다. 오늘 천자가 되었는데 어찌 기뻐하지 않습니까?"

---

1 소현(昭憲) 두태후(杜太后, 902-961). 송(宋) 선조(宣祖) 조홍은(趙弘殷)의 부인, 태조(太祖) 조광윤(趙匡胤)과 송(宋) 태종(太宗) 조광의(趙光義)의 생모(生母).

"듣자하니 임금 노릇 하기 어렵다 하였습니다. 천자는 온 천하 백성을 다스리거늘, 만약 법도에 따라 잘 다스리면 임금의 자리가 존경을 받는 자리이나, 만약에 잘 다스리지 못하면 일개 백성이 되고자 하여도 되지 못할 것입니다. 그래서 기쁘지 않은 것이요." 태후가 말하였다.

태조는 다시 한 번 머리를 조아리며 말했다. "소자 반드시 잘 명심하겠나이다."[2]

위의 내용 중 '위군난爲君難'은 '부모가 자식을 사랑하다'라는 뜻으로 쓰이기도 한다.

임금이 된 자가 '다른 낙은 없고 말을 어기는 자가 없다'는 것으로 낙을 삼는다면 이 나라는 반드시 망하고 말 것이다.

진나라 평공이 여러 신하들과 술을 마셨다. 술이 한창 취하자 한숨을 쉬며 '군주 노릇 하기 즐겁지 아니한가! 말을 하더라도 감히 말을 어기는 자가 없으니!'라고 하였다. 사광이 앞에 모시고 앉아 있다가 거문고를 들어 치려 하였다. 평공이 옷소매를 풀어헤쳐 피하자 거문고가 벽에 부딪혀 부서졌다. 평공이 말하기를 '태사太師는 누구를 쳤는가?'라고 하였다. 사광이 말하기를 '지금 소인 곁에서 말하는 자가 있기 때문에 쳤습니다.'라 하였다. 평공이 말하기를 '나였다'라고 하였다. 사광이 말하기를 '아아! 이는 군주된 자의 말이 아닙니다'라고 하였다. 측근들이 그를 처벌하자고 청하자 평공은 '놓아 두어

---

2 太祖即位, 尊爲皇太后. 太祖拜太后于堂上, 衆皆賀, 太后愀然不樂. 左右進曰: "臣聞'母以子貴', 今子爲天子, 胡爲不樂?" 太后曰: "吾聞'爲君難', 天子置身兆庶之上, 若治得其道, 則此位可尊; 苟或失馭, 求爲匹夫不可得. 是吾所以憂也." 太祖再拜曰: "謹受教."(宋史 · 卷二百四十二 · 后妃上)

라. 나의 경계로 삼겠다'라 하였다.[3]

임금 노릇한다는 것은 정말 어려울 것이다. 온 나라 백성의 평안이 한 손에 달려 있거늘 발 뻗고 편히 잠 한번 잘 수 있겠는가! 백성 걱정에 잠 못 이루는 마음만 있으면 된다. 이런 마음을 가진 임금은 절대 그릇되고 무모한 일을 하려 하지 않기 때문이다.

그런데 요즈음 임금 자리를 자신의 출세욕을 위한 자리로 생각하고 있으니, 백성의 원망이 하늘을 찌를 수밖에 없다.

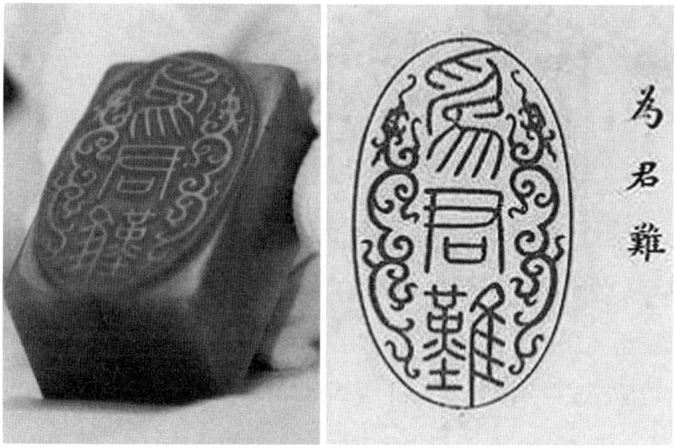

옹정雍正 '위군난爲君難'옥새玉璽(대만臺灣 고궁박물관故宮博物館)

---

3 晉平公與群臣飮, 飮酣, 乃喟然嘆曰: "莫樂爲人君! 惟其言而莫之違." 師曠侍坐于前, 援琴撞之. 公被衽而避, 琴壞于壁. 公曰: "太師誰撞?" 師曠曰: "今者有小人言側者, 故撞之." 公曰: "寡人也." 師曠曰: "啞! 是非君人者之言也." 左右請除之. 公曰: "釋之, 以爲寡人戒."(韓非子 · 難一)

27

視聽言動 시청언동

예가 아니면 보고 듣고 말하고 행동하지 마라

'시청언동視聽言動'은 '보고 듣고 말하고 행동하는 것'을 말한다. 『논어』에서는 이러한 인간의 행위는 모두 예에 그 근본을 두라 한 것이다.

'(視)'자는 '見'과 소리부 '示'로 이루어진 자이다. 혹은 '(眎)'이나 '(眡)'로 쓴다. ''자 중 ''는 '示'의 변형이고, '眡'자는 '目'과 소리부 '氐(근본 저, dī, dǐ)'로 이루어진 형성자이다. 갑골문은 ''·''로 쓰고, 금문은 '(眡)'로 쓴다. 초나라 문자에서 '視'자는 ''로 쓰고, '見'자는 ''으로 쓴다. '視'자는 '눈을 크게 뜨고 보다'라는 뜻으로 '감시하다' 등의 파생어로 쓰이며, 주로 '보다'라는 의미로 쓰인다. '(見)'자를 갑골문은 ''·''으로 금문은 ''·''으로 쓰고, '눈을 크게 뜨고 관찰하는' 모양이다. 후에 '드러나다'·'만나다'라는 파생어로 주로 쓰인다.

'(聽)'자는 '耳'·'悳'와 '𡈼'으로 이루어진 자이다. 갑골문은 '耳'와 '口'로 이루어진 ''·''으로 쓰고, 금문은 '耳'와 '口'로 이루어진 ''으로 쓰거나 복잡한 형태인 ''으로 쓰기도 한다. '(聽)'자 중 '𡈼'은 사람을 뜻하며,[1] '悳'은 '得'자와 통하여 '얻다'라는 의미이다. '사람이 말은 귀로 듣다'라는 뜻이다.

顔淵問仁. 子曰: "克己復禮爲仁. 一日克己復禮, 天下歸仁焉. 爲仁由己, 而由人乎哉?" 顔淵曰: "請問其目." 子曰: "非禮勿視, 非禮勿聽, 非禮勿言, 非禮勿動." 顔淵曰: "回雖不敏, 請事斯語矣."(顔淵 12.01)

안연이 인仁에 관해서 여쭈어 보았다. 공자는 말하였다.

"'자기를 극복하고 예로 돌아가는 것이 인이다.' 어느 날이건 자기를 극복하고 예로 돌아가게 되면 온 천하가 인을 따르게 될 것이다. 인을 실천하는 것은 자기로부터 시작되지 남으로부터 시작되기야 하겠느냐?"

안연이 말하였다.

"그 세목을 말씀하여 주셨으면 좋겠습니다."

공자가 말하였다.

"예가 아니면 보지 말고, 예가 아니면 듣지 말고, 예가 아니면 말하지 말고, 예가 아니면 움직이지 말라."

안연이 말하였다.

"제가 불민하기는 하옵니다마는 이 말씀을 받들어 실천하기에 힘쓰겠습니다."

'극기克己'는 자신의 감정이나 욕망을 억제하는 것을 말하고, '복례復

---

1 '(聖)'자를 갑골문은 ''으로 쓰며, 금문은 '' · ''으로 쓰며, 소전(小篆) 중 '王'은 사람의 다리가 와전된 형태이다. '王'자를 갑골문은 사람이 땅 위에 서있는 모습인 '' · ''으로 쓴다.

禮'는 '예를 따르며 본질로 돌아가다'는 뜻이다. 예禮는 남에게 양보하고 겸손하게 행동하는 것을 본질로 삼기 때문에, 자신의 욕심을 억제하고 남의 이익과 욕구를 이해해 준다면 세상은 화평하게 될 것이다.

『좌전』에 공자가 말하는 '극기복례'의 구절이 나온다. 자혁子革이 제공祭公 모보謀父가 지은「기초祈招」라는 시를 인용하여 초나라 영왕이 욕심을 자제할 것을 간언하는 말이다. 제공모부는 주周나라 목왕穆王이 세상의 모든 땅을 탐하려 하자「기초祈招」라는 시를 지어 충고하였다.

> 초나라 영왕靈王이 말하였다.
>
> "그대는 시를 아시오."
>
> 자혁子革이 말하였다.
>
> "예, 압니다. '기초가 차분하고 부드러우니 덕음을 밝히네. 우리 군주의 풍도를 생각하니 옥과 같고 금과 같다네. 민력을 보존하고자 크게 만족하는 마음 없다네.'라 했습니다."
>
> 초나라 영왕이 자혁子革에게 읍을 하고 안으로 들어간 뒤 여러 날이 지나도록 음식을 올려도 먹지 않고, 잠자리에 누워도 잠을 자지 못했다. 결국 그는 극기克己하지 못하고 환난을 당하게 된 것이다. 이를 두고 공자가 말하였다. "옛 책에 말하기를 '극기복례는 인이다'라 하였다. 참으로 좋은 말이다. 만일 초나라 영왕이 이같이 할 수 있었다면 어찌 간계에서 치욕을 당했겠는가."[2]

---

2 王曰: "子能乎."(子革)對曰, 能. 其詩曰: "祈招之愔愔. 式昭德音. 思我王度. 式如玉. 式如金. 形民之力. 而無醉飽之心." 王揖而入, 饋不食, 寢不寐, 數日不能自克, 以及於難. 仲尼曰: 古也有志, 克己復禮, 仁也. 信善哉. 楚靈王若能如是, 豈其辱於乾谿.(左傳 · 昭公十二年)

『좌전』에 의하면 「기초祈招」는 제공모부가 주周나라 목옹의 '주행천하周行天下'하는 것을 제지하기 위하여 지었다고 하고, 공자는 '고지古志(옛 책에 기록)'하고, "극기복례克己復禮, 인야仁也" 라 하였으며, "신선재信善哉(참으로 좋은 말이다)"라 하였는데, 본 시는 현행본 『시경』에 보이지 않는다. 『논어』에 보이는 시가 『시경』에 보이지 않는 일시逸詩인 경우가 있다.

子曰: "可與共學, 未可與適道, 可與適道, 未可與立, 可與立, 未可與權." "唐棣之華, 偏其反而. 豈不爾思? 室是遠而." 子曰: "未之思也, 夫何遠之有?"(子罕 09.30)

공자는 말하였다.

"함께 한 자리에서 공부할 수 있다 하여도 그것만으로는 함께 도를 지향해 나갈 수는 없는 것이고, 함께 도를 지향해 나갈 수 있다 하여도 그것만으로는 함께 굳건하게 설 수는 없는 것이고, 함께 서 나갈 수 있다 하여도 그것만으로는 함께 일의 경중에 따라 임기응변臨機應變하여 나갈 수는 없는 것이다."

"산앵두나무의 꽃은
팔랑팔랑 나부끼네.
어찌 그대를 생각하지 않겠소마는
그대의 집이 멀리 떨어져 있다네."

공자는 말하였다.

"그를 생각하지 않은 것이지, 진정으로 생각한다면 먼 데가 어디 있겠는가."

「당체唐棣」의 시는 없어진 시(일시逸詩)이다. 어떤 사람이 이 시를 인용하여 도가 멀고 어려움을 말하여 하자, 공자는 노력하면 금방 도달할 수 있다고 하였다.

도를 지향에 나가는데도 세 가지 단계가 있다. '적適'·'입立'·'권權'이다. '적'은 앞으로 나아가 노력하는 것이고, '입'은 자신의 입지를 설립하는 단계이고, '권'은 자유자재로 응용하는 실용화하는 단계이다.

'權(저울추 권, quán)'은 '변통하다'·'융통하다'라는 뜻으로 쓰인다. 저울추는 물건 무게에 알맞게 헤아려 대소의 양을 알려주는 것이기 때문에 '변통하다'라는 파생어로 쓰인다. 예를 들어, '권의權宜'는 '일시적으로 조치하다'·'임기응변으로 처리하다'·'변통하다'라는 의미로 쓰인다.

예가 아니면 보지도 듣지도 말하지도 행동하지 말아야 한다. 인간은 사회적, 습관적 습성을 가진 동물이다. 먹을 가까이 하면 검게 되고, 주사朱砂를 가까이 하면 빨개지기 마련이다.[3] 좋은 이야기 좋은 말은 자주 들으면 선량한 에너지가 더 많아지고, 사랑을 받은 자가 사랑을 할 줄 아는 것이다. 스스럼없이 욕설을 하는 청소년을 자주 목격할 수 있는데, 욕설을 하다 보면 행동거지가 거칠어지고, 거친 행동은 천추의 한을 가져올 불상사를 야기시킬 수 있다. 악이 될 요소는 사전에 단절시켜야 한다.

---

3 "近朱者赤, 近墨者黑."

28
不憂不懼 불우불구
걱정하지 않고 두려워하지 않는다

'불우불구不憂不懼'는 '걱정거리도 없고, 두려울 것도 없다'는 뜻이다.

'(憂, 근심할 우, yōu)'자를 금문은 '' · ''로 쓴다. 수심에 차 얼굴을 감싸고 있는 모습이다. 전서篆書는 ''자를 사람 얼굴의 '頁', '心'과 '夊'로 쓴다. '사람이 어떤 일에 마음을 쓰다'라는 뜻이다.

'(懼)'자는 '心'과 소리부 '瞿(볼 구, qú, jù)'로 이루어진 자이다. '瞿'자는 '隹'와 소리부 '䀠(두리번거릴 구)'로 이루어진 자이며, 원래는 '눈이 커다란 부엉이'의 모습이다. 후에 '두려워하다'라는 파생어로 쓰인다.

司馬牛問君子. 子曰: "君子不憂不懼." 曰: "不憂不懼, 斯謂之君子已乎?" 子曰: "內省不疚, 夫何憂何懼?"(顏淵 12.04)

사마우가 군자에 관해서 여쭈어 보았다. 공자가 말하였다.

"군자는 근심하지도 않고 두려워하지도 않는다."

"근심하지도 않고 두려워하지도 않으면 곧 군자라는 것입니까?"

공자가 말하였다.

"자기의 마음을 살펴보고 흠잡을 데가 없으면 대체 무엇을 근심하고 무엇을 두려워하겠느냐?"

'내성불구內省不疚'는 혹은 '내성무구內省無疚'나 '내성무괴內省無愧'로 쓰기도 한다. 군자는 근심할 것도 두려워할 것도 없다. 하늘을 우러러 부끄러움이 없으니 무슨 근심이 있으며, 좋은 일만하니 남의 해코지를 두려워하겠는가.

송나라 소식은 「정풍파定風波 · 막청천림타엽성莫聽穿林打葉聲」이란 사곡詞曲에서 길에서 소나기를 만나자 살아온 인생과 앞으로 살아갈 날이 두려울 것이 없다고 속세를 탈피한 신념을 노래하고 있다. 길을 가다 보면 비바람을 맞을 수 도 있고 눈보라 치는 길을 갈 수 있다. 아름다운 무지개가 뜬 산천을 걸을 수 있고, 산들 바람에 흩날리는 꽃향기를 맡아 볼 수도 있다. 인생도 마찬가지다. 좋은 날도 궂은 날도 있기 마련이다. 어차피 인생이 행복과 고난의 연속이라면, 걱정이 있을 때 당당하고 넉넉한 마음으로 근심 걱정을 잊고 노래 부르며 가는 것이 어떻겠는가!

정풍파定風波 · 막청천림타엽성莫聽穿林打葉聲　소식蘇軾

三月七日, 沙湖道中遇雨. 雨具先去, 同行皆狼狽, 餘獨不覺, 已而遂晴, 故作此詞.

삼월 칠일, 사호 가는 길에서 비를 만나다. 우산 장비가 앞서 가는 바람에 비를 맞자 동행인들은 모두 낭패스러워 하였으나 나만 홀로 그렇게 생각하지 않았다. 비가 이미 멈춰 날이 개어 이 사를 지었다.[1]

莫聽穿林打葉聲,	숲을 지날 때 댓잎 때리는 비바람 소리 듣지 마소.
何妨吟嘯且徐行.	노래 흥얼대며 천천히 걸어간들 어떠리.
竹杖芒鞋輕勝馬,	대 지팡이 짚신 발걸음 가벼우니 말 탄 것보다 좋은데,
誰怕?	누가 두려워하리오.
一蓑烟雨任平生.	한평생 도롱이 쓰고 빗속에 있어도 두렵지 않거늘.

料峭春風吹酒醒,	쌀쌀한 봄바람 맞고 술기운에서 깨어나니
微冷,	약간은 서늘한 날씨
山頭斜照却相迎.	산 위에서 지는 해가 나를 맞이하네.
回首向來蕭瑟處,	고개 돌려 지나온 소슬한 곳 바라보니,
歸去,	돌아가는 길
也無風雨也無晴.	비 오는 날이 없겠으며, 개인 날도 또 없겠는가.

일생을 살다보면 비오는 날도 개인 날도 폭풍우 치는 날도 무지개 뜨는 날도 있기 마련이다. 어려움이 닥쳤을 때, 하늘을 우러러 한 점의 부끄러움이 없으면 근심하고 두려워할 것이 있겠는가. 사람에게 부끄러운 짓을 했기 때문에 걱정하고 그 사람이 해코지할까봐 밤새 잠 못 이루고 두려워하는 것이다.

子曰: "知者不惑, 仁者不憂, 勇者不懼."(子罕 09.29)

공자는 말하였다.

"지혜로운 사람은 당황하지 않고, 인자한 사람은 근심하지 않고, 용기 있

---

1 '사호(沙湖)'는 지금의 호북성(湖北省)에 있는 지명으로 나사점(羅紗店)이라고도 한다.

는 사람은 두려워하지 않는다."

子曰: "君子道者三, 我無能焉, 仁者不憂, 知者不惑, 勇者不懼." 子貢曰: "夫子自道也."(憲問 14.28)

공자는 말하였다.

"군자의 도는 셋인데, 내가 해낼 수 있는 것은 하나도 없다. 인자한 사람은 근심하지 않고, 지혜로운 사람은 의혹에 빠지지 않고, 용감한 사람은 두려워하지 않는다."

자공이 말하였다.

"스승님께서 스스로를 말씀하신 것이다."

용감과 만용은 다르다. 남을 용서하고 배려하고, 겸손한 마음을 가진다는 것은 매우 어려운 일이다.

子曰: "有德者必有言, 有言者不必有德. 仁者必有勇, 勇者不必有仁."(憲問 14.04)

공자는 말하였다.

"덕이 있는 사람은 반드시 주장할 말이 있으나, 주장할 말이 있는 사람이라고 해서 반드시 덕이 있는 것은 아니다. 인자한 사람은 반드시 용기가 있을 것이나, 용감한 사람이라고 해서 반드시 인자한 것은 아니다."

용감하기만 하고 인자함을 갖추지 못하면 사회를 혼란시키거나 도적질을 하게 되고, 권력을 가진 자가 용감하기만 하다면 나라를 망치는 것이다. 그래서 공자를 배워야 하고, '정의'로운 용감이어야 한다 하였다.

子曰: "由也! 女聞六言六蔽矣乎?" 對曰: "未也." "居! 吾語女. 好仁不好學, 其蔽也愚, 好知不好學, 其蔽也蕩, 好信不好學, 其蔽也賊, 好直不好學, 其蔽也絞, 好勇不好學, 其蔽也亂, 好剛不好學, 其蔽也狂."(陽貨 17.08)

공자가 말하였다.

"자로(유)야, 너는 여섯 가지 말에 따르는 여섯 가지 폐단에 관해서 들은 일이 있느냐?"

"아직 듣지 못하였습니다." 자로가 말하였다.

공자가 말하였다.

"거기 앉거라. 내가 너에게 말하여 주마. 인자하게 굴기를 좋아하면서 배우기를 싫어하면 그 폐단은 어리석어지는 것이다. 지혜롭게 굴기를 좋아하면서 배우기를 싫어하면 그 폐단은 무절제無節制해지는 것이다. 신용 있게 굴기를 좋아하면서 배우기를 싫어하면 그 폐단은 도의道意를 해치게 되는 것이다. 강하기를 바라면서 배우기를 싫어하면 그 폐단은 가혹해지는 것이다. 용맹하게 굴기를 좋아하면서 배우기를 싫어하면 그 폐단은 난폭해지는 것이다. 굳세게 굴기를 좋아하면서 배우기를 싫어하면 그 폐단은 무모無謀해지는 것이다."

子路曰: "君子尙勇乎?" 子曰: "君子義以爲上, 君子有勇而無義爲亂, 小人有勇而無義爲盜."(陽貨 17.23)

자로가 물었다.

"군자는 용맹한 것을 숭상합니까?"

공자는 말하였다.

"군자는 정의正義를 숭상한다. 군자가 용맹하면서 정의를 무시하면 난동亂動을 일으키게 된다. 소인이 용맹하면서 정의를 무시하면 도둑질을 하게 된다."

『여씨춘추呂氏春秋 · 중동기仲冬紀 · 당무當務』에 어리석은 용맹에 대한 이야기가 나온다.

제나라에 용기를 자랑하는 자들이 있었는데 한 사람은 동편 성곽 근처에 거주하고 한 사람은 서편 성곽 근처에 거주하였다. 우연히 길에서 서로 만나 '잠시 함께 한잔 할까?' 하고 말하여 술잔이 여러 번 돌았다. 한 사람이 '잠시 고기나 구해 올까?' 하고 말하자 다른 한 사람이 '자네도 고기가 있고, 나도 고기가 있는데 왜 굳이 다른 곳에서 고기를 구하려고 하는가? 여기에다 간장만 준비하면 그만인데.' 그래서 칼을 뽑아 서로 상대의 살을 베어 먹다가 죽음에 이르러서야 그쳤다. 용기가 이와 같으면 차라리 용기가 없는 것만 못하다.[2]

2 齊之好勇者, 其一人居東郭, 其一人居西郭, 卒然相遇於塗曰: '姑相飮乎?' 觴數行, 曰: '姑求肉乎?' 一人曰: '子肉也? 我肉也? 尚胡革求肉而爲? 於是具染而已.' 因抽刀而相啖, 至死而止. 勇若此, 不若無勇.(呂氏春秋 · 仲冬紀 · 當務)

29

四海皆兄弟 사해개형제

모두가 형제이다

'사해개형제四海皆兄弟' 중 '사해四海'는 '온 세상' · '온 천하'의 뜻이다. 온 천하의 사람이 모두 나의 형제요 이웃이라는 뜻이다.

'(皆)'자는 '比'와 '白'으로 이루어진 자이다. '白'은 '口' 혹은 '曰'이 변형된 것이고, '比'는 '두 사람'의 뜻이다. '여러 사람의 입을 통하여 말하다'라는 뜻이다. 후에 '모두' · '함께'라는 파생어로 쓰인다.

司馬牛憂曰: "人皆有兄弟, 我獨亡." 子夏曰: "商聞之矣, 死生有命, 富貴在天. 君子敬而無失, 與人恭而有禮. 四海之內, 皆兄弟也, 君子何患乎無兄弟也?"(顔淵 12.05)

사마우가 말하였다.

"남들은 다 형제가 있는데 나만 없다."

자하가 말하였다.

"내가 듣기를 '죽고 사는 것은 운명이고, 부자가 되고 귀해지는 것은 하늘에 달렸다.' 하였소. 군자가 조심하여 실수하는 일이 없고, 남과 접촉하는데 공손하고 예의禮儀가 있으면 온 세상 사람들이 다 자기의 형제들이거늘, 군자가 어찌 형제 없는 것을 근심하겠소?"

사마우司馬牛는 사마司馬가 성씨이고 이름은 경耕이고 자字가 자우子牛이다. '형제가 없음을 걱정하는 것'을 '사마우지탄司馬牛之嘆(사마우의 한탄)'이라 한다. 하지만 논어의 구절 "하늘이 나에게 덕을 주셨으니 환퇴桓魋가 어떻게 하겠는가"[1] 중의 환퇴桓魋가 사마우司馬牛의 형이라고 주장하기도 한다. 환퇴는 송나라 군정을 주관하는 사마향퇴司馬向魋로 송나라 환공桓公의 후예이기 때문에 환퇴桓魋라 부른다. 환퇴는 송나라 반란에 참여했다가 실패하자 도망쳤고, 사마우 역시 송나라에서 노나라로 도망쳐 왔다고 한다. 형제가 뿔뿔이 흩어져 있었기 때문에 형제가 없는 것이나 마찬가지이었을 것이고, 또한 환퇴를 결코 내세우고 싶지 않은 형제이었는지도 모른다.

『사기』에 환퇴가 나무 밑에서 강의를 하는 공자를 죽이기 위해 나무를 쓰러뜨렸다는 이야기가 나온다.

공자는 조曹나라를 떠나 송宋나라로 갔다. 공자는 제자들과 큰 나무 아래에서 예의에 대해서 강습하였다. 송나라 사마司馬환퇴桓魋가 공자를 죽이려 나무를 뽑아버렸다. 이에 공자는 그곳을 떠날 수밖에 없었다. 제자들이 말하였다. "빨리 떠나는 것이 좋겠습니다." 공자가 말하였다. "하늘이 나에게

---

1 子曰: "天生德於予, 桓魋其如予何?"(述而 07.23)(공자는 말하였다. "하늘이 나에게 덕을 주셨으니 환퇴(桓魋)가 어떻게 하겠는가?")

덕을 이을 사명을 주셨는데 환퇴가 나를 어찌하겠는가!"[2]

죽고 사는 것 형제가 많고 적은 것, 이는 하늘이 정해준 운명이다. 태어나면서 하늘이 이미 정해준 것이기 때문에 인간의 힘으로 고칠 수 없는 것이다. 고대 사회에서, 재산이 많다거나 지위가 높은 것 등의 신분은 세습과 관련이 많기 때문에 이미 상당히 태어나면서부터 정해진 것이다. 그러나 이웃과 더불어 행복하게 사는 것은 자신의 의지에 달려 있다. 매사에 상대방을 존경하며 실수가 없도록 하고, 다른 사람을 공경하고 예의를 갖춘다면 누가 좋아하지 않겠는가? 좋아하고 아낀다면 모두가 형제이다. 형제보다 더 형제다운 형제가 될 수 있다.

'경이무실敬而無失'은 오랫동안 사귀면서도 존경하고 실수를 하지 않는 '구이경지久而敬之'와 같은 의미이다. 사귐을 오래 지속하면서 친숙하게 지내고 서로 상대방을 존경한다는 것은 결코 쉬운 일이 아니다.

子曰: "晏平仲善與人交, 久而敬之."(公冶長 05.17)

공자는 말하였다.

"안평중은 남과 사귀는 일을 잘 하였으니, 오래 되어도 상대방을 존경하였다."[3]

---

2 孔子去曹適宋, 與弟子習禮大樹. 宋司馬桓魋欲殺孔子, 拔其樹. 孔子去. 弟子曰: "可以速矣." 孔子曰: "天生德于予, 桓魋其如予何!" (史記 · 孔子世家)

3 안평중(晏平仲)은 제(齊)나라의 대부(大夫)이다. 안(晏)은 성씨이고, 평(平)은 시호(諡號)이다. 중(仲)은 두 번째 항렬을 뜻하고 이름은 영(嬰)이다.

'여인공與人恭' 중의 '여與'자는 '……에게 대하다'는 뜻이고, 전체적으로 '사람에게 공손하게 대하다'이다.

한대漢代의 작가 미상의 형제간의 이별을 노래한 「별시別詩」가 있다. 이 시에서는 형제는 '연지連枝'라 하였다. 즉 '한 나무에서 난 가지'와 같다.

형제의 관계는 나무와 나뭇잎 같은 것, 친구와의 관계 또한 이와 같다네.
온 천하가 모두 형제이기에, 누가 길 지나는 행객이던가.
하물며 나는 당신과 한 줄기 가지이고 당신과는 한 몸 출신이라네.
옛날에는 원앙 같았는데, 지금은 북두칠성과 샛별이라네.
옛날에는 항상 같이 지냈는데, 지금은 북방의 호나라와 남방의 진나라 같다네.
지금 이별할라 치니 그리운 정이 더욱 더 새롭다네.
노루는 평원에서 끼륵끼륵 좋은 벗 찾으니, 이는 좋은 손님맞이 하고픈 것이라네.[4]
나에게 한 동이의 술이 있으니, 멀리 떠난 그대에게 보내노니,
그대 두고두고 마시면서 평생의 사랑하는 마음 기억하기 바라오.
骨肉緣枝葉, 結交亦相因.
四海皆兄弟, 誰爲行路人.
況我連枝樹, 與子同一身.

---

4 "呦呦鹿鳴, 食野之蘋. 我有嘉賓, 鼓瑟吹笙. 吹笙鼓簧, 承筐是將. 人之好我, 示我周行. 呦呦鹿鳴, 食野之蒿. 我有嘉賓, 德音孔昭. 視民不恌, 君子是則是效. 我有旨酒, 嘉賓式燕以敖. 呦呦鹿鳴, 食野之芩. 我有嘉賓, 鼓瑟鼓琴. 鼓瑟鼓琴, 和樂且湛. 我有旨酒, 以燕樂嘉賓之心."(詩經 · 小雅 · 鹿鳴)

昔爲鴛與鴦, 今爲參與辰.

昔者常相近, 邈若胡與秦.

惟念當離別, 恩情日以新.

鹿鳴思野草, 可以喻嘉賓.

我有一罇酒, 欲以贈遠人.

願子留斟酌, 叙此平生親.

당나라 시기의 왕발王勃의 「송두소부지임촉주送杜少府之任蜀州」에서 "해내존지기海內存知己, 천애약비린天涯若比鄰" 라는 유명한 말을 남겼다. 『당시삼백수唐詩三百首』도 실린 시이다.

송두소부지임촉주送杜少府之任蜀州　　왕발王勃

두소부의 촉주 부임을 전송하며

城闕輔三秦, 성의 궁궐은 장안을 에워싸고,

風煙望五津. 아름다운 풍광 속 다섯 나루터 바라보네.

與君離別意, 그대와 이별하는 내 마음,

同是宦游人. 다 같이 객지에서 벼슬하는 몸이네.

海內存知己, 이 세상에 알아주는 친구가 있으면,

天涯若比鄰. 세상 끝 어디나 이웃에 있는 것 같다네.

無爲在歧路, 그러니 이별하는 길가에 서서

兒女共沾巾. 아녀자처럼 눈물 흘리지 말게나.

베풀고 좋아하는 마음만 있으면 이 세상 모든 사람이 모두다 형제이고, 마음을 같이 하는 친구는 아무리 멀리 떨어져 있어도 항상 곁에 있는 것과 같은 것이다.

30

浸潤之譖 침윤지참

은근한 참언

'침윤지참浸潤之譖'은 '서서히 스며드는 참소讒訴'라는 뜻이다. '피부로 직접 느낄 수 있는 하소연'이란 뜻의 '부수지소膚受之愬'와는 상대적인 개념이다.

'침윤浸潤'은 '물이 서서히 스며들다'는 뜻이다. '浸(담글 침, jìn)'자는 '(㴴)'로 쓰기도 한다. '水'와 소리부 '㝲(잠 침)'으로 이루어진 자이다. '㝲'자는 '寑(잠잘 침, qǐn)'자와 같은 자이다. '(㝲)'자를 갑골문은 ''으로 쓰고 금문은 '' · ''으로 쓴다. 집안에 자리가 깔려 있는 모양이다. '침浸' 혹은 '침寑'자를 갑골문은 ''으로 쓴다. 사람이 자는 자리에 물이 스며든 모양이다. 후에 '액체 속에 물건을 담그다'라는 파생어로 쓰인다.

'潤(젖을 윤, rùn)'자는 '水'와 소리부 '閏(윤달 윤, rùn)'으로 이루어진 자이다. '윤閏'자는 '윤달'이나 '윤위閏位' 등과 같이 정상의 질서가 아닌 여분의 것을 나타낸다. '윤潤'은 '물의 수분이 많아 젖어드는 것'을 말한다.

'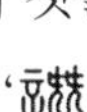(譖, 참소할 참, zèn)'자는 '言'과 소리부 '朁(일찍이 참, cǎn)'으로 이루

어진 자로 '讒(참소할 참, chán)'자와 같은 의미로 쓰인다. '참讒'자는 '言'과 소리부 '毚(교활한 토끼 참, chán, chān)'으로 이루어진 자이다. '교활하게 남을 기만하는 소리'라는 뜻이다.

'愬(하소연할 소, sù)'는 '心'과 소리부 '朔'으로 이루어진 자로 '訴'·'遡'자와 같은 자이다.

> 子張問明. 子曰: "浸潤之譖, 膚受之愬, 不行焉, 可謂明也已矣. 浸潤之譖, 膚受之愬, 不行焉, 可謂遠也已矣."(顔淵 12.06)
>
> 자장이 명철하다는 것에 대해서 묻자, 공자는 말하였다.
>
> "은연중에 스며들어오는 참소讒訴와 자신에게 직접 자극을 주는 탄원歎願을 그대로 받아들여 처리하지 않는다면 명철하다고 말할 수 있다. 은연중에 스며들어오는 참소와 자신에게 직접 자극을 주는 탄원을 그대로 받아들여 처리하지 않는다면 원대한 안목이 있다고 말할 수 있다."

'불행언不行焉' 중의 '언焉'은 '지호之乎'·'지어之於'의 용법으로 쓰이며, '자기도 모르는 사이 은연중에 스며드는 듯한 거짓으로 꾸면서 하는 참언을 실행하지 않다'는 뜻이다.

'원遠'은 '원대한 포부'·'멀리보는 안목'·'선견지명' 등의 뜻이다.

'침윤지참'이 '자기도 모르는 사이에 암암리에 파고드는 나쁜 말'이라면, '부수지소'는 '앞에서 노골적으로 절실한 것처럼 떠드는 나쁜 말'을 뜻한다. 집정자가 이러한 참언을 가려내서 실행하지 않는다면 이는 매우 총명한 행위이다.

중국 한 무제武帝(유철劉徹, B.C 156-B.C 87)는 동중서董仲舒의 의견을 수렴하여 유학을 국교로 삼았고, 중국 역사상 가장 넓은 영토를 확장하여 지금의 중국 국경의 기본적인 틀을 제공하는 등, 진시황 · 강희제와 더불어 가장 위대한 중국 황제 중 한명으로 꼽기도 한다. 군사 경제 사상 문화 등 여러 방면에 있어 강력한 대제국을 이루게 하여 후대에 '한당성세漢唐盛世(한나라와 당나라의 태평성세)'라 평가를 받기도 한다.

그러나 한 무제는 말년에는 사치와 음탕한 생활에 빠져 들었다. 나이가 들어감에 죽음이 두려워 미신에 집착하게 되었고, 방사方士는 이 기회를 이용하여 온갖 술수로 무제를 기만하고 우롱하였다. 무제는 검을 들고 자신을 죽이려는 꿈을 꾸고 난 다음, 무당 강충江充의 참언을 듣고 태자 유거柳琚를 의심하게 되었다. 강충은 태자에게 잘못을 한 일이 있어 무제가 죽은 뒤 태자가 즉위하면 자신에게 보복할 것이 두려워 태자가 무제를 저주한 것처럼 거짓으로 꾸며 음모하였다. 태자가 이를 알고 병사를 일으켜 강충을 살해하고, 대항하려 했으나 결국 패하여 자결하였다.

이 사건이 바로 부자지간에 무력충돌로 수많은 사람의 죽음을 가져온 유명한 '무고지화巫蠱之禍'사건이다. 이 사건으로 태자의 3남 1녀와 처첩이 모두 살해당하고, 장인 장모, 처족, 위衛 황후 일족을 연좌율連坐律을 적용하여 사형에 처하였다. 위 황후도 충격을 견디지 못하고 자결하였다.

후에 무제는 태자의 죽음에 깊은 참회의 눈물을 흘렸고, 68세 태산에 올라 제사를 올리는 자리에서 신하가 군대를 증원하기를 간언하자 "지금 가장 급한 것은 관리들이 백성을 못살게 굴고 지나치게 세금을 착취하는 법령을 폐지하여 백성들이 농업생산 활동에 힘쓰도록 격려하는 것이다. 하여 말을 기르는 자에게 요역과 세금을 감하는 법령을 다시 회복시켜 전쟁으로 인한 손실된 말을 보충할 수 있도록 하여 군력이 쇠약해지는 것을 방지하기만 하면 된다. 각 군국郡國의 이천 단 이상을 받는 관원들은 모두 말을 양성하는 방안과 변경 지역의 물자 보충 방책을 제정하여 조정에 보고하도록 한다. 짐이 왕위를 계승한 이래, 도리에 어긋난 망령된 짓을 많이 하여 백성들을 고통과 괴로움에 빠지게 하였소. 지금 생각하니 후회가 이루 말할 수 없소이다. 이제부터라도 백성을 해치거나 나라의 재산을 낭비하는 일은 모두 폐지하겠소!" 라 뉘우쳤다.[1]

아무리 강한 자라도 자신도 모르는 사이에 '참언'에 빠져 들게 되면 평생의 한이 되는 것이다.

가랑비에 옷 젖는 줄 모른다했다. '침윤지참浸潤之譖'은 자신도 모르는 사이에 참언이 물이 물건을 적시 듯 점차 스며들어 자신도 느끼지 못하는 사이에 이를 신뢰하게 된다. 자신 손에 박힌 가시가 가장 아프다 하였다. '부수지소膚受之愬'는 자신의 피부가 가시에 찔려 쓰리고 아픈 것과 같은 하소연이다. 이 둘은 자신의 이성으로 판단하기 어려워 속기 쉬운 참소와 하소연이다. 이러한 자를 판단하고 멀리할 수 있는 자가 진정한 '지자智者'이다. 열길 물속은 알아도 한 길 사람 속은 모른다하였다. 사람을 안다는 것은 가장 어렵다. 그래서 공자는 '지혜'란 곧 '사람을 알아보는 것'이라 하였다.[2]

---

1 "當今務, 在禁苛暴, 止擅賦, 力本農, 修馬復令, 以補缺, 毋乏武備而已. 郡國二千石各上進畜馬方略補邊狀, 與針對. 朕即位以來, 所爲狂悖, 使天下愁苦, 不可追悔. 自今事有傷害百姓, 縻費天下者, 悉罷之."(輪台罪己詔)

2 "樊遲問仁. 子曰: '愛人.' 問知. 子曰: '知人.'"(顔淵 12.22)(번지가 인에 관해서 물었다. 공자가 말하였다. "사람들을 사랑하는 것이다." 지혜로운 것에 관해서 물었다. "사람을 알아보는 것이다.")

31

足食足兵 족식족병

식량과 병력이 충분하다

'족식족병足食足兵'은 '족병족식足兵足食'으로 쓰기도 하다. 한 나라가 '충분한 식량과 충분한 군사력'을 갖추고 있다는 뜻이다. 나라의 힘은 충분한 식량과 병력일 것이다. 즉 부국강병富國强兵의 필수 조건이다. 하지만 『논어』에서는 '식량'과 '병력'도 중요하지만, 더욱 중요한 것은 백성들의 국가에 대한 '신뢰'라 하였다.

'(足, 발 족, zú)'은 '다리' · '발' · '뿌리' · '산기슭' 등의 의미로 쓰인다. 다리나 뿌리 등은 모두 물건의 기초가 되기 때문에 '충족充足' · '만족滿足' 등의 파생어로 쓰인다.

子貢問政. 子曰: "足食, 足兵, 民信之矣." 子貢曰: "必不得已而去, 於斯三者何先?" 曰: "去兵." 子貢曰: "必不得已而去, 於斯二者何先?" 曰: "去食. 自古皆有死, 民無信不立."(顔淵 12.07)

자공이 정치에 관해서 묻자 공자가 말하였다.

"식량을 충분하게 마련하고, 무기를 충분하게 마련하고, 백성들이 위정자를 믿게 하는 것이다."

자공이 말하였다.

"반드시 한 가지를 버리지 않으면 안 된다면 세 가지 가운데에서 무엇을 먼저 버려야 합니까?"

"무기를 버려라."

자공이 말하였다.

"반드시 한 가지를 버리지 않으면 안 된다면 남은 두 가지 가운데에서 무엇을 먼저 버려야 합니까?"

"식량을 버려라. 옛날부터 죽음이란 모든 사람에게 다 있어 왔다. 백성들이 위정자를 믿지 않으면 나라가 존립할 수 없는 것이다."

한 국가가 존립하기 위해서는 경쟁력을 갖추어야 한다. 충분한 양식과 강한 무장이다. 바로 부국강병富國强兵이다.

충분한 양식이 있어 백성이 배불리 먹어야만 편안한 삶을 영위營爲할 수 있다. 백성이 배고프면 나라를 원망하게 되고, 나라를 떠날 것이고, 심지어는 폭동을 일으킬 수 있어 나라가 존립의 위기에 설 수 있다. 그래서 사람의 삶을 영위하는데 있어서는 식량을 가장 먼저 갖추어야 한다.

강한 무장은 다른 나라부터의 침략을 막아낼 수 있는 방어 전략으로 중요하다. 그러나 너무나 무력에 공을 들이면 힘들어지는 것은 백성이다. 강한 무기를 만들기 위해서 백성으로부터 많은 세금을 거두어야 한다. 그 질고는 당연히 백성의 몫이다.

위촉오魏蜀吳 삼국 중 가장 먼저 망한 나라가 촉나라이다. 일반적으로 조위曹魏나 손오孫吳와 비교할 때 촉한蜀漢이 정치를 가장 잘했다는 평가를 듣고, 지리적으로 천혜의 조건을 갖춘 나라였는데, 조위曹魏가 출병하여 유선劉禪의 투항을 받아낸 기간은 고작 2개월이었다. 제갈량이 죽고 난 다음에 집정자들이 엉망으로 나라를 다스린 것이 가장 주된 원인이었겠으나, 그러나 간과해서는 안 되는 것은 제갈량의 북벌정책이 너무 빈번했다는 것이다.

> (전쟁으로 인해) '백성들이 너무 고통스러웠다'는 현실 역시 간과해서는 곤란합니다. 『삼국지三國志 · 초주전譙周傳』의 기록인 "군대를 자주 일으켜 출병하면 반드시 백성이 피폐해진다"라는 말이 분명하게 이 문제를 지적하고 있습니다. 전쟁에는 막대한 전비가 필요하니까요. 더구나 이 전비戰費는 하늘에서 떨어지는 것이 아니었습니다. 땅으로부터 솟아나는 것도 아니었습니다. 그저 백성들의 고혈膏血을 쥐어짜야만 확보가 가능합니다. 『삼국지三國志 · 후주전後主傳』의 배송지裴松之 주에서 인용한 『촉기』를 참고하면 좋을 것 같습니다. 이에 의하면 유선이 투항할 때 촉나라의 호는 28만이었습니다. 또 인구는 94만 명이었습니다. 그러나 군대는 10만 2천 명에 관리는 4만 명이었습니다. 단순하게 계산하면 평균 9명의 백성이 1명의 사병을 책임져야 했던 것입니다. 7호당 관리 1명을 먹여 살려야 했습니다. 촉나라 백성은 그 부담을 견뎌낼 수가 없습니다.[1]

전쟁 준비에 힘쓰는 정부는 반드시 백성이 피폐해진다는 것을 명심해야 한다. 2016년 1월 북한이 수소폭탄핵실험을 했다고 연일 매스컴이 난리다. 북한이 필요한 것은 먼저 백성들이 배불리 먹을 수 있게 하는 식량이고, 편안한 인간적인 삶을 영위하는 것이다.

---

1 『역중천(易中天) 삼국지 강의2』, 홍순도 옮김, 김영사, 397쪽.

노자는 '병력으로 강한 나라를 만들 수 없고, 큰 전쟁을 치르면 나라는 반드시 흉년이 들어 가시덤불만 자라게 되며, 일찍 망하게 된다'라 하였다.

> 도로써 임금을 보좌하는 사람은 군사력으로써 천하에 강함을 드러내지 않는다. 이렇게 해야 만이 보필을 잘하는 것이다. 군대가 주둔한 곳엔 가시덤불이 자라게 된다. 큰 전쟁을 치른 뒤에는 반드시 흉년이 든다. 용병을 잘하는 사람은 어려움을 해결할 따름이지, 감히 강한 힘으로 취하려 하지 않는다. 어려움을 해결하되 뽐내지 아니하며, 어려움을 해결하되 자랑하지 않으며, 어려움을 해결하되 교만하지 아니하며, 어려움을 해결하되 부득이할 때만 싸우며, 어려움을 해결하되 강함을 드러내지 않는다. 만물이란 강해지면 늙게 마련이니, 부도不道함이란 것에 이르는 것이다. 부도不道함이란 일찍 멸망하게 되는 것이다.[2]

나라가 '족식족병', '식량과 병력이 충분히 갖추는 것' 매우 중요하다. 그러나 나라의 근본이자 뿌리는 국민이다. 아무리 강한 군대를 갖춘다 한들 백성으로부터 신뢰를 얻을 수 없다면 나라가 존립할 수 없다. 민심을 따르면 정치가 흥하게 되고, 민심을 거스르면 정치가 피폐해진다. 『관자管子 · 목민牧民』이 한 말이다.

---

2 以道佐人主者, 不以兵强天下. 其事好還. 師之所處, 荊棘生焉. 大軍之後, 必有凶年. 善有果而已, 不敢以取强. 果而勿矜. 果而勿伐. 果而勿驕. 果而不得已. 果而勿强. 物壯則老, 是謂不道, 不道早已.(老子 30장)

정치가 흥하는 것은 민심을 따르는 데 있고, 정치가 피폐해지는 것은 민심을 거스르는 데 있다. 백성은 근심과 노고를 싫어하므로 군주는 그들을 편안하고 즐겁게 해줘야 한다. 백성은 가난하고 천한 것을 싫어하므로 군주는 그들을 부유하고 귀하게 해줘야 한다. 백성은 위험에 빠지는 것을 싫어하므로 군주는 그들을 보호하고 안전하게 해줘야 한다. 백성은 후사가 끊기는 것을 싫어하므로 군주는 그들을 잘 다스려야 한다.[3]

3 "政之所興, 在順民心. 政之所廢, 在逆民心. 民惡憂勞, 我佚樂之. 民惡貧賤, 我富貴之, 民惡危墜, 我存安之. 民惡滅絶, 我生育之."(管子 · 牧民)

32

無信不立 무신불립

신임이 없으면 서지 못한다

'무신불립無信不立'은 '백성이 나라를 믿지 않으면 설 수 없다'는 뜻이다. 앞 '족식족병足食足兵'과 관련된 내용으로, 한 나라의 존립은 '식량'이나 '군사력'보다 더 중요한 것은 백성의 '신뢰이다'라는 뜻이다.

자공이 정치에 관해서 묻자, 공자는 '충분한 식량' · '충분한 무기'와 '백성들의 신뢰'를 갖추면 정치를 할 수 있다 하였다. 그러나 이 세 가지 중에서 버려야 하는 것이 있다면, 먼저 '무기'를 버릴 수 있고 다음에 '식량'을 버릴 수 있지만, 절대 버려서는 안 되는 것은 '백성들의 신뢰'라 하였다.

曰: "去食. 自古皆有死, 民無信不立."(顔淵 12.07)

공자가 말하였다.

"식량을 버려라. 옛날부터 죽음이란 모든 사람에게 다 있어 왔다. 그런데 백성들이 위정자를 믿지 않으면 나라는 존립할 수 없는 것이다."

맹자는 한 나라의 존립은 '천시天時(하늘의 도움)'나 '지리(이로운 지리적 조건)'보다도 더 중요한 것은 '인화人和(서로의 화합)'라 하였다.

맹자가 말하였다.

천시天時는 지리地利만은 못하고, 지리地利는 인화人和만은 못하다. 3리 되는 성과 7리 되는 외곽外廓을 완전히 포위하고 공격하여도 이기지는 못한다. 완전히 포위하고 공격하게 되면 반드시 천시天時를 얻는 점이 있게 마련이다. 그리하고도 이기지 못하는 것은 천시天時가 지리地利만은 못해서이다. 성이 높지 않은 것도 아니고, 무기가 견고하고 날카롭지 않은 것도 아니고, 곡식이 많지 않은 것도 아닌데 내버리고 가는 것은 지리地利가 인화人和만은 못해서이다. 그래서 말하기를 백성들을 나라 안에 살게 하는 데는 영토의 경계를 가지고 하지는 않고, 나라의 방위를 견고하게 하는 데는 산이나 골짜기의 험준한 것을 가지고 하지는 않고, 천하에 위세를 떨치는 데는 무기의 예리한 것을 가지고 하지는 않는다고 하는 것이다. 정도正道를 얻은 자는 도와주는 자가 많고, 정도를 잃은 자는 도와주는 자가 적다. 도와주는 자가 가장 적은 경우에는 친척마저 배반하고, 도와주는 자가 가장 많은 경우에는 온 천하가 순종한다. 온 천하가 순종하는 힘을 가지고 친척에게까지 배반당하는 자를 공격하기 때문에 군자는 전쟁을 하지 않는 수는 있어도 전쟁을 하면 반드시 이기는 것이다.[1]

---

1 孟子曰: 天時不如地利, 地利不如人和. 三里之城, 七里之郭, 環而攻之而不勝; 夫環而攻之, 必有得天時者矣, 然而不勝者, 是天時不如地利也. 城非不高也, 池非不深也, 兵革非不堅利也, 米粟非不多也, 委而去之, 是地利不如人和也. 故曰: 域民不以封疆之界, 固國不以山溪之險, 威天下不以兵革之利. 得道者多助, 失道者寡助. 寡助之至, 親戚畔之; 多助之至, 天下順之. 以天下之所順, 攻親戚之所畔, 故君子有不戰, 戰必勝矣.(孟子・公孫丑下)

'정도正道를 얻은 자'는 즉 '백성의 신뢰를 받는 집정자'이다. 백성이 신뢰하지 않은데, 전쟁터로 나가라 하면 나가겠는가. 온 천하가 신뢰하는 힘을 가지고 있는 자는 친척에게까지 배반당하는 자를 공격하기 때문에 전쟁을 하지 않는데도 반드시 이기는 법이다.

사람이 사람일 수 있는 것은 말을 할 수 있기 때문이다. 말이 말인 것은 그 안에 믿음이 있기 때문이다. 만약에 말 속에 신뢰가 없다면 기계음 소리이고, 아무 쓸모없는 소음일 따름이다.[2] '믿음'은 인간이 공동생활을 할 수 있는 가장 기본적인 덕목이다.

---

2 "人之所以爲人者, 言也, 人而不能言, 何以爲人? 言之所以爲言者, 信也. 言而不信, 何以爲言?"(春秋穀梁傳 · 僖公二十二年)(사람이 이른바 사람인 까닭은 말을 할 수 있기 때문이다. 사람이 말을 할 수 없다면 어찌 사람이라 할 수 있겠는가? 말이 이른바 말이라고 할 수 있는 것은 말로써 신용을 표현하기 때문이다. 만약에 말을 신용할 수 없다면 어찌 말이라고 할 수 있겠는가?)

33

駟不及舌 사불급설

빠른 마차도 입은 따라 잡지 못한다

'사불급설駟不及舌' 중 '사駟'는 '네 마리가 끄는 마차'로 매우 빠름을 말하고, '불급不及'은 '미치지 못하다'·'따라잡지 못하다'·'못 미치다', '설舌'은 '혀'라는 의미로 '입말'을 대표한다. '한번 한 말은 빠른 마차도 따라잡을 수 없이 빠르게 퍼지다'라는 뜻이다.

중국 속담에 '일언기출一言旣出, 사마난추駟馬難追'라는 말이 있다. '한 번 내뱉은 말은 네 마리가 끄는 마차도 따라 잡기 힘들다'라는 뜻이다.

자공은 극자성棘子成의 실언을 지적하며 높은 지위에 있는 사람의 말은 그 영향력이 대단하다 하였다.

棘子成曰: "君子質而已矣, 何以文爲?" 子貢曰: "惜乎, 夫子之說君子也! 駟不及舌. 文猶質也, 質猶文也. 虎豹之鞟猶犬羊之鞟."(顔淵 12.08)

극자성이 말하였다.

"군자는 질質이면 되었지 문文은 해서 무엇하오?"

자공이 말하였다.

"안타깝구나. 그대의 군자에 대한 설명이여! 네 필 말의 수레로도 혀는 따라가 내지 못하다네. 문文도 질質같이 중요하고 질質도 문文같이 중요하다. 범이나 표범의 털 뽑힌 가죽은 개나 양의 털 뽑힌 가죽이나 마찬가지이네."

극자성棘子成은 위衛나라의 대부이다. 질이 타고난 바탕을 가리키는 것이라며, 문은 후천적인 교양에 의한 꾸밈이다.

'鞹(무두질한 가죽 곽, kuò)'은 '가죽'이라는 뜻이다.

'사불급설駟不及舌'은 춘추春秋시대의 자주 사용한 관용어 중의 하나였다.

인간의 타고난 바탕은 다 같으나 학문과 수양 등의 문식을 통하여 인간의 수준이 구별되어 진다. 예를 들어, 털 뽑은 가죽은 범이나 개가 다 같지만 구별이 되는 것은 그 털의 무늬에 따라 달라지는 것과 같은 경우이다. 문文과 질質은 상호 서로 조화를 이루어야 한다.

子曰: "質勝文則野, 文勝質則史. 文質彬彬, 然後君子."(雍也 06.18)

공자는 말하였다.

"실질實質이 문식文飾을 압도하면 투박해지고, 문식이 실질을 압도하면 호화스럽다. 문식과 실질이 섞여서 조화를 이룬 연후라야 군자가 되는 것이다."

'질質'은 마음속의 '본질'을 가리키고, '문文'은 인간의 후천적인 수양인 '예의범절'을 가리킨다. '야野'는 '꾸밈이 없는 야성적인 상태'를 가리키고, '사史'는 사관이 역사를 쓸 때 수식적인 요소를 가미한다는 뜻에서 '외관적인 꾸밈'을 가리킨다.

본 마음이 질이라면 구체적인 행동양식이 문이다. 그래서 혹은 '인仁'이라고 하는 것을 '질質'로 보고, '지智'라고 하는 것을 '문文'으로 이해할 수도 있다. 그래서 질과 문이 서로 조화를 이루지 못한다면 군자라 할 수 없는 것이다.

아무리 '인자仁者'라 할지라도 다른 사람에게 꾸며내지 않으면 안 된다.

子夏問曰: "巧笑倩兮, 美目盼兮, 素以爲絢兮. 何謂也?" 子曰: "繪事後素." 曰: "禮後乎?" 子曰: "起予者商也! 始可與言詩已矣."(八佾 03.08)

자하가 말하였다.

"'귀엽게 웃는 입술 붉기도 하며,

아름다운 눈들 까맣고 희기도 하네.

흰 바탕에 채색 베푼 것이로세.'

이것은 무엇을 말한 것입니까?"

공자는 말하였다.

"그림 그리는 일은 흰 바탕이 마련된 후에 온다는 말이다."

"예는 후에 온다는 말씀이십니까?"

공자는 말하였다.

"나를 일깨워주는 사람은 상商이로다. 이제야 함께 詩를 논할 수 있게 되었다."

그림을 그리려면 먼저 그릴 데다 흰 칠을 고루 잘 칠하고 나서 다른 채색을 칠해야 하는 것이다. 아름다운 그림을 이룩하려면 흰 바탕이 잘 되어 있어야 한다. 이는 바로 사람의 덕행德行은 인의仁義를 바탕으로 한 후에 예절로써 꾸미는 것과 같은 것이다.

‘회사후소繪事後素’ 중 ‘회사’는 ‘그림을 그리는 것’이고 ‘후소’는 ‘뒤의 흰 바탕’이란 뜻으로, ‘그림을 그리는 것은 흰 바탕이 있는 후에 그릴 수 있다’라는 뜻이다. ‘예후禮後’는 ‘예악禮樂’은 ‘인의’를 바탕으로 해야 한다는 뜻이다. 사회의 질서 혹은 인간이 살아가는 절도인 예의는 ‘인의’가 바탕이 되어야 한다는 뜻이다. 그렇다고 해서 ‘인의’와 ‘예의’는 본질의 문제이지 어느 것이 좋고 나쁘기 때문에 그 중 어느 하나를 선택하는 문제가 아닌 것이다.

‘사불급설駟不及舌’은 소문이 빨라 아무리 빠른 마차라도 따라잡을 수 없는 것이다. 특히 지위가 높은 사람이 하는 말은 더욱 더 파괴력이 크기 때문에 조심할 일이다. ‘군자의 일언一言은 중천금重千金’이어야 한다. 사마광司馬光 『자치통감資治通鑑 · 당기唐紀』는 ‘남자가 한번 허락을 했으면 천금을 주어도 바꾸지 말아야 한다’라 하였다.[1] 이와 유사한 사자성어는 ‘일언구정一言九鼎’과 ‘일락천금一諾千金’이 있다. ‘일언구정’은 한 마디의 말은 아홉 개의 정鼎(솥)과 같이 무거워야 하며, ‘일락천금’은 ‘한번 허락許諾한 말은 천금과 같이 값지게 생각하여야 한다’는 뜻이다.[2]

더불어민주당 문재인 전 대표가 2016년 4월 13일 제 20대 국회의원 총선을 치르기 위한 총선을 앞두고 두 차례 호남을 방문해 “호남이 지지를 얻지 못하면 정치에서 은퇴하고 대선에 불출마하겠다”라고 배수진을 친

---

1 “丈夫一言許人, 千金不易.”(司馬光, 資治通鑑 · 唐紀)

2 “得黃金百(斤), 不如得季布一諾.” 『사기(史記) · 계포란포열전(季布欒布列傳)』에서는 ‘황금 백근을 얻는 것보다 계포(季布)의 승낙 한 마디가 낫다’라는 이야기가 나온다. 이를 두고 ‘계포일락(季布一諾)’이라 한다. 계포는 초(楚)나라 사람으로, 항우(項羽) 밑에서 무장으로 있으면서 여러 싸움에서 한나라 유방을 괴롭혔다. 항우가 멸한 뒤 고조 항우가 천금으로써 그를 포섭하려 하였으나 한양(漢陽)의 주씨(周氏) 집에 은둔하였다. 후에 다시 낭중(郎中) 벼슬로 발탁되고 하동태수(河東太守)가 되었다.

바 있다. 그런데 투표 결과 호남에서 단 3석을 차지하는데 그치자, 총선 바로 다음날 14일에 "호남민심이 저를 버린 것인지는 더 겸허하게 노력하며 기다리겠다"라며 얼버무리는 식의 입장 발표를 한 바 있다. 호남 완패에도 불구하고 수도권과 영남을 기반으로 더불어민주당이 원내 제 1당으로 올라서자 슬그머니 대선주자에 자신감이 생겼기 때문이다. 며칠 지나지도 않아 말을 바꾸어야 하는 정치판이 되었다. 그래서 항상 말을 조심하여야 한다. 말은 한번 뱉으면 '사불급설駟不及舌', '빠른 마차도 입은 따라 잡지 못하는'것이다. 문 전 대표는 이 말 한마디는 그의 정치행보에 두고두고 걸림돌이 될 수도 있다.

34

片言折獄 편언절옥

간단명료한 판결을 내리다

'편언절옥片言折獄' 중 '편언片言'을 '한쪽 사람의 말' 혹은 '한마디의 말(간단한 말)'이라는 뜻으로 해석한다. '편片'은 '일편一片'으로 양사로 이해할 수 있고, 자로는 일찍이 공자로부터 '정확하게 살피고 결단력이 있다'라는 평가를 들었던 확고한 소신을 지닌 인물이기 때문에 '한 마디'로 명쾌하게 판결을 내리다로 이해할 수 있다.

'(片)'은 '나무를 절반으로 자른 모양'이다.

'절옥折獄'은 '판결을 내리다'는 뜻이다.

'折(꺾을 절, zhé, shé, zhē)'은 원래 '끊다'라는 의미에서 '단언하다'·'판결을 내리다'는 파행어로 쓰인다. '(折)'자를 혹은 '(斷)'로 쓴다. 갑골문은 ''·''로 쓰고, 금문은 ''·''로 쓴다. '도끼로 물건을 자르는 모양'이다.

'獄(옥 옥, yù)'은 두 마리의 개의 뜻인 '㹜'과 '言'으로 이루어진 자이다. '두 마리의 개가 서로 싸우듯 사람이 서로 언쟁을 벌이다'는 뜻이다. 후에 '송사'·'감옥' 등의 의미로 쓰인다. 금문은 '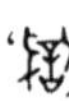'으로 쓴다.

子曰: "片言可以折獄者, 其由也與?" 子路無宿諾. (顏淵 12.12)

공자는 말하였다.

"한 마디로 송사에 판결을 내릴 수 있는 사람은 유(자로)일 게다."

자로는 약속을 묵혀두는 일이 없었다.

'숙락宿諾' 중 '숙'은 '잠자다'는 뜻으로 '하루 후로 미루는 것'을 말한다. 자로는 용맹하고 신용이 있으며 확고한 소신을 가지고 있었기 때문에 송사에서 명석한 판단력을 발휘할 수 능력을 갖추고 있었다. 자로가 '분명하고 자세히 살펴서 판결을 내렸기 때문으로 그 정치가 어지럽지 않게 되었다'는 이야기가 『공자가어』에 나온다.

자로가 포 지방을 다스린 지 삼 년이 되었다. 공자는 어느 지방을 가다가 그 고을을 지나게 되었다. 그 지방 경계에 들어서자 공자가 말하였다.

"훌륭하구나. 유(자로)여! 공경해서 미덥게 했구나."

그 읍에 들어서자 공자는 또 이렇게 찬사를 했다.

"훌륭하구나, 유여! 충성과 믿음으로 너그럽게 했구나!"

마침내 공자는 자로가 거처하는 곳에 이르렀다. 공자는 여기에서 다시 자로를 칭찬했다.

"훌륭하구나, 유여! 분명하게 살펴서 판단했구나."

자공이 말고삐를 잡을 때 물었다.

"스승님께서는 자로의 정치하는 것을 보지도 않으시고 세 번씩이나 훌륭하다고 칭찬하시니 무엇이 훌륭하다는 말씀입니까?"

공자가 말하였다.

"나는 그의 정치한 것을 보았다. 이 지방 경계에 들어서서 보니 전답이 묵은 것이 없으니 이것은 공경으로 미덥게 정치를 한 까닭에 백성들이 힘을 다하게 된 것이며, 읍에 들어서서 보니 주택들이 견고하고 숲에 나무가 무성하니 이것은 충성과 미더움으로써 너그럽게 다스린 때문에 백성들이 각박하지 않게 된 것이다. 여기에 이르러 보니 뜰 안이 밝고 한가하며 모든 하속들이 명령대로 움직이니 이것은 분명하고 자세히 살펴서 판결을 내렸기 때문으로 그 정치가 어지럽지 않게 된 것이다. 이로 미루어 본다면 비록 세 번이나 그 훌륭함을 칭찬했다 해도 오히려 그 아름다움을 다 말하지 못했다 하겠다.[1]

공자는 자로는 송사에 대하여 '분명하고 자세히 살펴서 판결을 내렸기' 때문에 나라가 혼란에 빠지지 않았다 하였다.[2]

---

1 子路治蒲三年, 孔子過之, 入其境曰: "善哉由也, 恭敬以信矣." 入其邑曰: "善哉由也, 忠信而寬矣." 至廷曰: "善哉由也, 明察以斷矣." 子貢執轡而問曰: "夫子未見由之政, 而三稱其善, 其善可得聞乎?" 孔子曰: "吾見其政矣, 入其境, 田疇盡易, 草萊甚辟, 溝洫深治, 此其恭敬以信, 故其民盡力也; 入其邑, 牆屋完固, 樹木甚茂, 此其忠信以寬, 故其民不偷也; 至其庭, 庭甚清閒, 諸下用命, 此其言明察以斷, 故其政不擾也, 以此觀之, 雖三稱其善, 庸盡其美乎!"(孔子家語 · 辯政)

2 중국 역사상 사심없이 공평하게 판결을 내린 인물로는 명판관 포증(包拯)(포청천(包青天))이 유명하다. 중국 송나라 때의 문신이자 유명한 정치가로 자(字)는 희인(希仁) 이름은 증(拯) 호는 청천(青天) 시호는 효숙(孝肅)이다. 혹은 포룡도(包龍圖) · 포흑자(包黑子)와 포흑탄(包黑炭)이라고 부르기도 한다. 사심 없이 판결을 내리고 당파에 구애됨이 없고, 고관대작에게 아부 타협하지 않아 청백리의 대명사가 되었다. 사후 100년이 지난 후 남송(南宋)과 금(金)나라 때부터 그를 주인공으로 한 희극과 시 등 문학 작품이 등장하였다. 명나라 때는 소설화본 『포공안(包公安)』 · 『포룡도판백가공안(包龍圖判百家公案)』 등, 청나라 때는 『용도공안(龍圖公案)』 · 『삼협오의(三俠五義)』 · 『칠협오의(七俠五義)』 등의 장편소설 등이 출현하였다. 이 중 1879년에 작가 석옥곤(石玉昆)이 『포공안(包公安)』 · 『용도공안(龍圖公案)』을 참고하여 120회본으로 축약한 『삼협오의(三俠五義)』가 혼탁한 청나라 말기의 정세에 유행하면서 대중화되었다.

법은 국민을 통제하고 제재制裁하기 위한 것이 아니라 정의를 실현하기 위한 보호막이어야 한다. 솔로몬의 지혜 중 아들을 두고 자신을 아들이라고 주장하는 두 어머니에게 내린 판결이 유명하다. '한마디의 말로 송사訟事의 시비를 가리'는 '편언절옥片言折獄'의 좋은 실례 중 하나다.

그 때에 창기 두 여자가 왕에게 와서 그 앞에 서며, 한 여자는 말하되 내 주여 나와 이 여자가 한집에서 사는데 내가 그와 함께 집에 있으며 해산 하였더니, 내가 해산한 지 사흘 만에 이 여자도 해산하고 우리가 함께 있었고 우리 둘 외에는 집에 다른 사람이 없었나이다.

그런데 밤에 저 여자가 그의 아들 위에 누우므로 그의 아들이 죽으니, 그가 밤중에 일어나서 이 여종 내가 잠든 사이에 내 아들을 내 곁에서 가져다가 자기의 품에 누이고 자기의 죽은 아들을 내 품에 뉘었나이다.

아침에 내가 내 아들을 젖 먹이려고 일어나 본즉 죽었기로 내가 아침에 자세히 보니 내가 낳은 아들이 아니더이다. 하매, 다른 여자는 이르되 아니라 산 것은 내 아들이요 죽은 것은 네 아들이라 하고, 이 여자는 이르되 아니라 죽은 것이 네 아들이요 산 것이 내 아들이라 하며 왕 앞에서 그와 같이 쟁론하는지라.

왕이 이르되 이 여자는 말하기를 산 것은 내 아들이요 죽은 것은 네 아들이라 하고 저 여자는 말하기를 아니라 죽은 것이 네 아들이요 산 것이 내 아들이라 하는도다 하고, 또 이르되 칼을 내게로 가져오라 하니 칼을 왕 앞으로 가져온지라.

왕이 이르되 산 아이를 둘로 나누어 반은 이 여자에게 주고 반은 저 여자에게 주라. 그 산 아들의 어머니 되는 여자가 그 아들을 위하여 마음이 불붙는 것 같아서 왕께 아뢰어 청하건대 내 주여 산 아이를 그에게 주시고 아무쪼록 죽이지 마옵소서 하되 다른 여자는 말하기를 내 것도 되게 말고 네 것도 되게 말고 나누게 하라 하는지라, 왕이 대답하여 이르되 산 아이를 저 여자에게 주고 결코 죽이지 말라 저가 그의 어머니이니라 하매, 온 이스라엘이 왕이 심리하여 판결함을 듣고 왕을 두려워하였으니 이는 하느님의 지혜가 그의 속에 있어 판결함을 봄이더라.(열왕기상 3장 15-28)

아들을 반으로 나누면 죽기 마련이다. 자신의 아들이 죽기를 바라는 부모님을 없을 것이다.

판결을 내릴 때 정의正義에 따라 그 죄과를 묻는 '의義'도 중요하지만, 무엇 때문에 죄를 짓게 되었는지 그 '정情'을 헤아리는 것 또한 중요하다.

孟氏使陽膚爲士師, 問於曾子. 曾子曰: "上失其道, 民散久矣. 如得其情, 則哀矜而勿喜!"(子張 19.19)

맹씨가 양부에게 죄인을 다스리는 재판관 사사士師를 시켰다. (양부가) 증자께 그 일을 여쭈어 보았다.

증자께서 말씀하셨다.

"윗자리에 있는 사람이 정도를 잃어 국민들의 흩어진 지가 오래 되었다. 그들이 죄를 범하게 된 실정을 알게 된다면 슬퍼하고 불쌍하게 여길 것이지 그것을 알아냈다고 기뻐하지는 말 것이다."

재판관은 죄인에게 판결을 내리는 관리이다. 재판관은 죄인을 잡아내고 정확하게 판결을 내리는 것이 중요하다. 그런데 나라에 정의가 없다면 범법자에게 판결을 내리기에 앞서 실정實情을 살펴야 할 것이다. 법의 최종 목적은 국가가 정도를 실현하여 송사를 벌이는 일이 없게 하는 것이다. '덕德'으로 이루어진 사회, 공자가 바라는 세상이기도 하다.

子曰: "聽訟, 吾猶人也. 必也使無訟乎!"(顔淵 12.13)

공자는 말하였다.

"송사를 처리하는 것은 나도 남과 마찬가지이다. 그러나 그 보다는 반드시 송사가 없게 만들어야 할 것이다."

35

成人之美 성인지미

남을 잘 되게 하라

'성인지미成人之美' 중 '성成'은 '이루다'의 뜻이고, 전체적으로 '다른 사람의 아름다움을 이루도록 하다'라는 뜻이다.

'(成)'자는 갑골문은 ''·''으로 쓰고, 금문은 ''으로 쓴다. '무기를 가지고 성곽을 지키다'는 뜻이다. 성곽을 지켜 내면 목적을 달성한 것이기 때문에 '이루다'는 뜻으로 쓰인다.

> 子曰: "君子成人之美, 不成人之惡. 小人反是."(顔淵 12.16)
>
> 공자는 말하였다.
>
> "군자는 남의 좋은 일을 이루어지게 하고, 남의 나쁜 일은 이루지 못하게 한다. 소인은 이와 반대다."

'성인지악成人之惡'은 '다른 사람의 나쁜 일을 이루어지도록 하다'라는 뜻으로 '성인지미成人之美'와는 반대적인 개념이다. 다른 사람이 가지고 있는 좋은 장점을 살리도록 도와주고 격려해주며, 좋지 않은 점 나쁜 점은 없애고 물리칠 수 있도록 도와준다는 것은 결코 쉽지 않은 일이다. 공자는 내가 성공하고 이루려고 한다면 먼저 다른 사람을 세우고 성공하도록 하라 하였고, 이게 곧 인仁이라 하였다.

"夫仁者, 己欲立而立人, 己欲達而達人. 能近取譬, 可謂仁之方也已."(雍也 06.30)

"인자한 사람은 자기가 나서고 싶으면 남을 내세워 주고 자기가 발전하고 싶으면 남을 발전시켜 준다. 가까운 자기를 가지고 남의 입장에 비겨 볼 수 있다면 그것이 인의 올바른 방향이라 하겠다."

사람에게 모두 장단점이 있다. 한 나라 혹은 한 회사에서 자신의 장점을 잘 살릴 수 있도록 하고 단점은 보완할 수 있도록 도와주는 것은 상관의 몫이다. 조조가 관도전투官渡戰鬪에서 원소를 물리칠 수 있었던 것은 그의 빼어난 용인술用人術 때문이다. 조조의 일생일대의 최대의 성공인 관도대전의 승리는 그가 뛰어난 지략에 정통하고 사람을 기용하는 데에 능숙했기 때문이다. 그의 인재 등용방침은 실사구시 정책으로 격식에 구애되지 않고, 온 사람을 거절하지 않는 것이었다. 통계에 의하면 조조가 세상을 떠날 때까지 중요 모사 및 각급의 관리가 총 102명이었다고 한다. 그중에서 가장 중요한 사람은 아마 초창기 멤버인 순욱荀彧 · 순유荀攸 · 가후賈詡 · 곽가郭嘉와 정욱程昱 일 것이다. 이들은 모두가 주동적으로 다른 사단에서 조조 집단으로 투항한 인물들이다. 가후는 투항하면서 장수까지 투항하도록 설득시켰고, 순욱과 곽가는 원소 측에서 투항해 온 인물이다. 순욱은 원소의 모사인 신평辛評과 곽도郭圖에게 상관

선택이 매우 중요함을 강조하고, 원소를 떠나 조조에게 왔다.

> 무릇 지혜로운 사람은 주군을 선택하는데 신중합니다. 그래서 모든 행동이 다 완벽하여 공명도 세울 수 있는 것이지요. 원공袁公(원소袁紹)은 한낱 주공周公이 사인들을 예우한 것만 본받으려 할 뿐, 사람을 응용하는 도리를 알지 못합니다. 생각은 복잡다단하지만 요령이 부족하고 계책을 세우기 좋아하지만 결단력이 없으니 함께 천하의 대란을 구제하고 패왕의 기업을 세우려고 해도 어려울 것입니다.[1]

원소는 사람을 쓸 줄 몰랐고 조조는 사람을 알아보고 적재적소에 잘 썼고, 정성껏 대하여 신뢰를 얻고 사람을 등용하면 의심하지 않았다. 용인술 중에 가장 뛰어난 점은 '남을 높이고 자기를 책하며 공은 남에게 돌리는 것'일 것이다.

조조가 관도에서 원소를 대패 시킨 후 원소의 대규모 군수 물자 · 보물 · 도서가 모두 조조의 손으로 들어왔는데, 그중에는 자기 측의 몇몇 사람들이 몰래 원소에게 보낸 서신들도 포함되어 있었다. 조조는 두 말도 하지 않고 명령을 내려 그 서신들을 깨끗이 불태우게 했다. 은밀히 원소에게 결탁한 사람들은 두려워 떨었지만 이로써 조조를 더욱 존경하고 신뢰하게 되었다. "원소가 강성할 때에는 나도 몸을 보중하기가 어려웠는데, 여러분들은 오죽했겠소?"[2] 이 말로 속으로 다른 생각을 품었던 사

---

1 "夫智者審于量主, 故百擧百全而功名可立也. 袁公徒欲效周公之下士. 而未知用人之機. 多端寡要, 好謀無決, 欲與共濟天下大難, 定霸王之業, 難矣!"(三國志 · 郭嘉傳)

2 "公云: 當紹之强, 孤猶不能自保, 而況衆人乎!"(裴松之 注, 魏氏春秋)

람들의 걱정이 풀린 것은 말할 것도 없고, 조조와 아무 상관도 없던 사람들까지도 조조의 관대한 도량과 역지사지의 마음에 감동하게 되었다.

> 한나라 말 천하가 크게 혼란해지자 영웅호걸들이 모두 일어났다. 그중에서도 원소는 네 개주를 호시탐탐 엿볼 정도로 강하여 당해낼 자가 없었다. 태조(조조)는 계획을 세워 작전을 짜고 무력으로 천하를 정복하였다. 그는 신불해申不害·상앙商鞅의 치국책을 운용했고, 한비자韓非子·백기白起의 기이한 전력을 겸비했으며, 상설기관을 설치하여 능력 있는 사람을 발탁하고 그들이 각자 자신의 능력을 발휘하도록 했다. 또 속마음을 숨기고 계획을 잘 진행했고, 과거의 잘못을 생각하지 않았다. 그가 결국 황제의 업무까지 독점하여 대업을 이룩할 수 있었던 것은 오직 그의 총명한 지략이 뛰어났기 때문이다. 그야말로 비범한 사람이자 불세출의 영웅이 아니겠는가?[3]

위의 내용은 진수陳壽가 조조를 평가한 내용이다. 『삼국연의』의 덕분에 '조조 같은 놈'이란 욕이 생겼으나, 조조는 그 사람의 '과거의 잘못을 생각하지 않고', '능력 있는 사람을 발탁하고 그들이 각자 자신의 능력을 발휘하도록'하였기 때문에 삼국 통일을 이룩할 수 있는 토대를 마련할 수 있었던 것이다.

---

3 "評曰: 漢末, 天下大亂, 雄豪并起, 而袁紹虎視四州, 强盛莫敵. 太祖運籌演謀, 鞭撻宇內, 攬申·商之法術, 該韓·白之奇策, 官方授材, 各因其器, 矯情任算, 不念舊惡, 終能總御皇機, 克成洪業者, 惟其明略最優也. 抑可謂非常之人, 超世之杰矣."(三國志·武帝紀)

36

風行草偃 풍행초언

바람에 풀잎 눕다

'풍행초언風行草偃'은 '바람이 불면 풀잎은 눕는다'라는 뜻이다. '풍'은 '군자의 덕풍(군자지덕풍君子之德風)'으로 '덕행으로 백성을 교화하다'는 뜻이다. '풀잎'은 바람에 따라 움직이는 법이다.

'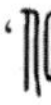(偃, 쓰러질 언, yǎn)'자는 '人'과 소리부 '匽(엎드릴 언, yǎn)'으로 이루어진 자이다. '(匽)'자는 또한 '匸'과 소리부 '妟(편안할 안, yàn)'으로 이루어진 자이다. '태양이 지고 나서 편안하게 물러나 쉬고 있는' 뜻이다. '匽'자는 금문은 ''·''으로 쓴다.

'偃'자는 원래 '나아가지 않고 물러나 쉬다'는 뜻에서 '멈추다'·'쓰러지다'라는 파생어로 쓰인다.

'풍행초언風行草偃'은 '초상지풍草上之風, 필언必偃'문장을 축약한 말로 '위에서 바람이 가해지다'라는 '상上'자를 '행行'자로 바꾼 것이다. '초상지풍草上之風' 중 '초草'자는 주제어이고, '상上'자는 '가해지다'는 동사, '지之'자는 풀(草)을 가리키는 대사代詞로 목적어의 용법으로 쓰이고, '풍風'자

역시 동사 '상上'의 목적어에 해당된다.

季康子問政於孔子曰: "如殺無道, 以就有道, 何如?" 孔子對曰: "子爲政, 焉用殺? 子欲善而民善矣. 君子之德風, 小人之德草. 草上之風, 必偃."(顔淵 12.19)

계강자가 공자에게 정치에 관해서 물었다.

"무도한 자들을 죽여서 올바른 길을 이룩하게 한다면 어떻겠습니까?"

공자께서 대답하였다.

"선생께서는 정치를 하실 것이지 죽이는 일은 해서 무엇하시렵니까? 선생께서 선善을 원하신다면 백성들은 선善해집니다. 군자의 덕德은 바람이라 하겠고 소인의 덕德은 풀이라 하겠습니다. 풀은 위로 바람이 지나가면 반드시 눕습니다."

박범신의 소설 중에 '풀잎처럼 눕다'가 있다. 1979년 3월부터 중앙일보에 연재되었던 작품이다. 도시화 과정에서 빚어지는 비인간화의 고통과 소외된 계층의 불화의 세계를 그려낸 작품이다. 시골 읍내에서 살던 두 젊은이가 도시로 올라와 야망과 꿈을 실현하려 하지만 결국은 허망한 실패로 끝나고 만다. 삶에 실패자는 아무데도 뿌리를 내리지 못하고 도시의 골목에 내팽개쳐진 '풀잎', 이들은 도시에서 살려고 발버둥 치지만 결국 도시의 힘에 눌려 꿈은 깨지고 희망은 꺾이는, 당시 도시화의 비극적 인물들이다.

'풀잎'은 거센 물결에 힘없이 눕지만 결코 쓰러지지는 않는다.

풀 김수영(1921－1968)

풀이 눕는다.
비를 몰아오는 동풍에 나부껴
풀은 눕고
드디어 울었다.
날이 흐려서 더 울다가
다시 누웠다.

풀이 눕는다.
바람보다도 더 빨리 눕는다.
바람보다도 더 빨리 울고,
바람보다 먼저 일어난다.

날이 흐리고 풀이 눕는다.
발목까지
발밑까지 눕는다.
바람보다 늦게 누워도
바람보다 먼저 일어나고
바람보다 늦게 울어도
바람보다 먼저 웃는다.
날이 흐리고 풀뿌리가 눕는다.

풀은 흔하디흔한 잡초이다. 그러나 이 풀은 누가 돌봐 주지 않아도 스스로 살고, 아무리 제초제를 뿌려도 다음 해는 어김없이 새싹이 돋는다. 풀은 우리처럼 세상에 무수히 흔하게 흩어진 존재들이다. 풀의 투쟁은 억누르고 괴롭히는 바람이다. 그러나 하잘 것 없는 생명의 끈질긴 힘은 바람의 어떤 억압에도 발밑까지 누웠다가도 먼저 일어나 웃는다. 그래서 민중은 민초民草이다. 민중은 오랜 역사를 통하여 억세고 질긴 삶을 지켜 왔고, 억압하는 사회 세력과 질기디 질긴 생명력으로 꺾이지 않았다. 들판의 수많은 민중들은 바람에 누워 있다가 그 시련으로 더욱 굳세게 삶을 지켜왔다.

정치란 벌을 어떻게 내릴까는 생각하는 것이 아니라, 어떻게 백성을 다스릴까를 먼저 생각하여야 한다. 위정자가 정치를 잘못하여 백성이 잘 살지 못하게 되어 빵을 훔치는 경우가 생겼는데도, 법을 내세워 모두 감옥에 가둔다면 살아남을 자 얼마나 있겠는가. 민초民草는 바람이 부는 데로 눕는다. 풀은 산들 산들 봄바람이면 무럭무럭 자라고, 겨울 추운 칼바람이면 시들기 마련인 것이다.

2016년 4월 13일, 국회의원을 뽑는 제 20 대 총선이 실시되었다. 결과는 여당 새누리당이 122석, 야당 더불어민주당이 123석, 국민의당이 38석, 무소속이 11석을 차지하여 여당의 참패로 끝났다. 16만에 '여소야대與小野大'의 정국이다. 김무성 새누리당 대표는 "국민 여러분께서 매서운 회초리로 심판을 해 주셨고, 저희는 참패했다"라 했다. 새누리당이 '공천 과장의 내분과 정부의 경제정책이 실패'하여, '경제 민주화를 말로만 떠들었지 가계형편은 나아지는 게 없게 되었다'는 국민의 볼멘소리이다. 국민들은 여당에 대해서는 오만과 독선에서 벗어나 변화한 모습을, 야당에 대해서는 경제를 회생시킬 수 있는 생산적인 자세를 보여 줄 것을 바라는 목소리을 낸 것이다. 투표는 현 집권당 새누리당과 정권에 대한 국민의 심판이다. 국민은 바람이 부는 대로 눕는 것이다.

2018년 6월 13일 치러진 지방선거로 교육감, 광역단체장, 기초단체장, 지역구 광역의원, 비례대표 광역의원, 지역구 기초의원, 비례대표 기초위원을 선출하는 7개의 선거가 동시에 실시됐다. 투표율 60.2%를 기록하며 지방선거 사상 두 번째로 높은 투표율을 기록했으며, 선거 결과 여당 더불어민주당이 전국 광역자치단체 17곳 중 14곳, 기초단체장 226곳 중 151곳, 국회의원 재보궐선거에서는 12석 중 11석을 얻어 압승을 거뒀다. 민심은 천심이다.

37

察言觀色 찰언관색

말을 살피고 남을 헤아리다

'찰언관색察言觀色'은 남의 말을 살피고 안색을 헤아리는 것으로 '남의 의중을 헤아리다'는 뜻이다. '찰언察言'은 '남의 언행을 살피다'는 뜻이고, '관색觀色'은 '남의 안색을 헤아리다'는 뜻이다.

'察(살필 찰, chá)'자는 '宀'과 '祭(제사 제, jì)'로 이루어진 자로 '집안에서 제사 지낼 때 갖추어야 할 물품이 제대로 갖추어져 있는지 헤아리다'는 뜻이다.

자장이 '유명하다'는 것과 '통달하다'는 것에 대하여 물었다.

> 子張問: "士何如斯可謂之達矣?" 子曰: "何哉, 爾所謂達者?" 子張對曰: "在邦必聞, 在家必聞." 子曰: "是聞也, 非達也. 夫達也者, 質直而好義, 察言而觀色, 慮以下人. 在邦必達, 在家必達. 夫聞也者, 色取仁而行違, 居之不疑. 在邦必聞, 在家必聞."(顏淵 12.20)
>
> 자장이 선비는 어떻게 되면 통달했다고 말할 수 있는가를 여쭈어 보았다.

공자가 말하였다.

"무엇을 의미하는 거냐? 네가 통달했다고 하는 것은?"

자장이 말하였다.

"나라 일을 하게 되어도 반드시 명성名聲이 나고, 대신大臣의 집일을 하게 되어도 반드시 명성이 나는 것입니다."

"그것은 명성이 나는 것이지 통달한 것은 아니다. 통달했다는 것은 정직正直을 본질로 하고, 정의正義를 좋아하며, 남의 말을 살피고 얼굴빛을 헤아리며, 남에게 겸허하기를 생각하는 것이다. 그러면 나라 일을 하게 되어도 반드시 통달하고 대신의 집일을 하게 되어도 반드시 통달하게 되는 것이다. 명성이 난다는 것은 얼굴빛은 인자하나 그 행동은 그것을 어기고 그렇게 살아가는 것에 의심을 품지 않는 것이어서, 나라 일을 하게 되어도 반드시 명성이 나고, 대신의 집일을 하게 되어도 반드시 이름이 나게 되는 것이다."

'달達'은 '통달'이고 '문聞'은 소문이 나서 '유명하다'는 뜻이다. 통달한 사람은 겸허하고 성실하며, 유명한 사람은 남의 앞에서는 부드럽게 행동하나 뒤돌아서서는 자기 멋대로 행동하고 또 그것을 반성하지도 않는 자이다. 공자는 자장에게 유명무실有名無實한 허명虛名보다 성실하고 겸허해야함을 강조하고 있다.

대화의 방식, 태도 매우 중요하다. 남의 말을 경청한다는 것, 매우 중요한 예절 중 하나이다. 대화 중에 상대방의 말은 들어보지도 않고 자신의 말만을 강조하거나, 혹은 상대방의 말을 끊고 자신의 화제만을 이어가는 경우가 있다. 이는 상대방을 배려하지 않는 무례한 언행임과 동시에 대화의 장 그 자체를 부정하는 행위이다.

'찰언察言'은 '남의 말을 살피는 것'이다. 남의 말을 잘 살펴야 상대방의 의도를 헤아릴 수 있는 것이다. 남의 말을 헤아리는 것은, 자신이 짊어지고 태어난 운명을 감지하는 것과 같은 사회에 설 수 있는 중요한 예도禮度이다.

孔子曰: "不知命, 無以爲君子也, 不知禮, 無以立也, 不知言, 無以知人也."(堯曰 20.03)

공자가 말하였다.

"하늘의 뜻을 모르면 군자 노릇을 할 수가 없다. 예절을 모르면 남 앞에 설 수가 없다. 말을 모르면 남을 알 길이 없다."

남의 말을 살피는 것도 중요하지만, 말을 하는 자신의 태도 또한 중요하다. 무슨 말을 할까 무슨 말로 상대방을 무색하게 만들까 하여 상대방의 말을 살피지도 않고, 상대방이 하고자 하는 진정한 내용도 모르고 자신의 말만 한다면 이는 설득이 아니라 일방적인 언어 폭행이다. 이런 사람하고는 말하고 싶지 않을 것이고, 말만 낭비하는 것이다. 그래서 공자는 지자知者는 말할 사람과 말을 하지 않을 사람을 가린다 하였다.

子曰: "可與言而不與言, 失人, 不可與言而與之言, 失言. 知者不失人, 亦不失言."(衛靈公 15.08)

공자는 말하였다.

"함께 말할 만한 사람인 데도 그와 함께 말하지 않는 것은 사람을 잃는 것이다. 함께 말할 수 없는 사람인데도 그와 함께 말하는 것은 말을 낭비하는 것이다. 지혜로운 사람은 사람을 잃지 않고 또 말도 낭비하지도 않는다."

자신이 말할 차례도 아닌데 나서서는 하는 것은 성질이 급한 사람이고 말하기 좋아하는 사람이다. 그렇다고 해서 말을 하지 말라는 것은 아니다. 말을 할 때는 자신의 의견을 충분히 어필하여야 한다. 그렇지 않으면 자신을 속이는 것이며 상대방을 은만隱瞞하는 행위이다. 하지만 상대방의 말을 경청하는 것도 중요하지만, 상대방의 의도를 잘 살피기 위해서는 안색을 잘 살펴야 하는 것이다. 눈치도 모르고 할 말 못할 말을 해대는 것은 눈먼 봉사와 같다.

孔子曰: "侍於君子有三愆, 言未及之而言謂之躁, 言及之而不言謂之隱, 未見顔色而言謂之瞽."(季氏 16.06)

공자가 말하였다.

"군자를 모시고 있을 때에 저지르는 세 가지 허물이 있다. 자기한테 말이 돌아오지 아니 하였는데 말하는 것은 조급해 하는 것이라고 한다. 자기한테 말이 돌아왔는데 말하지 않는 것은 숨기는 것이라고 한다. 얼굴빛을 알아보지 않고서 말하는 것은 눈치 없는 것이라고 한다."

'관색觀色'은 남의 안색을 헤아리는 예절을 가리키는 것이고, '색취인이행위色取仁而行違' 즉 '색인행위色仁行違'는 겉은 마치 인자인 듯 하면서 사실은 인仁을 어기면서도 스스로는 어질다고 꾸며 거짓 명성을 쌓는 것이다. '색'은 상대방의 안색을 살피는 것도 중요하지만 자신의 안색을 조심하여야 한다.[1]

---

1 子夏問孝. 子曰: "色難. 有事, 弟子服其勞, 有酒食, 先生饌, 曾是以爲孝乎?"(爲政 02.08)(자하가 효에 관해서 여쭈어 보자 공자는 말하였다. "부드러운 안색으로 부모

공자는 현자賢者가 좋아하지 않은 안색을 헤아려 멀리하는 것은 세상을 피하고 말을 피하는 것만큼 중요하다하였다. 그래서 현명한 사람은 정도正道가 행하여지지 않게 되면 세상을 피해서 은둔하여 자신의 의지를 기르고, 혼란한 나라를 피해서 잘 다스려진 나라로 가서 자신의 정치적 포부를 실현하며. 상관인 군주가 자기를 대하는 태도(안색)가 좋지 않으면 물러나고, 윗사람의 말이 자신의 이념과 어긋나면 물러난다 하였다.

子曰: "賢者辟世, 其次辟地, 其次辟色, 其次辟言."(憲問 14.37)

공자는 말하였다.

"현명한 사람은 세상을 피하고, 그 다음은 땅을 피하고, 그 다음은 안색을 피하고, 그 다음은 말을 피한다."

'辟'자는 '避(피할 피, bí)'자의 의미로 쓰인다.

를 섬기기가 어렵다. 일이 생기면 자제들이 그 수고를 맡아 보고, 술과 음식이 생기면 부형이 먹고 하는 것을 효라고 여기는가?")

38

色仁行違 색인행위

착한 척하나 속은 다르다

'색인행위色仁行違'는 얼굴빛은 인한 행위를 하는 것처럼 하나 실질적 행동은 인한 행위에 어긋남을 말한다. '색인행위色仁行違'는 '색취인이행위色取仁而行違'를 간략하게 쓴 형태이다. '아첨하는 교묘한 말과 좋게 꾸미는 얼굴색'이라는 '교언영색巧言令色' 중의 '색色'과 같은 뜻이다.

'(違, 어길 위, wéi)'자는 '辵'과 소리부 '韋'로 이루어진 자이다. '韋'는 '성곽을 지키다'는 뜻이다. '韋'자를 갑골문은 ''로 쓰고 금문은 ''·''로 쓴다. 자부 중 '口'는 '성곽'이나 '지역'을 나타내고 '止'는 돌아다니면서 성곽을 지킨다는 뜻이다.

'違'자는 '원래 성곽을 지키다가 이를 어기고 떠나다'는 뜻에서 확대되어 '벗어나다'·'위반하다'·'어기다'는 뜻으로 쓰인다. '違'자를 금문은 ''·''로 쓴다.

子曰: "夫聞也者, 色取仁而行違, 居之不疑. 在邦必聞, 在家必聞."(顔淵

12.20)

명성이 난다는 것은 얼굴빛은 인자하나 그 행동은 그것을 어기고 그렇게 살아가는 것에 의심을 품지 않는 것이어서, 나라 일을 하게 되어도 반드시 명성이 나고, 대신의 집일을 하게 되어도 반드시 이름이 나게 되는 것이다.

'색인행위色仁行違'은 '문聞'하기 위한 행위이고, '달達'자가 행하는 '질직호의質直好義(본질이 정직하고 의를 좋아하다)'하고 '찰언관색察言觀色(말과 안색을 헤아리다)'하고 '여이하인慮以下人(생각이 자신을 아랫사람에게 낮추다)'하는 마음과 다르다.

'(聞)'자는 '耳'와 소리부 '門'으로 이루어진 자로 '문틈에 귀를 대고 들려오는 소리는 듣는다'는 뜻이다. 갑골문은 ''으로 쓰고, 금문은 ''으로 쓴다. 귀를 쫑긋 세우고 소리를 듣는 모습이다.

본 구절에서 '문聞'은 실질적인 명성이 아닌 '소문'이라는 의미로 쓰인다. '교언영색'하여 자신도 속이고 남도 속여 마치 무언가 있는 것처럼 소문은 무성하지만 사실상 이는 헛소문이라는 의미이다.

조조는 원소와의 전쟁, 관도대전에서 승리할 수 있었던 원인 중의 하나가 '용인술'에 있다. 원소는 집안을 배경으로 허세를 부리고 가식적으로 현자를 예우하여 헛된 명성을 얻고자 하여, 능력도 없으면서도 허명虛名만을 좋아하는 사람들이 그에게 대부분 의탁했다.[1] 그래서 원소를 '꾸며대기 좋아하고 명예만을 추구하고 겉모습만 화려하고 뽐내기 좋아

1 "(荀彧曰)紹憑世資, 從容飾智, 以收名譽, 故士之寡能好問者多歸."(三國志 · 魏書 · 荀彧荀攸賈詡傳)

하는 사람'이라 평하기도 한다.[2] 반면에 조조는 명분과 실질을 중시하여 '실사구시하고, 인재를 등용하고, 격식에 구애받지 않고, 오는 사람은 거절하지 않았다'.[3] 조조는 또한 '명성만을 연연하다가 실질적으로 재앙을 입을 수 있다'[4]라 하며 재주와 학문을 두루 갖춘 진정한 사람을 등용하였고, 헛된 이름만 있는 사람을 중시하지 않았다. 사실상 이름난 사람(명인名人)과 능력 있는 사람(능인能人)과는 다른 개념이다. 이름난 사람이 반드시 능력이 있는 것은 아니다.

나라가 인재를 구할 때 표리부동表裏不同한 허울 좋은 '이름만 난 사람'을 조심하여야 한다. '표리부동'과 같은 말로 '입으로는 찬성하나 속으로는 반대한다'는 '구시심비口是心非'가 있다.

조조는 인재 등용을 최우선으로 하였다.

> 예부터 천명을 받들고 나라를 중흥시킨 군주는 일찍이 어찌 현명한 군자를 등용하여 이와 함께 천하를 다스리지 않았던가! 군주의 현명한 군자와의 만남은 일반 백성에서 구하는 것이 아니었다면 어찌 운 좋게 만날 수 있었겠는가! 인재가 등용되지 않는 것은 군주가 그를 구하려 하지 않기 때문이다. 지금 아직 세상이 혼란하여 평정되지 않은 이때, 바로 현명한 군주를 등용할 아주 다급한 때이다. 공자는 '맹공작孟公綽은 조씨나 위씨의 가로家老노릇을 하기엔 넉넉하지마는 등나라나 설나라의 대부노릇을 할 수는 없다.'라 하였듯이 인재를 등용하는 것이 매우 중요하다. 만약에 반드시 청렴한

---

2 易中天, 『品三國』(上), 104쪽. "做秀演戱, 沽名釣譽, 裝點門前, 自鳴得意."

3 易中天, 『品三國』(上), 104쪽. "實事求是, 唯才是擧, 不拘一格, 來者不拒."

4 "慕虛名而處實禍."(裴松之 注, 三國志 · 武帝紀)

선비만이 등용되어야 한다고 한다면, 제나라 환공이 관중을 등용하지 않았다면 어떻게 후에 패자가 되었겠는가. 지금 천하에 겉에는 거친 베옷을 입었으나 속에는 옥을 품고 있는 평민 중에 강가에서 낚싯대를 드리우고 있는 강태공은 없는가? 또는 형수를 겁탈하고 재물을 탐했던 진평陳平을 추천한 위무지魏無知는 없는가? 당신네들은 나를 위하여 누추한 환경에서 살고 있는 인재를 발굴하여 주시오. 재능만 있으면 무슨 결점이 있어도 나는 그를 등용하고자 하오.[5]

위의 『삼국지』 중에서는 『논어』의 맹공작孟公綽의 내용을 인용하였다.

子曰: "孟公綽爲趙魏老則優, 不可以爲滕薛大夫."(憲問 14.11)

공자는 말하였다. "맹공작孟公綽은 조씨나 위씨의 가로家老 노릇을 하기엔 넉넉하지마는 등나라나 설나라의 대부노릇을 할 수는 없다."

공손작은 노나라 대부로 청렴결백하였으나 국정을 맡아볼 만한 재능은 없었다. 조씨와 위씨는 진晉나라의 경卿 집안이었기 때문에 그런 집안의 가신노릇을 할 수 있지만, 나라 일은 처리할 수 있는 인물은 아니었다. 그래서 등나라나 설나라 같이 비록 작은 나라이지만, 한 나라의 대부노릇은 감당해내지 못한다는 것이다. 노나라가 재능을 헤아리지 않고

---

5 "自古受命及中興之君, 曷嘗不得賢人君子與之共治天下者乎! 及其得賢也, 曾不出閭巷, 豈幸相遇哉? 上之人不求之耳. 今天下尚未定, 此特求賢之急時也. '孟公綽爲趙·魏老則優, 不可以爲滕·薛大夫". 若必廉士而後可用, 則齊桓其何以霸世! 今天下得無有被褐懷玉而釣于渭濱者乎? 又得無盜嫂受金而未遇無知者乎? 二三子其佐我明揚仄陋, 唯才是舉, 吾得而用之.'"(三國志·武帝紀)

등용한다는 것을 말한 것이다.

조조의 인재관은 '유재시구惟才是擧'의 원칙이다. '덕이 있다고 해서 반드시 기용해야 하는 것도 아니고, 기용했다고 해서 꼭 덕이 있어야 할 필요없다'는 것이다. '재능'을 가장 중요한 항목으로 보았다.

위의 『삼국지』에 중에 '피갈회옥被褐悔玉'이라는 성어가 보인다. 즉 '겉에는 거친 베옷을 입었으나 속에는 옥을 품고 있다'는 뜻으로, 현인이 지혜와 덕을 갖추고 있으면서도 겉으로 드러내지 않음을 비유한 말이다.

39

一朝之忿 일조지분

한 때의 분노

'일조지분一朝之忿'은 '하루아침의 분노'이다. 『논어』에서는 '일시적인 분노를 참지 못하여 일생의 한을 남기지 말라'는 뜻에서 쓰인다.

'일조一朝'는 '일조일석一朝一夕'의 준말로 '하루 아침과 하루 저녁만큼의 짧은 시간'을 가리키고, '분忿'은 '분노忿怒하다'는 뜻이다. '忿怒'는 혹은 '憤怒'로 쓴다.

'忿'자는 '心'과 소리부 '分'으로 이루어진 자로 '마음이 나누어질 만큼 화남'의 뜻이다.

樊遲從遊於舞雩之下, 曰: "敢問崇德, 脩慝, 辨惑." 子曰: "善哉問! 先事後得, 非崇德與? 攻其惡, 無攻人之惡, 非脩慝與? 一朝之忿, 忘其身以及其親, 非惑與?"(顏淵 12.21)

번지가 무우 아래에서 노닐 때에 말하였다.

"덕을 숭상하는 것, 사악한 마음을 바로잡는 것, 미혹된 일을 가려내는 것을 감히 여쭈어 보려고 합니다."

공자는 말하였다.

"좋은 질문이다. 일은 먼저 하고 이득은 뒤로 미루는 것이 덕을 숭상하는 것이 아니겠느냐? 자기의 나쁜 점을 공격하고 남의 나쁜 점을 공격하지 않는 것이 사악한 마음을 다스리는 것이 아니겠느냐? 하루아침의 분함으로 자기 몸과 자기 어버이에게 미치는 것이 미혹된 짓이 아니겠느냐?"

무우舞雩는 기우제祈雨祭를 지내는 제단을 가리킨다.

'숭덕崇德'은 덕을 높이는 것이다. 공자는 덕을 높이기 위해서는 '선사후득先事後得'하라 하였다. '선사후득先事後得' 중 '선先'과 '후後'자는 동사의 용법으로 쓰이고, '사事'와 '득得'은 목적어이다. '일을 먼저 하는 것으로 여기고, 얻음을 뒤에 얻는 것으로 여기다'라는 뜻이다. 이러한 동목動目(동사+목적어)구조를 의동식意動式이라 한다. 일은 내가 먼저하고 그에 따른 소득이 있으면 남에게 양보하고 나중에 취하라는 뜻이다.

'수특修慝' 중 '慝(사특할 특, tè)'자는 '간사하다'·'사악하다'라는 뜻이다. '특慝'은 '자신의 사악한 마음'으로 이해하거나 혹은 '다른 사람이 나에게 갖는 나쁜 마음'으로 이해하기도 한다. '숭덕' 등이 자신의 덕을 높이는 것이기 때문에 '특慝'을 '자신이 가지는 사악한 나쁜 마음'으로 이해할 수 있다. '사악한 마음'을 없애기 위해서는 자신의 나쁜 점을 공격하고 다른 사람의 나쁜 점을 공격하지 않는 것이라 하였다. '공기악攻其惡' 중 '기其'자는 '자기 자신'을 가리키는 대사代詞의 용법으로 쓰인다.

'변혹辨惑' 중 '辨(분별할 변, biàn)'자는 '분별하다'·'변별하다'의 뜻이고, '惑(미혹할 혹, huò)'은 '미혹되다'·'어리석다'라는 뜻으로, 전체적으로 '어리석음을 변별해내다'·'어리석은 짓을 하지 않도록 하다'이다. 분노를 다스릴 줄 모르면 자신은 물론 온 집안이 쑥밭이 될 수 있다.

작은 일에도 참지 못하고 인내심이 없다면 어떻게 큰일을 해 낼 수 있겠는가? 그래서 '참을 수 있으면 참아야 되고, 경계할 수 있으면 경계하여야 하고, 참지 못하고 경계하지 않으면 작은 일이 크게 된다'하였다.[1]

子曰: "巧言亂德. 小不忍, 則亂大謀."(衛靈公 15.27)

공자는 말하였다.

"약삭빠른 말은 덕에 혼란을 가져오고, 작은 것을 참지 않으면 큰 계획에 혼란을 가져온다."

순간적인 분노를 참지 못하면 자기 자신은 물론 가족까지도 해치고 만다. 군주가 일시적인 화를 참지 못한다면 온 나라가 혼란에 빠지게 되며, 제후가 자신의 영토를 늘리려 전쟁을 일으키면 오히려 제 몸이 죽음에 이르게 될 것이고, 관리들이 일시적인 유혹에 빠져 탐을 하게 된다면 형장의 이슬로 사라질 수 있다.

자장이 물었다. "참지 못하면 어떻게 됩니까?"

공자가 말하였다.

"천자가 참지 못하면 나라가 텅 비게 되고, 제후가 참지 못하면 자신의 몸을 잃게 되고, 관리가 참지 못하면 법에 의해 죽음에 이르게 되고, 형제지간에 참지 못하면 헤어지게 되고, 부부가 참지 못하면 자식이 고아가 되고, 친구와 참지 못하면 우정이 소원해지고, 개인 자신이 참지 못하면 근심 걱정

1 "得忍且忍, 得戒且戒, 不忍不戒, 小事成大."(明心寶鑑 · 戒性篇)

이 떠날 날이 없게 된다."

자장이 말하였다. "좋구나 좋아. 참기가 어렵고도 또 어려움이여. 사람이 아니면 참을 수 없고, 참지 못하면 사람이 아니로다."[2]

'한 순간의 분노를 참으면 백일이 근심이 없다'하였다.[3]

2 子張曰: "不忍則何如." 夫子曰: "天子不忍, 國空虛. 諸侯不忍, 喪其軀. 官吏不忍, 刑法誅. 兄弟不忍, 各分居. 夫妻不忍, 令子孤. 朋友不忍, 情意疎. 自身不忍, 患不除." 子張曰: "善哉善哉, 難忍難忍, 非人不忍, 不忍非人."(明心寶鑑 · 戒性篇)

3 "忍一時之忿, 免百日之憂."(明心寶鑑 · 戒性篇)

40

以文會友 이문회문

글로 벗을 사귀다

'이문회우以文會友' 중 '以'자는 '……을 가지고서'라는 뜻이고, '會(모일 회, huì)'는 '모으다'는 뜻이다. '학문으로 벗을 모으다'는 뜻이다.

> 曾子曰: "君子以文會友, 以友輔仁."(顔淵 12.24)
>
> 증자가 말하였다.
>
> "군자는 글을 가지고 벗을 모으고, 벗을 통하여 인덕의 향상에 도움이 되도록 한다."

여기서 '글'이란 혹은 육경六經과 같은 유가경전儒家經典으로 볼 수 있다. 글로 벗을 모으는 것은 글을 연구하는 학문을 중심으로 모이는 것을 말한다. 이는 곧 벗들이 모여서 서로 절차탁마切磋琢磨하고, 학문을 중심으로 하여 벗들과 사귀는 동안에 자기의 인仁적 수양을 향상시킬 수 있다. 하지만 친구를 만나 학문을 논하는 것은 꼭 어떤 밥을 해결하기 위한 수단이 아니라, 자신의 가치 추구를 위해 친구를 통해 배우고자 하기 위한 것이다. 삶의 가치를 추구하고자 하는 것이다.

子曰: "君子謀道不謀食. 耕也, 餒在其中矣, 學也, 祿在其中矣. 君子憂道不憂貧."(衛靈公 15.32)

공자는 말하였다.

"군자는 도를 위해서 일을 계획하지 먹는 것을 위해서 일을 계획하지는 않는다. 농경農耕에도 굶주림이 있을 수 있으며, 학문에는 그 가운데 봉록이 있을 수도 있다. 하지만 군자는 도를 위해 근심하지 가난을 근심하지는 않는다."

위의 문장에 대해서는 해석이 분분하다. 하지만 군자는 도를 도모하는 것이고 먹는 것을 도모하지 않는다, 해서 '농사를 지어도 굶주릴 때가 있을 것이고, 학문을 하는 것은 봉록을 받기 위한 것일 수도 있으나, 이러한 것은 주목적이 아니고', 군자는 참다운 가치 즉 도道에 근본적 가치를 두는 것이다. 인자하고 용감하고 신용이 있다 하여도 배우지 않으면 그에 따른 폐단이 생기게 된다. 그래서 공자는 인자하고자 하면서 배우지 않으면 우둔해지고, 지혜롭기를 바라면서 배우지 않으면 무절제無節制해지고, 신뢰 받기를 바라면서도 배우지 않으면 도의道意가 없게 되고, 정직하기를 바라면서 배우지 않으면 가혹해지고, 용감하기를 바라면서 배우지 않으면 난폭해지고, 강해지기를 바라면서 배우지 않으면 무모無謀해지는 것이라고 하였다.[1]

---

1 子曰: "由也! 女聞六言六蔽矣乎?" 對曰: "未也." "居! 吾語女. 好仁不好學, 其蔽也愚, 好

친구가 많다는 것은 참 좋은 일이다. 하지만 친구를 만나는 것은 이해타산利害打算을 위한 목적이 아니다. 친구도 자신에게 도움이 되는 친구가 있고, 해가 되는 친구가 있다. 좋은 친구는 정직하고 겸손하면서 견문이 넓은 친구이다. 또는 즐기는데도 도움이 되는 즐거움이 있는데 그중에 하나가 현명한 벗과 함께 즐거운 시간을 가지는 것이다.

孔子曰: "益者三友, 損者三友. 友直, 友諒, 友多聞, 益矣. 友便辟, 友善柔, 友便佞, 損矣."(季氏 16.04)

공자께서 말하였다.

"유익한 벗이 세 가지 있고 해로운 벗이 셋이 있다. 곧은 사람을 벗으로 사귀고, 신용 있는 사람을 벗으로 사귀고, 견문見聞이 많은 사람을 벗으로 사귀면 유익하다. 아첨하는 사람을 벗으로 사귀고, 부드럽게 굴기를 잘 하는 사람을 벗으로 사귀고, 말 잘 둘러대는 사람을 벗으로 사귀면 해롭다."

孔子曰: "益者三樂, 損者三樂. 樂節禮樂, 樂道人之善, 樂多賢友, 益矣. 樂驕樂, 樂佚遊, 樂晏樂, 損矣."(季氏 16.05)

공자께서 말씀하시기를,

知不好學, 其蔽也蕩, 好信不好學, 其蔽也賊, 好直不好學, 其蔽也絞, 好勇不好學, 其蔽也亂, 好剛不好學, 其蔽也狂."(陽貨 17.08)(공자가 말하였다. "유(由)야, 너는 여섯 가지 말에 따르는 여섯 가지 폐단에 관해서 들은 일이 있느냐?" 자로가 말하였다. "아직 듣지 못하였습니다." 공자가 말하였다. "거기 앉거라. 내가 너에게 말하여 주마. 인자하게 굴기를 좋아하면서 배우기를 싫어하면 그 폐단은 어리석어지는 것이다. 지혜롭게 굴기를 좋아하면서 배우기를 싫어하면 그 폐단은 무절제(無節制)해지는 것이다. 신용 있게 굴기를 좋아하면서 배우기를 싫어하면 그 폐단은 도의(道意)를 해치게 되는 것이다. 곧게 굴기를 좋아하면서 배우기를 싫어하면 그 폐단은 가혹해지는 것이다. 용맹하게 굴기를 좋아하면서 배우기를 싫어하면 그 폐단은 난폭해지는 것이다. 굳세게 굴기를 좋아하면서 배우기를 싫어하면 그 폐단은 무모(無謀)해지는 것이다.")

"유익한 즐거움이 세 가지 있고 해로운 즐거움이 세 가지 있다. 예악의 절도를 맞추기를 즐거워하고, 남의 좋은 점 말하기를 즐거워하고, 좋은 벗 많이 갖기를 즐거워하면 유익하다. 교만의 즐거움을 즐거워하고, 절제 없이 쏘다니는 것을 즐거워하고, 편안하게 풍류를 즐기는 것을 즐거워하면 해롭다."

'우량友諒' 중 '諒(믿을 량, liàng, liáng)'은 '믿다' · '신뢰가 있다'라는 뜻이다. '편벽便辟'은 정직하지 않고 아첨만을 잘하는 사람이고, '선유善柔'는 진실하지 않고 면전에서만 부드러운 척하는 사람이고, '편녕便佞'은 말만 그럴싸하게 하는 사람을 가리킨다. 교만을 부리거나, 쓸데없이 놀거나, 연회를 벌여서 흥청망청 먹고 마시는 것은 자신에게 도움이 되지 않는 태만이다.

만나면 '손해가 되는 친구' 중의 하나가 '주육붕우酒肉朋友'이다. 어울려 다니며 정당한 일은 하지 않고 쾌락만을 추구하고, 어려울 때는 전혀 도움이 안 되는 술친구이다. 술친구라고 반드시 나쁜 것만은 아니다. 술잔을 기울이면서 인생을 논하고 가르침을 논한다면 술좌석이 많아도 괜찮을 것이다. 그러나 술은 적절하게 억제하기 힘들기 때문에 몸도 상하고 마음도 상하는 경우가 있어서 문제다. 공자는 자신이 자신 있게 말할 수 있는 것은 '술로 인해 난잡해지지 않았다'라는 것이다.

子曰, "則事公卿, 入則事父兄, 喪事不敢不勉, 不爲酒困, 何有於我哉?"(子罕 9.16)

공자는 말하였다.

"가면 공경을 섬기고, 들어오면 부형을 섬기고, 상사에는 감히 게을리 굴지 못하고, 술로 말미암아 난잡해지지 않는 데는 나는 자신이 있다."

공자는 자신이 술 마시는 것을 '유주무량唯酒無量, 불급란不及亂'[2]이라 하였다. '술을 마시는 양은 일정한 양이 없으나 난잡해지기까지는 마시지 않았다'라 하였다. 술은 좋은 친구가 될 수 있으나, 가장 나쁜 친구도 될 수 있다.

---

2 『論語 · 鄕黨』(10.06)

41

擧爾所知 거이소지

잘 아는 사람을 등용하다

'거이소지擧爾所知'는 '잘 아는 사람을 등용하라'는 뜻이다. '잘 아는 사람'이란 자신과 가까운 사람이 아니라, '됨됨을 잘 아는 사람'을 등용하는 뜻이다. 그 사람을 평상시에 대변하면서 이미 그 사람의 됨됨이를 잘 아는 사람이다.

'이爾'자는 '너'라는 대사의 용법으로 쓰인다.

'擧(들 거, jǔ)'는 '천거薦擧하다' · '등용하다'는 뜻이다.

仲弓爲季氏宰, 問政. 子曰: "先有司, 赦小過, 擧賢才." 曰: "焉知賢才而擧之?" 曰: "擧爾所知. 爾所不知, 人其舍諸?"(子路 13.02)

중궁이 계씨의 가재家宰가 되어서 정치에 관해 여쭈어 보았다.

공자가 말하였다.

"먼저 유사들에게 일을 시키고, 작은 잘못은 용서해주고, 좋은 인재를 등용하여라."

"어떻게 좋은 인재를 알아가지고 등용합니까?"

"네가 아는 사람을 등용하여라. 네가 모르는 사람이라고 남들이 버려두겠느냐?"

중궁仲弓은 염옹冉雍의 자이고, 공자보다 30세 연하였다. 당시 중궁은 노魯나라의 실권을 장악하고 있던 계씨季氏 가문의 일을 총관總管하는 일을 맡게 되었다.

'선유사先有司' 구절에 대한 해석이 분분하다. '유사에 앞서 먼저 솔선수범하도록 하다'라는 뜻으로 해석하거나, 혹은 '먼저 실무자인 유사에게 일을 맡겨 하도록 하다' 등으로 해석한다. 그 다음 '사소과赦小過, 거현재擧賢才' 구절은 유사를 주체자로 보고, '유사가 작은 과실을 저질러도 용서해주고 유사에게 좋은 인재를 뽑도록 하여야 한다'라는 의미로 해석하기도 한다. 그러나 공자가 중궁에게 가재家宰로 있으면서 정치를 하는 방식을 가르치는 것이기 때문에 행동의 주체자를 중궁으로 보기도 한다. 또한 '선유사先有司' 구절 역시 중궁을 주체자로 보고, '중궁 너 자신이 유사보다 먼저 나서 솔선수범 일을 하라'라는 뜻으로 이해하기로도 한다.

'유사有司'는 각종의 실무를 담당하는 관리자이다. 이들에게 덮어놓고 일을 잘 하기만을 책할 것이 아니라 먼저 솔선수범하여 열심히 하면 실무자인 유사는 자연히 믿고 따르며 더욱 열심히 일을 할 것이다. 정치는 큰 마음을 가지고 사소한 과오는 용서해주며, 똑똑한 사람 좋은 사람을 알아보고 적재적소에 써야 만이 인재들이 모여드는 것이다. 중궁은 자기가 모르는 사람들 가운데 똑똑한 인물이 있어 이를 누락할 까봐 걱정하자, 공자는 우선 자기가 아는 똑똑한 사람을 사심 없이 등용하면, 자기가 모르는 인재라 하더라도 주위에서 천거하거나 하여 자연히 알게 될 것이므로 인재를 놓치게 될 근심은 없다 한 것이다.

조조가 최후에 삼국의 승리자가 될 수 있었던 것은 인재 등용에 있었다. 조조의 구현求賢 정책은 큰 것을 잡고 작을 것을 버리며 사소한 것에 구애받지 않았다. 그래서 '청렴한 관리를 등용하되 사소한 욕심은 꺼리지 않는다'[1]나 '투항자나 배신자를 수용하면 이전의 나쁜 감정도 모두 풀어버리다'라는 큰 기개氣槪로 인재를 등용하였다. 이는 기술이 아니라 일종의 인재를 등용하는 도道이다. 장수張秀는 조조에게 깊은 원한을 품고 있었지만 일단 그가 귀순해오자 조조는 그와 화해하고 담소하며 관작을 봉하고 승진시켰으며, 허유許攸는 탐욕스럽고 오만방자했지만 그가 투항해오자 조조가 기쁨을 금치 못하고 맨발로 나가 그를 맞이하였고, 진림陳琳은 조조를 악독하게 공격하였지만 조조는 그의 재주를 아꼈기 때문에 어떠한 이해득실도 고려하지 않고 그를 석방시켰고, 필심畢諶은 신의를 배신했지만 조조는 그의 효성을 가상히 여겨 과거의 잘못을 추궁하지 않고 그를 전과 같이 신임하였다.

『세설신어』에 '거이소지擧爾所知'의 이야기가 나온다.

허윤이 이부랑이 되어 있을 때 고향 사람들을 많이 기용하였다. 위 명제(조예曹叡)가 호분(숙위宿衛, 관명)을 시켜 잡아들이게 하였다. 그러자 그의 부인은 허윤에게 말하였다.

"군주에게는 이치로 따질 것이지 정으로 구걸을 해서는 안 되오."

관부에 이르자 명제가 심문을 하였다. 허윤이 말하였다.

"'제가 잘 알고 있는 사람을 기용하였습니다.'저희 고향 사람들은 제가 훤히 알고 있는 인물들입니다. 폐하께서는 그들이 제 직분에 맞는지의 여부를

1 "重用淸官, 不避小貪." "招降納叛, 盡釋前嫌."(三國志)

조사해 주십시오. 만약 직책에 맞지 않는 자가 있다면 저는 어떤 죄라도 달게 받겠습니다."

명제가 조사를 해보니 모두가 알맞은 자리에 알맞는 인물들이었다. 그래서 그는 풀려나게 되었다. 명제가 허윤의 의복을 보니 모두 낡아 있어, 새 옷까지 하사하였다.

허윤이 잡혀올 때 집안사람들은 모두 울고불고 했으나 그의 부인만은 태연자약하게 말하였다.

"근심할 것 없다. 평상시처럼 돌아올 것이니."

부인이 음식을 만들어 기다리니 조금 후 과연 허윤이 돌아왔다.[2]

2 許允爲吏部郎, 多用其鄕里, 魏明帝遣虎賁收之, 其婦出誡允曰: "明主可以理奪, 難以情求." 既至, 帝覈問之, 允對曰: "'舉爾所知.' 臣之鄕人, 臣所知也, 陛下檢校爲稱職與不? 若不稱職, 臣受其罪." 既檢校, 皆官得其人, 於是乃釋, 允衣服敗壞, 詔賜新衣, 初, 允被收, 舉家號哭, 阮新婦自若云: "勿憂, 尋還." 作粟粥待, 頃之允至.(世說新語 · 賢媛)

42

必也正名 필야정명

명분을 바로 잡다

'필야정명必也正名'은 '반드시 이름을 바로 잡다'는 뜻으로, '명분을 분명히 하다'나 '명실상부하다'라는 뜻으로 쓰인다.

子路曰: "衛君待子而爲政, 子將奚先?" 子曰: "必也正名乎!" 子路曰: "有是哉, 子之迂也! 奚其正?" 子曰: "野哉, 由也! 君子於其所不知, 蓋闕如也. 名不正, 則言不順, 言不順, 則事不成, 事不成, 則禮樂不興, 禮樂不興, 則刑罰不中, 刑罰不中, 則民無所錯手足. 故君子名之必可言也, 言之必可行也. 君子於其言, 無所苟而已矣."(子路 13.03)

자로가 말하였다.

"위나라의 임금이 선생님께서 정치를 하여주시기를 기다리고 있다고 하면 선생님께서는 무슨 일부터 먼저 하시겠습니까?"

공자가 말하였다.

"반드시 이름을 바로잡을 게다."

자로가 말하였다.

"그러한 생각을 가지고 계십니까? 선생님께서는 일을 잘 모르시네요. 이름을 바로잡아서 무엇하시겠습니까?"

공자가 말하였다.

"야비하구나, 자로(유)는. 군자는 자기가 모르는 것에 관해서는 보류保留하는 법이다. 이름이 바르지 않으면 말이 맞지 않고, 말이 맞지 않으면 일이 제대로 되어지지 않는다. 일이 제대로 되어지지 않으면 예禮와 악樂이 성행하지 않는다. 예와 악이 성행하지 않으면 형벌이 바로 가해지지 않는다. 형벌이 바로 가해지지 않으면 백성들은 손발을 둘 데가 없어진다. 그러므로 군자는 이름을 붙이게 되면 반드시 그것에 관해서 말할 수 있게 되고, 말하면 반드시 그것을 실행할 수 있게 되는 것이다. 군자는 자기의 말에 구차한 점이 없을 따름이다."

'민무소조수족民無所錯手足'은 '백성은 손발을 둘 데가 없다'는 뜻으로 줄여서 '부지소조不知所錯'으로 쓰기도한다. '손 둘 바를 모르다'는 성어成語로 쓰인다.

이외에도 본 구절과 '예악이 무너지다'의 '예악불흥禮樂不興'과 '형벌이 제대로 실행되지 않다'의 '형벌부중刑罰不中'의 성어가 관련이 있다.

공자는 노魯 소공昭公 10년에 위衛나라에 있었다. 자로는 이때 위나라 대부 공리孔悝 밑에서 일하고 있었다. 이때의 위衛나라 군주 출공出公 첩輒은 당시 망명중이던 친부親父 괴외蒯聵의 귀국을 거부하는 등 대의명분大義名分이 어긋나는 일을 많이 하였다. 그래서 공자의 '이름을 바로잡겠다'는 말은 대의명분을 바로 세우겠다는 뜻이다. 군자는 자기가 모르는 것에 관해서는 보류하여 두는 법이다는 자로가 알지도 못하고 도리어 비난하는 말을 한 것을 책망하는 말이다.

'정명正名'을 전통적으로 '명분상의 부당한 용어를 바로잡다'로 이해하거나, '예악제도의 명분을 바로잡다'는 뜻으로 이해한다. '이름이 바르지 못하면 일이 순조롭지 못하다'하였고, '예악이 홍興하지 않으면 백성들은 어떻게 할지 모른다'하였기 때문에 이 둘을 모두 포함하는 것으로 이해할 수 있다.

子曰: "觚不觚, 觚哉! 觚哉!"(雍也 06.25)

공자는 말하였다.

"고觚가 능각稜角이 없는데, 고라고 하겠는가, 고라고 하겠는가?"

'觚(술잔 고, gū)'는 제례祭禮에 사용하는 모서리가 있는 용기이다. 만약에 고觚가 모서리가 없다면 고라는 그릇이 아니기 때문에 실물과 명칭이 부합하지 않는다. 이는 용기의 이름을 정확하게 사용하지 않는 것이다.

고대의 청동기 제기 술잔은 '고觚'이외에도 '가斝'·'준樽(尊, 墫, 罇)'·'작爵'·'유卣'·'화盉' 등이 있다. 이들은 모두 그 형태가 달라 각기 그 명칭도 다르다.

사회가 바로 서려면 명분이 바로 서야 한다.

齊景公問政於孔子. 孔子對曰: "君君, 臣臣, 父父, 子子." 公曰: "善哉! 信如君不君, 臣不臣, 父不父, 子不子, 雖有粟, 吾得而食諸?"(顏淵 12.11)

제나라 경공이 공자에게 정치에 관해서 물었다.

"임금은 임금 노릇을 하고, 신하는 신하 노릇을 하고, 아비는 아비 노릇을 하고, 자식은 자식 노릇을 하는 것입니다."

경공이 말하였다.

"좋은 말씀이오. 정말 군주가 군주 노릇을 하지 않고, 신하가 신하 노릇을 하지 않고, 아비가 아비 노릇을 하지 않고, 자식이 자식 노릇을 하지 않는다면, 곡식이 있다 한들 어찌 그것을 먹을 수 있겠소?"

'신여信如' 중 '여如'자는 '만일 ……한다면'의 뜻인 접속사 용법으로 쓰인다.

공자는 노魯 소공昭公 말년에 제나라에 갔었다. 제나라 경공은 실정을 거듭하여 후에 나라를 전화田和에게 나라를 빼앗겼다. 명분이 사라지면 곧 나라는 망하게 되고, 나라가 망하게 되면 나라의 곡식이 있다한들 먹지 못함은 당연한 일이다.

겉으로 효처럼 보이지만 실제로는 효가 아닌 행위가 있을 수 있다. 이로부터 '효'라는 이름 속에 다시 효라고 '이름'할 수 있는 수많은 '실제 행위'를 함축하게 된다. 이렇게 정명은 인간 관계의 대표적인 역할 네 가지, 곧 임금, 신하, 아버지, 아들로부터 시작하여, 인간 사회의 모든 행위를 그 이름에 적합하도록 할 것을 요구한다. 예컨대 '정의'의 경우 그 단어에 부합하는 사태에 대해서만 '정의'라는 이름을 붙일 수 있다. 그렇지 못한 사태에 대해서는 '정의'라는 이름을 붙일 수 없다. 그런 사태를 누가 '정의'라고 부른다면 그것은 바르지 못한 이름 '불정명不正名'이다.[1]

제齊나라 선공宣公에게 맹자가 임금은 '온 천하 입장에서 즐거워하고 온 천하의 입장에서 근심하여야', 백성이 자신의 일처럼 임금의 즐거움

1 네이버 지식백과, https://terms.naver.com/entry.nhn?docId=800956&cid=41978&categoryId=41982

을 즐거워하고 임금의 근심을 자신의 일처럼 근심한다하였다. 이러한 마음이 바로 '군군君君'과 '신신臣臣'의 정명이다.

제나라 선왕이 설궁에서 맹자를 뵙고서 말했다. '현자도 또한 즐거움이 있습니까?' 맹자가 말하였다. '있습니다. 이러한 즐거움을 얻지 못하면 그 윗사람을 비난합니다. 얻지 못하고서 그 윗사람을 비난하는 것도 잘못이고, 백성의 사람이 되어 백성과 더불어 즐거움을 함께 하지 아니하는 자도 잘못입니다. 백성의 즐거움을 즐거워하는 자는 백성들이 또한 그 임금의 즐거움을 즐거워하고, 백성들의 근심을 근심하는 자는 백성들 또한 그 임금의 근심을 근심합니다. 온 천하의 입장에서 즐거워하며 온 천하의 입장에서 근심하고서 왕도정치를 못하는 자는 아직 있지 아니합니다.[2]

『맹자』에서는 또한 안자晏子가 제나라 경공景公에게 임금이 백성을 순행巡幸하는 것은 백성에게 부족한 것을 보충하여 넉넉하게 해 주기 위한 것이라 하였다.

안자가 말하였다. "좋습니다. 질문이여! 천자가 제후에게 가는 것은 순수巡狩(순행巡幸)이라하고, 순행이란 지키고 있는 것을 돌아본다는 뜻이고, 제후가 천자에게 가서 조회하는 것은 술직述職이라 합니다. 술직은 담당하고 있는 것을 진술한다는 뜻입니다. 봄에는 밭가는 것을 살펴서 부족한 것을

2 "齊宣王見孟子於雪宮. 王曰: '賢者亦有此樂乎?' 孟子對曰: '有. 人不得則非其上矣. 不得而非其上者非也, 爲民上而不與民同樂者亦非也. 樂民之樂者, 民亦樂其樂; 憂民之憂者, 民亦憂其憂. 樂以天下, 憂以天下, 然而不王者, 未之有也.'"(孟子 · 梁惠王下)

보충해주고, 가을에는 수확하는 것을 살펴서 넉넉하지 못한 것을 도와줍니다. 하나라의 속담에 이르기를 '우리 임금이 유람하지 않으면 우리들이 어떻게 쉬며, 우리 임금이 즐기지 아니하면 우리들이 어떻게 도움을 받으리오.' 하니 한번 유람하고 한번 즐기는 것이 제후들의 본보기가 되는 것입니다."[3]

대통령이 지방은 순회하는 것은 바로 민심을 살피고 '백성에게 부족한 것을 보충하여 넉넉하게 해 주기 위한 것'이다.

조기고祖己觚

자위작子韋爵

3 晏子對曰: "善哉問也! 天子適諸侯曰巡狩, 巡狩者巡所守也. 諸侯朝於天子曰述職, 述職者述所職也. 無非事者. 春省耕而補不足; 秋省斂而助不給. 夏諺曰: '吾王不游, 吾何以休? 吾王不豫, 吾何以助?' 一游一豫, 爲諸侯度."(孟子 · 梁惠王下)

자어가子漁斝

향녕호鄕宁壺

수면문유獸面紋卣

마영화馬永盉

사모신굉司母辛觥

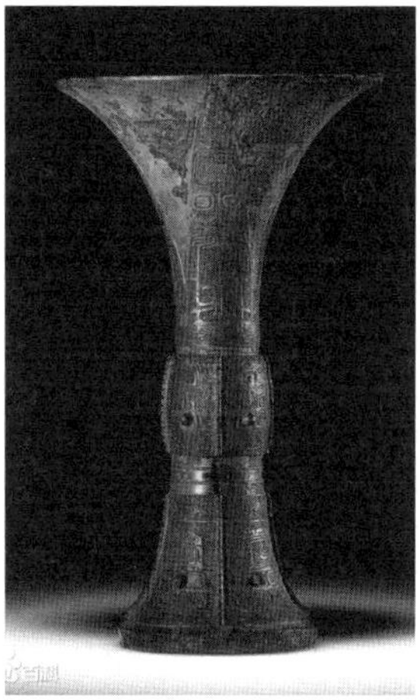

고觚

43

君子三變 군자삼변

군자는 세 가지가 변한다

'군자삼변君子三變'은 '군자는 세 가지 변하는 것이 있다'는 뜻이다. 외모는 근엄한 태도를, 마음은 따뜻하게, 말투는 엄정하게 하는 모습으로 바뀐다는 뜻이다.

> 子夏曰: "君子有三變, 望之儼然, 卽之也溫, 聽其言也厲."(子張 19.09)
>
> 자하가 말하였다.
>
> "군자에게는 세 가지 다른 면이 있다. 그를 멀리서 바라보면 의젓하고, 그에게 가까이 가면 부드럽고, 그 말소리를 들으면 엄정하다."

'망望'·'즉卽'·'청聽'은 사람과 대면하는 근접 거리인 원근遠近을 표시하는 것으로 볼 수 있다. '망'은 '멀리서 바라보는 것'이고, '즉'은 '좀 더 가까운 근접거리에서 대면하는 것'이고, '청'은 '옆에서 직접 목소리를 듣는 것'이다.

'엄연儼然' 중 '연然'은 형용사 접미어 용법으로 쓰이고, '엄숙하고 공손한 모양'의 뜻이다. '儼(의젓할 엄, yǎn)'자는 '人'과 소리부 '嚴(엄할 엄, yán)'으로 이루어진 자로 '의젓하고 공손하다'는 뜻이다.

'야也'는 음절을 조절하기 위한 조사의 용법으로 쓰인다.

'卽(곧 즉, jí)'자는 '가깝다'라는 뜻이다. '卽'자를 갑골문은 ''으로, 금문은 ''으로 쓴다. '음식물을 마주 대하여 바로 식사를 하려는 모습'이다. '바로'·'가깝다'·'나아가다'라는 의미로 쓰인다.

'厲(갈 려, lì)'자는 혹은 '礪(거친 숫돌 려, lì)'자로 쓴다. '숫돌'이나 '숫돌로 갈다' 혹은 '심하다'·'사납다'는 뜻으로 쓰인다. 본 구절에서는 '엄숙하고 위엄 있다'라는 뜻으로 쓰인다.

> 子溫而厲, 威而不猛, 恭而安.(述而 7.38)
>
> 공자는 온순하면서도 엄숙하시고, 위엄이 있으면서도 사납지는 않았고, 공손하시면서도 편안하셨다.
>
> 子曰: "色厲而內荏, 譬諸小人, 其猶穿窬之盜也與?"(陽貨 17.12)
>
> 공자는 말하였다.
>
> "얼굴빛은 위엄이 있으면서 속이 유약한 것은, 그것을 소인들과 비유한다면, 마치 벽을 뚫고 담을 넘는 도둑과 같은 것이다."

공자는 '온화하면서도 엄숙하고, 위엄이 있으면서도 사납지 않고, 공손하게 대하면서도 사람을 편안하게 대해 주셨다'했는데, 이는 곧 '군자삼변君子三變'과 같다.

공자가 자장子張에게 '종정從政'을 할 때, 다섯 가지 미덕을 존중하여야 한다(존오미尊五美)하였는데, 그 중에 하나가 '위이불맹威而不猛'이다. '망지엄연望之儼然'은 '위이불맹威而不猛'의 뜻과 비슷하다.

"君子正其衣冠, 尊其瞻視, 儼然人望而畏之, 斯不亦威而不猛乎?"(堯曰 20.02)

"군자가 자기의 의관을 바로 착용하고 사물을 바라보는 태도를 존엄하게 하면, 남이 바라보면 그를 두려워하게 되니 이 또한 위엄이 있으나 사납지는 않은 것이 아니겠는가?"

군자가 조심해야 할 것은 자만하고 고지식하고 이기적인 마음이다.

子絶四, 毋意, 毋必, 毋固, 毋我.(子罕 09.04)

공자가 절대 안 하시는 일이 네 가지이다. 억측臆測하는 일이 없었고, 장담하는 일이 없었고, 자기 의견만을 고집하는 일이 없었고, 이기적인 일을 하지 않았다.

확실치 않은 일을 지레짐작으로 단정을 내리는 것이 '자의恣意'적인 태도이고, 자신의 언행이 반드시 틀림없다고 스스로 주장하는 것이 '필必'이고, 자신의 의견만이 옳다고 고집固執하는 일이 '고固'이고, 매사에 자기의 편리만을 위해서 다투는 일이 이기적인 '아我'이다. 이는 군자가 반드시 버려야 할 태도이다.

44

三年有成 삼년유성

삼년 내에 성과를 거두다

'삼년유성三年有成'은 원래 '삼년이 되면 성과를 낼 수 있다'는 뜻이다. 후에는 '삼 년 동안 꾸준히 노력하면 성공을 거둘 수 있다'나 '노력하면 성공할 수 있다'는 뜻으로 쓰인다.

> 子曰: "苟有用我者, 朞月而已可也, 三年有成."(子路 13.10)
>
> 공자는 말하였다.
>
> "나를 등용하는 사람이 있다면 만 1년이 되면 벌써 괜찮아질 것이고 3년이 되면 치적이 오를 것이다."

'朞(돌 기, jī)'는 '만 1년'을 뜻한다.

공자는 당시 군주가 자신의 능력을 인정하여 국정을 맡긴다면 1년이 되면 정책이 잘 다스려져 효과가 나기 시작하고, 3년이 되면 나라를 잘 다스려 놓을 자신이 있다 한 것이다. 『사기史記』는 위衛나라 영공靈公이 공자를 등용하지 않았을 때 한 말이라 하였다.

위나라 영공靈公은 공자가 온다는 소식을 듣고 기뻐하며 교외까지 나가 영접하며 물었다. "포蒲를 공격할 수 있습니까?" 공자가 대답하여 말하였다. "있습니다." 영공이 말하였다. "우리 대부들은 불가능하다고 여깁니다. 오늘날 포는 위衛나라가 진晉과 초 나라를 방어하는 요지인데 위나라가 직접 그곳을 공격한다는 것은 무리가 있지 않겠습니까?" 공자가 말하였다. "그곳의 장정들은 모두 위나라를 위해서 목숨을 바칠 의지가 있으며, 부녀자들도 그들의 서하西河 땅을 지키려는 의지가 있습니다. 따라서 우리가 토벌하려는 사람은 반란을 일으킨 우두머리 4-5명에 불과합니다."[1] 영공이 말하였다. "좋습니다." 그러나 영공은 포를 공격하지 않았다.

영공은 늙어 정사에 태만하였고, 또한 공자를 등용하지도 않았다. 공자는 크게 탄식하며 말하였다. "나를 등용하는 사람이 있다면 만 1년이 되면 벌써 괜찮아질 것이고 3년이 되면 치적이 오를 것이다." 공자는 위나라를 떠났다.[2]

공자는 위나라 공자 형荊이 집정을 잘하여 집안에 살림을 모으는 단계를 그 정도에 따라 '합合'·'완完'과 '미美'의 셋으로 설명하였다. 즉 '모아지는 단계'에서 '충분한 단계'에 이르게 되었고, 나중에는 '완숙한 단계'인 '아름다운 단계'가 되었다. 이는 공자가 만약에 나라를 다스리게 된 다

---

1 이 구절은 공숙씨(公叔氏)는 포(蒲) 땅에서 반란을 일으켰다. 하지만 대부분 남자들은 차라리 죽을지언정 공숙씨를 따르지 않을 것임을 말한다. 서하(西河)는 위(衛)나라 땅으로 지금의 하남성(河南省) 준현(浚縣)과 활현(滑縣) 일대이다.

2 "衛靈公聞孔子來, 喜, 郊迎. 問曰: '蒲可伐乎?' 對曰: '可.' 靈公曰: '吾大夫以爲不可. 今蒲, 衛之所以待晉楚也, 以衛伐之, 無乃不可乎?' 孔子曰: '其男子有死之志, 婦人有保西河之志. 吾所伐者不過四五人.' 靈公曰: '善.' 然不伐蒲. 靈公老, 怠于政, 不用孔子. 孔子喟然嘆曰: '苟有用我者, 朞月而已, 三年有成.' 孔子行."(史記 · 孔子世家)

면, 일 년 만에 백성들이 배불리 먹을 수 있고 이에 남은 양식을 비축할 수 있게 되고, 이 년이 되면 완벽한 단계에 이르러 인의예지를 실현할 수 있는 수준이 되며, 삼년이 되면 아무것도 않음에도 물 흘러가듯이 자연스럽게 다스려지는 '무위無爲'의 최고의 '미美'의 세계를 만들 수 있다는 의미를 암시하고 있는 것이 아닌가 한다.

子謂衛公子荊, "善居室". 始有, 曰: "苟合矣." 少有, 曰: "苟完矣." 富有, 曰: "苟美矣."(子路 13.08)

공자께서 위나라의 공자 형이 집안을 "잘 다스린다."고 말하였다. 처음에 살림이 있게 되자 말하였다.

"그런대로 모였다."

살림이 좀 늘자 말하였다.

"그런대로 갖추어지게 되었다."

살림이 부유해지자 말하였다.

"그런대로 훌륭해졌다."

'선거실善居室'은 '집안에 재산을 모으며 생활을 잘 하는 것'으로 '사치를 부리지 않거나 낭비하지 않고 겸손하게 나라를 잘 다스리는 것'을 말한다. 계찰季札이 위나라에 가서 대부大夫 거원蘧瑗·사구史狗(문자文子), 사추史鰌, 공자 형荊(남초南楚), 공숙발公叔發(공숙公叔문자文子), 공자 조朝를 만나고는 크게 기뻐하면서 '위나라에는 군자가 많으니 걱정할 일이 없을 것이다'라 하였다.[3]

---

3 "適衛. 說蘧瑗·史狗·史(魚酋)·公子荊·公叔發·公子朝. 曰: '衛多君子, 未有患

子適衛, 冉有僕. 子曰: "庶矣哉!" 冉有曰: "旣庶矣, 又何加焉?" 曰: "富之." 曰: "旣富矣, 又何加焉?" 曰: "教之."(子路 13.09)

공자가 위衛나라에 갔을 때 염유가 수레를 몰았다.

공자가 말하였다.

"사람들이 많구나."

염유가 말하였다.

"사람들이 많으면 또 무엇을 보태야 합니까?"

"부유하게 만들어야 한다."

"부유하여지면 또 무엇을 보태야 합니까?"

"가르쳐야 한다."

위의 내용이 공자가 위나라에 갔을 때의 상황을 설명하는 것으로 공자가 만약에 위나라에서 '종정從政'을 하게 되었다면, 많은 사람이 오도록 하고(서庶), 다음에 이들에게 먹고 사는 문제를 해결하여 '부유'하게 만들며, 그 다음에는 서로 더불어 화목하게 살 수 있도록 교육을 실시하는 정책을 폈을 것이다.

본 구절과 관련이 있는 성어로 '기월유성朞月有成'이 있다. '만 일 년 만에 성과를 내다'라는 뜻으로 '단 시일 내에 빠른 성과를 거두다'라는 뜻이다.

也."(春秋左傳 · 襄公 29)

45

勝殘去殺 승잔거살

잔인과 살육을 제거하다

‘승잔거살勝殘去殺’은 원래 ‘잔인함을 극복하고 살육을 없애다’라는 뜻이다. 후에 ‘잔혹한 사람을 감화시켜 다시는 잔인한 행위를 하지 못하도록 하다’나 ‘덕치를 하여 백성들을 모두 덕화시켜 태평성세를 누리도록 하다’라는 뜻으로 쓰이기도 한다.

‘勝(勝, 이길 승, shèng, shēng)’자는 ‘力’과 소리부 ‘朕(나 짐, zhèn)’으로 이루어진 자로 ‘내가 스스로 일을 감당해 낼 수 있는 역량力量’이라는 뜻이다. 혹은 ‘𠢐’으로 쓰기도 한다. 본 구절에서는 ‘이겨내다’ · ‘극복해내다’라는 뜻으로 ‘shēng’으로 읽는다.

‘殘(殘, 해칠 잔, cán)’자는 ‘歺(부서진 뼈 알, 歹, è)’와 소리부 ‘戔(쌓일 전, 해칠 잔, jiān)’으로 이루어진 자로 ‘창에 상처를 입은 사람이나 잔해가 많이 쌓여 있음’의 뜻이다.

‘殺(殺, 죽일 살, shā)’자는 ‘殳’와 소리부 ‘杀(죽일 살, shā)’로 이루어진 자이다. 원래는 ‘杀’자로만 썼으나 후에 ‘손에 무기를 든 모양’인 ‘殳’를 추가하였다. ‘殺’자의 고문은 ‘杀(殺)’로 쓰는데, ‘죽임을 당한 짐승의 형체’이다.

子曰: "'善人爲邦百年, 亦可以勝殘去殺矣.' '誠哉是言也!'"(子路 13.11)

공자는 말하였다.

"'선한 사람이 백 년 동안 나라를 다스린다면 또한 잔인한 것을 극복하고 살육을 제거할 수 있게 된다.' '참 좋은 말이다.'"

'참 좋은 말이다'라고 한 것으로 보아 앞 구절은 다른 사람의 말을 인용한 내용으로 이해할 수 있다. 당시에 어진 정치를 하는 위정자가 없음을 한탄한 내용이다. '승잔거살勝殘去殺' 중 '살殺'자는 '사람을 죽이는 사형제도'로 해석하여 '잔인한 사람을 이겨내고 사형제도를 없애다'로 이해하기도 한다. 선한 군주가 덕으로 나라를 다스리고(이덕치국以德治國), 덕으로 백성을 교화한다면(이덕화민以德化民) 그 나라는 당연히 백 년이 아니라 몇 년 되지 않아 잔인하게 서로 상해를 입히거나 전쟁을 하여 서로 살육을 행하는 행위는 하지 않을 것이다.

맹자는 제齊나라 선왕宣王에게 만약에 어떤 사람을 사형시켜야 하는 경우가 있을 경우, 좌우의 신하들이 모두 죽여야 된다고 하더라도 듣지 말고, 대부가 말해도 듣지 말고, 백성이 모두 죽여야 한다고 하더라도 잘 살핀 후에 꼭 죽어야 한다면 죽여야 한다 하였다. 그만큼 사형을 시키는 제도는 신중에 신중을 기해야 하는 것이다.

맹자가 선왕을 만나서 말하였다.

"이른바 고국故國이란 높고 큰 나무가 있는 것을 두고서 하는 말은 아니고, 대대로 공훈을 세워 내려온 신하들이 있는 것을 두고 하는 말입니다. 왕께는 친히 신임을 하는 신하가 없습니다. 오래 전에 등용한 사람들도 지금은 없애야 할 사람들임을 모릅니다."

"내가 무엇을 가지고 그들이 인재가 아님을 가려내서 그만두게 합니까?"

"국군國君이 훌륭한 인물을 등용할 때, 부득이한 것처럼 해야 합니다. 장차 지위가 낮은 사람이 높은 사람을 넘어서게 하고, 생소한 사람이 가까운 사람을 넘어서게 하려면 신중을 기하지 않아서야 되겠습니까? 좌우에 있는 사람들이 모두 '훌륭합니다'하고 말해도 안 됩니다. 여러 대부들이 모두 '훌륭합니다'하고 말해도 안 됩니다. 백성들이 다 '훌륭합니다'하고 말한 후에 그 사람을 살펴보아서, 그가 훌륭함을 알게 된 후에 등용하십시오. 좌우의 사람들이 다 '안 됩니다'라고 말해도 그 말을 듣지 마십시오. 여러 大夫들이 다 '안 됩니다'하고 말해도 그 말을 듣지 마십시오. 백성들이 다 '안 된다'하고 말한 후에 그 사람을 살펴보아서, 그가 안 되겠음을 알게 된 후에 그를 제거하십시오. 좌우의 사람들이 다 '죽여야 합니다'하고 말해도 그 말을 듣지 마십시오. 여러 大夫들이 다 '죽여야 합니다'하고 말해도 듣지 마십시오. 백성들이 모두 '죽여야 한다'하고 말한 후에 그 사람을 살펴보아서, 죽여야 하겠음을 알게 된 후에 그를 죽이십시오. 그러면 백성들이 그 사람을 죽였다고 말하게 되는 것이니, 그렇게 한 후에야 백성들의 부모가 될 수 있는 것입니다."[1]

맹자는 죽어야 마땅한 사람은 전쟁을 일으키고 백성에게 가렴주구苛

1 孟子見齊宣王曰: "所謂故國者, 非謂有喬木之謂也, 有世臣之謂也. 王無親臣矣, 昔者所進, 今日不知其亡也." 王曰: "吾何以識其不才而舍之?" 曰: "國君進賢如不得已, 將使卑逾尊, 疏逾戚, 可不慎與? 左右皆曰賢, 未可也; 諸大夫皆曰賢, 未可也; 國人皆曰賢, 然後察之; 見賢焉, 然後用之. 左右皆曰不可, 勿聽; 諸大夫皆曰不可, 勿聽; 國人皆曰不可, 然後察之; 見不可焉, 然後去之. 左右皆曰可殺, 勿聽; 諸大夫皆曰可殺, 勿聽; 國人皆曰可殺, 然後察之; 見可殺焉, 然後殺之. 故曰國人殺之也. 如此, 然後可以爲民父母."(孟子 · 梁惠王下)

斂誅求하는 자들이라 하였다. 전쟁을 좋아하는 자는 땅을 넓혀 많은 사람을 죽게 하니 죽여 마땅하고, 제후들을 연합하여 전쟁을 유도하는 짓이니 이 또한 극형을 처해야 하고, 세금을 많이 받을 목적으로 땅을 넓히는 자들은 백성을 괴롭히는 자들이기 때문에 형벌을 받도록 하여야 한다 하였다.

맹자가 말하였다.

"염구는 계씨의 가재 노릇을 하면서 계씨의 부덕함을 고쳐 주지는 못하고 연공미年貢米의 분량을 그전보다 배로 늘렸다. 공자가 말하였다.

'염구는 내 제자가 아니다. 너희들은 북을 울려가며 그를 성토하여도 좋다.'

이것을 가지고 보자면, 국군이 인정을 실시하지 않는데 그를 부유하게 해주는 것은 다 공자에게 버림받게 되는 것이다. 하물며 그를 위해 무리하게 전쟁을 하여, 땅을 쟁탈하느라고 싸우면 사람을 죽여 들에 가득 차게 하고, 성을 쟁탈하느라고 싸우면 사람을 죽여서 성에 가득 차게 함에랴. 이것은 이른바 토지를 거느려 사람의 고기를 먹게 하는 것이니, 그 죄는 죽여도 모자란다. 그러므로 싸움을 잘하는 자는 극형을 받도록 할 것이고, 제후들을 연합시키는 자는 그 다음의 형을 받도록 할 것이고, 풀을 쳐서 땅을 개척하는 자는 또 그 다음의 형을 받도록 할 것이다."[2]

---

2 孟子曰: "求也爲季氏宰, 無能改於其德, 而賦粟倍他日. 孔子曰: '求非我徒也, 小子鳴鼓而攻之, 可也.' 由此觀之, 君不行仁政而富之, 皆棄於孔子者也, 況於爲之強戰? 爭地以戰, 殺人盈野; 爭城以戰, 殺人盈城, 此所謂率土地而食人肉, 罪不容於死. 故善戰者服上刑, 連諸侯者次之, 辟草萊 · 任土地者次之."(孟子 · 離婁上)

46

一言興邦 일언흥방

나라를 흥하게 하는 한마디

'일언흥방一言興邦'은 '나라를 흥하게 하는 한 마디'라는 뜻이다. 공자는 '나라를 흥하게 할 한 마디는 '임금 노릇 하기 힘들다'라는 것이라 하였다.

반대말은 '일언상방一言喪邦'이다. 공자는 '나라를 망하게 하는 한마디'는 '군림하고 백성이 말만 듣기를 바라는 것'이라 하였다.

'(興, 흥할 흥, xīng, xìng)'자는 '舁(마주 들 여, yú)'와 '同'으로 이루어진 자이다. '힘을 합하여 물건을 들다'라는 뜻이다. '흥하다'·'일으키다' 등의 뜻으로 쓰인다. 갑골문은 ''·'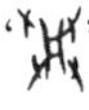'으로 쓰고, 금문은 ''·'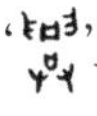'으로 쓴다.

'(邦)'자는 '⻏(邑)'과 소리부 '丰'으로 이루어진 자이다. 고문은 '㽬()'으로 쓰며 갑골문은 '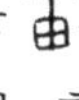'으로 쓰는데, '밭이 개간되지 않아 잡초가 무성히 자란 땅'을 의미한다. 후에 '밭(田)'의 형태가 '邑'으로 변하여 금문에서는 ''·'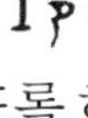'으로 쓴다. '제후들에게 봉지封地를 하여 새로이 개척하고 다스리도록 하는 땅'이라는 뜻으로 쓰인다.

定公問: “一言而可以興邦, 有諸?” 孔子對曰: “言不可以若是, 其幾也. 人之言曰, ‘爲君難, 爲臣不易.’如知爲君之難也, 不幾乎一言而興邦乎?” 曰: “一言而喪邦, 有諸?” 孔子對曰: “言不可以若是, 其幾也. 人之言曰, ‘予無樂乎爲君, 唯其言而莫予違也.’ 如其善而莫之違也, 不亦善乎? 如不善而莫之違也, 不幾乎一言而喪邦乎?”(子路 13.15)

정공께서 한 마디로 나라를 잘 되게 할 만한 것이 있는가를 물으셨다.

공자가 말하였다.

“말은 그와 같을 수는 없습니다. 그와 가까운 것으로는, 사람들의 말에 ‘임금 노릇하기는 어렵고 신하 노릇하기는 쉽지 않다’고 한 것이 있습니다. 임금 노릇하는 것의 어려움을 안다면 한 마디로 나라를 잘 되게 하는데 가깝지 않겠습니까.”

“한 마디로 나라를 망하게 할 만한 것이 있을까요?”

공자가 말하였다.

“말은 그와 같을 수는 없습니다. 그와 가까운 것으로는, 사람들의 말에 ‘나는 임금 노릇 하는 데에 다른 낙은 없고 다만 말을 하면 나를 어기지 못한다는 것이 낙이라’고 한 것이 있습니다. 만약에 좋은 말을 어기지 못한다면 좋지 않겠습니까마는, 좋지 않은 말을 어기지 못한다면 한 마디로 나라를 망치게 하는데 가깝지 않겠습니까.”

‘나라를 흥하게 할 수 있는 한 마디’는 ‘임금 노력하기 어렵다’는 말이다. ‘대통령 노릇하기 힘들다’는 말은 나라를 위해 그만큼 고민하고 노력해야 할 일이 많다는 뜻일 것이다. 이미 고인이 된 노무현 대통령의 말이 떠오른다.

조선 건국 이래로 600년 동안 우리는 권력에 맞서서 권력을 한 번도 바꿔 보지 못했다. 비록 그것이 정의라 할지라도, 비록 그것이 진리라 할지라도, 권력이 싫어하는 말을 했던 사람은, 또는 진리를 내세워서 권력에 저항했던 사람들은 전부 죽임을 당했고, 그 자손들까지 멸문지화를 당해 패가망신 했다. ……

600년 동안 한국에서 부귀영화를 누리고자 하는 사람은 모두 권력에 줄을 서서 손바닥을 비비고 머리를 조아려야 했다.

그저 밥이나 먹고 살고 싶으면, 세상에서 어떤 부정이 생겼어도, 어떤 불의가 눈앞에서 벌어지고 있어도 강자가 부당하게 약자를 짓밟고 있어도 모른척하고 고개 숙이고 외면했습니다. 눈감고 귀를 막고, 비굴한 삶을 사는 사람만이 목숨을 부지하면서 밥이나 먹고 살 수 있었던 우리 600년의 역사.

제 어머니가 제게 남겨줬던 저희 가훈은 "야 이놈아, 모난 돌이 정 맞는다. 계란으로 바위치기다. 바람 부는 대로 물결치는 대로 눈치 보며 살아라."

80년대 시위하다 감옥 간 우리의 정의롭고 혈기 넘치는 젊은 아이들에게 그 어머니들이 간곡히 간곡히 타일렀던 그들의 가훈 역시 "야 이놈아 계란으로 바위치기다, 그만둬라, 너는 뒤로 빠져라."

이 비겁한 교훈을 가르쳐야 했던 우리의 600년 역사, 이 역사를 청산해야 한다.

권력에 맞서 당당하게, 권력을 한번 쟁취하는 우리의 역사가 이뤄져야 만이 이제 비로소 우리 젊은이들이 떳떳하게 정의를 얘기할 수 있고, 떳떳하게 불의에 맞설 수 있는 새로운 역사를 만들어 낼 수 있다.(-故 노무현 대통령 대선출마 연설 中-)[1]

---

1 출처사이트: http://blog.daum.net/sohopenhauer/15661887

백성으로 하여금 '눈감고 귀 막고 너희 백성은 무조건 내 말을 들어라' 하는 것이 바로 나라를 망하게 하는 '일언상방一言喪邦'이다.

역사적으로 한 마디의 말이, 충고가, 책략이 한 나라를 홍하게도 하고 망하게도 한다.

삼국의 인물 중 조조曹操의 책사 가후賈詡(147-223)는 '그의 책략과 안목은 빗나간 일이 없다'라고 평가될 만큼 혜안을 가진 인물이었다. 순욱荀彧·순유荀攸·정욱程昱과 곽가郭嘉 등과 같은 인물로 평가되기도 한다. 혹자는 가후를 제갈량보다 훌륭한 책략가이며 처세술에 능해 난세에 살면서 천수를 누린 몇 안 되는 인물이라 평가하기도 한다. 가후는 관도대전 때, 조조가 원소에 의해 포위되고 군량이 다 떨어져 절대 위기에 처했을 때 가후의 천금 같은 말 한 마디로 원소군을 크게 궤멸하고 조조가 하북 지방을 평정하게 되었다. 아래는 삼국지에 나오는 이야기이다.

> 공께서는 명철함, 용맹함, 용인술, 결단력에서 원소를 이깁니다. 이 네 가지 승리 조건을 가지고 반년토록 평정하지 못한 것은 단지 너무 만전을 기하려 하였기 때문입니다. 기회를 결단하여 신속하게 결정을 내려야 할 것입니다.[2]

적벽대전은 위촉오魏蜀吳가 삼분지계三分之界하게 된 결정적인 전쟁이었다. 가후는 관도대전에서는 속전론을 주장하였으나, 적벽대전에서는 전쟁을 중지하고 백성을 편안하게 하는 신중론을 주장하였다.

---

2 "公明勝紹, 勇勝紹, 用人勝紹, 決機勝紹, 有此四勝而半年不定者, 但顧萬全故也. 必決其機, 須臾可定也."(三國志·賈詡傳)

> 공께서 예전에는 원씨를 격파하였고, 지금은 형주까지 거두어 명성이 멀리까지 드러냈고, 군세는 또한 매우 큽니다. 형주의 풍요로움을 이용해 관리와 군사들을 먹이고 백성들을 어루만져 편안케 하며, 제 땅에 편안히 정착케 하여 즐거이 생업을 누리게 하면 군대를 수고롭게 하지 않아도 강동은 머리를 조아리며 복종할 것입니다.[3]

조조는 가후의 말을 듣지 않고, 결국 적벽대전에서 대패하였다. 조조의 패인은 여러 가지 있었겠지만, 만약에 조조가 가후의 말을 들었다면 삼국의 형세는 매우 달려졌을 것이다. '일언一言'은 나라를 홍성케 할 수도 있고, 망하게 할 수도 있다.

---

3 "明公昔破袁氏, 今收漢南, 威名遠著, 軍勢既大; 若乘舊楚之饒, 以饗吏士, 撫抚安百姓, 使安土樂業, 則可不勞衆而江東稽服矣."(三國志 · 賈詡傳)

47

近悅遠來 근열원래

백성은 기뻐하고 이웃 나라는 부러워하다

'근열원래近悅遠來'는 '백성은 덕화를 입어 기뻐하고 먼 곳에 있는 이웃나라는 흠모하여 몰려온다'는 뜻이다.

> 葉公問政. 子曰: "近者說, 遠者來."(子路 13.16)
>
> 섭공이 정치에 관해서 물었다. 공자는 말하였다.
>
> "가까운 데서는 기뻐하고 먼 데서는 오는 것입니다."

'근자近者'는 나라 안에 있는 백성을 가리키고, '원자遠者'는 나라밖에 있는 다른 나라 사람이다. 백성은 덕화를 입어 기뻐하고 먼 곳에 있는 이웃나라를 흠모하여 몰려오게 하려면 '왕도정치王道政治(인덕을 근본으로 하여 다스리는 정치)'를 해야 한다. 맹자는 왕도정치를 '오십보백보五十步百步'라는 예를 들어 양혜왕에 설명하였다.

> 양혜왕이 말하였다.

"과인은 나라에 대해서는 거기에 마음을 다했을 따름입니다. 하내 지방에 흉년이 들면 그곳의 사람들을 하동 지방에다 옮기고, 하동 지방의 곡식을 하내 지방에다 옮깁니다. 하동 지방에 흉년이 들면 역시 그렇게 합니다. 이웃 나라의 정치를 살펴보면 과인이 마음을 쓰는 것 같이 하는 사람이 없는데, 이웃 나라의 백성은 더 줄지 않고, 과인의 백성은 더 늘지 않는 것은 무엇 때문입니까?"

맹자가 말하였다.

"왕께서는 전쟁을 좋아하시니 전쟁을 가지고 설명해 드리겠습니다. 둥둥하고 북을 울려 병기와 칼날이 맞부딪친 후에 갑옷을 내버리고 무기를 끌고 달아났는데, 어떤 사람은 백보를 달아나서 멎고, 어떤 사람은 50보를 달아나서 멎었습니다. 50보로 백보를 비웃는다면 어떠하겠습니까?"

"그럴 수야 없지요. 단지 백보가 아니란 것 뿐이지 그것도 달아난 것이지요."

"왕께서 그 점을 아신다면 백성이 이웃 나라보다 많기를 바라시지 마십시오. 농사철을 어기지 않으면 곡식을 이루 다 먹어낼 수 없게 될 것입니다. 촘촘한 그물을 웅덩이와 못에 넣지 않으면 물고기와 자라를 이루 다 먹어낼 수 없게 될 것입니다. 도끼를 제 때에 산림에 넣는다면 재목을 이루 다 써낼 수 없게 될 것입니다. 곡식과 물고기와 자라를 이루 다 먹어 낼 수 없고, 재목을 이루 다 써낼 수 없다는 것은 산 사람을 기르고 죽은 사람을 장사지내는 데 유감이 없는 것입니다. 산 사람을 기르고 죽은 사람을 장사지내는 데 유감이 없게 하는 것이 왕도王道의 시작입니다. 다섯 이랑의 택지에다가 뽕나무를 심으면 50대의 사람들이 명주옷을 입을 수 있습니다. 닭 · 돼지 · 개 따위의 가축을 번식시킬 시기를 놓치지 않는다면 70대의 사람들이 고기를 먹을 수 있습니다. 백 이랑의 밭을 농사지을 시기를 빼앗지 않는다면, 수십

명의 식구를 가진 가구가 굶주리는 일이 없게 할 수 있습니다. 학교의 교육을 신중하게 실시하여 효성과 우애의 뜻을 되풀이 가르친다면 흰 백발의 노인이 길에서 이고 지고 다니지 않게 될 것입니다. 70대의 사람들이 명주옷을 입고, 고기를 먹고, 국민들이 굶주리지 않고, 춥게 살지 않게 되고서도 왕노릇을 하지 못한 사람은 여지껏 있어 본 일이 없습니다. 개와 돼지가 사람 먹을 곡식을 먹게까지 되어도 곡식을 모아 둘 줄을 모르고, 길에 굶어죽은 송장이 생겨도 풀어 먹일 줄을 모르고, 사람이 죽으면 '내가 그렇게 할 것이 아니라, 흉년이 그렇게 한 것이다'라고 한다면, 그것이 어찌 사람을 찔러서 죽이고 '내가 그렇게 한 것이 아니라, 무기가 그렇게 한 것이다'라고 하는 것과 다르겠습니까? 왕께서 흉년을 허물하시는 일이 없다면 그때에는 온 천하의 사람들이 모여오게 될 것입니다."[1]

맹자는 학생에게 효성과 우애를 교육한다면, 어른을 공경할 줄 알아 젊은이가 노인의 물건을 대신 지고 간다하였다. 70-80년, 공공 교통을 이용할 때 좌석에 앉아 있는 사람이 서 있는 사람의 물건을 대신 받아 주었던 모습이 연상되는 내용이다.

---

1 梁惠王曰: "寡人之於國也, 盡心焉耳矣. 河內兇, 則移其民於河東, 移其粟於河內; 河東兇, 亦然. 察鄰國之政, 無如寡人之用心者. 鄰國之民不加少, 寡人之民不加多, 何也?" 孟子對曰: "王好戰, 請以戰喻: 塡然鼓之, 兵刃既接, 棄甲曳兵而走, 或百步而後止, 或五十步而後止. 以五十步笑百步, 則何如?" 曰: "不可, 直不百步耳, 是亦走也." 曰: "王如知此, 則無望民之多於鄰國也. 不違農時, 穀不可勝食也; 數罟不入洿池, 魚鱉不可勝食也. 斧斤以時入山林, 材木不可勝用也. 穀與魚鱉不可勝食, 材木不可勝用, 是使民養生喪死無憾也. 養生喪死無憾, 王道之始也. 五畝之宅, 樹之以桑, 五十者可以衣帛矣! 雞豚狗彘之畜, 無失其時, 七十者可以食肉矣! 百畝之田, 勿奪其時, 數口之家可以無饑矣! 謹庠序之教, 申之以孝悌之義, 頒白者不負戴於道路矣. 七十者衣帛食肉, 黎民不饑不寒, 然而不王者, 未之有也. 狗彘食人食而不知檢; 涂有餓莩而不知發. 人死, 則曰: '非我也, 歲也.' 是何異於刺人而殺之, 曰'非我也, 兵也.' 王無罪歲, 斯天下之民至焉."(孟子 · 梁惠王上)

48

父爲子隱 부위자은

부모는 자식의 잘못을 감싼다

'부위자은父爲子隱'은 '부모는 자식이 잘못하여도 자식을 보호하려 드는 것'이고, '자위부은子爲父隱'은 '부모의 잘못을 보고도 자식은 이를 감싸는 것'이다. 부모의 잘못을 정부에 고발하고 자아비판케 하는 공산주의 사상이 있었다. 이는 사람의 마음이 아니다.

葉公語孔子曰: "吾黨有直躬者, 其父攘羊, 而子證之." 孔子曰: "吾黨之直者異於是, 父爲子隱, 子爲父隱. 直在其中矣."(子路 13.18)

섭공이 공자에게 말하였다.

"우리 사람들 가운데 마음을 곧게 갖는 사람이 있습니다. 제 아비가 양을 훔쳤는데 자식이 그것을 증언했습니다."

공자가 말하였다.

"우리들의 곧은 사람은 그와는 다릅니다. 아비는 자식을 위해서 숨기고, 자식은 아비를 위해서 숨기면 곧은 것이 그 가운데 있는 것입니다."

'직궁자直躬者'는 '몸을 곧게 갖는 사람'이란 뜻이다. 혹은 '直'이라는 고장의 '躬'이라는 이름을 가진 사람으로 해석하기도 한다. 이 이야기는 『여씨춘추呂氏春秋』와 『한비자韓非子』에도 나온다.

> 초나라에 마음이 곧은 사람(직궁자直躬者)가 있었다. 자기 아비가 양을 훔쳤는데 그것을 상부上府에 고발했다. 상부는 아비를 잡아다 사형에 처하려고 하였는데 마음이 곧은 자가 대신 죽기를 청원했다. 그래서 그를 처형하려고 하였다. 그가 형리刑吏에게 "아비가 양을 훔쳤는데 그것을 고발한 것은 미쁘지 아니하오? 아비의 사형을 대신하는 것은 또한 효성스럽지 않소? 미쁘고 효성스러운데 처형한다면 나라에 장차 죽이지 않을 사람이 있겠나요?" 라고 말했다. 초왕이 그 말을 듣고서 그를 죽이지 않았다. 공자가 이 말을 듣고 말하였다. "괴이하구나. 마음이 곧은 자가 신의를 실천하는 태도여. 아버지 하나를 이용해 두 번이나 명성을 얻었구나." 그러므로 마음이 곧은 자의 신의는 신의가 없는 것만 못하다.[1]

『한비자』는 임금에게는 곧았으나 아비에게는 잘못했다고 마음이 곧은 자를 잡아다 처벌했다 하였다.

> 초나라에 마음이 곧은 자가 있었다. 그 아버지가 양을 훔치자 관리에게 그것을 알렸다. 재상이 말하기를 '죽이라.'하였다. 군주에 대해서는 정직하

---

1 楚有直躬者, 其父竊羊而謁之上, 上執而將誅之. 直躬者請代之. 將誅矣, 告吏曰: '父竊羊而謁之, 不亦信乎? 父誅而代之, 不亦孝乎? 信且孝而誅之, 國將有不誅者乎?' 荊王聞之, 乃不誅也. 孔子聞之曰: '異哉. 直躬之爲信也, 一父而載取名焉.' 故直躬之信, 不若無信. (呂氏春秋 · 仲冬紀 · 當務)

지만 부친에 대해서는 옳지 않은 것이라고 판단하여 죄를 주었다. 이로 미루어 보면 대저 군주의 정직한 신하는 부친의 포악한 자식이다. 노魯나라 사람이 군주를 따라 싸움터에 나가 세 번 싸워 세 번 도망쳤다. 공자가 그 까닭을 물었다. 대답하기를 '나에게 늙은 부친이 있어 내가 죽으면 봉양하지 못한다'고 하였다. 공자가 효라고 여겨 천거하여 위로 올렸다. 이로 미루어 보면 대저 아비의 효자는 군주의 배신자이다. 이처럼 재상이 처벌하여 초에서는 간악奸惡을 알리지 않게 되었고, 공자가 상을 주어 노의 백성은 쉽게 항복하고 달아나게 되었다. 아래위의 이해가 이와 같이 다르다. 그런데도 군주가 하찮은 사람들의 행동까지 함께 들어서 사직의 복을 이루려 한다면 결코 기대하지 못할 것이다.[2]

'법法'은 '형벌부중刑罰不中'하여 가진 자는 법망을 빠져나가고 없는 자만이 억울하게 감옥살이를 해서는 절대 안 된다. 법도 덕으로 다스려야 한다. 정情은 덕이다. 민간에 세 가지 숨겨도 되는 '삼은三隱'이라는 것이 있다. 그 중 '용은容隱'은 '부모와 스승, 군왕의 죄를 덮어주고', '환은患隱'은 '환자에게 병을 숨기는 것'이고, '규은閨隱'은 '여자에게 기분 좋게 하는 말'이다.[3]

---

2 楚之有直躬, 其父竊羊, 而謁之吏. 令君曰: '殺之!' 以爲直於君而曲於父, 報而罪之. 以是觀之, 夫君之直臣, 父子暴子也. 魯人從君戰, 三戰三北. 仲尼問其故, 對曰: "吾有老父, 身死莫之養也." 仲尼以爲孝, 擧而上之. 以是觀之, 夫父之孝子, 君之背臣也. 故令尹誅而楚奸不上聞, 仲尼賞而魯民易降北. 上下之利, 若是其異也, 而人主兼擧匹夫之行, 而求致社稷之福, 必不幾矣.(韓非子 · 五蠹)

3 '容'은 '허락하다' '용납하다'라는 뜻이고, '隱'은 '숨기다'라는 뜻이다. '患'은 환자를 가리키고, '閨'는 부녀자를 가리킨다. '규은'은 '부녀자의 용모를 함부로 말하지 않고 거짓으로 좋은 말을 해주는 것'을 말한다. '용은(容隱)'은 혹은 '친친상은(親親相隱)'이라고도 한다.

『상서尙書』는 실수로 저지르는 죄는 용서하되, 계획적이고 상습적인 범죄는 중죄로 다스리라 하였다.

고요皐陶가 우왕禹王에게 대답하였다.

"제왕帝王의 덕은 완전무결합니다. 아래 백성들에게 임하실 때는 번거로운 일이 없도록 힘을 쓰고, 사람들을 부리실 때는 관대하도록 힘을 씁니다. 벌은 자손에게까지 미치는 일이 없도록 하고, 은상恩賞은 반드시 후대에까지 미치도록 합니다. 과실에 의한 죄는 어떠한 중죄重罪라도 용서하시고, 고의故意에 의한 죄는 자그만 것이라도 내버려 두지 않았습니다. 벌의 경중輕重을 정하기 어려울 때는 가벼운 쪽을 취하시고, 상賞의 경중을 정하기 어려울 때는 무거운 쪽을 취하십니다.

사죄死罪에 처할 적부適否를 판단하기 어려울 때에는 죄 없는 사람을 잘못 죽이느니 보다는 차라리 형刑의 정한 바를 파기하는 쪽이 옳다 하여 파기하는 쪽을 택하십니다. 이와 같이 백성의 생명을 존중하시는 제왕의 덕은 백성들의 마음에 널리 깊이 번져서 그 때문에 백성들은 관리의 명을 반대하지 않는 것입니다."[4]

'사죄에 처할 적부를 판단하기 어려울 때에는 죄 없는 사람을 잘못 죽이느니 보다는 차라리 형법이 정한 바를 파기하는 쪽이 옳다'라 하였다. 이 얼마나 훌륭하고 통쾌한 법률적 해석인가. 백성의 생명을 존중하는

---

4 皐陶曰: "帝德罔愆, 臨下以簡, 御衆以寬, 罰弗及嗣, 賞延于世, 宥過無大, 刑故無小, 罪疑惟輕, 功疑惟重. 與其殺不辜, 寧失不經. 好生之德, 洽于民心, 茲用不犯于有司."(尙書 · 大禹謨)

덕이 이와 같다면 '유전무죄有錢無罪, 무전유죄無錢有罪'라는 말이 생겼겠는가.

49

言信行果 언신행과

말은 믿음 있게 행동은 과감하게

'언신행과言信行果' 중 '과果'자는 '과단果斷(일을 딱 잘라서 결정하다)'의 뜻이다. '언필신言必信, 행필과行必果' 구절을 줄인 말이다.

'果(실과 과, guǒ)'자는 원래 '나무에 달리 단단한 과일'의 모습이다. 후에 '과실'·'결과'·'성과'라는 의미이외에 과일이 단단하기 때문에 '굳세다'·'용감하다'라는 뜻으로 쓰인다. 금문은 ''로 쓴다.

子貢問曰: "何如斯可謂之士矣?" 子曰: "行己有恥, 使於四方, 不辱君命, 可謂士矣." 曰: "敢問其次." 曰: "宗族稱孝焉, 鄉黨稱弟焉." 曰: "敢問其次." 曰: "言必信, 行必果, 硜硜然小人哉! 抑亦可以爲次矣." 曰: "今之從政者何如?" 子曰: "噫! 斗筲之人, 何足算也?"(子路 13.20)

자공이 "어떻게 해야 선비라고 할 수 있습니까?" 하고 여쭈어 보았다.

공자는 말하였다.

"자기 자신의 행동에 있어 수치스러움을 느끼고 외국에 사신으로 파견되어 임금이 준 사명을 욕되게 하지 않는다면 선비라고 할 수 있다."

"감히 그 다음가는 것을 여쭈어 볼까요?" 하자,

"친척들이 효성 있다고 칭찬하고, 한 마을 사람들이 우애스럽다고 칭찬하는 것이다."라고 말씀하셨다.

"감히 그 다음가는 것을 여쭈어 볼까요?"

"말에는 반드시 신용이 있고, 행하는 일은 반드시 과단성이 있는 것은 완고한 소인이기는 하나 그래도 역시 그 다음은 될 수 있다."

"지금 정치에 종사하고 있는 사람들은 어떠합니까?"

"아아, 쩨쩨한 인간들이니 축에 끼울 것도 못된다."

자공이 외교 정치에 능숙하였기 때문에, 정치적 활동은 먼저 상대방에게 신뢰를 줄 수 있도록 하고, 해야 할 일은 과감하게 결정하도록 충고하였다. 동시에 출사出仕하여 일을 담당하는 사람을 수준별로 나열하고 있다. 먼저 인격적으로 완성된 사람으로 겸손하여 자신의 성찰할 수 있으며, 국제적으로 나라 일을 처리할 때 자신의 임금에게 욕되게 않게 하는 것이다.[1] 공손하며 형제지간에 우애롭게 지내는 것이 그 다음이다.[2] 마지막, 소인이기는 하나 신뢰가 있고 과감하게 일을 하는 자이다.[3]

'斯可謂之士' 중 '사斯'는 접속사 '……하면 그제야'라는 뜻이다.

'행기유치行己有恥'는 '자신의 행위를 행함에 염치가 있다'라는 뜻이다. '행기行己'는 '동목구動目句'형식으로 구절 중에서 술어 '유치有恥'의 주어

---

1 "不辱君命, 爲國效力."(군주의 명령이 욕되지 않게 나라를 위해 온 노력을 다한다.)

2 "孝悌兼備, 鄕隣模範."(효도하고 우애하여 향토에 모범이 되다.)

3 "言信行果, 千金一諾."(말은 신뢰있게 행동은 과감하게 하며, 말은 천금같이 한다.)

역할을 한다.

'갱갱연硜硜然'은 돌이 서로 부딪쳐 소리 '꺵꺵'이라는 뜻이고 본 구절에서는 '융통성이 없고 견고한 모양'이라는 뜻이다.

자로가 '사士'란 어떤 사람이어야 되느냐고 묻자 친구들과는 절실하게 지내고 형제지간에는 자상하게 지내야 한다 하였다.

> 子路問曰: "何如斯可謂之士矣?" 子曰: "切切偲偲, 怡怡如也, 可謂士矣. 朋友切切偲偲, 兄弟怡怡."(子路 13.28)
>
> 자로가 "어떻게 해야 선비라고 할 수 있습니까?" 라고 물었다.
>
> 공자는 말하였다.
>
> "절실하고 자상하면서 화락하면 선비라고 할 수 있다. 벗들과 절실하고 자상하며 형제들과는 화락하게 된다."

'절절시시切切偲偲'는 간절하고 절실한 모습이나 모양의 형용어이다. 친구와 대화를 나눌 때의 절실하면서도 꼼꼼하고 정확하면서도 똑똑하게 이야기하는 태도를 가리킨다.

'언신행과言信行果'는 '언행이 신뢰가 없으면 어떤 좋은 결과를 맺지 못한다'는 의미로 해석할 수 있다. 『묵자墨子 · 수신修身』은 의지가 강하지 않으면 지혜롭지 못하게 되고, 언행이 신뢰가 없으면 그 행동이 결실을 맺지 못한다 하였다.[4] 또한 자신의 이득만을 생각하고, 쌓기도 힘들고 지키기도 힘든 명예를 헤아리지 못한 자는 현명한 사士라 할 수 없다 하였다.

---

4 "志不强者智不達, 言不信者行不果."(墨子 · 修身)

의지가 강하지 못한 자는 학식이 향상되지 않는다. 말이 신뢰가 없으면 행위가 결실을 맺지 못한다. 재물에 매달려 남과 나눌 수 없는 자는 벗하기가 부족하고, 도를 지킴이 독실치 못하고 사물 판단도 넓지 못하며 시비분별이 명확히 판단치 못한 자는 함께 사귀기가 부족하다.

근본이 굳건하지 못한 자는 종말이 반드시 위태하다. 기운차더라도 닦지 않는 자는 나중에 반드시 실패한다. 근원이 탁한 것은 그 물의 흐름이 맑지 못하다. 행위가 믿음직하지 못하는 명성은 반드시 무너진다.

명성은 까닭 없이 생기지 않고 명예는 저절로 자라지 않는 것이다. 공적이 완성되어 명성을 갖추어지니 명예는 거짓을 부릴 수가 없게 되고, 하나 자신을 되돌아보아야만 된다.

말에 힘쓰지만 행동을 늦춘다면 비록 말을 잘 하더라도 반드시 남이 들어주지 않는다. 힘이 많이 들이지만 공을 자랑한다면 비록 수고하더라도 반드시 헤아려주지 않는다. 슬기로운 이는 마음속으로 말하고 번다하게 지껄이지 않는다. 힘을 많이 들이더라도 공을 자랑하지 않는다. 이런 까닭에 명성과 명예가 천하에 떨친다. 말은 많이 하려고 힘쓰지 말고 슬기롭게 하려고 힘쓰며, 꾸미려고 힘쓰지 말고 잘 살피는 데 힘써야 한다. 그러므로 슬기롭지 못하고 살핌이 없다면 몸은 게을러지고 힘써야 할 일을 어긋나게 하는 것이다.

선은 마음에 지킬 데가 없으면 머물지 않는다. 행동은 제 몸에 가리지 못하면 서지 않는다. 명성은 쉽게 이룰 수 없다. 영예는 재주 부려 세울 수 없다. 군자는 자신이 직접 실천하는 자다. 이득을 잇달아 생각하고 명성을 금세 잊으면서 천하에 가히 사士가 될 수 있는 자는 일찍이 없었다.[5]

---

5 "志不强者智不達, 言不信者行不果. 據財不能以分人者, 不足與友; 守道不篤, 遍物不

'말을 많이 하려고 힘쓰지 말고 슬기롭게 하려고 힘쓰며, 꾸미려고 힘쓰지 말고 잘 살피는 데 힘써야 한다'라 하였다. 말을 많이 하고 거짓으로 꾸며서 하면 곧 그 진실이 드러나 금세 신임을 얻지 못하게 된다.

博, 辯是非不察者, 不足與游. 本不固者末必幾, 雄而不修者其后必惰, 原濁者流不清, 行不信者名必秏. 名不徒生, 而譽不自長, 功成名遂, 名譽不可虛假, 反之身者也. 務言而緩行, 雖辯必不聽; 多力而伐功, 雖勞必不圖. 慧者心辯而不繁說, 多力而不伐功, 此以名譽揚天下, 言無務爲多而務爲智, 無務爲文而務爲察. 故彼智無察, 在身而情, 反其路者也. 善無主于心者不留, 行莫辯于身者不立. 名不可簡而成也, 譽不可巧而立也, 君子以身戴行者也. 思利尋焉, 忘名忽焉, 可以爲士于天下者, 未嘗有也."(墨子 · 修身)

50

斗筲之人 두소지인

쩨쩨한 사람

‘두소지인斗筲之人’은 혹은 ‘두소지재斗筲之才’라고 하기도 한다.

‘(斗, 말 두, dǒu, dòu)’는 용량을 재는 용구이다. 갑골문은 ‘’로 쓰고 금문은 ‘’로 쓴다. 손잡이가 달린 용량을 재는 용기의 모양이다.

‘筲(대 그릇 소, shāo)’자는 ‘(籒)’자로 쓰기도 한다. 밥 담는 ‘작은 용기’를 가리키는 것으로 ‘도량이 좁은 사람’·‘격식이 좁은 사람’을 가리킨다. ‘(肖)’자는 ‘肉’과 소리부 ‘小’로 이루어진 자로 ‘잘게 썰어 놓은 고기’라는 의미이다. 잘게 썬 고기는 작고 모양이 비슷하기 때문에 후에 ‘작다’·‘비슷하다’라는 의미로 쓰인다. ‘불초不肖’는 ‘못나고 어리석은 사람’이란 뜻이다. ‘불초不肖’는 혹은 부모의 덕망이나 유업을 이어받지 못한 자로 ‘불초자不肖子’ 혹은 ‘불초남不肖男’이라 쓰기도 한다.

“지금 정치에 종사하고 있는 사람들은 어떠합니까?” 하자, 공자는 말하였다.

"아아, 쩨쩨한 인간들이니 축에 끼울 것도 못된다."

(子貢)曰: "今之從政者何如?" 子曰: "噫! 斗筲之人, 何足算也?"(子路 13.20)

『논어論語 · 양화陽貨』에서 '얼굴빛은 위엄이 있으면서 속은 약한 자'를 담을 넘는 도둑 '천유지도穿窬之盜'라 하였다.[1] '천유지도'와 '두소지인'을 함께 줄여 '두소천유斗筲穿窬'라 한다. 비천하고 하찮은 쓰잘데기 없는 소인배를 가리킨다.

'두소斗筲'는 대부분 소인배의 의미로 쓰인다. 즉 '두소지인斗筲之人' · '두소소기斗筲小器' · '두소자斗筲子' · '두소소인斗筲小人' · '두소지도斗筲之徒'와 '두소지배斗筲之輩'는 모두 쩨쩨한 사람을 가리킨다.

쩨쩨한 사람과 반대되는 사람은 대장부(영웅英雄)일 것이다. 대장부란 진정한 용기를 가진 사람, 삶에 굴복하지 않는 사람, 영웅적 본색을 가진 사람, 겸손한 사람, 호연지기浩然之氣를 가진 사람일 것이다.

공손추公孫丑가 물었다.

"선생님께서 제나라 경상卿相[2]의 자리에 앉으셔서 정도를 행할 수 있게 된다면, 그렇게 하셔서 패업을 이루거나 왕업을 이룬다 하더라도 이상하게 여길 여지는 없습니다마는, 그렇게 될 경우라면 마음이 동요하게 되지는 않으실까요?"

맹자가 말하였다.

---

1 "子曰: 色厲而內荏, 譬諸小人, 其猶穿窬之盜也與?."(論語 · 陽貨)(공자는 말하였다. 얼굴빛은 위엄이 있으면서 속이 유약한 것은, 그것을 소인과 비유한다면, 마치 벽을 뚫고 담을 넘는 도둑과 같은 것이다.)(17.12)

2 '경상(卿相)'은 신하로서 차지할 수 있는 가장 높은 자리이다.

"아니, 나는 40이 되어서부터는 마음이 동요하지 않네(부동심不動心)."

"그러시다면 선생님께서는 맹분[3]보다 훨씬 더 용감하십니다."

"그것은 어렵지 않네. 고자告子[4]는 나보다도 먼저 마음이 동요하지 않게 되었다네."

"마음이 동요하지 않게 하는 데 방법이 있습니까?"

"있네. 북궁유가, 용기를 기르는 데는 살을 찔린다 하여도 움칠거리지 않고, 눈을 찔린다 하여도 피하지 않고, 남에게 털 한 오라기만큼이라도 꺾이는 것을 생각하기를 장터에서 매 맞는 것 같이 여기고, 헌 헐렁헐렁한 옷을 걸친 미천한 사람에게도 모욕을 당하지 않고, 만승의 군주에게도 모욕을 당하지 않고, 만승의 군주를 찌르는 것 보기를 헌 옷 입은 미천한 사람을 찌르는 것 같이 여기고, 제후를 두려워하지 않고, 험담하는 소리가 들려오면 반드시 보복을 하였네.

맹시사가 용기를 기르는 데는 이렇게 말을 했네. '이기지 못하는 것 보기를 이기는 것 같이 합니다. 적의 많고 적은 것을 헤아려본 후에야 전진하고, 이기리라고 요량해본 후에 회전會戰한다면 그것은 삼군三軍을 두려워하는 것이지요. 저야 어찌 꼭 이길 수가 있겠습니까? 두려워하지 않을 수 있다는 것일 따름이지요.'

맹시사孟施舍는 증자曾子와 같고, 북궁유는 자하子夏와 같네. 이 두 사람의 용기는 어느 쪽이 나은가는 모르겠네마는, 맹시사는 지키는 것(수약守約)이 치밀하네.

---

3 맹분(孟賁)은 위(衛)나라 사람으로 물을 갈 때에는 교룡(蛟龍)을 피하지 않았고, 들을 갈 때는 외뿔소나 범을 피하지 않았다 한다.

4 고자(告子)의 고(告)는 성이고 이름은 불해(不害)이다. 맹자와 성리(性理)에 관하여 의견을 나눈 적이 있다.

옛날에 증자가 자양子襄[5]에게 말하였다.

'자네는 용기를 좋아하나? 내가 선생님한테서 큰 용기에 관해서 들은 일이 있다. 스스로 반성해서 의롭지 않으면 헌 헐렁헐렁한 옷을 입은 비천한 사람에 대해서라 할지라도 내가 겁내지 않고 견디겠느냐? 스스로 반성해서 의롭다면 천만인이라 할지라도 나는 대적할 것이다.'

맹시사孟施舍의 지킴은 기력氣力이나 증자가 의義를 지키는 것만은 못하네."

"감히 여쭈어 보겠습니다마는, 선생님께서 마음이 동요하지 않으시는 것과 고자告子가 마음이 동요하지 않는 것에 관해서 말씀을 들어볼 수 있겠습니까?"

"고자는 '남의 말이 귀에 거슬려도 마음속으로 생각하지 말 것이고, 마음에 맞지 않아도 기氣(감정을 발동시키는 힘)에 호소하지 말 것이다.'라 하였는데, 마음에 맞지 않는다고 하여 기에 호소하지 말라는 것은 괜찮으나, 남의 말이 귀에 거슬려도 마음속으로 생각하지 말라는 것은 안 될 말일세. 지志(마음이 움직이는 방향)는 기의 통솔자이고, 기는 몸을 채워주는 것일세. 지가 나타나면 기가 그 뒤를 따라서는 것이기 때문에 '자기의 지를 올바로 지키고 자기의 기를 난폭함이 없도록 하라.'고 말하는 것일세."

"지가 나타나면 기가 그 뒤를 따라선다고 말씀하시고 나서 또 자기의 지를 올바로 지키고 자기의 기를 난폭함이 없도록 하라고 말씀하신 것은 무슨 뜻입니까?"

"지가 한결같으면 기를 움직이고, 기가 한결같으면 지를 움직이네. 이제 엎어지고 달리고 하는 것이 기이기는 하나 그것이 도리어 마음을 동요시키

---

5 '자양(子襄)'은 증자의 제자이다.

게 되네."

"감히 물어 보겠습니다마는, 선생님께서는 어느 부분을 잘 하십니까?"

"나는 남이 하는 말을 아네. 나는 내 호연지기浩然之氣를 잘 기르네."

"감히 물어 보겠습니다마는, 무엇을 호연지기라고 하는 것입니까?"

"말로 설명하기는 힘드네. 호연지기의 기는 지극히 크고 지극히 굳센 것인데, 그것을 곧게 구는 것으로 길러서 해害가 되는 것이 없으면 하늘과 땅 사이에 가득 차게 되는 것일세. 호연지기의 기는 정의와 정도에 병행하는 것으로, 그것이 없으면 허탈이 오네. 그것은 모인 정의에서 생겨나는 것이지 정의가 밖에서 엄습해 와서 그것을 잡아내는 것은 아닐세. 행동하는 것이 마음에 통쾌하지 않은 점이 있으면 허탈이 오는 것일세. 나는 그래서 고자告子는 정의를 안 적이 없다고 말하는 것일세. 그는 정의를 외재적인 것으로 여기기 때문일세. 반드시 의로운 일이 있다면 그것을 그만두지 말고, 마음을 망령되이 갖지 말고, 무리하게 잘 되게 하려고 하지 말게. 송나라 사람이 한 것 같이 하는 일이 없도록 하게. 송나라 사람 중에 자기가 심은 곡식 싹이 자라나지 않는 것을 안타까이 여겨 싹을 뽑아 올린 사람이 있었네. 그 사람은 피곤해 하면서 집으로 돌아가 집안사람들에게, '오늘은 지쳤다. 나는 싹이 자라나는 것을 도와주었다.'고 말했다. 그 사람의 아들이 뛰어가 싹을 보았더니 싹은 말라버렸더라네. 천하에는 싹이 자라나는 것을 도와주지 않는 사람은 적네. 무익無益하다고 버려두는 사람은 김매어 주지 않는 것이고, 무리하게 잘 되게 하려는 사람은 싹을 뽑아 올리는 것이니, 무익할 뿐만 아니라 도리어 해치는 것일세."

"남이 하는 말을 안다는 것은 무슨 말씀이십니까?"

"편안한 말을 들으면 그 사람의 마음을 가리고 있는 것이 무엇인가를 알고, 과도하게 늘어놓는 말을 들으면 그 사람이 무엇에 빠져 있나를 알고, 사악한 말을 들으면 그 사람이 누구를 이간 붙이려는가를 알고, 도피하는 말을 들으면 그가 궁지에 몰려 있는 것을 아네.

마음에 악한 생각이 생겨나면 정치를 해치고, 정치에 그러한 생각이 나타나면 일을 해치는 것으로, 성인이 다시 나온다면 반드시 내 말에 찬성할 것일세."[6]

'부동심不動心'은 공자의 40세 '불혹不惑'과 같은 의미일 것이다. 외부의 물질적인 유혹에도 마음이 흔들리지 않는 마음이다. 공손추의 '마음이 흔들릴 때'가 있느냐는 물음에 맹자는 진정한 용기가 있기 때문에 '흔들리지 않는다'라 하였다. 맹분 · 북궁유와 맹시사는 비록 용감하지만

---

6 公孫丑問曰: "夫子加齊之卿相, 得行道焉, 雖由此霸王不異矣. 如此則動心否乎?" 孟子曰: "否, 我四十不動心." 曰: "若是則夫子過孟賁遠矣." 曰: "是不難. 告子先我不動心." 曰: "不動心有道乎?" 曰: "有. 北宮黝之養勇也, 不膚撓, 不目逃. 思以一豪挫於人, 若撻之於市朝. 不受於褐寬博, 亦不受於萬乘之君. 視刺萬乘之君若刺褐夫. 無嚴諸侯. 惡聲至, 必反之. 孟施舍之所養勇也, 曰: '視不勝猶勝也. 量敵而後進, 慮勝而後會, 是畏三軍者也. 舍豈能爲必勝哉? 能無懼而已矣.' 孟施舍似曾子, 北宮黝似子夏. 夫二子之勇, 未知其孰賢, 然而孟施舍守約也. 昔者曾子謂子襄曰: '子好勇乎? 吾嘗聞大勇於夫子矣: 自反而不縮, 雖褐寬博, 吾不惴焉; 自反而縮, 雖千萬人吾往矣.' 孟施舍之守氣, 又不如曾子之守約也." 曰: "敢問夫子之不動心與告子之不動心, 可得聞與?" "告子曰: '不得於言, 勿求於心; 不得於心, 勿求於氣.' 不得於心, 勿求於氣, 可; 不得於言, 勿求於心, 不可. 夫志, 氣之帥也; 氣, 體之充也. 夫志至焉, 氣次焉. 故曰: 持其志, 無暴其氣." "既曰: '志至焉, 氣次焉', 又曰: '持其志, 無暴其氣'者, 何也?" 曰: "志壹則動氣; 氣壹則動志也. 今夫蹶者趨者是氣也而反動其心." "敢問夫子惡乎長?" 曰: "我知言, 我善養吾浩然之氣." "敢問何謂浩然之氣?" 曰: "難言也. 其爲氣也至大至剛, 以直養而無害, 則塞于天地之間. 其爲氣也配義與道, 無是餒也. 是集義所生者, 非義襲而取之也. 行有不慊於心則餒矣. 我故曰: 告子未嘗知義. 以其外之也. 必有事焉而勿正, 心勿忘, 勿助長也. 無若宋人然. 宋人有閔其苗之不長而揠之者, 芒芒然歸, 謂其人曰: '今日病矣, 予助苗長矣.' 其子趨而往視之, 苗則槁矣. 天下之不助苗長者寡矣. 以爲無益而舍之者, 不耘苗者也. 助之長者, 揠苗者也, 非徒無益, 而又害之." "何謂知言?" 曰: "詖辭知其所蔽, 淫辭知其所陷, 邪辭知其所離, 遁辭知其所窮. 生於其心, 害於其政; 發於其政, 害於其事. 聖人復起, 必從吾言矣."(孟子 · 公孫丑上)

이들의 용기는 외부적이고 물리적인 혈기血氣이고,[7] 진정한 용기는 내부적 용기인 덕기德氣이어야 한다 하였다. 이는 비도덕적인 것을 배격하고 정의를 실천할 수 있는 용기이다. 이러한 용기를 기르기 위해서는 기氣를 닦아야하는데, 이 기가 바로 호연지기이다. 호연지기란 행동을 함에 양심에 부끄러움이 없는 상태를 가리킨다.

---

7 북궁유는 남에게 모욕을 당하지 않는 일에만 몰두하였는데, 이는 자하가 남과 나를 구별하는 행동 규범인 예를 강조한 사람이기 때문에 이에 비유한 것이다. 맹시사는 이기고 지는 결과만 생각하고 오직 공격하는 것에만 신경을 집중하였는데, 이는 증자가 남과 나를 구별하지 아니하는 마음인 효와 충을 강조하고 덕을 밝히는데 주력한 사람이기 때문에 이에 비교한 것이다.

51

危言危行 위언위행

당당하게 말하고 당당하게 행동하다

‘위언위행危言危行’은 ‘당당하고 대담하게 말하고 행동하는 것’을 말한다. ‘위危’자는 ‘사람이 높은 곳에 서 있는 모양’으로 모든 사람이 전부 볼 수 있도록 드러나는 것을 말한다. 혹은 ‘위’자는 ‘정직正直’이라는 의미로 해석하거나 혹은 ‘대담하게(강경剛勁)’나 ‘자유롭게(방종放縱)’라는 의미로 해석하기도 한다.

‘(危, 위태할 위, wēi)’자는 ‘㔾(卩)’과 ‘厃(우러러볼 첨, hǎn)’로 이루어진 자로, ‘벼랑위에 선 사람’의 모양이다. 처음에는 벼랑위에 선 사람이란 ‘厃’자로만 썼으나 후에 사람을 뜻하는 ‘㔾(卩)’이 추가되었다.

> 子曰: “邦有道, 危言危行, 邦無道, 危行言孫.”(憲問 14.03)
>
> 공자는 말하였다. “나라에 정도가 행해질 때에는 대담하게 말하고 대담하게 행동할 것이고 나라에 정도가 행해지지 않을 때에는 대담하게 행동할 것이나 말은 부드러워야 한다.”

나라에 도가 있으면 군주가 군자의 말과 행동을 따르기 때문에 과감히 참언을 하여 백성에게 유익한 일을 할 수 있으나, 나라에 도가 없으면 군주가 군자의 말과 행동을 억압하기 때문에 행동은 당당하게 하되 말은 조심하게 하여 해를 당하지 않도록 하여야 한다.

나라에 정도가 있는 나라는 민주주의 국가이고, 그렇지 않은 나라는 독재자가 다스리는 국가이다. 민주주의는 언론의 자유와 행동의 자유가 있기 때문에 '위언危言'할 수 있고 '위행危行'할 수 있다. '위언'은 언론의 자유이고, '위행'은 집회와 같은 행동의 자유이다.

백성을 다스리는 위정자의 위엄 중에는 세 종류가 있다 하였다. 하나는 도덕의 위엄이고, 하나는 포찰暴察(가혹한 위협과 관찰)의 위엄이고, 나머지 하나는 광망狂妄(방자하고 오만함)의 위엄이다. 『한비자韓非子·강국彊國』에 나오는 말이다. 포찰의 위엄은 포악하고 복종하지 않는 자를 죽이는데 엄정하고 광망의 위엄은 마구 잡아들여 형벌로 다스리며, 도덕의 위엄은 강대한 국가를 만들지만 포찰과 광망은 국가가 환란의 위기에 빠지고 나라는 결국 망하게 된다 하였다.

> 나라의 위엄에는 세 종류가 있으니 도덕적 위엄, 포찰적 위엄, 광망의 위엄이 있다. 이 세 가지의 위엄은 잘 살펴보지 않으면 안 된다.
>
> 도덕적 위엄이 무엇인가?
>
> 예악이 잘 닦이고 신분과 의리가 명확하며 정령의 시행이 때에 알맞고 백성을 사랑하고 이롭게 하는 데는 법도가 있다. 이와 같이 하면 백성은 그를 제왕처럼 귀하게 여기고 높이 받들며 부모처럼 친애하며 신명을 대하듯 두려워한다. 그러므로 상을 내리지 않아도 백성이 근면해지고 벌을 가하지 않아도 위엄이 행해지니 이런 경우를 도덕의 위엄이라 한다.

포찰(난폭하고 감찰의 정치)의 위엄이란 어떠한가?

예악이 재대로 행해지지 않고 신분과 의리는 분명치 않으며 정령의 시행이 시기에 어긋나고 백성을 사랑하고 이롭게 하는 데 법도가 없다. 그러면서 나라의 금령은 난폭하고도 빈틈이 없고, 복종하지 않는 자를 죽이는 데는 철저하다. 그 형벌은 무겁고도 놓아주는 일이 없고 주살誅殺은 사납고 빈틈이 없어, 번개가 치는 듯 넘어지는 담장에 누르는 듯하다. 그러면 백성은 협박을 당하는 동안은 두려워하지만 조금 늦추어주면 윗사람을 업신여기며, 구속당하는 동안은 몰려들다가도 여유만 생기면 흩어지니 형벌로 겁을 주거나 주살로 위세를 떨치지 않으면 백성을 다스릴 수가 없다. 이런 경우를 포찰의 위엄이라 한다.

사람을 사랑하는 마음도 없고 이롭게 하는 일도 없으며 매일 사람의 도를 어지럽히고 백성이 시끄럽게 굴면 마구 잡아다 불로 지지는 형벌로 다스리며, 사람의 마음과 화합하지도 않는다. 그렇게 되면 백성들은 서로 어울려 도망치고 흩어져 임금을 멀리 떠나게 된다. 나라가 기울어 멸망하는 것을 선 채로 기다릴 수 있을 것이다. 이런 것을 두고 광망의 위엄이라 한다.

이 세 가지 위엄을 잘 살펴야 한다.

무릇 도덕의 위엄은 평안과 강대한 국가를 이룩하고, 포찰의 위엄은 국가의 위기와 쇠약을 낳고, 광망의 위엄은 멸망만을 가져온다.[1]

---

1 "威有三: 有道德之威者, 有暴察之威者, 有狂妄之威者. 此三威者, 不可不孰察也. 禮義則修, 分義則明, 擧錯則時, 愛利則形. 如是, 百姓貴之如帝, 高之如天, 親之如父母, 畏之如神明. 故賞不用而民權, 罰不用而威行, 夫是之謂道德之威. 禮樂則不修, 分義則不明, 擧錯則不時, 愛利則不形; 然而其禁暴也察, 其誅不服也審, 其刑罰重而信, 其誅殺猛而必, 黭然而雷擊之, 如墻厭之. 如是, 百姓劫則致畏, 嬴則敖上, 執拘則最[聚], 得間則散, 敵中則奪, 非劫之以形埶, 非振之以誅殺, 則無以有其下, 夫是之謂暴察之威. 無愛人之心, 無利人之事, 而日爲亂人之道, 百姓讙敖, 則從而執縛之, 刑灼之, 不和人心. 如是,

『한시외전韓詩外傳』에도 같은 이야기가 나온다. 광망의 위엄 중에는 '천리가 어긋나니 수재나 가뭄이 시도 때도 없이 일어나고 곡식이 제대로 여물지 않는다. 그리하여 백성은 위로는 폭정과 환란의 두려움에 고난을 당하고 백성은 의식衣食의 문제에 막혀 근심과 슬픔을 호소할 곳도 없게 된다. 그러면서 서로 당을 지어 분노와 괴로움에 윗사람을 위반하니 기울어 엎어지고 멸망하는 것은 서서 기다릴 수 될 만큼이다.'[2]라는 내용이 추가되어 있다.

작금 나라 백성이 의식의 문제에 막혀 근심과 슬픔을 호소할 곳도 없게 되었으니 집정자의 어떤 위엄에서 나오는 지 살펴야 할 것이다.

'위행언손危行言孫'은 '당당한 행동, 언행은 조심스럽게 해야 한다'는 뜻이다. '손孫'은 '遜(겸손할 손, xùn)'의 의미로 쓰인다.

이와 비슷한 말로 '강정불아剛正不阿'·'위언정색危言正色' 등이 있다. '강정'은 '강직하다'는 뜻이고, '불아'는 '아부阿附하지 않다'라는 뜻이다. '정색'은 '엄정한 태도'를 가리킨다.

'자승자강自勝者强'은 '자신을 이기는 자가 가장 강한 자'라는 뜻이다. 『노자』가 한 말이다.

> 남을 아는 자가 지혜롭지만, 자기를 아는 자가 가장 밝은 것이다. 남을 이기는 자가 힘세지만, 자기를 이기는 자야말로 제일 강한 것이다. 족함을 아

下比周賁潰以離上矣, 傾覆滅亡, 可立而待也, 夫是之謂狂妄之威. 此三威者, 不可不孰察也. 道德之威成乎安强, 暴察之威成乎危弱, 狂妄之威成乎滅亡也."(荀子·彊國)

2 "悖逆天理, 是以水旱爲之不時, 年穀以之不升; 百姓上困于暴亂之患, 而下窮衣食之用, 愁哀而無所告訴, 比周憤潰以離上, 傾覆滅亡可立而待, 是狂妄之威也."(韓詩外傳)

> 는 자가 부자인 것이고, 행함을 관철하는 자가 뜻이 있다할 수 있다. 바른 자리를 잃지 않는 자가 오래 갈 수 있고, 죽어도 없어지지 않는 자라야 오래 산다 할 것이다.[3]

'당당하게 말하고 당당하게 행동'하는 '위언위행'도 필요하지만, 이러한 행위는 당돌함이 수반되기 때문에, '위危'자가 시사하듯이 위험을 동반할 수도 있다. 자제된 언행, 다른 사람을 컨트롤할 수 있는 상대방에 대한 배려심이 있을 때, 상대방이 진심으로 따르는 것이다. 남을 이기는 것이 강한 것이 아니라, 먼저 내 자신을 이기는 것이 강한 것이기 때문이다.

---

3 知人者智, 自知者明. 勝人者有力, 自勝者强. 知足者富, 强行者有志. 不失其所者久, 死而不亡者壽.(老子 · 道德經, 33장)

52

沒齒毋怨 몰치무원

평생토록 원망하지 않다

'몰치무원沒齒無怨'은 '몰치무망沒齒毋忘'의 의미와 같다. '몰치무망沒齒毋忘'은 '몰치불망沒齒不忘'이나 '몰치난망沒齒難忘'으로 쓰기도 한다. '몰치沒齒'는 '이빨이 빠지다'라는 뜻으로 '늙어 죽어 이빨이 없어져도 원망하지 않다'는 뜻이다. '몰치무망沒齒毋忘'은 '늙어 죽어 이빨이 없어져도 그 은혜 잊지 못하겠다'는 뜻으로도 쓰인다.

或問子産. 子曰: "惠人也." 問子西. 曰: "彼哉! 彼哉!" 問管仲. 曰: "人也. 奪伯氏駢邑三百, 飯疏食, 沒齒無怨言."(憲問 14.09)

어떤 사람이 자산에 관해서 물어 보았다. 공자는 말하였다.

"남을 아끼는 사람이다."

자서子西에 관해서 물어 보았다.

"그 사람, 그 사람!"

관중에 관해서 여쭈어 보았다.

"인물이다. 그가 백씨伯氏의 변읍 300호를 빼앗아 거친 음식을 먹기에까지 만들었으나 백씨는 평생토록 원망하는 말이 없었다."

정鄭나라의 대부 자산子産는 엄격하고 혁신적 정치를 하였고, 정鄭 간공簡公부터 40여 년 동안 4대를 역임하였다.[1]

子謂子産, "有君子之道四焉, 其行己也恭, 其事上也敬, 其養民也惠, 其使民也義."(公冶長 05.16)

공자가 자산에 대하여 말하였다. 군자의 도 네 가지 지니고 있었다. 개인 행동은 공손하였고, 윗사람을 섬기는 데는 공경스러웠고, 백성의 생활을 돌봐주는 데는 은혜로웠고, 백성을 부리는 데는 올바른 길에 의해서 했다.

맹자는 자산은 은혜로우나 정치를 잘 하는 사람은 아니라 하였다.

자산은 정나라의 정치를 맡아보았는데, 자기가 타는 수레에다 사람들을 태워 진수와 유수를 건네주었다. 이에 맹자가 말하였다.

"은혜스러우나 정치는 할 줄 모른다. 11월이면 사람이 건널 수 있는 인도교人渡橋가 완성될 게고, 12월이면 여량輿梁이 완성될 것이니, 그렇게 되면 백성들은 물 건너는 것을 근심하지 않게 된다. 군자는 그의 정치를 공평하게 하면 길을 가면서 사람을 피하게 하여도 좋은 것이다. 어떻게 한 사람 한

---

1 자산(子産)은 공손교(公孫僑)를 가리킨다. 춘추시대의 정치가이며 정(鄭)나라 귀족의 자제이다. 정(鄭)나라 간공(簡公) 12년(기원전 554년)에 경(卿)이 되었고, 23년에 정권을 잡아 개혁을 진행하여 나라가 부강하게 하였다.

사람을 다 건네주는 일을 할 수 있겠는가? 그러므로 정치를 하는 사람이 사람마다 모두 기뻐하게 해주려 든다면 날마다 그 일만 하여도 모자랄 것이다."[2]

자서子西는 초나라의 공자 신申을 가리킨다. 『사기』는 초나라 소왕昭王이 서사書社[3] 700리로 공자를 봉해주려고 하였는데, 자서子西가 초나라를 위해 좋지 않을 것이라고 하여 그만두게 하였다.[4] 백씨의 병읍駢邑은 지금의 산동성山東省 임구현臨朐縣에 있다. 백씨가 죄를 저지르자 관중이 제나라 환공桓公에게 청하여 병읍을 빼앗아 빈궁하게 되었으나 백씨는 그것이 자신의 죄과라 하여 관중을 원망하는 말을 평생토록 입 밖에 내지 않았다 한다.

子曰, "管仲之器小哉!" 或曰, "管仲儉乎?" 曰, "管氏有三歸, 官事不攝, 焉得儉?" "然則管仲知禮乎?" 曰, "邦君樹塞門, 管氏亦樹塞門. 邦君爲兩君之好, 有反坫, 管氏亦有反坫. 管氏而知禮, 孰不知禮?"(八佾 03.22)

공자가 말하였다.

"관중의 그릇은 작다."

어떤 사람이 말하였다.

---

2 "子産聽鄭國之政, 以其乘輿濟人於溱·洧. 孟子曰: '惠而不知爲政, 歲十一月徒杠成, 十二月輿梁成, 民未病涉也. 君子平其政, 行辟人可也; 焉得人人而濟之? 故爲政者, 每人而悅之, 日亦不足矣.'"(孟子·離婁下)

3 당시 25가(家)를 1리(里)로 하여 리(里)마다 사(社)를 만들었는데 사인(社人)들의 성명을 사적부(社籍簿)에 적어 이를 '서사(書社)'라 한다.

4 『사기(史記)·공자세가(孔子世家)』 참고.

"관중은 검소하였습니까?"

공자가 말하였다.

"관씨가 세 소실 집을 가졌고, 부하 관원에 두 가지 이상의 일을 겸한 사람이 없었으니 어찌 검소할 수 있었겠소?"

"그러면 관중은 예를 알았습니까?"

"임금이 나무를 세워 문을 가리면 관씨 역시 나무를 세워 문을 가렸고, 임금이 다른 임금과 친선을 도모하기 위해서 술잔 돌려놓는 자리를 마련하면 관씨 역시 술잔 돌려놓는 자리를 마련하였으니, 관씨가 예를 알았다고 한다면 누가 예를 몰랐겠소?"

관중은 제齊나라 대부이다. 이름은 이오夷吾이고 중仲은 자이다. 관경중管敬仲이라고도 하는데 경敬은 시호諡號이다. 환공桓公을 도와 패업을 이루었다. 공자는 관중의 공적은 높이 평가하였으나, 그 인간은 높이 평가하지 않았다. '세 소설 집'란 한 집에 한 정소실正小室과 그를 따라온 두 여인을 포함하여 모두 9인이 된다. 대부는 관원의 수가 적어 한 관원이 여러 일을 겸해 보게 되는데 관중은 그러한 겸관兼官이 필요 없을 만큼 많은 관원이 많았다. 제후가 대문을 가리기 위해 나무를 세웠는데 관중은 대부이면서 제후같이 한 것은 참월僭越행위이다. 제후가 다른 국군과 만날 때는 친선을 도모하기 위하여 대청 동서 두 기둥 사이를 두고 대좌하는데 그때 술을 마시는 잔을 돌려놓기 위해 두 기둥 사이에 자리를 만들어 놓는다. 이러한 격식은 제후라야 할 수 있는데 관중은 역시 자기 집에다 만들어 놓았으니 무례한 행위이다.

우리에게는 관중은 포숙아鮑叔牙와의 '관포지교管鮑之交'로 유명하다. 이러한 친구는 죽어도 영원히 잊지 못한 '생사지교生死之交'의 친구이다.

내가 예전에 곤궁할 때 포숙과 함께 장사를 한 적이 있었는데, 이익을 나눌 때 내가 더 많이 차지하곤 했다. 그럼에도 포숙이 나를 탐욕스럽다고 여기지 않은 것은 내가 가난한 것을 알고 있었기 때문이다. 예전에 내가 포숙을 대신해서 어떤 일을 벌이다가 (실패해 그를) 더욱 곤궁하게 했건만, 포숙이 나를 어리석다고 여기지 않은 것은 시운이 좋을 때와 나쁠 때가 있음을 알았기 때문이다. 또 내가 일찍이 세 번이나 벼슬길에 나섰다가 세 번 모두 군주에게 내쫓기고 말았으나, 포숙이 나를 못났다고 여기지 않은 것은 내가 아직 때를 만나지 못한 것을 알고 있었기 때문이다. 그리고 내가 세 번 싸움에 나가 세 번 모두 도망쳤을 때에도 포숙이 나를 겁쟁이라고 여기지 않은 것은 나에게 노모가 있음을 알았기 때문이다. 공자 규가 왕위를 놓고 다투다가 패하자, 소홀召忽은 죽고 나는 붙잡혀 굴욕을 당했을 때에도 포숙이 나를 수치도 모르는 자라고 여기지 않은 것은 내가 사소한 일에는 수치를 느끼지 않으나 천하에 공명을 날리지 못하는 것을 부끄럽게 여기고 있음을 알았기 때문이다. 나를 낳아준 것은 부모이지만 나를 알아주는 것은 포숙이다."[5]

관중은 포숙을 가리켜 '부모는 낳아 준 은덕이 있으나, 포숙은 믿음의 은덕을 베풀어 준' 사람이라 하였다. 자신을 알아주는 절친한 친구를 가리켜 '지음知音' 혹은 '지기붕우知己朋友'라 한다. '지음'으로는 백아伯牙

5 "吾始困時, 嘗與鮑叔賈, 分財利多自與, 鮑叔不以我爲貪, 知我貧也. 吾嘗爲鮑叔謀事而更窮困, 鮑叔不以我爲愚, 知時有利不利也. 吾嘗三仕三見逐于君, 鮑叔不以我爲不肖, 知我不遭時也. 吾嘗三戰三走, 鮑叔不以我爲怯, 知我有老母也. 公子糾敗, 召忽死之, 吾幽囚受辱, 鮑叔不以我爲無耻, 知我不羞小節, 而耻功名不顯于天下也. 生我者父母, 知我者鮑子也."(列子 · 力命)

가 높은 산의 곡조를 타면 종자기鍾子期가 듣고 '아아혜약태산峨峨兮若泰山'[6]이라 하고, 흐르는 물의 곡조를 타면 '양양혜약강하洋洋兮若江河'[7]라 평하였다. 후에 종자기가 세상을 뜨자 더 이상 자신의 음악을 알아주는 자가 없다 하여 거문고를 더 이상 뜯지 않았다 한다.

6 "아아, 웅장하기가 태산 같구나!"

7 "강물과 같이 도도히 흐르는 구나!"

53

見利思義 견리사의

이득 있으면 의로운 것인가를 생각하다

'견리사의見利思義'는 '이득이 생기는 일이 있으며 의로운가를 생각해야 한다'는 뜻이다.

'(利, 날카로울 리, lì)'는 '날카로운 칼로 벼를 베는 모습'이다. '날카롭다'·'이롭다'의 의미로 쓰인다. 갑골문은 ''로 쓰고, 금문은 ''로 쓴다.

子路問成人. 子曰: "若臧武仲之知, 公綽之不欲, 卞莊子之勇, 冉求之藝, 文之以禮樂, 亦可以爲成人矣." 曰: "今之成人者何必然? 見利思義, 見危授命, 久要不忘平生之言, 亦可以爲成人矣."(憲問 14.12)

자로가 완성된 인간에 관해서 묻자 공자는 말하였다.

"만약에 장무중臧武仲의 지혜와 맹공작孟公綽의 과욕寡欲, 변읍卞邑 장자莊子의 용기, 염구冉求의 재능에다가 예禮와 악樂으로 윤색潤色을 한다면 또한 완성된 인간이라고 할 수 있다."

"지금의 완성된 인간이야 뭐 그러할 것까지야 있겠느냐. 이익을 볼 기회를 당면하면 의로운가를 생각하고, 나라가 위태로워진 것을 보면 목숨을 내놓고, 평소에 승낙한 약속을 잊지 않는다면 또한 완성된 인간이라고 할 수 있다."

본 구절에서 '견위수명見危授命'·'구요불망久要不忘' 등의 성어가 나왔다. '견위수명'은 '견위치명見危致命'이나 '임위수명臨危授命'으로 쓰기도 한다. '위험한 상황에서 서슴없이 목숨을 바치다'는 뜻이다. '구요불망久要不忘'은 '구요불망평생지언久要不忘平生之言'의 준말로 '오래된 약속을 평소의 말처럼 잊지 않다', 혹은 '오랫동안 늘 생각하며 잊지 않다'는 뜻으로 쓰인다.

장무중臧武仲의 이름은 흘紇이고 무武는 시호諡號이다. 장문중臧文仲의 손자이다. 흘紇은 지혜로운 사람이었으나 계씨季氏에게 아부하여 장자長子를 폐하고 유자幼子를 옹립하는데 편을 들었다가 노魯나라에 있지 못하고 망명했다. 공자는 장무중이 총명하기는 하나 노나라에 있지 못한 것은 행위가 사리에 맞지 않고 은혜를 베풀어 억울한 자를 관용하지 않았기 때문이라 하였다. 『춘추좌씨전春秋左氏傳·양공襄公23년』에 나오는 이야기이다.[1]

---

1 "齊侯將爲臧紇田, 臧孫聞之, 見齊侯, 與之言伐晉. 對曰: '多則多矣, 抑君似鼠. 夫鼠晝伏夜動, 不穴於寢廟, 畏人故也. 今君聞晉之亂, 而後作焉. 寧將事之, 非鼠如何.' 乃弗與田. 仲尼曰: '知之難也. 有臧武仲之知, 而不容於魯國, 抑有由也. 作不順而施不恕也. 夏書曰: 念茲在茲. 順事恕施也.'"(春秋左氏傳 · 襄公23年)(제나라 장공이 기량(杞梁)의 아내의 집에 가서 조문을 하였다.)이때 제나라 장공이 노나라에 망명한 장흘에게 땅을 주려고 하였다. 장흘이 이 소식을 듣고 제장공을 만났다. 제장공이 그와 더불어 진나라를 친 일을 이야기하자 정흘이 말하였다. '진나라를 친 공이 실로 크기는 합니다만 군주는 오히려 쥐를 닮았습니다. 무릇 쥐라는 것은 낮에는 엎드려 있다가 밤이면 활동을 하고 침묘(寢廟)에 구멍을 내지 않습니다. 이는 사람을 무서워하기 때문입

'공작지불욕公綽之不欲' 중의 '공작公綽'은 노나라 대부 맹공작孟公綽을 가리킨다.[2]

변卞 지방은 지금의 산동성山東省 사수현泗水縣에 있던 노魯나라의 읍이다. 장자莊子는 변읍卞邑의 대부를 지냈으며 두 마리의 범을 찔러 죽였을 만큼 용맹하였다 한다.[3] 제齊나라가 노魯나라를 치려고 하였으나 변읍의 장자莊子가 두려워 감히 변읍을 지나가지 못했다 한다.

『한시외전韓詩外傳』에 장자莊子의 이야기가 나온다.

장자는 용기가 대단한 사람이었으나 그의 모친이 살아계실 때 세 차례 전

니다. 지금 군주는 진나라에 난이 일어났다는 소식을 들은 후에 군사를 일으켰고, 진나라가 평온을 되찾으면 다시 섬기려 하고 있습니다. 이는 쥐가 하는 짓이 아니고 무엇입니까?' 제장공이 이 말을 듣고 화를 내며 장흘에게 땅을 주지 않았다. 이를 두고 공자가 말하였다. '사람이 총명하게 처신하기란 쉽지 않은 일이다. 장무중이 총명한데도 불구하고 노나라에서 용납되지 못한데는 그럴만한 이유가 있다. 이는 그의 행위가 사리에 맞지 않고 은혜를 베풀어 억울한 자를 관용하지 않았기 때문이다. 『서경』에 말하기를 '어떤 일은 하고자 하면 마음이 그 일에 있다'라 했다. 이는 사리를 좇아 용서하는 도리에 부합해야 되는 것을 가리킨다.)

2 "齊崔杼帥師伐我北鄙. 以報孝伯之師也. 公患之, 使告于晉. 孟公綽曰: '崔子將有大志, 不在病我, 必速歸, 何患焉. 其來也不寇, 使民不嚴.' 異於他日, 齊師徒歸."(春秋左氏傳 · 襄公25年)(제나라 집정대부 최저가 군사를 이끌고 노나라의 북쪽 변경을 쳐 전에 맹효백의 군사에게 당했던 일을 보복했다. 이에 노양공이 크게 우려하여 곧바로 사람을 진나라로 보내 이를 고했다. 그러자 노나라 대부 맹공작이 말했다. '최저는 대지(大志)(시군(弑君)의 의지)를 품고 있기 때문에 우리나라를 소란스럽게 만드는 데는 별 관심이 없습니다. 그는 반드시 빨리 돌아갈 것인데 무엇을 걱정하십니까. 그가 쳐들어와 약탈하지도 않고 군사를 부리는 것 또한 혹독하지 않아 어느 때와는 사뭇 다릅니다.' 과연 제나라 군사는 얼마 후에 그대로 돌아갔다.)

3 『사기(史記) · 장의열전(張儀列傳)』에 변장자가 호랑이 두 마리를 잡았다는 이야기가 나온다. 여관 동자의 이야기를 듣고, 큰 호랑이가 작은 호랑이와 먹이를 다투다가 작은 호랑이가 죽고 큰 호랑이는 상처를 입자 큰 호랑이를 칼로 찔러 잡아 결국은 두 마리의 호랑이를 잡았다.

쟁에 나가 세 차례 다 패배하자, 친구들은 그를 비난하고 군주는 그를 모욕했다. 하지만 변장자는 그런 비난을 받고도 안색하나 변하지 않았다.

그 후 그의 모친이 죽은 지 3년이 되자 노魯나라에서는 군대를 동원하여 제齊나라를 정벌하게 되자, 장자는 종군을 청하여 군영에 이르러 말하였다. '지난번에는 모친께서 살아계셨기 때문에 전쟁에 나가 패하고 제 몸을 욕되게 하였습니다. 지금은 모친께서 돌아가시고 계시지 않으니 지난날의 책망을 설욕하겠습니다.'

그러더니 적진으로 달려가서 적과 싸워 적병 한 명의 목을 잘라다 바치고 '이것으로 한 번 패배한 책임을 면하게 하여 주십시오.'라 하고, 또 다시 적의 목을 잘라다 바치고는 '이것으로 두 번 패배한 책임을 면하게 하여 주십시오.'라 했다. 장군이 그를 말리고 '그만하면 충분하오.' 하고 말했으나 그만두지 않고 또 다시 적의 목을 잘라다 바치고 '이것으로 세 번 패배한 책임을 면하게 하여 주십시오.'라 했다. 그러자 장군은 그를 말리고 '그만하면 충분하오. 나하고 형제를 맺읍시다.'라 했다. 장자는 '세 번 패배한 것은 어머님을 봉양하기 위해서였습니다. 이제 어머님은 돌아가시고 내 책임은 면해졌습니다. 제가 듣건대 절개 있는 사나이는 오명汚名을 지니고 살지는 않는다고 합니다.'라 하였다. 장자는 다시 전쟁에 참여하여 70명을 죽이고 자신도 죽었다. 그래서 군자는 이 일에 대해서 이렇게 평하였다. '세 번 패배한 책임을 면하고 나서 또 나가 죽어서 자기 집안의 대代를 끊어버린 것은 사나이의 기개를 갖추어졌다고 하지만 효도를 다한 것이 못 된다.' 『시경詩經 · 탕湯』에서는 '처음에 잘하려 하지만 않은 것은 아니지만, 끝맺음까지 잘하는 이는 드물다네.'[4]

---

4 "卞莊好勇, 母無恙時, 三戰而北, 交遊非之, 國君辱之. 卞莊子受命, 顏色不變. 乃母死

공자는 염구가 재주 있지만 정치에 종사할 자질이 없다고 평했고,[5] 그가 자로子路·증석曾晳·공서화公西華와 함께 공자를 시좌侍坐하고 자기의 포부를 말할 때에도 자기가 3년을 다스리면 국민을 부유하게 만들 수 있으나 예와 악樂에 관해서는 군자를 기다려야 한다고 했다.

"求! 爾何如?" 對曰: "方六七十, 如五六十, 求也爲之, 比及三年, 可使足民. 如其禮樂, 以俟君子."(先進 11.24)

"염구冉求야, 너는 어떠하냐?"

"사방 6.70리나 5.60리 되는 곳을 제가 다스려서 3년만 되면 그 고장 백성들이 부족 없이 살아가도록 만들 수 있겠습니다. 그 고장의 예악에 관해서는 다른 군자의 힘을 기다려야 하겠습니다."

계강자가 자로·자공과 염구에 대하여 묻자, 공자는 자로는 과감하고(果) 자공은 통달(達)하였고 염구는 재능(藝)이 많은 사람이라 하였다.

曰: "求也可使從政也與?" 曰: "求也藝, 於從政乎何有?"(雍也 06.08)

三年, 魯興師, 卞莊子請從. 至見於將軍曰: '前猶與母處, 是以戰而北也, 辱吾身. 今母沒矣, 請塞責.' 遂走敵而鬬, 獲甲首而獻之曰: '請以此塞一北.' 又獲甲首而獻之, 曰: '請以此塞再北.' 將軍止之, 曰: '足!' 不止, 又獲甲首而獻之, 曰: '請以此塞三北.' 將軍止之, 曰: '足! 請爲兄弟.' 卞莊子曰: '三北以養母也, 今母歿矣, 吾責塞矣. 吾聞之, 節士不以辱生.' 遂奔敵, 殺七十人而死. 君子聞之曰: '三北已塞責, 又滅世斷宗, 士節小具矣, 而於孝未終也.'『詩』曰: '靡不有初, 鮮克有終.'"(韓詩外傳)

5 "季氏富於周公, 而求也爲之聚斂而附益之. 子曰: '非吾徒也. 小子鳴鼓而攻之, 可也.'"(先進 11.17)(계씨는 주공보다도 부유한데 염구는 그를 위해 부세를 거둬 모아다가 재산을 더 늘려주었다. 공자가 말하였다. "그 사람은 내 제자가 아니다. 너희들이 북을 울려가며 그를 성토하여도 좋다.)

"염구冉求는 정치에 종사할 수 있겠습니까?"

"염구冉求는 재능이 많습니다. 정치에 종사해서 안 될 일이 무엇이 있겠습니까?"

따라서 공자의 제자 염구는 재능이 많은 자라는 것을 알 수 있다.

'견리사의見利思義'는 군자는 의를 생각하지만 소인은 이득만을 생각한다 하였다. 의롭지 않은 부귀는 뜬 구름과 같이 무슨 의미가 있겠는가. 그 뜬 구름을 잡기 위해 우리는 무단히도 애쓰다가 그 결과 자신은 물론 가족까지 패망신되는 꼴을 당하는 것을 우리는 종종 보아왔다.

子曰: "君子喩於義, 小人喩於利."(里仁 04.16)

공자는 말하였다.

"만사를 군자는 정의에 입각해서 이해하고 소인은 이익에 입각해서 이해한다."

子曰: "飯疏食飮水, 曲肱而枕之, 樂亦在其中矣. 不義而富且貴, 於我如浮雲."(述而 07.16)

공자는 말하였다.

"거친 것을 먹고 물을 마시고 팔베개를 하고 살아도 즐거움은 또한 그 가운데 있는 것이다. 의롭지 않으면서 돈 많고 벼슬 높은 것은 나에게는 뜬구름과 같다."

의롭지 못한 부귀는 뜬구름 같은 것이다.

54

譎而不正 휼이부정

교활하고 부당하다

'휼이부정譎而不正' 중 '譎(속일 휼, jué)'은 '속이다' · '기만하다'의 뜻이다.

'(譎)'자는 '言'과 소리부 '矞(송곳질할 율, yù, jué)'로 이루어진 자로, '송곳으로 물건을 뚫듯이 완곡하게 말하면서 실제는 사실이 아닌 말을 하는 것'을 말한다. '(矞)'자는 '矛'와 소리부 '㕯(말을 더듬을 눌(열))'로 이루어진 자로 '송곳으로 뚫다'는 뜻이다. '(㕯)'자는 '口'와 '內'로 이루어진 자로 '말을 어눌하게 하다'라는 뜻이다.

'휼이부정譎而不正'의 반대말은 '정이불휼正而不譎'이다. 정정당당하면서 속임수를 쓰지 않음을 말한다.

> 子曰: "晉文公譎而不正, 齊桓公正而不譎."(憲問 14.15)
>
> 공자는 말하였다.
>
> "진晉 문공文公은 권모술수에 뛰어나지만 정정당당하지 못하였고, 제齊나라 환공은 정정당당하고 권모술수를 쓰지 않았다."

제齊나라 환공桓公(B.C 685–B.C 643 재위)과 진晉나라 문공文公(B.C 636–B.C 628)은 춘추春秋시대의 패자이다. 본 구절은 공자가 두 패자를 모두 비평하는 내용으로 이해하거나, 혹은 제 나라 환공을 진 나라 문공보다 높이 평가한 것으로 보기도 한다. 모든 일은 올바른 법도에 따라 처리되어야 하는데, 공자가 관중管仲을 나쁘지 않게 평가한 것으로 보아 후자의 경우로 볼 수 있다. 주자朱子는 환공도 문공도 무력을 쓰면서 인仁을 빌려왔으므로 마음이 본래 부정不正하다고 하지만, 환공은 초나라를 칠 때 의를 따르고 속임수를 쓰지 않았으나, 문공은 위衛나라를 치면서 초나라를 빼앗아 음모로 승리한 차이가 있다 하였다.[1] 이외에 환공은 관중과 원수였지만 그를 사면하고 등용했으나 문공은 호언狐偃의 은혜를 입고도 그를 내쳤기 때문에 환공과 문공은 사람됨이 달라 공자가 문공을 비평한 것으로 보기도 한다.

제나라 환공(강소백姜小白)은 관중의 도움으로 주周 천자天子를 종주宗主로 받들고 제후의 패자가 되었다.[2]

---

1 "晉文公名重耳, 齊桓公名小白. 譎, 詭也. 二公皆諸侯盟主, 攘夷狄以尊, 周室者也. 雖其以力假仁心皆不正. 然桓公伐楚仗義執言, 不由詭道, 猶爲彼善於此. 文公則伐衛以致楚, 而陰謀以取勝, 其譎甚矣. 二君他事亦多類此, 故夫子言此以發其隱."(論語集註)(진 문공의 이름은 중이이고, 진환공의 이름은 소백이다. 휼(譎)을 속이다는 뜻이다. 이들 두 공(公)은 모두 제후의 맹주로서 이적(夷狄)을 물리치고 주나라 왕실을 높인 자들이다. 하지만 힘으로써 인을 빌렸으니 마음이 모두 바르지 못하다. 하지만 환공은 초나라를 칠 때 대의를 내세워 말하였고 속임수를 사용하지 않았으니 그래도 이 환공이 저 문공보다 나은 것이 된다. 문공은 위나라를 칠 때 초나라를 싸움으로 끌어들이고 음모로써 승리를 취하였으니 그 속임이 매우 심하다. 두 임금의 다른 일도 이와 같은 것이 많다. 그러므로 공자는 이 숨을 사실을 밝히는 말이다.)

2 "夏, 會于葵丘, 尋盟, 且脩好, 禮也. 王使宰孔賜齊侯胙, 曰: '天子有事于文武, 使孔賜伯舅胙.' 齊侯將下拜, 孔曰, '且有後命. 天子使孔曰: 以伯舅耋老, 加勞賜一級, 無下拜.' 對曰: '天威不違顏咫尺, 小白餘敢貪天子之命, 無下拜, 恐隕越于下, 以遺天子羞, 敢不下拜. 下拜登受."(春秋左氏傳 · 僖公9年)(여름, 노희공이 재상으로 있는 주공(周公)

진나라 문공(희중이姬重耳)는 43세 때 외국에 망명하였다가 19년 만에 돌아와 62세의 연로한 나이에 패자가 되었다. 패자가 되기 위해 그는 많은 권모술수로 어렵게 군주가 되었고 9년의 짧은 재위 기간 동안 패자가 되었다. 진 문공은 오랜 세월 고난을 겪으면서 풍부한 이력과 정치적 경험을 쌓아 나라를 다스리는 이치를 깊이 깨달은 인물이다. 하지만 송나라의 구원 요청에 군사를 일으켜 성복城濮전투에서 초나라를 쳐서 이기고, 주周나라 천자 양왕을 순수巡狩라는 명목으로 천토踐土지방까지 불러다 놓고 제후들이 천자를 만나게 한 것은 신하로서 천자를 불러왔기 때문에 올바른 법도라 할 수 없다.[3]

만약에 나라를 다스리는 집정자가 '정이불휼正而不譎'하게 된다면 그 나라는 백성에게 명령을 내리지 않아도 백성을 믿고 따를 것이나, 그렇

과 제환공, 송양고, 위문공, 정문공, 허희공, 주공공 등과 함께 규구(葵丘)에서 만났다. 이는 이전의 동맹관계를 다시고 우호관계를 보다 발전시키기 위한 것으로 예에 맞는 일이다. 이때 주양왕이 재공(宰公)에게 명하여 제환공에게 조(胙)(제 지낸 고기 조, zuò)를 하사하면서 말했다. '천자가 주문왕과 주무왕에게 체사를 드리고 제공을 보내 백구(伯舅)(성이 다른 제후를 높임말)에게 조를 하사한다.' 이에 제환공이 급히 뜰 아래로 내려가 절하려고 하자 재공이 또 말하였다. '또 뒤에 나린 명이 있습니다. 천자가 저를 시켜 전하게 하기를 백구(伯舅)는 고령인 까닭에 이 관작을 한 등급 올려 주니 하배(下拜)(계단을 내려가 무릎을 꿇고 절하는 것)하지 말라고 하였습니다.' 그러자 환공이 말하였다. '천자의 위엄이 이마에서 지척(咫尺)인체 저 소백이 감히 어찌 천자의 명을 그대로 좇아 하배치 않을 수 있겠습니까? 하배를 탐내다가 아마도 뜰 아래로 굴러 떨어져 천자에게 수치를 끼치게 될까 두렵습니다. 어찌 감히 하배치 않겠습니까?' 이에 하배한 뒤 다시 당으로 올라가 조(胙)를 받았다.)

3 "是會也. 晉侯召王, 以諸侯見, 且使王狩. 仲尼曰: '以臣召君. 不可以訓.' 故書曰: '天王狩于河陽', 言非其地也, 且明德也."(春秋左氏傳 · 僖公28年)(당시 진문공은 온 땅에서 제후들과 회맹하면서 주양왕을 초청한 뒤 제후들을 이끌고 가 주양왕으로 하여금 순수(巡狩)하게 했다. 훗날 공자가 이를 비판하여 말하였다. '신하된 자가 군주를 부르는 일은 선례가 되어서는 안 된다.' 이에 『춘추』는 이같이 썼다. '천자가 하양(河陽)에서 순수(巡狩)했다.' 이는 하양이 천자의 관할이 아니라는 것을 말한 것으로 사실은 진문공이 천자를 부른 사실을 숨기면서 진문공의 공덕을 밝히기 위한 것이다.)

지 않고 '휼이부정譎而不正'하다면 나라가 평안한 날이 없게 된다.

> 子曰: "其身正, 不令而行, 其身不正, 雖令不從."(子路 13.06)
>
> 공자는 말하였다.
>
> "위정자 자신이 올바르면 명령을 내리지 않아도 잘 되어 나가고, 자신이 올바르지 않으면 명령을 내린다 하여도 복종하지 않는다."

'불령이행不令而行'은 '시키지 않아도 잘하다'라는 뜻이다. 혹은 윗사람이 몸가짐이 바르면 아랫사람은 자연히 몸가짐을 바르게 한다는 뜻으로 이해할 수 있다.

55
九合一匡 구합일광
제후를 여러 번 규합하고 천하를 구하다

'구합일광九合一匡'은 '구합제후九合諸侯, 일광천하一匡天下'의 준말이다. '천하의 제후를 여러 번 규합하고 천하를 바로잡다'라는 뜻이다. '일광一匡' 중 '일一'을 모두라는 뜻이고 '일광천하一匡天下'는 '어지러운 천하를 다스려 모두 바로잡다'라는 뜻이다. '九'자를 혹은 '糾(꼴 규, jiū)'로 읽고 '규합하다'라는 의미로 해석하기도 한다.

'(匡, 바룰 광, kuāng)'은 '匚'과 소리부 '㞷(王)'으로 이루어진 자로, '구제하다'·'바로잡다'는 뜻이다. 금문은 ''·''으로 쓴다. '가서 반듯하게 바로잡다'는 뜻이다. 혹은 '匡'자를 '筐(광주리 광, kuāng)'으로 쓴다. 따라서 '일광一匡'을 '천하를 광주리에 담듯이 천하를 하나로 바로잡다'라는 뜻으로 해석하기도 한다.

子路曰: "桓公殺公子糾, 召忽死之, 管仲不死." 曰: "未仁乎?" 子曰: "桓公九合諸侯, 不以兵車, 管仲之力也. 如其仁, 如其仁."(憲問 14.16)

자로가 말하였다.

"환공이 공자 규糾를 죽이자 소홀召忽은 규糾를 위해 죽었는데 관중은 죽지 않았습니다." "인자하지는 아니하겠지요?"

공자는 말하였다.

"환공이 제후들을 규합하는 데 전차를 쓰지 않고 한 것은 관중의 힘이다. 그의 인자함이여! 그의 인자함이여!"

子貢曰: "管仲非仁者與? 桓公殺公子糾, 不能死, 又相之." 子曰: "管仲相桓公, 覇諸侯, 一匡天下, 民到于今受其賜. 微管仲, 吾其被髮左衽矣. 豈若匹夫匹婦之爲諒也, 自經於溝瀆而莫之知也?"(憲問 14.17)

자공이 말하였다.

"관중은 인자한 사람은 아닐 것입니다. 환공이 공자 규를 죽였는데 규를 위해 죽지 못하고 또 환공의 재상 노릇을 하였습니다."

공자는 말하였다.

"관중이 환공의 재상이 되어 환공은 제후를 거느려 천하를 통일하고 바로잡아 놓아서 사람들은 지금까지도 그 혜택을 입고 있다. 관중이 없었다면 나는 머리를 풀고 옷섶을 왼쪽으로 여미고 살 뻔했다. 어찌 필부필부가 자자한 신의를 지키는 것과 같겠느냐? 개천에서 제 손으로 목매어 죽어도 알아줄 사람은 없다."

공자 규糾는 환공의 형이다. 아버지 양공襄公 때 제나라에 내란이 일어나 규는 관중과 소홀이 호위하여 노魯나라에 망명하였고, 동생 소백小白(환공桓公)은 포숙아鮑叔牙가 호위를 하여 거莒로 망명하였다가 양공이 무지無知의 손에 죽은 뒤 소백이 먼저 귀국하여 왕위에 올랐다. 후에 규를 찾아 죽이고, 규를 호위하였던 소홀召忽은 자살하였느나 관중은 살아있다가 포숙아가 천거하여 재상이 되었다. 『춘추좌씨전春秋左氏傳 · 장공莊公8-9년』에 보이는 내용이다.[1]

환공은 재상이 된 후, 포숙鮑叔 · 습붕隰朋 · 고혜高傒 등과 함께 제나라의 정치를 다스렸다. 다섯 가구를 기초로 하는 군대조직을 시행하고, 화폐 주조와 어로漁撈(고기와 수산물 채취)와 제염 등의 이용후생의 조치를 하며, 빈궁한 자들을 구제하고 능력 있는 현사賢士들을 등용하고 우대하여 네 나라 사람들은 모두 기뻐하였다.

---

1 "遂入, 殺孟陽于床, 曰: 非君也, 不類. 見公之足于戶下, 遂弒之, 而立無知. 初, 襄公立無常, 鮑叔牙曰: 君使民慢, 亂將作矣. 奉公子小白出奔莒, 亂作. 管夷吾 · 召忽奉公子糾來奔. 初, 公孫無知虐于雍廩. ……鮑叔帥師來言曰: '子糾, 親也, 請君討之. 管召, 讎也. 請受而甘心焉. 乃殺子糾于生竇.' 召忽死之, 管仲請囚, 鮑叔受之, 及堂阜而稅之. 歸而以告曰: '管夷吾治於高傒, 使相可也. 公從之.'"(春秋左氏傳 · 莊公8-9年)(도적들이 제양공의 침실 안으로 들어가 침상에 제양공인 양 누워있는 맹양을 죽었다. 그러나 이내 제양공이 아닌 것을 알고는 말하였다. '죽은 자는 군주가 아니다. 얼굴이 닮지 않았다.' 도적들이 제양공을 찾던 중 마침 그 발이 문짝 밖으로 살짝 나와 있는 것을 발견했다. 이에 곧 문짝 뒤에 있던 제양공을 끌어내 시해한 뒤 공손 무지를 제나라 새 군주로 옹립했다. 당초 제양공이 즉위한 뒤 제나라의 정치는 매우 무질서했다. 그러자 대부 포숙아가 예언했다. '군주가 백성들을 방종하게 만들고 있으니 곧 변란이 일어나고 말 것이다.' 그리고는 곧 공자 소백을 받들고 거나라로 달아났다. 얼마 후 과연 난이 일어나자 공자 규의 사부로 있던 관이오(관중)과 소홀도 공자 규를 받들고 노나라로 도망쳤다.……이때 포숙아가 승세를 몰아 군사를 이끌고 노나라로 가 노장공를 위협하며 말하였다. '공자 규는 군주의 육친이니 청컨대 군주가 그를 죽이기 바랍니다. 그러나 관중과 소홀은 우리 군주의 원수이니 청컨대 그들을 산채로 넘겨주어 저희 군주가 친히 그들을 죽여 분을 풀수 있도록 해주기 바랍니다.' 노장공이 규를 생두(산동성)에서 죽었다. 이에 소홀은 공자 규를 따라 스스로 목숨을 끊었다. 이에 관중은 포숙아에게 자신을 묶어갈 것을 청했다. 포숙아가 관중을 인수받아 제나라로 돌아와 당부(산동성)에 이르러 그를 풀어주었다. 그리고는 돌아가 제환공에게 고했다. '관이오의 정치적 재능이 고해(제나라 상경(上卿) 고경중(高敬仲))보다 뛰어나니 그를 재상으로 발탁해 쓰는 것이 가할 것입니다.' 제환공이 포숙아의 말을 좇아 관중을 제나라의 재상으로 삼았다.)

제나라가 중원 각국의 회맹을 주재하였고 제나라 환공이 자신의 덕을 잘 선양하였기 때문에 제후들이 복종하며 회맹하였는데, 이때 환공은 자신이 '구합제후九合諸侯, 일광천하一匡天下'하였다고 하였다.

> 과인은 남쪽을 정벌하여 소릉召陵에 까지 이르러 웅산熊山을 바라보았고, 북쪽으로 산융山戎·이지離枝·고죽孤竹을 정벌하였으니, 서쪽으로 대하大夏를 정벌하여 유사流沙를 경유하였고, 말발굽을 싸고 수레를 매달면서 태행산太行山에 올라 비이산卑耳山에 이른 다음에 돌아왔소. 제후들 가운데 아무도 과인의 명령을 거스르지 못했으니, 과인은 전쟁을 위한 회맹한 셋과, 평화를 위한 회맹 여섯으로 제후들을 아홉 번 규합하였고 천하의 주 왕실의 일을 한 번 바로잡았소. 옛날 하상주夏商周 삼대 왕들이 천명을 받은 것과 이 일들이 무엇이 다르오? 과인도 옛날의 제왕들처럼 태산에서 하늘에 제사를 받들고 양보산梁父山에서 땅에 제사를 받들려고 하오.[2]

태산과 양보산에서의 봉선封禪(하늘과 산천에 제사 드리는 일)하는 일을 천자만이 할 수 있는 일이기 때문에 관중은 저지하였다. 전쟁을 위해서 거행한 회맹은, 노魯 장공莊公 13년에 송宋의 난을 평정한 것은 희공僖公 4년 채蔡와 금禁을 친 것, 희공僖公 6년에 정鄭나라를 치고 신성新城을 포위한 것 등 세 차례를 가리킨다. 평화를 위해서 회맹한 것은 노魯 장공莊公 14년 견鄄(위衛나라)에서, 15년에 다시 견鄄에서, 16년에 유幽(송宋나

---

2 "寡人南伐至召陵, 望熊山; 北伐山戎·離枝·孤竹; 西伐大夏, 涉流沙; 束馬懸車登太行, 至卑耳山而還. 諸侯莫違寡人. 寡人兵車之會三, 乘車之會六, 九合諸侯, 一匡天下. 昔三代受命, 有何以異於此乎? 吾欲封泰山, 禪梁父."(史記·齊太公世家)

라)에서, 희공僖公 3년 수지首止에서, 8년 조洮(조曹나라)에서, 9년에 규구葵丘에서 회맹하였던 것을 가리킨다.

춘추시기 제후의 맹주인 '춘추春秋오패五霸'를 『사기』는 제齊나라 환공桓公·진晉나라 문공文公·초楚나라 장왕莊王·진秦나라 목공穆公과 송宋나라 양공襄公이라 하고, 『순자荀子·왕패王霸』는 제齊나라 환공桓公·진晉나라 문공文公·초楚나라 장왕莊王·오왕吳王 합려闔閭와 월왕越王 구천勾踐이라 하였다.

대통령은 온 나라의 백성의 마음을 규합하여야 한다. 2017년, 일개 한 사람 최순실에 의하여 박근혜 정부가 바뀌었다. 어느 한 개인에 의하여 국정이 농단을 당했다는 것은 최고의 지도자의 수치일 뿐만 아니라, 한 국가의 수치이다. 집정자는 개인의 욕심을 위해서가 아니라 국가 전체의 안녕, 국민의 삶 전체를 책임져야 하고, 세계의 평화를 위하여 노력하여야 한다.

56

被髮左衽 피발좌임

머리를 풀고 옷섶을 왼쪽으로 하다

'피발좌임被髮左衽'은 '머리를 풀고 옷깃을 왼쪽으로 여민다'는 뜻으로, '미개한 나라의 풍속'을 가리키는 말이다. '피발被髮'은 원래 '묶지 않고 덮은 모양의 머리카락'이라는 뜻에서 '머리를 풀어헤치다' · '부모가 돌아가실 때 머리를 풂'의 뜻으로 쓰인다.

'(被, 이불 피, bèi)'자는 '衣'와 소리부 '皮'로 이루어진 자이다. '(皮)'자를 금문은 ''로 쓴다. 가죽을 벗기는 모습이다. '被'자는 '가죽으로 만든 외투'라는 뜻에서 후에 가죽을 외투로 삼아 몸에 거치는 것 같이 몸을 덮는 것이기 때문에 '이불'이라는 의미로 쓰인다.

'(髮, 터럭 발, fà, fā)'자는 '髟(머리털 표, biāo)'와 소리부 '犮(달릴 발, bá)'로 이루어진 자이다. '(髟)'자는 '長'과 '彡(터럭 삼; shàn, xiān)'으로 이루어진 자로 머리카락이 길게 늘어진 모습으로 '머리 털'의 뜻이며, 후에 소리부 '犮'이 추가되어 '髮'자가 되었다. '髟'자를 갑골문은 '' · ''로 쓰고 금문은 ''로 쓴다. '(犮)'은 '개가 달려가는 모양'이란 뜻에서 '달리다' · '도망가다'는 뜻으로 쓰인다. 『설문해자』는 혹체를 '(㛲)'로 쓰고

고문은 ‘(頪)’로 쓰며, 금문은 ‘’·‘’로 쓴다.

‘(左, 왼 좌, zuǒ)’자는 ‘𠂇’과 ‘工’으로 이루어진 자로 ‘工’자 대신 ‘言’이나 ‘口’를 사용하여 ‘’·‘’로 쓴다. 갑골문은 ‘工’을 생략하고 ‘’로 쓴다. ‘왼쪽 손’ 혹은 ‘왼손으로 공구를 붙잡고 작업을 하는 모습’이다.

‘(衽, 옷깃 임, rèn)’자는 ‘衣’와 소리부 ‘壬’으로 이루어진 자로 ‘옷섶’·‘옷깃’이라는 뜻이다.

‘좌임左衽’의 반대는 ‘우임右衽’이다. 한족漢族은 전통적으로 오른쪽으로 옷깃을 여미였기 때문에 ‘한족’을 대표하는 개념으로 쓰였고, 반대 방향인 ‘좌임’은 이민족 혹은 한족의 통치를 받는 미개발 민족의 뜻으로 쓰였다.

子貢曰: “管仲非仁者與? 桓公殺公子糾, 不能死, 又相之.” 子曰: “管仲相桓公, 霸諸侯, 一匡天下, 民到於今受其賜. 微管仲, 吾其被髮左衽矣. 豈若匹夫匹婦之爲諒也, 自經於溝瀆而莫之知也?”(憲問 14.17)

자공이 말하였다.

“관중은 인자한 사람은 아닐 것입니다. 환공이 공자 규를 죽였는데 규를 위해 죽지 못하고 또 환공의 재상 노릇을 하였습니다.”

공자는 말하였다.

“관중이 환공의 재상이 되어 환공은 제후를 거느려 천하를 통일하고 바로 잡아 놓아서 사람들은 지금까지도 그 혜택을 입고 있다. 관중이 없었다면 나는 머리를 풀고 옷섶을 왼쪽으로 여미고 살 뻔했다. 어찌 필부필부匹夫匹婦가 자자한 신의信義를 지키는 것과 같겠느냐? 개천에서 제 손으로 목매어 죽어도 알아줄 사람은 없다.”

'미관중微管仲' 중의 '미微'는 부정의 의미인 '없다'라는 뜻으로 쓰인다.

'필부필부匹夫匹婦'는 평범한 일반 백성을 가리킨다.

'위량爲諒' 중의 '諒(믿을 량(양), liàng, liáng)'자는 '참' · '진실'이나 '믿다'라는 의미로 '위량爲諒'은 '신뢰를 지키다'는 뜻이다.

'자경自經'은 '스스로 목숨을 끊다'라는 뜻이다. '經(실날 경, jīng, jìng)'은 원래 '실타래'나 '노끈'이라는 뜻으로 동사로 쓰이면 '노끈을 이용하여 목매 자살하다'라는 의미로도 쓰인다. '구독溝瀆'은 '도랑'이라는 뜻이다.

머리를 풀고 옷섶을 왼쪽으로 여미는 풍속은 이민족의 습속을 말한 것으로, 관중이 아니었다면 중국의 예제禮制는 사라지고 이민족의 지배를 받았을 것이라는 뜻이다. 공자는 관중이 소홀과 함께 공자 규를 위해 자살을 했다면 후에 재상이 되지 못해 백성을 구제하지 못했을 쓸모없는 죽음이라 한 것이다.

관중은 쉽지 않게 제나라의 재상이 되었으나 후에 백성을 위해 적지 않은 공로를 쌓아 후세에 많은 영향을 끼쳤다. 그의 저서로는 『관자管子』가 있다. 아래는 『사기』에서 말하는 관중이다.

> 제환공 때 진으로부터 손님이 왔는데, 담당관리가 예우를 어떻게 할 것인가를 물었다. 환공이 '중부仲父(관중管仲)에게 고하라.'고 세 번이나 말하였다. 그래서 배우가 말하기를 '쉽네요. 군주되기가. 하나도 중부라 하시고 둘도 중부라 하시니.' 환공이 말하기를 '내가 듣기에는 남의 군주가 된 자는 사람을 찾는 일은 고생스럽지만 그 사람을 쓰는 것은 편안하다고 하였다. 나는 중부를 얻기까지 이미 어려움을 겪었다. 중부를 얻고 난 후로는 어찌 손쉽지 않겠는가?'라 했다.[1]
>
> 관중은 정사를 맡아 제나라 재상이 되었다. 제나라는 작은 나라로 바닷가

의 변방의 땅에 위치하였다. 관중은 무역을 하여 국고를 쌓아 나라를 부강하게 하고, 군비를 튼튼하게 하였으며 백성들이 원하는 대로 백성을 이끌어 나갔다. 관중의 자신의 저서『관자管子·목민편牧民篇』에서 말하였다.

'사람은 곡식 창고가 가득 차야 비로소 예절을 알며, 의식이 풍족해야만 영욕榮辱을 안다. 위에 있는 자가 법도法度를 지키면 육친六親이 서로 화목하여 굳게 뭉치고, 사유四維(예의禮義 염치廉恥)가 행해지지 못하면 나라는 망한다.'

관중이 정령政令을 내리면, 물이 수원에서 흘러 차차 낮은 곳으로 흐르듯이 민심이 그에 순응하였다. 그래서 나라에서 결정한 정책은 알기 쉬워 실행하기가 쉬웠고, 백성이 바라는 것은 소망대로 들어주었으며, 싫어하는 것은 제거해 주었다. 그리고 정치의 실제 면에서 화禍를 복福으로 전환시켰으며, 실패를 성공으로 전화시켜 이끌었다. 또 어떠한 일도 그 경중을 잘 파악하여 균형을 잡아 신중하게 처리하였다. 예를 들어, 환공이 소희小姬의 일로 노하여 채蔡 나라를 공격하자 관중은 그것을 기회삼아 초나라를 쳐 초가 주실周室에 바치는 공물貢物인 포모包茅(세사에 사용하는 청모靑茅 꾸러미)를 바치지 않은 것을 꾸짖었다. 또 환공이 북으로 산융山戎을 치자 관중은 그것을 기회로 연燕을 쳐 조종祖宗의 소공召公의 선정善政을 부활시켰다. 또 가柯의 회맹會盟(제환공齊桓公과 노장공魯莊公의 회맹)에서 환공이 노나라 장수 조말과의 약속을 어기려 하였으나, 고한중은 환공에게 그 약속을 지켜 신의를 지키게 했다. 그런 까닭에 제후들은 제나라에 귀속했다.

---

1 "齊桓公之時, 晉客至, 有司請禮, 桓公曰: '告仲父'者三. 而優笑曰: '易哉爲君, 一曰仲父, 二曰仲父.' 桓公曰: '吾聞君人者勞於索人, 佚於使人. 吾得仲父已難矣, 得仲父之後, 何爲不易乎哉!"(韓非子·難二)

관중이 말하였다.

'주는 것이 사실은 얻는 수단이 된다는 것을 아는 것이 정치의 요체이다.'[2]

관중은 '지여지위치知與之爲取'라 하였다. 정치란 '주는 것이 바로 얻는 것이다'라는 것을 알아야 된다는 것이다.

---

2 "管仲既任政相齊, 以區區之齊在海濱, 通貨積財, 富國彊兵, 與俗同好惡. 故其稱曰: '倉廩實而知禮節, 衣食足而知榮辱, 上服度則六親固. 四維不張, 國乃滅亡. 下令如流水之原, 令順民心.' 故論卑而易行. 俗之所欲, 因而予之; 俗之所否, 因而去之. 其爲政也, 善因禍而爲福, 轉敗而爲功. 貴輕重, 慎權衡. 桓公實怒少姬, 南襲蔡, 管仲因而伐楚, 責包茅不入貢於周室. 桓公實北征山戎, 而管仲因而令燕修召公之政. 於柯之會, 桓公欲背曹沫之約, 管仲因而信之, 諸侯由是歸齊. 故曰: '知與之爲取, 政之寶也.'"(史記 · 官晏列傳)

57

居上不寬 거상불관

윗사람이 관대하지 못하다

'거상불관居上不寬'은 '윗자리에 있으면서 아랫사람에게 관대하지 못하다'라는 의미로 윗사람은 아랫사람에게 관대한 마음을 가져야 한다는 가르침이다.

'(居, 있을 거, jū)'자는 '尸(주검 시, shī)'와 소리부 '古'로 이루어진 자로 '조상 대대로 기거하는 장소'라는 뜻이다. 혹은 '踞' · '尻'나 '凥'로 쓴다. 금문은 '' · '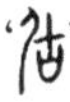'로 쓴다.

'寬(너그러울 관, kuān)'자는 '宀'과 소리부 '(萈, 산양 환, huán)'으로 이루어진 자로 '넓은 가옥'이라는 뜻이다. 금문은 '' · ''으로 쓴다. 원래는 '동물이 풀이 깔린 넓은 사옥에 사는 모습'으로 후에 '넓다' · '관대하다'라는 뜻으로 쓰인다.

子曰: "居上不寬, 爲禮不敬, 臨喪不哀, 吾何以觀之哉?"(八佾 03.26)

공자는 말하였다.

"윗자리에 있으면서 너그럽지 않고, 예의를 차리는데 공경스럽지 않고 상사喪事를 당하여 슬퍼하지 않는다면 다른 무엇을 가지고 그의 사람됨을 살피랴."

'위례爲禮'는 '예를 행하다'라는 뜻이고, '임상臨喪'은 '상례喪禮를 당하게 되었을 때'를 가리킨다.

윗사람이 아랫사람에게 너그럽게 대하는 것, 남을 공경스럽게 대하는 것, 부모를 그리워하는 마음은 인간이 가지고 있는 가장 천성스런 사랑이다. '거상불관居上不寬'은 윗사람이 아랫사람을 관대하게 대하는 마음이다. 나이가 많거나 지위가 좀 높으면 아랫사람을 함부로 대하거나 아랫사람의 말을 들으려 하지 않는다.

'거상불관居上不寬'하지 않는 마음을 『중용中庸』에서는 '윗사람은 거만하지 않고, 아랫사람은 윗사람을 배신하지 않는다'라 하였다.

크기도 하다! 성인의 도는. 넓고 넓게 만물을 발육시키고, 하늘 끝에 닿도록 높다. 여유스러우며 크기도 하다. 『예의禮儀』 3백 가지요, 『위의威儀』(곡례曲禮)는 3천 가지나 되며, 훌륭한 사람이 나오기를 기다려서야 행하여진다. 그래서 '진실로 지극한 덕을 지닌 사람이 아니면 지극한 도道가 이룩되지 않는다'고 하는 것이다.

그러므로 군자는 덕성德性을 존중하여 묻고 배우는 길을 따라가며, 넓고 큰 것을 파악하여 정밀하고 미세한 것을 세밀하게 탐구하며, 높고 맑은 것을 철저히 규명하여 중용中庸을 따르며, 배운 것을 복습하여 새것을 알며, 돈독하고 후하게 하여 예의를 숭상한다. 이러한 까닭에 윗자리에 있어서는 교만하지 않고, 아랫사람이 되어서는 배반하지 않고, 나라에 정도가 행하여지면 그가 하는 말이 윗사람을 일깨워주기에 넉넉하고, 나라에 정도가 행하여지지 않으면 그의 침묵이 족히 수용될 수 있다. 『대아大雅 · 증민편烝民篇』은 '밝은 데다가 또 지혜로워서 자기의 몸을 편안케 하는 도다.'라 하였다. 이 시는 바로 이런 점을 두고 한 말일 게다.[1]

증자曾子는 공자의 말을 인용하여 부모를 모시는 자는 조심하여야할 것이 세 가지가 있는데, 그 중에 하나가 윗자리에 있으면 교만하게 굴지 말고, 윗사람을 모실 때는 배반하지 말고, 동료들과 함께 지낼 때는 다투는 짓을 해서는 안 된다 하였다. 만약에 거만하게 굴면 망하게 될 것이고, 배반을 하면 형벌로 다스림을 받게 될 것이고, 동료지간에 다툼을 하게 되면 전쟁과 같이 싸움이 일어난다 하였다.[2]

'임상불애臨喪不哀'는 '부모의 상을 당했는데 슬퍼하지 않는 마음'이다. 이런 사람은 없을 것 같지만, 세태가 꼭 그렇지만은 아닐 것이다. 친상親喪은 천하의 가장 슬픈 일 중의 하나이다. 자식 된 도리로 최대의 정성을 다해야 할 것이다. 하지만 그렇다 해서 너무 슬픈 나머지 몸을 상해서도 안 될 것이고, 또는 체면치레로 너무 요란하게 허례허식을 해서는 안 될 것이다.

---

1 "大哉聖人之道! 洋洋乎發育萬物, 峻極于天. 優優大哉! 『禮儀』三百, 威儀三千, 待其人然後行. 故曰: 苟不至德, 至道不凝焉. 故君子尊德性而道問學, 致廣大而盡精微, 極高明而中庸. 溫故而知新, 敦厚以崇禮. 是故居上不驕, 爲下不倍; 國有道, 其言足以興, 國無道, 其默足以容. 『詩』曰: '旣明且哲, 以保其身.' 其此之謂與!"(中庸, 27章)

2 "子曰: 事親者居上不驕, 爲下不亂, 在醜不爭. 居上而驕則亡, 爲下而亂則刑, 在醜而爭則兵."(曾子 · 仲尼閑居)(공자가 말하였다. 부모를 모시는 자는 윗자리에 있으면 교만하지 말고, 아래에 있으면 배반하지 말고, 동료들과 있으면 다투지 말아야 한다. 거만하면 망하게 되고, 배반을 하면 형벌을 받게 되고, 동료지간에 다툼이 일어나면 전쟁이 일어난다.)

曾子曰: "吾聞諸夫子, 人未有自致者也, 必也親喪乎!"(子張 19.17)

증자가 말하였다.

"내가 스승(공자孔子)한테서 들은 것이지마는, 사람은 정성을 다한 적이 없었다 하더라도 친상을 당해서는 반드시 정성을 다해야 할 것이다."

子游曰: "喪致乎哀而止."(子張 19.14)

자유가 말하였다.

"상사喪事를 당해서는 슬픔을 다하는 데서 그칠 것이다."

'치호애이지致乎哀而止'는 '슬픔을 다하는 데서 그치다'는 뜻이다. 일반적으로 '슬픈 애도를 표하면 되지 자신의 몸까지 상해서는 안 된다'나 혹은 '슬픔을 표시해야지 허례허식을 해서는 안 된다'는 뜻으로 해석한다.

58

大言不怍 대언부작

과장하나 부끄러워하지 않다

'대언부작大言不怍'은 '과장해서 말을 하고도 이를 부끄러워하지 않는다'는 뜻이다. '대언부작'은 원래 『논어』에서 '기언부작其言不怍'으로 쓰는데, 이 중 '其'자를 '大'자로 바꾼 것이다. '큰 소리 치고도 전혀 부끄럽게 생각하지 않다' · '뻔뻔하게 큰 소리 치다'라는 뜻이다.

'대언大言'은 '큰 소리 치다'의 뜻이다.

'(怍, 부끄러워할 작, zuò)'자는 '心'과 소리부 '乍(잠깐 사, zhà)'로 이루어진 자이다. '乍'자는 고문자에서 '作'과 같은 자이다. '꾸며 만들어낸 말은 마음을 부끄럽게 하는 것'이다. '(怍)'자는 갑골문은 '' · ''으로 쓰고, 금문은 '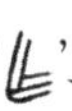'으로 쓴다. 금문은 혹은 '攴'을 추가하여 ''으로 쓰기도 한다. '작怍'은 '慚(부끄러울 참, cán)'자나 '愧(부끄러워 할 괴, kuì)'자와 같은 뜻으로 쓰인다. 따라서 '대언부작'은 '대언불참大言不慚'이나 '대언불괴大言不愧'로 쓰기도 한다.

子曰: "其言之不怍, 則爲之也難."(憲問 14.20)

공자는 말하였다.

"말을 앞세우는 것을 부끄러워하지 않으면 말을 실천하기가 어렵다."

'기언부작其言不怍'은 또한 '말해서 부끄럽지 않다'로 해석하여, 전체적으로 '부끄럽지 않을 만큼 떳떳한 일을 실행하기가 어렵다'로 해석하기도 한다. 즉 '말해서 부끄럽지 않은 일이라면 행하기가 어렵다'는 뜻이다.

그러나 일반적으로 '사람이 과장되게 말하고도 조금도 부끄럽게 생각하지 않는다면, 실행하기가 쉽지 않을 것이다'라는 뜻으로 이해하여, '其'자를 '大'로 바꾸어 해석한다. 『주희朱熹·논어집주論語集註』는 '대언大言'으로 쓰고, "큰 소리를 치고도 부끄러워하지도 않으면, 실천하려는 뜻이 반드시 있는 것은 아니다. 그러면 스스로도 그 능력이 있고 없음을 헤아리지 못하고 있으니, 그 말을 실천하기가 어렵지 않겠는가!" 라 하였다.[1]

임기응변 교묘한 말로 과장하여 자신의 명성과 소문이 사실과 다르게 일시적으로 유명하게 된 사람은 진실된 생명력이 없기 때문에 금방 물이 말라버리듯이 탄로 나는 법이다. 그래서 자신이 가지고 있는 능력보다 높은 위치에 있거나 자신의 성과를 과장하여 말한다면 이는 죄악이고, 또한 봉록을 받는다는 그 자체가 치욕적인 일인 것이다. 부끄러워하는 마음이 사람에게서 가장 중요한 일이니 부끄러워하지 않는 마음을 부끄럽게 생각하여야 한다. 부끄러워하는 마음을 가진 사람과 같이 부끄러워하여야 하는데, 그렇지 않으면 이미 사람이 아닌 것과 같은 것이

1 "大言不慚, 則無必爲之志, 而不自度其能否也. 欲踐其言, 其不難哉!"(論語集註)

다. 맹자가 말하였다.

서자가 말하였다. "중니仲尼는 자주 물의 덕을 칭송하셔서, '물이여, 물이여!' 하셨는데, 물에서 무엇을 취하신 것입니까?"

맹자가 말하였다.

"근원의 샘물은 졸졸 끊임없이 밤낮을 가리지 않고 흘러 팬 구멍을 채우고 난 후에 앞으로 나아가고 하여 사방의 바다로 도달한다. 근본이 있는 것은 이와 같으므로 그 점을 취한 것이다. 진실로 근본이 없으면 7-8월 간에 빗물이 모여서 크고 작은 도랑들이 다 차지마는 그 물이 말라버리는 것을 서서 기다릴 수 있다. 그래서 명성이 실제보다 지나치는 것을 군자는 부끄러워하는 것이다."[2]

지위가 낮으면서 말이 높은 것은 죄악이고, 조정에 있으면서 도를 행하지 않는다면 이는 부끄러운 일이다.[3]

사람이 부끄러움을 갖지 않으면 안 된다. 부끄러워하는 마음이 없는 것을 부끄럽게 생각한다면 이는 부끄러움이 없게 되는 것이다.[4]

부끄러워하는 마음은 사람에 있어 가장 중요한 것이다. 임기응변의 교묘

---

2 徐子曰: "仲尼亟稱於水曰: '水哉! 水哉! ' 何取於水也?" 孟子曰: "源泉混混, 不舍晝夜, 盈科而後進, 放乎四海; 有本者如是, 是之取爾. 苟爲無本, 七 · 八月之間雨集, 溝澮皆盈; 其涸也, 可立而待也. 故聲聞過情, 君子恥之."(孟子 · 離婁章下)

3 "位卑而言高, 罪也. 立乎人之本朝而道不行, 恥也."(孟子 · 萬章下)

4 "人不可以無恥. 無恥之恥, 無恥矣."(孟子 · 盡心上)

한 짓을 하는 자는 부끄러워하는 마음을 쓸 줄 모르는 것이다. 남과 같지 않은 것을 부끄러워하지 않는다면 어떻게 남과 같아지겠는가?(부끄러워하는 사람과 같지 않은 것을 부끄럽지 않게 생각한다면 이는 사람이 아니다.)[5]

맹자에게는 세 가지 즐거운 일이 있는데, 그 중의 하나가 하늘을 우러러 부끄럽지 않고 땅을 굽어보아서 사람에게 창피한 짓을 하지 않은 것이라 하였다.[6]

---

5 "恥之於人大矣. 爲機變之巧者, 無所用恥焉. 不恥不若人, 何若人有?"(孟子 · 盡心上)

6 "君子有三樂, 而王天下不與存焉. 父母俱存, 兄弟無故, 一樂也. 仰不愧於天, 俯不怍於人, 二樂也. 得天下英才而教育之, 三樂也. 君子有三樂, 而王天下不與存焉."(孟子 · 盡心上)(군자에게는 세 가지 즐거움이 있는데, 천하의 왕 노릇하는 것은 거기에 들어 있지 않는다. 부모가 다 생존하고, 형제들에 연고가 없는 것이 첫째의 즐거움이다. 우러러보아서 하늘에 부끄럽지 않고, 굽어보아서 사람에게 부끄럽지 않은 것이 둘째의 즐거움이다. 천하의 뛰어난 인재를 얻어서 교육하는 것이 셋째의 즐거움이다. 군자에게는 세 가지 즐거움이 있으나 천하의 왕 노릇하는 것은 거기에 들어 있지 않다.)

59

夫子自道 부자자도

자신을 이야기하다

'부자자도夫子自道'는 원래 '공자가 자신의 이야기를 하다'라는 뜻이나, 후에 '남의 이야기를 한다는 것이 결국은 자신의 이야기를 하다'라는 뜻과 '자화자찬하다'라는 뜻으로 쓰인다.

子曰: "君子道者三, 我無能焉, 仁者不憂, 知者不惑, 勇者不懼." 子貢曰: "夫子自道也."(憲問 14.28)

공자는 말하였다.

"군자의 도道는 셋인데, 내가 해낼 수 있는 것은 하나도 없다. 인자한 사람은 근심하지 않고, 지혜로운 사람은 의혹에 빠지지 않고, 용감한 사람은 두려워하지 않는다."

자공이 말하였다.

"선생님께서 자신을 두고 하신 말씀이시다."

결국 공자는 '인仁'·'지知'와 '용勇'을 모두 갖춘 성인聖人이시다. 사마천司馬遷은 공자 후 10여 세대를 지나왔어도 여전히 학자들이 추앙하고 따르고, 육예六藝를 담론하는 모든 사람들은 모두 공자의 말씀을 판단 기준으로 삼으니, 그는 참으로 최고의 성인(지성至聖)이라 하였다.

태사공은 말하였다.

"『시경』에 '높은 산은 우러러보고, 큰 길은 따라간다'라는 말이 있다. 내 비록 그 경지에 이르지는 못할지라도 마음은 항상 그를 동경하고 있다. 나는 공자의 저술을 읽어보고, 그 사람됨이 얼마나 위대한 가를 상상할 수 있었다. 노나라에 가서 공자의 묘당, 수레, 의복, 예기禮器를 참관하였고, 여러 유생들이 때때로 그 집에서 예를 익히고 있음을 보았다. 그리고는 경모敬慕하는 마음이 우러나 머뭇거리며 그곳을 떠날 수가 없었다. 역대로 천하에는 군왕에서 현인에 이르기까지 많은 사람들이 있었지만 모두 생존 당시에는 영화로웠으나 일단 죽으면 그것으로 모든 것이 끝나고 말았다. 그러나 공자는 포의布衣로 평생을 보냈지만 10여 세대를 지나왔어도 여전히 학자들이 그를 추앙한다. 천자 · 왕후로부터 나라 안의 육예六藝를 담론하는 모든 사람들에 이르기까지 다 공자의 말씀을 판단 기준으로 삼고 있으니, 그는 참으로 최고의 성인이라고 말할 수 있겠다."[1]

안연은 스승 공자의 도는 우러러보면 볼수록 더욱 높고 뚫고 내려가면 더욱 더 깊어지고 열심히 노력하여 다가갈 수 있다고 생각했는데, 어느

---

1 "太史公曰: 詩有之: '高山仰止, 景行行止.' 雖不能至, 然心向往之. 餘讀孔氏書, 想見其爲人. 適魯, 觀仲尼廟堂車服禮器, 諸生以時習禮其家, 餘祗回留之不能去云. 天下君王至于賢人衆矣, 當時則榮, 沒則已焉. 孔子布衣, 傳十餘世, 學者宗之. 自天子王侯, 中國言六藝者折中于夫子, 可謂至聖矣!"(史記)

덧 저 멀리 있어 따라가려 해도 감히 따라갈 수 없을 만큼 위대하다 하였다.[2] 자공은 공자 스승은 하늘이 내려주신 성인이시고, 공자 자신은 자신이 원래 비천한 출신이기 때문에 안 해본 일이 없어 오히려 할 줄 아는 것이 많다 하였다.[3] 자공은 외교와 장사에 뛰어난 수단가였다. 그래서 혹자는 자공이 공자보다 낫다고 보는 자도 있었을 것이다. 자공은 담으로 이야기하자면 자신의 담은 낮아 누구나 금방 알아볼 수 있을 만큼 깊이가 없지만, 공자의 담은 누가 감히 넘나볼 수 없는 경지라 하였다. 그래서 보통 사람의 눈으로는 그 문을 찾을 수 없고 넘볼 수 없어 마치 아무것도 없는 것처럼 보일 수가 있는 것이다.

叔孫武叔毁仲尼. 子貢曰: "無以爲也! 仲尼不可毁也. 他人之賢者, 丘陵也, 猶可踰也, 仲尼, 日月也, 無得而踰焉. 人雖欲自絶, 其何傷於日月乎? 多見其不知量也."(子張 19.24)

---

2 顔淵喟然歎曰: "仰之彌高, 鑽之彌堅. 瞻之在前, 忽焉在後. 夫子循循然善誘人, 博我以文, 約我以禮, 欲罷不能. 旣竭吾才, 如有所立卓爾. 雖欲從之, 末由也已."(子罕09.11)(안연이 깊이 탄식하여 말하였다. 스승의 도는 우러러보면 볼수록 더욱 높이 올라가고, 뚫고 내려가면 갈수록 더욱 굳어져 들어가고, 앞에 있는 것을 보고 있자면 어느 틈에 뒤에 와 있다. 선생님께서는 사람을 차근차근 잘 유도하신다. 글로 나의 지식을 넓혀 주시고, 예로 나의 행위를 단속하여 주신다. 내가 그만두려야 그만둘 수 없어, 내 재주가 다해 버리기에 이르러도, 우두커니 서 있는 것이 있는 것 같아진다. 그래서 그것을 따라가려고 하지마는 따라갈 길이 없다.)

3 "大宰問於子貢曰: '夫子聖者與? 何其多能也?' 子貢曰: '固天縱之將聖, 又多能也.' 子聞之曰: '大宰知我乎! 吾少也賤, 故多能鄙事. 君子多乎哉? 不多也.'(子罕 09.06)(대재가 자공에게 물었다. "당신의 선생님이 성인이시오? 그렇다면 어찌 그리 할 줄 아는 것이 많으시오?" 자공이 말하였다. "정말 하늘이 내놓은 큰 성인이시고 또 할 줄 아는 것이 많으십니다." 공자께서 이 이야기를 들으시고 말하였다. "대재가 나를 바로 아는가 보다. 내가 젊었을 때에 미천하였으므로 대단치 않은 일을 많이 할 수 있게 된 것이다. 군자야 할 줄 아는 일이 많겠느냐, 많지 않느니라.")

숙손무숙이 중니를 헐뜯어서 말했다. 그러자 자공이 말하였다.

"그렇게 해 보아도 소용이 없다. 중니는 헐뜯어낼 수 없다. 다른 사람의 잘난 것은 언덕 같아서 그래도 넘어갈 수 있다. 중니는 해와 달 같아서 넘어가낼 수 없다. 사람이 스스로 그것들과의 관계를 끊으려 든다 하더라도 그렇게 하는 것이 해와 달에 무슨 손상이 있겠는가? 단지 자기가 스스로를 헤아릴 줄 모르는 것을 나타낼 뿐이다."

맹자는 공자는 모든 학문을 모아서 크게 이룬 성인 '집대성集大成'자이며, 모든 음을 집대성하듯 지덕을 완벽하게 조화를 이루게 하는 소리 '금성옥진金聲玉振'과 같은 성인이라 하였다.

백이는 성인으로서 맑았던 사람이고, 이윤은 성인으로서 사명을 자임하였던 사람이고, 유하혜는 성인으로서 온화한 기질을 가졌던 사람이고, 공자는 성인으로서 때를 알아서 해나간 사람이었다. 공자 같으신 분을 집대성集大成했다고 하는 것이다. 집대성했다는 것은 금속소리에다가 옥소리를 떨쳐낸 것이다. 금속소리라는 것은 조리 있게 시작하는 것이고, 옥소리를 떨쳐낸다는 것은 조리 있게 끝맺는다는 것이다. 조리 있게 시작하는 것은 지혜로운 사람이 하는 일이고, 옥소리를 떨쳐낸다는 것은 성덕을 지닌 사람이 하는 일이다. 지혜는 비겨 말하면 기교다. 성덕은 비겨 말하면 힘이다. 백보 밖에서 활을 쏘는데, 목표물 있는 데까지 도달하는 것은 그대의 힘이고, 목표물에 적중하는 것은 그대의 힘이 아니다.[4]

---

4 노력으로 달성할 수 있는 것과 천부(天賦)의 천재성과의 한계는 마치 활 쏘는 것과 같은 것이다. 공자는 지혜와 역량을 겸비한 어느 누구의 추종도 허락하지 않는 영원

자공은 공자가 '도의를 세우면 서게 되고, 세상을 인도하여 이끌어 나가면 세상을 저절로 돌아가고, 안정을 시키면 안정이 되고, 움직였다 하면 세상이 조화를 이루게 하니' 현 세대에 공자의 도가 없다는 것은 애달픈 일이라 하였다.

陳子禽謂子貢曰: "子爲恭也, 仲尼豈賢於子乎?" 子貢曰: "君子一言以爲知, 一言以爲不知, 言不可不愼也. 夫子之不可及也, 猶天之不可階而升也. 夫子之得邦家者, 所謂立之斯立, 道之斯行, 綏之斯來, 動之斯和. 其生也榮, 其死也哀, 如之何其可及也?"(子張 19.25)

진자금이 자공에게 말하였다.

"선생이 겸손한 것이지요. 중니가 어찌 선생보다 잘났겠습니까?"

자공이 말하였다.

"군자는 한 마디로 지혜로워지고, 한 마디로 지혜롭지 않게 되는 것이니, 말은 조심하지 않을 수 없습니다. 우리 선생님을 따라갈 수 없는 것은 층계를 밟고 하늘에 올라가낼 수 없는 것과도 같습니다. 우리 선생님께서 제후국이나 큰 가문을 맡아서 다스리셨다면야 그야말로 '그것을 세우면 서고, 그것을 인도하면 나아가게 되고, 그것을 안정시키면 따라오고, 그것을 움직이면 조화를 이룹니다. 그의 생애는 영광스럽고, 그의 죽음은 슬프다'는 것입니다. 어떻게 그 분을 따라가내겠습니까?"

한 성인이라는 뜻이다.
"伯夷, 聖之清者也; 伊尹, 聖之任者也; 柳下惠, 聖之和者也; 孔子, 聖之時者也. 孔子之謂集大成. 集大成也者, 金聲而玉振之也. 金聲也者, 始條理也; 玉振之也者, 終條理也. 始條理者, 智之事也; 終條理者, 聖之事也. 智, 譬則巧也; 聖, 譬則力也. 由射於百步之外也; 其至, 爾力也; 其中, 非爾力也."(孟子 · 萬章下)

공자는 제자들에게 말을 많이 하는 타입이 아니었다. 제자가 스스로 알아서 실천하기를 바랐고, 공자는 직접 실천을 통해서 가르치는 교육을 실시하였다.

子曰: "予欲無言." 子貢曰: "子如不言, 則小子何述焉?" 子曰: "天何言哉? 四時行焉, 百物生焉, 天何言哉?"(陽貨 17.19)

공자는 말하였다.

"나는 말하는 일이 없기를 바란다."

자공이 말하였다.

"선생님께서 말씀하시지 않으신다면 저희들이 무엇을 전하겠습니까?"

"하늘이 무엇을 말하느냐? 그래도 사시절이 운행하고 모든 것이 생겨난다. 하늘이 무엇을 말하느냐?"

공자는 태어나면서 천부적인 재능을 갖춘 성인이 아니었다. 공자는 젊어서 빈천하였기 때문에 안 해 본 일이 없어 생활의 경험을 통해 성인의 능력을 갖추게 되었다고 스스로 말하였다. 성인도 노력을 통해서 이루어지는 것이지 천부적인 재능만으로 되는 것이 아니다.

大宰問於子貢曰: "夫子聖者與? 何其多能也?" 子貢曰: "固天縱之將聖, 又多能也." 子聞之曰: "大宰知我乎! 吾少也賤, 故多能鄙事. 君子多乎哉? 不多也."(子罕 09.06)

태재太宰가 자공에게 물었다.

"당신의 선생님이 성인이시오? 그렇다면 어찌 그리할 줄 아는 것이 많으시오?"

자공이 말하였다.

"정말 하늘이 내놓은 큰 성인이시고 또 할 줄 아는 것이 많으십니다."

공자께서 이 이야기를 들으시고 말하였다.

"태재가 나를 바로 아는가 보다. 내가 젊었을 때에 미천微賤하였으므로 대단치 않은 일을 많이 할 수 있게 된 것이다. 군자야 할 줄 아는 일이 많겠느냐, 많지 않느니라."

60

欲仁斯至 욕인사지

인자하고자 하면 인자하게 된다

'욕인사지欲仁斯至' 중 '사斯'는 접속사의 용법으로 '……하면, 곧(이에)'의 뜻으로 쓰인다. 인자하고자 하는 마음이 있으면 인한 사람이 될 수 있다는 말이다.

'(欲)'자는 의미부 '欠(하품 흠, qiàn)'과 소리부 '谷'으로 이루어진 자이다. '(欠)'자를 갑골문은 ''·''으로 쓴다. 크게 입을 벌리고 있는 모습 혹은 물건을 보고 탐하는 모양이다.

'(斯, 이 사, sī)'자는 '斤'과 소리부 '其'로 이루어진 자로 '나무를 도끼 찍어 물건을 만드는 모습'이다. 금문은 ''·''·''로 쓴다. 혹은 고문자에서 '其'자로 쓰기도 한다. '나무를 자르다'의 뜻은 '撕(쪼갤 시, sī)'자로 발전하였고, 가차의 용법으로는 '이것'이라는 대사나 접속사 등의 허사虛詞로 쓰인다.

子曰: "仁遠乎哉? 我欲仁, 斯仁至矣."(述而 07.30)

공자는 말하였다.

"인자함이 멀리 있단 말인가? 내가 인자함을 원하면 그 즉시로 인자함이 오는 것이다."

'인을 구하여 인을 얻었다'는 '구인득인求仁得仁'의 말과 같은 의미이다.

맹자는 인간의 본질本質은 성性이며, 그 성性의 내용은 사람의 마음속에 간직하고 있는 인의예지仁義禮智이고, 인간은 욕심으로 마음이 가려져 찾아내지 못하고 본질이 상실되어 참다운 삶을 살지 못한다 하였다. 또한 '재才(재능才能)'는 마음의 기능으로, 사람이 악한 행동을 하는 것은 생각하는 기능이 악하게 작용하였기 때문에 재才가 이기적으로 방향으로 작용을 한 것이다. 따라서 인간은 재능이 '인仁'으로 작용하도록 수신을 해야 '인仁'을 얻을 수 있다 하였다. '구하면 얻고, 버려두면 잃어버린다.(求則得之, 舍則失之.)'라 하였다.

공도자가 말하였다.

"고자告子는 '성性은 선善한 것도 없고 선하지 않은 것도 없다.'고 말했고, 어떤 사람은 '성은 선하게 될 수도 있고 선하지 않게 될 수도 있습니다. 그렇기 때문에 문왕과 무왕이 일어나면 백성들이 선을 좋아하였고, 유왕幽王과 여왕厲王이 일어나면 백성들이 폭악暴惡한 것을 좋아한 것이다.'라고 말하고, 어떤 사람은 '성이 선한 사람도 있고 성이 선하지 않은 사람도 있습니다. 그렇기 때문에 요堯를 임금으로 두면서도 상象이 나왔고, 고수瞽瞍를 아비로 두면서도 순舜이 나왔고, 주紂를 형의 아들로 두고, 또 임금으로 두면서도 미자계微子啓와 왕자 비간比干이 나왔다.'고 말합니다. 이제 '성性은 선善하다'고 말씀하시는데, 그렇다면 앞에 말한 사람들은 다 옳지 않다는 것입니까?"

맹자가 말하였다.

"자기의 성정性情에 따라서 한다면 선해질 수 있다. 그것이 곧 이른바 선善이다. 만약에 선하지 않게 된다면 그것은 재성才性의 죄는 아니다. 측은해 하는 마음은 사람이면 다 가지고 있다. 부끄러워하는 마음은 사람이면 다 가지고 있다. 공경하는 마음은 사람이면 다 가지고 있다. 시비를 가리는 마음은 사람이면 다 가지고 있다. 측은해 하는 마음은 인仁이다. 부끄러워하는 마음은 의義이다. 공경하는 마음은 예禮이다. 시비를 가리는 마음은 지智이다. 인과 의와 예와 지는 '밖'에서부터 '나'를 녹여 오는 것이 아니고, '내'가 본래부터 지니고 있는 것이다. 생각하지 않는 것일 따름이다. 그래서 '구하면 얻고, 버려두면 잃어버린다.'고 말하는 것이다. 그래서 혹은 몇 배의 차이가 나고 비교하여 볼 여지도 없는 사람은 자기의 재성才性을 다 발휘하지 못하는 사람이다. 『대아大雅·증민편烝民篇』은 '하늘이 온 백성을 내었는데, 일이 있으면 법칙이 있게 하였도다. 백성들은 불변하는 마음을 가져, 이 아름다운 덕을 좋아하는도다.'라 하였다.

공자께서는 '이 시詩를 지은 사람은 도를 알고 있었던 게다. 그래서 일이 있으면 반드시 법칙이 있다는 거다. 백성들이 분별하는 마음을 가지고 있기 때문에 이 아름다운 덕德을 좋아하는 거다.'라고 하였던 것이다."[1]

---

1 公都子曰: "告子曰: '性無善無不善也.' 或曰: '性可以爲善, 可以爲不善, 是故文武興則民好善, 幽厲興則民好暴.' 或曰: '有性善, 有性不善, 是故以堯爲君而有象, 以瞽瞍爲父而有舜, 以紂爲兄之子且以爲君, 而有微子啟·王子比干.' 今曰: '性善', 然則彼皆非歟?"
孟子曰: 乃若其情則可以爲善矣, 乃所謂善也. 若夫爲不善, 非才之罪也. 惻隱之心, 人皆有之; 羞惡之心, 人皆有之; 恭敬之心, 人皆有之; 是非之心, 人皆有之. 惻隱之心, 仁也; 羞惡之心, 義也; 恭敬之心, 禮也; 是非之心, 智也. 仁義禮智, 非由外鑠我也, 我固有之也, 弗思耳矣. 故曰: 求則得之, 舍則失之. 或相倍蓰而無算者, 不能盡其才者也. 『詩』曰: "天生蒸民, 有物有則. 民之秉彝, 好是懿德." 孔子曰: "爲此詩者, 其知道乎! 故

'인하고자 하는 마음'은 곧 의지이다. 모름지기 공부를 하는 사람은 '의지'를 숭상하여야 한다. 그 의지는 곧 '인의仁義'이다. '인'은 인자함이고, 이 인자함은 형제지간의 우애이고 애정이고 이웃을 사랑하는 마음이다. 가장 중요한 것은 그렇게 하고자 하는 마음만 있으면 인자하게 되는 것이다.[2] '의義'는 '신의信義'이다.[3]

제齊나라 왕자 점墊이 맹자에게 물었다.

"선비는 무엇을 일삼습니까?"

맹자가 말하였다.

"뜻을 숭상하지요."

"뜻을 숭상한다는 것은 무엇을 말하는 것입니까?"

"인仁과 의義일 따름입니다. 한 죄 없는 사람을 죽이는 것은 인이 아닙니다. 자기의 소유가 아닌데 취하는 것은 의가 아닙니다. 몸 둘 곳은 어디에 있겠나요? 인이 그것입니다. 갈 길은 어디에 있겠나요? 의가 그것입니다. 인에 몸을 두고 의를 따라가면 대인의 일은 갖추어지게 되는 것입니다."[4]

有物必有則, 民之秉彝也, 故好是懿德."(孟子 · 告子上)

2 "子曰: 苟志於仁矣, 無惡也."(里仁 04.04)(공자는 말하였다. "진실로 인자함에 뜻을 두기만 하면 악한 일은 없다."

3 "有子曰: 信近於義, 言可復也. 恭近於禮, 遠恥辱也. 因不失其親, 亦可宗也."(學而 01.13)(유자가 말하였다. 약속이 정의(正義)에 가까우면 그 말은 실행할 수 있다. 공손한 것이 예절에 가까우면 치욕을 면할 수 있다. 의지하는 사람이 가까이할 만한 사람의 범위를 벗어나지 않는다면 역시 존경할 만하다."

4 王子墊問曰: "士何事?" 孟子曰: "尚志." 曰: "何謂尚志?" 曰: "仁義而已矣. 殺一無罪, 非仁也; 非其有而取之, 非義也. 居惡在? 仁是也. 路惡在? 義是也. 居仁由義, 大人之事備矣."(孟子 · 盡心上)

중요한 것은 마음에 달려있다. 그 마음은 하고자 하는 노력이다. '인을 하고자 하는 생각을 마음에 두고 신의를 실천하는 것(거인유의居仁由義)'이 '상지尙志'이다. 한 삼태기가 모자라 산을 만들 수 없듯이, 성공이 바로 앞인데 포기하는 것도 마음의 의지다. 시종일관 끝까지 하는 마음, 이 마음 역시 '욕인사지欲仁斯至'와 같다.[5]

5 "子曰: 譬如爲山, 未成一簣, 止, 吾止也. 譬如平地, 雖覆一簣, 進, 吾往也."(子罕 09. 19)(공자는 말하였다. 이를테면 산을 쌓아 올리는데 한 삼태기의 흙이 모자라서 완성을 보지 못하였다 하여도, 그 일을 그만두었으면 자기가 그만둔 것이다. 이를테면 땅을 고르는데 한 삼태기의 흙을 부어 놓았다 하여도, 그 일을 진척시켰으면, 그것은 자기가 진척시킨 것이다."

61
下學上達 하학상달
일상에서 배워 도에 이르다

'하학상달下學上達'은 '아래를 배워 위에 도달한다'는 뜻으로, '쉬운 지식을 배워 어려운 이치를 깨달음'을 이르는 말이다.

子曰: "莫我知也夫!" 子貢曰: "何爲其莫知子也?" 子曰: "不怨天, 不尤人, 下學而上達. 知我者其天乎!"(憲問 14.35)

공자가 말하였다.

"나를 아는 사람은 없구나."

자공이 말하였다.

"무엇 때문에 선생님을 아는 사람이 없다는 것입니까?"

공자는 말하였다.

"하늘을 원망하지 않고, 남을 허물하지 않고, 밑에서부터 배워서 위로 통달하거니와, (이러한) 나를 아는 것은 하늘일 것이다."

'나를 아는 사람은 없구나'는 세상이 자신을 알지 못해 세상을 교화시킬 기회가 없으며, 자기의 이념을 실제로 발휘시켜줄 집정자가 없음을 말한다. '밑에서부터 배워서 위로 통달한다'는 인간 세상의 일을 배워서 위의 하늘의 이치에 통달한다는 뜻이다. 혹은 '상달上達'을 군자가 덕성을 수양하고 인의仁義를 구하여 천명의 이치를 깨닫는 것으로, 혹은 '일상적인 일들을 배워서 심오한 이치까지 도달하였다'로 이해하기도 한다.

황간黃侃『논어의소論語義疏』에서는 "하학下學은 사람의 일을 배우는 것이고, 상달上達은 천명에 통달한다는 것이다. 내가 비록 사람의 일은 배웠지만 사람의 일에는 나쁜 일이 있기도 하고 좋은 일이 있기도 하기 때문에 다른 사람을 원망하지 않는다. 천명을 통달하면 천명에는 궁함이 있기도 하고 통함이 있기도 하기 때문에 나는 하늘을 원망하지 않는다."라 하였고,[1] 주희朱熹『논어집주論語集註』는 "하늘의 시운을 얻지 못하여도 하늘을 원망하지 않고 사람에게 인정(합습)을 받지 못하여도 사람을 탓하지 않으며, 아래로는 인간의 일을 배워서 위로는 자연히 천리天理를 통달함만 알고자 하는 것이다. 이는 곧 자기 몸에 돌이켜 스스로 수양하고 질서 순응하여 점차 앞으로 나아갔을 따름이지, 다른 사람들과 특별히 다르게 해서 지혜를 갖추게 되지 않았음을 말하고자 하는 것이다."[2]라 하였다.

'자신의 위치에서 최선을 다하고, 그 다음은 뭇은 하늘이다', 일종의

---

1 "下學, 學人事. 上達, 達天命. 我既學人事, 故不尤, 上達天命, 天命有窮有通, 故我不怨天也."(黃侃, 論語義疏)

2 "不得於天而不怨天, 不合於人而不尤人, 但知下學而自然上達. 此但自言其反己自修, 循序漸進耳, 無以甚異於人而致其知也."(論語集註)

‘진인사대천명盡人事待天命’과 같은 것이다. ‘진인사대천명’은 ‘진인사청천명盡人事聽天命’이나 ‘진인사안천명盡人事安天命’으로 쓰기도 하고, 혹은 ‘모사재인謀事在人, 성사재천成事在天’이라고도 한다. 즉 ‘일을 꾸미는 것은 사람이지만 일을 이루게 하는 것은 하늘이 결정해 주는 것’이라는 뜻이다.

‘하위기막지자야何爲其莫知子也’ 중의 ‘子’는 ‘스승 공자’를 가리키고, ‘何爲’는 ‘무엇 때문에’이라는 뜻이고, ‘其’는 음절을 조절하기 위한 강조를 표시하는 어기사이다. ‘무엇 때문에 아무도 선생님을 알아주는 못하는가’라는 뜻이다.

천리마는 백락伯樂이 없으면 그저 일반 수레를 끄는 말이고, 장량張良이나 제갈공명도 인물을 알아보는 혜안이 없는 자에게는 그저 보통의 인물일 뿐이다. ‘백락일고伯樂一顧’는 ‘백락이 한번 돌아보다’라는 뜻으로 ‘아무리 뛰어난 명마라도 백락을 만나야 그 진가가 드러날 수 있다’는 뜻이다. 『전국책戰國策 · 연책燕策』에 나오는 이야기이다.[3]

공자가 ‘진채지곤陳蔡之困(진채지액陳蔡之厄)’을 당했을 때, 공자는 자공에게 ‘너는 내가 박학다식하다고 생각하느냐?’라고 묻고, 자신은

3 “戰國時, 蘇代說淳於髡, 謂人有告伯樂曰, 臣有駿馬欲賣, 連三旦立於市, 人莫與言; 願子一顧之, 請獻一朝之費. 伯樂乃環而視之, 去而顧之, 一旦而馬價十倍.”(戰國策 · 燕策二)(소대가 연나라를 위하여 제왕(齊王)에게 유세하였다. 아직 왕을 뵙기 전에 먼저 순우곤에게 말하였다. ‘어떤 사람이 준마를 팔고자 삼일 동안이나 시장에 내놓았지만 아무도 그것이 양마(良馬)인 줄을 모르고 있었습니다. 원컨대 그대가 그곳에 오면서 한번 둘러봐 주시고 떠나면서 한번 되돌아보아 주십시오. 그러면 제가 말 장사로 버는 돈 하루치를 드리겠습니다.’ 백락이 정말 가면서 한번 둘러봐 주고 오면서 한번 둘러봐 주었더니 말 값이 열 배나 뛰었다는 것입니다.)

'한 가지 기본 원칙을 가지고 전체의 지식을 관철한 것뿐이다(일이관지一以貫之).'라 하였다.[4] 공자는 또한 『시경』의 '코뿔소와 호랑이가 넓은 광야에서 헤매고 있네.'[5] 구절을 인용하여 자로 · 자공 · 안연에게 '나의 도에 무슨 잘못이라도 있단 말이냐? 우리가 왜 여기서 곤란을 당해야 한다는 말이냐'[6]라는 똑같은 질문을 하였다.

그러자 자로가 말하였다.

> 아마도 우리가 어질지 못하기 때문이 아니겠습니까? 그래서 사람들이 우리를 믿지 못하는 게지요. 아마도 우리가 지혜롭지 못하기 때문이 아니겠습니까? 그래서 사람들이 우리를 놓아주지 않는 게지요.[7]

자공이 말하였다.

선생님의 도가 지극히 크기 때문에 천하의 그 어느 국가에서도 선생님을 받아들이지 못합니다. 선생님께서는 어째서 자신의 도를 약간 낮추지 않으십니까?[8]

---

4 "子曰: 賜也, 女以予爲多學而識之者與?" 對曰: "然, 非與?" 曰: "非也, 予一以貫之."(衛靈公 15.03)(공자가 말하였다. "자공(사(賜))야, 너는 내가 많이 배워가지고 그것들을 기억하는 사람이라고 생각하느냐?"그렇습니다. 그렇지 않으십니까?" "그렇지 않다. 나는 하나로써 관철하고 있다.)

5 "匪兕匪虎, 率彼曠野. 哀我征夫, 朝夕不暇!"(詩經 · 小雅 · 何草不黃)(코뿔소와 호랑이가 넓은 광야에서 헤매고 있네. 슬프게도 이 나그네는 아침저녁 겨를도 없다네.)

6 "吾道非邪? 吾何爲于此?"(史記 · 孔子世家)

7 "意者吾未仁邪? 人之不我信也. 意者吾未知邪? 人之不我行也."(史記 · 孔子世家)

8 "夫子之道至大也, 故天下莫能容夫子. 夫子蓋少貶焉?"(史記 · 孔子世家)

안회가 말하였다.

> 선생님의 도가 지극히 크기 때문에 천하의 그 어느 국가에서도 선생님을 받아들이지 못합니다. 비록 그렇기는 하지만 선생님께서는 선생님의 도를 추진시키고 계십니다. 그러니 그들이 받아들이지 않는다고 해서 무슨 걱정이 있겠습니까? 받아들여지지 않은 연후에 더욱 군자의 참 모습이 드러나는 것입니다. 무릇 도를 닦지 않는다는 것은 우리의 치욕입니다. 그리고 무릇 도가 잘 닦여진 인재를 등용하지 않는다는 것은 나라를 가진 자의 수치입니다. 그러니 받아들여지지 않는다고 해서 무슨 걱정이 되겠습니까? 받아들여지지 않은 연후에 더욱더 군자의 참 모습이 드러날 것입니다.[9]

자로의 대답에 공자는 '백이와 숙제와 같이 큰 어진 사람도 큰 화난을 만나게 되는 것'이라 대답하고, 자공에게는 '군자가 그 도를 잘 닦아서 기강을 세우고 잘 통리統理할 수는 있겠지만 반드시 세상에 수용되는 것은 아니고, 도는 닦지 않고서 스스로의 도를 낮추어서까지 남에게 수용되기를 바란다는 것은 뜻이 원대하지 못한 것'이라 하였다. 공자는 안회의 대답에 크게 만족하여 "그렇던가, 안씨 집안의 자제여! 자네가 만약 큰 부자가 된다면 나는 자네의 재무 관리자가 되겠네."[10]라 하였다.

공자는 결코 태어나면서 안 사람이 아니다. '낮고 쉬운 것부터 배워 깊고 어려운 것을 깨달은 것'이다. 그래서 공자는 스스로를 "내가 젊었을

---

9 "夫子之道至大, 故天下莫能容. 雖然, 夫子推而行之, 不容何病, 不容然後見君子! 夫道之不修也, 是吾醜也. 夫道既已大修而不用, 是有國者之醜也. 不容何病, 不容然後見君子!"

10 "有是哉颜氏之子! 使爾多財, 吾爲爾宰."(史記・孔子世家)

때에 미천하였기 때문에 대단치 않은 일을 많이 할 수 있게 되었다. 군자야 할 줄 아는 일이 많겠느냐, 많지 않느니라."[11]라 한 것이다.

11 "吾少也賤, 故多能鄙事. 君子多乎哉? 不多也."(子罕 09.06)

62

樂然後笑 낙연후소

즐거워야 웃는다

'낙연후소樂然後笑'는 '기뻐야 웃는다'는 뜻으로, 아부하는 모습이 아니라 진정으로 기뻐서 웃기 때문에 남이 싫어하지 않는다는 뜻이다. 혹은 '사람들이 즐겁기 때문에, 웃어도 그 웃음을 싫어하지 않는다'는 뜻으로 이해하기도 한다. 주체가 하나는 자신이고, 하나는 모든 사람이다.

'연후然後'는 '그런 후에'라는 뜻이다.

子問公叔文子於公明賈曰: "信乎, 夫子不言, 不笑, 不取乎?" 公明賈對曰: "以告者過也. 夫子時然後言, 人不厭其言, 樂然後笑, 人不厭其笑, 義然後取, 人不厭其取." 子曰: "其然? 豈其然乎?"(憲問 14.13)

공자가 공명가에게 공숙문자에 관해서 물어보았다.

"사실입니까? 그분은 말도 하지 않고 웃지도 않고 물건을 받지도 않습니까?"

공명가가 대답하였다.

"전한 사람이 지나치게 말한 탓입니다. 그분은 해야 할 때가 된 후에 말하므로 사람들이 그분의 말을 싫어하지 않고, 즐거워진 후에 웃으므로 사람들이 그분의 웃음을 싫어하지 않고, 의로워야 물건을 받으므로 사람들이 그가 받는 것을 싫어하지 않습니다."

공자는 말하였다.

"그래요? 어찌 그럴 수 있을까요?"

공숙문자公叔文子는 위衛나라의 대부 공손지公孫枝이다. 공명公明은 복성複姓이고 가賈가 이름이다.

'이고자과야以告者過也' 중의 '이以'자는 지시대사의 용법 '이것'의 의미로 해석하기도 하고,[1] '때문이다(由於 · 因爲)'라는 '동사'의 용법으로 해석하기도 한다.[2] 후자로 해석하기로 한다.

'부자夫子'는 '공숙문자'를 가리킨다.

'기연其然' 중 '기其'는 '어찌' · '어떻게'라는 뜻이고, 전체적으로 '어떻게 그럴 수가 있는가'라는 뜻이다.

'기기연호豈其然乎' 중의 '기其'는 '강한 어감을 표시하는 어기사'의 용법으로 전체적으로 '어떻게 그럴 수가 있는가'라는 뜻이다.

공숙문자는 시기적절하게 말을 하기 때문에 다른 사람이 그의 말을 따르고, 진정으로 기뻐서 웃기 때문에 허풍이라 생각하지 않고 그의 미소를 좋아하며, 이득을 취할 때는 정의로움으로 하기 때문에 다른 사람이 동감하는 것이다.

---

1 楊樹達, 『詞詮』

2 許世瑛, 『論語二十篇句法研究』, 248쪽.

'시연후언時然後言'은 곧 말은 신중하게 하고 일은 민첩하게 하는 '민사신언敏事愼言'하는 것과 같다. 공자는 이런 사람은 배우기 좋아하는 사람이라 하였다.

子曰: "君子食無求飽, 居無求安, 敏於事而愼於言, 就有道而正焉, 可謂好學也已."(學而 01.14)

공자는 말하였다.

"군자로서 식사하는 데는 배부르기를 바라지 않고, 거처하는 데는 편안하기를 바라지 않고, 일에 민첩하며 말에 조심스럽고, 인격을 갖춘 사람에게 나가 자신을 바로잡는다면 배우기를 좋아한다고 할 수 있다."

천하에 걱정할 일이 있으면 남보다 먼저 걱정하고, 즐거워해야 할 일이 있으면 남보다 후에 즐거운 마음을 갖는 것은 '낙연후소樂然後笑와 같은 맥락이다. 범중엄范仲淹의 『악양루기岳陽樓記』에 나오는 말이다.[3] 나라에 걱정거리가 생기기 전에 먼저 나라를 어떻게 하면 평안하게 할까 고민하고, 나라가 잘 되어가면 어떻게 하면 이러한 평온과 부귀가 오래 지속될까 고심하여 행복 누리기를 뒤로 미루는 충정忠貞의 마음이다. 가장 안타까운 것은 나라의 백성은 고통에 빠져있는데 집정자는 질고疾苦도 모르고 혼자 쾌락에 빠져있는 것이다.

맹자는 제齊나라 선공宣公에게 현자賢者는 군주가 백성의 즐거움을 즐거워하면 백성은 군주의 즐거움을 진정으로 즐거워하고, 군주가 백성의 고통을 근심하면 백성은 군주를 위하여 진심으로 걱정한다 하였다.

---

3 "先天下之憂而憂, 後天下之樂而樂."(范仲淹, 岳陽樓記)

(제나라 선공이 맹자에게 물었다.) "현량賢良한 사람 역시 이러한 즐거움이 있습니까?"

맹자가 말하였다.

"있습니다. 사람이 자기의 뜻을 이루지 못하면 윗사람을 비난합니다. 자기의 뜻을 이루지 못한다고 윗사람을 비난하는 것은 옳지 않습니다. 그렇다고 백성들의 윗사람이 되어서 백성들과 즐거움을 같이하지 않는 것 역시 옳지 않습니다. 백성들의 즐거움을 즐긴다면 백성들 역시 그 즐거움을 즐기고, 백성들의 근심을 근심하면 백성들 역시 그 근심을 근심합니다. 천하의 일을 가지고 즐기고, 천하의 일을 가지고 근심하는 것으로 왕 노릇 하지 못한 사람은 여태까지 있어 본 일이 없습니다."[4]

'의義'롭지 않은 방법으로 부귀를 누린다면 이는 뜬 구름과 같이 헛된 것이고, 나라에 정의가 없는데도 부귀를 누린다면 이는 부끄러운 일이다. 이는 모두가 정당한 방법으로 취하지 않았기 때문이다. 하지만 나라가 도의道義로 다스려지는데 빈천하다는 것은 이는 군자가 능력이 없기 때문에 나라가 등용을 하지 않는 것이기 때문에 이 또한 부끄러운 일이다. 이는 '의로운 방법으로 이익을 취하게 되면 사람들이 그가 부귀를 누리는 것을 것을 싫어하지 않는"의연후취義然後取, 인불염기취人不厭其取' 와 같은 것이다.

---

4 王曰: "賢者亦有此樂乎?" 孟子對曰: "有. 人不得則非其上矣. 不得而非其上者非也, 爲民上而不與民同樂者亦非也. 樂民之樂者, 民亦樂其樂; 憂民之憂者, 民亦憂其憂. 樂以天下, 憂以天下, 然而不王者, 未之有也."(孟子 · 梁惠王下)

子曰: "飯疏食飮水, 曲肱而枕之, 樂亦在其中矣. 不義而富且貴, 於我如浮雲."(述而 07.16)

공자는 말하였다.

"거친 것을 먹고 물을 마시고 팔베개를 하고 살아도 즐거움은 또한 그 가운데 있는 것이다. 의롭지 않으면서 돈 많고 벼슬 높은 것은 나에게는 뜬구름과 같다."

子曰: "篤信好學, 守死善道. 危邦不入, 亂邦不居. 天下有道則見, 無道則隱. 邦有道, 貧且賤焉, 恥也, 邦無道, 富且貴焉, 恥也."(泰伯 08.13)

공자는 말하였다.

"굳게 믿고 배우기를 좋아하고, 죽음으로 좋은 훌륭한 도를 지키라. 위태로운 나라에는 들어가지 말고, 혼란한 나라에는 살지 말라. 세상에 정도가 행하여지지 않으면 숨는 거라. 나라에 정도가 행하여지는데 빈천하게 산다는 것은 수치다. 나라에 정도가 행하여지지 않는데 부귀를 누리는 것은 수치다."

노魯나라 정공定公 14년(B.C 496)에 공자 나이 56세가 되었을 때 대사구大司寇가 되어 재상의 임무를 대리하고 있을 때, 얼굴에 즐거워하는 희색이 돌자,[5] 제자들이 '복된 일이 있어도 희희낙락하지 않는 것이 군자인데 스승님은 왜 그렇게 즐거워 하십니까'라 물었다.

제자가 물었다.

---

5 "定公十四年, 孔子年五十六, 由大司寇行攝相事, 有喜色."(史記 · 孔子世家)

"군자란 화가 닥쳤을 때 두려워하지 않아야 하고, 복된 일이 생겨도 기뻐하지 않아야 한다고 배웠습니다."라고 하자 공자가 대답하기를, "너희들의 말이 맞다. 그러나 귀한 신분으로 낮은 신분의 사람을 만나는 것도 즐거움이라고 하지 않았느냐?"[6]

공자는 자신보다 낮은 사람들을 위해 봉사할 수 있기 때문에 즐거워 웃는 것이다.

---

6 門人曰: "聞君子禍至不懼, 福至不喜." 孔子曰: "有是言也. 不曰'樂其以貴下人'乎?"(史記 · 孔子世家)

63

君子固窮 군자고궁

군자만이 가난을 견딘다

'군자고궁君子固窮' 중 '고궁固窮'은 '가난을 당연한 것으로 여기고 잘 견딘다'라는 뜻이나, 혹은 '매우 곤궁한 지경'이라는 뜻으로 쓰인다. 『논어』에서는 '궁함을 잘 견디어 내다'라는 뜻으로 쓰인다.

明日遂行, 在陳絶糧, 從者病, 莫能興. 子路慍見曰: "君子亦有窮乎?" 子曰: "君子固窮, 小人窮斯濫矣."(衛靈公 15.02)

그 이튿날 길을 떠나셨다. 진나라에서 양식은 떨어지고 따라가는 사람들은 병들어 일어서지를 못했다. 자로가 성이 나서 공자에게 말하였다.

"군자도 곤궁할 때가 있습니까?"

공자는 말하였다.

"군자는 곤궁에 굳게 견디어 나가지만 소인은 곤궁해지면 마구 군다."

'濫(범람 람, làn)'은 '마구 군다'·'마구잡이이다'라는 뜻이다.

공자가 제자들과 함께 진나라와 채나라 사이에서 곤궁에 빠진 적이 있었다. 초나라는 공자를 초빙하려고 하자 진나라와 채나라의 대부들은 자신들이 초나라에 의해 위험에 빠질 것이라 생각하여 공자를 포위하였다. 그래서 공자는 초나라로 가지 못하고 식량마저 떨어졌고, 제자들은 굶어 병들어 잘 일어서지도 못하였다. 하지만 공자는 조금도 흐트러짐이 없이 학술강의도 하고 책도 낭송하고 거문고도 타면서 지냈다. 그러자 자로가 화가 나서 공자에게 위의 내용처럼 말하였다.

이 이야기는 『사기史記 · 공자세가孔子世家』에도 나오는 내용이다.

자로가 "군자도 이처럼 곤궁할 때가 있습니까?" 라 하자 공자가 말하였다. "군자는 곤궁해도 절조를 지키지만 소인은 곤궁해지면 마구 군다." 이 이야기를 듣고, 자공 또한 화가 나서 얼굴색이 변하였다. 공자는 "자공아, 너는 내가 박학다식하다고 생각하느냐?" 라 하자 자공은 "그렇습니다. 그렇지 않다는 말씀이십니까?", "그렇지 않다. 나는 한 가지 기본 원칙을 가지고 전체의 지식을 통찰한 것뿐이다."라 하였다.[1]

공자와 제자들이 진陳나라와 채蔡나라 사이에서 곤궁에 처했을 때 일어난 사건들이 고전적에 자주 보인다.

> 공자가 진나라와 채나라 사이에 사람들에게 포위당하여 7일 동안이나 더운 음식을 먹지 못하였다. 그때 태공임이 찾아와 공자를 위문하여 말하였다.

1 於是乃相與發徒役圍孔子於野. 不得行, 絶糧. 從者病, 莫能興. 孔子講誦弦歌不衰. 子路慍見曰: "君子亦有窮乎?" 孔子曰: "君子固窮, 小人窮斯濫矣." "賜, 爾以予爲多學而識之者與?" "然. 非與?" "非也. 予一以貫之."(史記 · 孔子世家)

"선생님은 죽게 될 것 같습니다."

"그렇소."

"선생님은 죽는 것을 싫어하십니까?"

"그렇소."

태공임이 말하였다.

"제가 시험 삼아 죽지 않는 도를 얘기해 보겠습니다. 동해에 새가 있는데 이름은 의태라고 부릅니다. 그 새의 성질은 푸덕푸덕 더디게 날아다녀 아무 능력도 없는 것 같습니다. 다른 새들이 이끌어 주어야 날며, 다른 새들에게 밀려 내려앉게 됩니다. 나아갈 적에는 감히 다른 새보다 앞서지 않고, 물러설 적에는 감히 다른 새보다 뒤지지를 않습니다. 음식은 감히 다른 새보다 먼저 먹지 않으며 반드시 다른 새가 먹고 남긴 것을 먹습니다. 그러므로 그 새는 다른 새들 무리에서 배척당하지 않고 밖의 사람들도 끝내 해치지를 못합니다. 그래서 환난을 면하고 있습니다. 곧은 나무는 먼저 잘리고 단 샘물은 먼저 말라붙습니다. 선생님께서는 그렇지 못하고 지식을 꾸며 어리석은 사람들을 놀라게 하고, 몸을 닦음으로써 남의 더러움을 밝혀내며, 밝게 해나 달이 내걸려 있듯이 자기를 드러내는 행동을 하고 있습니다, 그래서 환난을 면치 못하는 것입니다.

옛날에 제가 위대한 덕을 이룩한 사람에게서 들은 바에 의하면, 스스로 뽐내는 사람은 공이 없게 되고, 공을 이룩한 것을 드러내는 사람은 실패를 하게 되고, 명성을 이룩한 사람은 화를 당하게 된다고 하였습니다. 어느 누가 자기의 공로와 명성을 버리고서 보통 사람들에게로 돌아올 수가 있겠습니까? 자기가 터득한 도가 행해져도 자기 지위를 밝히지 않고, 자의 덕이 행해져도 명성을 자기 것으로 받아들이지 않으며, 순일한 마음으로 언제나 한결같이 행동하여 무심하고 자유로운 경지에 합치되는 사람이어야 합니다.

자기 업적을 없애버리고 자기의 권세를 버리며 공명을 추구하지 않는 사람이어야 합니다. 그러면 잠을 책하는 일이 없고 남도 그를 책하는 일이 없게 됩니다. 지인은 세상에 알려지지 않는 법인데 선생님께서는 어찌하여 공명을 기뻐하십니까?"

공자가 말하였다.

"훌륭한 말씀이오."

그리고는 자기의 교유를 물리치고 그의 제자들을 버린 다음 큰 소택지로 도망하였다. 짐승 털 가죽옷과 칡 베옷을 입고 도토리와 밤을 주워 먹으며 살았다. 그리하여 짐승들 사이로 들어가도 짐승들은 자기 무리를 어지럽히지 않고, 새들 틈에 들어가도 새들은 그들의 날던 행렬을 어지럽히지 않게 되었다. 새와 짐승도 그를 싫어하지 않거늘 하물며 사람들이야 어떠하겠는가?[2]

공자가 진나라와 채나라에서 화액禍厄을 당했을 때이다. 시중하는 사람들은 7일 동안이나 조석을 먹지 못했다. 이에 자공이 남모르게 저축했던 비상금을 가지고 사면으로 둘러싼 울타리를 헤치고 농촌에 나가 쌀 한 섬을 사 가지고 왔다. 그리하여 안회와 중유가 다 쓰러져 가는 지붕 밑에서 밥을

---

2 "孔子圍於陳蔡之間, 七日不火食. 大公任往弔之, 曰: '子幾死乎?' 曰: '然.' '子惡死乎?' 曰: '然.' 任曰: '予嘗言不死之道. 東海有鳥焉, 其名曰意怠. 其爲鳥也, 翂翂翐翐, 而似無能; 引援而飛, 迫脅而棲; 進不敢爲前, 退不敢爲後; 食不敢先嘗, 必取其緖. 是故其行列不斥, 而外人卒不得害, 是以免於患. 直木先伐, 甘井先竭. 子其意者飾知以驚愚, 修身以明汚, 昭昭乎如揭日月而行, 故不免也. 昔吾聞之大成之人曰: '自伐者無功, 功成者墮, 名成者虧.' 孰能去功與名而還與衆人? 道流而不明居, 得行而不名處; 純純常常, 乃比於狂; 削跡捐勢, 不爲功名. 是故無責於人, 人亦無責焉. 至人不聞, 子何喜哉?' 孔子曰: '善哉!' 辭其交游, 去其弟子, 逃於大澤; 衣裘褐, 食杼栗; 入獸不亂群, 入鳥不亂行. 鳥獸不惡, 而況人乎?"(莊子 · 山木)

지었다.

이때 마침 천장에서 그을음 덩어리가 밥 짓는 솥에 떨어졌다. 안회는 그 그을음 덩어리가 떨어진 곳에서 밥 한 주걱을 퍼서 씻어 먹었다. 자공이 물을 떠 가지고 오다가 때마침 안회가 밥 먹는 것을 보았다. 마음속으로 좋지 않게 여기어 밥을 도둑질해 먹었다 생각하고 공자에게 물었다. "어진 사람과 청렴한 선비도 곤궁에 빠지게 되면 절개를 바꿉니까?" 공자가 말했다. "아무리 곤궁하다 할지라도 변질을 한다면 어찌 어질고 청렴하다고 말할 수 있겠느냐?" 자공이 또 물었다. "안회 같은 사람은 아무리 곤궁에 빠진다 할지라도 절개를 변치 않을 사람입니까?" 공자가 말했다. "그럴 것이다." 이에 자공은 안회가 밥을 도둑질해 먹었다고 공자에게 고했다. 그러나 공자는 이렇게 말했다. "내가 안회를 어질다고 믿는지가 이미 오래다. 아무리 네가 그런 현장을 보았다 하더라도 나는 회에게 의심이 가지 않는다. 무슨 이유가 있었는지 내가 직접 회에게 물어 보도록 하마."

공자는 안회를 불러 말했다. "내가 어젯밤 꿈에 성인을 만났다. 이것은 혹시 나의 앞길을 열어 주고 복을 주시려는 것인지 알 수 없으니, 네가 짓고 있는 밥이 다 되었으면 성인께 먼저 제사를 지낸 후에 먹어야겠다."

안회는 이에 이렇게 말했다.

"그러하오나 아까 밥을 지을 때 그을음 덩어리가 밥솥에 떨어졌기에 그대로 두자니 깨끗하지 못하고 버리자니 곡식이 아까워서 제가 떠서 한 덩어리 먹었사오니 밥으로는 제사를 지낼 수가 없습니다." 공자가 이 말을 듣고 이렇게 말했다. "음 그렇게 되었느냐? 그을음이 떨어졌다면 역시 떠서 먹었을 것이다." 안회가 밖으로 나갔다. 공자는 여러 제자들을 돌아보면서 말했다. "내가 안회를 믿어온 것은 오늘날의 일이 있기를 기다린 것이 아니다." 이런 일이 있은 뒤로 여러 제자들이 마침내 안회에게 복종하고 말했

다.[3]

군자만이 '고궁固窮'할 줄 안다. 군자만이 녹봉과 명리를 탐욕하지 않고, 만족을 알기 때문에 욕을 당하지 않고 그만 둘 줄 알기 때문에 위험에 처하지 않는 것이다. 그래서 가난에 태연하고 오래토록 평안하고, 가난을 당연으로 받아들이고 겸허하게 수용한다. 『한시외전』에서는 화禍는 만족을 모르는 것보다 큰 것이 없으며, 허물은 얻고자 하는 것보다 더 지나친 것이 없다 하였다.

> 어진 선비라면 녹봉 때문에 부끄러운 짓을 하지 않으며, 명리 때문에 모욕당할 짓을 하지 않는다. 노자는 다음과 같이 말했다. 명예와 몸 중 어느 것이 더 중요하며, 몸과 재물 중에 어느 것이 더 중요한가? 어느 것을 얻고 어느 것을 잃는 것이 더 바람직한가? 그러므로 명예를 너무 아끼면 마음을 크게 허비할 것이고, 재물을 너무 저장하면 틀림없이 몸을 잃을 것이다. 그래서 만족을 알면 욕을 당하지 않고, 그칠 줄 알면 위태함이 없을 것이고, 그래야 또한 오래 보존할 것이다. 큰 성공은 오히려 빠진 듯이 해야 그 쓰임이 무궁하고, 가득 찬 것을 텅 빈 듯이 해야 그 쓰임이 끝이 없는 것이다. 또한

3 "孔子厄於陳蔡, 從者七日不食. 子貢以所齎貨, 竊犯圍而出, 告糴於野人, 得米一石焉, 顏回仲由炊之於壞屋之下, 有埃墨墮飯中, 顏回取而食之, 子貢自井望見之, 不悅, 以爲竊食也. 入問孔子曰: '仁人廉士, 窮改節乎?' 孔子曰: '改節即何稱於仁義哉?' 子貢曰: '若回也, 其不改節乎?' 子曰: '然.' 子貢以所飯告孔子. 子曰: '吾信回之爲仁久矣, 雖汝有云, 弗以疑也, 其或者必有故乎. 汝止, 吾將問之.' 召顏回曰: '疇昔予夢見先人, 豈或啟祐我哉? 子炊而進飯, 吾將進焉.' 對曰: '向有埃墨墮飯中, 欲置之則不潔, 欲棄之則可惜, 回即食之, 不可祭也.' 孔子曰: '然乎, 吾亦食之.' 顏回出, 孔子顧謂二三子曰: '吾之信回也, 非待今日也.' 二三子由此乃服之."(孔子家語 · 在厄). 이와 유사한 내용이 『여씨춘추(呂氏春秋) · 심분람(審分覽) · 임수(任數)』에도 나온다.

곧은 것일수록 굽은 듯이 해야 하고, 뛰어난 말솜씨일수록 어눌한 듯이 해야 하며, 기교가 클수록 졸렬한 듯이 해야 그 쓰임이 비뚤어짐이 없는 것이다. 죄는 탐욕보다 큰 것이 없고 화는 만족을 모르는 것보다 큰 것이 없으며, 허물은 얻고자 하는 것보다 더 지나친 것이 없다. 그런고로 만족을 만족으로 알면 늘 만족할 수 있다.[4]

군자만이 어려움을 견디어 낸다. 이백은 〈행로난行路難〉에서 "장풍파랑회유시長風破浪會有時, 직괘운범제창해直掛雲帆濟滄海" 라고, 즉 "큰 바람이 물결을 깨치며 불어오는 날이 반드시 오리니, 구름같이 높은 돛을 곧장 걸고 망망한 대해를 건너가리라" 라 하였다. 인생에 있어 어려움이란 반드시 있기 마련이다. 젊은이에게는 좌절이란 없다. 그동안의 실패의 경험도 좌절의 시간도 자신의 배 돛을 키울 수 있는 자산이 될 것이다. 곤궁한 만큼 더 성장해지는 법이다.

행로난行路難　　이백李白

金樽清酒斗十千　금동이 맑은 술은 한 말에 만 냥이요
玉盤珍羞直萬錢　옥쟁반의 진수성찬 값지기도 하건마는,
停杯投筯不能食　잔 놓고 저 던진 채 먹지를 못하고
拔劍四顧心茫然　칼 빼들고 둘러보니 마음만 막막하네.

4　賢士不以恥食, 不以辱得. 老子曰: '名與身孰親? 身與貨孰多? 得與亡孰病? 是故甚愛必大费, 多藏必厚亡. 知足不辱, 知止不殆, 可以長久. 大成若缺, 其用不敝; 大盈若冲, 其用不窮; 大直若詘大辯若訥, 大巧若拙, 其用不屈. 罪莫大于多欲, 禍莫大于不知足. 故知足之足, 常足矣.'(韓詩外傳 九卷)

欲渡黃河冰塞川	황하를 건너려니 얼음장이 강을 막고
將登太行雪滿山	태항산에 오르려니 온 산엔 눈이 가득.
閒來垂釣碧溪上	한가하게 벽계碧溪에 와 낚시를 드리우다
忽復乘舟夢日邊	문득 다시 배에 올라 해 근처를 그려보네.
行路難	가는 길 어려워라.
行路難	가는 길 어려워.
多岐路	갈림길도 많은데
今安在	지금 어드메인가.
長風破浪會有時	긴 바람이 파도 부술 그날 정녕 있을 터
直挂雲帆濟滄海	구름 돛 펴 올리고 푸른 바다 건너리라.

행로난行路難은 본래 한대漢代의 민요였는데, 후에 많은 문인들이 그 내용을 모방하여 인생행로의 어려움을 노래하였다. 잡곡가사雜曲歌辭 중의 하나이다. 옛날 양주楊朱가 갈림길에서 어떤 길을 선택해야 할지 몰라 울고 말았다는 고사가 있다.[5] 그만큼 미래는 누구에게나 미지수이고, 선택 또한 어려운 법이지만, 현재가 불안정한 이에게 앞날은 유난히 불안하다. 이럴 때일수록 곤궁에 굳게 견디어 나가가야 한다. 소인배처럼 호들갑을 떨어서는 안 된다.

---

5 "楊子見逵路而哭之, 爲其可以南可以北; 墨子見練絲而泣之, 爲其可以黃可以黑."(淮南子 · 說林篇)

64

無爲而治 무위이치

자연스럽게 다스리다

‘무위이치無爲而治’는 ‘인위적으로 애쓰지 않고 자연스럽게 다스리다’, 혹은 ‘몸소 행정 일에 참여하지 않고 다스리지 않으면서 다스리다’라는 뜻이다.

‘(治, 다스릴 치, zhì)’자는 ‘水’와 소리부 ‘台(나 이)’로 이루어진 자다. ‘(台)’자는 고문자에서 ‘(以)’자와 같은 자로 ‘쓰다’ · ‘데려가다’나 혹은 허사의 용법으로 쓰인다. 따라서 고문자에서 ‘(治)’자는 ‘물길을 내다’ · ‘물을 다스리다’의 뜻으로 쓰인다. 후에 ‘다스리다’라는 의미로 주로 쓰인다.

子曰: “無爲而治者其舜也與? 夫何爲哉? 恭己正南面而已矣.”(衛靈公 1505)

공자는 말하였다.

“몸소 하는 일이 없이 천하를 다스린 사람은 순임금이었을 게다. 대체 무엇을 몸소 하였겠는가? 자기 몸을 공손하게 가지고 남면하고 있었을 따름이었는데.”

순임금은 인재를 적재적소에 등용하여 자신들이 맡은 바 직책에 진력하도록 하였고, 자기는 몸가짐을 공손히 하고 그들을 통솔하는 자리만을 지키고 있으면 되었다. 몸소 하는 일이 없다는 것은 신하에게 위임한 일은 자기가 나서서 하지 않으므로 하는 일이 없다는 것이다. 집정자가 실무에 직접 참여하지 않고, 남을 자신의 몸처럼 사랑하고 남의 공적을 드러나기에 힘쓰고 남의 잘못은 연민으로 숨겨 주며, 아랫사람은 군주를 자신의 부모처럼 생각하고 나라의 일을 자신의 일처럼 처리하기 때문에 집정자가 가만히 있어도 나라가 잘 다스려지는 것이다.

『노자』는 '억지로 하면 실패하게 되고 집착하면 잃게 되기 때문에 성인은 억지로 하지 않으며, 그렇기 때문에 실패하는 일이 없고 잃는 것도 없다'하였다.

> 고요히 있을 때 유지하기 쉽고, 아직 드러나지 않을 때 도모하기 쉬우며, 허약한 것은 쪼개기 쉽고, 작은 것은 흐트러뜨리기 쉽다. 아직 있지 않을 때 그것을 위하여 행하고 아직 혼란하지 않을 때 다스린다. 한 아름되는 나무는 털끝만한 것에서 자라고, 아홉 층 되는 높은 누각은 한 삼태기의 흙에서 세워지며, 백 리나 되는 먼 거리도 발끝에서 시작된다. 억지로 하는 사람은 실패하고 집착하면 잃게 되기 때문에 성인은 억지로 하지 않으니 실패가 없고, 집착하지 않으니 잃는 것이 없다. 백성들이 일을 할 때는 항상 일이 다 될 때쯤 잘못되게 마련이다. 그런 까닭에 마지막을 조심하기를 처음과 같이 하고, 그렇게 하면 잘못되는 일이 없다. 성인은 탐욕하지 않음을 추구하니, 얻기 어려운 재물을 귀하게 여기지 않는다. 가르침이 없는 것으로 가르치면, 잘못이 있는 백성들은 스스로 돌아오게 된다. 그런 고로 성인들은 만물의 자연스러움에 의한 것이지, 인위적인 행위를 하지 않는다.[1]

『논어』에는 노자의 사상이 곳곳에 배어있다. 공자가 작별 인사를 하고 떠날 때, 노자는 공자에게 총명한 사람이 어려움을 겪는 것은 '겸양謙讓'않기 때문이라 충고하였다. 공자가 노자를 만나고 노나라로 돌아와서 제자들이 더욱 늘어났다고 하는데, 학문적 조예가 더욱더 발전된 계기가 되지 않았나 한다.

"내가 들으니 부귀한 자는 사람을 전송할 때 재물로써 하고, 어진 자는 사람을 전송할 때 말로써 한다고 합니다. 나는 부귀하지 못하나 인자仁者의 말을 빌려 말로써 그대를 전송하겠습니다. '총명하고 깊게 관찰하는 사람에게는 죽음의 위험이 따르는데 이는 남을 잘 비판하기 때문이요, 많은 지식을 지니고 재능이 뛰어난 사람은 그 몸이 위태로운데 이는 남의 결점을 잘 지적해내기 때문입니다. 사람의 자녀 된 자는 마땅히 자기를 낮추고, 사람의 신하 된 자는 임금 앞에서 자기를 치켜세우지 않는 법입니다.'" 공자가 주나라에서 노나라로 돌아오자 제자들이 점차 늘어나기 시작했다.[2]

'무위無爲'는 어긋나지 않는 '무위無違'이다. 자연의 질서에 어긋나지 않는 순리대로인 '사람은 땅을 법칙으로 삼고, 땅은 하늘을 법칙으로 삼고, 하늘은 도를 법칙으로 삼고, 도는 자연을 법칙으로 삼기'[3] 때문에, '무

---

1 其安易持, 其未兆易謀. 其脆易泮, 其微易散. 爲之於未有, 治之於未亂. 合抱之木生於毫末. 九層之臺起於累土. 千里之行始於足下. 爲者敗之, 執者失之. 是以聖人無爲故無敗, 無執故無失. 民之從事常於幾成而敗之. 愼終如始則無敗事. 是以聖人欲不欲, 不貴難得之貨. 學不學, 復衆人之所過, 以輔萬物之自然而不敢爲.(老子 64장)

2 老子送之曰: "吾聞富貴者送人以財, 仁人者送人以言. 吾不能富貴, 竊仁人之號, 送子以言, 曰: '聰明深察而近于死者, 好議人者也. 博辯廣大危其身者, 發人之惡者也. 爲人子者毋以有己, 爲人臣者毋以有己.'"孔子自周反于魯, 弟子稍益進焉.(孔子世家)

위無爲'하지만 하지 않는 일이 없고, 만물이 스스로 생성되고 순화되는 것이다. 그래서 통치자가 '무위'를 하면 백성들은 스스로 교화가 되고, 조용히 백성을 자유롭게 하도록 하면 백성들은 스스로 올바르게 되고 부유해지고 서로 다투지 않고 소박해지는 것이다. 집정자들이 자신의 자리를 위해 다투면서 마치 백성을 위하는 것 같지만 사실상 자신의 밥그릇만 생각하기 때문에 나라가 소란하게 되는 것이다.

> 도는 언제나 무위無爲하지만 하지 않는 일이란 없는 것이다. 군주들이 만약 이것을 지킨 줄 안다면 만물은 스스로 생성 변화케 될 것이다. 생성 변화하는 데 있어서 작위作爲를 가하려는 일이 있다면 우리는 그것을 아무런 이름도 없는 소박함과 같은 도로써 눌러야만 할 것이다. 아무런 이름도 없는 소박함이란 또한 아무런 욕망도 없는 것이다. 욕망이 없으므로 고요해진다면 온 천하가 스스로 안정되게 될 것이다.[4]

> 나라를 다스릴 때는 올바른 도리로써 나라를 다스려야 하고, 기묘한 책략으로 병사를 다스려야하고, 일을 꾸미지 않음으로(무사無事) 천하를 차지해야한다. 나는 무엇으로써 그러한 사실을 아는가? 다음과 같은 사실로서이다.
>
> 천하에 꺼리고 금하는 것이 많으면 백성들은 더욱 가난해진다. 백성들에게 편리한 도구가 많아지면 국가는 더욱 혼란해진다. 사람들에게 기교가

---

3 "人法地, 地法天, 天法道, 道法自然."(老子 25장)

4 道常無爲, 而無不爲. 侯王若能守之, 萬物將自化. 化而欲作, 吾將鎭之以無名之樸. 無名之樸, 夫亦將無欲. 不欲以靜, 天下將自定.(老子 37장)

많아지면 기이한 물건이 더욱 생겨난다. 법령이 밝아질수록 도둑들이 많아진다.

그러므로 성인께서 말씀하시기를 '내가 무위無爲하면 백성들은 스스로 교화하고, 내가 고요함을 좋아하면 백성들은 스스로 올바르게 되고, 내가 아무 일도 없으면 백성들은 스스로 부유해지고 내가 욕심을 부리지 않으면 스스로 소박해진다'하였다.[5]

도덕道德이란 참 좋은 말인데 요즘은 잘 쓰지 않는 것 같고, '도덕'하면 왠지 고리타분하고 자유를 구속하는 것으로 인식하는 것 같다. 도덕이란 법률이나 예제禮制의 구속력을 전제로 하는 것이 아니라 학문과 수양을 통해 양성된 것으로 백성의 도덕을 전제하는 정치를 한다는 것으로 이른바 덕치주의德治主義이다. 『논어』는 이러한 정치를 북극성을 비유하였다. 덕치를 하면 천하의 마음이 다 돌아와 일일이 간섭하지 않고 '무위'하여도 백성이 자연스럽게 모여드는 것이다.

子曰: "爲政以德, 譬如北辰, 居其所而衆星共之."(爲政 02.01)

공자는 말하였다.

"덕으로 정치를 하는 것은 마치 북극성이 제 자리에 있고 여러 별들이 그것을 향하여 도는 것과 같다."

---

5 以正治國, 以奇用兵, 以無事取天下. 吾何以知其然哉? 以此. 天下多忌諱而民彌貧. 民多利器國家滋昏. 人多伎巧奇物泫起. 法令滋彰盜賊多有. 故聖人云我無爲而民自化. 我好靜而民自正. 我無事而民自富. 我無欲而民自樸.(老子 57장)

65

自厚薄責 자후박책

자신에게는 엄하게 남에게는 인자하게

'자후박책自厚薄責'은 '자신에게는 각박하게 하고 남에게는 인자하게 대하다'는 것으로 자신에게는 엄격하되 타인에게는 관용을 베푸는 것을 말한다. 혹은 '자기 자신은 다른 사람에게 후덕厚德하게 굴고, 가볍게 책망하다'라는 뜻으로 풀이하기도 한다.

'(厚)'자는 '厂'과 소리부 '𠷎(㫗)'로 이루어진 자이다. '厂(기슭 엄, ān, yán)'은 '산 기슭'이고 '𠷎(㫗)'자는 갑골문과 금문 중 '' · ''의 형태가 와전된 것으로 입 주둥이가 크고 무거운 용기의 모습이다. 고문자 '厚'는 들고 다닐 수 없는 커나란 용기가 집안 모퉁이 설치되어 있는 모습이다. 『설문해자』는 '厚'자의 고문을 소리부 '后'와 '土'로 이루어진 '(垕)'로 쓴다. 갑골문은 ''로 쓰고 금문은 '' · '' · ''로 쓴다. 후에 '두텁다' · '크다'라는 의미로 확대되어 쓰인다.

'(薄, 엷을 박, báo, bó, bò)'자는 '艸'와 소리부 '溥'로 이루어진 자이다. '溥(넓을 부, pǔ)'자는 다시 '水'와 소리부 '尃(펼 부, bù, fū)'로 이루어진 자이고, '尃'자는 다시 '寸(手)'와 소리부 '甫'로 이루어진 자이다. '溥'자는 얇은 물이 넓게 쭉 펴져 있음을 말한다. ‘(甫, 클 보, fǔ)’자를 갑골문은 ‘’로 쓰고, ‘넓은 밭에 작물이 심어있는 모습’이다. 금문에서는 작물의 모습이 와전되어 ‘’·‘’로 쓴다.

‘(責, 꾸짖을 책, zé)’자는 ‘貝’와 소리부 ‘朿(가시 자, cì)’로 이루어진 자이다. 갑골문은 ‘’으로 쓰고 금문은 ‘’으로 쓴다. 고문자 중 윗부분은 ‘가시 모양으로 생긴 화살촉’의 모양으로, 법에 어긋난 짓을 했을 경우 ‘병기를 사용하여 따끔하게 질책한다’는 뜻이다.

‘자후박책自厚薄責’은 인仁을 실천하는 정수이며, 예의 근본으로 돌아가는 ‘극기복례克己復禮’이며, 나를 남의 입장에서 생각하는 ‘추기급인推己及人’하는 배려하는 마음이다.

子曰: “躬自厚而薄責於人, 則遠怨矣.”(衛靈公 15.15)

공자는 말하였다.

“스스로는 스스로에 대하여 많이 책하고 남을 적게 책하면 원한을 사는 일을 멀리할 것이다.”

‘궁자후躬自厚’ 중 ‘궁자躬自’를 ‘스스로’라는 두 음절로 이루어진 하나의 부사어로 이해하거나 혹은 ‘자신은 자신에 대하여’라는 의미로 ‘궁躬’과 ‘자自’자가 각각의 대사의 역할을 하는 것으로 이해하기도 한다. 또는 ‘자自’자가 원래는 동사 ‘후厚’뒤에 위치하여야 하나 도치된 문장으로 이해하기도 한다. 뒤 문장에 ‘於人’이라는 상대방에 대한 행동거지를 의미하는 내용을 고려하여 ‘궁자躬自’를 ‘자신은 스스로에 대하여’로 해석하기로 한다. 전체적으로 ‘躬自厚’ 구절은 ‘반궁책자기후反躬責自己厚’의 구조로 이해할 수 있다. ‘자신을 되돌아보고 자신을 책망하는 것을 심하게 하다'라는 뜻이다. 성어로 말한다면 '반궁책기反躬責己'이다.

'(躬)'자는 '身'과 소리부 '弓'으로 이루어진 자로 화살처럼 휜 '몸'이라는 뜻이다. '躬'자는 '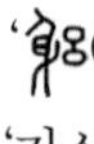(躳)'자로 쓰기도 하는데, '呂(등뼈 여, lǚ)'는 '등뼈'라는 뜻이다. '躬'은 '자신'이라는 의미로 쓰이기도 한다.

『명심보감』에서는 다른 사람을 평가하려면 먼저 자신은 어떤가 헤아려 보고, 남을 비방하는 것은 곧 자신을 비방하는 것이라 하였다.

> 태공이 말하였다.
>
> 다른 사람을 헤아리려면 먼저 모름지기 자신부터 헤아려야 할 것이다. 남을 헤치려는 말이 도리어 자신을 해치게 되니 입에 피를 물고 남에게 뿜으려면 먼저 자신의 입부터 더럽혀져야 하는 것이다.[1]

『명심보감』은 또한 군자란 남의 그릇됨을 듣지 않고, 눈으로는 남의 단점을 찾으려 하지 않고, 입은 남의 허물을 말하지 않는 자라 하였다.

> 귀는 남의 그릇됨을 듣지 않고, 눈은 남의 단점을 보지 않고, 입으로는 남의 허물을 말하지 않으면 거의 군자라 할 수 있다.[2]

귀에 가장 잘 들리고 눈에 가장 잘 띠는 것이 타인의 단점이다. 남의 잘못을 비방하지 않고, 타인의 그릇됨을 눈 감아 주고 다독거려주는 것

---

1 太公曰, 欲量他人, 先須自量, 傷人之語, 還是自傷, 含血噴人, 先汚其口.(明心寶鑑)

2 耳不聞人之非, 目不視人之短, 口不語人之過, 庶幾君子.(明心寶鑑)

은 쉽지 않은 일이다. 그래서 공자는 군자는 모든 책임의 소재를 자신에게서 찾지만 소인은 남의 잘못으로 돌린다 하였고, '용서'란 '자신이 하기 싫은 것은 남에게도 시키지 않는 것을 말한다 하였다.

子曰: "君子求諸己, 小人求諸人."(衛靈公 15.21)

공자는 말하였다.

"군자는 자신에게서 구하고, 소인은 남에게서 구한다."

子貢問曰: "有一言而可以終身行之者乎?" 子曰: "其恕乎! 己所不欲, 勿施於人."(衛靈公 15.24)

자공이 말하였다.

"한 마디로 평생토록 행할 만한 것이 있습니까?"

공자는 말하였다.

"용서일 게다. 자기가 원하지 않는 것을 남에게 베풀지 말아라."

남들이 비방한다고 해서 덩달아 비방하지 말고, 확실히 그런지를 먼저 철저히 규명하고 난 다음 잘잘못을 헤아려 밝혀야 하는 것이 지식인이 갖추어야 할 지혜이다.

子曰: "衆惡之, 必察焉, 衆好之, 必察焉."(衛靈公 15.28)

공자는 말하였다.

"많은 사람들이 미워하면 그것을 반드시 살펴야 하고, 많은 사람들이 좋아하면 그것을 반드시 살펴야 한다."

우리는 어떤 비방을 직접 확인하지도 않고, 소문만을 듣고 판단하는 경우가 많다. '증자살인曾子殺人'이란 성어는 증자의 어머니가 증자가 살인행위를 하지 않는 사람이라는 것을 확신하면서도 여러 사람이 말하자 결국은 의심을 하게 된다는 뜻이다. 헛소문만 듣고 사람을 평가하여 억울한 인신적 피해를 보는 사례가 많다. 소문만으로 피해를 쉽게 볼 수 있는 인터넷 세대에 더욱더 필요한 것은 이에 대한 인성교육이다. 이로 인해 피해를 당하는 당사자의 입장에서 한번 더 입장 바꿔 생각하여야 한다. 설사 해당자가 얼마만큼의 잘못이 있다 하더라도 '박책어인薄責於人' 한다면, 개과천선의 기회가 될 수 있지만, 비난을 위한 비난을 거듭하게 된다면 예기치 못한 불상사가 발생할 수도 있는 것이다.

66

求生害仁 구생해인

살기위해 인을 버리다

'구생해인求生害仁'은 '살신성인殺身成仁'·'성인취의成仁取義'와 반대되는 개념이다. '자신의 목숨을 부지하기 위해 인의를 기꺼이 버리다'는 뜻이다. '정의를 위하여 자기를 희생하다'는 뜻과 반대되는 개념이다.

'(求)'자는 고문자에서 원래 '裘(갓옷 구, qiú)'와 같다. '가죽 옷'이라는 뜻이다. 가죽 옷은 귀하기 때문에 '구하다'라는 뜻으로 쓰인다. 갑골문은 ''로 쓰고 금문은 ''로 쓴다. '털이 뽑힌 가죽'의 모습이다.

'(害, 해칠 해 hài)'자를 금문은 ''·'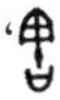'로 쓴다. 거푸집 상단에 있는 용기가 깨져 내용물이 밖으로 흘러나오는 모습이 아닌가 한다. 후에 '깨지다'는 의미에서 '해롭다'·'해치다'의 파생어로 쓰인다.

子曰: "志士仁人, 無求生以害仁, 有殺身以成仁."(衛靈公 15.09)

공자는 말하였다.

"지사志士와 인인仁人은 살기를 바라서 인을 해치는 일이 없고 몸을 죽여

가지고 인을 이룩하는 일은 있다."

'인인지사仁人志士' 중 '지사志士'는 '仁'을 이룩할 의지를 가진 인자仁者이고, '인인仁人'은 인을 실천하는 덕을 갖추고 있는 사람이다. 지사는 의롭지 못한 것을 보고 의기가 복받쳐 원통해 하고 비록 죽는다 할지라도 자신의 의지를 굽히지 않는 사람을 말한다.

순거백이 멀리 친구 문병을 갔다가 마침 그곳에서 호적胡賊의 공격을 받았다. 그 앓던 친구가 순거백에게 말하였다. "난 어차피 죽을 몸이니, 그대나 어서 떠나가겠나." 거백이 말하였다. "멀리 그대를 보러 왔는데, 그대는 나에게 떠나라 하니 이는 의를 버리고 삶을 구하라는 것이다. 나 거백이 어찌 이런 행동을 취하겠는가?"

도적의 무리가 이미 쳐들어와 거백에게 말했다. "대군이 닥쳐와서 군의 모든 사람이 도망갔는데, 너는 어떤 사내이길래 감히 기꺼이 홀로 머물러 있느냐?"

그러자 거백이 말하였다. "친구가 병이 들어 있으니 차마 버리고 갈 수 없어서이다. 차라리 내 몸으로 친구의 목숨을 대신하고 싶다."

이 말을 듣자 적들은 서로 "우리 이렇게 무의無義한 무리들이 의로운 나라에 잘못 왔구나." 하고 군사를 이끌고 되돌아 가버렸다. 이래서 이 고을은 온전할 수 있었다.[1]

---

1 荀巨伯遠看友人疾, 値胡賊攻郡, 友人語巨伯曰: "吾今死矣, 子可去!" 巨伯曰: "遠來相視, 子令吾去; 敗義以求生, 豈荀巨伯所行邪?" 賊旣至, 謂巨伯曰: "大軍至, 一郡盡空, 汝何男子, 而敢獨止?" 巨伯曰: "友人有疾, 不忍委之, 寧以我身代友人命." 賊相謂曰: "我輩無義之人, 而入有義之國!" 遂班軍而還, 一郡並獲全.(世說新語 · 德行)

위 문장 중 '패의이구생敗義以求生'은 '의를 해치고 목숨을 유지하다'라는 뜻이다. 즉 '구생해인'의 뜻과 같은 말이다.

전국戰國 시기 맹상군孟嘗君의 문객 중에 풍훤馮諼이라는 사람이 있었는데, 설국薛國에 가서 빚을 받아오도록 파견하였다. 그러면서 맹상군은 집에 돌아오면서 자신의 집에 부족한 것을 사오도록 하였다. 풍훤은 설국에 도착한 후 빚쟁이들을 모아 빚 문서를 가져오도록 하여 모두 태워버려 모든 빚을 탕진해 주었다. 돌아와서는 풍훤은 "주군 당신께서는 많은 보옥과 미인, 가축 등 생활상 부족한 것이 없으나 단지 '의義'가 부족할 따름입니다. 그래서 의를 가지고 왔습니다"라 하였다. 이는 풍훤이 '빚 계약서를 불사르고 의를 사오다'는 '분권시의焚券市義' 고사성어이다. 그 후 맹상군은 제齊나라 민湣왕에게 쫓겨 설국에 피신을 가게 되었는데, 그곳 사람들이 남녀노소 모두 멀리까지 마중 나와 맹상군을 영접하였다. 맹상군은 풍훤에게 "당신이 사온 의義를 지금에야 볼 수 있겠구려." 라 하였다. 『전국책戰國策 · 제책齊策』에 나오는 이야기이다.

> 풍훤은 곧장 제나라로 말을 모아 닿자마자 새벽에 맹상군을 만나 뵙기를 청하였다. 맹상군은 그가 이렇게 일찍 돌아온데 대해 괴이하게 여기면서 얼른 의관을 정리하고 그를 만났다.
>
> "그래 빚은 모두 다 받았소? 어떻게 이렇게 빨리 돌아왔소?"
>
> "예, 다 받아왔습니다."
>
> "무엇을 사가지고 돌아왔소?"
>
> "귀하께서 말씀하시기를 '살펴보아 집에 부족한 것이 있으면 사 가지고 오라'하였지요. 그래서 제가 몰래 생각해 보았더니 귀하의 집안에는 진보珍寶가 가득 차 있고 집 밖으로는 살찐 가축들이 마구간과 우리에 가득 차 있

으며 후궁엔 미녀들이 우글거리고 있었습니다. 곰곰이 생각해 보았더니 귀하의 집에 부족한 것이라고는 바로 '의義'뿐이었습니다. 그래서 귀하를 위하여 그 '의'를 사 가지고 왔습니다." 맹상군이 물었다. "아니 '의'를 사오다니?" 풍훤은 이렇게 설명하였다. "지금 귀하께서는 그 조그만 봉지 설 땅을 두고 그 백성을 자녀처럼 사랑해 주지는 못할망정 오히려 그들을 두고 돈 놀이를 하여 이익을 도모하고 있습니다. 그래서 제서 생각 끝에 귀하의 명령이라고 속이고 은혜를 베풀어 그 채무를 모두 면제하여 그 문서들을 모두 태워버리라 하였습니다. 그랬더니 모두 '만세'를 외칩니다. 이것이 바로 제가 귀하를 위해 사온 '의'라는 것입니다." 그래도 맹상군은 기분이 좋지 않아 "좋소, 가서 쉬시오."라 하였다.[2]

맹상군은 후에 수십 년 재상자리에 있으면서 한 번도 조그마한 재앙을 당하지 않았다. 이는 결국 풍훤의 '시의市義'때문이었다. 이는 일시적인 목숨부지 내지는 편안함을 구하는 '구생해인求生害仁'이 아니라, 다른 사람을 위하여 '인仁'을 행하고 '의'를 취한 '성인취의成仁取義'때문이다.

---

2 長驅到齊, 晨而求見. 孟嘗君怪其疾也, 衣冠而見之, 曰: "責畢收乎? 來何疾也!" 曰: "收畢矣." "以何市而反?" 馮諼曰: "君云'視吾家所寡有者'. 臣竊計, 君宮中積珍寶, 狗馬實外廏, 美人充下陳. 君家所寡有者以義耳! 竊以爲君市義." 孟嘗君曰: "市義柰何?" 曰: "今君有區區之薛, 不拊愛子其民, 因而賈利之. 臣竊矯君命, 以責賜諸民, 因燒其券, 民稱萬歲. 乃臣所以爲君市義也." 孟嘗君不說, 曰: "諾, 先生休矣!"(戰國策 · 齊策)

67

人無遠慮 인무원려

멀리 깊게 생각하지 않으면

'인무원려人無遠慮'는 '인무원려人無遠慮, 필유근우必有近憂'의 준말이다. '사람이 멀리 걱정하지 않으며, 가까운 곳에서 우환이 생긴다'는 뜻이다. '원려遠慮'를 '앞으로 올 일을 잘 헤아리다'·'깊이 사려하다'의 뜻으로 이해하기도 한다. '계획이 주도면밀하고 생각이 원대하다'는 '심모원려深謀遠慮'의 뜻이다. '깊은 사려'의 뜻으로 이해한다면, '인무원려人無遠慮, 필유근우必有近憂'는 '주도면밀하게 사려하지 않는다면, 사소한 일에서 우환이 생긴다'는 뜻이다.

> 子曰: "人無遠慮, 必有近憂."(衛靈公 15.12)
> 공자는 말하였다.
> "사람이 멀리 생각하지 않으면 반드시 가까운 우환이 생긴다."

고대에 천자가 직위를 할 때, 상경上卿·중경中卿과 하경下卿이 각각 서책書册을 전달하였다. 임금 노릇하면서 조심해야 할 내용이다. 재난이 끊임없이 발생할 것이니 조심하라 하고, 그러기 위해서는 환난이 닥치기 전에 미리미리 사전에 예방하고, 즐거운 일이 있다 해서 그 즐거움에 도취하지 말라 하였다.

천자가 즉위할 때, 상경上卿이 앞으로 나와 말한다.

"어찌 하겠습니까? 시름이 언제나 끊이지 않을 것입니다. 나라의 환난을 물리칠 수 있으면 복을 누리게 되나 환난을 물리치지 못하면 백성들을 해치게 될 것입니다."

그리고 그 천자에게 그 말이 적혀 있는 첫째 서책을 건네준다.

다시 중경中卿이 앞으로 나와 말하였다.

"하늘의 짝이 되시며 그 아래 천하를 다스리는 분께서는 그 일에 앞서 그 일에 대해 생각해야 하고, 환난에 앞서 그 환난에 대해 생각해야 합니다. 일에 앞서 그 일에 대해 생각하는 것을 민첩한 처사라 하는데, 처사가 민첩하면 모든 일이 잘 이루어집니다. 환난에 앞서 그 환난에 대한 생각하는 것을 미리 대처한다고 하는데, 미리 대처하면 환난이 생기지 않습니다. 일이 닥친 뒤에야 생각하는 것을 뒤진다고 하는데, 뒤지면 일이 제대로 이루어지지 않습니다. 환난이 닥친 뒤에야 생각하는 것을 곤혹된다고 하는데, 곤혹되면 환난을 막을 수 없습니다."

다시 하경下卿이 나와 말한다.

"공경히 경계하며 태만하지 않아야 합니다. 전당에 일을 축하하는 사람이 있을 때, 대문 앞에서는 불행을 위문하려는 사람이 와 있는 법입니다. 재난과 행복은 바로 이웃하고 있어서 그것들이 어디에서 어떻게 나타날지 알 수가 없을 것입니다. 힘쓰고 힘쓰십시오. 만백성들이 모두가 바라보고 있습니다." 그리고 그 말이 적혀있는 세 번째 서책을 천자에게 건네준다.[1]

2018년 작금 북핵문제로 세상이 혼란스럽다. 철수했던 개성공단 공장도 다시 재협정을 하루빨리 했으면 한다. 환난에 앞서서 미리미리 대처하면 만일의 사태를 잘 대비할 수 있다. 일이 이미 닥친 뒤에야 대처하려하기 때문에 곤혹스러운 것이다. 이는 몇 천 년 전부터 나라를 다스리는 집정자들이 뼈저리게 경험하였던 백성을 곤경에서 구하고 나라가 망령들지 않게 하는 것이라는 것을 알았다. 그래서 천자가 즉위식에 일종에 선서를 하였다. 또한 일에 앞서 생각해야 하고, 환난에 앞서 대처할 수 있는 능력을 갖춘 자만이 임금 노릇할 수 있는 것이다. 미리미리 사전에 조율할 줄 알고 미리 환난에 대처할 수 있는 '선사려사先事慮事, 선환려환先患慮患'하는 능력이 있어야 한다. '일에 앞서 그 일에 대해 생각하고, 환난에 앞서 그 환난에 대해 생각하다.' 일이 터지고 나서 감정적으로 처리하니 백성이 불안하고 나라가 위태로워지는 것이다.

---

1 天子即位, 上卿進曰: "如之何憂之長也? 能除患則爲福, 不能除患則爲賊." 授天子一策. 中卿進曰: "配天而有下土者, 先事慮事, 先患慮患. 先事慮事謂之接, 接則事優成. 先患慮患謂之豫, 豫則禍不生. 事至而后慮者謂之後, 後則事不擧. 患至而後慮者謂之困, 困則禍不可禦." 授天子二策. 下卿進曰: "敬戒無怠, 慶者在堂, 吊者在閭. 禍與福隣, 莫知其門. 豫哉! 豫哉! 万民望之." 授天子三策.(荀子 · 大略)

68

好行小慧 호행소혜

잔꾀를 부리다

'호행소혜好行小慧'는 원래 '약은 꾀를 부리다'는 뜻으로 쓰이나, '남에게 작은 선심을 쓰기 좋아하다'라는 뜻으로 쓰이기도 한다. '호행好行'은 '……하기를 좋아하다'라는 뜻이고, '소혜小慧' 중 '혜慧'자는 원래 '총명'·'재지才智'를 뜻한다. 따라서 '소혜'는 '잔꾀'라는 의미다. '慧(슬기로울 혜, huì)'자를 '惠(은혜 혜, huì)'자로 이해하여, '小惠'는 '작은 은혜를 베풀다'는 뜻이며, '호행소혜好行小惠'는 '선심을 쓰기 좋아하다'라는 뜻으로 이해하기도 한다.

'(慧)'자는 '心'과 소리부 '彗(비 혜, huì)'로 이루어진 자이다. '(彗)'자는 원래 '(篲)'자와 같은 자이다. '篲'자는 혹은 '(箒)'자로 쓰기도 한다. '빗자루를 들고 마당을 쓰듯이 마음을 다스리면 총명해지는 것'이다. 갑골문은 '彗'자는 빗자루 모양인 ''로 쓴다.

子曰: "群居終日, 言不及義, 好行小慧, 難矣哉!"(衛靈公 15.17)

공자는 말하였다.

"종일토록 여럿이 모여가지고 하는 말이 의에는 언급되지 않고 잔 지혜를 피우기 좋아한다면 (올바른 사람되기는) 곤란하도다."

본 구절에는 '호행소혜好行小慧' 이외에 '언불급의言不及義'라는 성어가 보인다. '언급불의'는 원래 '말이 도의가 없다'는 뜻이다. 후에 '말이 이치에 맞지 않다'나 '헛소리하다'라는 뜻으로 쓰인다.

'군거종일群居終日' 중 '군거群居'는 '무리를 지어 살다'라는 뜻이고, '종일終日'은 보어의 용법으로 쓰여 '온 종일'이라는 시간을 의미한다. 주희 『논어집주』는 "'소혜'는 '사사로운 지혜'이고, '언불급의'하면 허물이 있고 거만한 마음이 생겨나는 것이고, '호행소혜'하면 험한 것을 행하고 요행을 바라는 마음에 익숙해지는 것이고, '난의재難矣哉'는 덕에 들어갈 수가 없어서 장차 환난이 생겨남을 말한다."라 하였다.[1]

하루종인 여럿이 모여서 헛소리나 하고 의리적인 이야기는커녕 남을 비방하는 일이나 일삼는 다면 차라리 장기나 바둑에 몰두함만 못하는 것이다.

子曰: "飽食終日, 無所用心, 難矣哉! 不有博奕者乎? 爲之猶賢乎已."(陽貨 17.22)

공자는 말하였다.

"종일 배불리 먹고 마음 쓸 데가 없다는 것은 곤란하도다. 박혁博奕(장기와 바둑)이라는 게 있지 않느냐? 그런 것이라도 하는 게 그래도 나을 것이다."

---

1 "小慧, 私智也. 言不及義, 則放辟奢侈之心滋. 好行小慧, 則行險僥倖之機熟. 難矣哉者, 言其無以入德而將有患害也."(論語集註)

'현호기賢乎已' 중 '호乎'는 비교를 나타내는 전치사이고 '이已'는 '그만두다'는 뜻이고, '현賢'는 '훌륭하다'라는 뜻이다. 전체적으로 '하지 않고 그만두는 것보다 낫다'는 뜻이다. '박혁유현博奕猶賢'이란 성어는 지금은 '하루 종일 밥만 먹고 할 일 없이 빈둥거리는 생활을 하지 말라'는 뜻으로 쓰인다.

사람이란 편안해지면 방탕에 빠지기 쉽고, 방탕하게 되면 선한 마음이 없어지게 되고 사악한 마음이 생겨나게 되는 것이다. 이는『국어國語·노어魯語』'공보문백이 노일勞逸에 관하여 논하다'라는 내용 중에 보인다.

> 백성들이 고생스럽게 일해야 절검을 생각할 수 있고, 절검을 생각해야 능히 선심善心을 지닐 수 있는 것이다. 안락하면 곧 방탕하게 되니 방탕하면 선심을 잃게 되고 선심을 잃으면 사심邪心을 품게 된다. 비옥한 토지에 사는 사람은 좋은 재목이 될 수 없는 것은 안락한 생활에 빠지기 때문이다. 척박한 땅에 사는 사람치고 도의로 나아가니 않는 사람이 없는데 이는 근면하기 때문이다.[2]

사람이 편안하고 안일에 빠지게 되면 잔재주나 부리고 잔꾀나 부려 이익을 꾀하려 한다.

---

2 "夫民勞則思, 思則善心生; 逸則淫, 淫則忘善, 忘善則噁心生. 沃土之民不材, 淫也; 瘠土之民莫不嚮善, 勞也."(國語 · 魯語 · 公父文伯之母論勞逸)

69

繪事後素 회사후소

흰 바탕에 그림을 그리다

'회사후소繪事後素'는 '그림 그리는 일은 흰 바탕이 있은 후에 한다'라는 뜻으로, '흰 바탕 위에 그림을 그리다'라는 뜻이다. 후에 '좋은 바탕이 있어야 좋은 그림을 그릴 수 있다' · '바탕이 좋아야 좋은 결과를 얻을 수 있다'라는 뜻으로 쓰인다.

'후소後素'는 '뒤에는 흰 바탕이 있어야 그림을 그린다'는 말이다.

子夏問曰: "巧笑倩兮, 美目盼兮, 素以爲絢兮. 何謂也?" 子曰: "繪事後素." 曰: "禮後乎?" 子曰: "起予者商也! 始可與言詩已矣."(八佾 03.08)

자하가 말하였다.

"'귀엽게 웃는 입술 붉기도 하며, 아름다운 눈들 까맣고 희기도 하네. 흰 바탕에 채색 베푼 것이로세.'이것은 무엇을 말한 것입니까?"

공자는 말하였다.

"그림 그리는 일은 흰 바탕이 마련된 후에 온다는 말이다."

"예는 후에 온다는 말씀이십니까?"

공자는 말하였다.

"나를 일깨워주는 사람은 상商이로다. 이제야 함께 시를 논할 수 있게 되었다."

본 구절에 인용한 『시경』은 『위풍衛風 · 석인碩人』이다. 위衛나라 장공莊公에게 시집오는 제齊나라 동궁東宮 매妹의 미모를 묘사한 내용이다. 옛날에는 그림을 그리려면 먼저 그릴 데다 흰 색칠을 고루 잘 하고 나서 다른 채색을 가하였다. 아름다운 그림을 이룩하려면 흰 바탕이 잘 되어 있어야 한다. 『시경』의 내용대로 해석한다면 본래 예뻐야 화장을 해도 예쁘다는 것이다. 자하는 덕행이나 인의와 같은 본질을 잘 닦고 난 다음 예절과 같은 이차적인 사회 윤리로 첨삭을 하면 금상첨화가 될 수 있다는 뜻으로 해석하였다.

> 높으신 분
> 손은 부드러운 띠싹 같고 피부는 엉킨 기름처럼 매끄럽고,
> 목은 흰 나무벌레 같고 이는 박씨 같으며,
> 매미 이마에다 나방의 수염 눈썹.
> 생끗 웃을 때의 어여쁜 입 모습, 아름다운 눈은 맑기도 하네.[1]

'소이위현素以爲絢'은 『시경』의 구절에 보이지 않는다. 미인이 비유 대상은 소박하고 아름답다.

『주례周禮 · 고공기考工記』에서는 "네 계절과 다섯 가지의 색의 지위

---

1 "手如柔荑, 膚如凝脂. 領如蝤蠐, 齒如瓠犀. 螓首蛾眉, 巧笑倩兮, 美目盼兮."(碩人)

를 혼합하여 명백하게 하는 것을 교巧라 한다. 그림 수를 놓는 것에서는 백색이 뒤에 한다."[2]라 하였다. 이에 대하여 주희는 "먼저 흰 비단으로 바탕을 삼은 뒤에 오색의 채색을 칠하는 것이니 이는 마치 사람의 아름다운 자질이 있는 뒤에야 문식을 가할 수 있음과 같다."[3]라 하였다.

동양화의 아름다움은 여백에 있다. 여백이란 빛(光)과 기氣를 의미한다. 북송 문인들은 '시화일치론詩畫一致論'을 주장하였고, 그림 가운데 여백을 시정과 여운을 불어넣는 수단으로 삼았다. 중국 당대唐代 왕유王維(701–761)의 시를 두고 시 속에 그림이 있고 그림 속에 시가 있다 하였다.[4]

사지새상使至塞上　왕유王維

사절로 변경에 이르다.

單車欲問邊,　단출한 수레로 변경 사정을 알아보려고,
屬國過居延.　속국인 거연 땅을 지나네.
征蓬出漢塞,　바람에 날리는 민망초는 한나라 국경을 넘어오는데,
歸雁入胡天.　돌아가는 기러기는 오랑캐의 하늘로 들어가누나.
大漠孤煙直,　넓고 넓은 사막에선 외줄기 연기가 곧바르고,

---

2 "雜四時五色之位以章之, 謂之巧. 凡畫繢之事, 後素功."(周禮)

3 "謂先粉地爲質而後施五采, 猶人有美質然後可加文飾."(論語集註)

4 宋 蘇軾「東坡題跋 · 書摩詰藍田烟雨圖」: "味摩詰之詩, 詩中有畫; 觀摩詰之畫, 畫中有詩."

長河落日圓. 길고 긴 강에선 떨어지는 해가 둥글구나.

蕭關逢候騎, 쓸쓸한 관문에서 파수를 만나니

都護在燕然. 도호는 아직도 연연산에 있다네.

위의 시중 특히 "대막고연직大漠孤煙直, 장하락일원長河落日圓" 구절이 마치 그림을 보는 듯하다. 이 시는 지금의 감숙성甘肅省 무위武威 일대의 풍광을 묘사한 것으로 사막은 지금의 '등격리騰格里'사막이고, '장하長河'는 황하가 아니고 그 일대에 흐르는 강(석양하石羊河)일 것이다. '외줄기 연기'는 아마도 봉화烽火 연기가 바람이 불지 않아 곧바로 피어오르고, 강에 비친 석양은 둥글게 비친다. 직선인 하얀 연기와 둥근 붉은색 태양은 '직直'-'원圓', '백白'-'홍紅'을 대비시켜 한 폭의 그림을 보는 듯하다. 왕유 시 「송형계주送邢桂州(계주로 가는 형제邢濟를 보내면서)」 중 "낙일강호백日落江湖白, 조래천지청潮來天地青." 구절의 '백白'과 '청青' 색깔 대비가 유명하다.[5]

'회사후소繪事後素' 중 '소素'는 본질이다. '도의'가 본질이고, '예절'·'겸손'과 '신용' 같은 수양을 통한 격식이 회화로 말하면 그림에 해당된다.

子曰: "君子義以爲質, 禮以行之, 孫以出之, 信以成之. 君子哉!"(衛靈公

---

5 王維「送邢桂州」(계주로 가는 형제(邢濟)를 보내면서)
鐃吹喧京口, 風波下洞庭. 赭圻將赤岸, 擊汰復揚舲.
日落江湖白, 潮來天地青. 明珠歸合浦, 應逐使臣星.
노랫소리 요란한 경구를 뒤로하고, 바람 탄 물결을 헤치며 동정호로 내려가네. 자기성을 지나고 적안산을 향해서, 물결을 치며 배가 나아가리라. 해가 저물면 강과 호수가 하얗게 떠오르고, 조수가 일어나면 천지가 검푸르게 변하리. 합포(合浦) 맹상군처럼 애민 정치 펼치고, 이합(李郃)을 알아본 사자(使者)처럼 귀한 일꾼 되리라.

15.18)

공자는 말하였다.

"군자는 도의를 바탕으로 삼고, 예절에 따라서 그것(義)을 행하고, 겸손한 태도를 가지고 그것을 남 앞에 내놓고, 신용을 가지고 그것을 성사시킨다. 그래야 군자인 것이다."

그러나 '문질빈빈文質彬彬'해야지 어느 쪽이 지나쳐서도 안된다. 사람은 학문과 수양 등의 문식을 통하여 인간의 수준이 구별되어 진다. 문식이 없다면 털 뽑은 가죽은 범이나 개가 다 같지만, 털의 무늬에 따라 달라지게 된다. 그래서 문文과 질質은 서로 조화를 이루어야 한다.

子曰: "質勝文則野, 文勝質則史. 文質彬彬, 然後君子."(雍也 06.18)

공자는 말하였다.

"실질實質이 문식文飾을 압도하면 투박해지고, 문식이 실질을 압도하면 호화스럽다. 문식과 실질이 섞여서 조화를 이룬 연후라야 군자가 되는 것이다."

'질質'은 마음속의 '본질'을 가리키고, '문文'은 인간의 후천적인 수양인 '예의범절'이다. '야野'는 '꾸밈이 없는 야성적인 상태'를 가리키고, '사史'는 사관이 역사를 쓸 때 수식적인 요소를 가미한다는 뜻에서 '외관적인 꾸밈'이다.

70

沒世無聞 몰세무문

죽어도 이름이 없다

'몰세무문沒世無聞'은 '죽어도 명성이 나지 않다'라는 뜻이다. '몰세沒世'는 '한평생 다하고 죽다'라는 뜻이고, '무문無聞'은 '명성이 없다'라는 뜻이다.

> 子曰: "君子疾沒世而名不稱焉."(衛靈公 15.20)
>
> 공자는 말하였다.
>
> "군자는 죽은 후에도 이름이 일컬어지지 않는 것을 고민한다."

'명불칭名不稱'은 '이름이 없다는 것', 혹은 그 사람의 '명성名聲이 사실과 부합하지 않는 것'이라고 풀이하기도 한다. '질疾'은 동사로 그 다음 문장을 목적어로 취한다. '괴로워하다'라는 뜻이다.

『사기史記 · 공자세가孔子世家』에서는 공자가 죽은 후에 '무문無聞'일까하여 『춘추春秋』를 지었다 한다.

공자가 말하였다.

"안 되지, 안 돼. 군자는 죽은 후에 이름이 알려지지 않을 것을 걱정한다. 나의 도가 행해지지 않았으니 그럼 나는 무엇으로 후세에 이름을 남기겠는가?" 이에 공자는 역사의 기록에 근거해서 『춘추』를 지었다. 이것은 위로는 은공隱公에서 아래로는 애공哀公 14년까지 12공公의 시대를 포괄하였다. 『춘추』는 노나라의 역사를 중심으로 삼고, 주周나라를 종주로 하고 은나라의 제도를 참작하여 하상주 3대의 법률을 계승하고 있다. 그 문사文辭는 간략하지만 제시하고자 하는 뜻은 넓다.[1]

공자는 나이가 사십이 되었는데도 다른 사람들로부터 미움을 받으면 이는 끝장이라 하였다. 인격적으로 문제가 있어 나이가 먹었음에도 남에게 '미움을 받는다'는 것은 '명성'이 있는 것만큼이나 중요한 일이다. 호랑이는 죽어 가죽을 남기지만, 사람은 죽어 이름을 남기는 법이다.[2]

子曰: "年四十而見惡焉, 其終也已."(陽貨 17.26)

공자는 말하였다.

"나이가 40이 되어서도 미움을 받으면 그야말로 마지막이다."

공자는 제 명에 죽지 못하는 죽음이 세 종류가 있다 하였고, 총명한 자는 장수를 한다 하였다. 이러한 죽음을 스스로가 스스로를 죽이는 죽음

---

1 子曰: "弗乎弗乎, 君子病沒世而名不稱焉. 吾道不行矣, 吾何以自見于後世哉?" 乃因史記作春秋, 上至隱公, 下訖哀公十四年, 十二公. 據魯, 親周, 故殷, 運之三代. 約其文辭而指博.(史記 · 孔子世家)

2 "豹死留皮, 人死留名."

이라 하였다. 하나는 절제하지 못하기 때문에 죽는 것이고, 둘째는 욕심으로 인하여 죽는 것이고, 세 번째는 만용 때문에 죽는다 하였다.

> 애공이 공자에게 물었다. “지혜로운 자는 장수합니까?”
>
> “그렇습니다. 사람에게는 세 종류의 죽음이 있는데, 모두가 명 때문에 죽는 것이 아니라 스스로 택해서 죽음에 이르는 것입니다.
>
> 즉 거처를 바르게 하지 못하거나 음식을 절제하지 못하거나 과로하는 경우에 각종 병으로 죽게 되지요.
>
> 또 아랫사람으로서 손윗사람을 범하기를 좋아하고 바람과 욕심에 만족을 모르며 요구를 그칠 줄 모르면 욕망으로 형벌로 죽게 됩니다.
>
> 끝으로 적은 수로 여럿을 대적하고 약한 힘으로 강한 자를 모욕하거나 성을 내면서 힘을 헤아리지 않으면 전쟁으로 죽게 되지요.
>
> 따라서 이 세 종류의 죽음은 모두 명이 다해서가 아니라 바로 스스로 택해서 맞이하는 것입니다.”
>
> 시에서는 “사람으로서 예의가 없으면 죽지 않고 무엇하랴?” 라 하였다.[3]

오래 산다는 것도 중요하지만 어떻게 사느냐도 중요한 문제이다. 하늘에 해와 달이 있고, 땅에 물과 불이 있듯이 사람에게는 ‘예禮’와 ‘의義’가 있어야 한다 하였다. ‘예’와 ‘의’를 갖추지 않은 이름은 ‘오명汚名’이다.

---

3 哀公問孔子曰:“有智者壽乎?” 孔子曰:“然. 人有三死而非命也者, 自取之也. 居處不理, 飮食不節, 佚勞過度者, 病共人殺之. 居下而好干上, 嗜欲無厭, 求索不止者, 刑共殺之. 少以敵衆, 弱以侮強, 忿不量力者, 兵共殺之. 故有三死而非命者, 自取之也.”『詩』曰: “人而無儀, 不死何爲.”(韓詩外傳)

다음과 같이 전한다.

하늘에 있는 것으로서 해와 달보다 밝은 것이 없고, 땅에 있는 것으로서 물과 불보다 밝은 것이 없으며, 사람에게 있어서는 예禮와 의義보다 밝은 것이 없다. 그러므로 해와 달이 높이 떠 있지 않으면 멀리까지 비추지 못하고, 물과 불이 쌓이지 않으면 그 빛남이 널리 미치지 못하며, 예와 의가 국가에 시행되지 않으면 공명功名이 드러나지 않는 것이다. 임금 된 자는 예를 융성하게 하고 현자를 존중하면 천하의 왕이 될 수 있는 것이며, 법을 중시하고 백성을 사랑하면 패자霸者가 될 수 있다. 그런데 이익을 좋아하고 속임수만 힘쓰면 위험에 빠질 수밖에 없으며, 임기응변의 술책과 남을 무너뜨리는 일에 힘쓴다면 망하고 마는 것이다. 시에서 "사람으로서 예가 없으면서 어찌 일찍 죽지도 않는고."라 하였다.[4]

'애지욕생愛之欲生', '사랑하면 그 사람이 살기를 바라고', '오지욕사惡之欲死', '미워하면 그 사람이 죽기를 바란다'. 다른 사람이 죽기를 바라는 사람이 되지 말아야겠다.

---

4 傳曰: 在天者莫明乎日月, 在地者莫明於水火, 在人者莫明乎禮義. 故日月不高則所照不遠, 水火不積則光炎不博, 禮義不加乎國家則功名不白. 故人之命在天, 國家命在禮, 君人者降禮尊賢而王, 重法愛民而霸, 好利多詐而危, 權謀傾覆而亡, 『詩』曰: "人而無禮, 胡不遄死."(韓詩外傳)

71

以人廢言 이인폐언

사람으로 말을 판단하다

'이인폐인以仁廢人'은 '원래는 사람으로 그 사람의 말을 무시하지 않는다'는 뜻에서 '그 사람의 됨됨이로 말을 판단하지 않는다'나 '좋지 않다고 생각하는 사람의 말을 무조건 무시해서는 안 된다'는 뜻으로 쓰인다.

이와 반대되는 개념은 '이언거인以言擧人'이다. 그 사람 말만 듣고 그 사람을 믿는 것이다.

> 子曰: "君子不以言擧人, 不以人廢言."(衛靈公 15.23)
>
> 공자는 말하였다.
>
> "군자는 말(言)을 가지고는 사람을 천거하지 않고, 사람을 가지고는 말을 없애지 않는다."

'이언거인以言擧人'은 말을 가지고서는 인물을 판단하지 않고, '이인폐인以人廢言'은 사람이 대단하지 않다고 해서 그가 한 좋은 말까지 버리지는 않는다는 뜻이다. 천거를 할 때는 말만 잘 하는 자가 아니라 언행이 일치되는 자이어야 한다. 하지만 그 사람이 마음에 들지 않는다 해서, 평소에 그 사람을 믿지 못한다 해서 그 사람의 말을 말살해 버려서는 안 된다. 혹은 나와 의견을 달리하는 적의 말이 더 중요할 수 있고, 쓴소리가 더 유용할 수 있다.

좋은 약은 입에 쓰지만 병에 이롭고 충성된 말은 귀에 거슬리지만 행하는데 이롭다 하였다.[1] 한漢나라를 세운 유방이 진秦나라 왕궁에 들어섰을 때, 수천 명의 미인에다 온갖 보물이 가득 찬 것을 보고 마음이 흔들리자, 번쾌가 "이 미녀와 재물들이 진나라를 멸망케 한 원인"이라 하였다. 하지만 아직도 마음을 잡지 못하자, 장량은 다시 "충언은 귀에 거슬리나 행함에 이롭고, 독한 약은 입에 쓰지만 병에 이롭다."라 충고하였다. 유방은 결국 창고에 봉인을 하고 철수하였다.

> 패공 유방은 진나라 궁궐로 들어서자 궁실, 휘장, 개와 땅, 값진 보배, 부녀자 등이 수천을 헤아릴 정도로 많은 것을 보고 내심 그곳에 머물고 싶어 하였다. 번쾌가 패공에게 궁궐 밖으로 나가기를 충간하였으나 패공이 듣지 않았다. 이에 장량이 말하였다.
>
> 무릇 진나라가 무도하였기 때문에 패공께서 여기에 오실 수가 있었습니다. 모름지기 천하 사람을 위하여 잔적을 제거하시려면 마땅히 검소함을 바탕으로 삼아야 합니다. 그런데 진나라에 들어온 지금 바로 그 즐거움을 편안히 누리신다면 이는 곧 '걸이 포학한 짓을 하도록 돕는 것'입니다. 또 '충성스러운 말은 귀에 거슬리지만 행실은 이롭고 독한 약은 입에 쓰지만 병에

1 "忠言逆耳利于行, 毒藥苦口利于病."

이롭다' 하였습니다. 원컨대 번쾌의 말을 들으소서.

패공은 이에 곧 패상으로 환군하였다.[2]

삼국시기 위魏나라 조조曹操가 유비劉備 촉나라를 치려 하자 유이劉彛(180-221)가 상소한 내용 중에 '이인폐언以人廢言'와 '불치하문不恥下問' 해야 한다는 내용이 있다. 유이는 이 상소문 덕에 동생 유위劉偉가 반란에 가담한 죄로 연좌제에 걸려 죽을 뻔했으나 살아남을 수 있었다.

성인은 자신이 지혜롭다 해서 일반인을 무시하지 않으며, 천하를 다스리는 왕은 신분의 고하高下에 의견을 가려서 채택하지 않습니다. 능히 천년의 대업을 이루는 자는 반드시 가까운 것에서 성찰하여 멀리 큰 일을 도모하는 것입니다. 그래서 지혜로운 사람은 일을 독단적으로 결정하는 자보다 주도면밀하며, 아랫사람에게 묻는 것을 부끄럽게 생각하지 않으며 좋은 의견을 대중으로부터 널리 구하였습니다. 부드러운 가죽과 활시위는 비록 말을 할 수 있는 물건은 아니나, 자주 성인 군자들이 이를 가지고 각성하고 자신의 잘못을 바로잡았습니다.[3] 신臣은 비록 재질과 지혜가 갖추고 있지 않으나, 스스로 옛 성인들이 가죽과 활시위로 그랬듯이 내 자신을 성찰하고 각성하

---

2 沛公入秦宮, 宮室帷帳狗馬重寶婦女以千數, 意欲留居之. 樊噲諫沛公出舍. 沛公不聽. 良曰: "夫秦爲無道, 故沛公得至此. 夫爲天下除殘賊, 宜縞素爲資. 今始入秦, 即安其樂, 此所謂'助桀爲虐'. 且'忠言逆耳利于行, 毒藥苦口利于病', 願沛公聽樊噲言." 沛公乃還軍霸上.(史記 · 留侯世家)

3 '위현지폐韋弦之佩'의 고사는 『韓非子』 "西門豹之性急, 故佩韋以自緩; 董安于之心緩, 故佩弦以自急.(서문표는 성질이 급하였으므로 부드러운 가죽을 차고 다녔고, 동안우는 성질이 느렸으므로 활시위를 차고 다녔음)" 에 보인다. '본초(本初)'는 '원소(袁绍)'의 자이다. '서백(西伯)'은 '주문왕(周文王)'을 가리킨다.

는 기회를 갖고자 합니다.

옛날 악의樂毅는 약한 연나라 군력으로 강한 제나라를 물리칠 수 있었으나, 오히려 용감한 군대를 가지고 있었으나 즉묵卽墨을 평정할 수 없었습니다. 이는 이른바 스스로 계획을 세우는 자가 비록 약하나 반드시 강해지겠다는 신념이 있기 때문이고, 스스로 붕궤되는 자는 비록 강하다 할지라도 반드시 패배를 하고 마는 것이기 때문입니다. 전하께서 군대를 일으킨 지 이미 삼십여 년이 지났으며 대적할만한 적이 없어 강한 적이라 할지라도 굴복하지 않은 자가 없었습니다. 작금 위나라는 막강한 군대를 소유하고 있으며 승승장구한 위엄 있는 병사들이 있긴 하지만, 아직도 손권은 오吳 지방에서 위협적인 힘을 구축하고 있으며, 또한 굴복하지 않고 있는 촉나라의 유비가 있습니다. 변방에 있는 이적夷狄들은 촉나라 기주冀州의 군대에 대적할 만한 실력을 갖추고 있지 못한다고 여기고 있으며, 손씨와 유씨가 비록 원소에 역량에는 미치지 못한다 하겠지만 원소는 멸망을 했고 손과 유는 아직도 견제합니다. 이는 위나라의 재질이나 역량이 이전보다 약하다는 것이 아니고, 스스로 강해지고자 하는 것과 스스로 궤멸하는 것의 형세의 전환점에 있다는 것입니다. 즉 당시 주나라 문왕을 숭후호崇侯虎를 정벌하기 위하여 세 번이나 출동을 하였으나 결국은 정벌하지 못하고 다시 돌아왔습니다. 하지만 그 후 인덕을 베풀고 민심을 수습하자 결국은 숭후호가 굴복해 왔습니다. 또한 당시 진나라가 아직 제후 국가이었을 때, 전쟁에서 패한 적이 없고 모든 나라가 전부 항복을 하였지만, 전국을 통일하고 진시황이 황제에 등극한 후 진나라는 오히려 백성의 원성이 높아져 결국 나라가 망하고 말았습니다. 이는 대외적으로 너무나 큰 힘을 썼고 대외적으로 백성을 돌보지 않았기 때문입니다. 신이 생각하기에 변방의 적들이 비록 이전의 육국六國과는 비교가 되지 않지만, 하지만 여전히 걸출한 인재들이 보조하고 있어, 만약에 그들을 정벌하려 한다면 진나라의 전철을 밟지 않을까 하니 이는 반드시 심사숙고하지 않을 수 없습니다.

세상일에는 득과 실을 중히 생각하여야 합니다. 정세가 우리에게 유리한 상황이면 이를 심사숙고하여 큰 이득이 생기게 하는 것이 득을 중시하였다 하는 것이며, 정세가 불리함에도 불구하고 고집스럽게 실행하면 큰 손실을 가져오는 것입니다.

지금 상황은 주위의 위험을 두루 살펴보아야 하며, 위험이 도사리는 곳을 선별하여 적절히 대처하고, 매년 전국의 병사들을 선별하여 각각 필요한 곳에 조절 파견하도록 하여야 합니다.

그래야 전하께서는 궁궐에서 편안히 잠을 이룰 수 있을 것이며, 나라를 다스릴 수 있는 일에 전념을 하실 수 있습니다. 백성에게는 농업과 잠업에 힘쓰도록 격려하고 근검절약하는 생활을 하도록 독려督勵하며, 이렇게 십 년을 다스리면 국태민안國泰民安하게 될 것입니다.[4]

---

4 "聖人不以智輕俗, 王者不以人廢言. 故能成功於千載者, 必以近察遠, 智周於獨斷者, 不恥於下問, 亦欲博采必盡於衆也. 且韋弦非能言之物, 而聖賢引以自匡. 臣才智闇淺, 願自比於韋弦. 昔樂毅能用弱燕破大齊, 而不能以輕兵定即墨者, 夫自爲計者雖弱必固, 欲自潰者雖彊必敗也. 自殿下起軍以來, 三十餘年, 敵無不破, 彊無不服. 今以海內之兵, 百勝之威, 而孫權負險於吳, 劉備不賓於蜀. 夫夷狄之臣, 不當冀州之卒, 權・備之籍, 不比袁紹之業, 然本初以亡, 而二寇未捷, 非闇弱於今而智武於昔也. 斯自爲計者, 與欲自潰者異勢耳. 故文王伐崇, 三駕不下, 歸而脩德, 然後服之. 秦爲諸侯, 所征必服, 及兼天下, 東向稱帝, 匹夫大呼而社稷用隳. 是力斃於外, 而不卹民於內也. 臣恐邊寇非六國之敵, 而世不乏才, 土崩之勢, 此不可不察也. 天下有重得, 有重失:勢可得而我勤之, 此重得也;勢不可得而我勤之, 此重失也. 於今之計, 莫若料四方之險, 擇要害之處而守之, 選天下之甲卒, 隨方面而歲更焉. 殿下可高枕於廣夏, 潛思於治國;廣農桑, 事從節約, 脩之旬年, 則國富民安矣." 太祖遂進前而報廙曰: "非但君當知臣, 臣亦當知君. 今欲使吾坐行西伯之德, 恐非其人也."(三國志・魏書21)

조조는 이 상소문을 보고 '군주가 반드시 신하를 이해하여야 하지만, 신하 또한 군주의 마음을 헤아릴 수 있어야 합니다. 지금 당신께서는 저에게 주나라 문왕文王의 덕행을 천하에 베풀라 하는데, 제가 기꺼이 그 일을 해낼 수 있을지 모르겠습니다.'[5]라 하며 출정하지 않았다.

작금 우리나라 국제적 정세가 어렵다. 득과 실의 기로에 서있다. 이럴 때일수록 더욱더 대외적인 것보다 대내적으로 백성의 질고를 생각하고 독려하고 민생에 힘을 써야 할 때이다.

---

5 "非但君當知臣, 臣亦當知君. 今欲使吾坐行西伯之德, 恐非其人也."(三國志 · 魏書21)

72

直道而行 직도이행

곧은길을 가다

'직도이행直道而行'은 '정직하게 곧은 길을 가다' · '사심 없이 일을 하다' · '곧은 도를 행하다' 등의 뜻이다. 지금은 주로 '사심 없이 일을 행하다'는 의미로 쓰인다.

'(直)'자는 'ㄴ' · '十'과 '目'으로 이루어진 자이다. 'ㄴ'은 가름대이고, '十'은 눈을 직시하는 모습이다. 갑골문은 눈을 직시하는 모양인 ''으로 쓰고, 금문은 기준이 될 수 있는 물건을 대고 눈을 직시하는 ''으로 쓰고, 『설문』의 고문은 나무를 대고 반듯하지 눈으로 직시하는 '(㮨)'으로 쓴다.

子曰: "吾之於人也, 誰毁誰譽? 如有所譽者, 其有所試矣. 斯民也, 三代之所以直道而行也."(衛靈公 15.25)

공자는 말하였다.

"내가 남을 말할 때 누구를 훼방하고 누구를 칭찬하더냐? 칭찬해 준 사람이 있었다면 그것은 시험한 바가 있어서이다. 지금의 백성들은 3대에 곧은 길을 따라 걸어온 사람들이다."

개인적 감정에 의해서 남을 고의로 훼방하거나 칭찬하는 일은 하지 않고, 칭찬할 일이 있다 하더라도 그것을 실제로 겪어 보고 좋은 점을 알게 되어서 칭찬한 것이다라는 뜻이다. 지금 자기 주위에 있는 백성들은 하은주夏殷周 3대에 걸쳐 곧은길을 따라 살아온 사람들이므로 개인적인 감정에 따라 명예를 훼손하는 일을 하지 않은 정직한 사람들이라는 뜻이다. 혹은 '개인적인 감정에 따라 명예에 훼손되는 일을 하지 않은 백성'이 현재의 백성이 아니라 삼대三代의 백성으로 보는 경우도 있다. 하지만 앞부분에 '인人'자를 써서 당시의 향인을 언급하는 것으로 보아 지금의 백성을 가리키는 것으로 볼 수 있다.

'수훼수예誰毁誰譽'는 '훼수예수毁誰譽誰'의 구조가 도치된 문장이다. '누구를 훼방하고 누구를 칭찬하다'라는 뜻이다.

오규 소라이의 『논어징論語徵』은 '시試'자를 '등용하다'라는 의미로 해석하여 전체적으로 '만약 칭찬할 것이 있으면 등용할 것이다'로 이해하였다. 하지만 바로 앞 내용이 칭찬한 이유에 대한 설명이기 때문에, 어떤 누구를 칭찬한 것은 이미 그 사람을 겪어 알고 있기 때문으로 이해할 수 있다.

그래서 공자는 대부분 사람이 그를 헐뜯는다 해서 알아보지도 않고 부화뇌동하듯이 다른 사람과 똑같이 미워하지 말고 반드시 관찰하여 알아보고 사실 여부를 결정하고, 대중이 좋아한다 해서 무조건 좋아하지 말고 사실 여부를 직접 알아보고 판단하도록 하였다.

子曰: "衆惡之, 必察焉, 衆好之, 必察焉."(衛靈公 15.28)

공자는 말하였다.

"많은 사람들이 미워하면 그것을 반드시 살펴야 하고, 많은 사람들이 좋아하면 그것을 반드시 살펴야 한다."

'직도이행直道而行'은 지금은 주로 '사심 없이 일을 공정하게 처리하다'라는 뜻으로 쓰인다. 혹은 '정도직행正道直行'으로 쓰기도 한다.

객관적인 판단이 매우 중요하다. '군자부당君子不黨'이라 하였다. 같은 편이 아니면 무조건 반대하고 끼리끼리 놀면 안 된다. 공자는 이미 왕따라는 것이 얼마나 어리석은 짓인가를 알고 있었다.

공자는 재여宰予를 상당히 신뢰하였으나, 재여가 성실한 생활을 하지 않고 낮잠을 자는 것을 보고, '이전에는 무조건 그 사람이 말을 믿었지만, 그 사람이 언행일치를 하는지 살피게 되었다'라 하였다.

子曰: "始吾於人也, 聽其言而信其行, 今吾於人也, 聽其言而觀其行. 於予與改是."(公冶長 05.10)

공자는 말하였다.

"전에는 내가 사람을 볼 때 그가 하는 말을 듣고서는 그가 하는 일을 믿었지만, 이제는 내가 사람을 볼 때 그가 하는 말을 듣고서도 그 행실을 살피게 되었으니 (재여宰予의 까닭으로) 나는 이 점을 고치게 되었다."

정직하게 사는 것이 사람이 살아가는 기본적인 삶의 태도이다. 설령 정직하게 살지 않아도 잘도 살아가는 사람도 있을 수 있다. 하지만 이는 요행이 화를 면할 따름인 것이다.

子曰: "人之生也直, 罔之生也幸而免."(雍也 06.19)

공자가 말하였다.

"사람이 살아가는 것은 정직이 기본이다. 정직함 없이 살아가는 것은 요행히 모면하고 있는 것이다."

천체가 운행하는 우주 만물의 기본인 것과 같이 '정직'은 인간이 갖추어야 할 가장 근본적인 도리이다. 그래서 '직直'을 『주역』으로 말하자면 '건괘乾卦'에 비유하여 설명하기도 한다.

건이란 정직함을 말하다. 군자는 정직한 도로 행하지 물질에 움직이거나 감정에 따라 구차한 행동을 하지 않는 것이다. 단 행동은 그 응당히 해야 할 행위에 따라 하고 일은 응당히 해야 할 일을 하는 것이다. 그래서 '천체의 운행이 건실한 것이고 군자는 스스로 강하게 되는 것을 멈추지 않고 노력하는 것이다.'라 한 것이다. 곤은 순탄함을 말한다. 군자가 사람을 섬김에 온 정성을 다하고 일을 함에는 사심이 없고 자신의 고통을 근본으로 하고 다른 사람의 감정을 명확하게 알 수 있는 것이다. 그래서 '지세는 곤이고 군자는 후한 덕으로 천하의 만물을 받아들인다.'하였다.[1]

위의 문장은 성어 '자강불식自强不息'과도 관련이 있다. '스스로 힘쓰고 쉬지 않는다', 자신의 목표를 향해 끊임없이 노력하는 것을 의미하는 말이다.

---

1 乾者, 直也, 君子直道而行, 不爲物動, 不以情拘, 但行其當行, 事其當事. 是以, '天行健, 君子以自强不息!' 坤者, 順也, 君子事人以至誠, 事事以無私, 體己之痛, 明人之情. 是以, '地勢坤, 君子以厚德載物.'(周易 · 乾卦)

73

道不相謀 도불상모

일을 같이 꾀하지 않다

'도불상모道不相謀'는 '도가 같지 않으면 같이 일을 도모하지 않는다'는 뜻이다. 추구하는 목표가 다르거나 사상 개념이 다르면 함께 도모하지 않는다는 뜻이다.

> 子曰: "道不同, 不相爲謀."(衛靈公 15.40)
>
> 공자는 말하였다.
>
> "지향하는 도가 다르면 같이 일을 계획하지 않을 것이다."

사마천司馬遷은 백이伯夷와 숙제叔齊가 주나라 음식을 먹지 않겠다고 하여('불식주속不食周粟'), 수양산에서 굶어 죽은 것('어사우수양산餓死于首陽山')을 두고 각각 그 지향하는 바가 다르기 때문에 뜻을 같이 하지 않았다 하였다. '불식주속'은 후에 '조국에 충성하고 의지가 결연하다'는 뜻으로 쓰인다.

공자가 "뜻을 같이 하지 않는 자와는 함께 일을 도모하지 않는다."라 하였는데, 이는 뜻이 다른 사람끼리는 함께 행동을 할 수 없다는 뜻이다. 그래서 "부귀가 뜻대로 얻는 것이라면 나는 천한 마부의 일이라도 사양하지 않겠다. 부귀가 천명이어서 나의 뜻과는 상관없는 것이라면 나는 내가 좋아하는 성현의 도를 좇겠다." 하였다. 공자는 다시 "추운 겨울이 되어야 송백이 다른 초목이 시들어 떨어진 후에 푸르름을 잃지 않는다는 것을 알 수 있다."라 하였다. 견주어 말하면, 세상이 혼탁해야만 청렴한 선비가 더욱 돋보이는 것이다. 이것은 속인들은 부귀를 중하게 여기지만 청렴한 선비는 부귀를 가볍게 여기기 때문이 아닐까?[1]

공자는 백이와 숙제에 대하여 부정과 불의는 혐오하고 일은 미워하였지만 사람은 미워하지 않았다 하였다. 그래서 남을 원망하지 않았고, 덕을 구하였던 자들이라 하였다.

子曰: "伯夷叔齊不念舊惡, 怨是用希."(公冶長 05.23)

공자는 말하였다.

"백이와 숙제는 지난날의 나빴던 일을 생각하지 않았고 원망하는 일이 드물었다."

(子貢)入曰: "伯夷叔齊何人也?" 曰: "古之賢人也." 曰: "怨乎?" 曰: "求仁而

---

1 子曰: "道不同不相爲謀", 亦各從其志也. 故曰: "富貴如可求, 雖執鞭之士, 吾亦爲之. 如不可求, 從吾所好." "歲寒, 然後知松柏之後凋." 擧世混濁, 淸士乃見. 豈以其重若彼, 其輕若此哉? (史記 · 伯夷列傳)

得仁, 又何怨?"(述而 07.15)

자공이 들어가서 "백이와 숙제는 어떠한 사람입니까?" 라고 물었다.

"옛날의 현인이다."

"원망하고 있었습니까?"

"인자함을 추구하여 인자함을 얻었는데 또 무엇을 원망하였겠느냐?"

사마천은 또한 가의賈誼의 말을 인용하여 사람은 각각 자신의 지향하는 것에 따라 목숨을 잃기도 하며, 지향하는 바가 같아야 후세에 이름을 남길 수 있는 기회가 있다 하였다.

한漢나라 가의가 말하였다. "탐욕스런 사람은 재물에 목숨을 걸고, 의열義烈이 강한 사람은 명예에 목숨을 걸고, 권세욕이 강한 사람은 권세 때문에 목숨을 잃고, 일반 백성은 오로지 생명을 탐하고 그것에 매달린다."하였다. 같은 빛은 서로 비춰 주고, 같은 무리는 끼리끼리 찾는다. 구름은 용을 따라 치솟고, 바람은 호랑이를 따라 일어나듯, 성인이 나타나야 비로소 만물이 그 본연의 빛을 얻을 수 있는 것이다. 백이와 숙제가 현인이기는 했지만 공자의 칭송을 얻음으로써 그 이름이 더욱 드러났고, 안연은 독실한 선비였지만 공자의 기미驥尾[2]에 붙어 그 덕행이 더욱 드러났던 것이다. 이와 같이 세속을 떠나 산중에 숨어사는 고상한 선비라도 그 나아가고 들어감에 때의 운運과 불운이 얽혀 있어 불운한 사람은 그 이름이 묻혀 버린다는 것은 실로 슬픈 일이라 아니할 수 없다. 두메에 살면서 품행을 닦고 이름을 남기려 하

2 '부기미(附驥尾)'는 '좀 못난 사람이라도 현인의 뒤를 따르면 뭔가 이룰 수 있다'는 뜻이다.

는 사람이 학덕學德 높은 성현聖賢을 만나지 못한다면 어떻게 이름을 후세에 남길 수 있겠는가?[3]

지향하는 바가 다르다고 해서 세상을 자신이 정한 잣대로 바라보아서는 안 될 것이다. 보통 사람들이 지니고 있는 명예와 욕망과 같은 가치판단 기준은 인간의 자유로운 행동을 구속하는 원인이 된다. 크고 작다든가, 좋고 나쁘다는 것 같은 판단은 어디까지나 상대적이 것일 뿐이지 절대적인 기준이 될 수 없는 것이다. 만약에 사람들이 이러한 가치기준에서 벗어나 이해와 생사와 같은 속물에 집착을 버리게 된다면 자연과 융화되어 참된 자유민이 될 것이다. 이러한 사상이 장자의 사상이다.

세상 사람들은 모두 남이 자기 의견에 찬동하는 것을 좋아하고 남이 자기와 의견이 다르면 싫어한다. 자기에게 찬동하는 것을 바라고 자기와 의견이 다르기를 바라지 않는 것은 여러 사람들 가운데서 뛰어나고 싶은 심리에서이다. 여러 사람들 가운데서 뛰어나고자 하는 마음을 지녔다고 해서 어찌 늘 여러 사람들보다 뛰어날 수 있겠는가? 여러 사람들의 중론衆論에 의하여 자기의 견문을 인정받아 편안히 지내려 하지만 여러 사람들의 재주가 많아 의견을 일치시킬 수가 없는 것이다. 그런데도 인위적으로 나라를 다스리려는 사람들은 우禹임금과 탕湯임금, 문무文武의 이 점만을 보고 그들의 환난을 보지 않은 사람들이다. 그러니 이들이 온 나라 사람들의 의견 일치를 바

---

3 賈子曰: "貪夫徇財, 烈士徇名, 夸者死權, 眾庶馮生." "同明相照, 同類相求." "雲從龍, 風從虎, 聖人作而萬物睹." 伯夷 · 叔齊雖賢, 得夫子而名益彰. 顏淵雖篤學, 附驥尾而行益顯. 巖穴之士, 趣舍有時若此, 類名堙滅而不稱, 悲夫! 閭巷之人, 欲砥行立名者, 非附青雲之士, 惡能施于後世哉?史記 · 伯夷列傳)

라는 것은 요행을 바라는 것이다. 어찌 요행을 바라면서도 그의 나라를 잃지 않은 사람이 있을 수 있겠는가? 그의 나라를 잘 보존한 사람은 만에 한 사람도 안 될 것이다. 그리고 그의 나라를 잃은 사람은 한 사람도 나라를 다스리는 데 성공하지 못하고 만여 명이 넘는 사람이 망했던 것이다. 슬프다. 나라를 다스리는 사람들의 무지함이여![4]

집정자가 자신의 생각만이 옳고 모두 자신이 설정한 결정에 따라 오기만 강요하기 때문에 나라가 망하는 것이다. 차라리 일반 백성이 모르는 위대한 사상이나 뛰어난 재능을 가지고 있으면 몰라도. 장자는 제비와 참새 같은 작은 새가 어찌 큰 기러기와 고니의 가슴을 알겠냐고 했다.

북극 바다에 고기가 있는데 그 이름을 곤이라 하였다. 곤의 길이는 몇 천 리나 되는지 알 수가 없었다. 그것이 변하여 새가 되면 그 이름을 붕이라 하는데, 붕의 등도 길이가 몇 천 리나 되는지 알 수가 없었다. 붕이 떨치고 날아오르면 그 날개는 하늘에 드리운 구름과도 같았다. 이 새는 태풍이 바다 위에 불면 비로소 남극의 바다로 옮아갈 수 있게 된다. 남극 바다란 바로 천지인 것이다. 『제해』라는 책은 괴상한 일들을 기록한 것이다. 『제해』의 기록에 "붕이 남극 바다로 옮아 갈 적에는 물을 쳐서 삼천리나 튀게 하고, 빙빙 돌며 회오리바람을 타고 9만 리나 올라가며, 6개월을 날아가서야 쉬게 된

---

4 世俗之人, 皆喜人之同乎己而惡人之異於己也. 同於己而欲之, 異於己而不欲者, 以出乎眾爲心也. 夫以出乎眾爲心者, 曷常出乎眾哉? 因眾以寧所聞, 不如眾技眾矣, 而欲爲人之國者, 此攬乎三王之利而不見其患者也. 此以人之國僥幸也, 幾何僥幸而不喪人之國乎? 其存人之國也, 無萬分之一; 而喪人之國也, 一不成而萬有餘喪矣. 悲夫, 有土者之不知也! (莊子 · 在宥)

다"고 하였다.

아지랑이나 먼지는 생물의 숨결에도 날린다. 하늘이 파란 것은 그것이 본래의 빛일까? 그것이 멀어서 끝이 없기 때문일까? 그곳에서 아래를 내려다보아도 역시 이와 같을 따름일 것이다. 또한 물의 깊이가 깊지 않다면 큰 배를 띄울 만한 힘이 없을 것이다. 한 잔의 물을 웅덩이에 부어 놓으면 곧 지푸라기가 그곳에 배가 되어 뜨지만, 잔을 놓으면 땅에 붙어 버릴 것이다. 물은 얕은데 배가 크기 때문이다. 바람의 쌓임이 두껍지 않다면 거기에 큰 날개를 띄울 힘이 없을 것이다. 그러므로 9만 리나 올라가면 바람이 그만큼 아래에 있게 되어 그렇게 된 다음에야 이제 바람을 탈 수 있게 된다. 푸른 하늘을 등짐으로써 아무런 거리낌이 없게 된 다음에야 이제 남쪽으로 날 수 있게 되는 것이다.

매미와 작은 새가 그것을 보고 웃으면서 말하였다. "우리는 펄쩍 날아 느릅나무 가지에 올라가 머문다. 때로는 거기에도 이르지 못하고 땅에 떨어지는 수도 있다. 무엇 때문에 9만 리나 높이 올라 남극까지 가는가?" 가까운 교외에 갔던 사람은 세 끼니의 밥을 먹고 돌아온다 해도 배는 그대로 부를 것이다. 백 리 길을 가려는 사람은 전날 밤에 양식을 찧어 준비한다. 천 리 길을 가려는 사람은 석 달 동안 양식을 모아 준비한다. 이 두 벌레는 또한 무엇을 아는가?

작은 지혜는 큰 지혜에 미치지 못하고, 짧은 동안 사는 자는 오래 사는 자에 미치지 못한다. 어떻게 그러함을 아는가? 아침 버섯은 아침과 저녁을 알지 못한다. 쓰르라미는 봄과 가을을 알지 못한다. 이것들은 짧은 동안 사는 것들이다. 초나라의 남쪽에 명령이란 나무가 있는데, 오백 년을 한 봄으로 삼고 오백 년을 한 가을로 삼는다고 한다. 태곳적에 대춘이란 나무가 있었는데, 팔천 년을 한 봄으로 삼고 팔천 년을 한 가을로 삼았다고 한다. 그리고 팽조는 지금까지도 오래 산 사람으로서 특히 유명하다. 보통 사람들이 그에게 자기 목숨을 견주려 한다면 또한 슬픈 일이 되지 않겠는가?[5]

진秦나라 말기 농민 봉기의 선각자인 진섭陳涉(진승陳勝)이 다른 집안일에 고용자로 일하고 있을 무렵, 같이 일하는 동료들에게 '만약에 이후에 부귀를 누리게 된다면 서로 잊지 맙시다'라 하자, 한 농사꾼이 '농사일이나 거들어 주고 있는 일꾼인 주제에 어찌 부귀영화를 누릴 날이 있겠소'라고 핀잔을 주었다. 그러나 진섭은 '연작안지홍곡지지燕雀安知鴻鵠之志'라 하여, 참새가 어찌 큰 고니의 뜻을 알겠는가라 하였다.[6] 진섭은 오광吳廣과 함께 농민 의군義軍 결성하여 안휘성安徽省 일대에서 봉기하였으나, 후에 진秦나라 장수 장한章邯에게 패하여 죽었다. 후에 유방이 왕이 된 후 진섭을 은왕隱王이라 봉하였다.

---

5 北冥有魚, 其名爲鯤. 鯤之大, 不知其幾千里也. 化而爲鳥, 其名爲鵬. 鵬之背, 不知其幾千里也. 怒而飛, 其翼若垂天之云. 是鳥也, 海運則將徙於南冥. 南冥者, 天池也.《齊諧》者, 志怪者也.《諧》之言曰: "鵬之徙於南冥也, 水擊三千里, 搏扶搖而上者九萬里, 去以六月息者也." 野馬也, 塵埃也, 生物之以息相吹也. 天之蒼蒼, 其正色邪? 其遠而無所至極邪? 其視下也, 亦若是則已矣. 且夫水之積也不厚, 則其負大舟也無力. 覆杯水於坳堂之上, 則芥爲之舟; 置杯焉則膠, 水淺而舟大也. 風之積也不厚, 則其負大翼也無力. 故九萬里, 則風斯在下矣, 而後乃今培風, 背負青天而莫之夭閼者, 而後乃今將圖南. 蜩與學鳩笑之曰: "我決起而飛, 槍榆枋, 時則不至, 而控於地而已矣, 奚以之九萬里而南爲?" 適莽蒼者, 三湌而反, 腹猶果然; 適百里者, 宿舂糧; 適千里者, 三月聚糧, 之二蟲又何知, 小知不及大知, 小年不及大年. 奚以知其然也? 朝菌不知晦朔, 蟪蛄不知春秋, 此小年也. 楚之南有冥靈者, 以五百歲爲春, 五百歲爲秋; 上古有大椿者, 以八千歲爲春, 八千歲爲秋. 而彭祖乃今以久特聞, 衆人匹之, 不亦悲乎! (莊子 · 逍遙游)

6 陳涉(陳勝, ?—B.C 208)少時, 嘗與人佣耕, 輟耕之壟上, 悵恨久之, 曰: "苟富貴, 無相忘." 佣者笑而應曰: "若爲佣耕, 何富貴也?" 震懾嘆息曰: "嗟乎, 燕雀安知鴻鵠之志哉!"(史記 · 陳涉世家)

74

虎兕出柙 호시출합

호랑이가 우리에서 도망치다

'호시출합虎兕出柙'은 혹은 '개합출호開柙出虎'로 쓴다. 범이나 외뿔소가 우리에서 나온다는 뜻이다. '귀옥훼독龜玉毁櫝'을 '어옥훼독魚玉毁櫝'이나 '옥훼독중玉毁櫝中'으로도 쓴다. '거북 껍질 또는 옥이 궤 속에서 파손케 되다'라는 뜻이다. 모두 간수하는 사람의 부주의로 인하여 '나쁜 사람이 도망치다'나 혹은 '나쁜 사람이 도망치도록 하다'라는 뜻으로, '책임을 다하지 않다'라는 파생어로 쓰인다.

'(兕, 외뿔들소 시, sì)'자를 갑골문은 '' · ''자로 쓴다. '외뿔소'의 모양이다.

'(柙, 우리 합, xiá)'자는 '木'과 소리부 '甲'으로 이루어진 자다. '甲'자는 혹은 '갑옷'이나 단단한 껍질을 의미하기도 한다. 나무로 우리를 단단히 만들어 동물을 도망치지 못하도록 가두어 두는 곳이 '합'이다. 『설문』은 '柙'자의 고문을 '口(圍)'와 '屮'로 이루어진 ''자로 쓰기도 한다.

'(櫝, 함 독, dú)'는 '木'과 소리부 '賣'로 이루어진 자로, '함函' · '독匵' · '궤匱' 등과 같이 물건을 넣어두는 상자를 가리킨다. '(賣)'자는 '出'

과 '罒'로 이루어진 자이다. '出'이 후에 '士'의 형태로 와전되었다.

季氏將伐顓臾. 冉有季路見於孔子曰: "季氏將有事於顓臾." 孔子曰: "求! 無乃爾是過與? 夫顓臾, 昔者先王以爲東蒙主, 且在邦域之中矣, 是社稷之臣也. 何以伐爲?"

冉有曰: "夫子欲之, 吾二臣者皆不欲也." 孔子曰: "求! 周任有言曰, '陳力就列, 不能者止.'危而不持, 顚而不扶, 則將焉用彼相矣? 且爾言過矣, 虎兕出於柙, 龜玉毁於櫝中, 是誰之過與?" 冉有曰: "今夫顓臾, 固而近於費. 今不取, 後世必爲子孫憂." 孔子曰: "求! 君子疾夫舍曰欲之而必爲之辭. 丘也聞有國有家者, 不患寡而患不均, 不患貧而患不安. 蓋均無貧, 和無寡, 安無傾. 夫如是, 故遠人不服, 則脩文德以來之. 旣來之, 則安之. 今由與求也, 相夫子, 遠人不服, 而不能來也, 邦分崩離析, 而不能守也, 而謀動干戈於邦內. 吾恐季孫之憂, 不在顓臾, 而在蕭牆之內也."(季氏 16.01)

계씨가 전유顓臾를 정벌하려고 하자 염유와 계로가 공자를 뵙고 말하였다.

"계씨가 전유와 사변을 일으키려고 합니다."

공자가 말하였다.

"염유(구)야, 네가 잘못을 저지른 것이 아니냐? 전유로 말하면 옛날에 선왕이 그를 동몽산童蒙山의 제주祭主로 삼으셨고, 또 그의 봉지가 노魯나라의 역내域內에 있다. 그러니 그는 사릉지신社稷之臣이다. 무슨 이유로 그를 정벌하려는 거냐?"

염유가 말하였다.

"그분이 그렇게 하시려는 것이지 저희들 두 가신은 다 원하지 않는 것입니다."

공자가 말하였다.

"구야, 주임周任이 한 말이 있거니와 '자기 힘을 발휘하게 되면 벼슬자리에 나아가고 그렇게 할 수 없는 사람은 그만둔다'고 하였다. 위험해졌는데도 잡아주지 않고 엎어지는데도 붙잡아주지 않는다면 그러한 도와주는 사람을 어디다 쓰겠느냐? 그리고 또 네 말은 잘못이다. 범이나 외뿔소가 우리에서 나오고 귀갑龜甲이나 옥玉이 궤 안에서 깨진다면 그것은 누구의 잘못이냐?"

염유가 말하였다.

"전유는 단단한데다가 비읍費邑에 가까이 있어서, 지금 빼앗아두지 않으면 후세에 반드시 자손들의 우환거리가 될 것입니다."

공자가 말하였다.

"구야, 군자는 자기가 하고자 하는 욕심이 없다고 말하면서, 오히려 반드시 다른 구실을 찾아내는 그런 태도를 미워한다. 내가 듣건대 '나라나 가문을 지니고 있는 사람은 백성이 적은 것을 근심하지 않고 수입이 고르지 않은 것을 근심하며, 가난한 것을 근심하지 않고 불안한 것을 근심한다'는 것이다. 대체로 수입이 고르면 가난함이 없을 것이고, 화평하면 백성이 적을 일이 없을 것이고, 안정하면 나라가 기울어지는 일이 없을 것이다. 그렇기 때문에 먼 곳의 사람들이 복종하지 않으면 문덕의 힘을 발휘하여서 그들을 따라오도록 하고 그들을 따라오게 하였으면 그들을 안정시켜주는 것이다. 이제 유由하고 구求는 그분을 도와주면서 먼 곳의 사람들이 복종하지 않아도 따라오게 하지 못하고, 나라가 갈라져 무너지고 흩어져 쪼개지는데 지켜내지 못하고, 나라 안에서 군대를 움직여 싸울 준비를 하니, 내 생각으로는 아마도 계손季孫의 근심은 전유에 있는 것이 아니고 그의 담장 안에 있는 성싶다."

'호시출합虎兕出柙' 이외에 본 구절과 관련이 있는 성어는 '귀옥훼독龜玉毁櫝'·'환과환빈患寡患貧'·'화기소장禍起蕭牆'과 '분붕리석分崩離析' 등이 있다.

'귀옥훼독龜玉毁櫝'은 '옥훼독중玉毁櫝中'으로도 쓰고, 원래는 '궤안의 거북뼈와 옥이 깨진다'라는 의미로 '간수하는 사람의 부주의로 인하여 나쁜 사람이 도망치도록' 하며, '중요한 일을 담당하는 자가 실직을 하게 되어 중대한 손실을 가져온다'는 뜻이다.

'환과환빈患寡患貧'은 '적음과 가난을 걱정하다'라는 뜻이고, '화기소장禍起蕭牆'은 '환난은 내부에서 일어난다'는 뜻이고, '분붕리석分崩離析'은 '뿔뿔이 흩어지다'·'지리멸렬하다'·'사분오열하다'·'분열하여 와해瓦解되다'는 뜻이다. 이외에도 이 내용과 관련이 있는 성어는 '위이부지危而不持'와 '전이불부顚而不扶'가 있다. '모두 위험에 닥쳐도 도와주지 않는다'는 뜻이다.

전유顓臾는 복희伏羲의 후예로 알려진 노魯나라 경내에 거주한 풍성風姓의 부용국附庸國이다. 그 봉지封地는 계씨季氏의 사읍私邑이었던 비費에 가까이 있었고 성곽이 견고하였다. 당시 노나라를 좌우하던 계씨는(이때는 계강자季康子가 492 B.C.에 계씨의 가문을 계승하였음) 그의 자손대에 후환後患을 없애주기 위해 전유를 쳐 없애버리려고 한 것이다. 그때 계씨의 가신으로 있던 염구冉求와 자로子路가 그 일을 스승인 공자에게 알렸다. 공자는 두 사람이 가신으로서 주인의 잘못된 생각을 바로잡아 주지 못했기 때문에 계씨가 그런 짓을 하려 한다고 비판한 것이다. 선왕先王은 주周 천자天子이고, 동몽산童蒙山은 산동성山東省 몽음현蒙陰縣에 있다. 본래 주나라 천자는 전유를 동몽산 밑에 봉하고 그 제사를 주관하게 하였다. '사직지신社稷之神'은 공가公家나 공신公臣이라는 뜻이다. 노나라의 4분의 2는 계씨가 차지하고 나머지는 맹손씨孟孫氏와 숙손씨叔孫氏가 반씩 차지했으므로 부용국인 전유만이 공신公臣으로 남아 있었다.

'부자夫子'는 여기서는 계씨를 가리킨다.

'주임周任'은 고대의 훌륭한 사관(양사良史)이다.

범이나 외뿔소가 우리에서 나오고 귀갑龜甲(고대에는 점占을 치는 데 쓰이고 소중히 보관하였음)이나 옥이 궤 안에서 깨지는 것은 우리나 궤를 맡아서 지키는 사람이 잘못이다. 이는 가신의 소임을 똑바로 하지 못해서 계씨가 공가公家를 쳐 없애버리게 내버려 둔 염구와 자로가 잘못이다.

백성은 자신이 재산이 적다고 해서 불만을 가지는 것이 아니다. 고르지 않게 분배되기 때문에 불만인 것이다. 유전무죄有錢無罪, 무전유죄無錢有罪이기 때문에 불만인 것이다. 균등한 기회를 가질 수 있고, 열심히 노력하면 살아갈 수 있다는 신념을 가지도록 해야 한다. 균등하고(균均) 화평하고(화和) 안정된(안安) 나라가 되기 위해서는, 다른 곳의 사람들이 복종하지 않으면 문덕의 힘을 발휘하여서 그들을 따라오도록 하고 그들을 따라오게 하고 그들을 안정시켜주는 것이다.[1]

다른 곳의 사람을 지금의 북한으로 비유해도 좋을 것이다. 먼 곳의 사람들이 복종하지 않아도 따라오게 하지 못하고, 나라가 갈라져 무너지고 흩어져 쪼개지는데 지켜내지 못하고, 군대를 움직여 서로 싸울 준비를 한다면, 지금의 문제는 곧 집정자의 자신에 있다. 그래서 공자는 주임

1 "不患寡而患不均, 不患貧而患不安. 蓋均無貧, 和無寡, 安無傾. 夫如是, 故遠人不服, 則脩文德以來之. 既來之, 則安之."(季氏 16.01)

周任의 말을 인용하여 '자기의 힘을 다 바칠 수 있거든 직무를 맡고, 만약 그렇지 못하거든 물러나라'하였다.

'군자질부사왈욕지이필위지사君子疾夫舍曰欲之而必爲之辭'는 '군자는 자기가 하고자 하는 욕심이 없다고 말하면서, 오히려 반드시 다른 구실을 찾아내는 그런 태도를 미워한다. 구절 중 '질疾'은 '꺼리다'라는 뜻으로 주요 술어 역할을 한다. '사舍'자는 '捨(버릴 사, shě)'의 뜻으로 본 구절에서는 '욕심이 없다'·'유보하다'라는 의미이다. '사왈욕지舍曰欲之'는 '그것을 원한다고 말하는 것을 유보하다'라는 뜻이다. '필위지사必爲之辭'는 '반드시 그것을 하기 위하여 언사를 늘어놓다'라는 뜻이다. 전체적으로 군자가 꺼려야 할 것은 '욕심이 없다고 하며 말을 주저주저하면서도 또 다시 일을 하기 위해 변명하는 것'이다.

'호시출합'하면, 결국은 '양호위환養虎爲患'·'방호귀산放虎歸山'하게 된다. 놓아준 호랑이가 오히려 다시 큰 해가 된다는 뜻이다.

75

患寡患貧 환과환빈

적음과 가난을 걱정하다

'환과환빈患寡患貧'은 원래 '백성의 적음과 부유하지 않음을 걱정하다'는 뜻이다. 현재는 '살림살이가 넉넉하지 못함을 걱정하다'는 파생어로 쓰인다.

'(患)'자는 '心'과 소리부 '毌(貫)'으로 이루어진 자이다. '毌'은 '串'자과 같은 의미로 '꿰다'라는 뜻이다. '串'자는 또는 '𠁤'을 써서 '(悹)'으로 쓰기도 하고, '心'과 소리부 '關'자의 생략형을 써서 '(悶)'으로 쓰기도 한다. 모두 '매어 있는 마음' · '답답하게 갇혀 있는 마음'을 뜻하다.

'(寡)'자는 '宀' · '分'과 '頁'로 이루어진 자이다. '頁'자는 고문자에서 '首'자와 같은 자로 '사람'을 뜻한다. '나뉘어져 집안에 홀로 있는 사람'을 의미한다. 금문은 '' · ''로 쓴다. 집안에 홀로 있는 사람의 모습이다. 전서篆書에서의 자형 '분分'은 금문 중의 '사람 다리'의 모양이 와전된 것이다.

'(貧)'자는 '貝'와 '分'으로 이루어진 자로 화폐가 나뉘어졌으니 가난하다는 뜻이다. 혹은 '宀'과 소리부 '分'인 '(穷)'으로 쓰기도 한다.

不患寡而患不均, 不患貧而患不安.(季氏 16.01)

백성이 적게 가지는 것을 근심하지 않고 수입 분배가 고르지 않은 것을 근심하며, 가난한 것을 근심하지 않고 불안한 것을 근심한다.

'불환과不患寡' 중의 '과寡'자를 '탐貪'자로 이해하기도 한다. 즉 '백성이 탐하는 것을 걱정하지 않고, 두루두루 고르게 분배되었는가를 걱정한다'라는 뜻으로 이해하기도 한다. 백성은 소유하고 있는 것이 적음을 걱정하는 것이 아니라, 적게 가지게 된 정당성에 불만이 있는 것이다. 가난해도 좋지만 인간적인 대접을 받고 편안하게 살고자 하는 것이 일반 백성의 마음이다.

경제가 나빠 먹고살기 힘들다는 소리가 여기저기서 끊이지 않고 있다. 젊은이는 취업이 어려워 젊음을 불사를 무대가 없다. 그러면 민심이 흉해지는 것이다. 그러면 나라 안에서는 즐거울 일이 없고 여기저기서 이상한 일이 일어나는 것이다. 부모를 죽이고 자식을 죽이는 이상한 일들이 벌어진다.

맹자는 제齊나라 선왕宣王에게 세금을 적게 걷는 것이 왕도정치라 하였다. 작금 물가는 오르는데 나라에서는 세금을 천정부지로 올리고 있으니 백성의 질고가 이만저만이 아니다.

"왕다운 정치에 관해서 말씀을 들어볼 수 있을까요?"

"옛날에 문왕이 기岐 지방을 다스릴 적에는 경작자에게는 9분의 1의 과세를 하였고, 벼슬 산 사람에게는 그 봉록을 대대로 주었고, 관문과 시장에서는 사정을 살피기는 하였으나 세금을 징수하지는 않았고, 물고기 잡는 보를 쓰는 것을 금하지 않았고, 사람을 처벌하는 데는 당사자의 자식에까지는 미치지 않았습니다. 늙고 아내 없는 것을 홀아비라고 하고, 늙고 남편 없는 것을 과부라고 하고, 늙고 자식 없는 것을 외로운 사람이라고 하고, 어리고 아비 없는 것을 고아라고 합니다. 이 네 종류의 사람들은 천하의 궁박한 백성들로서 호소할 데 없는 사람들입니다. 문왕은 정치에 착수하여 인정을 베푸는 데는 반드시 이 네 종류의 사람들을 먼저 돌보았던 것입니다. 『시경』에서는 '괜찮기는 하다, 부유한 사람들은. 하지만 이 외로운 사람들이 불쌍하구나.'라고 하였습니다."

왕이 "좋습니다, 그 말씀은."

"왕께서 좋게 여기신다면 무엇 때문에 실행하시지 않으십니까?"

왕이 "과인은 한 가지 병이 있습니다. 과인은 재물을 좋아합니다."

"옛날에 공유는 재물을 좋아했습니다. 『시경』에서는 '쌓아놓고, 창고에 저장하였고, 마른 양식을 싸는 데는 전대에 담고 자루에 담았나니, 백성들을 편안케 하고서 나라를 빛내려고 생각하여서, 활과 살을 그제야 펴들고, 방패와 창과 도끼를 들고, 그제야 비로소 길을 가기 시작하였다.'고 하였습니다. 그러므로 남아 있는 사람들은 쌓아놓고 창고에 저장한 양식이 있고, 길을 가는 사람은 쌓아놓은 양식이 있은 연후에 비로소 떠나갈 수 있었던 것입니다. 왕께서 재물을 좋아하시되 백성들과 함께 하신다면 왕 노릇 하시는데 무슨 상관이 있겠습니까?"

왕이 "과인은 한 가지 병이 있습니다. 과인은 색色을 좋아합니다."

"옛날에 태왕은 색을 좋아하여서 그의 왕비를 사랑하였습니다. 『시경』에서는 '고공단보古公亶父는 와서 아침에 말을 달려, 서쪽 물가를 따라 거느리고 가서, 기산岐山 밑에 이르렀다. 그제야 강씨姜氏의 딸과 함께, 그곳에 와서 같이 살았도다.'라 하였습니다. 그때에는 안에는 남편 없는 여인이 없었고 밖에는 아내 없는 사나이가 없었던 것입니다. 왕께서 색色을 좋아하시되, 백성들과 함께 하신다면 왕 노릇 하시는데 무슨 상관이 있겠습니까?”[1]

집정자는 백성들이 당장 필요한 게 무엇인가를 알아야 한다. 정치는 모든 사사건건이 모두 백성과 함께 하여야 한다. 집정자가 재물을 좋아하는 것도 나라 백성을 위해서이지 개인 재산을 축적하기 위한 것이 아니며, 즐기는 것도 사랑하는 것도 백성과 함께 즐기고 사랑해야 하는 것이다.

2016년 미국 민주당 대통령 후보 선거 중 75살의 센더스가 돌풍을 일으킨 바 있다. 그의 가장 중요한 정책 중의 하나가 소득 분배이다.

샌더스의 등장은 돌풍이 아니라 혁명이다. 자본의 탐욕과 권력의 욕망이 빚어낸 사회악을 깨뜨려야 한다. 그는 과도한 소득 불평등을 가장 핵심적 사회악으로 본다. ‘모두가 충만하고 품위 있는 삶을 누릴’수 있어야 한다. 그런데 소득 불평등은 그것을 포기하게 만든다. ……우리에게도 샌더스가 필요하다. 그의 말처럼 지금은 소박한 꿈을 꿀 때가 아니다. 우리가 원하는 세상은 무엇인가? 과거의 세상인가 미래의 대한민국

1 王曰: “王政可得聞與?” 對曰: “昔者文王之治岐也, 耕者九一, 仕者世祿, 關市譏而不征, 澤梁無禁. 罪人不孥. 老而無妻曰鰥, 老而無夫曰寡, 老而無子曰獨, 幼而無父曰孤, 此四者天下之窮民而無告者. 文王發政施仁, 必先斯四者. 『詩』云: ‘哿矣富人, 哀此煢獨.’” 王曰: “善哉言乎!” 曰: “王如善之, 則何爲不行?” 王曰: “寡人有疾, 寡人好貨.” 對曰: “昔者公劉好貨. 『詩』云: ‘乃積乃倉, 乃裹餱糧, 于槖于囊, 思戢用光; 弓矢斯張, 干戈戚揚, 爰方啟行.’ 故居者有積倉, 行者有裹囊也, 然後可以爰方啟行. 王如好貨, 與百姓同之, 於王何有?” 王曰: “寡人有疾, 寡人好色.” 對曰: “昔者太王好色, 愛厥妃. 『詩』云: ‘古公亶父, 來朝走馬, 率西水滸, 至于岐下; 爰及姜女, 聿來胥宇.’ 當是時也, 內無怨女, 外無曠夫. 王如好色, 與百姓同之, 於王何有?”(孟子 · 梁惠王下)

인가? 국운이 기우는 징후가 강하다. 더 이상은 안 된다. 우리에게도 혁명이 필요하다. 1%에게 모든 권력과 재력을 다 넘기고 그들의 눈치를 보는 바보짓은 그만둬야 한다. 샌더스는 월가의 돈에 기대지 않는다. 10달러씩 기부한 돈으로 선거혁명을 실현하고 있다. 그걸 받아먹으면 표를 던진다. 언제까지 이럴 것인가? 문제의식을 놓치면 안 된다. 시대정신을 읽어야 한다. 미래의제를 제시해야 한다. 그것은 시민의 몫이다. 시민이 변해야 정치가 바뀐다. 그래야 사회가 바뀌고 미래가 변한다.[2]

---

2 '함께하면 이긴다.'『김경집의 고장난 거울』, 경향신문, 2016년 2월 19일 금요일.

76

禍起蕭墻 화기소장

화는 내부에서 일어난다

'화기소장禍起蕭牆'은 '소장화기蕭牆禍起'로 쓰기도 한다. '소장'은 노나라 임금이 사용하던 병풍이다. 신하들은 이 병풍을 대하면 경건한 마음으로 옷깃을 여몄기 때문에 소장이라 한 것이다. '蕭(맑은대쑥 소, xiāo)'자는 '肅(엄숙할 숙, sù)'자와 통한다. 혹은 '소장'을 '겯 안쪽에 있는 작은 담장'이라고도 한다.

지금은 '재앙이 집안에서 일어나다' · '내부에서 재난이 일어나다'의 파생어로 쓰여 내부에서 생기는 갈등이나 내분을 비유하는 의미로 쓰인다.

邦分崩離析, 而不能守也, 而謀動干戈於邦內. 吾恐季孫之憂, 不在顓臾, 而在蕭牆之內也.(季氏 16.01)

나라가 갈라져 무너지고 흩어져 쪼개지는데 지켜내지 못하고, 나라 안에서 군대를 움직여 싸울 준비를 하니, 내 생각으로는 아마도 계손의 근심거리는 전유顓臾에 있지 않고 그의 담장 안에 있지 않을까 두렵다.

내분의 갈등으로 인한 자기편끼리의 싸움이라는 뜻으로 '자신의 언치[1]를 뜯어먹는 말'이라는 '교천지마嚙韉之馬'의 성어가 있고, 형제지간에 서로 암투하는 '자두연기煮豆燃萁'가 있다. '자두연기'는 콩을 삶기 위하여 같은 뿌리에서 자난 콩깍지를 태운다는 뜻으로 같은 부모를 둔 형제가 서로 시기하고 다툼을 비유한 것이다. 즉 '골육상쟁骨肉相爭'과 같은 뜻이다.

> 문제 조비가 조식 동아왕에게 일곱 발자국을 떼는 사이에 시를 지으라고 하면서 만약 못 지으면 국법으로 처치하겠다고 했다.
>
> 조식은 대답을 하자마자 곧 '콩을 삶아 콩국을 끓이는데 콩물을 짜서 즙을 만드네. 콩깍지는 솥 아래서 타고 콩은 솥 안에서 눈물짓네. 본래는 같은 뿌리에서 났건만 서로 지지기가 이리 급하고!'라 짓자 문제는 심히 부끄러워 하였다.[2]

전쟁에서 이간계離間計는 칼에 피를 묻히지 않고 승리를 할 수 있는 좋은 술책이기 때문에 종종 유용하게 쓰인다. 예를 들어, 장간蔣幹은 조조曹操의 막빈幕賓으로 주유周瑜와 동문수학했던 옛날 정을 이용하여 그를 꾀이려 파견되었으나, 오히려 주유의 꾀에 넘어가 위나라 수군의 도독인 채모蔡瑁와 장윤張允 두 장수가 투항한다는 거짓 공문을 보고 이를 조조에게 보고하여 죽이게 하는 결과를 가져왔다. "저희들이 조조에게 항

---

1 '언치'는 '말이나 소의 안장이나 길마 밑에 깔아 그 등을 덮어 주는 방석이나 담요'이다.

2 文帝嘗令東阿王七步中作詩, 不成者行大法. 應聲便爲詩曰: "煮豆持作羹, 漉菽以爲汁. 萁在釜下然, 豆在釜中泣. 本自同根生, 相煎何太急?" 帝深有慚色.(世說新語 · 文學)

복한 것은 벼슬이나 녹봉을 얻기 위함이 아니요. 어쩔 수 없는 상황 때문이었나이다. 이제 북군을 속여 영채 안에 가두어 놓았으니, 때를 기다렸다가 반드시 역적 조조의 목을 베어다 장군께 바칠 것입니다. 조만간 사람을 보내 다시 소식을 전하려 하니 조금도 의심치 마소서." 주유가 채모를 대신해 쓴 거짓 편지이다. 그러나 조조가 "아뿔싸, 내가 적의 계책에 속았구나."라고 느꼈을 땐 이미 때는 늦었다.[3] 수하 장수들이 주유의 계책에 놀아났다는 것을 알려지면 체면이 말이 아닐까봐 "두 사람이 군법을 어겼기에 참수했소이다."라고 얼버무렸다.[4] 채모는 208년에 형주荊州 유표劉表가 죽은 뒤 그의 아들 유종劉宗을 설득해 조조에게 항복하였던 인물이다.

> 曹操奸雄不可當, 조조는 간웅이라 당할 자 없더니
> 一時詭計中周郞. 일시에 주랑의 계교 맞다들었도다.
> 蔡張買主求生計, 채모와 장윤 주인 팔아 영화를 구하더니.
> 誰料今朝劍下亡. 알았으리, 하루아침에 칼 아래 죽을 것을

삼국 중 촉나라는 제갈량이 건흥建興 12년(234년) 8월에 세상을 떠난 후, 집안사람끼리 내홍內訌,[5] 화기소장禍起蕭墻, 와리투窩里鬪[6]에 빠져 나라의 운명이 극히 기울기 시작했다. 사건 중의 하나가 바로 '위연魏延모

---

3 "某等降曹, 非圖仕祿, 迫於勢耳. 今已賺北軍困於寨中, 但得其便, 卽將曹賊之首, 獻於麾下. 朝晩人到, 便有關報, 幸勿見疑, 先此敬覆." "吾中計矣."(三國演義 45회)

4 "二人怠慢軍法, 吾故斬之."(三國演義 45회)

5 '내홍(內訌)'은 '내부(內部)에서 저희끼리 일으키는 분쟁'이라는 뜻.

6 '화리투(窩里鬪)'은 '집안에서의 싸움'의 뜻.

반사건謀反事件'이다. 제갈량은 운명하기 전 양의楊儀·비위費褘와 강유姜維를 불러 비상군사회의를 개최하고 자신이 죽고 나면 위연에게 후방을 엄호하며 후퇴를 하도록 하였다. '만약에 위연이 명령을 듣지 않으면 그대로 내버려 두고 부대는 바로 출발하도록 하시오.'[7] 제갈량의 걱정대로 위연은 버럭 화를 냈다. "승상이 비록 사망했으나, 나 위연은 아직 살아 있습니다. 위나라 군대와 계속 싸울 수 있었습니다. 왜 승상 한 사람이 세상을 떠났다고 천하의 대사를 그르쳐야 합니까? 그리고 나 위연이 어떤 사람입니까? 양의라는 작자의 지휘를 받아 후방을 엄호하라니요."[8] 양의는 결국 위연을 버려 둔 채로 철군을 하자, 위연은 양의보다 서둘러 철수를 하면서 양의가 건너오지 못하도록 잔도를 불태워 버렸다. 이는 모두가 위연, 양의가 개인적인 적대감에서 비롯된 서로를 인정하지 않으려는 자존심 때문에 생겨난 극히 단순한 자존심의 대결이었다. 둘 다 모두 유선劉禪에게 상대방이 국가를 모반했다고 상주문을 올렸고, 동윤과 장안이 양의편을 들어주는 바람에 위연은 결국 왕평王平(하평何平)이 "승상은 아직 몸도 싸늘해지지 않았는데, 당신네들은 지금 무슨 짓들을 하는 것이오?"[9]라는 말에 군사들은 동요하기 시작하였고, 위연은 결국 한중으로 달아났다가 마대馬岱에게 죽음을 당했다. 양의는 위연의 잘린 목을 짓밟으며 "이 개 같은 놈의 자식, 나쁜 짓 한 번 더 해봐라."라 했다.[10] 위연의 모반은 사실상 양의와의 개인적인 원한으로 양의

---

7 "若延或不從命, 軍使自發."(三國志·魏延傳)

8 "丞相雖亡, 吾自見在, 吾自當率諸軍擊賊, 云何以一人死廢天下之事邪. 且魏延何人, 當爲楊儀所部勒, 作斷後將乎!"(三國志·魏延傳)

9 "公亡, 身尙未寒, 汝輩何敢乃爾?"(三國志·魏延傳)

10 "庸奴, 復能作惡不."(三國志·魏延傳)

를 죽이고 제갈량의 직책을 그대로 이어받을 생각 때문이고, 양의 역시 같은 생각이었다. 그러나 모든 직책이 장완에게 쏠리자, 양의는 "승상이 사망했을 때 내가 만약 전 부대를 이끌고 위에 의탁했다면 어떻게 되겠습니까. 오늘처럼 이렇게 적적하고 낙망한 채 있겠습니까? 정말 후회막급입니다."라며 불만을 늘어놓다가 결국은 파직되어 유배를 가다가 자살로 생을 마감한다.[11] 개인적인 원한의 집안싸움이 촉나라의 멸망을 앞당기게 되었고 둘 다 죽음을 면치 못하게 되었던 것이다.

집안싸움은 결국 패가망신뿐이다.

11 "往者丞相亡沒之際, 吾若擧君以就魏氏, 處世寧當落度如此邪. 令人追悔不可復及."(三國志 · 楊儀傳)

77

里仁爲美 이인위미

인에 사는 것이 아름답다

'이인위미里仁爲美'는 '인이 있는 곳에 거주하게 되면 자신도 순화되어 아름답게 되다'라는 뜻이다.

'(里)'자는 '田'과 '土'로 이루어진 자로, 경작이 가능한 땅이라는 뜻이다. 경작이 가능한 곳은 마을이 형성되기 때문에 '마을'이라는 의미로 쓰인다. 금문은 ''로 쓴다.

'(美)'자를 갑골문은 ''·''로 쓰는데, 머리에 장식을 한 사람의 앞모습이다. 고문자에서 '羙'와 '媺'자는 '美'나 혹은 '媄'와 같은 자이다. 머리의 장식이 후에 '羊'의 형태로 와전되었다.

子曰: "里仁爲美. 擇不處仁, 焉得知?"(里仁 04.01)

공자는 말하였다.

"인후한 곳에 사는 것이 좋은 것이다. 사는 집을 택하는 데 있어 인후한 곳에 살지 않는다면 어찌 지혜롭다고 할 수 있겠는가?"

'이里'자는 본 구절에서 동사 '머무르다'라는 의미로 쓰인다. '이인里仁'은 '인에 살다'라는 뜻으로 '인仁'이 동사 '이里'의 목적어이다. '위미爲美' 중 '위爲'는 뒤에 동사나 형용사와 함께 쓰여 '……하다'라는 의미의 술어 구조를 이룬다. '미美'는 '아름답다'라는 뜻이다. 또는 '里仁'과 '爲美'를 끊어 읽고, '이里'자를 주제어로 보고 '마을이 어질다는 것이 아름다움이 된다'하고 해석하거나, 혹은 '이인里仁'을 주제어로 보고 '인에 사는 것은 아름다움이 된다'로 해석하기도 한다. 그러나 '처인處仁' 역시 동목 구조로 되어 있는 것으로 보아 '이인里仁' 역시 동목 구조로 이해할 수 있다.

'이인위미里仁爲美'는 환경의 중요성을 강조한 것이다. 사는 고장이 인후仁厚하다는 것은, 그 고장의 인심과 풍습 등이 그러한 것으로, 그러한 환경에 있으면 감화되어 자기도 그렇게 됨을 전제한 말이라 하겠다.

교육은 장소, 환경적 요소가 매우 중요하다. 맹자의 모친은 맹자에게 좋은 교육의 환경을 마련해 주기 위해 세 번이나 이사를 하였다. 이게 바로 '맹모삼천지교孟母三遷之教'이다.

옛날 맹자 어렸을 때, 부친 일찍 돌아가시고 어머니 장仉씨는 수절하고 재가를 하지 않았다. 맹씨 집안은 원래 묘지 부근에서 기거하고 하였는데, 맹자가 상례喪禮를 배워 제배를 하거나 곡례를 하였다. 어머니는 '이곳은 우리 아이에게 기거해야 할 곳이 못 되는구나' 하며, 그 거처를 떠나 시장 근처에 기거하였는데, 그곳은 마침 도살업을 하는 곳이었다. 맹자가 다시 물건 매매와 도살업을 배워 흉내 내자 다시 '이곳 역시 우리가 기거할 곳이 아니구나'하여 학당 옆으로 이사하였다. 학당은 매월 초하루에 관원들이 문묘를 출입할 때 예례를 행하였는데, 맹자는 읍하고 인사를 하면서 들어가고 나오고 하는 모습을 하나하나 배워 그대로 따라하고 기억하였다. 맹자 어머니는

비로소 '이곳은 우리 아들이 진짜 머무를 곳이구나'라 하며 계속해서 이곳에 거처하게 되었다.[1]

맹자 어머니의 현명한 가르침 '현모지교賢母之敎'의 이야기는 '맹모단기지교孟母斷機之敎'가 있다. 이를 사자성어로 '맹모단직孟母斷織'·'단기지계斷機之戒'라 한다.[2] 학문을 중도에 그만두면 아무 쓸데가 없다는 말이다. 맹자가 학업을 하던 도중에 집으로 돌아오자 그의 어머니가 짜고 있던 배를 끊어서 훈계하였다는 고사성어이다.

맹자는 송宋나라의 신하인 대불승戴不勝에게 자기의 왕이 착해지기를 바란다면 착한 사람과 같이 있게 해야 한다는 환경의 중요성을 역설하였다.

맹자는 대불승戴不勝에게 말하였다.[3]

"당신은 당신의 왕이 선善하여지기를 원하고 있소? 내가 똑똑하게 당신에

---

1 昔孟子少時, 父早喪, 母仉氏守節. 居住之所近于墓, 孟子學爲喪葬, 躄踊痛哭之事. 母曰: "此非所以居子也." 乃去, 舍市, 近于屠, 孟子學爲買賣屠殺之事. 母又曰: "亦非所以居子也." 繼而遷于學宮之旁. 每月朔望, 官員入文廟, 行禮跪拜, 揖讓進退, 孟子見了, 一一習記. 孟母曰: "此眞可以居子也." 遂居于此.(西漢 劉向, 列女傳 · 母儀)

2 "孟子之少也, 既學而歸, 孟母方織, 問曰: '學何所至矣?' 孟子曰: '自若也.' 孟母以刀斷其織. 孟子懼而問其故. 孟母曰: '子之廢學, 若我斷斯織也. 夫君子學以立名, 問則廣知, 是以居則安寧, 動則遠害. 今而廢之, 是不免于斯役, 而無以離于禍患也. 何以異于織績食? 中道廢而不爲, 寧能衣其夫子而長不乏粮食哉? 女則廢其所食, 男則墮于修德, 不爲盜竊則爲虜役矣!' 孟子懼, 旦夕勤學不息, 師事子思, 遂成天下之名儒. 君子謂孟母知爲人母之道矣."(西漢 劉向, 列女傳 · 母儀)

3 대불승(戴不勝)은 송(宋)나라의 공족(公族)으로, 송나라의 정사(政事)를 맡아보았던 인물이다. 그는 송나라의 강왕(康王)을 도와 인정(仁政)을 실행하려 노력하였고, 설거주(薛居州)를 시켜 왕을 보필하게 하였다.

게 일러주리다. 여기에 초나라의 대부가 있어서 자기 아들이 제나라 말 하기를 원한다면, 제나라 사람을 시켜서 그를 가르치게 하겠소. 초나라 사람을 시켜서 그를 가르치게 하겠소?"

"제나라 사람을 시켜서 그를 가르치게 할 것입니다."

"한 제나라 사람이 그를 가르치고 뭇 초나라 사람이 그에게 떠들어댄다면 매일같이 때려주면서 그가 제나라 말을 하기를 요구한다 하더라도 해내지 못할 것이요. 그를 끌어다가 수년 동안 제나라의 거리 장악藏嶽 어귀에 놔두면, 매일같이 때려주면서 그가 초나라 말을 하기를 요구한다고 하더라도 해내지는 못할 것이요. 당신은 설거주薛居州를 선한 선비라고 하여 그를 왕이 있는 곳에 거처하게 하였소. 왕이 있는 곳에 있는 사람들이, 어른이나 아이나 낮은 사람이나 높은 사람이나 다 설거주라면 왕이 누구하고 선하지 않은 짓을 하겠소? 왕 있는 곳에 있는 사람들이, 어른이나 아이나 낮은 사람이나 높은 사람이나 다 설거주가 아니라면 왕이 누구하고 선한 일을 하겠소? 한 설거주가 혼자서 송나라의 왕을 어떻게 하겠소?"[4]

근묵자흑近墨者黑이고 근주자적近朱者赤이다. 먹을 가까이 하면 검게 물들고 인주를 가까이 하면 붉게 물든다.

---

4 孟子謂戴不勝曰: "子欲子之王之善與? 我明告子: 有楚大夫於此, 欲其子之齊語也, 則使齊人傅諸? 使楚人傅諸?" 曰: "使齊人傅之." 曰: "一齊人傅之, 眾楚人咻之, 雖日撻而求其齊也, 不可得矣. 引而置之莊岳之間數年, 雖日撻而求其楚, 亦不可得矣. 子謂薛居州, 善士也, 使之居於王所. 在於王所者, 長幼卑尊皆薛居州也, 王誰與爲不善? 在王所者, 長幼卑尊皆非薛居州也, 王誰與爲善? 一薛居州, 獨如宋王何?"(孟子 · 滕文公下)

78

直諒多聞 직량다문

정직하고 믿음 있고 학식을 갖춘 자

'직량다문直諒多聞' 중 '직直'은 '정직하다'라는 뜻이고, '諒(믿을 량, liàng, liáng)'은 '믿음과 신뢰가 있다'는 뜻이다. '다문多聞'은 '보고 들음이 많은 견문이 넓은 것'을 가리킨다.

'(諒)'자는 '언言'과 소리부 '경京'으로 이루어진 자이다. '京'자를 갑골문은 ''으로 쓰고, 금문은 ''으로 쓴다. '높다랗게 지은 집'의 모습이다. 높은 집처럼 훌륭한 언행을 갖추고 있으니 신뢰가 가는 것이다.

孔子曰: "益者三友, 損者三友. 友直, 友諒, 友多聞, 益矣. 友便辟, 友善柔, 友便佞, 損矣."(季氏 16.04)

공자께서 말하였다.

"유익한 벗이 세 가지 있고 해로운 벗이 세 가지 있다. 곧은 벗으로 사귀고, 신용 있는 벗으로 사귀고, 견문이 넓은 벗을 사귀면 유익하다. 너무 편협적이고 독단적이며, 너무 부드러워 주관이 없는 벗, 한쪽으로 치우쳐 아첨을 하는 벗을 사귀면 해롭다."

친구란 많으면 많을수록 좋다. 세 사람만 걸어가도 반드시 친구가 있는 법이니 훌륭한 친구에서는 좋은 점을 본받고 언행이 좋지 않으면 내가 반성할 기회로 삼으면 된다.[1]

‘(友)’자는 손과 손을 맞잡은 모습이다. 친구란 손과 손을 잡고 서로 돕고 어려운 세상을 더불어 헤쳐나 갈 형제인 것이다. 혹은 ‘羽’와 ‘百’을 써서 ‘(習)’자로 쓴다. ‘우羽’는 어린 새끼의 날갯짓을 의미하고, ‘백百’을 거듭됨을 말한다. ‘어려서부터 함께 날갯짓을 배우면서 상호 학습하는 대상이기도 하고 동반자이기도 하다.’ 친구의 우정은 ‘관포지교管鮑之交’가 유명하다. 관중管仲과 포숙아鮑叔牙의 이야기이다. 일찍이 관중은 “부모는 나를 낳았지만 알아주는 자는 포숙아이다.”라 하였다.[2] 관중은 제나라 환공을 제나라라 패자가 되게 하였다. 관중은 제나라의 재상이 되어 국정을 맡아 제나라는 크게 바뀌게 되었다. 관중은 바다를 낀 지리적 이로움을 살려 해산물을 팔아서 나라를 부하게 하여 군비를 튼튼히 하였음은 물론, 항상 민중과 고락을 같이하였다. 관중은 나라 정책을 백성들이 쉽게 행할 수 있도록 하였고, 백성이 바라는 것을 나라에서 잘 들어주고 싫어하는 것은 제거하여 백성들의 불편을 덜어 주었다.

> “내가 일찍이 곤궁할 적에 포숙과 함께 장사를 하였는데, 이익을 나눌 때마다 내가 몫을 더 많이 가지곤 하였으나 포숙은 나를 욕심 많은 사람이라

---

1 “子曰: 三人行, 必有我師焉, 擇其善者而從之, 其不善者而改之.”(述而 07.22)(공자는 말하였다. “세 사람이 같이 길을 가면 거기에는 반드시 내 스승이 있다. 그들의 선한 점을 골라서 그것에 따르고, 그들의 선하지 않은 점을 골라서 내 자신을 바로잡는다.”)

2 “生我者父母, 知我者鮑子也. 此世稱管鮑善交也.”(列子 · 力命)

고 말하지 않았다. 내가 가난한 것을 알았기 때문이다. 일찍이 나는 포숙을 위해 일을 꾀하다가 실패하여 더 곤궁한 지경에 이르렀는데 포숙은 나를 우매하다고 하지 않았다. 시운에 따라 이롭고 이롭지 않은 것이 있는 줄을 알았기 때문이다. 일찍이 나는 여러 차례 벼슬길에 나갔다가 매번 임금에게 쫓겨났지만 포숙은 나를 무능하다고 하지 않았다. 내가 시운을 만나지 못한 줄을 알았기 때문이다. 일찍이 나는 여러 차례 싸웠다가 모두 패해서 달아났지만 포숙은 나를 겁쟁이라고 하지 않았다. 나에게 늙은 어머니가 있다는 것을 알았기 때문이다. 공자 규가 패하였을 때 동료이던 소홀은 죽고 나는 잡히어 욕된 몸이 되었지만 포숙은 나를 부끄러움을 모르는 자라고 하지 않았다. 내가 작은 일에 부끄러워하지 않고 공명을 천하에 드러내지 못하는 것을 부끄러워하는 줄을 알았기 때문이다. 나를 낳은 이는 부모지만 나를 알아준 이는 포숙이다." 포숙은 관중을 천거한 후 자신은 늘 관중의 아랫자리에 들어가서 일을 하였다. 포숙의 자손은 대대로 제나라의 녹을 받고 봉읍을 가지기를 십여 대나 하였는데, 항상 이름 있는 대부로 세상에 알려졌다. 세상 사람들은 관중의 현명함을 칭찬하기보다 오히려 포숙의 사람을 알아보는 능력을 더 칭찬하였다.[3]

자하는 선비는 부모님을 잘 모셔야 하고, 상관을 잘 모셔야 하고, 친구지간에는 믿음으로 사귀어야 한다 하였다. 선비들에게 있어 가장 기본

3 管仲曰, 吾始困時, 嘗與鮑叔賈, 分財利多自與, 鮑叔不以我爲貪, 知我貧也. 吾嘗爲鮑叔謀事而更窮困, 鮑叔不以我爲愚, 知時有利不利也. 吾嘗三仕三見逐於君, 鮑叔不以我爲不肖, 知我不遭時也. 吾嘗三戰三走, 鮑叔不以我爲怯, 知我有老母也, 公子糾敗, 召忽死之, 吾幽囚受辱, 鮑叔不以我爲無恥, 知我不羞小節而恥功名不顯於天下也. 生我者父母, 知我者鮑子也. 鮑叔旣進管仲, 以身下之. 子孫世祿於齊, 有封邑者十餘世, 常爲名大夫. 天下不多管仲之賢而多鮑叔能知人也.(史記 · 管晏列傳)

이 되는 마음 자세는 믿음, 신뢰이다.

子夏曰: "賢賢易色, 事父母, 能竭其力, 事君, 能致其身, 與朋友交, 言而有信. 雖曰未學, 吾必謂之學矣."(學而 0107)

자하가 말하였다.

"재능 있는 인물을 존경하고, 여색을 멀리하고, 부모를 섬기는 데 자기 힘을 다할 수 있고, 군주를 섬기는 데 자기 몸을 바칠 수 있고, 벗들과 사귀는 데 말에 신용이 있다면 배우지 않았다고 하더라도 나는 반드시 그런 사람을 배운 사람이라 할 것이다."

친구와 친하다 해서 좋아한다 해서 함부로 해서도 안 될 일이지만, 좋은 말도 한두 번이듯이 좋은 충고도 한두 번이다. 친구에게 충고를 해 주는데도 그 충고를 받아들이지 않으면 적절한 선에서 그만두어야 한다. 상사에게 직언하고 친구에게 충고는 절제가 있어야지 덮어놓고 귀찮게 되풀이한다면 오히려 우정 사이에 금이 가고 만다.

子貢問友. 子曰: "忠告而善道之, 不可則止, 毋自辱焉."(顔淵 12.23)

자공이 친구에 관해서 물어 보았다. 공자는 말하였다.

"성실하게 일러주어서 잘 이끌어 주되, 그것이 잘 안 될 것 같으면 그만두고 자기가 욕을 보도록까지는 하지 말 것이다."

子游曰: "事君數, 斯辱矣, 朋友數, 斯疏矣."(里仁 04.26)

공자는 말하였다.

"군주를 섬기는 데 있어 간언이 잦으면 욕을 보게 되고, 친구와 사귀는 데 있어 충고가 잦으면 사이가 멀어지게 된다."

'사군삭事君數' 중의 '數'자는 '자주 삭, shuò'로 읽는다. '자주 번거롭게 하다'라는 뜻이다.

79

血氣方剛 혈기방강

혈기가 넘치다

'혈기방강血氣方剛'은 '혈기방성血氣方盛'·'혈기방장血氣方壯'으로 쓰기도 한다. '혈기가 강하고 넘쳐남'을 말한다.

孔子曰: "君子有三戒, 少之時, 血氣未定, 戒之在色, 及其壯也, 血氣方剛, 戒之在鬪, 及其老也, 血氣旣衰, 戒之在得."(季氏 16.07)

공자께서 말하였다.

"군자에게는 경계할 것이 세 가지가 있다. 젊을 때 혈기가 안정되지 않아서 경계할 것은 여색에 있다. 장년이 되어서 혈기가 왕성하여지면 경계할 것은 다툼에 있다. 늙게 되어 혈기가 쇠하게 되면 경계할 것은 물욕物慾에 있다."

젊음은 참 좋은 것이다. 꿈은 젊음에게 있어 날개다.

子曰: "三軍可奪帥也, 匹夫不可奪志也."(子罕 09.26)

공자는 말하였다.

"삼군에서 그 장수를 빼앗을 수는 있을지언정, 한 사나이한테서 그 의지를 빼앗을 수는 없을 것이다."

혈기가 넘치기 때문에 이성에 관심도 많다. 그래서 공자는 남녀의 서로 사귐 즉 '색色'을 조심하라 한 것이다.

영웅은 미인을 좋아하기 때문에 적을 깨트리는 술책으로 미인계는 자주 쓰기도 한다. '자고영웅개호색自古英雄皆好色, 영웅난과미인관英雄難過美人關'이라 하였다. 자고로 영웅은 미인을 좋아한지라 미인의 손아귀 벗어나기 어렵다한 것이다. 유왕幽王은 포사褒姒의 미소를 찾기 위해 거짓으로 봉화를 피우게 하고 결국은 나라가 망하게 된다. 이를 두고 '주유봉화희제후周幽烽火戱諸侯, 홍안일소사경성紅顔一笑思傾城'이라 한다. 결국은 봉화를 올려도 거짓인 줄 알고 군사가 모이지 않고, 유왕과 포사는 궁정을 빠져나가 도망쳤으나 얼마 가지 못하여 견융족에게 잡혀 유왕은 단칼에 베어졌으며 추장은 포사를 자기 아내로 삼았다. 견융족 추장의 아내가 된 포사 또한 얼마 후 밤중에 도망쳐서 스스로 목숨을 끊었다.

포사는 잘 웃지 않아 유왕은 여러 가지 방법으로 그녀를 웃게 하려고 했으나 그래도 웃지 않았다. 유왕은 봉수烽燧와 대고大鼓를 만들어 적이 오면 봉화를 올리게 하였다. 어느 날 유왕이 봉화를 올려 제후들이 모두 달려왔지만 적군이 없자 드디어 포사가 크게 웃었다. 이에 유왕은 기뻐하며 여러 차례 봉화를 올렸다. 그 후에는 신용을 잃어 제후들은 더욱 오지 않았다. ……유왕이 신후를 폐하고 태자를 쫓아내자 신후는 노하여 증나라와 견융과 함께 유왕을 공격했다. 유왕은 봉화를 올려서 병사를 소집했으나 군사는 오지 않았다. 그들은 마침내 유왕을 여산 아래에서 죽이고 포사를 사로잡았으며 주의 재물을 전부 노략질해갔다.[1]

『삼국연의』에서 미인계로 유명한 이야기는 여포呂布와 초선貂蟬의 이야기이다. 이를 두고 여러 가지 계책을 교묘하게 연결한 책략 '연환계連環計'라 한다. 진수 『삼국지 · 위서』에서는 연환계가 아닌 왕윤과 여포가 함께 계략을 써서 죽인 것으로 되어 있다. 동탁은 항상 여포에게 내실의 작은 문인 중합을 지키도록 했는데, 여포가 동탁의 시녀와 사통하게 되었고, 이 일이 발각될까 두려워진 여포는 왕윤을 찾아가 동탁이 하마터면 자신을 죽일 뻔했던 상황을 설명하였다. 마침 왕윤은 복야僕射 사손서士孫瑞와 함께 동탁을 주살하려고 몰래 모의하고 있었던 차에 여포로 하여금 동탁을 죽이게 하였다. 그런데 『삼국지연의』에서는 왕윤의 가기歌妓 초선貂蟬은 평소 자신을 친딸처럼 보살펴 주던 왕윤이 고민하는 것을 보고는 죽음으로써 은혜에 보답하고 싶다하여 왕윤이 연환계連環計를 써서 여포가 동탁을 죽인 것으로 설정되었다. 연회를 열어 여포에게 초선이 술을 권하게 하며, 왕윤은 그 자리에서 초선을 여포의 첩으로 주겠다고 약속한다. 왕윤은 다시 동탁을 술자리에 청하고 초선을 시켜 춤과 노래를 바치게 하고, 동탁이 그녀의 미색에 넋을 잃는 것을 본 왕윤은 곧 초선을 상부相府로 보내 동탁의 시중을 들게 한다. 이로 말미암아

1 褒姒不好笑, 幽王欲其笑萬方, 故不笑. 幽王爲烽燧大鼓, 有寇至則擧烽火. 諸侯悉至, 至而无寇, 褒姒乃大笑. 幽王說之, 爲數擧烽火. 其後不信, 諸侯益亦不至.……又廢申后, 去太子也. 申侯怒, 與繒 · 西夷犬戎攻幽王. 幽王擧烽火征兵, 兵莫至. 遂殺幽王驪山下, 虜褒姒, 盡取周賂而去.(史記 · 周本記)

여포와 동탁의 사이에 금이 가게 된다. 동탁의 거친 성격에 여포에게 극을 던지기도 하고, 동탁에 대한 여포의 불만은 마침내 원한으로 바뀌고 기필코 동탁을 죽이게 된다. 상서尙書 복야僕射 사손서와 사례교위 황완黃琬과 함께 계책을 꾸민 왕윤은 헌제가 황제의 자리를 선양한다고 속이고 동탁을 조정으로 불러들인 다음 여포를 시켜 동탁을 죽인다. 『삼국연의』8과 9회에 나오는 이야기다.

미인 사건은 동양뿐만 아니라 서양, 사람이 사는 곳이면 어디에서나 발생하게 된다. 패가망신, 조심할 일이다.

2018년, '미투운동'에 세상이 떠들썩하다. 전 충남지사였던 안희정과 정무비서였던 김지은씨와 내정관계가 성폭력이다 아니다하여 법정에까지 가게 되었다. 2018년 8월 14일, 안희정 전 충남지사에게 무죄 판결이 내려졌다. 그러나 판결이 내려진 후 여성계는 부당하다고 시위를 계속하고 있다.

80

君子三畏 군자삼외

군자는 세 가지를 두려워한다

'군자삼외君子三畏'는 '군자는 세 가지를 두려워하다'는 뜻이다. '천명' · '대인'과 '성인의 말씀'이다.

孔子曰: "君子有三畏, 畏天命, 畏大人, 畏聖人之言. 小人不知天命而不畏也, 狎大人, 侮聖人之言."(衛靈公 16.08)

공자께서 말하였다.

"군자에게는 두려워하는 것이 세 가지 있다. 천명을 두려워하고, 큰 인물을 두려워하고, 성인의 말씀을 두려워한다. 소인은 천명을 몰라서 두려워하지 않고, 큰 인물을 가벼이 여겨 경시하고, 성인의 말씀을 조롱한다."

공자는 또한 군자는 세 가지 '걱정(우憂)'가 있다 하였다. 알지 못하는 것, 배우지 않는 것, 실천하지 못하는 것이라 하였다.

공자가 말하였다.

군자에게는 세 가지 우환이 있다. 무지하다면 근심이 없겠는가! 알면서 배우지 않는다면 근심이 없을 수 있겠는가! 배우고서 실천하지 못한다면 근심이 없을 수 있겠는가? 시경이 말하였다. '군자를 만나지 못하니 이내 근심이 우러나네.[1]

『논어』에서는 구체적인 숫자를 사용하여 수양의 덕목을 설명하는 경우가 많다.

【삼도三道】

군자는 세 가지 도를 갖춰야 한다 하였다. 세 가지 덕목이다. 미혹되지 말아야 하고, 근심걱정하지 말아야 하고 두려워하지 말아야 한다. 미혹되지 않으면 흔들림이 없음이고, 가지고 가지지 않은 부귀에 대하여 염려하지 않음은 안빈낙도이고, 두려워하지 않음은 불의에 맞설 수는 용기이다.

子曰: "知者不惑, 仁者不憂, 勇者不懼."(子罕 09.29)

공자는 말하였다.

"지혜로운 사람은 당황하지 않고, 인자한 사람은 근심하지 않고, 용기 있는 사람은 두려워하지 않는다.

子曰: "君子道者三, 我無能焉, 仁者不憂, 知者不惑, 勇者不懼." 子貢曰: "夫子自道也."(憲問 14.28)

---

1 孔子曰: "君子有三憂, 弗知, 可無憂與! 知而不學, 可無憂與! 學而不行, 可無憂與?"(韓詩外傳卷一)

공자는 말하였다.

"군자의 도는 셋인데, 내가 해낼 수 있는 것은 하나도 없다. 인자한 사람은 근심하지 않고, 지혜로운 사람은 의혹에 빠지지 않고, 용감한 사람은 두려워하지 않는다."

자공이 말하였다.

"선생님께서 스스로 겸손하신 말씀이시다."

【삼락三樂】

즐기는 것에는 이득이 되는 것이 있고, 손해가 나는 것이 있다. 득得이 되는 도움은 예악을 공부하고, 좋은 일을 하고, 좋은 친구들과 벗하는 것이다. 득이 되지 않는 것은 교만하여 잘난 척하고, 할 일 없이 쏘다니는 것, 노력하지 않고 연회를 베풀고 풍류를 즐기는 것이다.

孔子曰: "益者三樂, 損者三樂. 樂節禮樂, 樂道人之善, 樂多賢友, 益矣. 樂驕樂, 樂佚遊, 樂晏樂, 損矣."(季氏 16.05)

공자가 말하였다.

"유익한 즐거움이 세 가지 있고 해로운 즐거움이 세 가지 있다. 예악의 절도를 맞추기를 좋아하는 것을 즐거워하고, 남의 좋은 점 말하기를 즐거워하고, 좋은 벗 많이 갖기를 즐거워하면 유익하다. 교만하게 구는 데서 오는 즐거움을 즐거워하고, 절제 없이 쏘다니는 것을 즐거워하고, 편안하게 풍류를 즐기는 것을 즐거워하면 해롭다."

【삼건三愆】

'건愆'은 허물이다. 윗사람과 같이 했을 때 조심하여야 할 행동거지이다. 세 가지 갖추어야 할 겸손한 태도이다. 건방지게 끼어들지 말고, 말을 물어보아도 성의 없이 대충대충 건성으로 하고 대답하지 않는 것이며, 눈치도 없이 행동을 함부로 해서는 안 되는 것이다.

孔子曰: "侍於君子有三愆, 言未及之而言謂之躁, 言及之而不言謂之隱, 未見顔色而言謂之瞽."(季氏 16.06)

공자가 말하였다.

"군자를 모시고 있을 때에 저지르는 세 가지 허물이 있다. 자기한테 말이 돌아오지 아니 하였는데 말하는 것은 조급하다고 하는 것이다. 자기한테 말이 돌아왔는데 말하지 않는 것은 숨기는 것이라고 한다. 얼굴빛을 알아보지 않고서 말하는 것은 눈치 없는 것이라고 한다."

【삼질三疾】

삼질三疾은 세 가지 고금의 병폐를 지적한 것이다. 옛날에는 제멋대로 행동하여도 거리낌 없이 직언을 하였고, 자만심을 가지되 정직한 자존심이었고, 우직하기는 하였지만 약삭빠르게 속이지는 않았다. 그런데 현대 사회는 다르다. 원칙이 없다. 결국 자신의 이득만을 위해 고집을 피우고, 반대를 위한 반대를 한다. 방탕하기 만하고, 불만만 가득 차있고, 약삭빠르기만 하다.

子曰: "古者民有三疾, 今也或是之亡也. 古之狂也肆, 今之狂也蕩, 古之矜也廉, 今之矜也忿戾, 古之愚也直, 今之愚也詐而已矣."(陽貨 17.16)

공자는 말하였다.

"옛날에는 사람들에 세 가지 (귀중한) 병폐가 있었는데 지금은 아마도 이

것도 없어진 것 같다. 옛날의 성급한 광인狂人은 자자한 예절에 구애하지 않았을 뿐이었는데 지금의 성급한 사람은 큰 법도마저 없고 방탕하다. 옛날의 긍지를 가진 사람은 한계가 분명하여 곧았는데, 지금의 뽐내는 사람은 분하게만 생각하고 성낸다. 옛날은 우직하였지만 곧았는데 지금 우직한 사람은 남을 기만하고 수단을 부리려 한다.

【삼변三變】

군자에게는 세 가지 변함이 있어야 한다. 의젓하고 위엄이 있어 보여야 하고, 그렇다 해서 쌀쌀맞고 냉정하라는 것이 아니라 온화하고 부드럽게 대하면서, 상대방의 말을 경청하여 상호 좋은 의견을 교환하여야 한다. 술에 물 타듯 물에 술 타듯 맹숭맹숭한 태도가 아니라, 타인과 함께 할 때 진지한 태도 존경하는 태도를 적절한 변화시켜 주어야 한다.

子夏曰: "君子有三變, 望之儼然, 卽之也溫, 聽其言也厲."(子張 19.09)

자하가 말하였다.

"군자에게는 세 가지 다른 면이 있다. 그를 멀리서 바라보면 의젓하고, 그에게 가까이 가면 부드럽고, 그 말소리를 들으면 엄정하다."

【사무四毋】

군자는 네 가지 하지 말아야 할 것이 있다. 근거 없이 추측만 하지 말고, 그렇다고 해서 덮어놓고 긍정하지도 말고, 자신의 의견만을 주장하여 억측부리지 말고, 내가 아니면 안 된다는 아집을 부려서는 안 된다.

子絶四, 毋意, 毋必, 毋固, 毋我.(子罕 09.04)

공자가 절대 안 하시는 일이 네 가지 있었다. 즉 억측하시는 일이 없으셨고, 근거 없는 추측으로 장담하시는 일이 없으셨고, 자기 의견만을 고집하시는 일이 없으셨고, 이기적인 일이 없으셨다.

【구사九思】

군자는 네 가지 잘 생각해서 처리해야 할 것이 있다. 듣는 것, 보는 것, 안색, 용모, 언행, 일 처리, 의문을 가질 때, 분노할 때, 이득이 생겼을 때이다. 이때에 잘 생각해서 처신을 하여야 후사에 걱정이 없는 법이다.

孔子曰: "君子有九思, 視思明, 聽思聰, 色思溫, 貌思恭, 言思忠, 事思敬, 疑思問, 忿思難, 見得思義."(季氏 16.10)

공자가 말하였다.

"군자에게는 생각하는 일이 아홉 가지가 있다. 보는 데는 뚜렷이 보기를 생각하고, 듣는 데는 똑똑하게 듣기를 생각하고, 안색에는 부드럽기를 생각하고, 용모에는 공손하기를 생각하고, 말에는 성실하기를 생각하고, 일에는 조심하기를 생각하고, 의심나는 것에는 묻기를 생각하고, 화가 날 적에는 어려운 일을 당할 것을 생각하고, 이득이 있을 것을 알면 그것이 의義로운가를 생각한다."

【오미五美】와 【사악四惡】

군자가 정치에 나아가 정치를 하게 되었을 때 해야 할 일 다섯 가지가 '오미五美'이고 하지 말아야 할 것이 '사악四惡'이다. 백성에게 베풀어 주되 낭비하지 말 것이며, 백성이 일을 하되 원망하는 일이 없도록 하며, 탐하지 않도록 하며, 교만하지 않도록 하며, 사납지 않는 것이 곧 지향해야 할 미덕이다. 집정자가 학대하거나 폭력적이거나 인색하게 구는 것은 하지 말아야 할 짓이다.

子張問於孔子曰: "何如斯可以從政矣?" 子曰: "尊五美, 屛四惡, 斯可以從政矣." 子張曰: "何謂五美?" 子曰: "君子惠而不費, 勞而不怨, 欲而不貪, 泰而不驕, 威而不猛." ……子張曰: "何謂四惡?" 子曰: "不敎而殺謂之虐, 不戒視成謂之暴, 慢令致期謂之賊, 猶之與人也, 出納之吝謂之有司."(堯曰 20.02)

자장이 공자에게 물었다.

"어떻게 하여야 정치에 종사할 수 있게 되겠습니까?"

공자는 말하였다.

"다섯 가지 미덕을 존중하고 네 가지 악덕을 물리친다면 정치에 종사할 수 있게 될 것이다."

자장이 말하였다.

"무엇이 다섯 가지 미덕입니까?"

"군자는 은혜스러우면서 낭비하지는 않고, 힘든 일을 시키면서도 원망을 사지는 않고, 원하기는 하나 탐내지는 않고, 태연하나 교만하지는 않고, 위엄이 있으나 사납지는 않다." ……

자장이 말하였다.

"무엇이 네 가지 악덕입니까?"

공자는 말하였다.

"가르치지 않고서 죽이는 것을 잔학殘虐하다고 한다. 미리 경계해 놓지 않고서 일의 완성을 재촉하는 것을 난폭하다고 한다. 소홀하게 명령해 놓고 시기를 꼭 대도록 기대하는 것을 괴롭히는 짓이라고 한다. 고루 사람들에게 나누어주는 데 있어 내고 들이는 것을 인색하게 하는 것을 유사有司라고 한다."

논어 이외에 맹자는 군자에게는 세 가지 즐거움이 있다 하였다. '삼락三樂'이다.

【삼락三樂】

부모님이 살아계시고 형제가 다 잘되는 것이며, 남에게 부끄럼 없이 자신 있게 나설 수 있는 것이고, 좋은 학생을 가리키는 것이다.

맹자가 말하였다.

"군자에게는 세 가지 즐거움이 있는데, 천하의 왕 노릇하는 것은 거기에 들어 있지 않다. 부모가 다 생존하고, 형제들에 연고가 없는 것이 첫째의 즐거움이다. 우러러보아서 하늘에 부끄럽지 않고, 굽어보아서 사람에게 부끄럽지 않은 것이 둘째의 즐거움이다. 천하의 뛰어난 인재를 얻어서 교육하는 것이 셋째의 즐거움이다. 군자에게는 세 가지 즐거움이 있으나 천하의 왕노릇하는 것은 거기에 들어 있지 않다."[2]

『좌전』에서는 죽어도 없어지지 않는 세 가지가 있다 하였다. 즉 '삼불후三不朽'이다.

【삼불후三不朽】

『좌전』에 '죽어도 썩지 않는 것(사이불후死而不朽) 세 가지'가 있다 하

2 孟子曰: "君子有三樂, 而王天下不與存焉. 父母俱存, 兄弟無故, 一樂也. 仰不愧於天, 俯不怍於人, 二樂也. 得天下英才而教育之, 三樂也. 君子有三樂, 而王天下不與存焉."(孟子 · 盡心上 13.20)

였다. 즉 '덕을 세우는 것(입덕立德)', '공로를 세우는 것(입공立功)'이고, '말을 남기는 것(입언立言)'이라 하였다. 범선자范宣子가 목숙穆叔에게 '죽어도 썩지 않는 것 세 가지'를 묻자, 범선자가 한 말이다.

> 목숙이 말하였다.
>
> 제가 들은 바는 이는 세록世祿을 말하는 것이지만 이는 썩지 않는 것이 아닙니다. 우리 노나라의 선대부 장문중이 있었습니다. 그는 이미 세상을 떠났지만 그가 남긴 말은 폐기되지 않고 있습니다. 대략 이 같은 것을 썩지 않는 것이라 할 수 있을 것입니다. 제가 듣건대, 최상의 것은 덕을 베푸는 것이고, 그 다음은 공을 세우는 것이고, 그 다음은 훌륭한 말을 남기는 것이라 하였습니다. 비록 사람이 죽은 지 오래되었다 하더라도 그의 덕과 공, 말이 죽지 않는 것을 '삼불후三不朽'라고 하는 것입니다. 가문을 보전하고 종팽宗祊(종묘와 제사)을 지켜 대대로 제사가 끊어지지 않도록 하는 것은 어느 나라에서나 하는 일입니다. 세록이 크다고 하여 '불후不朽'라 하지 않습니다.[3]

선비가 세 가지 두려워해야 할 것은 '천명'·'대인'과 '성인의 말씀'이다. 첫째, 천명을 두려워해야 한다. 천명은 하늘이 인간에게 내린 사명이다. 선비는 학문을 닦아 영재를 가르쳐야 하고 덕화해야 하고, 남의 모범이 되어야 한다. 그렇지 못하면 천명을 어기는 것이다. 둘째, 대인을 두려워해야 한다. 대인은 덕망이 높고 도량이 넓은 인격자이다. 이를 본받

---

3 穆叔曰: "以豹所聞, 此之謂世祿, 非不朽也. 魯有先大夫曰臧文仲, 既沒, 其言立, 其是之謂乎. 豹聞之, '大上有立德. 其次有立功, 其次有立言.' 雖久不廢. 此之謂不朽. 若夫保姓受氏, 以守宗祊, 世不絕祀, 無國無之, 祿之大者, 不可謂不朽.(左傳·襄公二十四年)

지 못할까봐 두려워해야 한다. 셋째, 성인의 가르침이다. 성인을 거울삼아 스스로 부족함을 깨닫고도 이를 고치려 하지 않음을 두려워해야 한다.[4]

---

4 네이버 지식백과, https://terms.naver.com/entry.nhn?docId=1169102&cid=40942&categoryId=32972

81

隱居求志 은거구지

은거하여 뜻을 기르다

'은거구지隱居求志'는 '은거하여 벼슬에 나가지 않으나 자신의 뜻을 펼치는 것'을 말한다. '(隱, 숨길 은, yǐn)'자는 '𨸏'와 소리부 '㥯'으로 이루어진 자이다. '(㥯)'자는 '心'과 소리부 '𤔌'으로 이루어진 자이다. 또한 '(𤔌)'자는 '𠬪'와 '工'으로 이루어진 자로 '두 손으로 물건을 조심스럽게 다루고 있음'을 뜻한다. '𤔌'자를 금문은 ''으로 쓴다. 조심스러움은 드러내지 않는 것과 의미적 관련이 있다. '隱'자는 언덕에 가려져 드러나지 않는다는 뜻으로, 후에 '숨기다'는 뜻으로 쓰인다.

'(居)'자는 '尸'와 소리부 '古'로 쓴다. 옛날부터 사람이 살아온 거처를 말한다. 혹은 '(踞)'로 쓰기도 한다. 사람이 발을 멈추고 기거하는 곳을 말한다. 혹은 '凥'로 쓰기도 한다. 사람이 의자 '几(안석 궤, jī)'에 앉아 쉬는 모습이다.

고문에서 '裘'와 '(求)'자는 같은 자이다. '(裘, 갖옷 구, qiú)'자는 '衣'와 '求'로 이루어진 자이다. 털이 달린 가죽 옷의 모습이다. '털옷은 옛날에는 값비싼 옷으로 값을 치르고 구해야 하는 옷이다.

‘(志, 뜻 지, zhì)’자는 ‘心’과 소리부 ‘之’로 이루어진 자이다. ‘마음을 쓰는 의지’라는 뜻이다. ‘之’자는 후에 ‘士’로 변형되었다.

> 孔子曰: “見善如不及, 見不善如探湯. 吾見其人矣, 吾聞其語矣. 隱居以求其志, 行義以達其道. 吾聞其語矣, 未見其人也.”(季氏 16.11)
>
> 공자가 말하였다.
>
> “선한 일을 보고서는 그것에 미치지 못해 하는 것 같이 하고, 선하지 않은 일을 보고서는 끓는 물에 손을 넣어보는 것처럼 한다. 나는 그렇게 하는 사람을 보았고 나는 그런 말을 들었다. 숨어서 살아가면서 자기의 뜻한 바를 추구하고, 의를 행하면서 자기의 도를 달성한다. 나는 그런 말을 들었으나, 그렇게 하는 사람은 보지 못했다.”

‘은거이구기지隱居以求其志, 행의이달기도行義以達其道’ 구절을 줄여 ‘구지달도求志達道’라는 성어로 쓰기도 한다. ‘자기의 뜻한 바를 추구하고, 자기의 도를 달성한다’라는 뜻이다. 혹은 ‘행의이달기도行義以達其道’를 줄여서 ‘행의달도行義達道’라 한다.

‘탐탕探湯’ 중의 ‘探(찾을 탐, tàn)’은 ‘시탐하다’라는 뜻이고, ‘湯(넘어질 탕, tāng)’은 ‘끓은 물’이라는 뜻이다. ‘끓는 물에 손을 넣어보는’ 것처럼 조심하고 경계하라는 뜻이다.

‘야也’자가 어조사로 쓰이는 경우는 일반적으로 ‘결정이나 종결’ 혹은 ‘잠시 쉼’을 표시하는 어기사로 쓰이며, ‘의矣’자는 굳은 결정이나 긍정 혹은 이미 그렇게 된 사실을 나타내는 어기사로 쓰인다.

‘이구기지以求其志’ 중의 ‘이以’자는 순접 표시하는 접속사의 용법으로 쓰인다. '이而'의 용법과 같다. 혹은 앞 성분 '隱居'·'行義'가 '이以'의 목적어로 도치된 문장으로 이해하거나, '숨어 삶으로써'나 '정의를 행함으로써'라는 원인과 결과를 표시하는 접속사로 보기도 한다.

공자는 세상이 정도正道로 다스려지면 나타나 나라를 다스리는 일에 참여토록 하고, 만약에 나라에 정도가 없으면 은둔하라 하였다. 도가에서 말하는 은둔의 개념과 유가에서 말하는 은둔의 개념은 다르다. 유가의 은둔은 벼슬자리에 나서지 않는 것이지, 그렇다고 해서 완전히 세상을 등지고 속세를 떠나 깊은 산속에 숨어사는 것과는 다르다.

> 子曰: "篤信好學, 守死善道. 危邦不入, 亂邦不居. 天下有道則見, 無道則隱. 邦有道, 貧且賤焉,[1] 恥也, 邦無道, 富且貴焉, 恥也."(泰伯 08.13)
>
> 공자가 말하였다.
>
> "굳게 믿고 배우기를 좋아하고, 죽음으로 좋은 도를 지키라. 위태로운 나라에는 들어가지 말고, 혼란한 나라에는 살지 말라. 세상에 정도가 행하여지지 않으면 숨는 것이다. 나라에 정도가 행하여지는데 빈천하게 산다는 것은 수치다. 나라에 정도가 행하여지지 않는데 부귀를 누리는 것은 수치다."

'독신호학篤信好學'은 '믿음을 돈독히 하는 것과 배움을 좋아하다'라는 뜻이고, '수사선도守死善道' 중 '수사守死'는 '굳세게 지킨 결과 죽음에 이르다'라는 뜻으로 '훌륭한 도'라는 뜻의 '선도善道'의 동사로 쓰인다. 전체적으로 '죽음을 불사하고 착한 도를 지키다'는 뜻이다.

나라가 정도로 다스려지는데 나라를 위해 일을 하지 않아 가난하고 비

---

1 '焉'자는 음절을 조절하는 어기조사의 용법으로 쓰인다.

천하다면 이 또한 유자儒者가 갖추어야 할 덕목이 아니다.

공자 자신은 세상에 정도가 행해지지 않고 있음을 알면서도, 정도의 세상으로 만들기 위하여 도가道家의 은둔의 길을 선택하지 않았다.

子路從而後, 遇丈人, 以杖荷蓧. 子路問曰: "子見夫子乎?" 丈人曰: "四體不勤, 五穀不分. 孰爲夫子?" 植其杖而芸. 子路拱而立. 止子路宿, 殺雞爲黍而食之, 見其二子焉.[2] 明日, 子路行以告. 子曰: "隱者也." 使子路反見之. 至則行矣. 子路曰: "不仕無義. 長幼之節, 不可廢也, 君臣之義, 如之何其廢之? 欲潔其身, 而亂大倫. 君子之仕也, 行其義也. 道之不行, 已知之矣."(微子18.07)

자로가 선생님을 따라가다가 뒤떨어졌다. 한 노인을 만났는데 지팡이로 멱서리를 지고 있었다. 자로가 물었다.

"영감님께서는 우리 선생님을 보셨는지요?"

그 노인이 말하였다.

"손발을 근면하게 놀리지 않고, 오곡을 분간하지 못하는 사람아, 누가 선생이란 말이요?" 라고 말하고는 그의 지팡이를 세워 놓더니 잡초를 뽑았다. 자로는 두 손을 마주잡고 서 있었다. 자로를 묵어가게 하고는, 닭을 잡아 수수밥을 지어서 먹이고, 자기의 두 아들을 만나게 해주었다.

그 이튿날 자로가 가서 이 일을 말씀드렸더니, 공자가 말하였다.

"은자다."라고 하시고, 자로를 시켜 되돌아가서 그를 만나보도록 하였는데, 그곳에 갔더니 그 노인은 떠나가 버리고 없었다.

자로가 말하였다.

"벼슬을 하지 않는 것은 의롭지 않은 일이다. 어른과 아이 사이의 예절은

---

2 '견기이자언(見其二子焉)'은 '두 아들에게 자로를 알현하도록 하다'라는 뜻이다.

없앨 수 없으며, 또한 군주와 신하의 의리를 어떻게 없앨 수 있겠는가? 자기 몸을 깨끗이 하려다가 큰 인륜을 어지럽히는 것이다. 군자가 벼슬살이를 하는 것은 자기의 의리를 실천하는 것이다. 정도가 행하여지지 않는다는 것은 이미 알고 있었다."

'사체불근四體不勤'은 '몸을 근면하게 놀리지 않다'라는 뜻으로, 후에는 성실히 일을 하지 않음을 의미로 쓰인다. '오곡불분五穀不分'은 '오곡을 구분할 줄 모르다'는 뜻으로 '일에 대한 지식을 갖추고 있지 못하다'는 의미로 쓰인다. '지자로숙止子路宿' 중 '지止'는 '머물게 하다'는 뜻으로 전체적으로 '자로를 머물게 하여 하룻밤 묵도록 하였다'라는 뜻이다.

공자는 자로와 채나라로 가는 중에 또 다시 은자를 만났다.

공자는 섭燮을 떠나 채나라로 돌아오는 도중에 장저長沮와 걸익桀溺이 같이 밭을 가는 것을 보았다. 공자는 그 사람들이 은자라고 생각하여 자로로 하여금 그들에게 나루터로 가는 길을 물어보도록 하였다.

장저가 자로에게 물었다.

"수레 위의 고삐를 잡고 있는 저 사람은 누구입니까?"

"공자이십니다."

"그가 노나라의 공자입니까?"

"그렇습니다."

장저가 말하였다.

"그렇다면 나루터를 알고 있을 것입니다."

걸익이 자로를 향하여 물었다.

"당신은 누구입니까?"

"중유仲由입니다."

"당신은 공자의 제자입니까?"

"그렇습니다."

"천하가 온통 어지러운데, 그 누가 이를 바로잡을 수 있겠습니까? 당신은 사람을 피하는 선비를 따르는 것보다는 차라리 세상을 피하는 선비를 따르는 것이 낫지 않겠습니까!"[3]

장저와 걸익은 이렇게 말하고 계속해서 자기네들이 하던 흙으로 씨를 덮는 일을 하였다. 자로가 이들이 한 말을 공자에게 알리니 공자가 실망해서 말하였다.

"사람이란 인간 사회를 피해서 짐승들과 무리를 같이하여 살 수는 없다. 천하에 도가 통한다면 나도 이를 바꾸려고 여러 나라로 쫓아다니지 않을 것이다."

이 『논어 · 미자微子』의 내용은 앞에서 살펴본 『微子』 '18.07'과 함께 『사기 · 공자세가』에도 모두 보인다. 공자는 '천하에 정도가 있다면 굳이 나서지 않았을 것이고, 세상을 바꾸려 들지도 않았다'하였다.[4] 孔子는 이른바 해낼 수 없음을 알면서도 그것을 실천하고자 부단히 노력하였다.('지기불가이위지知其不可而爲之')[5] 그래서 공자는 말년에 노나라를 떠

3 "滔滔者天下皆是也, 而誰以易之? 且而與其從辟人之士也, 豈若從辟世之士哉?"(微子 18.06) '시(是)'자는 '여시(如是)'와 같은 의미이고, '수이(誰以)'는 '이수(以誰)'로 '누구와 함께'라는 뜻으로, '이(以)'자는 '여(與)'의 의미로 쓰인다. '차이(且而)' 중의 '이(而)'자는 대사 '이(爾)'의 용법으로 쓰인다. '여기(與其)……기약(豈若)'은 '……하는 것보다, 어찌 ……하지 않겠는가?'라는 뜻이다.

4 "天下有道, 丘不與易也."(微子 18.06) '여(與)'자는 '참여하다'라는 뜻이다.

5 "子路宿於石門. 晨門曰: '奚自?' 子路曰: '自孔氏.' 曰: '是知其不可而爲之者與?'"(憲問

나 14년 동안 열국列國을 돌아다녔다.

공자가 병이 나서 자공이 뵙기를 청하였다. 공자는 마침 지팡이에 의지하여 문 앞을 거닐고 있다가 물었다. "사賜(자공子貢)야, 너는 왜 이렇게 늦게 왔느냐?"[6] 그리고 탄식하며 노래를 불렀다.

태산이 무너진다는 말인가!
기둥이 부러진다는 말인가!
철인哲人이 죽어간다는 말인가!

그리고는 눈물을 흘렸다. 또 자공을 보고 말하였다. "천하에 도가 없어진 지 오래되었다! 아무도 나의 주장을 믿지 않는다."라 탄식하였다.[7] 공자는 나이 73세로 세상을 떠났다.

논어에서는 '지志'를 '도道'에 두어야 한다 하였다. '도道'는 '의義'이고 '덕德'이다.

子曰: "士志於道, 而恥惡衣惡食者, 未足與議也."(里仁 04.09)

공자는 말하였다.

---

14. 38)(자로가 석문에서 묵었다. 문지기가 '어디에서 오시는 거요?'라 하였다. 자로가 말하였다. '공씨(孔氏) 댁에서 오는 겁니다.' '안 될 줄 알면서도 하는 사람 말이지요?') '신문(晨門)'은 '아침에 성문을 여는 문지기'라는 뜻이다.

6 "賜, 汝來何其晩也?"(史記 · 孔子世家)

7 "孔子因嘆, 歌曰: '太山壞乎! 梁柱摧乎! 哲人萎乎!' 因以涕下. 謂子貢曰: '天下無道久矣, 莫能宗予.'"(史記 · 孔子世家) '막능종여(莫能宗予)' 중의 '종(宗)'은 '법으로 삼다'라는 뜻이다.

"선비는 도에다 뜻을 두고도 험한 옷과 험한 음식을 부끄러워한다면 그와는 함께 의견을 교환할 여지도 없다."

子曰: "君子之於天下也, 無適也, 無莫也,[8] 義之與比.[9]"(里仁 04.10)

공자는 말하였다.

"군자에게는 이 세상에서 꼭 이래야 한다고 고집하는 것도 없고 이래서는 안 된다고 고집할 것도 없다. 단지 정의正義에 의지해 살아 나갈 뿐이다."

子曰: "君子懷德, 小人懷土, 君子懷刑, 小人懷惠."(里仁 04.11)

공자는 말하였다.

"군자는 덕을 생각하는데 소인은 땅을 생각하며, 군자는 형법을 생각하는데 소인은 특혜를 생각한다."

'덕'은 '인의예지신仁義禮智信'과 같은 인간이 살아오는 동안 행해야 할 예절이다. 맹자는 걸桀왕과 주紂왕이 천하를 잃은 것은 '인仁'을 근본으로 두지 않았기 때문이라 하였다.

걸왕과 주왕이 천하를 잃은 것은 그들의 백성들을 잃은 것이다. 그들의 백성들을 잃은 자들은 백성들의 마음을 잃은 것이다. 천하를 얻는 데는 방법이 있다. 거기에 사는 백성들을 얻으면 곧 천하를 얻게 되는 것이다. 거기

---

8 "子絶四, 毋意, 毋必, 毋固, 毋我."(里仁 09.04)(공자가 절대 안 하시는 일이 네 가지 있었다. 즉 억측하시는 일이 없으셨고, 장담하시는 일이 없으셨고, (자기 의견만을) 고집하시는 일이 없으셨고, 이기적인 일이 없으셨다.)

9 '의지여비(義之與比)'는 '의(義)'를 강조하기 위하여 문장 앞에 놓은 구조이다. 원래는 '여의비(與義比)'의 구조이나 도치된 문장이다. '여(與)'는 전치사이고, '비(比)'자는 동사 '가깝다' · '친근하다'는 뜻이다.

에 사는 백성들을 얻는 데는 방법이 있다. 백성들의 마음을 얻으면 곧 백성들을 얻게 되는 것이다. 그들의 마음을 얻는 데는 방법이 있으니 원하는 것은 그들을 위해 모아주고, 싫어하는 것은 시행하지 않는다는 것뿐이다. 백성들이 인자仁慈한 데로 귀순하는 것은 마치 물이 아래로 흘러 내려가고, 짐승이 넓은 들로 달려 나가는 것과도 같다. 그래서 못으로 물고기를 몰아주는 것은 수달이고, 숲속으로 새를 몰아주는 것은 새매이고, 탕湯임금과 무왕武王에게 백성들을 몰아준 것은 걸왕과 주왕이다. 이제 온 천하의 군주들 가운데 인자한 것을 좋아하는 사람이 생기면 제후들이 다 그를 위해 백성들을 몰아다 주게 될 것이다. 그렇게 되면 천하를 다스리는 왕이 되고 싶지 않다 하더라도 아니 되고는 안 될 것이다. 지금의 천하의 왕이 되려는 자들은 마치 7년 묵은 병을 고치려고 3년 말린 쑥을 구하는 것과 같다.[10] 진실로, 쑥을 미리 준비하지 않고는 죽을 때까지도 그것을 얻지는 못할 것이다. 진실로, 인자함에 뜻을 두지 않는다면 죽을 때지 근심하고 욕을 보다가 죽음의 구렁텅이에 빠지게 될 것이다. 『시경詩經 · 대아大雅 · 상유桑柔』에서 "어떻게 잘될 수 있겠는가? 서로들 다 멸망 속에 빠져버리리라." 라 하였는데, 바로 이를 두고 하는 말이다.[11]

---

10 쑥을 오래 말려 두었다가 큰 병에 뜸을 뜨면 효과가 있다고 한다. 그러나 그런 쑥은 병이 없을 때에 미리 마련해 두어야 병이 났을 때 쓸 수 있는 것이지, 중병에 걸리고 나서 그런 쑥을 쓰려고 들면 그런 쑥은 쓸 수는 없는 것이다.

11 孟子曰: "桀紂之失天下也, 失其民也. 失其民者, 失其心也. 得天下有道: 得其民斯得天下矣. 得其民有道: 得其心斯得民矣. 得其心有道: 所欲, 與之聚之; 所惡, 勿施爾也. 民之歸仁也, 猶水之就下, 獸之走壙也. 故爲淵驅魚者, 獺也; 爲叢驅爵者, 鸇也; 爲湯 · 武驅民者, 桀與紂也. 今天下之君有好仁者, 則諸侯皆爲之驅矣; 雖欲無王, 不可得已. 今之欲王者, 猶七年之病求三年之艾也. 苟爲不畜, 終身不得. 苟不志於仁, 終身憂辱, 以陷於死亡. 『詩』云: '其何能淑? 載胥及溺', 此之謂也."(孟子 · 離婁上)

자신이 실의에 빠졌을 때, 세상을 한탄하지 말고 오히려 더욱 더 노력분발하여 때를 기다려야 한다. 와룡臥龍과 봉추鳳雛는 '지략이 뛰어난 젊은이가 아직 세상에 드러나지 않은 채 때를 기다리는 영웅'을 가리킨다. 사회가 국가가 나를 필요로 했을 때, '은거구도隱居求道'하는 자만이 기회를 잡을 수 있다. 와룡과 봉추처럼 나라를 위하여 빼어난 전략가 되기 위해서는, 최후에 일거성명一擧成名하거나 일명경인一鳴驚人[12]하기 위해서는, 계속 노력하면서 때를 기다려야 한다. 새가 날지도 않고 울지도 않고 있지만, 날았다하면 하늘을 찌르도록 하고, 울었다 하면 세상을 놀라게 할 수 있게 하기 위하여 묵묵히 자신을 실력을 길러야 하는 것이다.

12 "雖無飛, 飛必沖天, 雖無鳴, 鳴必驚人."(韓非子 · 喻老)

82

過庭之訓 과정지훈

뜰에서 가르친다

'과정지훈過庭之訓'은 '집안 뜰을 지날 때 가르친다'는 뜻으로, '아버지가 자식에게 사람의 도리를 가르치다'는 뜻으로 쓰인다.

'과정지훈'은 성어 '시예지훈詩禮之訓'과도 관련이 있다. 공자가 아들 백어에게 시와 예를 배우기를 권하는 내용에서 나온 말로 자식이 아버지에게서 받은 교훈이라는 뜻으로 쓰인다.

陳亢問於伯魚曰: "子亦有異聞乎?" 對曰: "未也. 嘗獨立, 鯉趨而過庭. 曰: '學詩乎?'對曰: '未也.'不學詩, 無以言.'鯉退而學詩. 他日, 又獨立, 鯉趨而過庭. 曰: '學禮乎?'對曰: '未也.''不學禮, 無以立.'鯉退而學禮. 聞斯二者." 陳亢退而喜曰: "問一得三, 聞詩聞禮, 又聞君子之遠其子也."(季氏 16.13)

진항이 백어에게 말하였다.

"당신은 또 다른 말씀을 들은 게 있는가요?"

"아직 없습니다. 한 번은 혼자서 계실 때 제가 종종걸음으로 마당을 지나갔는데 '시詩를 배웠느냐?' 하고 말씀하셨습니다. '아직 안 배웠습니다.' 하고 대답하였습니다. '시를 배우지 않으면 말을 할 길이 없느니라' 하고 말씀하셨습니다. 저는 물러나와 시를 배웠습니다. 다른 날 또 혼자서 계실 때에 제가 종종걸음으로 마당을 지나갔는데 '예禮를 배웠느냐?' 하고 말씀하셨습니다. '아직 안 배웠습니다'하고 대답하였습니다. '예를 배우지 않으면 남 앞에 나설 길이 없느니라' 하고 말씀하셨습니다. 저는 물러나와 예를 배웠습니다. 이 두 가지 말씀을 들었습니다."

진항이 물러나와 기뻐서 말하였다.

"한 가지를 물었다가 세 가지를 알게 되었다. 시에 관한 것을 들어서 알았고, 예에 관한 것을 들어서 알았고, 또 군자는 아들을 멀리한다는 것을 들어서 알았다."

진항陳亢의 자는 자금子禽이다. 백어伯魚는 공자의 아들 이鯉이다. 진항은 공자가 친 자식에게는 다른 제자들에게 가르쳐주지 않는 또 다른 가르침이 없는가를 알고자 하여 물어본 것이다.

'추이과정鯉趨而過庭' 중 '추趨'는 '종종걸음으로 빨리 지나가는 것'을 말하는 것으로, 어른 앞에서 경의敬意를 표하는 걸음걸이를 말한다. '(趨, 달릴 추, qū)'자는 '走'와 소리부 '芻'로 이루어진 자이다. '芻(꼴 추, chú)'자는 손으로 촘촘히 빠른 동작으로 풀을 뜯는 모양이다. '趨'자를 금문은 ''·''로 쓰고, '(芻)'자를 갑골문은 ''·''로 쓰고, 금문은 ''로 쓴다.

'무이언無以言'과 '무이립無以立' 중의 '무이無以'는 '……할 수 없다'라는 뜻이다.

'문일득삼問一得三'은 '하나를 물어 셋을 알다'라는 뜻으로, 많은 것을 얻었음을 말한다.

예부터 부모가 자식을 가르치기만 꽤 어려웠나 보다. 맹자는 군자는 아들을 직접 가르치지 않는다 하였다.

> 공손추가 질문했다.
>
> "군자가 아들을 직접 가르치지 않은 것은 무슨 이유인가요?"
>
> 맹자 말하였다.
>
> "가르치는 효과가 없기 때문이다. 가르치는 것은 반드시 바른 것을 행하라는 것이다. 그런데 배우는 사람이 바른 것을 행하지 않게 되면 가르친 사람은 계속해서 분노하게 된다. 분노하게 되면 마음이 상하게 된다.
>
> '아들은 아버지가 올바르게 행하라고 나를 가르치시고는 아버지는 올바름을 내보이지 않으시네'라고 생각하게 된다. 이렇기 때문에 직접 가르침은 아비와 자식의 마음을 서로 상하게 한다. 부자가 서로 마음 상하면 악이 생겨나는 것이다.
>
> 옛사람은 자식을 바꾸어서 그들을 가르쳤다. 부자지간에는 선을 요구하지 않는다. 선을 요구하게 되면 마음이 서로 떠나게 되는데, 마음이 서로 떠남이 이보다 더 클 수 없는 일이다.[1]

위의 내용 중 '계지이노繼之以怒, 즉반이의則反夷矣'는 '계속해서 분노하게 되면 마음이 상하게 된다'라는 뜻이다. '(夷, 오랑캐 이, yí)'자는

---

1 公孫丑曰: "君子之不教子, 何也?" 孟子曰: "勢不行也. 教者必以正; 以正不行, 繼之以怒; 繼之以怒, 則反夷矣. '夫子教我以正; 夫子未出於正也.' 則是父子相夷也. 父子相夷則惡矣. 古者易子而教之, 父子之間不責善, 責善則離, 離則不祥莫大焉."(孟子 · 離婁上)

'大'와 '弓'으로 이루어진 자로 '큰 화살을 잘 쓰는 이민족'이라는 뜻이다. 갑골문은 ''로 쓰고, 금문은 ''로 쓴다. 이민족은 정벌의 대상이었기 때문에 '평정하다' · '제거하다'라는 뜻으로 쓰인다. 본 구절에서는 '이상夷傷'의 뜻으로 '상처를 입히다'라는 뜻이다. 예를 들어, '이기종묘夷其宗廟(그의 주종 묘당을 파괴하다)'[2] 중의 '夷'자는 '해를 입히다'는 뜻으로 쓰인다.

주희朱熹는 『시경詩經』을 배우면 사리事理에 통달하고 심기心機가 화평해지기 때문에 말을 잘 할 수 있고,[3] 예절을 배우면 품격과 절도를 자세히 알 수 있기 때문에 견고한 덕성을 가지게 되기 때문에 능히 설 수 있다 하였다.[4] 예법禮法을 모르면 남과 올바르게 대처하고 공적인 행사에 참여하기 어려운 법이다.[5]

'불학불립不學不立'이란 '배우지 않으면 어디에도 나서지 못한다'는 것이다. 혹은 '불학무립不學無立'으로 쓰기도 한다.

옛날에는 『시경』은 교과서 같은 역할을 했다. 『시경』을 통하여 풀, 나무, 새와 짐승의 이름을 알 수 있고, 아버지를 섬기는 도리, 임금을 섬기

2 "是以人夷其宗廟, 而火焚其彝器, 子孫爲隷, 下夷于民, 而亦未觀夫前哲令德之則."(國語 · 周語下)(이에 사람들이 그들의 종묘를 훼손하고 위패를 불태우고 자손을 노복으로 전락시키거나 평민들과 같은 지위로 떨어뜨린다. 이는 그들이 선현들이 행한 미덕의 원칙을 좇지 않았기 때문이다.)

3 "子曰: "詩三百, 一言以蔽之, 曰: '思無邪'."(爲政 02.02)(공자는 말하였다. "시 3백 편은 한 마디로 말해서 나타낸 생각에 사악함이 없다.")

4 "事理通達而心氣和平, 故能言. 品節詳明而德性堅定, 故能立."(論語集註)

5 "子曰: 人而不仁, 如禮何? 人而不仁, 如樂何?"(八佾 03.03)(공자는 말하였다. "사람으로 인자하지 않으면 예는 해서 무엇할 거며, 사람으로 인자하지 않으면 음악은 해서 무엇하랴.")

는 도리 등의 내용을 포함하고 있기 때문에, 이를 통하여 인간의 도리를 배울 수 있고, 배우고 난후에는 제후諸侯들과 대응할 수 있어 외교협상에서 종종 『시경』의 구절을 인용하여 대응하였다.

공자는 만약에 사람이 『시경』 삼백수를 줄줄 외울 수 있으나, 정치적인 일이나 행정상의 업무를 맡겼는데 제대로 일을 처리하지 못하며, 또 외교적 협상에서 일을 유창하게 처리하지 못한다면, 비록 모두 외웠다 하여도 그러한 학문들을 쓸모가 없다 하였다. 학습은 실용성(학이지용學以致用)이 있어야 한다 하였다.

> 子曰: "誦詩三百, 授之以政, 不達. 使於四方, 不能專對. 雖多, 亦奚以爲?"(子路 13.05)
>
> 공자가 말하였다.
>
> 『시경』의 시 삼백 편을 외더라도, 정사를 맡겼을 때, 일을 제대로 하지 못하고, 사신으로 가서는 대처하지 못한다면, 시를 많이 외운들 무엇에 쓰겠는가?

'수지이정授之以政' 중 '授(줄 수, shòu)'는 '그렇게 맡기다'는 뜻이고, '이정以政' 중 '이以'는 전치사 용법으로 '……을 가지고'의 뜻이며, 전체적으로 '정치하는 일을 그에게 맡기다'는 뜻이다. '역해이위亦奚以爲' 중 '이以'자는 동사의 용법으로 '쓰다'라는 뜻이고, '위爲'는 의문을 나타내는 의문어기조사이고, '해奚'는 '어찌'라는 의미의 '하何'의 용법으로 쓰인다. 혹은 '해이奚以'를 '이해以奚'의 구조, '위爲'를 동사 '하다'·'처리하다'의 의미로 이해하여 전체적으로 '무엇을 가지고 하겠는가?'라는 뜻으로 해석하기도 한다.

송宋나라의 장재張載는 배우는 것은 세상을 구제하고 백성을 위하여 후세에게 태평성대를 누리게 하기 위한 것이라 하였다.

> 세상을 위하여 마음을 세우고, 백성을 위하여 도를 세운다. 옛 성인을 위하여 끊어진 학문을 잇고, 후세를 위하여 태평세월을 연다.[6]

배우는 자는 마음을 크고 강대하게 세우며, 그 목표를 백성들의 삶에 두어야 한다. 또한 학문을 전수하고 계승하여야 하며, 이를 더욱 발전시켜 태평세월을 위해 길을 닦아야 하는 것이 곧 실용적 학문이다.

아버지는 우리에게 어떤 마음을 가지셨을까? 나에게는 지금 옆에 계시지 않지만, 나는 또한 자식들에게 어떤 존재인가. "그리고 밖에서 어떤 일을 하건 집에 돌아오면 누구나 '그네에 작은 못을 박는' 사람이 아버지다. 현대 질병의 가장 큰 원인인 피로와 스트레스를 껴안고 살지만 아버지는 울 장소가 마땅히 없다. 자식 앞에서는 잠시도 약한 모습을 보일 수 없어 도저히 울 수 없는 존재다. 항상 말없이 사랑하고 말없이 걱정하는 사람이 아버지다. 자식의 늦은 귀가에 엄마는 열 번 걱정의 말을 하지만 아버지는 열 번 현관을 쳐다본다. 아버지가 무심한 것처럼 보이는 것은 체면과 자존심 그리고 미안함이 어우러져 그 마음을 쉬이 드러내지 못하기 때문이다. '보이지 않는 눈물'을 흘리며, 좋은 일에는 헛기침을 하고 황당한 일에는 너털웃음을 짓는 고독한 존재가 아버지다. 훗날 '어린 것들이 간직한 그 깨끗한 피'의 올곧은 성장을 확인하는 순간 '헛기침' 한

---

6 爲天地立心, 爲生民立命, 爲往聖繼絕學, 爲萬世開太天.(張子語錄语录 · 語錄中)

번으로 그 모든 고독과 노고를 깨끗이 보상받는 큰 바위 같은 존재가 아버지다. 그러나 지금의 젊은 아빠들에겐 구시대 아이콘인 헛기침이나 너털웃음과는 거리가 좀 멀어 보인다."[7] 나는 자식들에게 스트레스만 주는 아버지인가.

나는 자식을 위해 무엇을 가르쳤는가. 김현승의 '아버지의 마음'이란 시를 읽어본다.

아버지의 마음　　김현승

바쁜 사람들도, 굳센 사람들도, 바람과 같던 사람들도
집에 돌아오면 아버지가 된다.
어린 것들을 위하여 난로에 불을 피우고
그네에 작은 못을 박는 아버지가 된다.
저녁 바람에 문을 닫고 낙엽을 줍는 아버지가 된다.
세상이 시끄러우면 줄에 앉은 참새의 마음으로
아버지는 어린 것들의 앞날을 생각한다.
어린 것들은 아버지의 나라다— 아버지의 동포同胞다.
아버지의 눈에는 눈물이 보이지 않으나
아버지가 마시는 술에는 항상 보이지 않는 눈물이 절반이다.
아버지는 가장 외로운 사람이다.
아버지는 비록 영웅英雄이 될 수도 있지만…….
폭탄을 만드는 사람도, 감옥을 지키던 사람도,

7　권순진, 〈맛있게 읽는 시〉에서 재인용. http://blog.daum.net/act4ksj/13764816.

술가게의 문을 닫는 사람도

집에 돌아오면 아버지가 된다.

아버지의 때는 항상 씻김을 받는다.

어린 것들이 간직한 그 깨끗한 피로……. (시집『절대 고독』, 성문각, 1970)

혹은 자식을 너무 사랑한 나머지 내 자식만을 편애하고 과보호하여 내 자식의 잘못을 보지 못하고 있지는 아닌지! 이는 모두가 내 자신의 덕에 달려있다. 그래서 속담에 '사람이란 자기 자식의 악한 것을 알지 못하고, 자기 곡식 싹의 큰 것을 알지 못한다.'고 하였다.

이른바 자기 집을 정돈하는 것이 자신의 덕을 닦는 데 달렸다고 하는 것은, 사람이란 자기가 가까이 하고 사랑하는 것에는 치우치게 굴게 되고, 자기가 천히 여기고 미워하는 것에는 치우치게 굴게 되고, 자기가 두려워하고 공경하는 것에는 치우치게 굴게 되고, 자기가 슬프고 긍휼히 여기는 것에는 치우치게 굴게 되고, 자기가 오만하고 게으르게 다루는 것에는 치우치게 굴게 되어서이다. 그러므로 좋아하면서도 그것의 나쁜 점을 알고, 미워하면서도 그것의 좋은 점을 아는 사람이란 천하에 드물다. 그래서 속담에 '사람이란 자기 자식의 악한 것을 알지 못하고, 자기 곡식 싹의 큰 것을 알지 못한다.'고 한 것이다.[8]

---

8 所謂齊其家在修其身者, 人之其所親愛而辟焉, 之其所賤惡而辟焉, 之其所畏敬而辟焉, 之其所哀矜而辟焉, 之其所敖惰而辟焉. 故好而知其惡, 惡而知其美者, 天下鮮矣. 故諺有之曰: 人莫知其子之惡, 莫知其苗之碩.(大學)

83

懷寶迷邦 회보미방

지덕을 나라를 위해 쓰지 않다

'회보미방懷寶迷邦' 중 '회보懷寶'는 '보물을 마음에 품다'라는 뜻으로 '훌륭한 재능을 소유하고 있음'을 말하고, '미방迷邦'은 '나라를 미혹하게 하다'는 뜻이다.

'(懷, 품을 회, huái)'자는 '心'과 소리부 '褱'로 이루어진 자이다. 금문은 ''로 쓴다. '懷'자는 원래 '褱'자와 같은 자인데, 후에 '心'을 추가하여 쓴 것이다. '(褱)'자는 '衣'와 '眔'로 이루어진 자로, 금문은 ''로 쓴다. '옷으로 사람을 감싸고 있는' 모양이다.

'(迷, 미혹할 미, mí)'자는 '辵'와 소리부 '米'로 이루어진 자이다. 어떤 곡식인지 헷갈려 헤아리지 못함을 말한다. 후에 '헷갈리어 갈팡질팡 제대로 가지 못함'의 뜻으로 쓰인다.

'(邦)'자를 갑골문은 ''으로 쓰고 금문은 ''으로 쓴다. '邑'과 소리부 '丰(예쁠 봉, fēng)'으로 이루어진 자로 고문은 ''으로 쓴다. 갑골문에서는 밭(田)에 초목이 무성한 모습이고, 후에 '田'이 '邑'으로 변하였다. '제후들이 새로 개척해야 하는 땅'이라는 뜻으로 후에 '나라'라는 뜻으로 쓰인다.

陽貨欲見孔子, 孔子不見, 歸孔子豚. 孔子時其亡也, 而往拜之. 遇諸塗. 謂孔子曰: "來! 予與爾言." 曰: "懷其寶而迷其邦, 可謂仁乎?" 曰: "不可." "好從事而亟失時, 可謂知乎?" 曰: "不可." "日月逝矣, 歲不我與." 孔子曰: "諾, 吾將仕矣."(陽貨 17.01)

양화는 공자를 만나려고 하였으나 공자가 그를 만나주시지 않자 공자에게 새끼 돼지를 보내주었다. 공자께서는 그가 없는 틈을 타서 그의 집에 가셔서 고마움을 표명하셨는데, 돌아오시는 길에 그를 만나셨다. 그가 공자에게 말하였다.

"오라, 내가 너에게 이야기하겠다."

"자기의 보배를 품안에다 감춰두고서 자기 나라를 어지럽게 하는 것을 인자하다고 말할 수 있는가?" "그렇다고 할 수 없죠."

"정치에 종사하기 좋아하면서도 자주 그 기회를 잃는 것을 지혜롭다고 말할 수 있는가?" "그렇다고 할 수 없죠."

"날과 달은 지나가고 세월은 우리와 함께 머물러 있어 주지 않는다."

공자께서 말하였다.

"예, 나는 장차 벼슬을 하며 살겠소이다."

'세불아여歲不我與'는 '세월이 나를 기다려주지 않는다'라는 뜻으로, '시불아여時不我與'나 혹은 '시불아대時不我待'로 쓰기도 한다. 원래의 어순은 '세불여아歲不與我'인데 부정사와 대사가 있어 변한 것이다. '여與'자는 '기다리다'·'함께하다'라는 뜻이다.

양화陽貨는 계씨季氏의 가신으로 이름은 호虎다. 『춘추좌씨전』에 의

하면 노魯나라 정공定公 5년에 자신의 주군인 계환자季桓子를 구금하고 정권을 잡았으며, 정공 8년에 삼환三桓을 제거하려고 반란을 일으켰다가 실패하여 국외로 망명하였다. 본 문장은 정공 8년 이전의 일로 추정된다. 양화가 자신의 앞으로의 일을 위하여 명망이 높은 공자를 포섭하고 자기의 세력을 강화하려 한 것이다.

'궤공자돈歸孔子豚' 중의 '歸'자는 '饋(먹일 궤, kuì)'의 의미로 본 구절에서는 동사의 용법 '선물로 주다'라는 뜻이다.

'공자시기망야孔子時其亡也' 중 '시時'자는 '때를 엿보다'는 뜻이다. 혹은 '기다리다'의 '伺(엿볼 사, sì, shì)'의 의미로 해석하기도 한다.

'호종사이극실시好從事而亟失時' 중 '극亟'은 '자주'라는 부사 '삭數'과 같은 의미이다. '공자가 정치에 종사하기를 바라면서도 자기와 같이할 기회를 자주 놓치고 있다'는 말이다.

대부大夫가 선비(士)에게 선물을 보낼 경우, 선비가 자기 집에서 직접 그것을 받지 못하면, 몸소 대부의 집으로 찾아가 사례를 하는 것이 당시의 예법이었다. 공자가 자기를 만나려고 하지 않는다는 것을 눈치 챈 양화는 공자를 자신의 집으로 오게 하기 위하여 일부러 공자가 집에 없는 틈을 타 돼지를 보냈다. 공자는 보내 준 선물에 대한 답례로서 양화에게 사례를 갈 수밖에 없었다. 그러나 양화를 만나는 것이 싫었기 때문에, 공자도 또한 양화가 집에 없는 기회를 엿본 것이다. 이와 같은 내용이 『맹자孟子 · 등문공滕文公 · 하下』에도 보인다.

공손추가 물었다.

"제후를 만나지 않으시는 것은 무슨 뜻에서 입니까?"

맹자께서는 대답하셨다.

“옛날에는 그 신하가 되지 않으면 가서 만나지는 않았다. 단간목段干木[1]은 담을 넘어서 피했고, 설유泄柳[2]는 문을 닫고서 들이지 않았는데, 그것은 모두 너무 심했고, 어쩔 수 없게 되면 만나볼 일이다. 양화가 공자를 만나고 싶어 하였으나, 공자께서는 그가 무례한 것을 미워하셨다. 대부가 선비(士)에게 물건을 내려 주는데, 그것을 자기 집에서 받지 못할 경우에는 그 대부의 문에 가서 절하기로 되어 있다. 양화는 공자께서 댁에 계시지 않으신 것을 살펴서 공자께 찐 새끼 돼지를 보냈는데, 공자께서는 역시 양화가 없는 것을 살피셔서 가서 절하셨던 것이다. 그러한 경우는 양화가 선수를 썼으니 어찌 (가서) 만나 보시지 않으실 수 있었겠는가?

증자가 말하였다.

‘어깨를 올리고 아첨하고 웃는 것은 여름에 밭일하는 것보다 힘들다.’

자로가 말하였다.

‘생각이 같지 않으면서 어울려서 말하는 자는 얼굴빛을 보면 빨개져 있는데, 그렇게 하는 것은 내가 할 줄 아는 일이 아니다.’

이런 것을 통해서 보면 군자가 기르는 것이 무엇인가를 알 수 있게 될 것이다.”[3]

---

1 단간(段干)은 복성(復姓)이고, 목(木)은 이름이다. 진(晉)나라 사람으로 자기의 절개를 지키고 벼슬살이를 하지 않았다. 위(魏)나라 문후(文侯)가 그를 만나려고 그의 집 문까지 갔었는데 그는 담을 넘어가 버리고 만나주지 않았다는 것이다. 이후에는 결국 가서 만나보게 되었다 한다.

2 설유(泄柳)의 자(字)는 자유(子柳)이며, 춘추(春秋) 노(魯)나라의 현사(賢士)이었다. 노(魯)나라 무공(繆公)이 그를 찾아가서 만나려 하였으나 문을 닫고 집에 들이지 않았다.

3 公孫丑問曰: “不見諸侯, 何義?” 孟子曰: “古者不爲臣不見. 段干木踰垣而辟之, 泄柳閉門而不納. 是皆已甚; 迫, 斯可以見矣. 陽貨欲見孔子, 而惡無禮. 大夫有賜於士, 不得受於其家, 則往拜其門. 陽貨瞰孔子之亡也, 而饋孔子蒸豚, 孔子亦瞰其亡也而往拜之.

양화는 공자가 벼슬길에 나서지 않고 있음을 비판하면서, 자기와 함께 일을 할 것을 재촉하였다. 양화의 말이 옳다고 긍정하고 있지만, 사실상 공자는 자기가 잘못했다고 시인한 것은 아니다. 공자는 양화의 말이 말 그 자체의 이치가 옳다고 긍정한 것뿐이지, 양화와 더불어 함께 일을 하겠다고 한 것은 아니다. 나라의 정도를 위하여 기꺼이 현실 정치에 참여하겠다는 말이다.

싫고 좋음을 떠나서 예에는 예로서 대하고, 말이 맞을 때는 맞다고 인정하기를 주저하지 않으면서도, 상대의 제안을 돌려 회피하는 것이다. 공자가 벼슬하기를 싫어한 것은 아니라, 무도한 양화의 도움을 얻어 벼슬길에 나아가는 것이 싫었던 것뿐이다. 양화를 노하게 하지도 않고, 그렇다고 구구한 변명을 늘어놓지도 않으면서 공자는 자기의 입장을 관철하고 있다. 만일 정면에서 양화의 말을 거슬렀다면 공자에게 무슨 일이 일어났을지도 모를 일이다.

사실상 공자는 일생 동안 여러 차례 벼슬길에 나섰고, 또한 갈망하였다.

> 공자는 가난하고 천하였다. 커서 일찍이 계씨季氏의 위리委吏로 있을 때, 그의 저울질은 공평하였고, 그가 직리職吏[4]의 일을 맡고 있을 때 가축은 번성하였다. 이로 말미암아 그는 사공司空[5]이 되었다. 그 후 얼마 되지 않아 노나라를 떠났다. 제齊 나라에서 배척되고, 송宋과 위衛 나라에서 쫓겨나고,

---

當是時, 陽貨先, 豈得不見? 曾子曰: '脅肩諂笑, 病于夏畦.' 子路曰: '未同而言, 觀其色, 赧赧然, 非由之所知也.' 由是觀之, 則君子之所養, 可知已矣."(孟子 · 滕文公下)

4 공자가 맡았던 '승전(乘田)'직을 가리키는데, 이는 목축을 주관하던 직책이다.

5 '사공(司空)'은 주대(周代)에 설립한 관직으로, 주로 공사(工事)를 관장하였다.

진陳과 채蔡 나라 사이에서 곤궁에 빠지자 이에 노나라로 되돌아왔다. 공자는 키가 9척 6촌이어서 사람들이 모두 그를 '키다리'라고 부르고 그를 괴이하게 여겼다. 노나라가 다시 그를 잘 대우하니 이에 노나라로 되돌아왔던 것이다. …… 마침 이때 계강자가 공화公華·공빈公賓·공림公林을 내쫓고 예물을 갖추어서 공자를 초빙하였으므로 공자는 노나라로 돌아왔다. 공자는 노나라를 떠난 지 14년 만에 노나라로 돌아왔던 것이다.

노 애공이 정치에 관해서 묻자 공자가 대답하였다.

"정치의 근본은 신하를 잘 뽑는 데 있습니다."

계강자도 정치에 관해서 질문하자 공자가 말하였다.

"정직한 사람을 뽑아서 부정직한 사람 위에 놓으면, 부정직한 사람도 정직해집니다."

강자가 도적이 횡행함을 근심하자 공자가 말하였다.

"진실로 당신 자신이 탐욕을 부리지 않는다면, 비록 상을 준다 해도 백성들은 남의 물건을 훔치지 않을 것입니다."

그러나 노나라는 끝내 공자를 등용하지 못하였으며 공자 또한 관직을 구하지 않았다.[6]

공자는 나이 51세 때 노나라 정공에 의해 중도中都의 재상으로 발탁되

6 "孔子貧且賤. 及長, 嘗爲季氏史, 料量平; 嘗爲司職吏而畜蕃息. 由是爲司空. 已而去魯, 斥乎斉, 逐乎宋·衛, 困於陳蔡之間, 於是反魯. 孔子長九尺有六寸, 人皆謂之'長人'而異之. 魯復善待, 由是反魯. ……文子固止. 會季康子逐公華·公賓·公林, 以币迎孔子, 孔子歸魯. 孔子之去魯凡十四歲而反乎魯. 魯哀公問政, 對曰: "政在選臣." 季康子問政, 曰: "擧直錯諸枉, 則枉者直." 康子患盜, 孔子曰: "苟子之不欲, 雖賞之不竊." 然魯終不能用孔子, 孔子亦不求仕."(史記·孔子世家)

었다. '화행중도化行中都'[7]라고 부를 정도로, 공자가 중도를 다스린 지 일년 만에 덕화가 행해졌다. 백성들은 생업에만 전념하게 됨으로써 생활이 윤택하고 편안해졌다. 노인은 존경받고, 어린이는 사랑받으며, 강자가 약자를 욕보이지 않고, 남녀 간에는 음란하지 아니했으며, 장사꾼들은 허위로 물가를 조작하지 않게 되었다. 그러자 사방의 나라에서 공자의 정사를 배우려고 했으며, 아울러 공자의 지위도 높아져 사공司空(건설부장관)을 지내고 이어 대사구大司寇(법무부장관)[8]가 되었다. 공자는 사구로 재임하는 동안 외교에서도 큰 성과를 거두었다. 그 하나가 '협곡회담夾谷會談(협곡회제夾谷會齊)'이다.[9] 제나라 대부 여서黎鉏가 막후에서 노나라 가신들을 조정해 제나라의 이익을 취하려다가 일이 여의치 않자, 제齊나라 경공景公으로 하여금 노나라 정공과 회담을 갖게 하였다. 이 자리에서 노 정공을 무력으로 누르고 굴복시킬 속셈이었다. 제나라의 속셈을 짐작한 공자는 만반의 준비를 갖추고 수행대신으로 동행하게 되었다. 제나라 경공은 안영晏嬰을 대동하였다. 양국이 협곡에서 만나 회동을 축하하는 술잔을 주고받았지만 팽팽한 긴장감이 감돌았다.

『사기 · 공자세가』에 기록된 내용이다.

정공 10년 봄, 제나라와 화친을 맺었다. 그해 여름, 제나라의 대부 여서黎鉏가 경공景公에게 말했다. "노나라가 공구孔丘를 중용했으니 그 세가 반드

7 중도(中都)는 춘추시대 노나라 고을 이름이다. 옛 성은 지금의 산동성(山東省) 문상(汶上)현 서쪽에 있다.

8 '대사구(大司寇)'는 주(周)나라 때에 만든 것으로 형벌과 규찰 등의 일을 맡았다. 후에 형부상서(刑部尙書)가 된다.

9 협곡(夾谷)은 지금의 산동성(山東省) 무래현(蕪萊縣) 협곡협(夾谷峽)에 있다.

시 제나라를 위태롭게 할 것입니다."

이에 노나라에 사자를 보내 친목을 도모하기로 하고 협곡夾谷에서 만나기로 했다. 노 정공은 장차 수레를 타고 아무런 방비 없이 그곳에 가려고 했다. 그때 공자는 재상宰相의 일을 임시로 보고 있었는데, 다음과 같이 말했다. "신이 듣기에 문사文事에는 반드시 무武를 갖추어야 하며, 무사武事에는 반드시 문文을 갖추어야 한다고 했습니다. 옛날에는 제후가 국경을 나설 때 반드시 문무관원을 수행시켰다고 합니다. 좌우사마左右司馬를 대동하고 가십시오." 정공이 "그렇게 하겠소."라고 말하고 좌우사마를 데리고 갔다.

정공이 협곡에서 제 경공과 만났다. 제사에 쓸 고대高臺를 마련하고 흙 계단을 3단 만든 뒤 제 경공과 노 정공은 예에 따라 상견례를 했다. 서로 읍하고 사양하면서 대 위에 올라 술잔을 주고받는 예가 끝나자 제나라의 관리가 앞으로 달려 나와 말했다. "사방의 음악을 연주하게 하옵소서." 경공이 말했다. "좋다." 그랬더니 깃발과 우불羽祓[10], 창칼과 방패를 든 무리가 북을 치고 시끄럽게 떠들면서 나왔다.

공자가 빨리 앞으로 나와 한 발에 한 계단씩 빠른 걸음으로 대에 오르더니 마지막 한 계단을 오르지 않고 긴 소매를 쳐들고 말했다.[11] "두 군주께서 친목을 위해서 만나셨는데 어찌해 여기서 이적夷狄의 음악을 연주하는가! 물러가게 명하시오!" 관리가 그들을 물러나게 했으나 그들이 물러가지 않자 좌우의 수행원들이 안자晏子와 경공의 눈치를 살폈다. 경공은 마음속

---

10 우발(羽祓)은 꿩털로 장식한 떨이개처럼 생긴 용구로 무당이 춤출 때 쓰이기도 한다.

11 고대 예법에는 계단을 오를 때 반드시 두 발이 한 계단에 오른 후, 비로소 다시 그다음 계단을 오를 수 있었다. 이렇게 해야 두 발이 서로 가지런히 하는 시간을 가질 수 있다. 공자가 한 발에 한 계단씩 빠른 걸음으로 오른 것은 상황이 급하여 예법을 돌볼 여유가 없었던 것이다.

으로 부끄러워하면서 그들을 물러가게 했다.

조금 후 제나라의 관리가 앞으로 달려 나와 말했다. "청컨대 궁중의 음악을 연주하게 하옵소서." 경공이 말했다. "그렇게 하라." 광대와 난쟁이가 재주를 부리며 앞으로 나왔다. 공자가 빨리 달려 나아가 한 발에 한 계단씩 빠른 걸음으로 대에 오르더니 마지막 한 계단을 오르지 않고 말했다. "필부로써 제후를 현혹케 하는 자는 마땅히 처형해야 합니다! 아무쪼록 처형할 것을 명하시기를 바랍니다!" 관리가 그들의 허리를 두 동강을 내고 말았다.

공자의 이와 같은 모습을 보자 경공은 도의나 이론 면에서 상대방에 미치지 못한다는 사실을 알고 두려워하면서도 감탄했다. 돌아와서는 크게 두려워하며 군신들에게 말했다. "노나라의 신하는 군자의 도로써 그 군주를 보필하는데, 그대들은 오로지 이적夷狄의 도로써 과인을 가르쳐서 노군魯君에게 죄를 짓게 했으니, 이를 어찌하면 좋겠소?" 한 관리가 나와서 말했다. "군자는 과오를 범하면 실질적인 물증으로써 사죄하는데, 소인은 과실을 저지르면 허례적인 말로만 사죄한다고 합니다. 군주께서 그 일로 마음이 편하지 않으시거든 실질적인 물건을 내놓고 사과하십시오." 이에 제 경공은 곧 노나라로부터 빼앗은 운鄆, 민양汶陽, 구음龜陰의 땅을 반환함으로써 노나라에 사죄했다.[12]

---

12 "定公十年春, 及齊平. 夏, 齊大夫黎鉏言於景公曰: '魯用孔丘, 其勢危齊.' 乃使使告魯爲好會, 會於夾谷. 魯定公且以乘車好往. 孔子攝相事, 曰: '臣聞有文事者必有武備, 有武事者必有文備. 古者諸侯出疆, 必具官以從. 請具左右司馬.' 定公曰: '諾.' 具左右司馬. 會齊侯夾谷, 爲壇位, 土階三等, 以會遇之禮相見, 揖讓而登. 獻酬之禮畢, 齊有司趨而進曰: '請奏四方之樂.' 景公曰: '諾.' 於是旍旄羽袚矛戟劍撥鼓噪而至. 孔子趨而進, 歷階而登, 不盡一等, 擧袂而言曰: '吾兩君爲好會, 夷狄之樂何爲於此! 請命有司!' 有司卻之, 不去, 則左右視晏子與景公. 景公心怍, 麾而去之. 有頃, 齊有司趨而進曰: '請奏宮中之樂.' 景公曰: '諾.' 優倡侏儒爲戲而前. 孔子趨而進, 歷階而登, 不盡一等, 曰: '匹夫而營惑諸侯者罪當誅! 請命有司!' 有司加法焉, 手足異處. 景公懼而動, 知義不

공자는 결코 '회보미방懷寶迷邦'하지 않았다. 기회만 있었다면 자신이 품고 있는 '회보懷寶'를 아낌없이 꺼내어 나라를 위하여 기꺼이 자신을 불사르고자 하였다. 공자에게는 다만 기회가 많지 않았을 뿐이다. 공자에게 '회보'를 꺼낼 기회가 더 많았다면 지금보다 훨씬 인간적인 세상이 되었을까!

若, 歸而大恐, 告其群臣曰: '魯以君子之道輔其君, 而子獨以夷狄之道教寡人, 使得罪於魯君, 爲之柰何?' 有司進對曰: '君子有過則謝以質, 小人有過則謝以文. 君若悼之, 則謝以質, 於是齊侯乃歸所侵魯之鄆 · 汶陽 · 亀陰之田以謝過."(史記 · 孔子世家)

84

下愚不移 하우불이

어리석은 사람은 변화시키지 못한다

'하우불이下愚不移' 중 '하우下愚'는 '가장 어리석고 못난 사람'이라는 뜻이다. '불이不移'는 '옮기지 않는다'는 뜻으로 '자신의 하는 바를 고치지 않는다'는 말이다.

'(愚, 어리석을 우, yú)'자는 '心'와 소리부 '禺'로 이루어진 자이며, '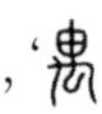(禺, 긴꼬리원숭이 우, yú)'는 원숭이의 모양이다. 원숭이처럼 단순하고 어리석음의 뜻으로, 후에 '어리석다'나 '자신'을 나타내는 겸양어로 쓰인다. 금문은 ''로 쓴다.[1]

'(移, 옮길 이, yí)'자는 '禾'와 '多'로 이루어진 자이다. '모판에 벼가 밀집하게 많이 자라니 이를 옮긴다'는 뜻이다. 후에 '옮기다' · '고치다'라는 뜻으로 쓰인다.

---

1 "禺, 母猴屬, 頭似鬼. 從由, 從内."(說文) 高鴻縉『中國字例』: "謂頭似人非人, 而有足有尾之獸也. 全象其形, 長尾之猴也."

子曰: "唯上知與下愚不移."(陽貨 17.03)

공자는 말하였다.

"오직 가장 지혜로운 사람과 가장 어리석은 사람만이 옮기지 않는다."

성어 '상지하우上智下愚'는 '가장 총명한 사람과 가장 우둔한 사람'이라는 뜻이다. 『논어』에서는 이러한 사람은 '고칠 수 없다'라 하였다. 가장 지혜로운 사람은 나면서부터 아는 사람이기 때문에 고칠 필요가 없고, 가장 어리석은 사람은 곤란해져도 배우지 않기 때문에 변화할 줄을 모르는 사람이다.

태어나면서 아는 사람은 상지上智이고, 곤궁함을 알면서도 배우지 않는 사람이 하우下愚이다.

孔子曰: "生而知之者上也, 學而知之者次也, 困而學之, 又其次也, 困而不學, 民斯爲下矣."(季氏 16.09)

공자께서 말하였다.

"나면서부터 아는 사람이 상등上等이다. 배워서 아는 사람이 그 다음이다. 곤란해져서 배우는 사람은 또 그 다음이다. 곤란해져도 배우지 아니하면 그러한 사람이 곧 하등下等이 된다."

『논어』의 분리법에 따라 간단한 방법으로 '상지上智'와 '하우下愚'를 구분한다면, 군자와 소인의 관계일 수 있다. 공자는 사람의 수양의 정도에 따라 상중하로 분리하였다. 이는 학문과 수양으로 이룩한 지혜의 정도를 가지고 말한 것이다. 사람이 나서부터 그러한 구별이 있다는 것은 아니다. 공자는 사람을 가르치는 데는 배우는 사람의 정도를 따져 조절하여 가르쳤다.

子曰: "中人以上, 可以語上也, 中人以下, 不可以語上也."(雍也 06.21)

공자는 말하였다.

"중등 이상에 도달한 사람에게는 높은 지식을 일러주어도 좋다. 중등 이하의 사람에게는 높은 지식을 일러줄 게 못된다."

공자의 수준 분리에 따른 교육 방법을 '인재시교因材施敎'라 한다. 그래서 제자들이 같은 질문을 해도 얻는 답을 모두 다르게 주었다.

子路問: "聞斯行諸?" 子曰: "有父兄在, 如之何其聞斯行之?" 冉有問: "聞斯行諸?" 子曰: "聞斯行之." 公西華曰: "由也問聞斯行諸, 子曰: '有父兄在', 求也問聞斯行諸, 子曰: '聞斯行之'. 赤也惑, 敢問." 子曰: "求也退, 故進之, 由也兼人, 故退之."(先進 11.22)

자로가 의義로운 일을 들으면 곧 그것을 행할 것인가를 여쭈어 보자 공자가 말하였다.

"부형이 계시는데 어떻게 의로운 일을 들었다고 곧 그것을 행하겠느냐?"

염유冉有가 의로운 일을 들으면 곧 그것을 행할 것인가를 여쭈어 보자 공자가 말하였다.

"의로운 일을 들으면 곧 그것을 행하도록 하여라."

공서화公西華가 말하였다.

"자로 유由가 의로운 일을 들으면 곧 그것을 행할 것인가를 여쭈어 보자 선생님께서는 '부형이 계시다'라고 말씀하시고, 염유(求)가 의로운 일을 들으면 곧 그것을 행할 것인가를 여쭈어 보자, 선생님께서는 '의로운 일을 들으면 곧 그것을 행하도록 하여라' 하고 말씀하셨습니다. 저는 도무지 모르겠으므로 왜 그렇게 말씀하셨는지 감히 여쭈어 보는 바입니다."

공자는 말하였다.

"염유는 뒤로 물러서는 편이기 때문에 앞으로 밀어내 주었고, 자로는 남의 몫까지 하기 때문에 뒤로 물러나게 하여준 것이다."

자로는 부모도 형제도 있는데 그들에게 가르침도 청하지 않고 머리로 생각하지도 않고 그들과 상의하지도 않고 바로 한다면 적절치 않다고 하였다. 염유는 겁이 많고 나약하며 잘 위축되는 품성을 가지고 있어, 어떤 일을 하던 우유부단하여 결정을 내리지 못하니 그에게 어떤 일을 마주하면 어떻게 할 것인지 격려해주고, 적극적으로 하게끔 하고자 한 것이다. 자로라는 사람은 용맹하고 두 사람 몫을 하는 사람이다. 어떤 일이든 다른 사람을 넘어서니, 이런 사람에게는 신중하고 깊이 생각하게 하고 모든 일을 짐작하고 다시 확인하게 하도록 하여야 한다. 그들에게는 자신을 거두어들일 줄 알고 억제하도록 하여야 한다.

『논어』에서 같은 사람이 같은 내용의 질문을 하여도 경우에 따라서는 공자가 대답을 달리하기도 하였다. 번지樊遲가 '인仁'과 '지知(지智)'에 대하여 묻는 내용이 두 번 보이는데, 그 대답이 각각 다르다.

樊遲問知. 子曰: "務民之義, 敬鬼神而遠之, 可謂知矣." 問仁. 曰: "仁者先難而後獲, 可謂仁矣."(雍也 06.22)

번지가 지혜에 관해서 여쭈어 보았다. 공자는 말하였다.

"백성이 따를 정의를 살리기에 힘쓰고, 귀신들을 공경스럽게 다루되 그것들을 멀리 한다면 지혜롭다고 말할 수 있다."

인에 관해서 여쭈어 보았다. 공자는 말하였다.

"인이라는 것은 먼저 고난을 겪고 난 뒤에 얻게 되는 것으로, 그래야 인이라고 할 수 있다."

樊遲問仁. 子曰: "愛人." 問知. 子曰: "知人." 樊遲未達. 子曰: "擧直錯諸枉, 能使枉者直." 樊遲退, 見子夏曰, "鄕也吾見於夫子而問知, 子曰: '擧直錯諸枉, 能使枉者直', 何謂也?" 子夏曰: "富哉言乎! 舜有天下, 選於衆, 擧皐陶, 不仁者遠矣. 湯有天下, 選於衆, 擧伊尹, 不仁者遠矣."(顔淵 12.22)

번지가 인에 관해서 여쭈어 보았다. 공자가 말하였다.

"사람들을 사랑하는 것이다."

지혜로운 것에 관해서 여쭈어 보았다.

"사람을 알아보는 것이다."

번지가 그 뜻을 파악하지 못하니까 공자가 말하였다.

"곧은 사람을 등용하여 굽은 사람들 위에 놓으면 못된 사람들을 곧게 만들 수 있다."

번지가 물러나와 자하를 만나서 물었다.

"아까 내가 선생님을 뵈옵고 지혜로운 것에 관해서 여쭈어 보니까, 선생님께서 '곧은 사람을 등용하여 굽은 사람들 위에 놓으면 못된 사람들을 곧게 만들 수 있다'고 말씀하셨는데 무슨 뜻이오?"

자하가 대답하였다.

"그 말씀은 정말 넓은 뜻을 지니고 있소. 순舜임금이 천하를 차지하자 여러 사람들 가운데에서 골라가지고 고요皐陶를 등용하였는데 인자仁慈하지 않은 사람들이 멀리 물러나 버렸고, 탕湯임금이 천하를 차지하자 여러 사람들 가운데서 골라가지고 이윤伊尹을 등용하였는데 인자하지 않은 사람들이 멀리 물러나 버렸소."

이 세상 모든 사람은 같은 질문에 같은 대답을 가질 수 없다. 이는 바로 사람의 주체가 각기 다르기 때문이다. 인생의 최종적 가치는 무엇인가? 사람은 왜 살아가야 하나? 어떠한 인생을 성공한 인생이라고 하나? 어떤 삶을 아름답다고 하나? 이러한 본질적인 질문에 개인의 인생과 결합하지 않는다면, 그것은 영원히 거짓된 질문이며 답변이다. 따라서 진정한 인생의 비결은 자신의 주체를 드러내고, 자신의 주체를 이용해서 자신의 인생 중 가장 부족한 경험을 배우는데 이용하는 것이다.

가장 우둔한 사람은 배우려 하지 않는 것이다.

子曰: "學而不思則罔, 思而不學則殆."(爲政 02.15)

공자는 말하였다.

"배우고 생각하지 아니하면 종잡을 데가 없어지고, 생각하고 배우지 아니하면 위태롭다."

'망罔'자는 '惘(멍할 망, wǎng)'의 의미로 쓰인다. '종잡을 수 없음'은 체계를 세우지 못하여 배우도 그 뜻을 사고하고 찾아내지 못하고 얻어 내지 못함을 말한다. 그런데 생각만 하고 배우지 않으면 스스로 해결할 수 있는 방책을 얻을 수도 없을 뿐만 아니라, 절제하지 않고 자신의 생각대로만 하기 때문에 어떤 무모한 짓을 저지를지 모르는 것이다. 공자는 자로에게 배우지 않으면, 우둔해지고 무절제하고 의리가 없게 되고 가혹하고 난폭해지게 된다 하였다. '육언육폐六言六蔽'에 관한 내용이다.

"好仁不好學, 其蔽也愚, 好知不好學, 其蔽也蕩, 好信不好學, 其蔽也賊, 好直不好學, 其蔽也絞, 好勇不好學, 其蔽也亂, 好剛不好學, 其蔽也狂."(陽貨

17.08)

"인자하게 굴기를 좋아하면서 배우기를 싫어하면 그 폐단은 어리석어지는 것이다. 지혜롭게 굴기를 좋아하면서 배우기를 싫어하면 그 폐단은 무절제해지는 것이다. 신용 있게 굴기를 좋아하면서 배우기를 싫어하면 그 폐단은 의를 해치게 되는 것이다. 곧게 굴기를 좋아하면서 배우기를 싫어하면 그 폐단은 가혹해지는 것이다. 용맹하게 굴기를 좋아하면서 배우기를 싫어하면 그 폐단은 난폭해지는 것이다. 굳세게 굴기를 좋아하면서 배우기를 싫어하면 그 폐단은 무모해지는 것이다."

아무리 어리석은 '하우下愚'인 사람도 변화시킬 수 있는데(이移), 이는 배우고 스스로 배운 반복 학습을 통해서다. 그래서 그 배움을 즐거움으로 삼아야 한다. 그래서 『논어』의 첫 구절이 배우고 복습하는 것이 가장 큰 즐거움이라 하였다.[2]

---

2 子曰, "學而時習之, 不亦說乎? 有朋自遠方來, 不亦樂乎? 人不知而不慍, 不亦君子乎?"(學而 01.10)(공자는 말하였다. "배우고 제때에 그것을 복습하는 것은 또한 기쁘지 아니하냐. 벗들이 먼 곳에서 오는 것은 또한 즐겁지 아니하냐. 남이 자기의 실력을 알아주지 아니하여도 노여워하지 않는 것은 또한 군자답지 아니하냐.") '說'은 '悅(기쁠 열, yuè)'의 뜻이고, '慍(성낼 온, yùn)'자는 '화내다'의 뜻이다.

85

牛刀割鷄 우도할계

닭 잡는데 소 칼

'우도할계牛刀割鷄'는 '소 잡는 칼로 닭을 잡는다'는 뜻으로, '큰일을 처리할 재능을 작은 일을 처리하는 데 쓴다'는 뜻이다.

'(割, 나눌 할, gē)'자는 '刀'와 소리부 '害'로 이루어진 자이다. 금문은 ''·'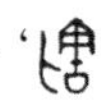'로 쓴다. '(害, 해칠 해 hài)'자를 금문은 ''·''로 쓴다. 거푸집 중 상단에 있는 용기가 깨져 내용물이 밖으로 흘러나오는 모습이 아닌가 한다. 후에 '깨지다'는 의미에서 '해롭다'·'해치다'의 파생으로 쓰인다. '割'은 칼로 거푸집에서 내용물을 해체하는 뜻으로, 후에는 '나누다'·'자르다'·'분할하다'라는 의미로 쓰인다.

'鷄(닭 계, jī)'자를 갑골문은 상형자인 ''·''로 쓰거나, 사람이 손으로 새끼줄을 사용하여 닭을 잡는 회의자인 '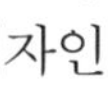'·'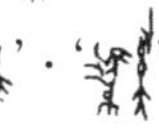'로 쓴다. 후에 소리부 '奚(어찌 해, xī)'인 자로 변하였다.

子之武城, 聞弦歌之聲. 夫子莞爾而笑曰: "割鷄焉用牛刀?" 子游對曰: "昔者偃也聞諸夫子曰: '君子學道則愛人, 小人學道則易使也.'" 子曰: "二三者! 偃之言是也. 前言戲之耳."(陽貨 17.04)

공자가 무성에 가셨을 때 현악絃樂에 맞춰서 부르는 노랫소리를 들었다. 공자는 빙그레 웃으며 말하였다.

"닭을 잡는데 어찌 소 잡는 칼을 쓰겠느냐?"

자유가 대답하였다.

"전에 제가 선생님께서 '군자가 도를 배우면 사람을 아끼고, 소인이 도를 배우면 부리기 쉽다'고 말씀하신 것을 들었습니다."

공자는 말하였다.

"애들아, 자유(언)의 말이 옳다. 내가 먼저 한 말은 농담이다."

무성武城에 자유子游(언偃)가 읍재邑宰로 있었다. 자유는 예악禮樂을 가르치는 등 무성을 잘 다스려 그곳에 들어서자 노랫소리가 들려왔다. 공자는 작은 읍을 다스리는데 너무 고차원적인 방법을 사용하고 있다는 방법의 그릇됨을 비평한 내용으로 이해하기도 하고, 혹은 자유와 같은 큰 나라를 다스릴 만한 인재가 무성武城 같은 소읍小邑을 다스리고 있는 것을 애석하게 여겨서 소 잡는 칼로 닭을 잡는다는 비유를 한 것으로 보기도 한다.

'애인愛人'과 '이사易使'는 '사람을 아끼고, 소인이 도를 배우면 부리기 쉽다'의 뜻이다. 자유는 자신이 무성을 성의를 다하여 다스리는데 스승이 지나친 짓이라고 평하자 대답한 내용이다.

'완이莞爾'는 '빙그레 웃는 모양'이며, '이爾'는 형용사 접미어이다. '희지이戲之耳' 중의 '之'는 자유를 가리키고, '耳'는 '……일 따름이다'라는 어기조사이다.

'우도할계牛刀割鷄'와 유사한 성어로 '대재소용大材小用'이 있다. 큰 재목이 작게 쓰인다는 뜻이다. 중국 속담에 '방통이 현령이 되다-큰 인물이 작게 쓰이다(龐統當縣令-大材小用)'라는 말이 있다. 혹은 '대기소용大器小用'·'명주탄작明珠彈雀'[1]이나 '우정팽계牛鼎烹鷄'[2]라는 성어가 있다. 이는 삼국지에 나오는 방통을 두고 하는 말이다. 사마휘가 방통을 추천하는 내용은 『삼국연의』 제 37회에 나오는 이야기이고, 방통이 낙봉파落鳳坡에서 죽음을 맞이하는 내용은 제 63회에 나오는 이야기이다.

형주의 신야에서 인재를 구하고 있던 유비는, 수경水鏡선생 사마휘司馬徽는 복룡伏龍과 봉추鳳雛 중에서 한 사람만 얻어도 가히 천하를 평정할 수 있다 하였다.[3] 그런데 사마휘는 그 사람들이 누구인지 끝내 알려주지 않았다. 세상에 잘 알려지지 않은 숨은 인재를 뜻하는 '복룡봉추'는 여기서 생겨난 말이다. 복룡은 하늘에 오를 때를 기다리는 숨어있는 용으로

---

1 "今世俗之君子, 多危身棄生以殉物, 豈不悲哉! 凡聖人之動作也, 必察其所以之與其所以爲. 今且有人於此, 以隨侯之珠彈千仞之雀, 世必笑之. 是何也? 則其所用者重而所要者輕也. 夫生者, 豈特隨侯之重哉?"(莊子·讓王)(지금 세속의 군자들은 대부분이 자신을 위험에 빠뜨리고 삶을 버리면서까지 사물을 추구하고 있으니 어찌 슬프지 않은가? 모든 성인의 행동이란 반드시 그것을 하는 까닭과 그것을 하는 방법을 먼저 살피는 것이다. 지금 여기에 어느 사람이 유명한 수후(隨侯)의 구슬로써 천 길 높이의 참새를 쏘았다면 세상 사람들은 반드시 그를 비웃을 것이다. 그것은 어째서인가? 그것은 그가 사용하는 것이 귀중한 것임에 반하여 그것으로 얻는 것은 가벼운 것이기 때문이다. 사람의 삶이야 어찌 수후의 구슬의 귀중함보다 못하겠는가?)

2 "函牛之鼎以烹鷄, 多汁則淡而不可食, 少汁則熬而不可熟."(後漢書·邊讓傳)(소를 담는 솥에 닭을 삶을 때 물이 너무 많으면 묽어져 먹을 수가 없고, 물이 적으면 볶아져 익힐 수가 없는 것이다.)" '函(함 함, hán)'자는 '담다'라는 뜻이다. '함우지정(函牛之鼎)'은 소를 넣고 끓일 만한 큰 솥을 가리킨다.

3 "卧龍·鳳雛, 二人得一, 可安天下."(三國演義)

제갈량을, 봉추는 아직 다 자라지 않은 새끼봉황을 의미로 방통을 가리킨다. 둘 다 천문과 지리에 통달하여 자유자재로 지략을 펼치고 군사를 부리는 재주를 지닌 인물로 알려져 있다.

봉추鳳雛 방통龐統의 자는 사원士元이다. 적벽대전 때 오군 총사령관 주유의 요청을 받고 조조 진영을 찾아가 조조군의 선단을 쇠사슬로 묶게 하여 오나라 수군이 조조의 백만 대군을 화공火攻으로 괴멸시키는 데 결정적인 공을 세웠다.

방통은 주유의 뒤를 이어 오군 총사령관이 된 노숙魯肅의 천거로 오주 손권孫權을 만났지만, 그의 용모에 실망한 손권은 그를 채용하지 않았다. 노숙과 제갈량으로부터 추천장을 받은 방통은 다시 유비를 찾아갔다. 그리고 일부러 추천장은 내놓지 않고 인사를 했다. 명성에 비해 용모가 미치지 못한 데에 실망한 유비는 그에게 조그만 고을의 뇌양耒陽 현령 자리를 하나 내주었다. 방통은 자신을 겨우 현령 감으로밖에 보지 않은 데에 화가 났으나 애써 참으며 유비가 내린 벼슬을 받고 근무지로 떠났다.

유비는 방통이 매일 술만 마시며 세월을 보내고 있다는 보고를 받고 장비에게 직접 가서 확인해보도록 지시했다. 장비가 뇌양현에 이르자, 관리들이 모두 나와 맞이하는데 방통은 보이지 않았다. 방 현령을 찾으니 한 관리가 기다렸다는 듯 일러바쳤다.

"방 현령은 부임한 뒤로 지금까지 백여 일 동안 고을 일은 하나도 하지 않고 매일 술만 마셨습니다. 아마 지금도 어디서 혼자 술을 마시고 있을 것입니다."

장비가 방 현령을 찾아오라고 호통을 치자, 이윽고 벌겋게 취한 방통이 나타났다. 장비가 가까스로 화를 억누르며 '어찌하여 일은 하지 않고 매일 술타령만 했느냐?'고 물었다.

방통이 껄껄 웃으며 대답했다.

"까짓 백 리도 안 되는 고을의 일이야 뭐 어려울 게 있겠소? 잠시만 기다려 주시오. 내 금방 해치울 테니."

방통이 그동안 밀린 서류를 모두 가져오라고 하자, 관리들이 이런저런 문서며 밀린 송사訟事 자료들을 가져왔다. 그는 손으로 문서를 넘기며 입으로는 처리 방향을 지시하고, 이어 송사의 판결을 내리는데 누가 들어도 합당하여 아무도 이의를 제기하는 사람이 없었다.

백여 일이나 밀린 관청 일을 반나절도 안 되어 모두 깔끔하게 처결하는 것을 본 장비는 그만 눈이 휘둥그레졌다. 돌아온 장비가 유비에게 그간의 일을 자세히 고하자, 깜짝 놀란 유비는 대 현인을 몰라본 자신의 과오를 크게 뉘우쳤다.

유비는 방통을 모셔오게 한 다음 계단 아래까지 내려가 자신의 잘못을 빌고, 곧바로 그를 군사 제갈량과 함께 전략을 수립하는 부군사副軍師로 임명했다. 드디어 방통은 제갈량과 함께 유비의 양쪽 날개가 된 것이다.

유비는 제갈량에게 형주를 지키게 하고, 방통을 정벌군의 군사軍師로 임명하여 서촉 공략에 나섰다. 정벌군은 방통의 계책 덕분에 연승을 거듭, 서촉 지역을 한 군데씩 점령해나갔다. 순조롭게 나아가던 정벌군은 낙성에 이르는 갈림길 앞에 이르자 잠깐 멈춰 섰다. 이때 형주에 있는 제갈량으로부터 서찰이 왔다. 유비가 읽어보니 이렇게 씌어 있었다.

"제가 간밤에 천문을 보니 으뜸장수에게 불길한 일이 생길 조짐이 있습니다. 모든 일을 한 번 더 살펴보시고 함부로 가볍게 나아가지 마십시오."

유비는 진군을 멈춰야겠다고 생각하며 방통에게 의견을 물었다. 서찰을 찬찬히 훑어본 방통은 서촉 공략에서 자신이 큰 공을 세우는 것을 제갈량이 견제하고 있는 것으로 생각, 확신에 찬 목소리로 말했다.

"저 역시 간밤에 천문을 보았습니다만, 그것이 꼭 우리 쪽 으뜸장수에게 불길한 일이 생길 조짐은 아닙니다. 걱정 마시고 진군을 계속하십시오."

마음이 내키지 않던 유비는 방통이 거듭 권하자, 다시 마음을 바꾸고 군사를 두 갈래로 나누어 진군하여 낙성에서 만나기로 했다.

다음날, 막 출발하려고 하는데 갑자기 방통이 낙마하는 불상사가 일어났다. 이를 본 유비는 방통의 말이 너무 여윈 것을 헤아리고 자신이 타던 백마를 내주고 자신은 다른 말을 탔다. 방통은 감읍하며 유비가 타던 백마를 타고 출발했다.

이윽고 어느 산의 작은 길 입구에 이르자, 방통은 문득 주위에 가득한 살기를 느끼고 '이곳이 어디냐?'고 물었다. 한 부하장수가 대답했다.

"낙봉파입니다."

방통은 깜짝 놀라며 군사들에게 이곳을 속히 통과하라고 지시했다. 낙봉파落鳳坡라면 봉황이 떨어지는 곳이란 뜻이고, 자신이 바로 새끼봉황이 아닌가.

그 순간, 함성이 일며 화살이 빗발치듯 날아왔다. 산언덕에 매복한 촉병들이 봉추가 탄 백마를 보고 유비인 줄 알고 집중해서 활을 쏜 것이었다. 방통은 그 자리에서 온 몸에 화살을 맞고 고슴도치처럼 되어 말에서 떨어져 죽으니 이때 그의 나이 서른여섯이었다.

제갈량과 동시대에 태어난 것이 비극이었는지, 방통의 큰 재주는 제대로 펼쳐보지도 못한 채 꺾이고 말았다. 새끼봉황은 끝내 대붕大鵬으로 성장하지 못했던 것이다. 제갈량은 하늘로 날아올랐지만, 방통은 땅으로 곤두박질치고 말았던 것이다.

역사적 고증에 의하면 방통은 낙봉파에서 죽지 않고 지금의 광한시廣寒市 낙성雒城을 공격하다 화살에 맞아 성벽 밑에서 죽었다 한다. 하여튼 방통이 오래 살아남아 제갈량과 적절히 역할분담을 했더라면 관우가 그렇게 어이없게 형주를 잃지도 않았을 것이고, 또 제갈량이 북벌 때 한 사람이 성도에 남아서 후주 유선을 보좌했더라면 촉이 그렇게 허망하게 멸망하지도 않았을는지도 모른다.

나라를 다스리는 데는 인재人材를 적재적소에 쓰는 것이 가장 중요하다. 인물을 잘못 선임하면 나라가 망하고, 자신 역시 패가망신하는 것이다.

> 仲弓爲季氏宰, 問政. 子曰: "先有司, 赦小過, 擧賢才." 曰: "焉知賢才而擧之?" 曰: "擧爾所知. 爾所不知, 人其舍諸?"(子路 13.02)
>
> 중궁이 계씨의 가재家宰가 되어 정치에 관해 여쭈어 보았다.
>
> 공자가 말하였다.
>
> "유사에 먼저 앞에 나서 솔선수범 일을 하고, 작은 잘못은 용서해주고, 좋은 인재를 등용하여라."
>
> "어떻게 좋은 인재를 알아가지고 등용합니까?"
>
> "네가 아는 사람을 등용하여라. 네가 모르는 사람이라고 남들이 버려두겠느냐?"

'이爾'는 대사 '너'라는 뜻이고, '其'는 '어찌'라는 뜻으로 쓰인다.

나라가 잘 다스려지지 않는 것은 정부가 내각을 잘못 꾸미기 때문이다. 큰 인물을 너무 작은 일을 맡겨 '우도할계牛刀割鷄'하기도 하고, 반대로 '계도할우鷄刀割牛'하여 자기편이라 하여 인물도 아닌데 너무 큰일을 맡기기 때문이다. 닭 잡는 칼로 어떻게 소를 잡을 수 있겠는가.

86

涅而不緇 날이불치

검게 물 들여도 검어지지 않는다

'날이불치涅而不緇' 중 '涅(앙금흙 날, niè)'은 원래 광석의 일종이나 옛날 사람들은 검은색을 물들일 때 사용하였다. 본 구절에서는 '검은색을 물들이다'라는 동사의 용법으로 쓰인다. '緇(검은 비단 치, zī)'는 검은색으로 물들인 비단을 가리킨다. '나쁜 환경에 처해도 나빠지지 않는다'는 뜻이다.

'(涅)'자는 '水'·'土'와 소리부 '日'로 이루어진 자이다. '검은 흙이 물 속에 담겨 있다'는 뜻이다.

'(緇)'자는 '糸'와 소리부 '甾(그릇 치, zāi)'로 이루어진 자이다. '甾'자를 갑골문은 ''로 쓰고, 금문은 ''로 쓴다. '염색물을 담아 물들이는 그릇'의 모습이다.

'마이불린磨而不磷' 역시 같은 말이다. '마이불린'은 '갈아도 갈리지 않는다'는 뜻으로 '나쁜 환경에 영향을 받지 않는다'는 뜻이다.

'磨'자는 원래 '(䃺)'로 쓰고, '石'과 소리부 '麻'로 이루어진 자이다. '삼과 같이 가늘고 날카롭게 갈다'라는 뜻이다.

'磷(돌 틈을 물이 흐르는 모양 린(인), lín, lìn)'자는 '石'과 소리부 '粦(도깨비불 린, lín)'으로 이루어지 자이다. '불빛이 날 정도로 갈다'는 뜻이다.

佛肹召, 子欲往. 子路曰: "昔者由也聞諸夫子曰: '親於其身爲不善者, 君子不入也.'佛肹以中牟畔, 子之往也, 如之何?" 子曰: "然, 有是言也. 不曰'堅乎, 磨而不磷'. 不曰'白乎, 涅而不緇.'吾豈匏瓜也哉? 焉能繫而不食?"(陽貨 17.07)

필힐佛肹이 부르자 공자가 가려고 하자 자로가 말하였다.

"전에 제가 선생님께서 '직접 그 자신이 악한 일을 한 사람의 집에는 군자는 들어가지 않는다'고 말씀하신 것을 들었습니다. 필힐이 중모읍中牟邑을 근거지로 반기를 들었는데 스승님께서 가시면 어떻게 하십니까?"

공자는 말하였다.

"그렇다. 그 말을 한 적이 있다. 극히 견고하다면 갈아도 엷어지지 아니한다면 말하지 않았느냐? 극히 희다면 물들여도 검어지지 아니한다고 말하지 않았는가? 내가 어찌 박(포과匏瓜)이겠느냐? 어찌 달려 있고 먹지 않을 수 있겠느냐?"

필힐佛肹은 진晉나라의 대부 조앙趙鞅(간자簡子)의 가신으로 중모中牟의 읍재邑宰로 있었다. 지금의 하남성河南省 탕음현湯陰縣 중모성中牟城이다. 중모中牟엔 범인范寅의 세력이 뻗혀 있었는데, 범씨의 세력을 꺾기 위해 조앙이 위衛나라를 정벌하고 나서 중모를 포위하자 필힐이 반기를 들고 항거하였던 것이다. 본 내용은 『사기·공자세가』에도 보인다. 『사기』는 불힐은 중모中牟 고을의 지방장관으로 있었는데, 진晉나라의 조간자趙簡子가 범씨范氏와 중항씨中行氏를 격파하려 하자 중모에서 조간자에게 불복했기에 간자는 이 지역을 공격하였고, 불힐이 이에 중모

를 근거지로 반기를 들었으며, 그리고 사람을 보내 협조를 구하고자 공자를 초빙했다 하였다.[1]

'견고하지(堅) 않느냐, 희지(白) 않느냐'는 악한 짓을 직접 행한 사람들 틈에 간다 하더라도 변하지 않을 자신이 있음을 말하는 것이다.

'포과공현匏瓜空懸'은 '박이 그냥 달려 있어 쓰이지 않는다'는 뜻이다. '재능이 있는 사람이 쓰이지 않음'을 가리킨다.

이와 유사한 내용이 「양화」 제5편에도 나온다.

> 公山弗擾以費畔, 召, 子欲往. 子路不說, 曰: "末之也, 已. 何必公山氏之之也?" 子曰: "夫召我者, 而豈徒哉? 如有用我者, 吾其爲東周乎?"(陽貨 17.05)
>
> 공산불요가 비읍을 근거지로 반기를 들었는데, 그가 부르자 선생님께서는 가려고 하셨다. 자로는 그것을 기뻐하지 않고 말하였다.
>
> "가실 곳이 없으시면 그만두면 될 것이지, 하필 공산씨한테 가십니까?"
>
> 공자는 말하였다.
>
> "나를 부르는 사람이라면 어찌 부질없이 부르겠느냐? 나를 써주는 사람이 있다면 나는 그 나라를 동쪽의 주나라로 만들 것이다."

'하필공산씨지지야何必公山氏之之也'는 '하필이면 꼭 공산씨에게 가는가'라는 뜻이다. 앞의 '之'자는 강조하기 위하여 앞으로 온 목적어(公山氏)와 동사(之, 가다) 사이에 쓰인 구조조사이다.

공산불요('弗擾'를 '不紐'로 쓰기도 한다)는 노나라 정공定公 5년(509 B.C)에 비읍費邑의 읍재邑宰가 되었는데, 양화陽貨 등과 함께 계씨季氏에 항

---

1 "佛肸爲中牟宰. 趙簡子攻范・中行, 伐中牟. 佛肸畔, 使人召孔子."(史記・孔子世家)

거하여 반기를 들었다. 공자는 이때 공산公山씨의 부름에 응하고자 한 것은 그 기회를 이용하여 노나라의 실권을 회복하고 이상적인 정치를 해볼 생각을 가졌다. 동쪽의 주周나라를 만들겠다고 동쪽인 그곳에다 주나라의 성왕들이 이룩한 것 같은 도를 부흥시키겠다는 뜻이다.

노 정공 8년, 공산불뉴는 계씨에게 뜻을 얻지 못하자 양호에게 의탁하여 함께 반란을 일으켜 삼환三桓의 적장자를 폐하고 평소 양호와 사이가 좋은 서자를 세우고자 하여 마침내 계환자를 체포하였다. 환자는 그를 속여 도망칠 수 있었고, 정공 9년에 양호는 계획이 실패하자 제나라로 도망갔다. 이때 공자의 나이는 50세였다.

공산불뉴는 계씨의 비읍費邑에서 계씨에게 반기를 들고, 사람을 시켜 자기를 도와달라고 공자를 불렀다. 공자는 도를 추구한 지 오래되었고, 시험해 볼 곳이 없음을 답답해하였으나 아무도 자신을 등용하려고 하지 않았다. 이때 공자는 "주나라의 문왕文王과 무왕武王은 풍豐이나 호鎬 같은 작은 지방에서 왕업을 일으켰다. 지금 비 땅은 비록 작기는 하지만 대체로 (풍, 호와) 같지 않겠는가!" 라고 말하면서 가려고 하였다. 그러나 자로는 기뻐하는 기색이 없이 공자를 말렸다. 공자가 말하였다. "나를 부르는 것이 어찌 무용한 일이겠는가? 그가 만약 나를 등용한다면 나는 훌륭한 동방의 주나라를 세울 수 있을 것이다!"

그러나 공자는 결국 가지 않았다.[2]

---

2 "定公八年, 公山不狃不得意於季氏, 因陽虎爲亂, 欲廢三桓之適, 更立其庶孽陽虎素所善者, 遂執季桓子. 桓子詐之, 得脫. 定公九年, 陽虎不勝, 奔于齊. 是時孔子年五十. 公山不狃以費畔季氏, 使人召孔子. 孔子循道彌久, 温温無所試, 莫能己用, 曰: '蓋周文武起豊鎬而王, 今費雖小, 儻庶幾乎!' 欲往. 子路不說, 止孔子. 孔子曰: '夫召我者豈徒哉?

주돈이周敦頤의 「애연설愛蓮說」에서 연꽃의 '견정불유堅貞不渝'함과 진흙탕에서 자라도 오염되지 않는 고상한 품격에 대하여 예찬하였다. 연꽃에 자신의 품격을 비유하고 있다. 이 중 '출어니이불염出淤泥而不染'은 '날이불치涅而不緇'와 같은 의미이다.

애연설愛蓮說　주돈이

물속에서 자란 꽃, 땅에서 자난 꽃, 사랑스런 꽃들이 매우 많지만, 진晉 나라 도연명은 오직 국화를 좋아하였고, 당대唐代부터는 세상 사람들 모두 모란牡丹을 좋아하였네.

나 홀로 연꽃을 좋아하니, 진흙탕에서 자라도 진흙에 오염되지 않고, 맑은 물에 씻긴 후에도 요염하지 않고 청아스런 모습이라네. 한 줄기로 통하는 가지는 꼿꼿이 뻗어 있고, 넝쿨가지 너불하게 자라지 않다네. 멀리까지 흩날리는 그 향기는 청아하고 맑고, 꼿꼿한 그 모습 도도하게 서있네. 사람들 멀리서 바라보고 가까이서 함부로 하지 못하게 하네.

내가 생각하기에, 국화는 꽃 중에 은사이고 모란은 부귀한 꽃이라면, 연꽃은 꽃 중에 군자이거늘. 아! 국화를 사랑하는 마음 도연명 후에는 듣기가 어렵고, 나와 같이 연꽃을 좋아하는 사람 누가 있으랴, 하지만 모란을 좋아하는 사람은 응당히 많을 걸세.[3]

如用我, 其爲東周乎!' 然亦卒不行."(史記 · 孔子世家)

3 "水陸草木之花, 可愛者甚蕃. 晋陶淵明獨愛菊. 自李唐來, 世人盛愛牡丹. 予獨愛蓮之出淤泥而不染, 濯清漣而不妖, 中通外直, 不蔓不枝, 香遠益清, 亭亭淨植, 可遠觀而不可褻玩焉. 予謂菊, 花之隱逸者也; 牡丹, 花之富貴者也; 蓮, 花之君子者也. 噫! 菊之愛, 陶後鮮有聞; 蓮之愛, 同予者何人? 牡丹之愛, 宜乎衆矣."(周敦頤, 愛蓮說)

'날이불치涅而不緇'하려면 미혹되지 않는 굳센 의지가 있어야 한다. 공자는 나이 40이 들어서야 미혹되지 않았다 하였다.[4] 하물며 우리는. 좀 더 나이를 먹고 세상일을 많이 겪고, 욕심을 버리고 '지족知足'하여 자신의 분수를 지키며 만족할 줄 아는 삶을 살았을 때 '날이불치'할 수 있지 않을까.

---

4 "子曰: 吾十有五而志于學, 三十而立, 四十而不惑, 五十而知天命, 六十而耳順, 七十而從心所欲, 不踰矩."(爲政 02.04)(공자는 말하였다. "나는 15세가 되어서 학문에 뜻을 두었고, 30세가 되어서 '학문의 기초를' 확립하였고, 40세가 되어서는 판단에 혼란을 일으키지 않았고, 50세가 되어서는 천명을 알았고, 60세가 되어서 귀로 들으면 그 뜻을 알았고, 70세가 되어서는 마음이 하고자 하는 것대로 하여도 법로에서 벗어나지 않았다.")

87
墻面而立 장면이립
벽을 맞대고 서다

'장면이립墻面而立'은 혹은 '면장이립面墻而立'으로 쓰기도 한다. '담벼락을 대하고 있는 것처럼 앞을 보지 못하고 한 걸음도 내디딜 수 없다'는 뜻으로 '무식하다'는 의미이다.

'墻(담 장, qiáng)'자는 '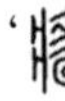(牆)'이나 혹은 '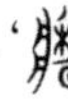(牆)'자로 쓰기도 한다. '嗇'과 소리부 '爿(나뭇조각 장, qiáng)'으로 이루어진 자이다. '嗇(아낄 색, sè)'자는 벼와 같은 곡식을 저장하는 창고의 모습이다. '牆'자를 갑골문은 ''으로 쓰고, 금문은 ''·''으로 쓴다. 창고를 널빤지와 같은 것으로 에워싼 모습이다. 후에 '가리다'·'담장'의 의미로 쓰인다.

『서경書經·주관周官』에서는 "배우지 않으면 벽을 향해 선 것 같아서 일을 처리하는 것이 번거롭게 만 될 것이다."라고 하였는데,[1] 이에 대하여 공안국孔安國은 '사람이 배우지 않으면 그것은 마치 사람이 담을 정면

---

1 "不學墻面, 莅事惟煩."(書經·周官) '莅(다다를 리, lì)'자는 '이르다'라는 뜻이다.

으로 대하고 서 있는 것과 같다.'[2]라 하였다.

子謂伯魚曰: "女爲周南? 召南矣乎? 人而不爲周南召南, 其猶正牆面而立也與?"(陽貨 17.10)

공자가 백어伯魚에게 말하였다.

"너는 주남周南과 소남召南을 공부하였느냐? 사람으로서 주남과 소남을 공부하지 않으면 그것은 마치 담에 맞대고 서 있는 것과 같을 것이다."

백어는 공자의 아들 이鯉의 자이다. 『주남周南』과 『소남召南』은 『시경詩經』 중 국풍國風에 해당된다. 『시서詩序』에서는 주남과 소남은 처음을 바로잡게 하는 도리가 있고 왕이 백성을 교화시키는 기본이 된다 하였다.

子曰: "小子何莫學夫詩? 詩, 可以興, 可以觀, 可以羣, 可以怨. 邇之事父, 遠之事君, 多識於鳥獸草木之名."(陽貨 17.09)

공자는 말하였다.

"너희들은 왜 시를 배우지 않느냐? 시는 그것으로 감흥을 자아낼 수 있고, 그것으로 살필 수 있고, 그것으로 여럿이 모일 수 있고, 그것으로 원망할 수 있으며, 가까이는 아버지를 섬기고, 멀리는 임금을 섬기고, 조수鳥獸와 초목의 이름을 많이 알게 된다."

고대의 경전들은 의론문에 자주 『시경』의 구절을 인용하여 자신의 의견을 주장하였다. 예를 들어 『예기禮記 · 치의緇衣』의 두 문장만 살펴보

---

2 "人而不學, 其猶正墻面而立."(孔安國, 古文尙書)

면 아래와 같다.

공자가 말하였다.

좋은 일을 좋아하는 것을 『치의』편이 좋아했었던 것 같이 하고, 악한 일을 미워하기를 『항백巷伯』이 미워하는 것과 같이 하면, 백성이 모두 복종하여 형벌을 집결(가할) 할 필요가 없다. 『시경 · 대아 · 문왕』에 말하기를 "문왕을 본받으면 온 세상이 곧 믿고 따른다."라 했다.[3]

공자가 말하였다.

군주(상급자)는 공명정대하고 투명하여 다른 사람이 보면 바로 알 수 있어야 하며, 신하(하급자)는 각자의 등급에 따라 자신의 직분을 충실히 이행하여 자신의 의지를 밝혀야 한다. 그래야 만이 군주는 신하를 의혹되지 않고, 신하는 그의 군주를 혼동하게 하지 않을 수 있게 된다. 『상서』에서 이윤伊尹은 말하기를 "나 이윤과 탕은 모두 한결같은 덕이 있다."라 하고, 『시경詩經 · 시구鳲鳩』에서는 "정숙한 군자의 언행은 한결같네." 라 고 했다.[4]

『논어』는 '과정지훈過庭之訓'(「계씨季氏」 16.13)에서 "불학시不學詩, 무이언無以言", 즉 '시를 배우지 않으면 말을 할 수 없다'하였다. 그렇다고 시경은 무조건 줄줄줄 외운다고 되는 것이 아니다. 이를 실질적으로 응용할 수 있으려면, 기본 원칙을 꿰뚫고 전체적으로 관철을 하여야 한다.

---

3 子日: 好賢如緇衣, 惡惡如巷伯, 則爵不瀆而民作願, 刑不試而民咸服. 『大雅』曰: "儀刑文王, 萬國作孚."(禮記 · 緇衣)

4 子日: 爲上可望而知也, 爲下可述而志也, 則君不疑于其臣, 而臣不惑于其君矣. 尹吉 日: 惟尹躬及湯, 咸有一德. 『詩』云: 淑人君子, 其儀不忒.(禮記 · 緇衣)

子曰: "賜也, 女以予爲多學而識之者與?" 對曰: "然, 非與?" 曰: "非也, 予一以貫之."(衛靈公 15.03)

공자가 말하였다.

"자공(사賜)야, 너는 내가 많이 배워가지고 그것들을 기억하는 사람이라고 생각하느냐?"

"그렇습니다. 그렇지 않으십니까?"

"그렇지 않다. 나는 하나의 기본 원칙을 가지고 전체의 지식을 관철하고 있다."

『시경』의 가장 중요한 핵심을 한마디로 말한다면 '사악함이 없는 것'이라 하였다.

子曰: "詩三百, 一言以蔽之, 曰: '思無邪'."(爲政 02.02)

공자는 말하였다.

"시詩 3백 편은 한 마디로 말해서 나타낸 생각에 사악함이 없다."

『시경』은 사악함이 없는 것이기 때문에 적재적소에 어느 곳에도 인용할 수 있고, 완전히 소화를 시켜 자유자재로 인용하여 사용할 수 있어야 당시의 군자라 할 수 있다.

子貢曰: "貧而無諂, 富而無驕, 何如?" 子曰: "可也, 未若貧而樂, 富而好禮者也." 子貢曰: "詩云: '如切如磋, 如琢如磨', 其斯之謂與?" 子曰: "賜也, 始可與言詩已矣, 告諸往而知來者."(學而 01.15)

자공이 말하였다.

"가난하면서도 아첨함이 없고, 부유하면서도 교만함이 없다면 어떠하겠습니까?"

공자는 말하였다.

"괜찮기는 하나 가난하면서도 도道를 즐기고, 부유하면서도 예를 좋아하는 것만은 못하다."

자공이 말하였다.

"시경에 '끊은 것 같고 간 것 같고 쪼은 것 같고 닦은 것 같다'고 한 것은 이 말씀을 두고 한 것이지요!"

공자는 말하였다.

"사賜야말로 함께 시경을 논할 만하다. 지난날의 일을 일러주었는데 앞으로 할 일을 이해하는구나."

현대는 지식의 홍수시대이다. 집안의 가정 전자제품으로부터 자신이 관여하는 전문분야까지 이루 헤아릴 수 없을 만큼의 정보지식이 필요하다. 만약에 지식을 혹은 지혜를 알지 못한다면 '장면이립墻面而立'하여 거의 아무것도 할 수 없게 된 세상이다. 이러한 세상일수록 더욱 필요한 것이 인간 상호간의 질서 즉 예절이다. 남을 배려하는 마음이 예절이다. 사회가 복잡할수록 다양할수록, 복잡한 기계 문명 사회에서 더욱 필요한 것은 예禮이다.

子曰: "恭而無禮則勞, 愼而無禮則葸,[5] 勇而無禮則亂, 直而無禮則絞. 君子篤於親, 則民興於仁, 故舊不遺, 則民不偸."(泰伯 08.02)

---

5 '葸(눈 휘둥그레 할 사, xǐ)'자는 '두려워하다'라는 뜻이다.

공자는 말하였다.

"공손하면서 예가 없으면 힘이 들고 신중하면서 예가 없으면 두려워지고, 용맹스러우면서 예가 없으면 난동을 저지르게 되고, 곧으면서 예가 없으면 각박해진다."

공자는 말하였다.

"군자가 친한 사람에게 후하게 하여주면 백성들 사이에 인자한 기풍이 일어나고, 옛 친구를 버리지 않으면 백성들이 각박해지지 않는다."

만약에 나라를 다스리는 집정자가 친한 가족과 돈독하게 지내지 않고 옛 친구를 이득관계를 따져 저버린다면, 백성이 집정자를 신임할 수 있겠는가?

공손한 사람도, 신중한 사람도, 용감한 사람도, 정직한 사람도 모두 필요한 것은 예의이다. 머리가 좋은 사람일수록 더욱 필요한 것이 예의를 아는 것이다. "용맹스러우면서 예의가 없으면 난동을 저지르게 되고, 곧으면서 예의가 없으면 각박해지는" 것은 "곧게 굴기를 좋아하면서 배우기를 싫어하면 그 폐단은 융통성이 없이 각박해지는 것이다. 용맹하게 굴기를 좋아하면서 배우기를 싫어하면 그 폐단은 난폭해지는 것이다."[6]의 의미와 같다. 「학이」편에서 유자有子는 "예의 실용적 가치는 조화에 있다."[7]라 하였다. 따라서 예란 '배움'이면서 또한 '조화'이다. 배움으로써 사회와 조화를 이루어 나아감을 말한다.

---

6 "好直不好學, 其蔽也絞, 好勇不好學, 其蔽也亂."(良貨 17.08)(곧게 굴기를 좋아하면서 배우기를 싫어하면 그 폐단은 융통성이 없이 각박해지는 것이다. 용맹하게 굴기를 좋아하면서 배우기를 싫어하면 그 폐단은 난폭해지는 것이다.)

7 "有子曰: 禮之用, 和爲貴.(學而 01.12)"(예의 실용적 가치는 조화에 있다.)

사람이 예의가 없다면 '장면이입'한 사람과 같다. 어떻게 해 볼 수 없는 사람이 된다. 무식하면 용감하다 하였다. 이는 막무가내로 행동하기 때문이다. 막무가내로 행동하기 않기 위해서는 배워 '예의'스러운 행동을 하여야 한다.

88

穿窬之盜 천유지도

담을 넘는 도둑

'천유지도穿窬之盜'는 '담을 뚫고 넘는 도둑'이라는 뜻이다. 『논어』는 '색려내임色厲內荏'한 사람은 '천유지도穿窬之盜', 즉 '도적놈'과 같다는 뜻이다. '색려내임色厲內荏'은 '겉으로는 엄격하게 보이나 속마음은 부드러워 외모와 내심이 다름'을 말한다.

'(穿, 뚫을 천, chuān)'자는 '牙'와 '穴'로 이루어진 자로 짐승의 이빨과 같은 날카로운 도구로 구멍을 '뚫다'라는 뜻이다. 후에는 '옷을 입다'라는 의미로 쓰이는데, 소매를 뚫고 지나야 옷을 입기 때문에 파생된 말이다. '窬(협문 유, yú)'자는 '逾(넘을 유, yú)'나 '踰(넘을 유, yú)'자와 같은 자이다. '(兪)'자는 '亼'·'舟'와 '巜(水)'로 이루어진 자이며, 갑골문은 ''로 쓰고 금문은 ''·''·''로 쓴다. 배들이 모여 물살을 헤치고 앞으로 나아가는 모양이다.

'(盜, 훔칠 도, dào)'자는 '次(침 연)'과 '皿'으로 이루어진 자이다. 그릇 안에 담겨있는 물건에 욕심을 내고 침을 흘리는 모양이다. '次'은 '침을 흘리다'의 뜻이다. 춘추시기 금문은 '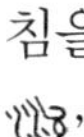'로 쓴다.

子曰: "色厲而內荏, 譬諸小人, 其猶穿窬之盜也與?"(陽貨 17.12)

공자는 말하였다.

"얼굴빛은 위엄이 있으면서 속이 나약한 것은, 그것을 소인배와 비유한다면, 마치 벽을 뚫고 담을 넘는 도둑과 같은 것이다."

군자는 겉과 속이 같아야 하는데, 겉으로는 위엄을 보이고 속은 그와 반대로 겁이 나서 어쩔 줄 몰라 하는 것은 외모와 내심이 일치하지 않은 겉과 속이 다른 위선자이다. 벽을 뚫거나 담을 넘어가는 것은 도적들과 같다. 도둑들은 외면으로는 태연하고 아무렇지도 않은 체하고 당당하게 꾸미고 살지마는 속으로는 자기가 한 짓이 드러나서 욕을 보게 되지나 않을까 항상 조마조마하며 산다. 이런 자를 위선자라 한다.

'색려내임色厲內荏'과 유사한 말로 '명불부실名不副實'[1]과 '불무지학不舞之鶴'이라는 말이 있다. '불무지학'은 『세설신어世說新語 · 배조排調』에 나오는 이야기이다.

유준조는 어릴 때 이미 은중군(은호殷浩)에게 알려져서 곧 유공에게 칭찬과 추천을 하게 되었다. 유공은 대단히 즐거워하며 곧 그를 불러 보좌관을 삼으려 하여 일단 만나보기로 했다. 유공은 유준조와 단둘이 의자에 앉아 말을 나누어 보았는데 유준조는 그날 담화에서 훌륭하다고 인정을 받지 못했다. 유공은 조금씩 실망하기 시작했고, 끝내는 그를 '양공학'이라 별명지어 주었다. 양공학이란 옛날에 양숙자란 사람이 기르던 학이 춤을 잘 춰서 그는 사람들에게 많은 자랑을 했었다. 객이 이르자 그들 앞에서 보여 주려

---

1 반대말은 '명부기실(名副其實)'로 쓴다.

고 학을 몰아 왔으나 학은 털을 비꼬면서 끝내 춤을 추지 않았다. 그래서 유준조를 이렇게 부른 것이다.[2]

자신이 능력을 갖추고 있지 않으면서도, 사탕발린 말로 남을 현혹해서는 안 된다. 오히려 군자는 말은 어눌하게 하여도 행동은 민첩하게 실천할 수 있는 능력을 갖추고 있어야 한다.[3] 사람의 속과 겉이 다르다는 말로 '구시심비口是心非'·'양봉음위陽奉陰違'·'언불유충言不由衷'과 '구밀복검口蜜腹劍' 등이 있다. '구시심비'는 말로는 옳다고 하면서 마음속으로 사실상 그렇게 생각하지 않는 것을 말하고, '양봉음위'는 '겉으로는 복종하나 속으로는 따르지 않다'는 것으로 '면종복배面從腹背'와 같은 말이다. '언불유충'은 '말이 진심에서 우러나오지 않고', 속에 없는 소리를 하는 것을 말하며, '구밀복검'은 '말은 달콤하게 하면서 속으론 칼을 품고 남을 해칠 생각을 하는 교활하고 음흉함'을 말한다. 이런 사람을 소인배라 할 있다.

당唐나라 이덕유李德裕(787年-850年)는『소인론小人論』에서 소인배란 이른바 '교언영색巧言令色'하고, '배은망덕背恩忘德하는 자'라 하였다.

세상에서 말하는 소인배는 자신의 주장을 편협적으로 주장하거나 교묘한 말을 꾸미거나 아부를 잘하고, 말을 자주 반복하고 바꾸어 믿기지 않는

---

2 劉遵祖少爲殷中軍所知, 稱之於分公. 分公甚忻然, 便取爲佐. 既見, 坐之獨榻上與語. 劉爾日殊不稱, 分小失望, 遂名之爲'羊公鶴'. 昔羊叔子有鶴善舞, 嘗向客稱之. 客試使驅來, 氃氋而不肯舞. 故稱比之.(世說新語·排調)

3 "子曰: 君子欲訥於言而敏於行."(里仁 04.24)(공자는 말하였다. "군자는 말에는 더디고 실천에는 민첩하고자 한다.")

> 행동거지를 행한다. 이러한 소인배는 사실상 두려워할 바가 못 된다. 소인배 중 은덕을 원망으로 갚는 자가 그 정도가 심한 것이고, 본의를 배반하고 잃는 자는 그 다음으로 정도가 심한 소인배이다. 편협적인 자는 그를 멀리하면 걱정이 없을 것이고, 믿음이 없는 자는 그를 믿지 않으면 그만이기 때문에 우환이 없다. 그러나 은덕을 베풀었는데도 이를 원한으로 갚는 자는 미리 조심할 수가 없기 때문에 이런 소인배가 심하다 하는 것이다. 그 본의를 배반하는 자는 비록 사람에게 해를 입히지는 않지만 그의 감정을 알 수가 없는 것이다.[4]

가장 무섭고 얄미운 소인배는 자신에게 이득이 있으면 모든 것을 배신하는 배은망덕한 자이다. 이득만 있다면 이전에 서로 어떤 관계가 있었던 상관없이 하이에나처럼 먹이를 좇아 신의를 저버리고 개인의 야망만을 향하여 덤벼들고 동료의 등에 칼을 꽂는 자이다. 이런 자는 칼만 들지 않았지 '천유지도' 도둑과 같은 자이다.

---

4 世所謂小人者, 便辟巧佞, 翻覆難信, 此小人常態, 不足懼也; 以怨報德, 此其甚者也; 背本忘義, 抑又次之. 便辟者疏遠之, 則無患矣; 翻覆者不信之, 則無尤矣; 唯以怨報德者, 不可以預防, 此所謂小人之甚者也; 背本者雖不害人, 亦不知感.(李德裕, 小人論)

89

道聽塗說 도청도설

항간에 떠도는 소문

'도청도설道聽塗說'은 '길거리에서 들은 이야기를 다시 그 길에서 다른 사람에게 말한다'는 뜻에서, '거리에서 들은 것을 남에게 아는 체하다'·'깊이 생각 않고 남의 말만 듣고 말하다'·'길거리에 떠돌아다니는 뜬 소문'이라는 뜻으로 쓰인다. '가담항설街談巷說'이나 '유언비어流言蜚(飛)語'의 뜻과 같다.

'(聽, 들을 청, tīng)'자는 '耳'·'悳'와 소리부 '壬'으로 이루어진 자이다. 갑골문은 ''으로 쓰고, 금문은 ''으로 쓴다. '귀를 세우고 듣는 모습'이다. 후에 소전에서는 '壬'이 추가되어 소리부를 표시하고, '悳'을 추가하여 '들으면 이른바 얻음이 있다'는 것을 나타낸다.

'途(길 도, tú)'자를 갑골문은 '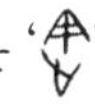'·''로 쓴다. 길을 표시하는 '止(趾)'와 막사를 표시하는 '舍'로 이루어진 자이다. '舍'를 후에 '余'자로 쓴다. '도途'자는 원래 '(除, 섬돌 제, chú)'자와 같은 자로 '섬돌 앞의 작은 길'을 가리킨다.

'(說)'자는 '言'과 '兌(길쁠 열, duì)'로 이루어진 자이다. 사람과 사람이

말을 서로 주고 받으면 기쁜 것이다.

> 子曰: "道聽而塗說, 德之棄也."(陽貨 17.14)
>
> 공자는 말하였다.
>
> "길에서 듣고 그것을 길에서 말하곤 하는 것은 덕을 버리는 것이다."

『순자荀子 · 권학편勸學篇』에서는 소인이 학문은 '배운 것을 귀로 들으면 곧바로 입으로 나오게 한다. 옛날의 배우는 사람들은 자기를 위해서 했고, 지금의 배우는 사람들은 남을 위해서 한다'라 하여, 이러한 학문을 '구이지학口耳之學'이라 한다. 군자의 학문은 귀로 들으면 그대로 마음에 삭이고, 신체에 정착하여 인격을 높이고, 그것이 행동으로 나타난다. 군자는 사소한 말이나 동작도 신중하기 때문에 사람의 거울이 될 수 있다. 이에 반해 소인의 학문은 귀로 들어가면 곧바로 입으로 나온다. 즉, 들은 대로 즉시 타인에게 말하고, 조금도 그 사실 여부를 전혀 엄두에 두지 않는다.

> 군자의 학문은 귀로 들어와 마음에 붙어서 온몸으로 퍼져 행동으로 나타난다. 소곤소곤 말하고 점잖이 움직여 모두가 법도가 될 만하다. 소인의 학문은 귀로 들어와 입으로 나온다. 입과 귀 사이는 네 치 밖에 안 되니 어찌 일곱 자나 되는 몸을 아름답게 할 수 있는가?
>
> 옛날 학자는 자기 자신을 위해 학문을 하였고, 지금의 학자는 남에게 보이기 위하여 한다. 군자가 학문을 하는 것은 그 자신을 아름답게 하기 위해서이고, 소인이 학문을 하는 것은 남에게 내놓아 이용하기 위해서이다. 그러므로 묻지도 않았는데 얘기하는 것을 시끄러움(오만)이라 하고, 하나를

물었는데 둘을 얘기하는 것을 뽐냄이라 한다. 시끄러움도 그르고 뽐냄도 그른 것이다. 군자는 소리가 울리듯 일에 따라 적절히 행동하는 것이다.[1]

소문은 매우 무섭다. 남을 비방하는 말이면 더욱 그렇다. 사실 여부를 따지지 않고 남에게 들은 이야기를 '도청도설道聽塗說'하게 된다면, 결국 진실은 왜곡되고 거짓만이 눈덩이처럼 늘어날 수 있다. 인터넷이 발달된 현재 사회에서는 '댓글'과 같은 남을 훼방하는 말을 조심하여야 한다. 무심코 던진 한마디가 당사자에게 인생에서 지울 수 없는 큰마음의 상처가 될 수 있다.

그 사람에 대하여 어떤 소문을 들으면 잘 헤아린 후에 사실 여부를 판단해야 한다. 그래야 그 사람이 어진 사람인가 아닌가를 알 수 있는 것이다.

子曰: "視其所以, 觀其所由, 察其所安. 人焉廋哉? 人焉廋哉?"(爲政 02.10)

공자는 말하였다.

"한 사람의 행위를 보고, 그 동기를 살피고, 그가 만족하는 바를 관찰하면 그의 사람됨을 어찌 감추겠는가, 그의 사람됨을 어찌 감추겠는가?"

---

1 君子之學也, 入乎耳, 着乎心, 布乎四體, 形乎動靜. 端而言, 蝡而動, 一可以爲法則. 小人之學也, 入乎耳, 出乎口; 口耳之間, 則四寸耳, 曷足以美七尺之軀哉! 古之學者爲己, 今之學者爲人. 君子之學也, 以美其身; 小人之學也, 以爲禽犢. 故不問而告謂之傲, 問一而告二謂之囋. 傲, 非也, 囋, 非也; 君子如嚮矣."(荀子 · 勸學篇) '금독(禽犢)'은 사람을 만날 때 사용하는 폐백을 가리킨다. 소인들은 학문을 남에게 선물하는 폐백처럼 출세하는 수단으로 삼는다는 뜻이다. '향(嚮)'자는 '響'자와 같은 자로 소리가 울리듯 일에 따라 적절히 말하고 행동한다는 뜻이다.

'소이所以' 중에 '이以'자는 '위爲'의 의미로 '하다'라는 뜻이다. '인언수재人焉廋哉' 중 '언焉'은 '어디'라는 장소를 나타내는 대사의 용법으로 쓰이고, '廋(숨길 수, sōu)'는 '감추다' · '숨기다'라는 뜻이다.

사실 여부를 판단하지 않고 들은 대로 그대로 다른 사람에게 전달을 하면, 후에 전달된 내용이 사실이 아니었을 경우, 오히려 사람들이 그 사람을 신뢰하지 않기 때문에 결국 손해를 보는 사람은 자신이다. 그래서 '도청도설'하면 '덕망을 잃는다'한 것이다.

90

惡紫奪朱 오자탈주

사악함이 정도를 어지럽혀서는 안 된다

'오자탈주惡紫奪朱' 중 '惡(미워할 오, wù)'는 '싫어하다'의 뜻으로 이 구절 전체의 동사 용법으로 쓰인다. '자탈주紫奪朱'는 의미적으로 '이자란주以紫亂朱'나 혹은 '이자위주以紫爲朱'의 뜻이다. 자줏빛으로 붉은빛을 혼란시키거나, 자줏빛으로 정색인 붉은색을 대신하는 뜻이다. 즉 '사설邪說이 정도正道를 어지럽히는 것'을 말한다. 그래서 후에는 '주朱'색과 '자紫'색은 '정正'과 '사邪', '시是'와 '비非', '선善'과 '악惡'을 비유하는 의미로 쓰인다.

'(奪, 빼앗을 탈, duó)'자 '衣'·'雀(참새 작)'과 '寸(手)'로 이루어진 자이며, 금문은 ''로 쓴다. '새 망에 갇힌 새를 손으로 훔쳐가는' 뜻이다.

子曰: "惡紫之奪朱也, 惡鄭聲之亂雅樂也, 惡利口之覆邦家者."(陽貨 17.18)

공자는 말하였다.

"자줏빛이 붉은빛의 자리를 빼앗는 것을 미워한다. 정나라의 소리가 아악雅樂을 어지럽히는 것을 미워한다. 날카로운 입이 나라와 집안을 뒤집어엎는 것을 싫어한다."

자줏빛은 중간색이고, 붉은빛은 정색에 속한다. 간색間色이 정색正色을 밀어내고 도리어 정색인 듯이 나타내는 것을 말하며, 정나라의 소리는 아름다운 음악이 아닌 음탕한 음악인데 아악雅樂을 어지럽히는 것을 말한다.

'이구利口'는 '교언영색巧言令色'을 잘하는 것을 말한다. 말은 잘하나 성실하지 못하고 아첨을 하면 나라를 망칠 수 있다.

거짓이 진실을 이기고 정의가 부정이 되는 사회는 존립할 수 없으며, 존재해서도 안 된다. 묵자墨子는 집정자가 나라를 잘 다스리기 위해서는 '어진 자를 높이고(상현尙賢)', '현능한 자를 등용하고(진현進賢)', '능히 할 수 있는 바를 살펴서 일을 하도록(사능事能)'해야 한다 하였다.

> 지금 왕공대인으로 백성의 군주가 되어 사직을 관장하고 국가를 다스리는 자가 그 자리를 오래 지키고 잃지 않기를 원한다면, 어찌 어진 자를 높임이 정치의 근본임을 살피지 않겠는가? 무엇을 가지고 어진 자를 높임이 정치의 근본임을 알 수 있는가? 말을 하자면, 존귀하고 지혜로운 자가 어리석고 미천한 자에게 정치를 하게 된다면 다스려지게 될 것이고, 어리석고 미천한 자가 존귀하고 지혜로운 자에게 정치를 하게 된다면 곧 어지러워지게 되는 것이다. 그래서 어진 자를 높임이 정치의 근본임을 알 수 있는 것이다.
>
> 그러므로 옛날 성왕은 어진 인사를 대단히 존경하여 높이고 능력에 따라 일을 맡겼다. 부형이라 하여도 편들지 않고, 부귀하다 하여 치우치지 않으며, 얼굴이 예쁘다 하여 하여 귀여워하지도 않았다. 어진 이는 들어서 위로 올리고 녹을 후하게 주어 높임으로써 관서官署의 장으로 삼았다. 불초자는

억눌러 내리고 적게 주며 낮추어서 막일꾼을 삼았다. 그래서 백성은 모두 상 받기를 힘쓰고 벌을 두려워하며 서로 이끌어서 어질게 되었다. 이런 까닭에 어진 이는 많아지고 불초자는 적어졌다. 이것을 진현進賢이라 한다.

그런 후 성인은 그들의 말을 듣고 분별하며 행위를 조사하여 능한 바를 살펴 신중하게 벼슬자리를 주었다. 이것을 일러 '사능事能'이라 한다.

그러므로 나라를 다스릴 만 한 자는 다스리게 시키고, 관직을 맡을 만 한 자는 관직을 맡게 시키며, 고을을 가히 다스릴 만 한 자는 고을을 다스리게 시켰던 것이다. 무릇 국가나 관청, 고을을 다스리도록 하는 자는 이 모두 한 나라의 어진 사람이어야 한다.[1]

나라가 국가의 행정을 담당하는 새 내각內閣을 발표할 때 마다 말이 많다. 인사가 만사다. 나라를 다스리는데 가장 중요한 것은 '상현尙賢'하고, '진현進賢'하여 능히 '사능事能'하도록 하여야 하는데, 자신의 선거 참모이었기 때문에 장관에 앉히고 친인척이기 때문에 자리에 앉히는 정부는 결코 오래가지 못하고, 능력이 없다는 것이 곧 만천하에 드러나고 만다.

'주朱'색과 '자紫'색이 바뀌고, '정正'과 '사邪'가 바뀌고, '시是'와 '비非'가 바뀌고, '선善'과 '악惡'이 바뀌었는데 백성이 모를 리가 있겠는가. 그렇다면 어떤 사람이 '현자'인가? 가려낼 수 있는 방법은 없는가! 맹자가 우리

---

1 今王公大人之君人民, 主社稷, 治國家, 欲脩保而勿失, 故不察尙賢爲政之本也. 何以知尙賢之爲政本也? 曰自貴且智者, 爲政乎愚且賤者, 則治; 自愚賤者, 爲政乎貴且智者, 則亂. 是以知尙賢之爲政本也. 故古者聖王甚尊尙賢而任使能, 不黨父兄, 不偏貴富, 不嬖顔色, 賢者擧而上之, 富而貴之, 以爲官長; 不肖者抑而廢之, 貧而賤之以爲徒役, 是以民皆勸其賞, 畏其罰, 相率而爲賢. 者以賢者衆, 而不肖者寡, 此謂進賢. 然後聖人聽其言, 跡其行, 察其所能, 而愼予官, 此謂事能. 故可使治國者, 使治國, 可使長官者, 使長官, 可使治邑者, 使治邑. 凡所使治國家, 官府, 邑里, 此皆國之賢者也.(墨子 · 尙賢)

에게 그 답을 알려 주고 있다. 그 답은 정치꾼들이 말하는 '현자'가 아니라 백성이 알려주는 '현자'이어야 한다 하였다.

맹자께서 제나라 선왕을 만나서 말하였다.

"이른바 고국故國이라는 것은 큰 나무(교목喬木)이 있는 것을 두고서 하는 말은 아니고, 대대로 공훈을 세워 내려온 신하들이 있는 것을 두고 하는 말입니다. 왕께는 친히 지낼만한 신하가 없습니다. 오래전에 등용한 사람들이 지금은 없애야 할 사람들임을 모릅니다."

"내가 무엇을 가지고 그들이 인재가 아님을 가려내서 그만두게 합니까?"

"군주가 현명한 인재를 등용할 때, 만약에 부득이해서 낮은 사람이 높은 사람을 넘게 하고, 생소한 사람이 가까운 사람을 넘게 하려면 신중을 기하지 않아서야 되겠습니까? 좌우에 있는 사람들이 모두 '현명한 인재입니다'라고 말해도 안 됩니다. 여러 대부들이 모두 '현명한 인재입니다'라고 말해도 안 됩니다. 백성들이 모두 '현명한 인재입니다'라고 해야 합니다. 그런 후 후에 그 사람을 살펴보아서 그가 현명한 인재인지를 살피고 난 후에 등용하십시오.

좌우의 사람들이 다 '안됩니다'라고 말하면 그 말을 듣지 마시고, 여러 대부들이 다 '안됩니다'라고 말해도 그 말을 듣지 말고, 백성들이 모두 '안 된다'라고 말하면 그 사람을 살펴보아서 그가 안 되겠다고 알게 된 후에 그를 제거하십시오.

좌우의 사람들이 모두 다 '죽여야 합니다'라고 말해도 그 말을 듣지 말고, 여러 대부들이 다 '죽여야 합니다'라고 말해도 듣지 마십시오. 국민들이 모두 '죽여야 한다'라고 말할 때 듣고, 그 사람을 살펴본 후 죽여야 하겠음을 알게 된 후에 그를 죽이십시오. 그래야 '백성들이 그 사람을 죽였다'라고 말하게 되는 것이니, 그래야 만이 백성들의 부모가 될 수 있는 것입니다."[2]

군주가 자색紫色과 주색朱色을 구별하기 위해서는 자신의 노력이 필요하지만, 만약이 이러한 능력을 갖추고 있지 않다면 방법을 간단할 수도 있다. 백성이 원하는 대로만 하면 백에 구십은 '사악함이 정도를 어지럽히는 경우'는 발생하지 않을 것이다. 백성이 나라의 근본이기 때문이다.

---

2 孟子見齊宣王曰: "所謂故國者, 非謂有喬木之謂也, 有世臣之謂也. 王無親臣矣, 昔者所進, 今日不知其亡也." 王曰: "吾何以識其不才而舍之?" 曰: "國君進賢如不得已, 將使卑逾尊, 疏逾戚, 可不愼與? 左右皆曰賢, 未可也; 諸大夫皆曰賢, 未可也; 國人皆曰賢, 然後察之; 見賢焉, 然後用之. 左右皆曰不可, 勿聽; 諸大夫皆曰不可, 勿聽; 國人皆曰不可, 然後察之; 見不可焉, 然後去之. 左右皆曰可殺, 勿聽; 諸大夫皆曰可殺, 勿聽; 國人皆曰可殺, 然後察之; 見可殺焉, 然後殺之. 故曰國人殺之也. 如此, 然後可以爲民父母."(孟子 · 梁惠王下)

91
無所用心 무소용심
관심이 없다

'무소용심無所用心'은 '이른바 마음을 쓰지 않는다'라는 뜻으로 '관심이 없음'을 말한다.

子曰: "飽食終日, 無所用心, 難矣哉! 不有博奕者乎? 爲之猶賢乎已."(陽貨 17.22)

공자는 말하였다.

"종일 배불리 먹고 마음 쓸 데가 없다는 것은 어려운 노릇이다. 박혁博奕(장기와 바둑)이라는 게 있지 않느냐? 그런 것이라도 하는 게 그래도 나을 것이다."

'유현호이猶賢乎已' 중 '현賢'은 '낫다'·'현명하다'라는 뜻이고, '호乎'는 '어於'의 용법으로 쓰여 '비교'의 뜻이며, '이已'는 '그만두다'라는 뜻이다. 전체적으로 '그만두는 것보다 낫다'라는 뜻이다.

'박혁博奕'을 혹은 '搏弈'으로 쓰기도 한다. '博(넓을 박, bó)'은 고대 바둑

놀이의 일종이었다. '혁奕'은 단지 바둑만 두는 것이고, '박博'은 주사위를 던진 후에 바둑을 두는 것이라 한다. 후에 바둑을 두지 않고 주사위를 던져 투기를 하였기 때문에 '도박賭博'이라는 용어가 생겼다 한다. 따라서 '박혁'을 '바둑을 두다'라는 뜻으로 해석할 수 있다. '弈(바둑 혁, yì)'은 '바둑'·'노름하다'라는 뜻이다. '(弈)'자는 '廾'과 소리부 '亦'으로 이루어진 자이다. '거듭해서 손에 기구를 들고 움직이다'인다는 뜻이다.

맹자는 불효 중에 하나는 '장기나 바둑만 좋아하고 부모를 봉양하지 않는 것'이라 하였다.

> 세속에서 말하는 불효는 다섯 가지가 있다. 사지를 게을리 하여 부모의 봉양을 돌아보지 않는 것이 첫째의 불효이다. 장기나 바둑을 즐기고 술 마시기를 좋아하여 부모의 봉양을 돌아보지 않는 것이 둘째의 불효이다. 재물을 좋아하고 처자와의 애정에만 빠져버리고 부모의 봉양을 돌아보지 않는 것이 셋째의 불효이다. 귀와 눈의 욕구를 극단적으로 만족시키느라고 부모를 욕되게 하는 것이 넷째의 불효이다. 용맹한 것을 좋아하며 싸우고 성을 내고 하여 부모를 위험하게 만드는 것이 다섯째의 불효이다.[1]

맹자에는 또한 바둑을 가장 잘 두는 혁추弈秋라는 사람이 있는데, 아무리 훌륭한 혁추와 같은 고단자도 바둑을 배우는 사람의 마음 상태가 그르면 잘 배울 수 없다 하였다.

---

1 孟子曰: "世俗所謂不孝者五: 惰其四支, 不顧父母之養, 一不孝也; 博弈·好飮酒, 不顧父母之養, 二不孝也; 好貨財·私妻子, 不顧父母之養, 三不孝也; 從耳目之欲, 以爲父母戮, 四不孝也; 好勇鬪狠, 以危父母, 五不孝也."(孟子·離婁下)

혁추는 전국에서 바둑 잘 두는 것으로 알려진 사람이다. 혁추를 시켜서 두 사람에게 바둑을 가르치게 하는데, 그 중의 한 사람은 전심해서 거기에만 머리를 쓰고 혁추의 말만을 듣고, 한 사람은 그의 말을 듣지만, 한쪽 마음으로는 기러기가 오면 활에 주살을 매어 그것을 쏠 것을 생각한다면, 이 사람은 앞의 사람과 함께 같이 배운다고는 하나 그 사람만 해지지는 못한다. 그의 지혜가 같지 않기 때문인가? 그렇지는 않은 것이다.[2]

고대에는 바둑이 하찮은 소일거리 놀이에 불과했지만 지금은 고도의 머리를 필요로 하는 프로직업 중의 하나이다.

2016년 3월 이세돌 바둑기사 프로 9단과 구글 딥마인드가 개발한 인공지능 바둑 프로그램 '알파고AlphaGo'의 세기의 대결로 세계가 들썩였다. 결과는 '알파고'가 4승 1패로 승리, '인공지능(AI)'을 가진 기계에게 인간을 굴복했다 하여 미래에는 인간이 기계에게 정복당하는 것이 아닌가 심히 걱정하는 우려의 목소리가 여기저기서 들린다.

바둑 대결이 화제가 되면서 국내 인공지능(AI) 기술 발전에 대한 관심이 높아지고, 인공지능이 '제 4차 산업혁명'을 이끌 것이라는 전망이 나오고 있다.

미국 기업들은 10년 전부터 인공지능을 미래 성장 동력으로 삼고 투자를 지속해왔다. 구글은 2001년부터 관련 분야에 280억달러(약 33조원)를 투자

2 今夫弈之爲數, 小數也; 不專心致志, 則不得也. 弈秋, 通國之善弈者也. 使弈秋誨二人弈: 其一人專心致志, 惟弈秋之爲聽; 一人雖聽之, 一心以爲有鴻鵠將至, 思援弓繳而射之. 雖與之俱學, 弗若之矣. 爲是其智弗若與? 曰: 非然也.(孟子 · 告子上)

한 것으로 추정된다. 구글은 알파고에 적용한 '머신러닝(기계학습)'기술을 활용한 인공지능 개발에 주력하고 있다. 구글의 제프 딘 선임연구원은 "이메일, 지도, 사진, 검색, 유튜브 등 구글 제품 전반에 머신러닝 기술이 적용된다"면서 "향후 머신러닝 적용 범위를 제조업, 헬스케어 등 다양한 산업군으로 확장할 계획" 이라고 밝혔다. 구글은 인간의 개입 없이 스스로 경로를 찾아 움직이는 자율 주행차의 개발에도 박차를 가하고 있다.

IBM의 인공지능 '딥블루'는 이미 20년 전 체스 챔피언을 꺾었으며, 슈퍼컴퓨터 '왓슨'은 실제 의료 분야에 활용되고 있다. 미국종양학회에 따르면 왓슨을 이용한 암진단 정확도는 대장암 98%, 방광암 91%, 췌장암 94%, 자궁경부암 100%로 전문의보다 높다. 마이크로소프트는 인공지능 기상 캐스터 '샤오빙'을 선보였다.

일본 소프트뱅크도 로봇 '페퍼'를 개발하는 등 인공지능 로봇 개발에 주력하고 있다. 일본 도요타는 인공지능 연구소 설립에 10억 달러를 투자했다. 중국에서는 BAT(바이두 · 알리바바 · 텐센트)를 중심으로 인공지능 투자를 늘리고 있다. 중국 최대 포털 사이트 바이두(百度)는 3억 달러를 들여 지난해 미국에 연구소를 설립하고 인공지능 전문가인 앤드루 응 스탠퍼드대 교수를 영입했다.

국내 기업들도 인공지능 연구를 진행하고 있지만 글로벌 IT 기업과 비교하면 미미한 수준이다. 네이버와 SK텔레콤, 엔씨소프트 등 주로 인터넷 · 게임회사들이 인공지능 관련 별도 조직을 두고 음성인식과 딥러닝 기술을 개발하고 있다. 삼성전자와 LG전자는 최근 들어서야 인공지능 연구팀을 신설했다.

정부는 올해 들어서야 한국형 인공지능 개발을 위해 300억 원을 투자하겠다고 발표했지만, 국내 주요 연구소 관계자들은 "미국처럼 지속적인 투자가 필요한데 현실은 단기 성과를 요구한다"고 지적한다. 인공지능 연구를 꽃피우기 위해서는 소프트웨어 연구 저변부터 확대해야 한다는 설명이다.[3]

인공지능 기계는 방심도 하지 않고, 걱정도 하지 않고, 지치지도 않는다. 하지만 기계와 인간과의 차이는 인간은 감성을 가지고 있다. 기계는 '인의예지'의 덕성을 가지지 못한다. 하지만 문제는 이 기계를 선악의 감정을 가진 인간이 만든다는 것이다. 만약에 악한 마음을 가진 자가 악을 이용할 목적으로 기계를 만들게 된다면 결국 인류 스스로 자멸하는 결과를 초래하게 될 것이다. 또한 기계가 자신의 동류 기계를 만들어 한 집단을 만들고, 그 부류가 다른 인간 집단을 멸망시킬지도 모른다. 이래저래 '인공지능'머신인(machine) 시기에 인간에게 가장 절실하게 필요한 것은 공자의 가르침 '덕'이다.

子曰: "道之以政, 齊之以刑, 民免而無恥, 道之以德, 齊之以禮, 有恥且格."(爲政 02.03)

공자는 말하였다.

"법제로 이끌고 형벌로 다스리면 백성들은 형벌은 모면하나 수치심이 없게 되고, 덕목으로 이끌고 예의로 다스리면 수치심을 갖게 되고 또 올바르게 된다."

'도지이정道之以政' 중의 '도道'자는 '導(이끌 도, dǎo)'의 의미로 쓰인다. '格(바로잡을 격, gé)'은 인간만이 가지고 있는 '풍격' · '인격' 등의 의미로

---

3 http://news.zum.com/articles/29390033

해석하여도 좋은 것이다.

만약에 인간이 빈둥빈둥 놀기만 하여 '무소용심無所用心'한다면, '인공지능'기계가 어느 날 인간을 비웃으면서 '기계가 인간을 기계처럼 다룰' 미래가 올지도 모른다.

92
直道事人 직도사인
정직함으로 섬기다

'직도사인直道事人'의 반대말은 '왕도사인枉道事人'이다. '직도'는 올바른 도리이고, '왕도'는 '어긋난 도리'이다.

柳下惠爲士師, 三黜. 人曰: "子未可以去乎?" 曰: "直道而事人, 焉往而不三黜? 枉道而事人, 何必去父母之邦?"(微子 18.02)

유하혜는 사사士師였는데 세 차례나 몰려났었다.

사람들이 말하였다. "다른 데로 가버릴 수 없었던가요?"

"곧은 도리로 남을 섬기자면 어디에 간들 세 차례는 몰려나지 않겠소? 정도를 굽혀서 남을 섬긴다면 무엇하러 부모의 나라를 떠나야 한단 말이요?"

유하혜의 성은 전展이고 이름은 금禽이며 노魯나라의 대부이다. 사사士師는 옥관獄官으로 법을 집행하는 관리이다. '부모지방父母之邦'은 '조국祖國'이라는 성어이다.

맹자는 백이는 결벽증이 족히 심해 제대로 된 사람이 아니면 상대하지 않았고, 유하혜는 지나치게 너그러워 인간의 시비是非를 논하지 않고 상대하였다. 이 둘 다 모두 맹자가 생각하기에 '인仁'한 행동이 아니다.

맹자께서 말씀하시었다.

"백이[1]는 자기가 좋아하는 임금이 아니면 섬기지 않았고, 자기가 좋아하는 벗이 아니면 벗으로 삼지 않았고, 악한 사람의 조정에는 서지 않았고, 악한 사람과는 말을 하지 않았다. 악한 사람의 조정에 서고, 악한 사람과 이야기하는 것을, 조정에서 입는 옷을 입고 조정에서 쓰는 관을 쓰고서 진흙과 숯에 앉는 것 같이 여겼다. 악을 미워하는 마음을 미루어서 향리의 사람과 같이 서 있을 때 그 사람이 쓴 관이 바르지 않으면 부끄러운 기색을 하고 가버리는데, 이는 마치 그것에 더러워지기나 한 것 같았다. 그러했기 때문에 제후들이 초빙하는 글을 좋게 써 가지고 와도 받아들이지 않았던 것이다. 받아들이지 않은 것은 역시 나가는 것을 떳떳하게 여기지 않은 것이다.

유하혜는 더러운 임금을 부끄럽게 여기지 않았고, 작은 벼슬자리를 하찮게 여기지 않았고, 벼슬하러 나가면 자기의 우수한 면을 숨기지 않고 반드시 자기의 이념대로 해 나갔고, 버려져도 원망하지 않았고, 곤궁에 빠져도 성내지 않았다. 그래서 '너는 너고 나는 난데, 내 곁에서 옷을 벗고 몸뚱이를 내놓고 있은들 네가 어찌 나를 더럽힐 수 있겠느냐?' 하고 말했던 것이다. 그래서 느긋하게 그들과 함께 있으면서도 스스로 실망하지 않았던 것

---

1 백이(伯夷)와 숙제(叔齊)는 고죽군(孤竹君)의 위(位)를 서로 예로써 사양하고 주(周)나라로 물러나와 있었다. 그 후 주(周) 무왕(武王)이 은(殷)의 폭군 주왕(紂王)을 토벌하는 군대를 동원하자 그 앞에 나가 토벌을 중지하도록 말렸으나 듣지 않아, 주나라의 곡식을 먹지 않겠다 하여 수양산(首陽山)에 올라가 고사리를 캐먹다가 굶어죽었다는 것이다.

이다. 끌어당겨서 머물러 있게 하면 머물러 있었던 것이니, 끌어당겨서 머물러 있게 하여서 머물러 있는 것은 역시 물러나는 것을 떳떳하게 여기지 않은 것이다.”

맹자께서 말씀하시었다.

“백이는 사람이 좁고, 유하혜는 사람이 공경스럽지 않다. 좁은 것과 불공不恭스런 것을 군자가 취할 바가 아니다.”[2]

‘단석라정袒裼裸裎’ 중 ‘단석袒裼’은 ‘웃통을 벗어 어깨를 드러내는 것’이고, ‘나정裸裎’은 ‘옷을 벗어 벌거숭이’가 된 것을 말한다. 맹자는 또한 유하혜의 너그러움이 ‘각박하고 인색한 사람을 두텁게 한다’하였다.

이윤은 말하였다.

‘누구를 섬긴들 임금이 아니겠는가? 누구를 부린들 백성이 아니겠는가?’라 하고, 다스려져도 나갔고, 혼란해도 나갔다. 그리고 ‘하늘이 이 백성들을 낳고서는, 먼저 깨우친 사람을 시켜서 뒤늦게 아는 사람을 일깨우게 하고, 먼저 깨달은 사람을 시켜 뒤늦게 아는 사람을 일깨우게 하였다. 나는 하늘이 낸 백성 중의 먼저 깨달은 자다. 나는 이 도를 가지고 이 백성들을 일깨우련다’라고 말하고, 온 천하의 백성 중의 필부와 필부가 요임금과 순임금이

---

2 孟子曰: “伯夷非其君不事, 非其友不友. 不立於惡人之朝, 不與惡人言; 立於惡人之朝, 與惡人言, 如以朝衣朝冠坐於涂炭. 推惡惡之心, 思與鄕人立, 其冠不正, 望望然去之, 若將浼焉. 是故諸侯雖有善其辭命而至者, 不受也. 不受也者, 是亦不屑就已. 柳下惠不羞污君, 不卑小官. 進不隱賢, 必以其道. 遺佚而不怨, 厄窮而不憫. 故曰: ‘爾爲爾, 我爲我; 雖袒裼裸裎於我側, 爾焉能浼我哉!’ 故由由然與之偕而不自失焉, 援而止之而止. 援而止之而止者, 是亦不屑去已.” 孟子曰: “伯夷隘, 柳下惠不恭. 隘與不恭, 君子不由也.”(孟子 · 公孫丑上)

베푼 은택을 받는 데에 끼지 않은 자가 있으며, 생각하기를 자기가 그를 밀어서 그들을 도랑 속에 빠뜨린 것같이 하였으니, 그는 천하를 다스리는 중대한 중책을 담당한 하였던 것이다. ……그래서 유하혜의 풍도風度를 들으면 비루한 사나이가 너그러워지고, 박한 사나이가 후해진다. 공자께서 제나라를 떠나실 때에는 밥하려고 일었던 쌀을 건져 가지고 가셨는데, 노나라를 떠나실 적에는 '내 발이 잘 떨어지지 않는다'고 말씀하셨다. 부모의 나라를 떠나는 도리였다. 속히 할 만하면 속히 하고, 오래 있을 만하면 오래 있고, 머무를 만하면 머무르고, 벼슬을 살 만하면 벼슬을 산 것이 공자시다."

맹자께서 말씀하시었다.

"백이는 성인으로서 맑았던 사람이고, 이윤은 성인으로서 사명감이 넘치는 자이고, 유하혜는 성인으로서 온화한 기질을 가졌던 사람이고, 공자는 성인으로서 때를 알아서 해나간 사람이었다. 공자 같으신 분을 집대성했다고 하는 것이다."[3]

이윤, 유하혜와 공자는 모두 세상을 빛을 밝힌 성인이시다. 이들은 모두 한결같이 '직도사인直道事人', 정직한 마음으로 미개한 백성을 섬긴 성인이시다.

상대방의 행동거지를 조금만 살펴보면 바로 그 사람이 올바른 도리(직

---

3 伊尹曰: "何事非君? 何使非民?" 治亦進, 亂亦進. 曰: "天之生斯民也, 使先知覺後知, 使先覺覺後覺. 予, 天民之先覺者也; 予將以此道覺此民也." 思天下之民匹夫匹婦有不與被堯舜之澤者, 如己推而內之溝中. 其自任以天下之重也.……故聞柳下惠之風者, 鄙夫寬, 薄夫敦. 孔子之去齊, 接淅而行. 去魯, 曰: "遲遲吾行也." 去父母國之道也. 可以速而速, 可以久而久, 可以處而處, 可以仕而仕, 孔子也. 孟子曰: "伯夷, 聖之清者也; 伊尹, 聖之任者也; 柳下惠, 聖之和者也; 孔子, 聖之時者也. 孔子之謂集大成."(孟子 · 萬章下)

도直道)로써 대하는지 바로 알 수 있다. 잠시 속일 수 있다 하더라도 얼마 가지 못하고 바로 그 본성이 드러나고 만다. 이와 반대로 정직한 마음으로 배려하면 상대방 역시 금방 정직함으로 돌려준다. 정직함이란 꾸미지 않는 솔직함이다.

93
遠之則怨 원지즉원
멀리하면 원망한다

'원지즉원遠之則怨'은 소인과 여인은 '멀리하면 원망을 하게 된다'는 뜻이다.

'(遠)'자는 '辵'와 소리부 '袁'으로 이루어진 자이다. '(袁, 옷 길 원, yuán)'은 '긴 옷'이라는 뜻이다. 갑골문은 ''으로 쓰고 금문은 ''으로 쓰고, '길게 뻗은 먼 길을 가다'의 뜻이다. 후에 '멀다'·'차이가 나다'·'원대하다'·'심원하다' 등의 의미로 쓰인다.

'怨'자는 '心'와 소리부 '夗'로 이루어진 자이고, 혹은 '(㘣)'로 쓰기도 한다. '怨'자 중의 소리부 '夗'은 원래 고문 중의 '口'·'㔾(卩)'이 와전된 것이 아닌가 한다. '㘣'자는 '꿇어 앉아 꾸지람을 듣는 모습'이다. 후에 '원망하다'의 파생어로 쓰인다. 전국戰國시기 초楚나라 문자는 ''·''으로 쓴다. '사람이 다른 사람의 말을 듣고 있는 모습'이 더 세밀하게 표현된 형태이다.

子曰: "唯女子與小人爲難養也, 近之則不孫, 遠之則怨."(陽貨 17.25)

공자는 말하였다.

"여자와 소인만은 다루기 힘들다. 그들을 가까이해주면 불손하게 굴고, 멀리하면 원망한다."

여인에 대한 현대 사회인 태도는 이전과 완전히 다르다. 고대의 전통 가정에 있어서 여인은 집안에서 가정을 돌보는 일을 주로 담당하였다. 또한 고대 전통사회에서는 첩을 둘 수 있었기 때문에 남성이 주도권을 잡고 있던 사회에서는 여인은 쉽게 질투를 하거나 남성에게 푸념을 늘어놓을 수 있었다.

또한 본 구절이 '여인을 폄하하는 내용'으로 이해하지 않고 혹자는 '여女'자를 대사인 '汝(너 여, rǔ)'자로 해석하기도 한다. 즉 '여자女子'를 '여자汝子', '너의 아이'로 이해하여, '오직 당신의 아이와 소인은 다루기 힘들다'로 해석한다. 참고할 만하나, 꼭 그럴 필요는 없을 것 같다.

주희朱熹의 『논어집주』는 '소인'은 하인을 가리킨다 하며, "여기에서 말하는 소인은 또한 종복 하인을 가리킨다. 군자는 신하되는 사람이나 첩에게 중엄하게 대하고, 자애로써 기르면 이 두 가지의 병폐가 없을 것이다."라 하였다.[1]

힘을 필요로 하는 농경사회나 폭력이 필요한 전쟁에서는 부드러운 여성보다 힘센 남자가 환영을 받았을 것이다. 고대의 문서 자료에서 남존여비 사상이 곳곳에 베어 있다. 갑골문에 딸을 낳으면 불기하고 아들을

---

1 "此小人, 亦謂僕隸下人也. 君子之於臣妾, 莊以涖之, 慈以畜之, 則無二者之患矣."(朱熹, 論語集註)

낳으면 길하다는 내용이 보인다.[2]

갑신 일에 점을 쳐 각(혹은 작)이 묻습니다. 부호(왕비)가 아이를 낳으려는데 아들일까요?

왕이 점을 치고 말하였다. 만약에 정일에 낳으면 아들이다. 경일에 낳는다면 더욱 길하다.

31일 뒤에 갑인 일에 출산했는데 아들이 아니었다. 딸을 낳았다.

갑신 일에 점을 쳐 각이 묻습니다. 부호(왕비)가 아이를 낳으려는데 아들일까요?

31일 뒤에 갑인 일에 출산했는데 확실히 아들이 아니었다. 딸을 낳았다.

甲申卜, 殼貞, 婦好娩, 嘉.[3]

王固曰: 其唯丁娩, 嘉. 其唯庚娩, 引吉.

三旬㞢一日甲寅娩, 不嘉, 唯女.

甲申卜, 殼貞, 婦好娩, 不其嘉.

三旬㞢一日甲寅娩, 允不嘉, 唯女.(《甲骨文合集》, '14002')

남존여비男尊女卑 사상은 『시경』에도 보인다. '농장지경弄璋之慶'은 '아들을 낳은 기쁨'이고, '농와지경弄瓦之慶'은 '딸을 낳은 즐거움'이란 말이 『시경』에서 나왔다. '농장지경'은 '아들을 낳으면 규옥圭玉으로 된 구

---

2 《甲骨文合集》, '14002'

3 이 자는 '女'와 '力'으로 이루어진 자로 '㚻'로 예정할 수 있다. 『갑골문의학자료석문고변여연구甲骨文醫學資料釋文考辨與研究』는 '㚤(嘉)'로 예정하였고, '순산하다'의 '미(美)'나 '선(善)'의 뜻이라 하였다. 16, 30, 35쪽 참고. 당시 사회는 여자아이를 낳는 것이 '불길(不吉)'이라 하였다.

슬의 덕을 본받으라는 뜻으로 옥구슬을 장난감'으로 주었고, '농와지경'은 '딸을 낳으면 흙을 빚어서 만든 실패를 장난감'으로 주었다.

소아小雅 · 사간斯干

아들을 낳아 평상에 재우며,
좋은 의상 입혀 주고 구슬을 가지고 놀게 하니,
우는 소리가 우렁차니 붉은 슬갑 고운 옷 입은 집안의 군왕이 되겠네.
딸을 낳아서 땅에 뉘어 놓고, 포대기로 싸주고, 실패 가지고 놀게 하네.
잘못이나 그른 짓 아니하니, 오직 술과 음식 얘기하여 부모에게 근심을 끼치지 않겠네.[4]

아들을 낳으면 침대에 눕히고 딸을 낳으면 침대에 눕히지 않고 땅에 눕히고, 사내아이는 좋은 옷을 입히지만 딸아이는 포대기에 그냥 싸 놓는다. 가지고 노는 장난감 또한 다르다. 아들은 옥으로 만든 구슬을 가지고 놀고 딸은 옷 깁는 실패를 가지고 놀게 한다. 딸은 나라를 다스릴 큰 동량이 아니라 그저 집안에서 밥이나 짓는 일을 하면서 부모님 걱정을 끼치지 않으면 되는 존재이었다.

개념과 사상은 시대에 따라 변한다. 현재 21세기는 남녀의 문제가 아니라, 자녀를 낳지 않는 저 출산이 사회적으로 큰 문제이다.

---

4 "乃生男子, 載寢之床, 載衣之裳, 載弄之璋. 其泣喤喤, 朱芾斯皇, 室家君王. 乃生女子, 載寢之地, 載衣之裼, 載弄之瓦. 無非無儀, 唯酒食是議. 無父母詒罹."(詩經 · 小雅 · 斯干)

'근지즉불손近之則不孫' 중의 '손孫'은 '遜(겸손할 손, xùn)'의 의미로 쓰인다. 친할수록, 가까울수록 상호간에 더욱 상대방을 배려하고 존경하여야 한다. 너무 편하다 해서 서로를 함부로 대하게 된다면, 관계가 먼 사이보다 오히려 더 마음에 상처를 남길 수 있다. 마음이 좁은 사람은 즉 소인배는 용서할 줄 모른다. 조금 멀리하고, 조금 소홀하게 대하면 금방 마음이 변하고 원망하게 된다. 이 소인은 결국 사귐도 자신만을 위한 사귐이었기 때문이다.

> 子曰: "放於利而行, 多怨."(里仁 04.12)
>
> 공자는 말하였다.
>
> "이익에 따라서 행동하면 원망을 많이 산다."

남에게 원망을 듣지 않기 위해서는 결국을 '입장 바꿔 생각하고', 상대방을 존경한다면 상대방 또한 나를 존경할 것이다. 그래서 공자는 '인'이란 '다른 사람의 입장에서 생각하는 것'이라 하였다.

> 仲弓問仁. 子曰: "出門如見大賓, 使民如承大祭. 己所不欲, 勿施於人. 在邦無怨, 在家無怨."(顏淵 12.02)
>
> 중궁이 인에 관해서 여쭈어 보았다. 공자는 말하였다.
>
> "문을 나설 때는 큰 손을 만나는 것 같이 하고, 백성들을 부릴 때에는 큰 제사를 받드는 것같이 하고, 자기가 원하지 않는 일을 남에게 하지 말라. (그렇게 하면) 나라에서 일을 해도 원망이 없을 것이고, 집에서 일을 해도 원망이 없을 것이다."

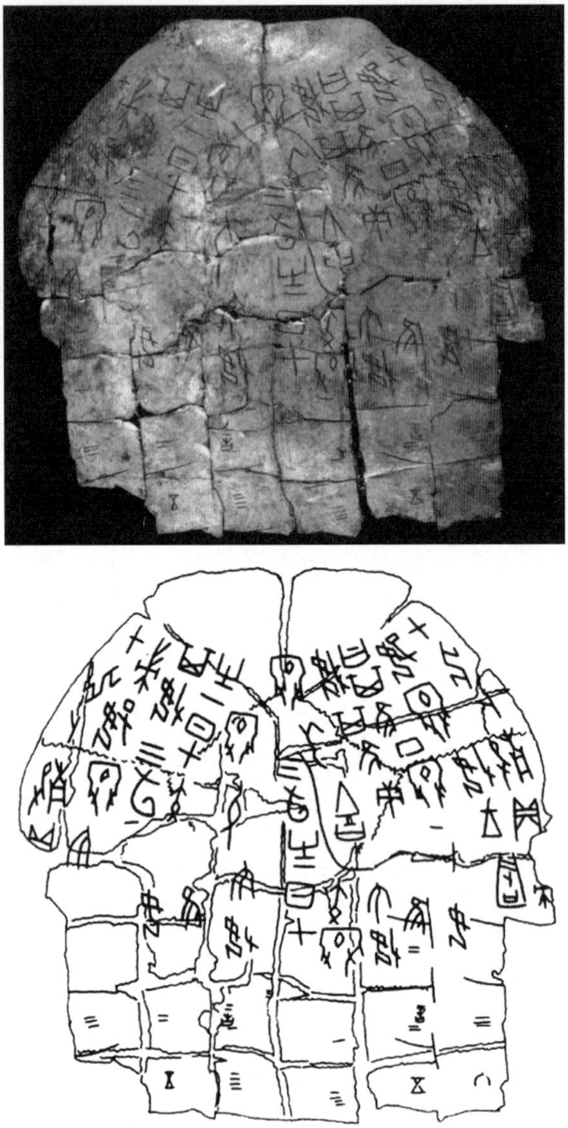

《갑골문합집》'14002'

94

季孟之間 계맹지간

적절한 대우

'계맹지간季孟之間'은 '계씨季氏와 맹씨孟氏 중간에 해당하는 대우를 하다'라는 뜻으로, '상대방에게 적절한 접대를 하다'라는 뜻으로 쓰인다.

> 齊景公待孔子曰: "若季氏, 則吾不能, 以季孟之間待之." 曰: "吾老矣, 不能用也." 孔子行.(微子 18.03)
>
> 제 경공이 공자를 어떻게 대우할 것인가에 대하여 말하였다.
>
> "계씨 같이는 할 수 없고 계씨와 맹씨의 중간 정도로는 대우하겠소이다."
>
> "나는 늙어버려서 선생을 쓰지는 못하겠소."
>
> 그래서 공자는 떠나갔다.

계씨는 노나라의 상경上卿이고 맹씨는 하경下卿이다. 제齊나라 경공景公은 공자를 등용할 듯 하다가 하지 않았기 때문에 공자는 떠나가 버렸다. 춘추 시기 노魯나라 대 귀족 삼경三卿은 '맹손孟孫'·'숙손叔孫'과 '계손季孫'이다. '계季'는 막내를 뜻하고, '맹孟'은 '맏이'를 뜻한다.

형제지간의 서열을 '맹중숙계孟仲叔季'라 한다. '맹孟'자 대신 혹은 '백伯'자를 써서 '백중숙계伯仲叔季'라고도 한다. 맏이, 둘째, 셋째와 막내를 가리킨다. 예를 들어, 공자의 배다른 형의 이름은 '맹피孟皮'이고 자는 '백니伯尼'이며, 공자의 이름은 구丘이고 자는 '중니仲尼'이다. '백伯'과 '중仲' 두 자를 사용하여 서로 우열을 가리기가 힘든 경우를 '불상백중不相伯仲'·'백중지간伯仲之間'이나 '백중지세伯仲之勢"라 한다.

제齊나라 경공景公이 늙어서 공자를 등용하지 못하겠다는 내용은 『사기史記·공자세가孔子世家』에도 보인다.

노魯 소공昭公 20년, 공자는 나이가 서른이 되었다. 제齊 경공景公[1]이 안영晏嬰[2]과 함께 노나라에 갔는데, 경공이 공자에게 물었다.

"옛날 진秦 목공穆公[3]은 나라도 작고 외진 지역에 위치하였지만 패자가 된 것은 무엇 때문입니까?"

공자가 대답하였다.

"진나라는 비록 나라는 작아도 그 뜻이 원대하였고, 비록 외진 곳에 처하였어도 정치를 매우 정당하게 베풀었습니다. 목공은 백리해百里奚를 친히

---

1 제(齊)나라 경공(景公)은 성(姓)은 강씨(姜氏)이고 이름은 저구(杵臼)이다. 기원전 547년에서 기원전 490년까지 재위하였다.

2 춘추시대 제(齊)나라 대부로 자는 중평(仲平)이다. 영공(靈公), 장공(莊公), 경공(景公) 삼대에 걸쳐 대부를 지냈다. 『안자춘추(晏子春秋)』라는 책은 그와 관계된 전국시대 사람들의 언행을 모아서 만든 책이다.

3 진(秦)나라 목공(穆公)은 춘추시대 진나라 국왕으로 기원전 659년에서 기원전 612년까지 재위하였다. 백리해(百里奚), 건숙(蹇叔), 유여(由余) 등을 임용하여 진(晉)나라를 무찌르고 재패가 되었다.

등용하고 대부의 벼슬자리를 내려 감옥에서 석방시키고, 그와 함께 3일간 대화를 나눈 뒤에 그에게 정사를 맡겼습니다. 이렇게 천하를 다스렸기 때문에 목공은 왕도 될 수 있었으며, 패자가 되는 것은 오히려 대단치 않은 일이었습니다." 경공이 매우 기뻐하였다.

공자가 35세 되었을 때, 계평자季平子가 후소백郈昭伯과 닭싸움을 하다가 노 소공에게 죄를 지었다. 소공이 군대를 이끌고 평자를 공격하자 평자는 맹씨孟氏, 숙손씨叔孫氏와 연합하여 3가家가 함께 소공을 공격하였다. 소공이 패해서 제나라로 달아났고, 제나라는 소공을 간후乾侯에 거하도록 하였다. 그 후 얼마 안 되어 노나라가 혼란에 빠졌다. 공자는 제나라로 가서 고소자高昭子의 가신이 되어 경공景公과 통하려고 하였다. 공자는 제나라의 태사太師와 음악을 토론한 적이 있었는데 소韶 음악을 듣고 그것을 배웠으며, 3개월 동안 고기 맛을 잊을 정도로 심취하자 제나라 사람들이 그를 칭송하였다.

경공이 공자에게 정치에 대하여 묻자 공자가 말하였다.

"군주는 군주답고 신하는 신하답고 아버지는 아버지답고 자식은 자식다워야 합니다." 경공이 말하였다.

"옳은 말이오! 만약 군주가 군주답지 못하고 신하가 신하답지 못하고 아버지가 아버지답지 못하고 자식이 자식답지 못하면 비록 곡식이 있은들 내 어찌 그것을 먹을 수 있겠소!"

다른 날 경공이 다시 공자에게 정치를 물었을 때 공자가 말하였다.

"정치의 요점은 재물을 절제하는 데 있습니다."

경공은 기뻐하며 장차 이계尼谿의 땅에 공자를 봉하려고 하였다. 그러자 안영이 나서며 말하였다.

"무릇 유학자는 말재간이 있고 융통성을 잘 부려 법으로 규제할 수 없으며, 거만하고 제멋대로 하니 아랫사람으로 두기 어려우며, 상례를 중시하여 슬픔을 다한다며 파산까지 하면서 큰 장례를 치르니 그들의 예법을 풍속으로 삼기 어렵고, 도처에 유세 다니며 관직이나 후한 녹을 바라니 나라의 정치를 맡길 수도 없습니다. 현자가 사라진 이래로 주周 왕실이 쇠미해졌고 예악이 붕괴된 지 오래되었습니다. 지금 공자는 용모를 성대히 꾸미고 의례 절차를 번거롭게 하고 세세한 행동 규범을 강조하고 있으나 그것은 몇 세대를 배워도 다 배울 수 없으며 평생을 다해도 그 예를 터득할 수 없습니다. 군주께서 그를 채용하여 제나라의 풍속을 바꾸려고 하신다면 이것은 백성을 다스리는 좋은 방법이 아닙니다."

그 후 경공은 공자를 공손히 접견하였으나 다시는 예를 묻지 않았다. 훗날 경공이 공자를 붙잡고 말하였다.

"내가 그대를 계씨季氏와 똑같은 지위로 대우하는 것은 할 수가 없소." 라고 하며 공자에게 계씨와 맹씨孟氏 중간에 해당하는 대우를 해주었다. 제나라 대부들이 공자를 해치려고 하였는데 공자도 이 소문을 들었다. 경공이 말하였다.

"나는 늙었소. 그대를 등용할 수가 없소이다."

이리하여 공자는 드디어 그곳을 떠나서 노나라로 돌아왔다.[4]

---

4 魯昭公之二十年, 而孔子蓋年三十矣. 齊景公與晏嬰來適魯, 景公問孔子曰: "昔秦穆公國小處辟, 其霸何也?" 對曰: "秦, 國雖小, 其志大; 處雖辟, 行中正. 身擧五羖, 爵之大夫, 起纍紲之中, 與語三日, 授之以政. 以此取之, 雖王可也, 其霸小矣." 景公說. 孔子年三十五, 而季平子與郈昭伯以鬥雞故得罪魯昭公, 昭公率師擊平子, 平子與孟氏·叔孫氏三家共攻昭公, 昭公師敗, 奔於齊, 齊處昭公乾侯. 其後頃之, 魯亂. 孔子適齊, 爲高昭子家臣, 欲以通乎景公. 與齊太師語樂, 聞韶音, 學之, 三月不知肉味, 齊人稱之. 景公問政孔子, 孔子曰: "君君, 臣臣, 父父, 子子." 景公曰: "善哉! 信如君不君, 臣不臣, 父不父, 子不子, 雖有粟, 吾豈得而食諸!" 他日又復問政於孔子, 孔子曰: "政在節財." 景公說, 將欲以尼谿田封孔子. 晏嬰進曰: "夫儒者滑稽而不可軌法; 倨傲自順, 不可以

경공이 '늙어서 등용할 수 없다는 것'은 안자의 '몇 세대를 배워도 다 배울 수 없으며 평생을 다해도 그 예를 터득할 수 없다'는 배우기 힘들고 또한 배우기 위해서는 시간이 많이 필요하기 때문에, 자신이 살아생전엔 공자의 주장을 정치로 실용화할 수 없다는 뜻일 것이다.

공자는 살아생전 당시에도 제대로 '계맹지간季孟之間', 적절한 대우를 받지 못하였을 뿐만 아니라, 역사적으로 명성에 비해 그렇게 화려한 대접을 받지 못한 적도 있었다. 가장 대표적인 사건이 5 · 4운동과 '문화대혁명'이다.

공자의 명성은 1919년에 일어난 5 · 4운동 시기에 무너진다. 반제반봉건의 기치를 내건 이 운동은 '공자타도'로 이어졌다. 이 시기를 이끈 문학가 루쉰은 그의 작품 『광인일기狂人日記』를 통하여 봉건적인 가족제도, 유교사회의 위선과 비인간성을 고발하며 공자를 비판하였다. 공자타도는 문화대혁명 시기에도 계속되었다. 모택동에 의하여 시작된 문화대혁명의 최대 피해자는 공자다. 중국 전 지역에서 공자를 모시는 사당이 파괴되었다. 1966년부터 10년간 진행된 문화대혁명 시기의 공자는 '비림비공批林批孔'운동으로 타도 대상이 된다. 이 운동은 정적政敵인 임표林彪와 공자의 사상을 '반동의 근원'으로 낙인찍어 공격하였다. 특히, 공자의 유교문화에 대해서는 '봉건적인 종법사상과 제도'라고 규정하고, 중국 전 지역에서 공자의 유적은 심하게 훼손하였고, 공자 역시 '공씨네

爲下;崇喪遂哀, 破産厚葬, 不可以爲俗;游說乞貸, 不可以爲國. 自大賢之息, 周室既衰, 禮樂欠有間. 今孔子盛容飾, 繁登降之禮, 趨詳之節, 累世不能殫其學, 當年不能究其禮. 君欲用之以移齊俗, 非所以先細民也." 後景公敬見孔子, 不問其禮. 異日, 景公止孔子曰: "奉子以季氏, 吾不能." 以季孟之間待之. 齊大夫欲害孔子, 孔子聞之. 景公曰: "吾老矣, 弗能用也." 孔子遂行, 反乎魯.(史記 · 孔子世家)

둘째 놈(孔老二)'으로 폄하였다.

하지만 작금, 중국은 급속한 경제성장을 바탕으로 세계의 강대국이 되기 위한 소프트 파워 전략이 필요하고, 국제사회로부터 인정받는 대국이 되기 위해서는 군사력과 경제력이 아닌 문화와 외교력의 확장이 필요하기 때문에 공자를 다시 부활시키고 있다. 하지만 가장 중요한 것은 '문화대혁명'은 결국 모택동이 자신의 정치적 입지를 공구히 하기 위해 백성을 우롱하고 정적을 제거하려 한 정치적 수단에 불과하였던 것이다. 공산당은 자신의 사상적 정책이 나라가 패망의 길로 치닫자, 구습 타파라는 슬로건을 내걸고 자신의 잘못을 감추려 하였던 것이다.

'공자가 살아야 나라가 사는 것이다', 인의예지가 없다면 결코 세계의 평화는 없다.

문화대혁명의 문화재 파괴와 인민재판의 모습

95
來者可追 내자가추
만회할 수 있다

'내자가추來者可追'는 '지나간 일은 어찌할 수 없지만 장차 다가올 일은 조심하여 이전과 같은 잘못을 범하지 않을 수 있다'는 뜻이다. '장차 다가올 일을 만회할 수 있다'라는 뜻이다.

'(追, 쫓을 추, zhuī)'자는 '辵'과 소리부 '𠂤'로 이루어진 자이다. '𠂤'는 '師'와 같은 자이다. '군사를 따라 추격하다'라는 뜻이다. 갑골문은 ''로 쓰고, 금문은 ''로 쓴다.

楚狂接輿歌而過孔子曰: "鳳兮鳳兮! 何德之衰? 往者不可諫, 來者猶可追. 已而已而! 今之從政者殆而!" 孔子下, 欲與之言. 趨而辟之, 不得與之言.(微子 18.05)

초나라의 미치광이 접여接輿가 노래를 부르며 공자 곁을 지나갔다.

"봉이여, 봉이여!

그대의 덕德은 어찌나 그리 쇠하였나요!

지나간 거야 말해봐야 소용없지만,

앞으로 닥쳐올 거야 그래도 따라갈 수 있을 게니,

그만두소, 그만두소,

오늘날 정치에 종사하는 사람들은 위태롭구나."

공자께서 내려서셔서 그와 말하려 하셨으나 빨리 달아나 피해버려서 말하시지 못하셨다.

부여는 미친 체하고 세상을 피해 살던 사람이다. 성은 육陸이고 이름은 통通이며 접여接輿는 그의 자라고도 하고, 접接이 성이고 여輿를 이름이라고도 한다.

본 구절에서 '미치광이의 말'이라는 '광부지언狂夫之言'이란 성어가 유래되었고, '왕자불가간往者不可諫, 내자유가추來者猶可追' 구절을 줄여서 '왕자불간往者不諫, 내자가추來者可追'로 쓰기도 한다.

공자는 '이미 이루어진 일에 대해서는 다시 말하지 않으며, 이미 끝나버린 일에 대해서는 다시 간섭하지 않으며, 이전에 잘못에 대해서는 허물하지 않는다'하여, '수사불간遂事不諫'이라 하였다.[1]

공자가 초나라에 갔을 적에 접여가 그 문 앞에서 노래를 했다는 이야기는 『장자莊子 · 인간세人間世』에도 보인다. '왕자불가간往者不可諫, 내자유가추來者猶可追'의 구절을 반대의 뜻인 '장래는 기대할 수 없고, 과거

1 "哀公問社於宰我. 宰我對曰: '夏后氏以松, 殷人以栢, 周人以栗, 曰, 使民戰栗.' 子聞之曰: '成事不說, 遂事不諫, 旣往不咎.'"(八佾 03.21)(애공이 재아에게 사수(社樹)를 물으셨다. 재아가 말하였다. "하후씨는 소나무를 썼습니다. 은나라 사람은 전나무를 썼습니다. 주나라 사람은 밤나무를 썼습니다. 이것은 백성들로 하여금 무서워 떨게 할 것입니다." 선생님께서 그 이야기를 들으시고 말씀하셨다. "되어버린 일은 말하지 않고, 끝난 것은 간언하지 않고, 지나간 일은 허물하지 않는 것이다.")

는 돌이킬 수 없다'[2]로 쓴다. 즉 '내자가추來者可追'를 '내자불가추來者不可追'로 쓴다. 『논어』에서 접여가 각국을 돌아다니면서 세상을 구하려 동분서주한 것은 잘못된 것이었으니, 이제는 그만두고 자신과 같이 은둔할 것을 권하는 것이라면, 『장자』에서는 지금이나 현재, 장래도 역시 영원히 이 세상에 올바른 도가 행해지기는 불가능할 것이라고 개탄하였다.

> 공자가 초나라로 가는데 광인 접여가 객사 문앞을 지나면서 노래하였다.
> 봉황새야, 봉황새야.
> 어찌하여 그대의 덕이 쇠하는가?
> 장래는 기대할 수 없는 것이고,
> 과거는 돌이킬 수 없는 것이거늘.
> 천하에 올바른 도가 행해지면,
> 성인은 교화를 이룩하고,
> 천하에 올바른 도가 행해지지 않으면,
> 성인은 자기 삶을 보존한다.
> 지금 시국에선,
> 근근이 형벌 면하기도 바쁘다.
> 복福은 새깃보다도 가벼운데
> 아무도 그것을 잡을 줄 모르고,
> 화禍는 땅보다도 무거운데,
> 아무도 그것을 피할 줄 모른다.
> 아서라, 아서라.

---

2 "來世不可待, 往世不可追也."

덕을 사람들에게 내세우는 짓을!
위태롭고 위태롭도다.
땅을 가려가며 좇아다는 짓이!
밝음을 가리고 가리고자
나의 갈 길을 그르치지 말아라.
내 가는 길 물러났다 돌아갔다 하며
나의 발을 다치지 않게 하라.
산의 나무는 스스로 자라 베어지게 되고,
기름불은 스스로 타 버린다.
계수나무의 껍질 육계肉桂는 먹을 수 있기 때문에
사람들에게 잘리고.
옻나무는 옻을 쓸 수 있는 것이어서,
껍질이 벗겨진다.
사람들은 모두 유용의 쓰임을 알지만,
무용의 쓰임을 아무도 알지 못하는 도다.[3]

도연명陶淵明「귀거래사歸去來辭」에 "오이왕지불간悟已往之不諫, 지래자지가추知來者之可追" 라는 구절이 보인다. 즉 '지난 일을 책망할 필요가 없음을 알았고, 앞날을 좇아 고칠 것을 알았다'라 하며, 자신의 전원생활이 늦었음을 한탄하였다.

---

3 "孔子適楚, 楚狂接輿游其門曰: '鳳兮! 鳳兮! 何如德之衰也! 來世不可待, 往世不可追也. 天下有道, 聖人成焉; 天下無道, 聖人生焉. 方今之時, 僅免刑焉. 福輕乎羽, 莫之知載; 禍重乎地, 莫之知避. 已乎! 已乎! 臨人以德! 殆乎! 殆乎! 畫地而趨! 迷陽! 迷陽! 無傷吾行! 吾行郤曲, 無傷吾足.'(莊子 · 人間世)

돌아가자꾸나!

전원이 황폐해지려 하는데 어찌 돌아가지 않으리오.

이미 스스로 마음을 육신의 노예로 부렸거늘,

어찌 상심하고 슬퍼하기만 하는가.

지난 일은 책망할 필요가 없고,

앞으로 일은 가히 올바르게 할 수 있음을 알겠노라.

길을 잘못 들었으나 아직 멀리 벗어나지는 않았으니,

지금이 옳고 이전이 틀렸다는 것을 깨달았네.

배는 흔들흔들 사뿐히 나아가고,

바람은 살랑살랑 옷깃에 불어오네.

길손에게 고향길을 묻노니,

희미한 새벽 별빛이 한스럽구나.

이윽고 누추한 집이 멀리 보이나니,

기뻐서 곧 달려간다네.

하인들은 기쁘게 맞아주고,

어린 것들은 문에서 기다린다네.

뜰 안의 세 갈래 작은 길 온통 잡초에 덮이어도,

아직도 소나무와 국화는 여전히 꿋꿋하여라.

어린아이의 손을 잡고 방 안으로 들어가니,

가득 담긴 술 단지는 나를 반기네.

술 단지와 술잔을 끌어당겨 혼자서 자작하니,

뜰의 나무 가지들 바라보며 즐거운 낯으로 미소를 짓는다.

또 남쪽 창가에 몸을 기대어 거리낌 없이 있노나니,

무릎을 드리울 만한 좁은 방이지만 편하기 그지없네.

전원을 매일 거닐어도 제법 운치가 생겨나고,
대문 있기는 해도 찾아오는 사람이 없으니 노상 닫혀져 있네.
지팡이를 짚고 이리저리 소요하다가 내키는 대로 앉아 쉬고,
때로는 고개를 들어 먼 곳을 바라보네.
무심한 구름은 산골짜기 돌아 유연하게 돌아 피어오르고,
날기에 지친 새들은 저녁에 제집으로 돌아오네.
해가 어둑어둑 저물어 들어가려 하는데,
외로운 소나무를 어루만지며 홀로 서성대고 맴 도네.[4]

'내자가추來者可追'는 지금은 주로 '지나간 일을 어쩔 수 없지만, 앞으로 일을 조심하면 과오의 잘못을 다시는 범하지 않을 것이다'라는 의미로 쓰인다.

도연명은 호구지책糊口之策으로 잠시 벼슬에 나섰음을 후회하였다.

도연명은 동진東晉사람이다. 천하가 어지러워 노자와 장자의 도가사상이 성행했었던 때이고, 선비들은 초야에 묻혀 벼슬에 나서지 않았고, 시국을 한탄하며, 술과 시로 나날을 보냈던 시기다. 도연명이 그 중심에 있었던 대표적인 인물이다.

도연명은 가족들이 많아 생활이 궁핍하자, 친척의 알선으로 팽택령彭澤令이라는 말단 관직자리에 나서게 되었다. 봉급은 쌀 다섯 말이었고,

---

4 "歸去來兮! 田園將蕪胡不歸? 既自以心爲形役, 奚惆悵而獨悲? 悟已往之不諫, 知來者之可追; 實迷途其未遠, 覺今是而昨非. 舟搖搖以輕颺, 風飄飄而吹衣. 問征夫以前路, 恨晨光之熹微. 乃瞻衡宇, 栽欣載奔. 童仆歡迎, 稚子候門. 三徑就荒, 松菊尤存. 攜幼入室, 有酒盈樽. 引壺觴以自酌, 眄庭柯以怡顏. 倚南窗以寄傲, 審容膝之易安. 園日涉以成趣, 門雖設而常關. 策扶老以流憩, 時翹首而遐觀. 云無心以出岫, 鳥倦飛而知還. 景翳翳以將入, 撫孤松而盤桓."(陶淵明, 歸去來辭)

그의 나이 마흔하나였던 때이다. 호구지책을 위해 잠시 천성을 굽혀 응하기는 했지만, 도무지 할 짓이 아니어서, 집무는 내팽겨 두고 매일 술이나 마시며 자연을 노래하며 살았다.

이러한 따분한 관직생활 중 하루는, 상부가 순시를 나가니 관아를 깨끗이 청소하고 의관을 단정히 하여 대기하라는 하였다. 그렇지 않아도 구속을 싫어했던 그는 이를 받아들이지 못하고 벼슬을 그만두었다.

> 내 어찌 쌀 다섯 말 때문에, 허리를 굽힐 수 있으랴![5]

그래서 집에 돌아와 자연을 벗 삼으면서, 전원생활의 즐거움을 읊은 것이, 바로 그 유명한 '歸去來辭귀거래사'다.

잘못이 있으면 그 잘못을 인식하고 그 잘못을 다시 하지 않도록 하여야 한다. 인간은 누구나 잘못을 저지른다. 잘못을 알았으면 바로 고치면 된다. 그리고 다시는 이전의 잘못을 반복하지 않으면 오히려 좋은 인생의 경험이 될 것이다.

> 哀公問: "弟子孰爲好學?" 孔子對曰: "有顔回者好學, 不遷怒, 不貳過. 不幸短命死矣, 今也則亡, 未聞好學者也."(雍也 06.03)
>
> 애공께서 제자들 중에는 누가 배우기를 좋아하는가를 물으셨다. 공자께서, "안회라는 사람이 배우기를 좋아하여 노여움을 다른 사람에게 풀지 않고 과오를 되풀이하지 않았는데 불행하게도 단명하여 죽었습니다. 지금은

---

5 "吾不能爲五斗米折腰!"

없습니다. 배우기를 좋아한다는 사람을 들어보지 못하였습니다." 하고 말하였다.

子曰: "君子不重, 則不威, 學則不固. 主忠信. 無友不如己者. 過則勿憚改."(學而 01.08)

공자는 말하였다.

"군자는 자중하지 않으면 위엄이 없고, 배움이 견고해지지 않는다. 충성과 신용을 주로 하고, 자기만 못한 사람을 벗으로 사귀지 말고, 과오를 저지르면 그것을 고치기를 꺼려하지 말라."

96

不敢問津 불감문진

감히 묻지 못하다

'불감문진不敢問津' 중 '津(나루 진, jīn)'은 원래 '나루터'이다. 공자가 나루터를 묻자 장저 등이 비평한데서 생겨난 말이다. 혹은 '심오한 뜻이나 어떤 일을 누구에게 묻거나' 혹은 '감히 시도하지 못하다'라는 뜻으로 쓰인다. '문진問津'은 원래 '나루터를 묻다'라는 뜻인데, 지금은 '상황을 묻다' · '학문의 길을 묻다'라는 뜻으로 쓰인다.

長沮桀溺耦而耕, 孔子過之, 使子路問津焉. 長沮曰: "夫執輿者爲誰?" 子路曰: "爲孔丘." 曰: "是魯孔丘與?" 曰: "是也." 曰: "是知津矣." 問於桀溺. 桀溺曰: "子爲誰?" 曰: "爲仲由." 曰: "是魯孔丘之徒與?" 對曰: "然." 曰: "滔滔者天下皆是也, 而誰以易之? 且而與其從辟人之士也, 豈若從辟世之士哉?" 耰而不輟. 子路行以告. 夫子憮然曰: "鳥獸不可與同羣, 吾非斯人之徒與而誰與? 天下有道, 丘不與易也."(微子 18.06)

장저와 걸익이 나란히 서서 밭을 갈고 있었는데, 공자께서 그곳을 지나가시다가 자로를 시켜 그들에게 나루터 있는 곳을 물어보게 하셨다. 장저가 말하였다.

"저 수레의 말고삐를 잡고 있는 사람은 누구요?"

자로가 말하였다.

"공구올시다."

"그가 노나라의 공구요?"

"그렇습니다."

"그는 나루터 있는 곳을 알고 있소."

걸익에게 물었더니 걸익이 말하였다.

"당신은 뉘시오?"

"중유仲由올시다."

"노나라 공구의 제자요?"

"그렇습니다."

"온 천하가 다 한 물결에 휩쓸려 흘러가는데 누구하고 그 방향을 바꾸겠소? 또 그대는 우리 같은 사람을 피하는 인물을 따라다니기보다는 세상을 피해 사는 인물을 따르는 게 어떻소?"

뿌린 씨를 덮어가는 일을 멈추지 않았다. 자로가 가서 이 일을 말씀드렸더니 선생님께서는 서글퍼 하며 말하였다.

"새와 짐승들하고는 함께 떼 지어 살 수 없으니, 내가 이 세상 사람들에 끼어 사는 사람이 아니라면 무엇이란 말인가? 천하에 정도가 행하여지면야 나는 방향을 바꾸려 들지도 않을 것이다."

"도도자천하개시야滔滔者天下皆是也, 이수이역지而誰以易之? 차이여기종벽인지사야且而與其從辟人之士也, 기약종피세지사재豈若從辟世之士哉?" 중 '시是'자는 '여시如是'와 같은 의미이고, '수이誰以'는 '이수以誰'로

'누구와 함께'라는 뜻으로, '이以'자는 '여與'의 의미로 쓰인다. '차이且而' 중의 '이而'자는 대사 '이爾'의 용법으로 쓰인다. '여기與其……기약豈若'은 '……하는 것보다, 어찌 ……하지 않겠는가?'라는 뜻이다.

'오비사인지도여이수여吾非斯人之徒與而誰與' 중의 '여與'자는 모두 도치된 문장으로 의미적으로 '오비여사인지도이여수吾非與斯人之徒而與誰'의 어순이고, '구불여역丘不與易' 중의 '여與'는 '참여하다'의 뜻으로, '구丘는 개역改易에 참여하지 않다'라는 뜻이다.

장저와 걸익은 은자이다. '그는 나루터 있는 곳을 알고 있소'라고 한 것은 공자는 자기의 뜻을 이루어 보려고 천하를 두루 돌아다니는 군자라면 나루터 있는 곳 정도는 알고 있을 것이라는 뜻이다. 세상이 극도로 혼란하여져서 도저히 그것을 바로잡을 수 없는 마당에는 차라리 세상을 버리고 새나 짐승들 틈에 끼어서 은자의 생활을 하는 편이 낫다한 것이다. 공자는 분명한 소신을 가지고 있었다. 이 세상에 정도를 실현되지 않고 있기 때문에 인간의 우매함을 일깨우고자 노력하고자 한 것이다. 세상이 어지럽다 하여 성인군자가 모두 산속으로 들어가 버리면 혼탁한 이 세상은 누가 구하겠는가! 혼탁하면 할수록 더욱 구세주가 필요한 것이다.

모르면 물어야 한다. 감히 묻지 않으면 영원히 정답을 찾을 수 없다. 다른 사람과 보조를 맞추어 일을 잘 진행하기 위해서도, 혹은 상대방이 알고 있는 사실과 자신이 알고 있는 내용에 차이가 없는 지를 확인하기 위해서라도 물어야 하는 것이다. 윗사람이든 아랫사람에게 자신이 모르는 것은 물어야 한다. 아랫사람에게 묻는다고 해서 절대 부끄러운 것이 아니다.

子入太廟, 每事問. 或曰, "孰謂鄹人之子知禮乎? 入太廟, 每事問." 子聞之曰, "是禮也."(八佾 03.15)

선생님께서 태묘에 들어가시면 매사를 묻곤 하셨다. 어떤 사람이 말하였다.

"누가 추鄹 사람의 아들이 예를 안다고 하였는가? 태묘에 들어가면 매사를 묻곤 하는데."

선생님께서 이 말을 들으시고 말씀하셨다.

"그렇게 하는 것이 예다."

『논어』에서는 위나衛나라의 대부 공문자孔文子(공어孔圉, ?-484?)의 시호가 문文은 것을 자공이 의아하게 생각하여 묻자, 공자는 '불치하문不恥下問'하기 때문이라 하였다.

子貢問曰: "孔文子何以謂之文也?" 子曰: "敏而好學, 不恥下問, 是以謂之文也."(公冶長 05.15)

자공이 물었다.

"공문자는 무엇 때문에 문文이라 부르게 되었습니까?"

하고 여쭈어 보자 공자는 말하였다.

"아는 것이 빠르고 배우기를 좋아하여, 아랫사람에게 묻기를 두려워하지 않았기 때문에 문文이라고 부른 것이다."

'文'이라는 시호를 받기 까지는 적어도 '민이호학敏而好學'하고, '불치하문'하여야한다. '민이호학'과 '불치하문'은 모두 배우기를 좋아하는 것이다.

명明 십주十洲 구영仇英「자로문진도子路問津圖」

97

殺鷄爲黍 살계위서

융숭한 대접

'살계위서殺鷄爲黍'는 '닭을 잡고 기장으로 밥을 짓다'라는 뜻으로 '매우 융숭한 대접'을 말한다. '(黍, 기장 서, shǔ)'자는 갑골문은 ''·''·''로 쓰고, 금문은 '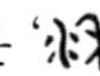'로 쓴다. 기장의 모양이다.

子路從而後, 遇丈人, 以杖荷蓧. 子路問曰: "子見夫子乎?" 丈人曰: "四體不勤, 五穀不分. 孰爲夫子?" 植其杖而芸. 子路拱而立. 止子路宿, 殺雞爲黍而食之, 見其二子焉. 明日, 子路行以告. 子曰: "隱者也." 使子路反見之. 至則行矣. 子路曰: "不仕無義. 長幼之節, 不可廢也, 君臣之義, 如之何其廢之? 欲潔其身, 而亂大倫. 君子之仕也, 行其義也. 道之不行, 已知之矣."(微子 18.07)

자로가 선생님을 따라가다가 뒤떨어졌다. 한 노인을 만났는데 지팡이로 멱서리를 지고 있었다. 자로가 말하였다.

"영감님께서는 우리 선생님을 보셨는지요?"

그 노인이 말하였다.

"손발을 근면하게 놀리지 않고, 오곡을 분간하지 못하는 사람아, 누가 그대의 선생인가?"

말하고는 그의 지팡이를 세워 놓더니 잡초를 뽑았다. 자로는 두 손을 마주잡고 서 있었다. 자로를 묵어가게 하고는, 닭을 잡아 수수밥을 지어서 먹이고, 자기의 두 아들을 만나게 해주었다.

그 이튿날 자로가 가서 이 일을 말씀드렸더니, 공자가 말하였다.

"은자다."

자로를 시켜 되돌아가서 그를 만나보도록 하였는데, 그곳에 갔더니 그 노인은 떠나가 버리고 없었다.

자로가 말하였다.

"벼슬을 하지 않는 것은 의롭지 않은 일입니다. 어른과 아이의 예절은 없앨 수 없습니다. 임금과 신하의 의리야 어떻게 없앨 수 있겠습니까? 자기 몸을 깨끗이 하려다가 큰 인륜을 어지럽힙니다. 군자가 벼슬살이를 하는 것은 자기의 의리를 지키는 것입니다. 정도가 행하여지지 않는다는 것은 이미 알고 있습니다."

'오곡불분五穀不分'은 '오곡도 분간하지 못한다'라는 뜻으로 '마치 숙맥과 같다'라는 뜻이다. '사체불근四體不勤'은 '일을 조금도 하지 않는다'나 '손발을 움직이지 않고 게으르다'라는 뜻으로 쓰인다.

두 손을 마주잡고 서 있는 것은 어른에 대한 공손한 태도다. 먹서리를 진 노인이 자기의 두 아들을 만나게 해준 것은 자로가 자기에게 연장자에 대한 예모를 갖추었으므로 자기의 아들들을 시켜 자로를 공손하게 대접하였을 것이다.

두보杜甫에게 어느 날 이십 년 동안 만나지 못한 위팔韋八처사處士를 만났는데, 친구는 자신을 위하여 밤비를 무릅쓰고 뜰에 나가 새봄에 돋아난 연한 부추를 뜯어 전을 부치고, 따뜻하고 향기로운 쌀밥을 지어 내고, 열 잔을 마셔도 취하지 않는 것은 깊은 우정에 감격하였기 때문이다. 나는 친구의 가장 융숭한 대접으로 이 장면을 뽑는다.

증위팔처사贈韋八處士(위팔 처사에게 붙이다)　두보

人生不相見, 動如參與商.	서로 만날 수 없는 인생, 삼성과 상성과 같네.
今夕復何夕, 共此燈燭光.	오늘 밤은 어떤 밤이던가. 이 촛불을 함께 밝히네.
少壯能幾時, 鬢髮各已蒼.	젊었던 시절은 그 언제인고, 귀밑머리 모두 세어 희구나.
訪舊半爲鬼, 驚呼熱中腸.	옛 친구 찾으니 반은 이미 저세상 사람이니 깜짝 놀란 이 가슴 애달프네.
焉知二十載, 重上君子堂.	어찌 알았으리, 이십 년 세월 흘러 그대 집 다시 찾게 될 줄을
昔別君未婚, 兒女忽成行.	지난 날 그대와 헤어질 때, 결혼도 안했는데, 이제는 아들 딸 늘어섰네.
怡然敬父執,[1] 問我來何方.	아버지 친구에게 반가이 인사하며, 어디서 왔느냐고 나에게 묻네.
問答乃未已, 驅兒羅酒漿.	인사도 끝나기 전에 자녀들 술상 차려오게

1　'부집(父執)'은 '부집존장(父執尊長)'의 준말이다. 아버지의 친구분이다.

	하고,
夜雨剪春韭, 新炊間黃粱.	밤비 맞으며 봄 부추 베어오고, 기장 쌀 섞어 새 밥 지어오네.
主稱會面難, 一擧累十觴.	주인은 만남이 어렵다며 연거푸 열 잔이나 권하는데,
十觴亦不辭, 感子故意長.	열 잔도 취기도 오르지 않으니, 그대의 깊은 정 때문이네.
明日隔山岳, 世事兩茫茫.	내일이면 서로 멀리멀리 헤어질테니, 세상일은 막막할 뿐.

한편의 서사시다.

당나라 안록산의 난으로 낙양이 함락된 뒤 뿔뿔이 흩어진 형제는 찾지 못했으나, 오랫동안 만나지 못한 친구를 만났고, 헤어지면 살아 다시 만날 수 있을까 하는 애절함이 구구절절하다.

참으로 만나기 힘든 친구, 오랜만에 만난 어릴 때 친구, 이미 귀엣머리엔 흰 머리 휘날리고, 친구들을 이미 반절이나 세상을 떠났고, 오늘 헤어지면 언제 만날지 모르니 술이 취하겠는가!

'먼 곳에 있는 친구를 그리워하는 마음'을 비유함을 '춘수모운春樹暮雲'이라 한다. 두보의 「춘일억이백春日憶李白」이란 시구에 나오는 말이다. 두보는 평생 이백과의 우정을 소중히 여기며 그를 그리워하는 시를 여러 편 지었는데, 이 시도 그 가운데 하나이다.

白也詩無敵,	이백의 시는 필적할 사람이 없고,
飄然思不群.	표연한 생각은 견줄 사람이 없다네.

清新分開府, 청신함은 유개부(유신分信)와 같고,[2]
俊逸鮑參軍. 준일함은 포참군(포조鮑照)과 같네.[3]
渭北春天樹, 위북渭北에 봄 나무들 싱그럽고,
江東日暮雲. 강동江東에는 저문 구름 깔려 있겠지.
何時一樽酒, 언제나 술 한 동이 앞에 놓고,
重與細論文. 다시 깊이 시문을 논하리.

위북渭北은 위수의 북쪽으로 그 무렵 두보가 있던 장안長安을 말하고, 강동은 이백이 있던 강남 지역을 가리킨다. 두보가 장안에서 봄철의 나무들을 바라보며 강남에 있는 이백을 그리워하는 정을 그린 것으로, 여기에서 유래하여 '춘수모운'은 멀리 있는 친구를 그리워하는 마음을 비유하는 말로 쓰이게 되었다.

가장 융숭한 대접은 그리움이다. 보고 싶음이다. 간절한 마음인데, 융숭하지 않겠는가.

---

2 유신(513-581)은 남북조시대 양(梁)나라 사람으로, 남조와 북조를 아우르며 문학 활동을 한 덕분에 남북조 문학을 집대성한 사람으로 평가된다.

3 포조(415-470)는 남조(南朝) 송(宋)의 문학가로, 전군참군(前軍參軍)을 지내 포참군이라고도 칭한다. 그는 악부시(樂府詩)에 능했는데, 특히 그의 칠언시는 당대(唐代) 시가 발전의 기초가 되었다는 평을 받고 있다.

98

降志辱身 강지욕신

뜻을 굽히고 몸을 욕되게 하다

‘강지욕신降志辱身’은 ‘뜻을 굽히고 몸을 욕되게 하다’는 뜻이다. 이와 반대의 뜻은 ‘불강기지不降其志, 불욕기신不辱其身’으로 쓴다.

‘(降, 내릴 강, 항복할 항, jiàng, xiáng)’자는 ‘𠂤(阜)’와 소리부 ‘夅’으로 이루어진 자이다. 갑골문은 ‘’으로 쓰고, 금문은 ‘’으로 쓴다. 언덕을 내려오는 모양이다.

‘(辱, 욕되게 할 욕, rŭ)’자는 ‘辰(蜃, 조개 신, shèn)’과 ‘寸(手)’로 이루어진 자이다. ‘조개와 같은 농기구를 가지고 김을 매다’라는 뜻으로 원래는 ‘耨(김맬 누, nòu)’라는 뜻이다. 김을 매는 일은 힘든 일이기 때문에 ‘욕되다’라는 파생어로 쓰인다.

逸民: 伯夷 · 叔齊 · 虞仲 · 夷逸 · 朱張 · 柳下惠 · 少連. 子曰: “不降其志, 不辱其身, 伯夷 · 叔齊與!” 謂柳下惠少連, 降志辱身矣, 言中倫, 行中慮, 其斯而已矣. 謂虞仲夷逸, 隱居放言, 身中淸, 廢中權. 我則異於是, 無可無不

可.(微子 18.08)

일민逸民은 백이伯夷 · 숙제叔齊 · 우중虞仲 · 이일夷逸 · 주장朱張 · 유하혜柳下惠 및 소련少連이다. 공자는 말하였다.

"뜻을 굽히지 않고, 자기 몸을 욕되게 하지 않은 것은 백이와 숙제일 게다. 유하혜와 소련少連은 뜻을 굽히고 몸을 욕되게 하였다고 하거니와, 그들의 말이 조리에 맞았고 그들의 행동이 사람들의 생각에 맞았는데 그들은 그렇게 쭉 살아갔을 따름이다. 우중虞仲과 이일夷逸은 은퇴해서 살면서 하고 싶은 대로 말을 하고 살았다고 하거니와 그들은 몸을 순결하게 가질 수 있었고, 물러나 사는 것은 그 권술에 합당하였다. 나로 말하면 이와는 달라서, 꼭 그래야 한다는 것도 없고 꼭 그래서는 안 된다는 것도 없다."

일민逸民은 초야에 묻혀 있어서 조정이나 사회에 나와 적극적인 활동을 하지 않는 버려진 인재이다. '(逸, 달아날 일, yì)'자는 '辵'과 '兎(토끼 토, tù)'로 이루어진 자로 '토끼와 같은 사냥감이 달려 도망갔음'의 뜻이다. 후에 '잃다' · '도망가다' · '은둔하다' · '초월하다'라는 뜻으로 쓰인다.

우중虞仲은 태백泰伯의 아우 중옹仲雍으로 그의 자손이 오왕吳王에 봉하여졌다고 해서 우중虞仲이라고도 한다. 오吳와 우虞는 같은 의미로 쓰인다. 이일夷逸과 주장朱張은 잘 알 수 없다. 소련少連에 대하여 『예기禮記 · 잡기雜記』에서는 동이東夷 사람으로 상례喪禮 범절을 근엄하게 지켰다 한다.

'무가무불가無可無不可'는 '아무래도 좋다' · '어느 쪽이라도 상관 없다'라는 의미의 성어로 쓰인다.

맹자는 "유하혜는 더러운 임금을 부끄럽게 여기지 않았고, 작은 벼슬자리를 하찮게 여기지 않았고, 벼슬하러 나가면 자기의 우수한 면을 숨기지 않고 반드시 자기의 이념대로 해 나갔고, 버려져도 원망하지 않았고, 곤궁에 빠져도 성내지 않았다. 그래서 '너는 너고 나는 난데, 내 곁에서 옷을 벗고 몸뚱이를 내놓고 있은들 네가 어찌 나를 더럽힐 수 있겠느냐?' 하고 말했던 것이다. 그래서 느긋하게 그들과 함께 있으면서도 스스로 실망하지 않았던 것이다. 끌어당겨서 머물러 있게 하면 머물러 있었던 것이니, 끌어당겨서 머물러 있게 하여서 머물러 있는 것은 역시 물러나는 것을 떳떳하게 여기지 않은 것이다. 맹자가 말하였다. '백이는 사람이 좁고, 유하혜는 사람이 공경스럽지 않다. 좁은 것과 공경스럽지 않은 것을 군자가 취할 바가 아니니다.'"라 하였다.[1] 그래서 유하혜를 두고 '강지욕신降志辱身'이라 한 것이다.

굴원屈原(약 B.C 343－약 B.C 277)은 중국 전국 시대 초나라의 정치가이자 시인이다. 이름은 평平이고, 자는 원原이다. 초사楚辭라고 하는 운문 형식으로 울분이 넘쳐 서정성을 띠는 작품을 썼다. 『이소離騷』·『천문天問』·『구장九章』 등이 있다. 왕에게 자신의 뜻을 간하였으나, 모함을 입어 자신의 뜻을 펴지 못하다가 마침내 물에 빠져 죽었다. 『사기史記·굴원전屈原傳』에는 굴원과 어부가 나누는 『회사부懷沙賦』가 실려 있다. 굴원이 이미 추방되어 강가에 노닐고 시를 읊조리고 얼굴색은 초체하고 모습은 수척해 보이자, 어부가 왜 이 지경에 이르게 되었냐고 물었다. 결국엔 이 부를 짓고 돌을 가슴에 껴안고 멱라수汨羅水에 투신하여 죽었다.

---

1 "柳下惠不羞汚君, 不卑小官. 進不隱賢, 必以其道. 遺佚而不怨, 厄窮而不憫. 故曰: '爾爲爾, 我爲我; 雖袒裼裸裎於我側, 爾焉能浼我哉!' 故由由然與之偕而不自失焉, 援而止之而止. 援而止之而止者, 是亦不屑去已. 孟子曰: '伯夷隘, 柳下惠不恭. 隘與不恭, 君子不由也.'"(孟子公孫丑上)

굴원이 말하였다.
모든 세상 흐린데 나 홀로 맑고
모든 사람 취했는데 나 홀로 깨어 있소.
그래서 쫓겨난 것이라오.

어부가 말하였다.
성인은 세상 사물에 얽매이지 않고,
세상을 따라 변하여 갈 수 있다 하였소.
세상사람 모두 흐리다면,
어찌 그 흙탕물을 흐리게 하여,
그 물결을 일으키지 않으시오?
세상사람 모두 취해 있다면,
어찌 그 술지게미 씹고,
그 술을 마시지 않으시오.
어찌하여 깊게 생각하고 고결하게 처신하여
스스로 쫓겨남을 당하게 되셨습니까.

굴원이 말하였다.

들기를, 새로 머리를 감는 사람은 누구나 관이나 옷을 걸칠 때는 먼저 먼지를 떨어낸 다음에야 쓰고 입는다 하였소.

어찌 이 청결한 몸에 그런 더러운 것을 받아들일 수 있겠소. 차라리 이 몸을 던져 상강湘江의 물고기 밥이 될지언정, 어찌 결백한 몸으로서 세속의 티끌과 먼지를 뒤집어 쓸 수 있겠소.

어부는 빙그레 웃고서 노를 두드리고 떠나가면서 노래하였다.

창랑의 물 맑으면,

내 갓끈 빨고,

창랑의 물 흐리면,

내 발 씻으리.

마침내 떠나가고 다시는 대화가 없었다.[2]

굴원은 자신의 의지를 굽히기보다 오히려 죽음을 택했다. '수사선도守死善道', 죽을지언정 정의는 지켜져야 하는 것이다.

子曰: "志士仁人, 無求生以害仁, 有殺身以成仁."(衛靈公 15.09)

공자는 말하였다.

"지사와 인인은 살기를 바라서 인을 해치는 일이 없고 몸을 죽여가지고 인을 이루고자 한다."

유하혜의 '강지욕신降志辱身'은 비굴한 아부가 아니라 일종의 타협이고 융통성이라 할 것이다. 춘추시대 대도 혹은 악인으로 유명한 도척이 유하혜의 동생이었기 때문에, 형제 중에 현인과 악인이 있을 때 사람들은 이들에 비유하였다. 유하혜는 곧은 도를 지키면서 임금을 섬겼다. 그

2 屈原曰: "擧世皆濁而我獨淸, 衆人皆醉而我獨醒, 是以見放." 漁父曰: "夫聖人者, 不凝滯于物, 而能與世推移. 擧世混濁, 何不隨其流而揚其波? 衆人皆醉, 何不餔其糟而啜其醨? 何故懷瑾握瑜, 而自令見放爲?" 屈原曰: "吾聞之, 新沐者必彈冠, 新浴者必振衣. 人又誰能以身人察察, 受物之汶汶者乎? 寧赴常流而葬乎江魚腹中耳, 又安能以皓皓之白, 而蒙世之温蠖乎?"(史記 · 屈原傳)

래서 『맹자』에서는 '유하혜는 성인으로서 온화한 기질을 가졌던 사람이다.'라고 평하였다. 유하혜는 일찍이 사사라는 관직을 지내면서 형옥刑獄을 맡았는데, 세 번 쫓겨나자 사람들이 떠나기를 권했다. 그러자 그는 "곧은 도리로 남을 섬기면 어디를 간들 쫓겨나지 않을 것이며, 도를 굽혀 남을 섬김으로써 하필 부모님의 나라를 떠나겠느냐." 라고 대답했다. 이를 두고 훗날의 맹자는 작은 벼슬을 수치로 알지 않았다며 그를 칭찬했다.

백이는 성인으로서 맑았던 사람이고, 이윤은 성인으로서 사명을 자임하였던 사람이고, 유하혜는 성인으로서 온화한 기질을 가졌던 사람이고, 공자는 성인으로서 때를 알아서 해나간 사람이었다.[3]

柳下惠爲士師, 三黜. 人曰: "子未可以去乎?" 曰: "直道而事人, 焉往而不三黜? 枉道而事人, 何必去父母之邦?"(微子 18.02)

유하혜는 사사士師였는데 세 차례나 몰려났었다.

사람들이 말하였다. "다른 데로 가버릴 수 없었던가요?"

"곧은 도리로 남을 섬기자면 어디에 간들 세 차례는 몰려나지 않겠소? 정도를 굽혀서 남을 섬긴다면 무엇하러 부모의 나라를 떠나야 한단 말이요?"

'직도사인直道事人'의 반대말은 '왕도사인枉道事人'이다. '직도'는 올바른 도리이고, '왕도'는 '어긋난 도리'이다.

---

3 "伯夷, 聖之清者也; 伊尹, 聖之任者也; 柳下惠, 聖之和者也; 孔子, 聖之時者也.(孟子 · 萬章下)

99

故舊不棄 고부불기

옛 친구를 저버리지 않다

‘고구불기固舊不棄’는 ‘옛 친구나 혹은 옛 부하를 저버리지 않다’라는 뜻으로 쓰인다.

‘固(굳을 고, gù)’자는 ‘口’과 소리부 ‘古’로 이루어진 자이다. ‘옛것에 싸여 밖으로 나오는 못하는 모습’이다.

‘(舊, 예 구, jiù)’자는 ‘萑(풀 많을 추, huán, zhuī)’와 소리부 ‘臼(절구 구, jiù)’로 이루어진 자이다. 혹은 ‘(鵂)’로 쓰기도 한다. 갑골문은 ‘’·‘’로 쓰고, 금문은 ‘’로 쓴다. 부엉이 같이 긴 눈썹을 가진 새의 모습이다. 후에 소리부 ‘臼’가 추가되었다. 혹은 ‘새가 이전에 설치해 놓은 덫에 걸려 있는 모습’으로 이해할 수 있다. ‘옛날’·‘이전’이라는 의미로 쓰인다.

‘(棄, 버릴 기, qì)’자를 갑골문은 ‘’로 쓰고, 금문은 ‘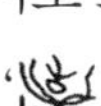’로 쓴다. 혹은 생략한 형태인 ‘(弃)’로 쓴다. 어린아이를 거적에 쌓아 버리는 모습이다.

周公謂魯公曰: “君子不施其親, 不使大臣怨乎不以. 故舊無大故, 則不棄

也. 無求備於一人!"(微子 18.10)

주공이 노공에게 말하였다.

"군자는 자기 친족들을 버리지 않으나, 대신들이 그들의 의견을 써주지 않는다고 원망하도록은 만들지 않는다. 오랫동안 일 해온 사람은 큰 사고가 없으면 버리지 않는다. 한 사람이 모든 재주를 다 갖추어 있기를 바라지는 않는다."

주공周公은 주나라 무왕의 아우 희단姬旦이고, 노공魯公은 그의 아들인 백금伯禽을 가리킨다.

'불시기친不施其親' 중의 '시施'자는 '弛(늦출 이, chí)'의 가차자 의미로 쓰인다. '가벼이 여기다'·'방치하다' 등의 뜻이다.

'無求備於一人' 구절은 '구전책비求全責備'라는 성어와 관련이 있다. '구전책비'는 '다른 사람에게 심하게 요구하다'나 '완전무결을 강요하다'의 뜻이다. '구비일인求備一人'은 '한 사람이 모든 재주를 다 갖추기를 원하다'라는 뜻이다. '원호불이怨乎不以' 중의 '이以'는 '쓰다'라는 '용用'의 의미와 같다.

『중용中庸』에서는 천하를 다스리는 가장 근본적인 도道 중의 하나가 '친친親親'이라 하였다. 즉 '친하여야 할 관계에 있는 친척과 친하게 지내야 한다'라 하였다.

무릇 천하, 나라(국國), 집(가家)를 다스리는 길은 아홉 가지 상도常道가 있다. 자신의 덕을 닦는 것, 현량한 인재를 존중하는 것, 친척을 친히 받드는 것, 대신大臣을 공경하는 것과, 군신君臣을 관찰하는 것과, 서민을 자식같이 아끼는 것과, 모든 기술자들을 오게 하는 것과, 먼 곳의 사람들을 유순하게 만드는 것과, 제후들이 따르게 만드는 것이 그것이다.

자신의 덕을 닦으면 도가 확립된다. 현량한 인재를 존중하면 현혹되지 않게 된다. 친척을 친히 받들면 아버지 형제(백숙중계부伯叔仲季父)와 형제들이 원망하지 않게 된다. 대신을 공경하면 현혹하지 않게 된다. 군신을 세심하게 관찰하면 선비의 보답하는 예의가 무게를 갖게 된다. 서민을 자식같이 아끼면 백성들이 격려된다. 모든 기술자를 오게 하면 재정이 넉넉해진다. 먼 곳의 사람들을 유순하게 만들면 사방에서 귀순해 온다. 제후들이 따르게 만들면 온 천하가 두려워하게 된다.[1]

형제와 잘 지내야 한다. 형제우애의 도리가 가장 기본적인 도리임을 알면서도 친척과 화목하게 지내기란 그렇게 쉽지가 않다. 만약에 금전적인 문제가 개입되게 된다면 더욱 그렇다. 모두가 욕심 때문이다.

사회생활을 하다 보면 가족과 친구보다 더 소중한 사람들이 없다는 것을 뼈저리게 느낀다. 어려운 일이 닥쳤을 때, 가장 먼저 함께 고민하고 걱정하고 위로해주는 사람은 형제이자 친구이다.

어떤 사람이 공자에게 '정치를 어떻게 합니까'라 묻자, 공자는 '부모님께 효도하고, 형제지간이 우애하는 것'이 정치라 하였다. 인간의 가장 기본적인 도리가 부모님께 효도하고 형제지간에 우애하는 것이다. 이 기본 마음조차 없는 자가 정치를 한다면 그 정치가 제대로 되겠는가?

---

1 凡爲天下國家有九經, 曰: 修身也, 尊賢也, 親親也, 敬大臣也, 體群臣也, 子庶民也, 來百工也, 柔遠人也, 懷諸侯也. 修身則道立, 尊賢則不惑, 親親則諸父昆弟不怨, 敬大臣則不眩, 體群臣則士之報禮重, 子庶民則百姓勸, 來百工則財用足, 柔遠人則四方歸之, 懷諸侯則天下畏之.(中庸)

或謂孔子曰: "子奚不爲政?" 子曰: "書云, '孝乎惟孝, 友于兄弟, 施於有政.' 是亦爲政, 奚其爲爲政?"(爲政 02.21)

어떤 사람이 공자에게 말하였다.

"선생님께서는 왜 정치를 하시지 않으십니까?"

공자는 말하였다.

"서경에, 효도하라, 오직 효도하라, 그리고 형제에게 우애 있게 하라 하였거니와, 이것을 행하는 데에 정치하는 도리가 들어 있으니 이 역시 정치하는 것이라, 일부러 정치한다고 나서서 무엇하겠소?"

공자는 군자를 상관으로 두면, 정당한 방법으로 모시기만 하면 되기 때문에 편하고, 이러한 상관은 아랫사람을 능력에 따라 일을 맡긴다 하였다. 그런데 소인배 상관은 한 사람이 모든 능력을 갖추기를 바라고 시시콜콜 비위 맞추기를 원한다 하였다.

子曰: "君子易事而難說也. 說之不以道, 不說也, 及其使人也, 器之. 小人難事而易說也. 說之雖不以道, 說也, 及其使人也, 求備焉."(子路 13.25)

공자는 말하였다.

"군자는 섬기기는 쉬우나 기쁘하게 하기는 어렵다. 그를 기쁘하게 하는데 정당한 방법을 가지고 하지 않는다면 그는 기쁘하지 않는다. 그가 사람을 부리게 되면 그 사람의 재능을 살펴서 한다. 소인을 섬기기는 어려우나 기쁘하게 하기는 쉽다. 그를 기쁘하게 하는데 비록 정당한 방법을 가지고 하지 않는다 하더라도 그는 기쁘한다. 그가 사람을 부리게 되면 그 사람이 갖은 능력을 다 갖추기를 바란다."

'說'자는 본 구절에서 '悅(기쁠 열, yuè)'로 읽는다.

옛 친구를 저버려서는 안 되는 것은 당연한 일이지만, 친한 친구라 해서 자주 함부로 대하고 잔소리를 하게 되면 멀어지게 되는 것이다. 좋은 친구일수록 내가 더 아껴주어야 한다.

> 子游曰: "事君數, 斯辱矣, 朋友數, 斯疏矣."(里仁 04.26)
>
> 공자는 말하였다.
>
> "임금을 섬기는 데 있어 간언諫言이 잦으면 욕을 보게 되고, 친구와 사귀는 데 있어 충고가 잦으면 사이가 멀어지게 된다."

'數'자는 '數(자주 삭, shuò)'으로 읽는다. '자주하다' · '빈번하다'는 뜻으로 쓰인다. 친구에게 구체적으로 어떻게 대해야할까. 공자의 제자 자로와 안연은 가장 소중하게 여기는 마차와 옷을 친구와 함께 타고 입으며, 자신을 자랑하지 않으며 친구를 피곤하게 하지 않겠다 하였다.

> 顔淵季路侍. 子曰: "盍各言爾志?" 子路曰: "願車馬衣輕裘, 與朋友共, 敝之而無憾." 顔淵曰: "願無伐善, 無施勞." 子路曰: "願聞子之志." 子曰: "老者安之, 朋友信之, 少者懷之."(公冶長 05.26)
>
> 안연과 계로(자로)가 모시고 있었는데 선생님께서 말씀하셨다.
>
> "너희들의 포부를 각각 말해 보지 않겠느냐?"
>
> 자로가 말하였다.
>
> "수레와 말을 타게 되고, 가벼운 가죽 웃옷을 입게 되어서 벗들과 그러한 재물을 같이 쓰다가 헐어져 버려도 섭섭해 함이 없게 되기를 바랍니다."

안연이 말하였다.

"내 좋은 점을 자랑함이 없고 자기의 공로를 대수롭게 늘어놓음이 없기를 바랍니다."

자로가 말하였다.

"선생님의 포부를 듣고 싶습니다."

"늙은이들은 편안하게 하여 주고, 벗들은 신용 있게 대하도록 하여 주고, 젊은이들은 따르게 하여 주는 것이다."

친구도 오래된 친구가 좋다.

100

文過飾非 문과식비

과실을 꾸미고 잘못을 감추다

'문과식비文過飾非'는 '화려한 언사나 문장으로 자신의 잘못을 감추는 것'을 말한다. '문文'은 동사 '꾸미다'이고, '과過'는 '과실', '식飾'은 '꾸미다', '비非'는 '잘못'의 뜻이다.

'(文)'은 원래 '무늬'라는 뜻인 '紋(무늬 문, wén)'과 같은 자이다. 갑골문은 ''・''으로 쓰고, 금문은 ''・''으로 쓴다. '문신 장식을 사람 몸'의 모습이다.

'(過, 지날 과, guò, guō)'자는 '辵'과 소리부 '咼(입 비뚤어질 괘(과), guō)'로 이루어진 형성자이다. '과咼'자는 '입이 잘못되어 비뚤어지다'라는 뜻이다. 금문은 ''로 쓴다. 고문자에서는 주로 '잘못'이나 '과오'의 뜻으로 쓰인다.

'(飾, 꾸밀 식, shì)'자는 '巾'・'人'과 소리부 '食'으로 이루어진 자이다. '사람이 수건으로 식기와 같은 물건을 닦고 꾸미는 것'을 말한다.

성어 '문과식비'는『논어』의 아래 문장과 관련이 있다.

子夏曰: "小人之過也必文."(子張 19.08)

자하가 말하였다.

"소인이 허물을 저지르면 반드시 그럴싸하게 꾸며댄다."

『논어』는 그 사람의 과오를 보면 그 사람이 어떤 사람인지 알 수가 있다 하였다.

子曰: "人之過也, 各於其黨. 觀過, 斯知仁矣."(里仁 04.07)

공자는 말하였다.

"사람의 허물은 각각 그 부류에 따라 다르다. 허물을 살펴보면 인자仁慈한가의 여부를 알게 될 것이다."

'각어기당各於其黨' 중의 '어於'는 동사 '따르다'로 해석하거나 '있다'라는 의미로 해석하기도 한다. 만약에 '따르다'면 '과실은 부류에 따라 결정된다'로 해석할 수 있고, '있다'로 해석하면 '과실은 그 집단 당에 있다'라는 의미로 해석할 수 있다. 전자는 그 사람이 어떤 사람인가에 따라 그 과실 또한 달라진다는 뜻이고, 후자는 서로 끼리끼리 세勢를 형성하기 때문에 과오의 원인은 '결당結黨'된 집단의식 때문에 생겨난다는 뜻이다.

혹은 '어於'자를 '분류하다'라고 해석하여 '사람의 잘못은 종류 별로 귀납해 낼 수 있다'로 해석하기도 한다. 잘못은 여러 종류가 있는데, 잘못한 과오들을 귀납해 내면 그 잘못의 진위여부를 판단할 수 있다는 것이다.

'각각 그 부류에 따라 다르다'는 의미는, 사람의 잘못은 여러 종류가 있는데 그 잘못은 각각 그 종류에 따라 귀납할 수 있고, 잘못을 하게 된 원인과 이유도 각각 다를 수 있기 때문에 그 사람의 잘못을 보면 그 사람의 인仁한 정도를 알 수 있다는 것을 말한다. 모든 인간은 과오가 없을 수 없다. 작은 과오로부터 큰 과오까지 어떤 과오이든 간에 인간은 태어나면서부터 과오를 범하며 산다. 과오도 사람에 따라 여러 종류가 있다. 그래서 그 과오가 어떤 것이냐에 따라 그 사람의 정도를 알 수 있는 것이다. 악랄한 악과는 또 다른 악이겠지만, 선한 악도 또한 악이다.

사람은 누구나 과오를 저지른다. 하지만 가장 중요한 것은 과오를 저지르면 그를 거울삼아 자신의 잘못이 어디에 있는지 스스로 책망하여야 한다. 이러한 스스로 반성하는 것을 '자송自訟'이라 한다. '(訟, 송사할 송, sòng)'자는 '言'과 소리부 '公'으로 이루어진 자이다. '(公)'은 '八(배背의 의미)'과 '厶(사私의 의미)'로 이루어진 자로 사심이 없어 '숨김없이 드러내다'라는 뜻이다. '송訟'은 '숨김없이 드러내 시비곡절을 가리는 것'을 말한다.

> 子曰: "已矣乎, 吾未見能見其過而內自訟者也."(公冶長 05.27)
>
> 공자는 말하였다.
>
> "다 되었구나. 나는 여지껏 자기의 과오를 알아 가지고 내심 스스로를 비판할 수 있는 사람을 보지 못하였으니."

'이의호已矣乎'는 '이제는 끝장이구나' · '다 되었구나'라는 실망을 표시하는 감탄어이다.

가장 큰 과오는 잘못을 저지르고 '문과식비文過飾非'하여, 구차히 자신을 변명하고 잘못을 감추려 하는데 있다. 자신의 잘못을 인정하고 이를 반성하여 고치기를 주저하지 말아야 한다. 그래야 인간이 더 초라해 보이지 않는 법이다.

子曰: “主忠信, 毋友不如己者, 過則勿憚改.”(子罕 09.25)

공자는 말하였다.

“충성과 신용을 중히 하고, 자기만 못한 사람을 벗으로 사귀지 말고, 과오를 저지르면 그것을 고치기를 꺼려하지 말라.”

‘(憚, 꺼릴 탄, dān)’자는 ‘心’과 소리부 ‘單(홑 단, dān)’으로 이루어진 자이다. 고문자에서 ‘(單)’자는 ‘戰’자와 같은 자이다. 전쟁에서 사용하는 무기의 모양이다. ‘탄憚’은 ‘전쟁에 두려워하는 마음, 꺼리는 마음’이라는 뜻이다. ‘단單’자를 갑골문은 ‘’ · ‘’으로 쓰고, 금문은 ‘’ · ‘’으로 쓴다. 잘못을 하고도 고치지 않는 것이 바로 잘못인 것이다.

子曰: “過而不改, 是謂過矣.”(衛靈公 15.30)

공자는 말하였다.

“과오를 저지르고도 고치지 않는 것은 그 자체를 과오라 하겠다.”

반성하고 자신을 책망을 하여 다시는 잘못을 반복하지 않는 것을 ‘불이과不貳過’라 한다. 공자가 자신보다 더 낫다고 칭찬한 안연도 잘못을 하였다. 하지만 안연은 두 번 다시 같은 잘못을 저지르지 않았다.

哀公問: “弟子孰爲好學?” 孔子對曰: “有顔回者好學, 不遷怒, 不貳過. 不幸短命死矣, 今也則亡, 未聞好學者也.”(雍也 06.03)

애공께서 제자들 중에는 누가 배우기를 좋아하는가를 물으셨다. 공자가 말하였다.

"안회라는 사람이 배우기를 좋아하여 노여움을 다른 사람에게 풀지 않고 과오를 되풀이하지 않았는데 불행하게도 단명하여 죽었습니다. 지금은 없습니다. 배우기를 좋아한다는 사람을 들어보지 못하였습니다."

만약 잘못을 저지르면 먼저 '자송自訟'하여 스스로 반성하고, 그런 다음에 '물탄개勿憚改'하여 자신의 잘못을 수정하고, 최후에 '불이과不貳過'하여 다시는 잘못을 저지르지 않도록 해야 한다. 군자는 자신의 행동이 미치지 못함을 인정하지 않고 말로 변명을 하는 것을 수치스럽게 생각한다.

子曰: "君子恥其言而過其行."(憲問 14.27)

공자는 말하였다.

"군자는 자기가 말한 것이 실행하는 것보다 지나치는 것을 부끄러워한다."

자신의 잘못을 '문과식비文過飾非'할 수 있다고 생각하여 변명하고 감추려 들지만, 자신의 잘못은 다른 사람에게는 눈에 잘 띄는 법이다. 마치 일식과 월식과 같아 더 잘 드러나니, 교묘하게 꾸며서 합리화시키려 '문과식비'하려 들지 않고 주저없이 자신의 잘못을 인정하고 그 과오를 고치게 된다면 오히려 다른 사람이 우러러 보게 될 것이다.

子貢曰: "君子之過也, 如日月之食焉, 過也, 人皆見之, 更也, 人皆仰之."(子張 19.21)

자공이 말하였다.

"군자가 과오를 저지르는 것은 일식이나 월식과 같다. 과오를 저지르면 모두 다 그것을 알고, 그것을 고치면 아무나 모두 그를 우러러본다."

101
有始有卒 유시유졸
유종의 미

'유시유졸有始有卒'은 '유시유종有始有終'과 같은 의미로 '시작도 있고 끝도 있다'·'시종일관始終一貫'·'유종의 미를 거두다'라는 뜻이다. 또한 같은 의미의 성어로는 '유두유미有頭有尾'·'선시선종善始善終' 등이 있다.

'(始, 처음 시, shǐ)'자는 '女'과 소리부 '台(目)'로 이루어진 자이다. 금문은 혹은 '女'와 소리부 '司'를 써서 ''·''·''로 쓰기도 한다. 고문자에서 '台(양육할 이)'자는 '以(目)'와 같은 자이다. 갑골문은 '以'자를 ''·''로 쓰고, 금문은 ''·'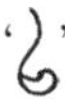'로 쓴다. 고대에 사용한 국자와 같은 형태의 '용기'의 모습이고, 의미는 '사용하다'라는 '用'의 뜻으로 쓰인다. 고문자 '시始'자는 '태아가 자라는 여성의 자궁'[1]을 뜻하며, 태아는 곧 '시작'의 뜻이기 때문에, 후에 '시작'·'처음'이라는 파생어로 쓰인다.

---

1 "始, 女之初也. 从女台聲."(說文)

''(卒, 마칠 졸, zú)'자를 갑골문은 ''·''로 쓰고 금문은 ''로 쓴다. 헤어진 옷을 '꿰매기하여 수선을 끝낸 옷'의 모습이다. 후에 '마지막'·'졸개'·'끝'이라는 의미로 쓰인다.

''(終)'자는 '糸'와 소리부 '冬'으로 이루어진 자로, 고문자에서 '冬'과 같은 자이다. 갑골문은 ''으로 쓰고, 금문은 ''으로 쓴다. '사람의 발꿈치'의 모습이다. '발꿈치'는 신체에 있어 마지막 부분에 해당되기 때문에 '끝'이라는 '종終'의 의미로 쓰인다. '동冬'은 사계절의 끝이기 때문에 '종終'의 파생어로 쓰인다.

子游曰: "子夏之門人小子, 當洒掃應對進退, 則可矣, 抑末也. 本之則無如之何?" 子夏聞之, 曰: "噫! 言游過矣! 君子之道, 孰先傳焉? 孰後倦焉? 譬諸草木, 區以別矣. 君子之道, 焉可誣也? 有始有卒者, 其唯聖人乎!"(子張 19.12)

자유가 말하였다.

"자하의 제자 아이들은 물 뿌리고 쓸고, 부르는데 응하고, 묻는데 대답하고, 나오고 물러나고 할 때는 제법이지만 그런 것은 말단적인 일이다. 근본이 되는 궁극적인 일을 하지 않으니 이것을 어찌 하겠는가?"

자하가 이 말을 듣고 말하였다.

"아아! 자유는 잘못이다. 군자의 도에 관해서 무엇을 먼저 전수하고 무엇을 뒤로 미루어 게을리 하겠는가? (제자를 가르치는 데 있어서는) 초목의 경우와 같이 종류에 따라서 분별하여 기르는 것과 같은 것이다. 군자의 도야 어찌 왜곡할 수 있겠는가? 처음과 끝을 다 갖춘 사람은 성인뿐일 게다."

자하(B.C 507?-B.C 420?)는 이름이 복상卜商이고 공자보다 44세 연하이며, 자유(B.C 560?-?)는 이름이 언언言偃으로 공자보다 45세 연하이다. 모두 문학文學에 뛰어났다 한다.

처음과 끝을 다 갖춘다는 한 것은 말단적인 일과 근본되는 일을 두루 다 잘한다는 뜻이다. 자유는 근본적인 이치를 궁구하는 본질적인 문제를 중시하였고, 자하는 천편일률적이 아닌 '인재시교因才施教' 즉 수준과 자질에 따라 교육의 내용을 달리해야 한다고 주장하는 것이다.

'쇄소응대진퇴洒掃應對進退'는 '물을 뿌리고 마당을 쓸고 손님을 응대하고 들어가고 물러나는' 일상적인 생활의 행동동작을 가리킨다. '洒(물을 뿌릴 쇄, sǎ)'자는 '灑(뿌릴 쇄, sǎ)'자와 같은 자이고, '掃(쓸 소, sǎo)'자는 '청소하다'라는 뜻이다. '억말야抑末也' 중의 '억抑'은 역접을 표시하는 접속사 '그러나'의 용법으로 쓰인다.

'언유言游'는 자유子游를 가리킨다. '언言'이 성이고 이음이 '유游'이다.

'구이별의區以別矣' 중의 '이以'자는 접속사 '이而'의 용법과 같다. '기유성인호其有聖人乎' 중의 '기其'는 '아마'라는 추측을 나타내는 조사의 용법으로 쓰인다.

『논어』에서의 '시'와 '종'은 가장 기본이 되는 '말단적인 일'과 최고의 가치인 '본질적인 도'의 차이를 가리킨다.

시종일관 처음부터 끝까지 마무리를 잘 하기를 쉽지 않다. 처음에는 대부분 좋은 마음, 큰마음으로 준비를 하고 시작하지만, 처음처럼 좋은 끝맺음을 잘하기란 꽤 어려운 일이다. 그래서 끝맺음을 처음처럼 신중하여야 한다. 노자는 이를 두고 '신종여시愼終如始'라 하였다. 그렇게 하면 잘못이 없게 된다 하였다.

고요히 있을 때 유지하기 쉽고, 아직 드러나지 않을 때 도모하기 쉬우며,

> 허약한 것은 쪼개기 쉽고, 작은 것은 흐트러뜨리기 쉽다. 아직 있지 않을 때 그것을 위하여 행하고 아직 혼란하지 않을 때 다스린다. 한 아름되는 나무는 털끝만한 것에서 자라고, 아홉 층 되는 높은 누각은 한 삼태기의 흙에서 세워지며, 백 리나 되는 먼 거리도 발끝에서 시작된다. 억지로 하는 사람은 실패하고 집착하면 잃게 되기 때문에 성인은 억지로 하지 않으니 실패가 없고, 집착하지 않으니 잃는 것이 없다. 백성들이 일을 할 때는 항상 일이 다 될 때쯤 잘못되게 마련이다. 그런 까닭에 마지막을 조심하기를 처음과 같이 하고, 그렇게 하면 잘못되는 일이 없다. 성인은 탐욕하지 않음을 추구하니, 얻기 어려운 재물을 귀하게 여기지 않는다. 가르침이 없는 것으로 가르치면, 잘못이 있는 백성들은 스스로 돌아오게 된다. 그런 고로 성인들은 만물의 자연스러움에 의한 것이지, 인위적인 행위를 하지 않는다.[2]

도가의 사상과 유가의 개념은 차이가 있다. 하지만 도에 이름 궁극적인 목표는 같다. 노자는 성인은 무위無爲하기 때문에 실패가 없고, 집착하지 않기 때문에 성공한다 하였다. 성인은 자신의 성공을 위하여 목적을 위한 인위적인 몸부림이 아니라, 자신의 성찰을 위한 도道를 추구하기 때문에 자연스럽고 억지스러움이 없다. 그래서 시종일관 편안하고 즐거운 마음으로 자신이 일을 해 나가는 것이다. '가르침이 없는 것으로 가르치면 것은' 단순한 지식을 얻기 위한 남과 경쟁할 때 사용할 학식을 무기를 갖추기 위한 것이 아니라, 여러 사람들이 지나쳐 버리는 근본인

---

2 其安易持, 其未兆易謀. 其脆易泮, 其微易散. 爲之於未有, 治之於未亂. 合抱之木生於毫末. 九層之臺起於累土. 千里之行始於足下. 爲者敗之, 執者失之. 是以聖人無爲故無敗, 無執故無失. 民之從事常於幾成而敗之. 愼終如始則無敗事. 是以聖人欲不欲, 不貴難得之貨. 學不學, 復衆人之所過, 以輔萬物之自然而不敢爲.(老子 64章)

우주의 질서, 삶의 지혜를 터득하기 위한 가르침을 말한다.

'처음처럼'이란 말이 있다. 신영복 교수의 「처음처럼」이란 에세이 집 때문에도 유명하고, 소주 상표 때문에 더 유명하기도 하다.

역경을 견디는 방법은 처음의 마음을 잃지 않는 것이며, 처음의 마음을 잃지 않기 위해서는 '수많은 처음'을 꾸준히 만들어 내는 길밖에 없다고 할 것입니다.

수많은 처음이란 결국 끊임없는 성찰이 아닐 수 없습니다. 나목이 잎사귀를 떨고 자신을 냉정하게 직시하는 성찰의 자세가 바로 석과불식碩果不食의 진정한 의미라고 할 수 있습니다. 석과불식의 의미는 씨 과실을 먹지 않고 땅에 묻는 것입니다.

꿈보다 깸이 먼저입니다.

목표가 바르지 않고 그 과정이 바를 수가 없으며, 반대로 그 과정이 바르지 않고 그 목표가 바르지 못합니다. 목표와 과정은 하나입니다.

'겸손'은 관계론의 최고 형태입니다.

겸손은 높이 있을 때에 빛나고, 낮은 곳에 처할 때에도 사람들이 함부로 넘지 못합니다.

맑은 정신과 따뜻한 우정이야말로 숱한 고뇌와 끝없는 방황에도 불구하고, 그 먼 길을 함께하는 따뜻한 위로이고 격려이기 때문입니다.

돕는다는 것을 우산을 들어 주는 것이 아니라 함께 비를 맞는 것입니다.

함께 비를 맞지 않는 위로는 따뜻하지 않습니다. 위로는 위로를 받는 사람으로 하여금 스스로가 위로의 대상이라는 사실을 다시 한 번 확인시켜 주기 때문입니다.

머리 좋은 것이 마음 좋은 것만 못하고,

마음 좋은 것이 손 좋은 것만 못하고,

손 좋은 것이 발 좋은 것만 못합니다.

관찰보다는 애정이. 애정보다는 실천이.

실천보다는 입장이 더욱 중요합니다.

입장의 동일함. 그것은 관계의 최고 형태입니다.

세월호의 참사는 하부의 평형수를 제거했기 때문입니다.

과적 증축 정원 초과 등 상부의 고도한 무게에 비하여, 하부의 중심이 허약하였기 때문입니다. 이러한 교훈에도 불구하고 여전히 상부를 증축하는 감시권력의 강화에 열중하고 있습니다.

사회의 경우도 다르지 않습니다. 하부의 중심이 든든해야 합니다.

하부는 서민들의 삶이며 그것을 지키려는 민중운동입니다.

이러한 서민들의 의지를 억압하고 상층권력을 강화하는 것은 평형수를 제거하고 또 다른 세월호를 만들어 내는 것입니다.

한 사람의 인생에서 청년 시절이 없다는 것은 비극입니다……

사회의 뿌리가 사람이고, 사람의 뿌리가 청년 시절에 자라는 것이라면, 우리 사회의 청년들이 직면하고 있는 오늘의 현실은 한 개인의 불행이 아니라,

사회의 비극입니다. 그 사회가 아무리 높은 빌딩을 세우더라도 꿈과 이상이 좌절되고, 청년들이 아픈 사회는 실패입니다.

나를 올바로 꾸짖어 주는 자는 나의 스승이고, 나를 올바로 인정해 주는 자는 나의 벗이다.

우리의 삶은 사람과의 만남입니다.

우리가 일생 동안 경영하는 일의 70%가 사람과의 일입니다.

좋은 사람을 만나고 스스로 좋은 사람이 되는 것이, 나의 삶과 우리의 삶

을 아름답게 만들어 가는 일입니다.[3]

'청년들이 아픈 사회는 실패한 사회다', 너무나 공감하는 말이다. 아픈 만큼 성숙해진다는 고리타분한 말이 아니라도, 불안정한 사회와 급변하는 국제 정세에 우리에게 가장 필요한 것은 이에 적응하고 끊임없이 도전하고 시종일관 끝까지 밀고 나가는 고집밖에 없다.

---

3 「처음처럼」, http://blog.naver.com/summercoffee/220646454729, 재인용

102

惡居下流 오거하류

하류의 속하는 것을 꺼려하다

‘오거하류惡居下流’ 중 ‘하류下流’는 ‘비천한 지위’나 ‘낮은 계층’을 가리킨다. ‘惡(미워할 오, wù)’자는 동사 ‘미워하다’ · ‘싫어하다’의 뜻이다. 『논어』에서는 ‘비천한 지위를 싫어하다’ · ‘하류에 처하는 것을 꺼려하다’의 뜻으로 쓰이고, 지금은 혹은 ‘낮은 계층에 속하는 것을 꺼리다’라는 의미로 쓰이기도 한다.

상商나라 주왕紂王이 오늘날까지도 악한으로 기억되는 것은 그 근본이 그렇게 나쁜 것은 아니라, 일단 하류에 처하게 되면 천하의 모든 나쁜 명성이 그에게 집중되기 때문이라는 내용에서 나온 성어다. 그래서 군자는 ‘하류가 되는 것’을 꺼리는 것이다.

‘(流)’자는 ‘水’와 ‘㐬’로 이루어진 자로, ‘사람이 물을 헤엄쳐 가는’ 모습이다. ‘㐬’는 ‘사람이 물을 헤엄치는’ 모습이다.

子貢曰: “紂之不善, 不如是之甚也. 是以君子惡居下流, 天下之惡皆歸焉.”(子張 19.20)

자공이 말하였다.

"주가 나쁜 것은 그토록까지 심하지는 않았던 것이다. 그래서 군자는 하류에 처해 있기를 싫어하는 것이다. 온 천하의 악이 다 그에게로 돌아가게 되기 때문이다."

주紂는 은나라의 마지막 왕으로 극악한 폭군으로 알려져 있으나 실제로는 그토록 까지는 나쁘지 않았다는 것이다. 상왕은 이미 하류라는 분류에 속하기 때문에 실제로 하지 않은 악명惡名까지도 다 뒤집어쓰게 된 것이다. 그래서 폭군하면 사람의 생각에 바로 주왕이 떠오르게 된 것이다. 따라서 군자는 하류라는 분류에 속해서는 안 된다. 하류라는 분류에 속하게 되면, 혹은 다른 면에 좋은 점이 있다손 치더라도 모두가 전부 나쁜 것으로 취급될 수 있기 때문이다.

공자는 군자는 '남의 잘못을 말하고, 아래에 있으면서 위에 속하는 사람을 비방하고, 용감하나 무례하고, 과단하나 융통성이 없는 사람'을 미워한다 하였다.

子貢曰: "君子亦有惡乎?" 子曰: "有惡, 惡稱人之惡者, 惡居下流而訕上者, 惡勇而無禮者, 惡果敢而窒者." 曰: "賜也亦有惡乎?" "惡徼以爲知者, 惡不孫以爲勇者, 惡訐以爲直者."(陽貨 17.24)

자공이 말하였다.

"군자도 미워하는 것이 있습니까?"

공자는 말하였다.

"미워하는 것이 있다. 남의 악을 말하는 사람을 미워하고, 밑에 있으면서 윗사람을 비방하는 사람을 미워하고, 용맹스러우나 무례한 사람을 미워하고, 과감하면서 융통성이 없는 사람을 미워한다."

"저도 미워하는 것이 있습니다. 남의 것을 가지고 지혜롭다고 여기는 사람을 미워하고, 불손한 것을 가지고 용맹하다고 생각하는 사람을 미워하고, 남의 결점을 들추어내는 것을 가지고 곧다고 여기는 사람을 미워합니다."

'칭인지악稱人之惡' 중 '稱(일컬을 칭, chēng)'은 '칭하다'·'언급하다'라는 뜻으로, '다른 사람의 나쁜 점을 말함'을 말한다. 사람의 약점을 대중 앞에 헐뜯고 비방한다면 그 사람은 큰 낭패를 당할 뿐만 아니라, 반드시 후에 복수를 하려 들 것이다. 공자는 내가 출세를 하려면 먼저 남을 먼저 배려하고, 내가 목적을 달성하려 하면 먼저 남의 목적을 달성시켜야 한다 하였다.[1]

'거하류산상居下流訕上'은 '거하산상居下訕上'으로도 쓴다. '訕(헐뜯을 산, shàn)'은 '헐뜯다'·'비방하다'라는 뜻이다. '아래에 있으면서 윗사람을 헐뜯고 비방'함을 말한다. 공자는 군자에게는 네 가지 '도의'가 있는데, 바로 '공恭'·'경敬'·'혜惠'·'의義'라 하였다. 이중 '공恭'은 자신의 공손한 태도를 가리키고, '경敬'은 윗사람에 대한 태도이고, '혜惠'는 백성에 대한 은혜로움이고 '의義'는 윗사람이 아랫사람을 부릴 때 '도의'를 가지고 하는 것을 말한다.[2]

---

1 "子曰: 夫仁者, 己欲立而立人, 己欲達而達人."(雍也 06.30)(인자한 사람은 자기가 나서고 싶으면 남을 내세워 주고 자기가 발전하고 싶으면 남을 발전시켜 준다.)

2 "子謂子産, '有君子之道四焉, 其行己也恭, 其事上也敬, 其養民也惠, 其使民也義.'"(公冶長 05.16)(공자가 자산에 대하여 말하였다. 군자의 도 네 가지 지니고 있었다. 개인행동은 공손하였고, 윗사람을 섬기는 데는 공경스러웠고, 백성의 생활을 돌봐주는 데는 은혜로웠고, 백성을 부리는 데는 올바른 길에 의해서 했다.)

'용이무례勇而無禮'은 용감하나 무례함을 가리킨다. 공자는 공경심은 가지고 있으나 무례하면 사람을 힘들게 하고, 조심스러움이 지나치나 예의가 없으면 두려움을 갖게 되고, 용감하나 예의가 없으면 혼란을 일으키고, 정직하지만 예의가 없으면 사람이 박하게 된다 하였다.[3]

'과감이질果敢而窒' 중 '窒(막을 질, zhì)'는 '막히다'라는 뜻이다. 전체적으로 결단력은 있으나, 융통성이 없어 다른 사람의 의견을 두루 섭렵하지 못하고 고집만을 피움을 가리킨다. 정직하지만 예절을 모르면 사람에게 각박하게 대하는 것이다. 즉 정의를 주장하면서 상대방에게 예의를 베풀지 않으며 상대방의 목을 조이는 것과 같은 것이다. 이를 두고 '絞(목맬 교, jiǎo)'라 한 것이다.

'요이위지徼以爲知' 중 '徼(구할 요, jiào)'는 '구하다' · '훔치다'의 뜻이다. 남의 것을 훔쳐서 혹은 남이 이룬 성과를 가지고 자신의 지식이라 여기는 것을 말한다. 표절을 하고는 마치 자신의 연구 결과로 발표하는 것과 같다. 이는 도적과 같은 행위이다.

'알이위직訐以爲直' 중 '訐(들추어낼 알, jié)'은 '들추어내다'는 뜻으로, 남의 결점을 들추어내어 상대방에게 마음에 상처를 주고도 이를 솔직하다고 여기는 것이다. 공자의 제자 중 민자건은 공손하고, 자로는 강직한 성격을 보이자 "자로와 같은 사람은 제명에 죽음을 면지 못할 것이다."라 하였다. 공자의 예언대로 자로는 그의 강직한 성격 때문에 위衛나라 자

---

3 子曰: "恭而無禮則勞, 愼而無禮則葸, 勇而無禮則亂, 直而無禮則絞."(泰伯 08.02)(공자는 말하였다. "공손하면서 예가 없으면 힘이 들고 신중하면서 예가 없으면 두려워지고, 용맹스러우면서 예가 없으면 난동을 저지르게 되고, 곧으면서 예가 없으면 박절하여진다.")

리子悝의 난에 참여했다가 죽임을 당하게 된다.[4]

위에서 언급한 '칭인지악稱人之惡'·'거하산상居下訕上'·'과감이질果敢而窒'·'용이무례勇而無禮'·'요이위지徼以爲知'와 '알이위직訐以爲直' 등의 행위는 사실상 군자가 취할 바가 아니기 때문에 모두 하류에 속하는 것이다. '하류'를 더 나쁜 말로 표현한다면 '저질'한 사람이다. 한번 '저질'한 사람으로 낙인이 찍히면 이를 되돌리기 쉽지 않다. '저질'이란 '어떤 기준보다 품질이나 품격이 낮음'을 가리킨다.

저질이 되지 않기 위해서는 공자는 '의義'를 본질로 삼고 살아가며, '예禮'로 행동하며, '겸손謙遜'하면서 자신의 일을 내놓고, '믿음'으로 일을 성사시켜야 한다 하였다.

> 子曰: "君子義以爲質, 禮以行之, 孫以出之, 信以成之. 君子哉!"(衛靈公 15.18)
>
> 공자는 말하였다.
>
> "군자는 의를 바탕으로 삼고, 예에 따라서 의義를 행하고, 겸손한 태도를 가지고 그것을 남 앞에 내놓고, 신용을 가지고 그것을 성사시킨다. 그래야 군자라 할 것이다."

---

4 "閔子侍側, 誾誾如也, 子路, 行行如也, 冉有子貢, 侃侃如也. 子樂. '若由也, 不得其死然.'"(先進 11.13)(민자건이 선생님 곁에 모시고 있을 적에는 그 태도가 공손하였고, 자로는 강직하였고, 염유와 자공은 화락하였다. 선생님께서는 즐거워하셨다. "자로(由) 같은 사람은 제 죽음을 못할 것이다.")

103

賜墻及肩 사장급견

못 미치는 학문

'사장급견賜墻及肩' 중 '사賜'는 '자공'을 가리킨다. 자공의 학문이 공자에 미치지 못함을 비유한 것이다. 담장으로 비유하자면 자공 자신의 학문은 겨우 어깨 높이로 쌓아 놓은 담장과 같기 때문에 밖에서 안을 훤히 바라볼 수 있고, 스승 공자의 학문은 수십 길이나 되기 때문에 밖에서 안을 엿볼 수 없듯이 그 깊이를 헤아릴 수 없다는 비유이다.

'墻(담 장, qiáng)'자는 '土'와 '嗇(아낄 색, sè)'로 이루어진 자로 '담장이 있는 흙으로 만든 창고'의 뜻이다. '(嗇)'은 '외부에 설치한 곡식을 저장해 놓는 창고'의 모습이다. 갑골문은 '' · ''으로 쓰고, 금문은 '' · ''으로 쓴다.

'(及, 미칠 급, jí)'자를 갑골문은 ''으로 쓰고, 금문은 ''이나 '彳'을 추가하여 ''으로 쓴다. '손으로 사람을 붙잡는 모습'으로 '뒤따라 간 사람의 미침'을 말한다.

'(肩, 어깨 견, jiān)'자를 갑골문은 '' · '' · '' · ''으로 쓴다. 소의

'견갑골肩胛骨' 모양이다. 소전小篆 중 자건 '戶'는 어깨뼈의 모양이 와전된 것이고, 뼈는 고기와 관련이 있기 때문에 후에 의미부 '肉'을 추가한 것이다.

叔孫武叔語大夫於朝曰: "子貢賢於仲尼." 子服景伯以告子貢. 子貢曰: "譬之宮牆, 賜之牆也及肩, 窺見室家之好. 夫子之牆數仞, 不得其門而入, 不見宗廟之美, 百官之富. 得其門者或寡矣. 夫子之云, 不亦宜乎!"(子張 19.23)

숙손무숙이 조정에서 한 대부에게 말하였다.

"자공이 공자보다 잘났다."

자복경백이 이 이야기를 자공에게 일러주었더니, 자공이 말하였다.

"집의 담에다 비유한다면, 저의 담은 어깨까지 닿아서 집의 좋은 것을 들여다보게 됩니다. 우리 선생님의 담은 여러 길이나 되어서 그 문을 찾아내서 들어가지 않는다면 그 안에 있는 종묘의 아름다움과 온갖 관원들의 수효가 많은 것이 보이지 않습니다. 그 문을 찾아낸 사람이 어떻게 된 노릇인지 적으니, 그 분이 그렇게 말씀하시는 것도 그럴법한 일이 아니겠습니까?"

숙손무숙叔孫武叔은 노나라의 대부이다. 이름은 주구州仇이고 무武는 시호諡號이며, 숙叔은 자이다. 자공은 말년에, 애공哀公이 나라를 다스릴 때 노나라에 등용되어 제齊나라에 사신으로 가서 빼앗긴 땅을 찾아오기도 하였다. 자복경백子服景伯은 이때의 자공의 동료로 노나라에서 일했다.

공자는 깊고 심오하여 이를 헤아리는 사람이 적었고, 자공 역시 상당히 뛰어난 제자 중의 한 사람이었기 때문에 숙손무숙이 감히 자공을 공자와 비유하였던 것이다. 사賜 자공은 언변에 능하였고, 공자의 제자 중에서 가장 부유했다. 자공子貢은 성은 단목端木이고 이름은 사賜이다. 위衛나라 사람으로 언사言辭에 능하였고 장사를 잘하여 재산이 천금에 달하였다고 한다. 공자보다 31살이 적었다.

德行, 顔淵閔子騫冉伯牛仲弓. 言語, 宰我子貢. 政事, 冉有季路. 文學, 子游子夏.(先進 11.03)

덕행으로 뛰어났던 제자들은 안연·민자건·염백우 및 중궁이었고, 언어로 뛰어났던 제자들은 재아와 자공이었고, 정사로 뛰어났던 제자들은 염유와 계로였고, 문학으로 뛰어났던 제자들은 자유와 자하였다.

柴也愚, 參也魯, 師也辟, 由也喭. 子曰: "回也其庶乎, 屢空. 賜不受命, 而貨殖焉, 億則屢中."(先進 11.18)

고시高柴는 어리석고, 증삼曾參은 둔하고, 전손사顓孫師는 형식적이고, 중유仲由는 거칠다. 선생님께서 말씀하셨다.

"회回는 거의 도에 통달하였다고 하겠는데 끼니를 못 잇는 일이 많다. 자공 사賜는 운명을 그대로 받아들이지 않고 재물을 늘렸는데 그가 억측하는 것이 자주 적중한다."

안회는 집안이 대단히 가난해서 끼니를 못 잇는 일이 잦았고 겨를 먹는 것도 싫어하지 않았지만, 자공은 제자 중에서 가장 부유했기 때문에 주위사람으로부터 인정을 받았던 인물이었다.

자공은 자국인 노나라를 제나라의 위협으로부터 구하기 위해 제나라에 사신으로 가길 자청하였다. 공자의 많은 제자들이 서로 사신으로 가길 자청하였으나 공자는 자공을 선발하였다. 그만큼 자공의 언변과 지혜가 출중하기 때문이기도 하다.[1]

자공은 결국 제나라와 같은 강국이 약국인 노나라를 치는 것은 명분에 어긋난다면서 제나라 왕을 설득하고 오나라왕도 설득하여 오나라와 제나라가 서로 맞붙게 하였다. 이후, 오나라에 원한을 가지고 복수를 꿈꾸던 월나라도 설득하여 오나라가 제나라를 치고 진나라와 싸우게 한 뒤 월나라 왕의 원한을 풀어주고 오나라를 망하게 하였다.『사기史記 · 중니제자열전仲尼弟子列傳』에 단목사端木賜가 노나라의 위기를 외교로 구한 내용이 나온다.

이렇게 자공이 한 번 노나라를 떠나 다시 돌아오면서 노나라를 보존하고, 제나라를 어지럽히고, 오나라를 격파하고, 진나라를 강하게 하고, 월나라를 패자로 만들었다. 즉 자공이 한 번 사신이 되어 여러 나라를 돌자 각국의

---

1 "昭王將以書社地七百里封孔子. 楚令尹子西曰: '王之使使諸侯有如子貢者乎?' 曰: '無有.' '王之輔相有如顔回者乎?' 曰: '無有.' '王之將率有如子路者乎?' 曰: '無有.' '王之官尹有如宰予者乎?' 曰: '無有.' '且楚之祖封於周, 號爲子男五十里. 今孔丘述三五之法, 明周召之業, 王若用之, 則楚安得世世堂堂方數千里乎? 夫文王在豐, 武王在鎬, 百里之君卒王天下. 今孔丘得據土壤, 賢弟子爲佐, 非楚之福也."(史記 · 孔子世家)(소왕이 장차 서사의 땅 700리로 공자를 봉하려고 하였다. 그러자 초나라의 재상 자서(子西)가 말하였다. "왕의 사신으로 제후에게 보낼 사람 중에서 자공만한 사람이 있습니까?" "없습니다." "왕을 보필할 신하 중에서 안회만한 사람이 있습니까?" "없습니다." "왕의 장수 중에서 자로만한 사람이 있습니까?" "없습니다." "왕의 장관 중에서 재여(宰予)만한 사람이 있습니까?" "없습니다." 자서는 이어서 말하였다. "하물며 초나라의 선조가 주(周)나라로부터 봉함을 받았는데 그때 봉호는 자남작(子男爵)이었고, 봉지는 50리였습니다. 지금 공자는 삼황오제(三皇五帝)의 치국방법을 말하고 주공(周公), 소공(召公)의 덕치를 본받고 있으니, 왕께서 만약 공자를 등용하신다면 초나라가 어떻게 대대로 당당하게 다스려온 사방 수 천리의 땅을 보존할 수 있겠습니까? 무릇 문왕(文王) 풍 땅에서 일어났고, 무왕(武王)은 호 땅에서 일어났지만 백리밖에 안 되는 작은 땅을 가진 군주가 마침내 천하를 통일하였던 것입니다. 지금 공자가 근거할 땅을 얻고 저렇게 많은 현명한 제자들이 그를 보좌한다면 이것은 우리 초나라에 결코 좋은 일이 못 될 것입니다.")

형세가 뒤바뀌고 10년 동안에 노魯·제齊·오吳·진晉·월越 5개국이 모두 대 변혁을 가져오게 되었다.

자공은 또 매점매석을 일삼아, 값이 쌀 때에 물건을 사재었다가 값이 오르면 팔아 큰 부를 쌓았다. 또 남의 장점을 드러내어 칭찬을 좋아했으나, 한편 다른 사람의 과실을 감추어 주지는 못했다. 일찍이 노나라 위衛 나라의 재상이 되어 집에 천금을 쌓아두기도 했고, 마지막에는 제나라에서 세상을 마쳤다.[2]

공자는 자공을 그릇 중에 종묘에서 서직을 담을 때 사용하는 '호련'정도에 해당된다 하였다.

子貢問曰, "賜也何如?" 子曰, "女, 器也." 曰, "何器也?" 曰, "瑚璉也."(公冶長 05.04)

자공이 말하였다.

"저를 어떻게 생각하십니까?"

공자는 말하였다.

"너는 그릇이다."

"무슨 그릇입니까?"

"호련이다."

---

2 故子貢一出, 存魯, 亂齊, 破吳, 强晉而霸越. 子貢一使, 使勢相破, 十年之中, 五國各有變. 子貢好廢擧, 與時轉貨貲. 喜揚人之美, 不能匿人之過. 常相魯衛, 家累千金, 卒終于齊.(史記·仲尼弟子列傳)

자공이 자기의 학문과 수양의 정도를 물어보자 공자는 호련 정도의 쓰임을 가진 인물이라 하였다. 호련은 서직庶職을 담는 종묘의 귀중한 제기이다. 모든 것을 다 담을 수 있는 큰 그릇은 아닐지라도 귀중한 그릇이다. 주희는 호련은 기장과 곡식을 담는 그릇인데, 옥으로써 장식하였으니, 그릇 중에 귀중하고 화려하고 아름다운 것이라 하였다.[3] 따라서 자공은 당시에 상당히 뛰어난 인물이었음을 알 수 있다. 어느 날 공자는 자공에게 안회와 비교하여 누가 뛰어나느냐고 묻자, 안회는 하나를 들으면 열을 알지만 자신은 하나를 들으면 둘을 안다고 하였고, 공자 자신 역시 안회에 미치지 못한다 하였다.[4] 이렇게 훌륭한 안회도 스승 공자를 가리켜 '우러러보면 볼수록 더욱 높이 올라가고, 뚫고 내려가면 갈수록 더욱 굳어져 들어가고, 앞에 있는 것을 보고 있자면 어느 틈에 뒤에 와 있다'라고, 스승 공자의 도저히 따라 잡을 수 없는 성인임을 역설하였다.[5]

---

3 "器者, 有用之成材. 夏曰瑚, 商曰璉, 周曰簠簋, 皆宗廟盛黍稷之器, 而飾以玉, 器之貴重而華美者也. 子貢見孔子以君子, 許子賤. 故以己爲問而孔子告之以此. 然則子貢, 雖未至於不器, 其亦器之貴者歟."(朱熹, 論語集註)(기(器)란 쓰임새가 있는 완성된 재목을 말한다. 하나라에서는 호(瑚)라 하고, 상나라에서는 연(璉)이라 하고, 주나라에서는 보궤(簠簋)한다. 모두 종묘에서 기장과 곡식을 담는 그릇인데, 옥으로써 장식하였으니, 그릇 중에 귀중하고 화려하고 아름다운 것이다. 자공이 공자께서 자천을 군자라고 하자, 자신은 어떤 인물인지 묻자 공자가 평가를 해 준 것이다. 자공이 비록 '군자불기(君子不器)'에는 이르지 못하나 그 또한 그릇으로써 귀하다고 칭찬하신 것이다.)

4 "子謂子貢曰: '女與回也孰愈?' 對曰: '賜也何敢望回? 回也聞一以知十, 賜也聞一以知二.' 子曰: '弗如也, 吾與女弗如也.'(論語 · 公冶長, 05.09)(선생님께서 자공에게 물었다. "너와 안회는 어느 쪽이 우수하냐?" "제가 어떻게 감히 안회를 바라볼 수 있겠습니까? 안회는 하나를 듣고서 열을 아는데 저는 하나를 듣고서 둘을 압니다." 공자는 말하였다. "그만 못하다. 나와 너는 그만 못하다.")

5 "顔淵喟然歎曰: '仰之彌高, 鑽之彌堅. 瞻之在前, 忽焉在後. 夫子循循然善誘人, 博我

공자의 제자 중 유약有若의 언행과 풍격이 공자와 비슷하였는데, 공자의 제자들 중에는 공자를 그리워한 나머지, 유약을 공자 섬기듯이 섬기자고 하였다. 증자는 이를 보고 공자의 덕은 더 보탤 여지가 없이 위대하므로 공자를 아무에게도 비할 수는 없고, 따라서 아무도 공자를 섬기듯이 섬길 대상은 될 수 없다고 유약 섬기기를 거절하였다. 유약은 공자보다 열세 살 밖에 차이가 나지 않아 공자가 세상을 떠날 당시 이미 육십여 세의 노인이어서 그의 언행이 공자를 연상할 정도로 우아하였으므로, 공자의 제자 중 나이가 적은 제자들이 유약을 공자같이 섬기고자 하자, 증자는 공자의 덕은 양자강의 물이나 한수漢水와 같은 물로 세탁하고 가을의 태양 아래에서 말려서 깨끗하게 된 것처럼 완전무결하다고 하였다.

나는 중국의 것을 가지고 미개민족을 변화시킨다는 말은 들었어도, 여태까지 미개민족에 의해서 중국이 변화되었다는 말은 듣지 못했소. 진량陳良은 초나라 태생이면서 주공과 중니仲尼의 도를 좋아하여 북쪽에 와서 중국에서 배웠는데, 북방의 학인들이 그보다 앞서지 못했으니, 그 사람은 이른바 호걸지사이오.

당신의 형제들이 그를 수십 년 동안 섬기다가, 스승이 죽자 마침내 그를 배반하였소. 옛날에 공자께서 돌아가시자, 3년이 지나 제자들이 짐을 꾸리

以文, 約我以禮, 欲罷不能. 旣竭吾才, 如有所立卓爾. 雖欲從之, 末由也已.'(論語 · 子罕, 09.11)(안연이 깊이 탄식하여 말하였다. "스승의 도는 우러러보면 볼수록 더욱 높이 올라가고, 뚫고 내려가면 갈수록 더욱 굳어져 들어가고, 앞에 있는 것을 보고 있자면 어느 틈에 뒤에 와 있다. 선생님께서는 사람을 차근차근 잘 유도하신다. 글로 나의 지식을 넓혀 주시고, 예(禮)로 나의 행위를 단속하여 주신다. 내가 배움을 그만두고자 하나 그만둘 수 없어, 내 재주가 다해 버리기에 이르러도, 우두커니 서 있는 것이 있는 것 같아진다. 그래서 그것을 따라가려고 하지마는 따라갈 길이 없다.")

> 고, 집으로 돌아가려고 자공한테 돌어가서 읍을 하고 서로 마주보고서 울었는데, 다들 목이 쉬어버린 후에야 돌아갔소. 자공은 공자의 무덤에 돌아와 제단 있는 터에다 집을 짓고 혼자서 3년을 지내고난 후에 돌아갔소. 그 후에 자하子夏와 자장子張과 자유子游가 유약有若이 성인을 닮았다고 해서 공자를 섬기던 것 같이 유약을 섬기려고 하니, 증자에게도 그렇게 유약섬기기를 강요하였는데, 증자께서는 '안되오. 공자의 위대한 덕은 장강과 한수가 빨아주는 것 같고, 가을 햇볕이 쬐는 것 같고, 태양이 희고 또 흰 것 같아서 더 보탤 수는 없는 거이오.'[6]

공자의 내놓을 만한 제자 중 자공만이 공자의 최후를 같이하였고, 또한 혼자서 3년 상을 치렀다. 이는 자공이 공자를 부모님으로 모셨기 때문이다. 공자 역시 자공을 자식처럼 여겼다. 공자 말년에 자공이 돌아오자 "사賜야, 너는 왜 이렇게 늦게 왔느냐?" 라고, 눈을 감기 전 가장 보고 싶어나는 제자가 자공이었을 것이다.

---

6 吾聞用夏變夷者, 未聞變於夷者也. 陳良, 楚產也; 悅周公・仲尼之道, 北學於中國, 北方之學者, 未能或之先也. 彼所謂豪杰之士也. 子之兄弟事之數十年, 師死而遂倍之. 昔者孔子沒, 三年之外, 門人治任將歸, 入揖於子貢, 相嚮而哭, 皆失聲, 然後歸. 子貢反, 筑室於場, 獨居三年, 然後歸. 他日子夏・子張・子游以有若似聖人, 欲以所事孔子事之, 強曾子. 曾子曰: '不可, 江漢以濯之, 秋陽以暴之, 皜皜乎不可尚已.' 今也南蠻鴃舌之人, 非先王之道, 子倍子之師而學之, 亦異於曾子矣. 吾聞出於幽穀・遷于喬木者, 未聞下喬木而入於幽穀者. 魯頌曰: '戎狄是膺, 荊舒是懲.'周公方且膺之, 子是之學, 亦爲不善變矣.(孟子・滕文公上)

청동기靑銅器 보궤簠簋

104

生榮死哀 생영사애

영광스러운 삶, 애도하는 죽음

'생영사애生榮死哀'은 '살아있을 때는 영광스러웠고, 죽었을 때는 모두가 애도하였다'는 '만인의 추앙을 받았다'는 뜻이다.

'(生)'자를 갑골문은 ''으로 쓰고 금문은 ''으로 쓴다. 생물이 땅에서 솟아나오는 모습이다.

'(榮, 꽃 영, róng)'자를 금문은 ''·''으로 쓴다. 나무를 묶어 만든 횃불의 모양이다. '빛처럼 빛나는 영광'이라는 뜻으로 쓰인다.

'(死, 죽을 사, sǐ)'자를 갑골문은 ''·''·''로 쓰고, 금문은 ''로 쓴다. 죽음을 보고 애도하는 모습이다.

'(哀)'자는 '口'과 소리부 '衣'로 이루어진 자이다. 금문은 ''로 쓰거나 '衣'와 '心'으로 이루어진 ''자로 쓰기도 한다. '상복은 입고 애도하다'라는 뜻이다. 후에 '슬프다'·'불쌍히 여기다'라는 뜻으로 쓰인다.

陳子禽謂子貢曰: "子爲恭也, 仲尼豈賢於子乎?" 子貢曰: "君子一言以爲知,一言以爲不知, 言不可不愼也. 夫子之不可及也, 猶天之不可階而升也. 夫子之得邦家者, 所謂立之斯立, 道之斯行, 綏之斯來, 動之斯和. 其生也榮, 其死也哀, 如之何其可及也?"(子張 19.25)

진자금이 자공에게 말하였다.

"선생이 겸손한 것이지요. 중니가 어찌 선생보다 잘났겠습니까?"

자공이 말하였다.

"군자는 한 마디로 지혜로워지고, 한 마디로 지혜롭지 않게 되는 것이니, 말은 조심하지 않을 수 없습니다. 우리 선생님을 따라가 낼 수 없는 것은 층계를 밟고 하늘에 올라가낼 수 없는 것과도 같습니다. 우리 선생님께서 제후국이나 큰 가문을 맡아서 다스리셨다면야 그야말로 '그것을 세우면 서고, 그것을 이끌면 따라가고, 그것을 안정시키면 따라오고, 그것을 움직이면 조화를 이룬다. 그의 생애는 영광스럽고, 그의 죽음은 슬프다'는 것입니다. 어떻게 그 분을 따라가 내겠습니까?"

진자금陳子禽은 진항陳亢의 자이고, 공자의 제자이며 자공보다 아홉 살이 아래였다.

'사斯'는 본 구절에서 접속사 '……면'이라는 뜻으로 쓰이고, '여지하如之何'는 '어떻게'라는 '여하如何'의 의미와 같다.

공자가 만약에 국가를 다스리게 된다면, 기강이나 도를 세우고자 하면 서게 되고('입지사입立之斯立'), 이끌어 인도하면 나아가게 되고('도지사행道之斯行'), 편안하게 안정시키면 따라오고('수지사래綏之斯來'), 백성을 움직이게 하여 동원을 하게 되면 화목하게 호응한다('동지사화動之斯和')하였다.

'도道'는 '인도하다'의 '도導'의 의미로 쓰인다. '(綏, 수레 손잡이 수,

suí)'자는 원래 '수레의 손잡이 줄'을 가리킨다. 수레를 탔을 때 손잡이를 붙잡으면 안심할 수 있고 편안하기 때문에 후에 '편안하다'·'안심하다'라는 의미로 쓰인다. '綏'자는 '糸'와 '妥'로 이루어진 자이다. '(妥, 온당할 타, tuǒ')자는 손으로 여자를 달래 편히 앉아있는 모습이다.

'생영사애生榮死哀'의 뜻과 유사한 성어로는 '생영망애生榮亡哀'와 '유방백세流芳百世'가 있다. '생영망애'는 '생영사애'의 '사'자를 '망'자로 바꾼 것이다. '유방백세流芳百世'는 향기가 나는 듯한 아름다운 명성이 백세동안이나 전해내려 온다는 뜻이다. 이와 반대되는 성어로는 '유취만년遺臭萬年'이나 '이취만년貽臭萬年 등이 있다. 나관중『삼국연의三國演義』제 9회 '여포呂布는 왕윤王允을 도와 동탁董卓을 죽이고 이각李傕은 가후賈詡의 말을 따라 장안을 침범하다'[1]에서 이와 관련된 성어가 나온다. 왕윤이 초선貂蟬을 이용하여 동탁과 여포를 이간질하게 하고, 왕윤은 여포로 하여금 동탁을 제거하도록 꼬드김을 하는 장면이다.

> 장군(여포)이 만약에 한나라 황실을 도와 세운다면 충신으로서의 그 이름이 역사에 기록되어 아름다운 행적이 백대까지 전해지겠지만, 만약에 동탁을 돕는다면 이는 곧 반역을 하는 것이니, 그 이름은 역사에 남아 더러운 행적이 만년이나 전해질 것이오.[2]

결국은 당시 아이들이 부르는 '천리초千里草, 하청청何青青, 십일복十

---

1 『三國演義』, 第九回, 「除凶暴呂布助司徒, 犯長安李傕聽賈詡」.

2 將軍若扶漢室, 乃忠臣也, 青史傳名, 流芳百世; 將軍若助董卓, 乃反臣也, 載之史筆, 遺臭萬年.(三國演義)

日卜, 부득생不得生'[3]라는 노래처럼 여포의 칼에 죽고 동탁은 목은 떨어진다. '천리초千里草'는 '동董'자를 가리키고, '십일복十日卜'은 '탁卓'자를 가리킨다.

'청사전명青史傳名' 중 '청사青史'는 역사를 가리키는 말로 '종이가 발명되기 이전에 대의 청피青皮에 역사적 사실을 기록했기'때문에 생겨난 성어이다. 전체적으로 후세에 역사적으로 이름이 전해지다는 뜻이다. '유취만년有臭萬年' 중 '취臭'는 '더러운 냄새' · '나쁜 소문'이란 뜻이고, 전체적으로 '나쁜 명성이 천 년 대대로 전해오다'라는 뜻이다. 동탁이 죽자 백성들이 동탁의 머리를 손으로 때리고 시체를 짓밟았다. 이는 '생영사애生榮死哀'가 아니라, 미워하니 죽기를 바라는 '오지욕사惡之欲死'이다.

> (왕윤은) 또한 동탁의 시체도 큰길가에 던져놓아 백성들이 전부 볼 수 있게 하였다. 동탁의 시체가 어찌나 비대한지 지키는 군사가 그 배꼽에다 심지를 박고 불을 붙이니 기름이 끓어내려 땅바닥에 흥건히 고일 정도였다. 백성들은 하나 같이 동탁의 머리를 손으로 때리고 시체를 짓밟았다.[4]

백성의 원한이 이 정도라면 한 때 천하를 호령했다 한들 무슨 가치가 있겠는가?

내가 죽었는데 애석할 사람보다 좋아할 사람이 더 많다면, 아 이 한평

---

3 "천리초가 제아무리 푸르고 푸르러도, 열흘을 못 넘겨서 죽고 말리라."

4 又將董卓尸首, 號令通衢. 卓尸肥胖, 看尸軍士以火置其臍中爲灯, 膏流萬地. 百姓過者, 莫不手擲其頭, 足踐其尸.(三國演義, 9회)

생 얼마나 애석한 일인가. 역사에 남을 인물이란 너무 거창한 것이고, 남에게 욕이나 먹지 않을 인생을 사는 것이 더 급선무다 하겠다.

105

簡在帝心 간재제심

하느님은 아신다

'간재제심簡在帝心' 중 '간簡'은 '간택하다' · '가리다'의 뜻이며, 전체적으로 '그것을 가려내는 것은 하느님께 달려있다' 혹은 '하느님께서 진작 알고 있다'라는 뜻에서 '왕이나 상관이 신하나 혹은 부하의 능력을 이미 헤아려 신임을 갖다'라는 의미로 쓰인다.

'(簡, 대쪽 간, jiăn)'은 '竹'과 소리부 '間'으로 이루어진 자이다. '間'자는 뜸으로 보이는 햇빛의 뜻이다. '간簡'자는 글씨를 쓰기 위해 얇게 다듬은 대나무이다. 얇게 다듬은 대나무라는 뜻에서 '간략하다' · '드물다'라는 파생어로 쓰이고, 글씨를 쓰기 위해서는 잘 다듬어진 대나무를 선택하여야 하기 때문에 '간택하다'라는 뜻으로도 쓰인다.

堯曰: "咨! 爾舜! 天之曆 數在爾躬, 允執其中. 四海困窮, 天祿永終." 舜亦以命禹. 曰: "予小子履敢用玄牡, 敢昭告於皇皇后帝, 有罪不敢赦. 帝臣不蔽, 簡在帝心. 朕躬有罪, 無以萬方, 萬方有罪, 罪在朕躬." "周有大賚, 善人是富. 雖有周親, 不如仁人. 百姓有過, 在予一人." 謹權量, 審法度, 脩廢官, 四方之政行焉. 興滅國, 繼絶世, 擧逸民, 天下之民歸心焉. 所重, 民食喪祭. 寬則得重, 信則民任焉, 敏則有功, 公則說.(堯曰 20.01)

요임금은 말했다.

"아아, 너 순이여! 하늘의 운수가 네 몸에 와 있으니 진실로 그 중용中庸을 잡을지니라. 사해가 곤궁해지면, 하늘에서 내리는 복록은 영영 끊어지리라."

순임금도 이 말을 우임금에게 일러주었다.

탕왕은 말했다.

"나, 어린아이 이履는 감히 검은색 수소를 희생으로 바치고, 밝히 위대하고 위대한 천제께 정성껏 고하나니, 죄 있는 자는 감히 용서하지 않겠습니다. 하느님의 신하들은 묻어주지 않을 것이오니, 그것을 가려내는 것은 하느님 마음에 달려 있습니다. 나 자신에 죄가 있다면 만방을 맡아 다스리는 일을 맡기지 마십시오. 만방의 백성들에게 죄가 있다면 그 죄는 나 자신의 부덕의 탓입니다."

무왕은 말했다.

"주나라는 하늘의 큰 혜택을 입어 선한 인물이 많다. 지극히 가까운 친척이 있다 하더라도, 그것은 인자한 인물만은 못한 것이다. 백성들에게 허물이 있다면 그것은 나 한 사람의 부덕한 탓이다."

무왕은 척도尺度와 양형量衡을 조심스럽게 다루고, 법도를 자세히 살피고, 없앴던 관서官署를 다시 일으켜서, 사방의 정사가 시행되게 되었다. 멸망한 나라를 일으켜주고, 끊어진 대代를 이어 주고, 초야에 묻혀버린 인재를 등용하여서 온 천하의 백성들이 그에게 마음을 돌리게 되었다. 그가 소중하게 여긴 것은, 백성들과 양식과 제사와 상사喪事였다.

관대하면 많은 사람들의 지지를 받고, 신용이 있으면 백성들이 신임할 것이고, 민첩하면 공적을 올리게 되고, 공평하면 기뻐한다.

요堯의 말은 그가 순舜에게 제위를 선양할 때에 고계告戒한 말이다. '하늘의 역수曆數'는 '제왕의 제위를 계승할 차례'라는 뜻이다. 중용中庸을 잡으라고 한 것은 과함이 없이 가장 적절한 것을 지켜 나가라는 뜻이다. '사해四海'는 '사해가 다 없어질지라도 하늘에서 내리는 복록은 영원히 계속하리라'는 뜻으로 이해하기도 한다. 리履는 하夏의 걸桀왕을 토벌하고 상商나라를 일으킨 탕왕湯王의 이름이다.

본 구절과 관련된 성어로 '선인시부善人是富'와 '홍멸계절興滅繼絶'이 있다. '선인시부善人是富' 중의 '시是'는 '참으로'라는 뜻의 '실實'과 같은 의미로 해석하여 '착한 사람이 참으로 많다'라고 일반적으로 해석하나, 혹은 '착한 사람은 모두 부귀토록 하다'라는 뜻으로 해석하기도 한다. '홍멸계절興滅繼絶'은 '멸망한 나라를 일으켜주고, 끊어진 대를 이어 주다'라는 뜻에서 '나라를 홍하게 하고 대를 잇게 하다'라는 뜻이다.

『묵자』에서는 우 · 탕 · 문왕과 무왕이 백성을 널리 사랑하였고, 걸 · 주 · 유왕과 여왕은 천하의 백성을 모두 미워하였다 하였다.

옛 성왕인 우 · 탕 · 문왕 · 무왕은 천하의 백성을 모두 아울러 사랑하였으며 앞장서서 하늘을 받들고 귀신을 섬겨 사람들을 이롭게 함이 많았다. 그러므로 하늘이 그들에게 복을 주고 내세워 천자가 되게 하였으니 천하의 제후가 모두 존경하여 섬겼다. 포학한 군주 걸 · 주 · 유왕 · 여왕은 천하의 백성을 모두 아울러 미워하였으며 앞장서서 하늘을 헐뜯고 귀신을 깔보다 사람들을 많이 해쳤다. 그러므로 하늘이 그들에게 화를 입히고 국가를 멸망시켰으며 자신도 죽어 천하의 망신거리가 되었다. 후에 백성들이 그것을 비

방하고 오늘에 이르러 이를 그만두지 않았다.[1]

맹자는 문왕은 백성을 보기를 마치 환자 보듯이 연민의 정으로 대했고, 사람의 도리를 좀 실천하였다고 해서 이에 만족하지 않았고 계속해서 수양하고자 노력하였으며, 무왕은 자기와 가까이 있는 사람만을 보살피려 하지 않고 자신과 관계가 소원한 사람이나 멀리 떨어져 있는 변방지역의 백성까지도 걱정하였다 하였다.

맹자가 말하였다.

"우임금은 맛있는 술을 싫어하고 선한 말을 좋아하였다. 탕왕은 중용을 지키고 현량한 인재를 벼슬자리에 서게 하는 데는 그 출처를 따지지 않았다. 문왕은 백성들 보기를 다친 사람 보듯 하였고, 도를 바라기를 그것을 보지 못했던 것 같이 하였다. 무왕은 가까이 있는 사람을 더 친숙하게는 대하지 않았고, 멀리 떨어져 있는 사람을 잊지 않았다. 주공은 위의 세 왕[2]의 좋은 점을 다 겸해서 네 가지의 일을[3] 적용하려고 생각하였다. 그 중에 실제에 맞지 않는 점이 있으면 삼왕의 사적을 우러러 생각하는데 밤이 날이 샐 때까지 했다. 다행히 그 도리를 터득하게 되면 앉아서 날이 새기를 기다

---

1 "昔之聖王禹 · 湯 · 文·武, 兼愛天下之百姓, 率以尊天事鬼, 其利人多, 故天福之, 使立爲天子, 天下諸侯皆賓事之. 暴王桀 · 紂 · 幽 · 厲, 兼惡天下之百姓, 率以詬天侮鬼. 其賊人多, 故天禍之, 使遂失其國家, 身死爲僇於天下. 後世子孫毁之, 至今不息. 故爲不善以得禍者, 桀 · 紂 · 幽 · 厲是也. 愛人利人以得福者, 禹 · 湯 · 文 · 武是也. 愛人利人以得福者有矣, 惡人賊人以得禍者亦有矣!"(墨子 · 法儀)

2 원래는 우(禹) · 탕(湯) · 문(文) · 무(武)는 네 임금을 가리키는데, 여기서는 주문왕(周文王)과 주무왕(周武王)을 하나로 치고 셋이라고 한 것이다.

3 '네 가지 일'은 '우탕(禹湯)문무(文武)'가 실행한 일을 가리킨다.

렸다."[4]

역대 집정자 중에는 백성을 헤아리는 기본적인 마음이 없이 단지 자신의 욕망이나 개인적인 목적을 탐하기 위하여 무력이나 세력으로 나라의 권력을 잡은 자가 있었다. 하늘의 마음이 곧 백성의 마음이다. 백성이 이미 모두 이를 헤아리고 있다. '간재제심簡在帝心'은 곧 '간재민심簡在民心'이다. 백성이 버리면 결국 자신도 화를 입고 천하의 망신거리가 된다.

---

4 孟子曰: "禹惡旨酒而好善言. 湯執中, 立賢無方. 文王視民如傷, 望道而未之見. 武王不泄邇, 不忘遠. 周公思兼三王, 以施四事. 其有不合者, 仰而思之, 夜以繼日; 幸而得之, 坐以待旦."(孟子・離婁章下)

106

望而生畏 망이생외

바라보면 경외심이 생긴다

'망이생외望而生畏'는 '바라보기만 해도 위엄이 있어 두려워하게 되다'라는 뜻이다. 『논어』의 '망이외지望而畏之' 구절 중 '생기다'라는 의미의 '생生'자를 추가하여 만든 성어이다. '(望, 바랄 망, wàng)'자를 갑골문은 ''·''으로 쓰고, 금문은 ''·''으로 쓴다. 높은 곳에 올라 멀리 바라보거나 혹은 달을 바라보는 모습이다. 음성을 표시하는 '亡'은 '눈(目)'의 모양이 와전된 것이다.

子張問於孔子曰: "何如斯可以從政矣?" 子曰: "尊五美, 屛四惡, 斯可以從政矣." 子張曰: "何謂五美?" 子曰: "君子惠而不費, 勞而不怨, 欲而不貪, 泰而不驕, 威而不猛." 子張曰: "何謂惠而不費?" 子曰: "因民之所利而利之, 斯不亦惠而不費乎? 擇可勞而勞之, 又誰怨? 欲仁而得仁, 又焉貪? 君子無衆寡, 無小大, 無敢慢, 斯不亦泰而不驕乎? 君子正其衣冠, 尊其瞻視, 儼然人望而畏之, 斯不亦威而不猛乎?" 子張曰: "何謂四惡?" 子曰: "不教而殺謂之虐, 不戒視成謂之暴, 慢令致期謂之賊, 猶之與人也, 出納之吝謂之有司."(堯曰 20.02)

자장이 공자께 물었다.

“어떻게 하여야 정치에 종사할 수 있게 되겠습니까?”

공자는 말하였다.

“다섯 가지 미덕을 존중하고 네 가지 악덕을 물리친다면 정치에 종사할 수 있게 될 것이다.”

자장이 말하였다.

“무엇이 다섯 가지 미덕입니까?”

“군자는 은혜스러우면서 낭비하지는 않고, 힘든 일을 시키면서도 원망을 사지는 않고, 원하기는 하나 탐내지는 않고, 태연하나 교만하지는 않고, 위엄이 있으나 사납지는 않다.”

“무엇이 은혜스러우나 낭비하지는 않는 것입니까?”

공자는 말하였다.

“백성에게 이익 되는 것에 따라서 그들을 이롭게 하여 주면, 이 또한 은혜스러우면서 낭비하지는 않는 것이 아니겠느냐? 힘든 일을 시킬 만한 사람을 택해서 힘든 일을 시킨다면 또 누가 원망하겠느냐? 인자함을 원해서 인자함을 얻는다면 또 어찌 탐내겠느냐? 군자는 사람이 많건 적건 크건 작건 감히 소홀하게 다루는 일이 없으니, 이 또한 태연하나 교만하지는 않은 것이 아니냐? 군자는 자기의 의관을 바로 착용하고 사물을 바라보는 자신의 태도를 존엄있게 하여, 남이 바라보면 그를 두려워하게 되니 이 또한 위엄이 있으나 사납지는 않은 것이 아니냐?”

자장이 말하였다.

“무엇이 네 가지 악덕입니까?”

공자는 말하였다.

“가르치지 않고서 죽이는 것을 잔학하다고 한다. 미리 경계해 놓지 않고

서 일의 완성을 재촉하는 것을 난폭하다고 한다. 소홀하게 명령해 놓고 시기를 꼭 대도록 기대하는 것을 괴롭히는 짓이라고 한다. 고루 사람들에게 나누어주는 데 있어 내고 들이는 것을 인색하게 하는 것을 유사라고 한다."

'인색하기를 유사와 같다'라는 뜻은 정치하는 자가 베풀어야 할 때는 기꺼이 베풀어 주어야 하는데, 그것이 아까워서 주저하는 것은 출납 책임을 맡은 유사有司와 다를 바 없다는 것이다.

본 구절과 관련된 성어로는 '망이생외望而生畏' 이외에 '불교이주不教而誅'(가르쳐 주지도 않고 죄를 지으면 주살하다) · '출납지인出納之吝'(인색하다) · '태이불교泰而不驕'(태연하나 교만하지 않다) 등이 있다.

'노이불원勞而不怨'은 '노고스러우나 원망하지 않는다'는 뜻이다. 이 구절 이외에 『논어』에는 부모를 모실 때 자신과의 충돌이 힘들지라도 원망하지 말라는 뜻에서 '노이불원勞而不怨'이라는 성어를 쓰기도 한다.

子曰: "事父母幾諫, 見志不從, 又敬不違, 勞而不怨."(里仁 04.18)

공자는 말하였다.

"부모를 섬기는 데 있어서는 부드럽게 간하며, 부모의 뜻이 자기의 말에 따르지 않음을 알게 되면 또 공경스럽게 부모의 뜻을 어기지 않고, 괴로울 것이나 원망하지는 않을 일이다."

부모가 잘못하는 일이 있으면 자식된 도리로 의견을 교환할 수 있다. 그런데 자신과 의견이 충돌되는 경우 큰 소리를 치거나 비난하는 어조로 부모의 허물을 지적하여 공격하는 것은 자식된 도리가 아니다. 온화한 얼굴과 부드러운 목소리를 가지고 의견을 말씀드리고, 그래도 부모가 끝내 고칠 의사가 없다면 그대로 그 뜻을 어기지 않고 공경스럽게 섬겨야 한다는 것이다. 부모를 섬기는 것이 극히 괴롭고 어려운 일이긴 하나 그렇다고 해서 부모를 원망해서는 안 되는 것이다.

『논어』에서는 군자가 두려워해야 할 세 가지가 있다 하였다. 즉 천명과 큰 인물과 위대한 사람을 두려워해야 한다.

> 孔子曰: "君子有三畏, 畏天命, 畏大人, 畏聖人之言. 小人不知天命而不畏也, 狎大人, 侮聖人之言."(季氏 16.08)
>
> 공자께서 말하였다.
>
> "군자에게는 두려워하는 것이 세 가지 있다. 천명을 두려워하고, 큰 인물을 두려워하고, 성인의 말씀을 두려워한다. 소인은 천명을 몰라서 두려워하지 않고, 큰 인물에게 가까이 굴며 경시하고, 성인의 말씀을 조롱한다."

『논어』는 군자는 위엄을 갖추고 세 가지 층차적인 변화된 모습을 보여야 한다 하였다. 그 중 하나가 바라보았을 때, 의젓하여 엄중한 모습을 보여야 하며, 가까이에서 대하면 온화한 모습을 보이고, 서로 상호간에 직접 대화을 나눌 때는 상대방이 믿음을 가질 수 있도곡 엄정해야 한다 하였다.

> 子夏曰: "君子有三變, 望之儼然, 卽之也溫, 聽其言也厲."(子張 19.09)
>
> 자하가 말하였다.
>
> "군자에게는 세 가지 다른 면이 있다. 그를 멀리서 바라보면 의젓하고, 그에게 가까이 가면 부드럽고, 그 말소리를 들으면 준엄하여 함부로 하지 않는다."

군자는 위엄이 있어야 한다. 먼저 용모를 단정히 갖추고 행동거지를 엄연하게 하여야 한다. 그래야 남이 바라보고 그를 함부로 대하지 못하고 존중하는 마음이 생기는 것이다. 그렇다고 위엄을 부려 사납게 대하라는 것이 아니다. 겸손하지 않는 위엄은 폭력배와 같이 무섭다.

107
郁郁乎文 욱욱호문
찬란한 문화

‘욱욱호문郁郁乎文’ 중 ‘욱욱郁郁’은 중문重文으로 찬란한 모양을 나타낸다. ‘호乎’는 감탄 어기조사이다. ‘찬란하구나! 그 문화여.’라는 뜻이다.

‘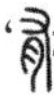(郁, 성할 욱, yù)’자는 ‘邑’과 소리부 ‘有’로 이루어진 자로 ‘풍성히 소유하고 있는 마을’이라는 뜻이다. ‘蔚(성할 위, wèi)’·‘鬱(막힐 울, yù)’·‘彧(문채 욱, yù)’·‘蘊(쌓을 온, yùn)’·‘菀(자완 완, yù. wǎn)’·‘薈(무성할 회, huì)’자와 고음이 서로 통하고 의미가 ‘무성하다’라는 뜻이기 때문에 모두 같은 동원자에 속한다.[1]

子曰: “周監於二代, 郁郁乎文哉! 吾從周.”(八佾 03.14)

공자는 말하였다.

“주나라는 두 대를 참고할 수 있어 그 문화는 대단히 찬란하다. 나는 주나

1 王力, 『同源字典』, 文史哲出版社, 448쪽.

라에 따르겠다."

두 대代는 하夏와 은殷을 가리킨다. 주 나라의 성왕聖王들은 이들의 문화를 계승 발전하여 찬란한 문화를 이루었기 때문에 주나라의 문화를 그대로 따르겠다는 뜻이다.

'욱욱호郁郁乎'는 또한 '외외호巍巍乎'나 '탕탕호蕩蕩乎'와 동의어이다. '외외호巍巍乎'는 '외외호嵬嵬乎'로 쓰기도 한다. '위대한 모양'이라는 뜻이다.

子曰: "巍巍乎, 舜禹之有天下也而不與焉!"(泰伯 08.18)

공자는 말하였다.

"위대하도다. 순과 우는 천하를 차지하고서도 그것에 집착하지 아니하였으니."

'여與'는 '참여하다'·'관련이 있다'는 뜻으로 쓰인다.

子曰: "大哉堯之爲君也! 巍巍乎! 唯天爲大, 唯堯則之. 蕩蕩乎, 民無能名焉. 巍巍乎! 其有成功也, 煥乎其有文章!"(泰伯 08.19)

공자는 말하였다.

"대단하도다. 요의 임금됨이여. 위대하도다, 오직 하늘만이 크다고 하지마는 요의 덕만이 그것을 본 받았으니. 끝없이 넓도다, 요의 덕은 백성들은 그것을 무엇이라 이름 짓지 못하였으니. 위대하도다, 그가 이룩한 공적이여, 빛나도다, 그가 성취한 문화여."

요堯(당요唐堯)와 순舜(우순虞舜) 임금은 선양禪讓을 받아 천자가 되었고 널리 인재를 등용하여 나라를 잘 다스렸으며, 또한 천자의 지위를 자기 자식에게 물려주지 않고 인재를 골라 우禹에게 선양하였다. 우는 순舜 임금의 선양을 받아 천자에 오른 뒤 거친 음식을 먹고 의복을 입었으며, 누실한 궁실에서 살면서 오직 나라 일에만 걱정하였다.

『중용』은 성인이란 지극한 덕을 지녔고 지극한 도를 이룬 자라 하였다.

> 크기도 하다, 성인의 도道는. 양양하게도 만물을 발육시키고, 하늘 끝에 닿도록이나 높다. 여유 있게 크기도 하다. 예의禮儀 3백과 위의威儀 3천은 그 사람이 나오기를 기다려서야 행하여진다. 그래서 "진실로 지극한 덕을 지닌 사람이 아니면 지극한 도가 이룩되지 않는다"고 하는 것이다.
>
> 그러므로 군자는 덕성을 존중하여 묻고 배우는 길을 따라가며, 넓고 큰 것을 파악하여 정밀하고 미세한 것을 여온餘蘊없이 탐구하며, 높고 맑은 것을 철저히 규명하여 중용을 따르며, 배운 것을 복습하여 새것을 알며, 돈독하고 후하게 굴어 예를 숭상한다. 이러한 까닭에 윗자리에 있어서는 교만하지 않고, 아랫사람이 되어서는 배반하지 않고, 나라에 정도가 행하여지면 그가 하는 말이 윗사람을 일깨워주기에 넉넉하고, 나라에 정도가 행하여지지 않으면 그가 잠자코 있는 것이 받아들여지기에 넉넉한 것이다. 『시경詩經·대아大雅·증민烝民』편은 '밝은데다가 또 지혜로워서, 자기의 몸을 편안케 하는도다.'하였는데, 이런 점을 두고 한 말일 게다."[2]

---

2 大哉聖人之道! 洋洋乎發育萬物, 峻極于天. 優優大哉!『禮儀』三百, 威儀三千, 待其人然後行. 故曰: 苟不至德, 至道不凝焉. 故君子尊德性而道問學, 致廣大而盡精微, 極高明而中庸. 溫故而知新, 敦厚以崇禮. 是故居上不驕, 爲下不倍; 國有道, 其言足以興, 國無道, 其默足以容.『詩』曰: "旣明且哲, 以保其身.」其此之謂與!"(中庸)

공자는 주나라의 문화전통을 계승한다면 백대의 앞일도 알 수 있다 하였다.

子張問十世可知也. 子曰: "殷因於夏禮, 所損益, 可知也, 周因於殷禮, 所損益, 可知也. 其或繼周者, 雖百世, 可知也."(爲政 02.23)

자장이 "십대 후의 예를 알 수 있을까요?"

공자는 말하였다.

"은나라는 하나라의 예에 따랐으니 하례夏禮를 가감하고 조절하였음을 알 수 있다. 주나라는 은나라의 예에 따랐으니 은례殷禮를 가감하고 조절하였음을 알 수 있다. 주나라의 뒤를 이어 일어나는 나라가 혹 있다면 백대 후의 예라 할지라도 알 수 있다."

하夏나라는 우왕禹王에서 걸왕桀王까지 약 B.C 2205–B.C 1787을 가리키고, 은殷나라는 탕왕湯王에서 주왕紂王까지 약 B.C 1766–B.C 1123을 가리키고, 주周나라는 무왕武王부터 공화국을 걸쳐 유왕幽王까지를 가리킨다. 주나라는 일반적으로 B.C 1122에서 B.C 769년까지를 가리킨다.

주공周公은 주를 창건한 무왕의 동생으로 무왕의 권력 강화를 도왔다. 무왕이 죽자 주변의 유혹을 뿌리치고 무왕의 어린 아들 성왕을 보좌해 통치기술을 가르치고 반란군을 제압해 정권의 안정을 도왔다. 그는 정벌에 나서 황하 강 유역의 하북河北 평원 대부분을 주의 영토로 편입시키는 한편 은이 통치하던 지역에 새로운 행정단위를 설치하여 믿을 만한 주의 관리들이 그 지역을 다스리게 하기도 했다. 7년 동안 섭정한 후 스스로 자신의 지위에서 물러날 때쯤에는 주의 정치 · 사회 제도가 중국

북부 전역에 걸쳐 확고히 수립되었다. 그가 확립한 행정조직은 후대 중국 왕조들의 모범이 되었다. 은이 통치하던 지역에 대한 은의 지배를 완전히 뿌리 뽑고, 정복한 지역에 새로운 행정단위를 설치하여 믿을 만한 주의 관리들이 이 지역을 다스리게 했다.

무왕武王이 주공周公 희단姬旦을 곡부曲阜에 봉했는데 봉지에 가지 않고 무왕武王과 성왕成王을 보좌하였고 그의 아들 희금嬉禽이 봉지에 갔는데 그것이 노魯나라다. 주나라의 정치 제도는 주공에 의해 확립되었다고 할 수 있다. 그를 봉한 노나라에서는 주나라의 문화를 잘 보존하였다. 공자는 주공을 대단히 숭배하여 '오랫동안 주공을 꿈에서 보지 못한 것을 보니 정말로 내가 허약해지고 늙은 것 같다'라 했다.

子曰: "甚矣吾衰也! 久矣吾不復夢見周公!"(述而 07.05)

공자는 말하였다.

"내가 심히도 노쇠하여졌구나. 내가 꿈에 주공을 뵙지 못하게 된 지도 오래 되었으니."

주공은 주나라의 정치 기초를 닦아놓고 예악禮樂제도를 만들어낸 인물이다. 공자는 주공을 이상적인 인물로 존경하고 그의 이념을 살리고 그가 만든 제도를 실시하여 보려는 포부를 지니고 있었다.

문화유산文化遺産이란 장래의 문화적 발전을 위하여 다음 세대 또는 젊은 세대에게 계승하고 발전시킬 만한 가치를 지닌 사회의 문화적 소산을 가리킨다. 문화는 과학, 기술, 관습, 규범 및 정신적 · 물질적 각종 문화재, 문화 양식 따위의 모두를 포함한다.

한류漢流란 대한민국의 대중문화를 포함한 한국과 관련된 것들이 대한민국 이외의 나라에서 인기를 얻는 현상을 뜻한다. '한류'라는 단어는 1990년대에 대한민국 문화의 영향력이 타국에서 급성장함에 따라 등장한 신조어이다.

2000년에 방영된 드라마 〈가을동화〉는 같은 해 대만에 수출된 후로 여러 나라에서 관심을 모았다. 또한 이 드라마의 영향으로 드라마의 촬영지를 보기 위해 외국에서 찾아오는 관광객이 등장했다. 대한민국의 영화 〈쉬리〉는 2000년에 일본에서 개봉하면서 흥행 1위를 달성했다. 2003년에 공개된 드라마 〈대장금〉 또한 여러 나라에서 관심을 받았는데, 이 드라마는 단순한 대중문화 이외에도 한국의 전통문화를 함께 외국에 알렸다는 점에 의의가 있다. 2003년에는 드라마 〈겨울연가〉가 일본에 수출되면서 인기를 끌었으며, 2004년에는 〈풀하우스〉가 아시아에서 인기를 끌었다.

2008년에는 드라마 〈주몽〉이 이란에서 시청률 85%를 기록하며 큰 인기를 끌었다. 이어서 여러 대한민국 드라마들이 이란에서 인기를 끌었고, 현지 언론은 대한민국 드라마 관련 기사를 비중 있게 다루며 직접 드라마 촬영 장소를 찾기도 하였다. 또, 네팔에서는 〈엽기적인 그녀〉 같은 대한민국 영화가 인기를 끌어 일부 젊은이들 사이에서 "사랑해요(Sarang hyo)" 같은 한국어가 유행하기도 했다.

2009년 대한민국의 아이돌 그룹 동방신기는 한국 그룹 최초로 도쿄돔 무대에 섰다. 이후 2000년대 후반 동방신기가 소속사와의 분쟁으로 인해 활동이 주춤하자, 소녀시대나 카라와 같은 걸그룹들이 해외 진출의 주를 이루었다. 2009년 카라는 〈Pretty Girl〉로 태국의 'AS TV 아시아 팝 차트'에서 1위를 달성했으며 태국 네티즌들에 의해 패러디 영상이 만들어지는 등 인기를 끌었다. …… 2012년에는 싸이의 〈강남스타일〉이 세계적으로 인기를 끌었다. 〈강남스타일〉은 기존의 서양에 존재했던 소수의 한류 커뮤니티뿐만 아니라 대중사회에서도 인기를 끌었으며, 2012년 9월에는 미국 빌보드 차트에서 2위를 차지했다. 또, 2014년 5월 31일에는 유튜브 최초로 조회수 20억 건을 돌파하는 성과를 내기도 했다. 이에 버락 오바마 미국 대통령은 2013년 한·미 정상회담 도중 "세계의 많은 사람들이 대한민국 문화에 매료당하고 있다"면서 딸들이 자신에게 강남스타일 춤을 가르쳐 줬던 일화를 언급했다. 한편, 아시아에서는 대한민국 예능이 인기를 얻기 시작했다. 〈신서유기〉(인터넷 예능 프로그램. 강호동, 이승기, 이수근, 은지원 출연)는 중국 QQ닷컴에서 1천만 뷰를 돌파해 인기를 끌었으며, 〈런닝맨〉은 중국, 인도네시아 등지에서 인기를 끌었다.[3]

2016년 3월 28일 자 신문에 날 기사다. "인천대학교 송도 캠퍼스가 중국 아오란(傲瀾, AURANCE) 그룹 단체 관광객들로 인산인해를 이루었다. 인천 관광을 위해 지난 27일 방인한 중국아오란그룹 단체 관광객 5000여 명이 '별에서 온 그대' 주 촬영지인 인천대를 둘러보고 있다. 인천대는 지난 2013년 SBS에서 방송한 '별에서 온 그대'의 촬영지로 인천대에는 천송이(전지현 역)가 강의를 듣던 도민준 강의실을 비롯한 11곳의 주요 촬영장소가 있다." "오늘 오후 6시 월미도 문화의 거리에서 열리는 '치맥(치킨+맥주) 파티'다. 중국에서 인기리에 방영된 드라마 '별에서 온 그대'주인공 전지현이 극중에서 먹던 치맥을 직접 체험할 수 있도록 한 코스다. 이 자리에 놓이는 치킨은 1500마리다. 주관 여행사는 치킨

3 위키백과, https://ko.wikipedia.org/wiki/한류_(문화)

조달방법을 고민하다 인천에 본사를 둔 치킨 업체와 협약을 맺고 행사 당일 인천 50개 소속 점포를 총동원해 치킨을 공수하기로 했다고 한다. 이들은 750개의 탁자에 4500명이 앉아 캔맥주 4500개와 치킨 1500마리를 먹을 예정이다. '치밥(치킨+밥)'에도 1500마리의 치킨이 들어간다."[4]

이 얼마나 놀라만한 문화의 수출인가. 자동차 몇 천대를 파는 것과 맞먹는 경제적 효과다. 동방의 길지 않은 역사를 가진 조그마한 국가, 침범만 받던 약소 국가가 전 세계를 문화로 감동시키고 있다. 지금 우리 한국 문화가 바로 '욱욱호문郁郁乎文'하는 때이다. 그런데 일부 악덕 상인이 돈에 눈에 멀어 중국 유커(유객遊客)에게 질 좋지 않은 음식을 내 놓거나 하여 '다시 오고 싶지 않은 나라'로 인식되게 만드는 경우가 종종 발생하고 있다. 한때의 일시적인 이익 때문에 큰 손실을 입는다.

2018년 대한민국 방탄소년단이 빌보드 차트 1위를 차지하였다.

---

4 중앙일보, 2016년 3월 28일.

108

無適無莫 무적무막

되는 대로 그냥 맡겨 두다

'무적무막無適無莫'은 '꼭 이래야 된다는 고집하는 것도 없고 이래서는 안 된다는 고집하는 것도 없다'라는 뜻이다. 후에 '되는 대로 그냥 맡겨 두다'라는 파생어의 의미로 쓰인다.

혹은 '적適'자는 '두텁다(후厚)'의미, '막莫'자는 '엷다(박薄)'라는 의미로 해석하여 '가까움과 소홀함이 없다'로 이해하기도 하고, 혹은 '적適'자를 '적대敵對하다'로, '막莫'자를 '흠모欽慕하다'라는 의미로 해석하여 '미워하는 것과 흠모하는 것이 없다'로 이해하기도 한다.

'(適, 갈 적, shì)'자는 '辵'과 소리부 '啻(뿐 시, chì, tì)'로 이루어진 자이다. 원래는 '여자가 적당한 곳을 골라 시집가다'라는 뜻인 '嫡(정실 적, dí)'자와 같은 뜻이다. 후에 '적합하다'·'적절하다'라는 파생어로 쓰인다.

'(莫, 없을 막, 저물 모, mò)'자는 '태양이 나무에 가려 보이지 않는다'는 뜻이다. 갑골문은 '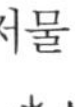'으로 쓰고, 금문은 ''으로 쓴다. 후에는 '없다'나 부정부사로 의미로 쓰인다.

子曰: "君子之於天下也, 無適也, 無莫也, 義之與比."(里仁 04.10)

공자는 말하였다.

"군자에게는 이 세상에서 반드시 어떻게 해야 한다는 규정도 없고 또한 하지 말아야 한다는 규정도 없다. 다만 어떻게 하는 것이 합리적인지 정의에 의지해 할 뿐이다."

'의지여비義之與比'의 의미적 구조는 '여의비與義比'이다. '정의에 의지해서 살아가다'·'도의와 가깝게 하다'라는 뜻이다. '비比'는 '친근하다'·'가까이 지내다'라는 뜻으로 쓰인다.

사람이 마땅히 해야 할 도리인 '도의'는 세상을 사는데 있어 반드시 필요하다. 모든 '믿음'·'신뢰'가 반드시 정의로운 것만은 아니다. 도의가 없는 신뢰는 패거리 이익집단의 한낱 만용일 뿐이다. 그래서 공자는 소인배는 모든 일을 '이득'에 따라 움직인다 하였다.[1]

有子曰: "信近於義, 言可復也. 恭近於禮, 遠恥辱也. 因不失其親, 亦可宗也."(先進 01.13)

유자가 말하였다.

"약속이 정의에 가까우면 그 말은 실행할 수 있다. 공손한 것이 예절에 가까우면 치욕을 면할 수 있다. 의지하는 사람이 가까이 할 만한 사람의 범위를 벗어나지 않는다면 역시 존경할 만하다."

---

1 "子曰: 君子喩於義, 小人喩於利."(里仁 04.16)(공자는 말하였다. "(만사를) 군자는 정의에 입각해서 이해하고 소인은 이익에 입각해서 이해한다.")

정의롭지 않은 일로 부자가 된 들 무슨 의의가 있을 것이며,[2] 이득이 생기는 일이 있으면 그것이 '도의적인 것인가'를 생각하여야 한다. 그래서 공자는 '견리사의見利思義'하여야 하고, '견득사의見得思義'하여야 한다 하였다. 또한 군자가 만약에 용감하나 정의심을 가지고 있지 않으면 반란을 일으키고, 소인배가 용감하나 정의롭지 않으면 도적이 된다 하였다.[3]

주자의 『논어집주』는 사씨謝氏의 말을 인용하여 '적適'과 '막莫'을 '할 수 있음'과 '할 수 없음'으로 이해하였다.

> 적適은 가함이고, 막莫은 불가함이라는 뜻이다. 가함도 없고 불가함도 없어서 진실로 도로써 주장하는 것이 없다면 창광猖狂하고 방사放肆하여 스스로 방자함에 가깝지 않으랴. 이것은 공空을 주장하는 불가나 허虛를 주장하는 도가의 학문이 마음에 집착하는 바가 없기에 능히 응하는 대로 변한다고 스스로 말하는 것으로, 성인에게 비평을 받게 된 주장이다. 성인의 학문은 그렇지 아니하여 가함도 불가함도 없는 사이에 의리의 존재하고 있으니 그렇다면 군자의 마음이 과연 어느 한쪽으로 치우친 바가 있겠는가?[4]

---

2 "子曰: 飯疏食飮水, 曲肱而枕之, 樂亦在其中矣. 不義而富且貴, 於我如浮雲."(述而 0716)(공자는 말하였다. "거친 것을 먹고 물을 마시고 팔베개를 하고 살아도 즐거움은 또한 그 가운데 있는 것이다. 의롭지 않으면서 돈 많고 벼슬 높은 것은 나에게는 뜬구름과 같다.")

3 "子路曰: '君子尙勇乎?' 子曰: '君子義以爲上, 君子有勇而無義爲亂, 小人有勇而無義爲盜.'"(陽貨 17.23)(자로가 물었다. "군자는 용맹한 것을 숭상합니까?" 공자는 말하였다. "군자는 정의(正義)를 숭상한다. 군자가 용맹하면서 정의를 무시하면 난동(亂動)을 일으키게 된다. 소인이 용맹하면서 정의를 무시하면 도둑질을 하게 된다.)

4 "適, 可也, 莫, 不可也. 無可無不可, 苟無道以主之, 不幾於猖狂自恣乎. 此佛老之學, 所以自謂心無所住而能應變, 而卒得罪於聖人也. 聖人之學不然, 於無可不可之間有義存

공자는 세속을 초월한 사람 '일민逸民'을 평가할 때, '무가무불가無可無不可'라 하여 '반드시 꼭 어떻게 해야만 한다'라는 것이 없다 하였다. 공자는 벼슬을 할 수 있으면 벼슬길에 나아가고, 세상에 도의가 행해지지 않으면 숨어서 자신의 도를 닦는 '은거구지隱居求志'의 사상을 주장하였다.

逸民: 伯夷 · 叔齊 · 虞仲 · 夷逸 · 朱張 · 柳下惠 · 少連. 子曰: "不降其志, 不辱其身, 伯夷 · 叔齊與!" 謂柳下惠少連, 降志辱身矣, 言中倫, 行中慮, 其斯而已矣. 謂虞仲夷逸, 隱居放言, 身中淸, 廢中權. 我則異於是, 無可無不可.(微子 18.08)

세속을 초월한 일민은 백이 · 숙제 · 우중 · 이일 · 주장 · 유하혜와 소련이 있다. 공자는 말하였다. "그 뜻을 굽히지 않고, 자기 몸을 욕되게 하지 않은 것은 백이와 숙제일 게다. 유하혜와 소련은 뜻을 굽히고 몸을 욕되게 하였다고 하거니와, 그들의 말이 조리에 맞았고 그들의 행동이 사람들의 생각에 맞았는데 그들은 그렇게 쭉 살아갔을 따름이다. 우중과 이일은 은퇴해서 살면서 하고 싶은 대로 말을 하고 살았다고 하거니와 그들은 몸을 순결하게 가질 수 있었고, 물러나 사는 것은 시기에 적절하며 합당하였다. 나로 말하면 이와는 달라서, 꼭 그래야 한다는 것도 없고 꼭 그래서는 안 된다는 것도 없다."

『논어』에서 공자는 절대적으로 하지 않은 네 가지가 있었는데, 그 중의 하나가 아집이다.

焉, 然則君子之心, 果有所倚乎."(朱熹, 論語集註)

子絶四, 毋意, 毋必, 毋固, 毋我.(子罕 09.04)

공자가 절대 안 하시는 일이 네 가지 있었다. 즉 억측하시는 일이 없으셨고, 장담하시는 일이 없으셨고, 자기 의견만을 고집하시는 일이 없으셨고, 이기적인 일이 없으셨다.

문제의 발생은, 확실치 않은 일을 마음대로 단정 짓고 틀림없이 그럴 것이라고 덮어 놓고 단언하고 융통성 없이 고집만 부리고 나만이 옳다고 생각하는데서 발생하는 것이다. 이 세상에는 반드시 옳은 것도 반드시 그른 것도 없다. '지혜란 사람을 아는 것이다.'[5] 정확히 알기 위해서는 모든 면을 철저히 규명하고 난 다음에 평가를 내릴 일이다.

子曰: "視其所以, 觀其所由, 察其所安. 人焉廋哉? 人焉廋哉?"(爲政 02.10)

공자는 말하였다.

"한 사람의 행위를 보고, 그 동기를 살피고, 그가 만족하는 바를 관찰하면 그의 사람됨을 어찌 감추겠는가, 그의 사람됨을 어찌 감추겠는가?"

'이以'는 '하다'라는 동사의 용법으로 쓰이고, '廋(숨길 수, sōu)'자는 '숨기다'라는 뜻이다. '焉'은 장소를 묻는 의문대사이다. 공자는 자신은 많이 배워서 많이 아는 것이 아니라, 단지 하나의 원칙을 가지고 모든 것을 꿰뚫는 '일이관지一以貫之'할 수 있다 하였다. 그 원칙은 아마 내가 아니면

---

5 "樊遲問仁. 子曰: '愛人.' 問知. 子曰: '知人.'"(顔淵 12.22)(번지가 인에 관해서 여쭈어 보았다. 공자가 말하였다. "사람들을 사랑하는 것이다." 지혜로운 것에 관해서 여쭈어 보았다. 선생님께서 말씀하셨다. "사람을 알아보는 것이다.")

안 되고, 꼭 이래야 한다는 고집이 아닌 '중용中庸'일 것이다. 중용은 치우치지 않는 마음, 흔들리지 않는 마음이다.

> 子曰: "中庸之爲德也, 其至矣乎! 民鮮久矣."(雍也 06.29)
>
> 공자는 말하였다.
>
> "중용의 힘은 대단하기도 하다. 사람들이 중용을 오래 지키고 있는 일이 적으니."
>
> 君子中庸, 小人反中庸. 君子之中庸者也, 君子而時中. 小人之中庸者也, 小人而無忌憚也."(中庸)
>
> 공자가 말씀하셨다.
>
> "군자는 중용에 따르고 소인은 중용을 어긴다. 군자가 중용을 따름은 군자로서 때에 맞게 적시에 하는 것이고, 소인이 중용을 어김은 소인으로서 기탄없이 함부로 하는 것이다."

'되는 대로 그냥 맡겨 두다'는 '무적무막無適無莫'의 의미는 공자가 70의 나이를 '종심소욕從心所欲, 불유구不踰矩'라고 한, '마음이 하고자 하는 것대로 하여도 법도에서 벗어나지 않았다'와 맥락이 같다할 수 있다. '무기탄無忌憚'은 '무소기탄無所忌憚'이다. '아무 꺼릴 바가 없는'것이다. 마음 내키는 대로 하고, 하고 싶은 대로 하여도 정도를 여기지 않고 중도中道에 어긋남이 없다면 세상 살 맛 날 것이다.

109

斐然成章 비연성장

문채가 화려하다

'비연성장斐然成章'은 '찬란한 문채를 이루다'는 뜻이다. '비연斐然' 중의 '연然'자는 형용어 접미사이고 '문채가 화려한 모양'이란 뜻이다. '(斐, 아롱진 무늬 비, fěi)'자는 '文'과 소리부 '非'로 이루어진 자로 '여러 가지 색깔을 가지 아롱진 무늬'라는 뜻이다. '斐'자를 혹은 '蔚(성할 위(울), wèi, yù)'자로 쓰기도 한다.

'(然, 그러할 연, rán)'자는 원래 '태우다(연소聯疏하다)'는 의미이었으나, 후에 대사 '그러하다'나 조사 등의 의미로 가차되어 쓰인다. '연소하다'의 뜻은 다시 '火'를 추가하여 '燃(사를 연, rán)'자로 쓴다.

'成'자를 갑골문은 '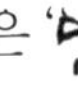'·''으로 쓰고, 금문은 '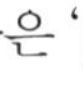'·'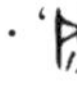'으로 쓴다. '성곽이 쌓인 지역을 무기를 들고 지키다'라는 의미이다. 후에 일을 '이루다' 등의 의미로 쓰인다.

'(章, 글 장, zhāng)'자를 금문은 ''·''''''·''으로 쓴다. '辛'과 '田'으로 이루어진 자로 칼(辛)로 무늬를 새긴다(田)는 뜻으로 '彰(무늬 창, zhāng)'자과 같은 의미이다. 소전 ''에서는 '音'과 '十'으로 이루어진

자로 와전되었고, 주로 음악과 관련된 장절章節이나 악장樂章의 의미로 쓰이고, '법규' · '조리' · '문채' 등의 파생어로 쓰인다.

> 子在陳, 曰: "歸與! 歸與! 吾黨之小子狂簡, 斐然成章, 不知所以裁之."(公冶長 05.22)
>
> 공자가 진나라에 계실 때 말했다.
>
> "돌아가야 하겠다. 돌아가야 하겠다. 내 고향에 있는 젊은이들은 포부는 원대하나 면밀하지 못하고, 찬란하게 문채를 이루었으나 그것을 올바르게 재량할 줄을 모르고 있다."

진陳은 지금의 하남성河南省 회녕현淮寧現에 있었다. 공자는 각국을 두루 다녔으나 자신의 사상이 받아들여지지 않자 고향인 노나라에 돌아가 제자들의 교육에 전념하고자 하였다. '광간狂簡'은 '뜻이 크고 대범하여 미친 듯이 몰두하다'라는 뜻이고, 제일 마지막 자 '之'는 앞 문장의 '장章'을 가리킨다. 문장을 화려하게 쓰기만 할 줄 알지 이를 어떻게 하면 훌륭한 문장을 쓸 수 있는가를 제자들이 알지 못하기 때문에 한 말이다. '裁(마를 재, cái)'자는 '재단하다'라는 뜻이다. 문장을 재단하듯이 '지도하다'라는 뜻이다.

애공哀公 3년에 계환자가 죽고 뒤를 이어 계강자季康子가 제자 염구를 초빙하자 당시 진나라에 머물던 공자는 고향으로 돌아가 제자를 가르치는 것에 전념하고자 한다. 애공 11년에 계강자는 염구의 권고로 공자에게 귀국을 요청하자 14여 년 만에 고향으로 돌아오게 되었다.

> 가을에 계환자가 병이 들었는데, 마차에 올라 노나라의 도성을 바라보고

탄식하며 말하였다.

"이전에 이 나라는 거의 흥성할 수가 있었는데 내가 공자를 등용해서 그의 말을 듣지 않았던 까닭에 흥성하지 못하였다."

그는 또 후계자인 계강자를 돌아보고 말하였다.

"내가 죽으면 너는 반드시 노나라의 정권을 이어받을 것이다. 그렇게 되거든 반드시 공자를 초청해 오도록 해라."

그 후 며칠 지나서 계환자가 죽고 강자가 대를 이었다. 장례가 끝난 뒤 강자는 공자를 부르려고 하였다. 공지어公之魚가 말하였다.

"지난날에 선군께서 그를 등용하고자 하셨으나 좋은 결과를 거두지 못하여 결국 제후의 웃음거리가 되었습니다. 이제 또 그를 등용하려다가 좋은 결과를 거두지 못하게 되면 이는 또다시 제후들의 웃음거리가 되는 것입니다."

강자가 말하였다.

"그러면 누구를 초빙하면 좋겠소?"

공지어가 말하였다.

"반드시 염구冉求를 부르십시오."

이에 사람을 보내어 염구를 불렀다. 염구가 초빙에 응하려고 하자 공자가 말하였다.

"우리 노나라 사람이 구求를 부르는 것을 보니 이것은 작게 등용하려는 것이 아니라 장차 크게 등용하려는 것이리라."

이날 공자는 또 말하였다.

"돌아가자, 돌아가자! 내 고장의 젊은이들은 뜻은 크지만 행하는 것에서는 소홀하고 거칠며, 찬란하게 문채를 이루었으나 그것을 올바르게 재량할 줄을 모르고 있다."

자공子貢은 공자가 노나라로 돌아갈 생각이 있음을 알고 염구를 전송할 때 부탁하여 말하였다.

"곧 등용되면 선생님을 모셔가도록 해주시오." 염구가 가고 다음해에 공자는 진陳나라에서 채蔡라로 옮아갔다.[1]

공자에는 말년에 『시』·『서』·『예』·『악』과 『주역』을 정리하고 이를 제자들에 전수하여 제자가 3000여 명에 달하고 학문에 큰 성과를 이룬자만도 72명에 이르게 되었다. 그래서 문채를 화려하지만 아직은 성숙되지 않아 일가를 이루지 못하는 제자들의 학문을 올바르게 재량할 줄 알게 하였던 것이다.

공자의 시대에는 주周 왕실이 쇠퇴해져 예악은 폐지되었고, 『시』와 『서』가 흩어졌다. 이에 공자는 하은주夏殷周 3대의 예禮를 추적하여 『서전書傳』의 편차를 정하되, 위로는 요순堯舜 임금의 시대부터, 아래로는 진秦 무공繆公에 이르기까지 그 사적을 순서에 따라 정리하였다. 공자가 말하였다.

"하夏나라의 예는 내가 능히 그것을 말할 수 있지만, 그 후대인 기杞나라의 것에 대해서는 자료가 없어 증명하기에 부족하다. 은殷나라의 예는 내가 말할 수 있지만 송宋나라의 것에 대해서는 증명하기에 부족하다. 만약에 기나라와 송나라의 문헌이 충분하였다면 나는 그것을 증명할 수 있었을 것이

---

1 "秋, 季桓子病, 輦而見魯城, 喟然嘆曰: '昔此國幾興矣, 以吾獲罪於孔子, 故不興也.' 顧謂其嗣康子曰: '我即死, 若必相魯; 相魯, 必召仲尼.' 後數日, 桓子卒, 康子代立. 已葬, 欲召仲尼. 公之魚曰: '昔吾先君用之不終, 終爲諸侯笑. 今又用之, 不能終, 是再爲諸侯笑.' 康子曰: '則誰召而可?' 曰: '必召冉求.' 於是使使召冉求. 冉求將行, 孔子曰: '魯人召求, 非小用之, 將大用之也.' 是日, 孔子曰: '歸乎歸乎! 吾黨之小子狂簡, 斐然成章, 吾不知所以裁之.' 子貢知孔子思歸, 送冉求, 因誡曰: '即用, 以孔子爲招'云. 冉求既去, 明年, 孔子自陳遷于蔡.(史記 · 孔子世家)

다."

공자는 또 은과 하 나라 이래의 예의 장단점을 헤아리고 말하였다.

"차후로는 비록 백세의 세월이 흐르더라도 예제禮制의 변천을 알 수 있음은 은나라는 질박함을 귀히 여겼고 주나라는 문장이 화려하고 귀하게 여겼기 때문이다. 주周 왕조는 하와 은 2대의 제도를 귀감으로 삼았기 때문에 그 문장은 참으로 풍성하고 화려하다! 나는 주나라를 따르겠다."

그러므로 『서전書傳』과 『예기禮記』는 공자로부터 처음으로 편찬되어 나왔다고 한다.

공자가 노나라의 태사太師에게 말하였다.

"음악을 연주하는 과정은 이해할 수 있다. 연주를 시작할 때에는 5음이 조화를 이루고, 그 다음으로는 청순하고 잘 어울려 끊이지 않고 잘 이어져 여운을 남김으로써 비로소 한 곡이 완성되는 것이다."

"내가 위나라에서 노나라로 돌아온 이후에 비로소 음악이 바르게 되고 「아雅」와 「송頌」이 각기 제자리를 찾았다."

옛날에는 시詩가 3,000여 편이었으나 공자에 이르러 그 중복된 것을 빼고 예의에 응용할 수 있는 것만 취하였다. 위는 자설子契과 후직后稷에 관한 시이고, 중간은 은과 주 나라의 성대함을 서술한 시이며, 아래는 유왕幽王과 여왕厲王의 실정失政에 관한 시에까지 이르렀다. 시의 내용은 남녀의 정을 다루는 비교적 이해하기 쉬운 것으로부터 시작하여서, "「풍風」은 「관저關雎」편으로 시작하고, 「소아小雅」는 「녹명鹿鳴」편으로 시작하고, 『대아大雅』는 「문왕文王」편으로 시작하고, 「송頌」은 「청묘淸廟」편으로 시작한다."라 하였다.

이렇게 정리한 305편의 시에 공자는 모두 곡조를 붙여 노래로 부름으로써 '소韶'·'무武'·'아雅'·'송頌'의 음악에 맞추려고 하였다. 예와 악이 이로부터 회복되어 서술할 수 있게 되었고, 이로써 왕도가 갖추어지고 육예六藝가 완성되었다.

공자는 만년에 『주역周易』을 좋아하여 「단彖」·「계繫」·「상象」·「설계說契」·「문언文言」 편을 정리하였다. 그는 죽간을 꿴 가죽 끈이 세 번이나 끊어질 만큼 『역』을 무수히 읽었다. 그가 말하였다.

"만약 나에게 몇 년의 시간을 더 준다면 나는 『역』에 대해서는 그 문사文辭와 의리義理에 다 통달할 수 있을 것이다."

공자는 『시』·『서』·『예』·『악』을 교재로 삼아 가르쳤는데, 제자가 약 3,000명에 이르렀고, 그중 육예六藝에 통달한 자도 72명이나 되었다. 그런가 하면 안탁추顏濁鄒와 같이 다방면으로 가르침을 받고도 72명의 제자 중에 들지 못한 자도 대단히 많았다.[2]

문장을 잘 쓰기란 쉽지 않다. 화려한 미사어구만 늘어놓는다면 문장이 내용이 없어 무게가 없고, 너무 딱딱하게 전문 용어만 늘어놓는다면 자신만을 위한 문장이지 대중을 위한 글이 아니다. 군자를 '문文'과 '질質'을 조화롭게 이루어야만 한다 하였다. 군자다운 문장을 쓰기 위해서는

---

2 "孔子之時, 周室微而禮樂廢, 詩書缺. 追跡三代之禮, 序書傳, 上紀唐虞之際, 下至秦繆, 編次其事. 曰: '夏禮吾能言之, 杞不足徵也. 殷禮吾能言之, 宋不足徵也. 足, 則吾能徵之矣.' 觀殷夏所損益, 曰: '後雖百世可知也, 以一文一質. 周監二代, 郁郁乎文哉. 吾從周.' 故『書傳』·『禮記』自孔氏. 孔子語魯大師: '樂其可知也. 始作翕如, 縱之純如, 皦如, 繹如也, 以成.' '吾自衛反魯, 然後樂正, 雅頌各得其所.' 古者詩三千餘篇, 及至孔子, 去其重, 取可施於禮義, 上采契后稷, 中述殷周之盛, 至幽厲之缺, 始於衽席, 故曰'關雎之亂以爲風始, 鹿鳴爲小雅始, 文王爲大雅始, 清廟爲頌始'. 三百五篇孔子皆弦歌之, 以求合韶武雅頌之音. 禮樂自此可得而述, 以備王道, 成六藝. 孔子晩而喜易, 序彖·繫·象·說卦·文言. 讀易, 韋編三絕. 曰: '假我數年, 若是, 我於易則彬彬矣.' 孔子以詩書禮樂教, 弟子蓋三千焉, 身通六藝者七十有二人. 如顏濁鄒之徒, 頗受業者甚衆."(史記·孔子世家)

'아름다움과 소박함이 두루 조화를 이루는 문장'을 써야 한다.

子曰: "質勝文則野, 文勝質則史. 文質彬彬, 然後君子."(雍也 06.18)

공자는 말하였다.

"소박함이 화려함보다 많으면 거칠어 촌스러움을 면하기 어렵고, 문식이 실질을 압도하면 부허浮虛함을 면하기 어렵다. 화려함과 소박함이 섞여 조화를 이루어야만 군자인 것이다."

'야野'는 '아름답게 꾸미지 않아 야성스럽고 질박한 상태'를 말하고, '사史'는 '실질적인 내용은 보잘 것 없으면서 겉모양만 번지르르한 상태'를 말한다. '사史'는 사관史官을 말한다. 당시의 사관은 문채를 화려하게 꾸미는 것을 중요시하였다.

110
申申夭夭 신신요요
태연하고 유쾌하고

'신신申申'과 '요요夭夭'는 모두 중언重言의 형식으로 형용사의 용법인 '……한 모양'을 나타낸다. '신신申申'은 '느긋하고 편안한 모양'이고 '요요夭夭'는 '평화롭고 즐거운 모양'을 나타낸다. 중언의 뜻은 문자 자형에 있는 것이 아니라, 그 음성에 있다. '신신申申'은 혹은 '신신伸伸'으로 쓰기도 하고 '요요夭夭'는 '요요枖枖'로 쓰기도 한다. '伸(펼 신, shēn)'자는 '펴다'라는 뜻으로 '伸伸'은 마음을 펴 놓듯이 '느긋하게 있는 모양'을 나타낸다. '夭夭'는 또한 『시경詩經 · 주남周南 · 도요桃夭』에서 "桃之夭夭, 灼灼其華. 之子于歸, 宜其室家"[1]라는 구절 중의 '도지요요桃之夭夭'는 '나무가 어리면서 꽃이 화사하고 무성하게 피어 있는 모양'을 나타낸다. '신신요요'는 혹은 단독적은 '신신여야申申如也'나 '요요여야夭夭如也'로 쓰기도 한다.

---

1 "桃之夭夭, 灼灼其華. 之子于歸, 宜其室家."(詩經 · 周南 · 桃夭)(어리고 무성한 복숭아 나무에 화사한 꽃이 피었네. 시집가는 아가씨들, 한 집안을 화락케하네.)

子之燕居, 申申如也, 夭夭如也. (述而 07.04)

선생님께서 한가롭게 쉬고 계실 적에는 마음을 턱 놓으신 듯 느긋하고 평화로우셨다.

'연거燕居'는 '한거閑居'와 같은 뜻으로 '한가로이 편히 쉬는 것'을 말한다. '여如'자는 '연然'이나 '이爾'자와 같은 형용사 접미어 용법으로 쓰인다. 「예기禮記」에 「중니연거仲尼燕居」와 「중니한거仲尼閑居」 편이 있다. 모두 공자가 한가로이 있다가 제자들과 '예'와 '백성의 부모란'에 대하여 자유롭게 이야기하는 내용이다. '연燕'자는 '연宴'자와 음이 통한다. 그래서 '즐기다' · '편안하다'라는 파생어로 쓰인다.

『논어집주論語集註』는 정자程子 말을 인용하여 "이 말은 제자가 성인 공자를 잘 형용한 부분이다. '신신申申'이란 단어로는 모두 다 표현할 수 없어서 다시 '요요夭夭'라는 단어로 설명하였다. 지금 사람들은 한가로이 지낼 때에는 게으르거나 방사放肆하지 않으면 지나치게 엄숙하다. 지나치게 엄숙한 것은 '신신'과 '요요'하지 않은 것이며, 게으르거나 방사한 것도 이 네 글자에 해당되는 것이 아니니, 오직 성인만이 중화中和의 기상이 있는 것이다."라 하였다.[2]

'신신요요'는 느긋하고 온화한 모습이다. 평소에 훌륭한 인격을 지니면서 마음에서부터 우러나오지 않고 억지로 연기를 해서 만들어지는 모습이 아니다. '색난色難'이라 하였다. 항상 부드러운 모습과 인자한 모습

2 "此弟子善形容聖人處也. 爲申申字說不盡, 故更著夭夭字. 今人燕居之時, 不怠惰放肆必太嚴厲, 嚴厲時著此四字不得. 怠惰放肆時, 亦著此四字不得. 惟聖人便自有中和之氣."(朱熹, 論語集註)

을 지니기란 쉬운 일이 아니다. 온화하면서도 가볍지 않고, 위엄이 있으면서도 무섭지 않고, 남을 대할 때 공손하고 편한 모습이었을 것이다.

子溫而厲, 威而不猛, 恭而安.(里仁 07.38)

공자는 온순하면서도 엄숙하시고, 위엄이 있으면서도 사납지는 않았고, 공손하시면서도 편안하셨다.

남의 말을 들을 때에는 경청하여 잘 듣고, 얼굴빛은 온화하게 하며, 공경하는 모습으로 대하고, 말은 신뢰가 가도록 해야 한다. 그래서 공자는 볼 때, 들을 때, 얼굴 색, 용모, 언어, 섬길 때, 의문이 날 때, 화가 났을 때, 이득이 생겼을 때에는 반드시 신중을 생각해서 행동하라 하였다.

孔子曰: "君子有九思, 視思明, 聽思聰, 色思溫, 貌思恭, 言思忠, 事思敬, 疑思問, 忿思難, 見得思義."(季氏 16.10)

공자가 말하였다.

"군자에게는 생각해야 하는 일이 아홉 가지가 있다. 보는데는 뚜렷이 보기를 생각하고, 듣는데는 똑똑하게 듣기를 생각하고, 안색에는 부드럽기를 생각하고, 용모에는 공손하기를 생각하고, 말에는 성실하기를 생각하고, 일에는 조심하기를 생각하고, 의심나는 것에는 묻기를 생각하고, 화가 날 적에는 어려운 일을 당할 것을 생각하고, 이득이 있을 것을 알면 그것이 의로운가를 생각한다."

'연신燕申'이란 '편안하게 거주하다'라는 뜻으로 '자지연거子之燕居, 신신여야申申如也'를 줄인 낱말이다. 조선 초기에 지은 전라감영은 정문은 포정문布政門이라 하고, 감사 집무실은 선화당宣化堂이라 하며, 감사의 주거 공간은 연신당燕申堂이라 하였다고 한다. 이 중 '연신당'은 본 구절에서 유래되었을 것이다. 전주 전라감영의 이미 불타 없어졌다. '선화宣化'란 '임금의 덕이 널리 퍼진다'는 뜻으로 관찰사가 사무를 보는 정당正堂을 가리킨다. 아래는 김삿갓이 함경감사 조기영趙冀永의 학정을 풍자한 시로 백성의 원망과 풍자가 담겨있는 시다. 낙민루樂民樓와 선화당宣化堂은 모두 함경 감영 내에 있는 실제의 이름이다. 앞 세 자와 뒤 세자의 독음이 각각 같은 자를 쓰고 있다.

樂民樓下落民漏, 낙민루 아래서 백성 눈물 떨어지니,
宣化堂上先禍當. 선화당 위에 화가 먼저 당하리라.
咸鏡道民咸驚逃, 함경도 백성들 모두 놀라 도망가니,
趙基榮家祚豈永. 조기영 집안의 복이 어찌 오래갈까.

'발여전색勃如戰色'은 '갑자기 안색을 바꾸어 전율하는 듯한 표정을 짓다'라는 뜻으로 '매우 신중하고 소중하게 다루는 모습'으로 태연하고 유쾌한 '신신요요申申夭夭'의 태도와는 다르다.

執圭, 鞠躬如也, 如不勝. 上如揖, 下如授. 勃如戰色, 足蹜蹜如有循. 享禮, 有容色. 私覿, 愉愉如也.(鄕黨 10.04)

규圭를 잡고 계시면 몸을 굽히시어 그것을 못 이기시는 것같이 하셨다. 그것을 올리시는 것은 읍하시는 정도로 하시고, 내리실 때는 물건을 내주실 때 정도로 하시는데, 두려워하시는 것 같은 얼굴빛으로 변하시고, 발은 뒤꿈치로 옮겨 가시는데 무엇인가를 더듬어 가시는 것같이 하셨다. 정식 연회석상에서는 점잖은 기색을, 사적인 면회엔 즐거운 기색을 보이셨다.

이것은 공자가 다른 나라에 파견되어 가서 그 나라 국군國君을 정식으로 만날 때에 한 의예儀禮를 가리킨다. 규圭는 국군國君의 위임委任을 상징하는 것으로 다른 나라에 사신使臣을 보낼 때에 가지고 가게 하는 예기이다. 사람의 모양으로 만든 약 7촌 정도로 된 옥이다.

사람의 안색은 때와 장소에 따라 다르다. 제사를 지내거나 국가를 대신하여 외교적인 업무를 수행하는데, 희희낙락할 수 있겠는가. 그러나 평소에는 공자는 온화하면서도 엄숙하였고 위엄을 갖추면서도 사납지 않았고 공손하면서도 편안하였다.[3] 남에게 공손하면서 너무 필요 이상으로 예의를 갖춘다면 오히려 상대방이 편치 않을 것이다.

전라감영 내 전라감사 집무실 선화당(사진출처: 전주시)

3 "子溫而厲, 威而不猛, 恭而安."(述而 07.38)(공자는 온순하면서도 엄숙하시고, 위엄이 있으면서도 사납지는 않았고, 공손하시면서도 편안하셨다.)

【후비後備 1】

이미 출판된 제1권 『물시어인』, 제2권 『서예로 읽는 논어(첫번째)』과 본 책에서 살펴 본 성어 이외에도 아래와 같은 성어가 더 있다. 물론 이외도 더 있을 수 있다. 이미 성어를 설명하는 과정에 자주 중복 출현하기 때문에 따로 주제 테마로 설정하지 않기로 하고, 출처와 그 내용만 소개하면 아래와 같다.

① 本立道生 본립도생. 본질을 세워야 도가 생긴다.

有子曰: "其爲人也孝弟, 而好犯上者, 鮮矣, 不好犯上, 而好作亂者, 未之有也. 君子務本, 本立而道生. 孝弟也者, 其爲仁之本與!"(學而 01.02)

유자께서 말하였다.

"사람됨이 효성 있고 우애하면서 윗사람의 권위를 무시하기 좋아하는 사람은 드물다. 윗사람의 권위를 무시하기 싫어하면서 난동을 일으키기 좋아하는 사람이란 여지껏 본 일이 없다. 군자는 기본이 되는 일에 힘쓰거니와 기본이 서야 도가 생겨난다. 효성과 우애란 것은 인을 실전하는 기본일 게다."

② 言不及義 언불급의. 말이 이치에 맞지 않다.

子曰: "群居終日, 言不及義, 好行小慧, 難矣哉!"(衛靈公 15.17)

공자는 말하였다.

"종일토록 여럿이 모여가지고 하는 말이 의로운 일에는 언급하지 않고 잔 지혜를 피우기 좋아한다면 이는 곤란하다."

③ 祭神如在 제신여재. 신이 있는 것처럼 제사를 지내다.

祭如在, 祭神如神在. 子曰: "吾不與祭, 如不祭."(八佾 03.12)

조상을 제사하는 데는 조상이 있는 것같이 할 것이고, 신에게 제사를 지낼 때에는 신이 있는 것같이 할 것이다.

공자가 말하였다.

"나는 몸소 제사에 참례하지 않으면 제사를 지내지 않은 것 같은 기분이다."

④ 事君以忠 사군이충. 충성을 다하여 섬기다.

定公問: "君使臣, 臣事君, 如之何?" 孔子對曰: "君使臣以禮, 臣事君以忠."(八佾 03.19)

정공께서 말하였다.

"임금이 신하를 부리고 신하가 임금을 섬기는 데는 어떻게 해야 합니까?"

공자가 말하였다.

"임금은 예로써 신하를 부리고 신하는 충성으로써 임금을 섬깁니다."

⑤ 小人懷土 소인회토. 소인은 땅을 생각한다.

子曰: "君子懷德, 小人懷土, 君子懷刑, 小人懷惠."(里仁 04.11)

공자는 말하였다.

"군자는 덕을 생각하는데 소인은 정든 땅을 생각하며, 군자는 형을 생각하는데 소인은 특혜를 생각한다."

⑥ 放利而行 방리이행. 이익만 바라다.

子曰: "放於利而行, 多怨."(里仁 04.12)

공자는 말하였다.

"이익에 따라서 행동하면 원망을 많이 산다."

⑦ 義之與比 의지여비. 의로움에 살다

子曰: "君子之於天下也, 無適也, 無莫也, 義之與比."(里仁 04.10)

공자는 말하였다.

"군자에게는 이 세상에서 적당하고 적당하지 않은 것이 따로 있는 것이 아니고 정의에 의지해 살아 나간다."

⑧ 非爾所及 비이소급. 능력밖에 일이다.

子貢曰: "我不欲人之加諸我也, 吾亦欲無加諸人." 子曰: "賜也, 非爾所及也."(公冶長 05.12)

자공이 말하였다.

"내가 남이 나에게 하는 것을 원치 않는다면, 나도 남에게 그것을 하지 않고 싶습니다."

공자가 말하였다.

"사(자공)야, 네가 해낼 수 있는 일이 아니다."

⑨ 必有忠信 필유충신. 충성되고 신용있는 자는 반드시 있기 마련이다.

子曰: "十室之邑, 必有忠信如丘者焉, 不如丘之好學也."(里仁 05.28)

공자는 말하였다.

단지 열 집 정도의 작은 마을에도 반드시 충성되고 신용 있기가 나 같은 사람이 있을 것이나, 내가 배우기를 좋아하는 것만은 못할 것이다."

⑩ 務民之義 무민지의. 백성의 정의를 살리다.

樊遲問知. 子曰: "務民之義, 敬鬼神而遠之, 可謂知矣." 問仁. 曰: "仁者先難而後獲, 可謂仁矣."(雍也 06.22)

번지가 지혜에 관해서 여쭈어 보았다. 공자는 말하였다.

"백성이 정의에 이를 수 있도록 힘쓰고, 귀신들을 공경스럽게 다루되 그것들을 멀리 한다면 지혜롭다고 말할 수 있다."

인에 관해서 여쭈어 보았다. 공자는 말하였다.

"인이라는 것은 먼저 고난을 겪고 난 뒤에 얻게 되는 것으로, 그래야 인이라고 할 수 있다."

⑪ 中道而廢 중도이폐. 중도에 그만두다.

冉求曰: "非不說子之道, 力不足也." 子曰: "力不足者, 中道而廢. 今女畫."(雍也 06.12)

염구가 말하였다.

"선생님의 도를 기뻐하지 않는 것은 아니옵니다마는 힘이 모자랍니다."

공자는 말하였다.

"힘이 모자라는 사람은 도중에서 그만두고 말게 마련이지만, 지금 너는 아예 선을 긋고 머물러 있는 것이다."

⑫ 樂水樂山 요산요수. 산과 물을 좋아하다.

子曰: "知者樂水, 仁者樂山. 知者動, 仁者靜. 知者樂, 仁者壽."(雍也 06.23)

공자는 말하였다.

"지혜로운 사람은 물을 좋아하고, 인자한 사람은 산을 좋아한다. 지혜로운 사람은 움직이고, 인자한 사람은 조용하다. 지혜로운 사람은 즐겁게 살고, 인자한 사람은 장수한다."

⑬ **學而不厭 학이불염. 배우기를 좋아하다.**

子曰: "黙而識之, 學而不厭, 誨人不倦, 何有於我哉?"(述而 07.02)

공자는 말하였다.

"묵묵히 마음속에 기억하고, 열심히 배우면서 싫증을 내지 않고, 남을 가르치기에 게을리 하지 않는 것, 이 중에 어떤 것을 내가 이루었단 말인가!"

⑭ **不憤不啓 불분불계. 분계하지 않으면 인도하지 않는다.**

子曰: "不憤不啓, 不悱不發. 擧一隅, 不以三隅反, 則不復也."(述而 07.08)

공자는 말하였다.

"알려고 답답해하지 않으면 지도하지 않고, 표현하지 못해 괴로워하지 않으면 일깨우지 않는다. 한 귀퉁이를 들어 주어 다른 세 귀퉁이를 알지 않으면 되풀이 하지 않는다."

⑮ **不悱不發 불비불발. 안타까워해야 일깨워 주다.**

子曰: "不憤不啓, 不悱不發. 擧一隅, 不以三隅反, 則不復也."(述而 07.08)

공자는 말하였다.

"알려고 답답해하지 않으면 지도하지 않고, 표현하지 못해 괴로워하지 않으면 일깨우지 않는다. 한 귀퉁이를 들어 주어 다른 세 귀퉁이를 알지 않으면 되풀이 하지 않는다."

⑯ **愼齊戰疾 신재전질. 재계齋戒, 전쟁, 질병을 신중히 대하다.**

子之所愼, 齊, 戰, 疾.(述而 07.13)

공자께서 조심하시는 일은 재계와 전쟁과 질병이다.

⑰ **暴虎馮河 폭호빙하. 맨손으로 호랑이를 잡고 황하를 맨발로 건너다.**

子謂顔淵曰: "用之則行, 舍之則藏, 唯我與爾有是夫!" 子路曰: "子行三軍, 則誰

與?" 子曰: "暴虎馮河, 死而無悔者, 吾不與也. 必也臨事而懼, 好謀而成者也."(述而 07.11)

공자가 안연에게 말하였다.

"'등용되면 나가고 버려지면 들어앉는다.'고 한 말은 오직 나와 너만이 실천할 수 있을게다."

자로가 말하였다.

"선생님께서 군대를 통솔하신다면 누구와 함께 하시겠습니까?"

공자는 말하였다.

"맨손으로 범에게 달려들고 황하를 맨발로 건너며 죽어도 뉘우침이 없는 사람과는 나는 함께 하지 않을 것이다. 나는 반드시 어려운 일에 임해서 두려워하고 미리 계획해서 성공하기를 좋아하는 사람과 함께 할 것이다."

⑱ 曲肱枕之 곡굉침지. 팔베개하고 자다.

子曰: "飯疏食飲水, 曲肱而枕之, 樂亦在其中矣. 不義而富且貴, 於我如浮雲."(述而 07.16)

공자는 말하였다.

"거친 것을 먹고 물을 마시고 팔베개를 하고 살아도 즐거움은 또한 그 가운데 있는 것이다. 의롭지 않으면서 돈 많고 벼슬 높은 것은 나에게는 뜬구름과 같다."

⑲ 樂在其中 낙재기중. 즐거움이 그 중에 있다.

子曰: "飯疏食飲水, 曲肱而枕之, 樂亦在其中矣. 不義而富且貴, 於我如浮雲."(述而 07.16)

공자는 말하였다.

"거친 것을 먹고 물을 마시고 팔베개를 하고 살아도 즐거움은 또한 그 가운데 있는 것이다. 의롭지 않으면서 돈 많고 벼슬 높은 것은 나에게는 뜬구름과 같다."

⑳ 六言六蔽 육언육폐. 군자의 여섯 가지 폐단.

子曰: "由也! 女聞六言六蔽矣乎?" 對曰: "未也." "居! 吾語女. 好仁不好學, 其蔽也愚, 好知不好學, 其蔽也蕩, 好信不好學, 其蔽也賊, 好直不好學, 其蔽也絞, 好勇不好學, 其蔽也亂, 好剛不好學, 其蔽也狂."(陽貨 17.08)

공자가 말하였다.

"중유야, 너는 여섯 가지 말에 따르는 여섯 가지 폐단에 관해서 들은 일이 있느냐?"

"아직 듣지 못하였습니다." 자로(중유)가 말하였다.

공자가 말하였다.

"거기 앉거라. 내가 너에게 말하여 주마. 인자하게 굴기를 좋아하면서 배우기를 싫어하면 그 폐단은 어리석어지는 것이다. 지혜롭게 굴기를 좋아하면서 배우기를 싫어하면 그 폐단은 무절제해지는 것이다. 신용 있게 굴기를 좋아하면서 배우기를 싫어하면 그 폐단은 의를 해치게 되는 것이다. 곧게 굴기를 좋아하면서 배우기를 싫어하면 그 폐단은 가혹해지는 것이다. 용맹하게 굴기를 좋아하면서 배우기를 싫어하면 그 폐단은 난폭해지는 것이다. 굳세게 굴기를 좋아하면서 배우기를 싫어하면 그 폐단은 무모해지는 것이다."

㉑ 敏而好古 민이호구. 옛 것에 심취하다.

子曰: "我非生而知之者, 好古敏以求之者也."(述而 07.20)

공자는 말하였다.

"나는 나면서부터 알고 있는 사람은 아니고 옛것을 좋아하여 재빨리 그것을 알아내기에 힘쓰는 사람이다."

㉒ 巍巍蕩蕩 위위탕탕. 위대하고 광활하다.

子曰: "大哉堯之爲君也! 巍巍乎! 唯天爲大, 唯堯則之. 蕩蕩乎, 民無能名焉. 巍巍乎! 其有成功也, 煥乎其有文章!"(泰伯 08.19)

공자는 말하였다.

“대단하도다. 요堯의 임금됨이여. 위대하도다, ‘오직 하늘만이 크다’고 하지마는 요의 덕만은 그것에 맞가니. 끝 없이 넓도다, (요堯의 덕德은). 국민들은 그것을 무엇이라 이름짓지 못하였으니. 위대하도다, 그가 이룩한 공적이여, 빛나도다, 그가 성취한 문화여.”

㉓ 毋意毋必 무의무필. 자의적이거나 단언은 하지 않는다.

子絶四, 毋意, 毋必, 毋固, 毋我.(子罕 09.04)

공자가 절대 안 하시는 일이 네 가지 있었다. 즉 억측하시는 일이 없으셨고, 장담하시는 일이 없으셨고, (자기 의견만을) 고집하시는 일이 없으셨고, 이기적인 일이 없으셨다.

㉔ 毋固毋我 무고무아. 고집과 아집을 피지 않는다.(子罕 09.04)

㉕ 居之無倦 거지무권. 직무에 게을리 하지 마라.

子張問政. 子曰: “居之無倦, 行之以忠.”(顔淵 12.14)

자장이 정치에 관해서 여쭈어 보았다. 공자는 말하였다.

“가만히 있을 적에는 (마음속으로 올바른 정치를 할 생각을) 게을리하지 말고, 실지로 정사政事를 다룰 적에는 충성스럽게 하여라.”

㉖ 知者不惑 지자불혹. 지자는 미혹되지 않는다.

子曰: “君子道者三, 我無能焉, 仁者不憂, 知者不惑, 勇者不懼.” 子貢曰: “夫子自道也.”

공자는 말하였다.(憲問 14.28)

“군자의 도는 셋인데, 내가 해낼 수 있는 것은 하나도 없다. 인자한 사람은 근심하지 않고, 지혜로운 사람은 의혹에 빠지지 않고, 용감한 사람은 두려워하지 않는다."

자공이 말하였다.

"선생님께서 자겸自謙하신 말씀이시다."

㉗ 以友輔仁 이우보인. 친구와 인을 도모하다.

曾子曰: "君子以文會友, 以友輔仁."(顏淵 12.24)

증자께서 말씀하셨다.

"군자는 글을 가지고 벗을 모으고, 벗을 통하여 인仁의 향상을 도모한다."

㉘ 貧而無怨 빈이무원. 가난하나 원망치 않는다.

子曰: "貧而無怨難, 富而無驕易."(憲問 14.10)

공자는 말하였다.

"빈한貧寒하면서 원망하는 일이 없기는 어렵고, 부유하면서 교만하게 구는 일이 없기는 쉽다."

㉙ 時然後言 시연후언. 시기적절하게 말하다.

子問公叔文子於公明賈曰: "信乎, 夫子不言, 不笑, 不取乎?" 公明賈對曰: "以告者過也. 夫子時然後言, 人不厭其言, 樂然後笑, 人不厭其笑, 義然後取, 人不厭其取." 子曰: "其然? 豈其然乎?"(憲問 14.13)

공자가 공명가에게 공숙문자에 관해서 물어보았다.

"사실입니까? 그 분은 말도 하지 않고 웃지도 않고 물건을 받지도 않습니까?"

공명가가 대답하였다.

"전한 사람이 지나치게 말한 탓입니다. 그 분은 해야 할 때가 된 후에 말하므로 사람들이 그 분의 말을 싫어하지 않고, 즐거워진 후에 웃으므로 사람들이 그 분의 웃음을 싫어하지 않고, 의義로와야 물건을 받으므로 사람들이 그가 받는 것을 싫어하지 않습니다."

㉚ 義以爲質 의이위질. 도의가 본질이다.

子曰: "君子義以爲質, 禮以行之, 孫以出之, 信以成之. 君子哉!"(衛靈公 15.18)

공자는 말하였다.

"군자는 의義를 바탕으로 삼고, 예禮에 따라서 그것(의義)을 행하고, 겸손한 태도를 가지고 그것을 남 앞에 내놓고, 신용을 가지고 그것을 성사시킨다. 그래야 군자인 것이다."

㉛ 君子謀道 군자모도. 군자는 도를 도모한다.

子曰: "君子謀道不謀食. 耕也, 餒在其中矣, 學也, 祿在其中矣. 君子憂道不憂貧."(衛靈公 15.32)

공자는 말하였다.

"군자는 도道를 위해서 일을 계획하지 먹는 것을 위해서 일을 계획하지는 않는다. 농경에도 그 가운데 굶주림이 있을 수 있고, 학문은 그 가운데 녹祿이 있을 수 있다. 하지만 군자는 도를 위해 근심하지 가난을 근심하지는 않는다."

㉜ 辭達而已 사달이이. 말은 뜻을 전달하면 그뿐이다.

子曰: "辭達而已矣."(衛靈公15.41)

공자는 말하였다.

"문장이란 뜻을 전달하기 위한 것일 따름이다."

㉝ 近則不孫 근즉불손. 가까이 하면 불손해진다.

子曰: "唯女子與小人爲難養也, 近之則不孫, 遠之則怨."(陽貨 17.25)

공자는 말하였다.

"여자와 소인만은 다루기 힘들다. 그들을 가까이 해주면 불손不遜하게 굴고, 멀리 하면 원망한다."

㉞ 默而識之 묵이식지. 묵묵히 기억하다.

子曰: "默而識之, 學而不厭, 誨人不倦, 何有於我哉?"(述而 07.02)

공자는 말하였다.

"묵묵히 마음속에 기억하고, 열심히 배우면서 싫증을 내지 않고, 남을 가르치기에 게을리 하지 않는 것, 이 중에 어떤 것을 내가 이루었단 말인가!"

㉟ 如履薄氷 여리박빙. 살얼음을 걷다.

曾子有疾, 召門弟子曰: "啓予足! 啓予手! 詩云: '戰戰兢兢, 如臨深淵, 如履薄氷.' 而今而後, 吾知免夫! 小子!"(泰伯 08.03)

증자께서 병환이 나셔서 제자들을 부르시고 말하였다.

"내 발을 펴고 내 손을 펴라. 시詩에 '두려워하고 조심함이 깊은 물가에 나서 있는 거와도 같고, 엷은 얼음을 밟고 있는 거와도 같다.'고 하였는데, 이제는 내가 그런 데서 해방되게 되었음을 알겠다, 얘들아."

㊱ 不義富貴 불의부귀. 의롭지 않은 부귀는.

子曰: "飯疏食飮水, 曲肱而枕之, 樂亦在其中矣. 不義而富且貴, 於我如浮雲."(述而 07.16)

공자는 말하였다.

"거친 것을 먹고 물을 마시고 팔베개를 하고 살아도 즐거움은 또한 그 가운데 있는 것이다. 의롭지 않으면서 돈 많고 벼슬 높은 것은 나에게는 뜬구름과 같다."

㊲ 往者不諫 왕자불간. 지나간 것은 말할 필요 없다.

楚狂接輿歌而過孔子曰: "鳳兮鳳兮! 何德之衰? 往者不可諫, 來者猶可追. 已而已而! 今之從政者殆而!" 孔子下, 趨而辟之. 趨而辟之, 不得與之言.(微子 18.05)

초나라의 미치광이 접여接輿가 노래를 부르며 공자 곁을 지나갔다.

봉鳳이여, 봉이여!

그대의 덕德은 어찌나 그리 쇠衰하였나요!

지나간 거야 말려 볼 수 없지만,

앞으로 닥쳐올 거야 그래도 따라갈 수 있을 게니,

그만두소, 그만두소,

지금 정치에 종사하는 사람들은 위태롭도다.

공자께서 내려서셔서 그와 말씀하려 하셨으나 빨리 달아나 피해버려서 말씀하시지 못하셨다.

㊳ 趨而辟之 추이피지. 달아나 피해 멀리하다.(微子 18.05)

㊴ 篤信好學 독신호학. 믿음을 돈독히 하고 배우기를 좋아하다.

子曰: "篤信好學, 守死善道. 危邦不入, 亂邦不居. 天下有道則見, 無道則隱. 邦有道, 貧且賤焉, 恥也, 邦無道, 富且貴焉, 恥也."(泰伯 08.13)

공자는 말하였다.

"굳게 믿고 배우기를 좋아하고, 죽음으로 좋은 훌륭한 도를 지키라. 위태로운 나라에는 들어가지 말고, 혼란한 나라에는 살지 말라. 세상에 정도正道가 행하여지지 않으면 숨는 거라. 나라에 정도가 행하여지는데 빈천하게 산다는 것은 수치다. 나라에 정도가 행하여지지 않는데 부귀를 누리는 것은 수치다."

㊵ 義然後取 의연후취. 의로워야 취한다.

子問公叔文子於公明賈曰: "信乎, 夫子不言, 不笑, 不取乎?" 公明賈對曰: "以告者過也. 夫子時然後言, 人不厭其言, 樂然後笑, 人不厭其笑, 義然後取, 人不厭其取." 子曰: "其然? 豈其然乎?"(憲問 14.13)

공자가 공명가에게 공숙문자에 관해서 물어보았다.

"사실입니까? 그 분은 말도 하지 않고 웃지도 않고 물건을 받지도 않습니까?"

공명가가 대답하였다.

"전한 사람이 지나치게 말한 탓입니다. 그 분은 해야 할 때가 된 후에 말하므로 사람들이 그 분의 말을 싫어하지 않고, 즐거워진 후에 웃으므로 사람들이 그 분의 웃음을 싫어하지 않고, 의義로와야 물건을 받으므로 사람들이 그가 받는 것을 싫어하지 않습니다."

㊶ 禮以行之 예이행지. 예로 행동하다.

子曰: "君子義以爲質, 禮以行之, 孫以出之, 信以成之. 君子哉!"(衛靈公 15.18)

공자는 말하였다.

"군자는 의義를 바탕으로 삼고, 예禮에 따라서 그것(義)을 행하고, 겸손한 태도를 가지고 그것을 남 앞에 내놓고, 신용을 가지고 그것을 성사시킨다. 그래야 군자인 것이다."

㊷ 先事後得 선사후득. 일을 먼저하고 얻음을 후에 생각하다.

樊遲從遊於舞雩之下, 曰: "敢問崇德, 修慝, 辨惑." 子曰: "善哉問! 先事後得, 非崇德與? 攻其惡, 無攻人之惡, 非脩慝與? 一朝之忿, 忘其身以及其親, 非惑與?"(顔淵 12.21)

번지가 무우 아래에서 노닐 때에 말하였다.

"덕德을 숭상하는 것, 사악한 마음을 바로잡는 것, 미혹된 일을 가려내는 것을 감히 여쭈어 보려고 합니다."

공자는 말하였다.

"좋은 질문이다. 일은 먼저 하고 이득은 뒤로 미루는 것이 덕을 숭상하는 것이 아니겠느냐? 자기의 나쁜 점을 공격하고 남의 나쁜 점을 공격하지 않는 것이 사악한 마음을 다스리는 것이 아니겠느냐? 하루아침의 분함으로 자기 몸과 자기 어버이에게 미치는 것이 미혹된 짓이 아니겠느냐?"

㊸ 春風沂水 춘풍기수. 봄바람을 즐기고 기수에 노닐다.

"點! 爾何如?" 鼓瑟希, 鏗爾, 舍瑟而作, 對曰: "異乎三子者之撰." 子曰: "何傷乎? 亦各言其志也." 曰: "莫春者, 春服旣成, 冠者五六人, 童子六七人, 浴乎沂, 風乎舞雩, 詠而歸."

夫子喟然歎曰: "吾與點也!"(先進 11.24)

"무슨 상관이 있겠느냐? 그렇더라도 각각 자기 지망을 말하는 것인데."

"늦은 봄에 봄옷이 다 되어서 성인 5.6명과 아이들 6.7명이 기수에서 몸을 씻고 무우에서 바람을 쏘이고서 읊조리며 돌아오는 것입니다."

공자는 깊이 탄식하시고 말하였다.

"나는 점點의 편을 들겠다."

㊹ 見危授命 견위수명. 위태로울 때 목숨을 바치다.

子路問成人. 子曰: "若臧武仲之知, 公綽之不欲, 卞莊子之勇, 冉求之藝, 文之以禮樂, 亦可以爲成人矣." 曰: "今之成人者何必然? 見利思義, 見危授命, 久要不忘平生之言, 亦可以爲成人矣."(憲問 14.12)

자로가 완성된 인간에 관해서 여쭈어 보았다. 공자는 말하였다.

"만약에 장무중의 지혜와 맹공작의 과욕寡欲과 변읍의 장자의 용기와 염구의 재주에다가 예禮와 낙樂으로 윤색潤色을 한다면 또한 완성된 인간이라고 할 수 있다."

"지금의 완성된 인간이야 뭐 그러할 것까지야 있겠느냐. 이익을 볼 기회를 당면하면 그것을 취하는 것이 의로운가를 생각하고, 나라가 위태로와진 것을 보면 목숨을 내놓고, 평소에 승낙한 약속을 잊지 않는다면 또한 완성된 인간이라고 할 수 있다."

㊺ 久要不忘 구요불망. 오랫동안 잊지 않다.(憲問 14.12)

⑯ 求志達道 구지달도. 뜻을 구하고 도를 달성하다.

孔子曰: "見善如不及, 見不善如探湯. 吾見其人矣, 吾聞其語矣. 隱居以求其志, 行義以達其道. 吾聞其語矣, 未見其人也."(季氏 16.11)

공자께서 말하였다.

"선善한 일을 보고서는 그것에 미치지 못해 하는 것같이 하고, 선善하지 않은 일을 보고서는 끓는 물에 손을 넣었을 때같이 한다. 나는 그렇게 하는 사람을 보았고 나는 그런 말을 들었다. 숨어서 살아가지고 자기의 뜻한 바를 추구追求하고, 의義를 행해가지고 자기의 도道를 달성한다. 나는 그런 말을 들었으나, 그렇게 하는 사람은 보지 못했다."

⑰ 磨而不磷 마이불린. 갈아도 갈리지 않는다.

佛肸召, 子欲往. 子路曰: "昔者由也聞諸夫子曰: '親於其身爲不善者, 君子不入也.'佛肸以中牟畔, 子之往也, 如之何?" 子曰: "然, 有是言也. 不曰堅乎, 磨而不磷, 不曰白乎, 涅而不緇. 吾豈匏瓜也哉? 焉能繫而不食?"(陽貨 17.07)

필힐이 부르자 선생님께서는 가시려고 하셨다. 자로가 말하였다.

"전에 제가 선생님께서 '직접 그 자신이 악惡한 일을 한 사람의 집에는 군자는 들어가지 않는다'고 말씀하신 것을 들었습니다. 필힐이 중모읍中牟邑을 가지고 반기叛旗를 들었는데 선생님께서 가시면 어떻게 하십니까?"

공자는 말하였다.

"그렇다. 그 말을 한 일이 있다. 굳다고 하지 않겠느냐? 갈아도 엷어지지 아니한다면. 희다고 하지 않겠느냐? 물들여도 검어지지 아니한다면, 내가 어찌 박(匏瓜)이겠느냐? 어찌 달려 있고 먹지 않을 수 있겠느냐?"

⑱ 匏瓜空懸 포과공현. 쓸모없이 매달린 수세미.(陽貨 17.07)

⑲ 禮樂不興 예악불흥. 예악이 무너지다.

子路曰: "衛君待子而爲政, 子將奚先?" 子曰: "必也正名乎!" 子路曰: "有是哉, 子之迂也! 奚其正?" 子曰: "野哉, 由也! 君子於其所不知, 蓋闕如也. 名不正, 則言不順, 言不順, 則事不成, 事不成, 則禮樂不興, 禮樂不興, 則刑罰不中, 刑罰不中, 則民無所錯手足. 故君子名之必可言也, 言之必可行也. 君子於其言, 無所苟而已矣."(子路 13.03)

자로가 말하였다.

"위衛나라의 군주가 선생님께서 정치를 하여주시기를 기다리고 있다고 하면 선생님께서는 무슨 일부터 먼저 하시겠습니까?"

공자가 말하였다.

"반드시 이름을 바로잡을 게다."

자로가 말하였다.

"그러한 생각을 가지고 계십니까? 선생님께서는 일에 뜨십니다. 이름을 바로 잡아서 무엇을 하시겠습니까?"

공자가 말하였다.

"야비하구나, 유由는. 군자는 자기가 모르는 것에 관해서는 보유하여 두는 법이다. 이름이 바르지 않으면 말이 맞지 않고, 말이 맞지 않으면 일이 제대로 되어지지 않는다. 일이 제대로 되어지지 않으면 예와 악이 성행하지 않는다. 예와 악이 성행하지 않으면 형벌이 바로 가해지지 않는다. 형벌이 바로 가해지지 않으면 국민들은 손발을 둘 데가 없어진다. 그러므로 군자는 이름을 붙이게 되면 반드시 그것에 관해서 말할 수 있게 되고, 말하면 반드시 그것을 실행할 수 있게 되는 것이다. 군자는 자기의 말에 구차한 점이 없을 따름이다."

㊿ 刑罰不中 형벌부중. 형벌이 제대로 실행되지 않다.(子路 13.03)

51 觀其所由 관기소유. 동기를 살피다.

子曰: "視其所以, 觀其所由, 察其所安. 人焉廋哉? 人焉廋哉?"(爲政 02.10)

공자는 말하였다.

"한 사람의 행위를 보고, 그 동기를 살피고, 그가 만족하는 바를 관찰하면 그의 사람됨을 어찌 감추겠는가, 그의 사람됨을 어찌 감추겠는가?"

⑤② 朞月有成 기월유성. 단 시일내에 성과를 거두다.

子曰: "苟有用我者, 期月而已可也, 三年有成."(子路 13.10)

공자는 말하였다.

"나를 등용하는 사람이 있다면 만 1년이 되면 벌써 괜찮아질 것이고 3년이 되면 치적이 오를 것이다."

⑤③ 父母之邦 부모지방. 부모의 나라.

柳下惠爲士師, 三黜. 人曰: "子未可以去乎?" 曰: "直道而事人, 焉往而不三黜? 枉道而事人, 何必去父母之邦?"(微子 18.02)

유하혜는 사사士師였는데 세 차례나 몰려났었다. 사람들이 말하였다.

"다른 데로 가버릴 수 없었던가요?"

그는 말하였다.

"곧은 도리로 남을 섬기자면 어디에 간들 세 차례는 몰려나지 않겠소? 정도正道를 굽혀서 남을 섬길진대 무엇하러 부모의 나라를 떠나야 한단 말이요?"

⑤④ 枉道事人 왕도사인. 나쁜 도로 섬기다.(微子 18.02)

⑤⑤ 膚受之愬 부수지소. 피부로 느끼는 급박한 하소연.

子張問明. 子曰: "浸潤之譖, 膚受之愬, 不行焉, 可謂明也已矣. 浸潤之譖, 膚受之愬, 不行焉, 可謂遠也已矣."(顔淵 12.06)

자장子張이 명철明哲한 것에 관해서 여쭈어 보았다. 공자는 말하였다.

"은연중에 스며들어오는 참소讒訴와 자신에게 직접 자극을 주는 탄원歎願을 그대로 받아들여 처리하지 않는다면 명철하다고 말할 수 있다. 은연중에 스며들어 오는 참소와 자신에게 직접 자극을 주는 탄원을 그대로 받아들여 처리하지 않는다면 선견지명이 있다고 말할 수 있다."

(56) 上知下愚 상지하우. 최고의 지혜 최하의 어리석음.

子曰: "唯上知與下愚不移."(陽貨 17.03)

공자는 말하였다.

"오직 가장 지혜로운 사람과 가장 어리석은 사람만이 옮기지 않는다."

(57) 四體不勤 사체불근. 몸을 놀리지 않고 게으르다.

子路從而後, 遇丈人, 以杖荷蓧. 子路問曰: "子見夫子乎?" 丈人曰: "四體不勤, 五穀不分. 孰爲夫子?" 植其杖而芸. 子路拱而立. 止子路宿, 殺雞爲黍而食之, 見其二子焉. 明日, 子路行以告. 子曰: "隱者也." 使子路反見之. 至則行矣. 子路曰: "不仕無義. 長幼之節, 不可廢也, 君臣之義, 如之何其廢之? 欲潔其身, 而亂大倫. 君子之仕也, 行其義也. 道之不行, 已知之矣."(微子 18.07)

자로가 선생님을 따라가다가 뒤떨어졌다. 한 노인을 만났는데 지팡이로 멱서리를 지고 있었다. 자로가 말하였다.

"영감님께서는 우리 선생님을 보셨는지요?"

그 노인이 말하였다.

"손발을 근면하게 놀리지 않고, 오곡五穀을 분간하지 못하는 사람아, 누가 그대의 선생인가?"

말하고는 그의 지팡이를 세워 놓더니 잡초를 뽑았다. 자로는 두 손을 마주잡고 서 있었다. 자로를 묵어가게 하고는, 닭을 잡아 수수밥을 지어서 먹이고, 자기의 두 아들을 만나게 해주었다.

그 이튿날 자로가 가서 이 일을 말씀드렸더니, 공자가 말하였다.

"은자다."

자로를 시켜 되돌아가서 그를 만나보도록 하였는데, 그곳에 갔더니 그 노인은 떠나가 버리고 없었다.

자로가 말하였다.

"벼슬을 살지 않는 것은 의롭지 않은 일입니다. 어른과 아이의 예절禮節은 없앨 수 없습니다. 임금과 신하의 의리야 어떻게 없앨 수 있겠습니까? 자기 몸을 깨끗이 하려다가 큰 인륜人倫을 어지럽힙니다. 군자가 벼슬살이를 하는 것은 자기의 의리를 지키는 것입니다. 정도正道가 행하여지지 않는다는 것은 이미 알고 있습니다."

(58) 求全責備 구전책비. 완전무결을 강요하다.

子曰: "君子易事而難說也. 說之不以道, 不說也, 及其使人也, 器之. 小人難事而易說也. 說之雖不以道, 說也, 及其使人也, 求備焉."(子路 13.25)

공자는 말하였다.

"군자는 섬기기는 쉬우나 기뻐하게 하기는 어렵다. 그를 기뻐하게 하는데 정당한 방법을 가지고 하지 않는다면 그는 기뻐하지 않는다. 그가 사람을 부리게 되면 그 사람의 재능을 살펴서 한다. 소인을 섬기기는 어려우나 기뻐하게 하기는 쉽다. 그를 기뻐하게 하는데 비록 정당한 방법을 가지고 하지 않는다 하더라도 그는 기뻐한다. 그가 사람을 부리게 되면 그 사람이 갖은 짓을 다 해주기를 바란다."

(59) 學而知之 학이지지. 배워야 안다.

孔子曰: "生而知之者上也, 學而知之者次也, 困而學之, 又其次也, 困而不學, 民斯爲下矣."(季氏 16.09)

공자께서 말하였다.

"나면서부터 아는 사람이 상등上等이다. 배워서 아는 사람이 그 다음이다. 곤란해져서 배우는 사람은 또 그 다음이다. 곤란해져도 배우지 아니하면 그러한 사람이 곧 하등이 된다."

⑥⓪ 不學無立 불학무립. 배우지 않으면 서지 못한다.

陳亢問於伯魚曰: "子亦有異聞乎?" 對曰: "未也. 嘗獨立, 鯉趨而過庭." 曰: "'學詩乎?' 對曰: "未也." "不學詩, 無以言." 鯉退而學詩. 他日, 又獨立, 鯉趨而過庭. 曰: "學禮乎?" 對曰: "未也." "不學禮, 無以立." 鯉退而學禮. 聞斯二者. 陳亢退而喜曰: "問一得三, 聞詩聞禮, 又聞君子之遠其子也."(季氏 16.13)

진항이 백어에게 말하였다.

"당신은 또 다른 말씀을 들은 게 있는가요?"

"아직 없습니다. 한 번은 혼자서 계실 때 제가 종종 걸음으로 마당을 지나갔는데 '시詩를 배웠느냐?' 하고 말씀하셨습니다. '아직 안 배웠습니다.' 하고 대답하였습니다. '시를 배우지 않으면 말을 할 길이 없느니라' 하고 말씀하셨습니다. 저는 물러나와 시를 배웠습니다. 다른 날 또 혼자서 계실 때에 제가 종종 걸음으로 마당을 지나갔는데 '예禮를 배웠느냐?' 하고 말씀하셨습니다. '아직 안 배웠습니다' 하고 대답하였습니다. '예를 배우지 않으면 남 앞에 나설 길이 없느니라' 하고 말씀하셨습니다. 저는 물러나와 예를 배웠습니다. 이 두 가지 말씀을 들었읍니다."

진항이 물러나와 기뻐서 말하였다.

"한 가지를 물었다가 세 가지를 알게 되었다. 시에 관한 것을 들어서 알았고, 예에 관한 것을 들어서 알았고, 또 군자는 아들을 멀리 한다는 것을 들어서 알았다."

⑥① 問一得三 문일득삼. 하나를 물어 셋을 얻다.(季氏16.13)

⑥② 歲不我與 세불아여. 세월은 나를 기다리지 않는다.

陽貨欲見孔子, 孔子不見, 歸孔子豚. 孔子時其亡也, 而往拜之. 遇諸塗. 謂孔子曰: "來! 予與爾言." 曰: "懷其寶而迷其邦, 可謂仁乎?" 曰: "不可." "好從事而亟失時,

可謂知乎?" 曰: "不可." "日月逝矣, 歲不我與." 孔子曰: "諾, 吾將仕矣."(陽貨 17.01)

양화는 공자를 만나려고 하였으나 공자께서는 그를 만나주시지 않으시어 공자에게 새끼 돼지를 보내주었다. 공자께서는 그가 없는 틈을 타서 그의 집에 가셔서 사의謝意를 표명하셨는데, 돌아오시는 길에 그를 만나셨다. 그가 공자에게 말하였다.

"오라, 내가 너에게 이야기하겠다."

"자기의 보배를 품안에다 감춰두고서 자기 나라를 어지럽게 하는 것을 인자하다고 말할 수 있는가? 그렇다고 할 수 없다. 정치에 종사하기 좋아하면서도 자주 그 기회를 잃는 것을 지혜롭다고 말할 수 있는가? 그렇다고 할 수 없다. 날과 달은 지나가고 세월은 우리와 함께 머물러 있어 주지 않는다."

공자께서 말하였다.

"예, 나는 장차 벼슬을 하며 살겠소이다."

㊳ 終身行之 종신행지. 종신토록 행하다.

子貢問曰: "有一言而可以終身行之者乎?" 子曰: "其恕乎! 己所不欲, 勿施於人."(衛靈公 15.24)

자공이 말하였다.

"한 마디로 평생토록 행할 만한 것이 있습니까?"

공자는 말하였다.

"서恕일 게다. 자기가 원하지 않는 것을 남에게 베풀지 말아라."

㊴ 言必有中 언필유중. 맞는 말을 하다.

魯人爲長府. 閔子騫曰: "仍舊貫, 如之何? 何必改作?" 子曰: "夫人不言, 言必有中."(先進 11.14)

노나라 사람들이 장부長府를 만들자 민자건이 말하였다.

"본래 하던 대로 하면 어떤가? 무엇하러 다시 만드는 건가?"

공자가 말하였다.

"그 사람은 말을 하지 않지만, 말을 하게 되면 반드시 문제의 핵심을 찌른다."

⑥⑤ 勃如戰色 발여전색. 두려워하는 얼굴빛을 하다.

執圭, 鞠躬如也, 如不勝. 上如揖, 下如授. 勃如戰色, 足蹜蹜如有循. 享禮, 有容色. 私覿, 愉愉如也.(鄉黨 10.04)

규圭를 잡고 계시면 몸을 굽히시어 그것을 못 이기시는 것같이 하셨다. 그것을 올리시는 것은 읍하시는 정도로 하시고, 내리실 때는 물건을 내주실 때 정도로 하시는데, 두려워하시는 것 같은 얼굴빛으로 변하시고, 발은 뒤꿈치로 옮겨 가시는데 무엇인가를 더듬어 가시는 것같이 하셨다. 정식 연회석상宴會席上에서는 점잖은 기색氣色을, 사적私的인 면회엔 즐거운 기색을 보이셨다.

⑥⑥ 寬則得衆 관즉득중. 관용을 베풀면 민중을 얻는다.

子張問仁於孔子. 孔子曰: "能行五者於天下爲仁矣." "請問之." 曰: "恭寬信敏惠. 恭則不侮, 寬則得衆, 信則人任焉, 敏則有功, 惠則足以使人."(陽貨 17.06)

자장이 공자께 인仁에 관해서 여쭈어 보았다. 공자가 말하였다.

"다섯 가지를 천하 어느 곳에서나 행할 수 있는 것이 인이다."

"그것을 여쭈어 보아도 좋겠습니까?"

"공손恭遜·관대寬大·신용信用·민첩敏捷·은혜恩惠다. 공손하면 모욕을 당하지 않고, 관대하면 많은 사람들의 지지를 받고, 신용이 있으면 남이 일을 맡기고, 민첩하면 공적을 올리게 되고, 은혜로우면 사람을 부릴 수 있게 된다."

⑥⑦ 木鐸 목탁. 목탁이 되다.

儀封人請見, 曰: "君子之至於斯也, 吾未嘗不得見也." 從者見之. 出曰: "二三子何患於喪乎? 天下之無道也久矣, 天將以夫子爲木鐸."(八佾 03.24)

의儀의 봉인封人이 면회를 청하고 말하였다.

"군자들이 이곳에 오면 내가 만나보지 못한 적이 없었소."

시종하는 사람이 선생님을 뵙게 하여 주었다. 그 사람이 나와서 말하였다.

"여러분들께서는 왜 (선생님의) 실패에 낙망하고들 계십니까? 세상이 무도無道해진지가 오래 되었으니 하늘은 선생님을 (이 세상을 正道로 이끄는) 목탁木鐸으로 삼을 것이요."

㊽ 多聞多見 다문다견. 견문이 넓다.

子張學干祿. 子曰: "多聞闕疑, 愼言其餘, 則寡尤, 多見闕殆, 愼行其餘, 則寡悔. 言寡尤, 行寡悔, 祿在其中矣."(爲政 02.18)

자장이 관리가 되는 길에 대하여 묻자 공자는 말하였다.

"많이 듣고 의문이 나는 점은 남겨 두고 그 나머지 의문된 일은 말하기를 삼가면 과오가 적을 것이고, 많이 보고 미심쩍어 위험스런 일은 남겨 두고 그 나머지 위험된 일은 행하기를 삼가면 후회되는 일이 적을 것이다. 말에 과오가 적고 행동에 후회되는 일이 적으면 봉록은 그 가운데 있는 것이다."

㊾ 事君盡禮 사군진예. 예를 갖춰 섬기다.

子曰: "事君盡禮, 人以爲諂也."(八佾 03.18)

공자는 말하였다.

"임금을 섬기는 데 예禮를 다하면 사람들은 그것을 아첨이라고 생각한다."

㊿ 勞而不怨 노이불원. 일을 해도 원망하지 않다.

子曰: "事父母幾諫, 見志不從, 又敬不違, 勞而不怨."(里仁 04.18)

공자는 말하였다.

"부모를 섬기는 데 있어서는 부드럽게 간諫하며, 부모의 뜻이 자기의 말에 따르지 않음을 알게 되면 또 공경스럽게 부모의 뜻을 어기지 않고, 괴로울 것이나 원망하지는 않을 일이다."

⑦① 莞爾而笑 완이이소. 빙그레 웃다.

子之武城, 聞弦歌之聲. 夫子莞爾而笑曰: "割鷄焉用牛刀?" 子游對曰: "昔者偃也聞諸夫子曰: '君子學道則愛人, 小人學道則易使也.'" 子曰: "二三者! 偃之言是也. 前言戱之耳."(陽貨 17.04)

선생님께서 무성에 가셨을 때 현악絃樂에 맞춰서 부르는 노래 소리를 들으셨다. 공자는 빙그레 웃으시며 말하였다.

"닭을 잡는데 어찌 소 잡는 칼을 쓰겠느냐?"

자유가 대답하였다.

"전에 제가 선생님께서 '군자가 도道를 배우면 사람을 아끼고, 소인이 도道를 배우면 부리기 쉽다'고 말씀하신 것을 들었습니다."

공자는 말하였다.

"애들아, 언偃의 말이 옳다. 내가 먼저 한 말은 농담이다."

⑦② 善人是富 선인시부. 착한 사람이 많다.

堯曰: "咨! 爾舜! 天之曆數在爾躬, 允執其中. 四海困窮, 天祿永終." 舜亦以命禹. 曰: "予小子履敢用玄牡, 敢昭告于皇皇后帝, 有罪不敢赦. 帝臣不蔽, 簡在帝心. 朕躬有罪, 無以萬方, 萬方有罪, 罪在朕躬." "周有大賚, 善人是富. 雖有周親, 不如仁人. 百姓有過, 在予一人." 謹權量, 審法度, 脩廢官, 四方之政行焉. 興滅國, 繼絶世, 擧逸民, 天下之民歸心焉. 所重, 民食喪祭. 寬則得重, 信則民任焉, 敏則有功, 公則說.(堯曰 20.01)

요임금은 말했다.

"아아, 너 순이여! '하늘의 역수曆數가 네 몸에 와 있으니 진실로 그 중용中庸을 잡을지니라. 사해四海가 곤궁해지면, 하늘에서 내리는 복록福祿은 영영 끊어지리라."

순임금도 이 말을 임금에게 일러주었다.

(탕왕은) 말했다.

"나, 어린아이 이履는 감히 검은 부사리를 희생으로 바치고, 밝히 위대하고 위대한 천제께 고하옵나니, 죄 있는 자는 감히 용서하지 못하겠나이다. 천제의 신하들은 막지 않을 것이오니, 그것을 가려내는 것은 천제의 마음에 달려 있습니다. 나 자신에 죄가 있다면 만방을 맡아 다스리는 일을 맡기지 마사이다. 만방의 백성들에게 죄가 있다면 그 죄는 나 자신의 부덕不德의 탓입니다."

(무왕武王은 말했다.)

"주周나라는 하늘의 큰 혜택을 입어 선善한 인물이 많다. 지극히 가까운 친척이 있다 하더라도, 그것은 인자한 인물만은 못한 것이다. 백성들에게 허물이 있다면 그것은 나 한 사람의 부덕不德한 탓이다."

(무왕武王은) 척도尺度와 양형量衡을 조심스럽게 다루고, 법도를 자세히 살피고, 없앴던 관서官署를 다시 일으켜서, 사방의 정사政事가 시행되게 되었다. 멸망한 나라를 일으켜주고, 끊어진 대代를 이어 주고, 초야에 묻혀버린 인재를 등용하여서 온 천하의 백성들이 그에게 마음을 돌리게 되었다. 그가 소중하게 여긴 것은, 백성들과 양식과 제사와 상사喪事였다.

⑬ 興滅繼絶 흥멸계절. 나라를 흥케하고 대를 잇게 하다.(堯曰 20.01)

⑭ 求備一人 구비일인. 한 사람이 모든 것 갖추기 바라다.

周公謂魯公曰: "君子不施其親, 不使大臣怨乎不以. 故舊無大故, 則不棄也. 無求備於一人!"(微子 18.10)

주공周公이 노공魯公에게 말하였다.

"군자는 자기 친속親屬들을 버리지 않으나, 대신들이 그들의 의견을 써주지 않는다고 원망하도록 만들지 않는다. 오랫동안 일해 온 사람은 큰 사고事故가 없으면 버리지 않는다. 한 사람이 모든 재주를 다 갖추어 있기를 바라지는 않는다."

⑮ 勇而無禮 용이무례. 용감하나 무례하다.

子貢曰: “君子亦有惡乎?” 子曰: “有惡, 惡稱人之惡者, 惡居下流而訕上者, 惡勇而無禮者, 惡果敢而窒者.” 曰: “賜也亦有惡乎?” “惡徼以爲知者, 惡不孫以爲勇者, 惡訐以爲直者.”(泰伯 08.02)(陽貨 17.24)

자공이 말하였다.

“군자도 미워하는 것이 있습니까?”

공자는 말하였다.

“미워하는 것이 있다. 남의 악을 말하는 사람을 미워하고, 용맹스러우면서 무례한 사람을 미워하고, 과감하면서 융통성이 없는 사람을 미워한다.”

“저도 미워하는 것이 있습니다. (비판이) 가혹한 것을 가지고 지혜롭다고 여기는 사람을 미워하고, 불손한 것을 가지고 용맹하다고 생각하는 사람을 미워하고, (남의 비밀을) 파내어 공격하는 것을 가지고 곧다고 여기는 사람을 미워합니다.”

⑯ 稱人之惡 칭인지악. 남의 나쁜 점을 말하다.(陽貨 17.24)

⑰ 居下訕上 거하상산. 아랫사람이 윗사람을 비방하다.(陽貨 17.24)

⑱ 果敢而窒 과감이질. 과감하나 융통성이 없다.(陽貨 17.24)

⑲ 徼以爲知 요이위지. 표절을 자신의 지식으로 여기다.(陽貨 17.24)

⑳ 訐以爲直 알이위직. 남의 결점을 들추어내는 것을 정직이라고 여기다.(陽貨 17.24)

【후비後備 2】

제1권: '성어로 읽는 논어 · 물시어인' 목록

① 不恥下問 불치하문. 아랫사람에게 묻는 것을 부끄럽게 생각하지 마라
② 不亦樂乎 불역낙호. 벗이 멀리서 찾아오니 기쁘지 않겠는가
③ 不在其位, 不謀其政 부재기위, 불모기정. 그 지위에 있지 않으면 그 일에 상관하지 마라
④ 從心所欲 종심소욕. 마음 내키는 대로 하다
⑤ 當仁不讓 당인불양. 정당한 일이라면 절대 양보하지 마라
⑥ 發憤忘食 발분망식. 끼니를 잊고 열심히 노력하라
⑦ 後生可畏 후생가외. 후배가 무서운 것이다. 이들을 경외하라
⑧ 既往不咎 기왕불구. 이미 끝난 일을 가지고 다시 왈가불가하지 마라
⑨ 必先利器 필선이기. 장인은 먼저 연장을 잘 다듬는다
⑩ 誨人不倦 회인불권. 가르치기를 게을리 해서는 안 된다
⑪ 惠而不費 혜이불비. 은혜를 베풀어도 손해날 것은 하나도 없다
⑫ 擧一反三 거일반삼. 하나를 거론하면 셋을 추론하여라
⑬ 松柏後凋 송백후조. 엄동설한이 되어야 소나무의 푸름을 안다
⑭ 勿施於人 물시어인. 내가 하기 싫은 일은 남에게도 시키지 마라
⑮ 仰之彌高 앙지미고. 스승은 우러러보면 볼수록 더욱 존경스러운 대상이다
⑯ 過猶不及 과유불급. 지나침은 미치지 못하는 것과 같다
⑰ 臨事而懼 임사이구. 신중하고 조심스럽게 일에 임하라
⑱ 文質彬彬 문질빈빈. 외관은 아름답게 내면은 진실되게 하여, 참된 조화를 이루어야 한다
⑲ 患其不能 환기불능. 나의 능력이 되지 않을까를 걱정하라

⑳ 任重道遠 임중도원. 임무는 막중하고 가야할 길은 멀다

㉑ 怨天尤人 원천우인. 하늘을 원망하고 사람을 탓하지 마라

㉒ 欲速不達 욕속부달. 성급하게 이루려 하면 목적에 다다를 수 없다

㉓ 逝者如斯 서자여사. 인생은 흘러가는 물과 같다

㉔ 色厲內荏 색려내임. 속과 겉이 다른 사람이 되지 마라

㉕ 不可奪志 불가탈지. 용기와 꿈을 꺽어서는 안 된다

㉖ 以直報怨 이직보원. 원한을 정직함으로 갚아라

㉗ 患得患失 환득환실. 있으면 있어서 걱정하고, 없으면 없어서 걱정한다

㉘ 死而後已 사이후이. 죽을 때까지 노력하라

㉙ 見賢思齊 견현사제. 나보다 나은 사람을 닮고자 하라

㉚ 溫故知新 온고지신. 배운 것은 복습하고, 새로운 지식을 추구하라

㉛ 言過其行 언과기행. 말이 행동을 앞서지 말라

㉜ 君子不器 군자불기. 군자는 한 그릇으로만 사용되지 않는다

㉝ 三思而行 삼사이행. 세 번 생각하고 행하라

㉞ 先行後從 선행후종. 먼저 행하고 말을 해라

㉟ 行不由徑 행불유경. 군자는 지름길로 가지 않는다

㊱ 群而不黨 군이부당. 함께하지만 파벌을 짓지 않는다

㊲ 和而不同 화이부동. 화합하나 부화뇌동하지 않는다

㊳ 周而不比 주이불비. 두루 조화를 이루지만 남과 비교하지 않는다

㊴ 威而不猛 위이불맹. 위엄이 있으나 사납지 않다

㊵ 內省不疚 내성불구. 한 점 부끄러움이 없다

㊶ 居敬行簡 거경행간. 마음가짐은 경건하게 하고 일을 간결하게 처리하라

㊷ 博學篤志 박학독지. 널리 배우고 뜻을 독실하게 하다

㊸ 無所不至 무소부지. 욕심을 부리면 물불을 가리지 못 한다

㊹ 聞一知十 문일지십. 하나를 들으면 열을 안다

㊺ 簞食瓢飮 단사표음. 소쿠리의 밥과 표주박의 물

㊻ 擇善而從 택선이종. 좋은 점을 보고 본받다

㊼ 有教無類 유교무류. 가르침에는 차별이 없다

㊽ 盡善盡美 진선진미. 최고의 선과 최고의 아름다움

㊾ 修己以敬 수기이경. 경건한 마음으로 수양을

㊿ 如臨深淵 여임심연. 깊은 물가에 나서듯 신중하게

51 能近取譬 능근취비. 자기를 미루어 남을 생각하라

52 愼終追遠 신종추원. 맺음을 처음처럼 꿈은 멀리

53 先難後獲 선난후획. 어려운 일은 내가 먼저, 공은 네가 먼저

54 中庸爲德 중용위덕. 중용이 최고의 덕이다

55 文行忠信 문행충신. 글, 행동, 충성과 신뢰

56 犯而不校 범이불교. 남이 해코지해도 대소롭지 않게 여기다

57 好勇疾貧 호용질빈. 용감하나 가난을 싫어하면 잘못을 저지르기 쉽다

58 守死善道 수사선도. 목숨 걸고 정의를 실현하다

59 愛之欲生 애지욕생. 좋아하면 살기를 바란다

60 切切偲偲 절절시시. 꼼꼼하고 똑똑하게

제2권: '서예로 읽는 논어' 목록

① 犯上作亂 범상작난. 윗사람을 무시하고 난동을 일으키다

(군자는 윗사람을 범하거나 난동을 일으키는 일이 드물다)

② 三省吾身 삼성오신. 하루에도 내 자신을 여러 번 반성하다

(매일 세 가지를 반성하다)

③ 節用愛人 절용애인. 절약하고 사랑하다

(나라를 다스리는 데는 비용을 절약과 사람을 아끼는 것이 가장 중요하다)

④ 賢賢易色 현현이색. 현명함을 중히 여기고 여색을 가볍게 여기다

(군자는 현자를 중시하고 여색을 멀리한다)

⑤ 衆星拱北 중성공북. 별들이 북극성을 에워싸다

(덕으로 백성을 다스리면 뭇별들이 북극성을 에워싸듯 모여든다)

⑥ 過勿憚改 과물탄개. 잘못을 알면 고칠 줄 알아야 한다

(잘못이 있으면 고치기를 꺼려하지 말아라)

⑦ 溫良恭儉 온량검양. 온화하고 선량하고 공손하고 절약하다

(정치는 온화하고 선량하고 공손하며 절약하는 것이 우선이다)

⑧ 小大由之 소대유지. 작은 일이든 큰일이든 모두 통용된다

(대소를 막론하고 모든 일은 조화로움을 근본으로 한다.)

⑨ 恭近於禮 공근어예. 공손함을 예에 맞게 하다

(공손함을 예에 맞게 하여야 치욕을 면할 수 있다)

⑩ 敏事愼言 민사신언. 행동은 민첩하게 말은 신중하게

(군자는 실천은 민첩하게 말은 조심하게 한다)

⑪ 富而好禮 부이호예. 부유하나 예를 좋아하다

(부유하나 교만하지 않는 것 보다 부유하면서도 예절을 갖추는 것이 낫다)

⑫ 告往知來 고왕지래. 과거를 알려주면 미래를 알다

(과거를 추론하여 미래의 일을 알아내다)

⑬ 一言以蔽 일언이폐. 한마디로 총괄하다

(한마디로 간추려 말할 수 있다)

⑭ 有恥且格 유치차격. 부끄러움과 격식을 갖추다

(덕과 예로써 가르치면 부끄러움을 알고 격식을 갖추게 된다)

⑮ 犬馬之養 견마지양. 부모를 공양하다

(개와 말도 자신의 어미를 돌볼 줄 안다)

⑯ 多聞闕疑 다문궐의. 많이 듣고 의심스러운 것은 보류하다

(많이 들어보고 의심이 가는 일은 미뤄 보류해야한다)

⑰ 擧直錯枉 거직조왕. 정직으로 잘못됨을 바로잡다

(정직한 일을 표준으로 삼아 잘못된 일을 바로 잡다)

⑱ 人而無信 인이무신. 사람이 신임이 없다면

(사람이 신임이 없으면 쓸모가 없다)

⑲ 見義勇爲 견의용위. 옳으면 용감하게 행하라

(정의로운 일이면 용감하게 맞서야한다)

⑳ 君子之爭 군자지쟁. 군자의 다툼은

(군자는 정식적인 규율에 따라 경쟁을 하지 함부로 다투지 않는다)

㉑ 杞宋無徵 기송무징. 기나라와 송나라는 입증할 만한 충분한 자료가 없다

(충분한 자료가 부족하여 입증할 수 없다)

㉒ 了如指掌 요여지장. 손바닥 보듯 훤하다

(손바닥을 들어다 보듯이 잘 안다)

㉓ 力不同科 역부동과. 힘은 각자 다르다

(사람마다 각자 자신에 맞는 일이 있다)

㉔ 告朔餼羊 곡삭희양. 정월 초하루 양만 받치는 형식적인 예례

(일을 적당히 얼버무리면 안된다)

㉕ 樂而不淫 낙이불음. 즐기되 방탕하지 않다

(즐겁게 즐기되 결코 방탕하지는 않는다)

㉖ 哀而不傷 애이불상. 애달프되 고통스럽지 않다

(슬퍼하되 몸을 상하게 하지는 않는다)

㉗ 仁者安仁 인자안인. 인자는 인이 편하다

(어진 사람에게는 어진 일 하는 것이 오히려 편하다)

㉘ 造次顚沛 조차전패. 조급할 때나 곤궁할 때도

(아무리 급하거나 어려워도 인자함을 잃지 않는다)

㉙ 觀過知仁 관과지인. 허물을 보고 인함을 알다

(허물을 보면 그 사람의 인자함을 알 수가 있다.

㉚ 朝聞夕死 조문석사. 아침에 도를 들으면 저녁에 죽어도

(아침에 도를 깨달으면 저녁에 죽어도 좋은 것이다)

㉛ 惡衣惡食 악의악식. 허름한 옷차림 나쁜 음식을 싫어해서야

(군자는 허름한 옷차림이나 맛없는 음식을 꺼려하지 않는다)

㉜ 不患無位 불환무위. 직책이 없음을 걱정하지 않는다

(직책이 없음을 걱정하지 않고, 능력이 없음을 걱정한다)

㉝ 一以貫之 일이관지. 하나의 도로 꿰뚫다

(공자의 도는 충서忠恕 두 자로 집약할 수 있다)

㉞ 遊必有方 유필유방. 떠나면 반드시 행선지를 알리다

(자식이 집 떠나면 반드시 집안 어른에게 출처를 알려야 한다)

㉟ 訥言敏行 눌언민행. 말은 더디게 행동은 민첩하게

(말을 더디게 하고 행동은 민첩하게 하여야 한다)

㊱ 朽木不雕 후목부조. 썩은 나무는 조각할 수가 없다

(근본이 잘못되면 아무것도 할 수가 없다)

㊲ 聽言觀行 청언관행. 말을 듣고 언행을 관찰하다

(말을 들어보고 언행을 관찰하고 난 후 그 사람을 평가할 수 있다)

㊳ 善與人交 선여인교. 사귀기를 좋아하다

(다른 사람과 벗하기를 좋아하다)

㊴ 久而敬之 구이경지. 오래 사귈수록 존중하다

(오래 된 벗일수록 아껴라)

㊵ 愚不可及 우불가급. 어리석기 그지없다

(매우 어리석다.)(어리석기란 어려운 것이다)

㊶ 見過自訟 견과자송. 자신의 과오를 스스로 반성하다

(자신의 과오를 발견하면 바로 반성을 한다)

㊷ 遷怒於人 천노어인. 다른 사람에게 화풀이를 하다

(화풀이를 남에게 하지 않아야 한다)

㊸ 乘肥衣輕 승비의경. 좋은 말을 타고 값진 옷을 입다

(사치를 하다)

㊹ 周急繼乏 주급계핍. 조급한 것을 구제하고 결핍한 것을 보태다

(급한 것을 먼저 구제하고 부족한 것은 보태어 주다)

㊺ 善爲我辭 선위아사. 대신하여 거절하다

(자신을 대신해서 총명하게 거절해 주다)

㊻ 不堪其憂 불감기우. 걱정을 견디어 내지 못하다

(근심 걱정을 견디어 내지 못하다)

㊼ 敬而遠之 경이원지. 공경하되 가까이 하지 않는다

(공경을 하되 가까이 하기에 너무나 먼 당신)

㊽ 從井求人 종정구인. 우물에 들어가 사람을 구하다

(위험을 무릅쓰고 남을 구하다)

㊾ 博文約禮 박문약예. 넓게 배우고 예로 다스리다

(학문은 넓게 배우고 예의로써 자신을 다스리다)

㊿ 易事難說 이사난열. 섬기기는 쉬우나 기쁘게 하기는 어렵다

(군자는 모시기는 쉬우나 기쁘게 하기는 쉽지 않다)

(51) 立人達人 입인달인. 다른 사람을 세우고 통달하게 하다

(자신이 서고 싶으면 먼저 다른 사람을 세우고 통달케 하여야 한다)

⑫ 君子九思 군자구사. 군자는 아홉 가지를 생각하다

(군자는 보는 것, 듣는 것, 안색, 용모, 언행, 일, 의문, 성인의 말씀, 분노하게 될 때 심사숙고하여야 한다)

⑬ 述而不作 술이부작. 서술은 하나 새로이 창작하지는 않는다

(성인의 말씀에 임의대로 첨삭을 하지 않는다)

⑭ 用行舍藏 용해사장. 써주면 도를 행하고 버리면 숨는다

(벼슬자리에 나서면 최선을 다하고 나서지 못하면 숨어 수양한다)

⑮ 不知肉味 부지육미. 고기 맛을 모르다

(훌륭한 음악에 빠져 고기 맛을 잃다)

⑯ 求仁得仁 구인득인. 인을 구하면 인을 얻는다

(인자함이란 하고자 하면 인자하게 될 수 있다)

⑰ 富貴浮雲 부귀부운. 부귀는 뜬 구름과 같다

(부귀란 하늘에 떠 있는 구름과 같이 부질없는 것이다)

⑱ 執鞭之士 집편지사. 직업에 귀천을 가리지 않다

(말고삐를 잡는 직업이라 할지라도 귀천이 없는 것이다)

⑲ 樂以忘憂 낙이망우. 기뻐서 걱정을 잊다

(기쁨에 걱정을 잃고 살다)

⑳ 生而知之 생이지지. 태어나면서 알다

(태어나면서 알고 총명하다)

최남규

현 전북대학교 중어중문학과 교수.

건지학술총서 ⑮

삶 · 사람 · 논어

지은이 최남규
펴낸이 김동원
펴낸곳 전북대학교출판문화원

초판 1쇄 인쇄 2019. 03. 8
초판 1쇄 발행 2019. 03. 15

전북대학교출판문화원 전라북도 전주시 완산구 어진길 32 (풍남동2가)
전화 (063) 219-5321~2
FAX (063) 219-5323
출판등록 2012년 8월 20일 제465-2012-000021호

값 40,000원

ISBN 979-11-6372-023-2 94140
ISBN 978-89-98534-66-0(세트) 94080

이 도서의 국립중앙도서관 출판예정도서목록(CIP)은 서지정보유통지원시스템 홈페이지(http://seoji.nl.go.kr)와 국가자료종합목록시스템(http://www.nl.go.kr/kolisnet)에서 이용하실 수 있습니다. (CIP제어번호 : CIP2019004862)